LA MESURE DU SAVOIR

ÉTUDES SUR LE *THÉÉTÈTE* DE PLATON

Est classique le livre qu'une nation ou un groupe de nations ou les siècles ont décidé de lire comme si tout dans ses pages était délibéré, fatal, profond comme le cosmos et susceptible d'interprétation sans fin.

N'est pas classique (je le répète) un livre qui nécessairement possède tel ou tel mérite, mais un livre que les générations humaines, pressées par des raisons différentes, lisent avec une ferveur préalable et une mystérieuse loyauté.

Jorge Luis Borges

TRADITION DE LA PENSÉE CLASSIQUE

Directeur : Monique DIXSAUT

LA MESURE DU SAVOIR

ÉTUDES SUR LE *THÉÉTÈTE* DE PLATON

sous la direction de

Dimitri EL MURR

Ouvrage publié avec le concours de l'université Paris 1 Panthéon-Sorbonne et de l'Institut Universitaire de France

PARIS
LIBRAIRIE PHILOSOPHIQUE J. VRIN
6, Place de la Sorbonne V[e]

2013

La citation de Borges est extraite de
Enquêtes, trad. Paul et Sylvia Benichou, coll. Folio / Essais,
Gallimard, Paris, 1967, p. 251-252

ISSN 1251-4756
ISBN 978-2-7116-2495-9

www.vrin.fr

INTRODUCTION

Dimitri EL MURR

Nous sommes le temps. Nous sommes
la parabole fameuse d'Héraclite l'Obscur.
Nous sommes l'eau, et non le dur diamant,
l'eau qui se perd, non celle qui repose.
J.L. Borgès, « Sont les fleuves » dans Les Conjurés [1]

À la recherche du fleuve qui confère l'immortalité, le tribun romain dont la fascinante nouvelle de Borgès intitulée *L'Immortel* raconte l'histoire découvre un peuple de troglodytes répugnants, vautrés dans la boue, dévorant des serpents pour seule nourriture. À sa grande surprise, il comprend que ces troglodytes sont les Immortels qu'il est venu chercher, et que leur état bestial s'explique par le seul plaisir auquel ils s'adonnent sans relâche : la contemplation. Un troglodyte obtus s'attache alors au moindre de ses pas. Le tribun le baptise Argos, en souvenir du chien d'Ulysse, et tente de lui apprendre quelques mots simples. Sans succès aucun.

> Je pensai qu'Argos et moi appartenions à des univers distincts ; je pensai que nos perceptions étaient identiques, mais qu'Argos les combinait de façon différente et construisait avec elles d'autres objets ; je pensai qu'il n'existait peut-être pas d'objet pour lui, mais un va-et-vient continuel et vertigineux d'impressions d'une extrême brièveté. Je pensai à un monde sans mémoire, sans durée ; j'examinai la possibilité d'un langage qui ignorerait les substantifs, un langage de verbes impersonnels et d'épithètes indéclinables. Ainsi mouraient les jours et, avec les jours, les années,

1. *Les Conjurés* [1985], trad. fr. de Cl. Esteban dans J.L. Borgès, *Œuvres complètes*, II, éd. établie, présentée et annotée par J.P. Bernès, Paris, Gallimard, 1999, p. 931.

> pourtant quelque chose de pareil au bonheur arriva un matin. Il plut avec une puissante lenteur [1].

Qu'à la fin de la nouvelle le lecteur comprenne qu'Argos n'est nul autre qu'Homère n'est pas le seul indice qui amène à rapprocher ce passage borgésien de la doctrine du flux dont Socrate nous dit qu'Homère, Héraclite et « toute la tribu qui leur ressemble » (*Théét.,* 160 d) sont les héros. On trouve dans ces quelques lignes l'expression exacte et fulgurante d'un monde, le monde des initiés aux Mystères de la doctrine secrète de Protagoras, un monde sans identité personnelle, sans identité aucune, sans sujet ni objet, un monde chaotique d'événements purs que seul un langage radicalement aménagé peut encore dire. Que Borgès, grand admirateur d'Héraclite, ait ou non lu le *Théétète* n'a ici aucune importance. Il importe seulement de retenir que s'il y a un mystère propre au *Théétète*, celui-ci ne tient pas seulement à la question – d'ailleurs largement abordée dans ce volume – de savoir si et pourquoi le *Théétète* est aporétique. La déréalisation progressive du sensible qu'explore Socrate au fur et à mesure qu'il articule et examine les présupposés de la réduction de la connaissance à la sensation est aussi pour beaucoup dans la fascination que continue d'exercer, à juste titre, ce dialogue. Dans la seconde partie de ce volume, consacrée aux prolongements du dialogue, on verra en effet que le devenir du *Théétète* est intimement lié à ce que le *Théétète* dit du devenir.

La première partie est, quant à elle, consacrée à des commentaires du *Théétète*. L'examen de la première réponse de Théétète – « la science n'est pas autre chose que la sensation » – occupe Socrate et son jeune interlocuteur de 151 d à 187 a. Comme on le sait, cet examen va d'abord les conduire à révéler les présupposés de la réponse de Théétète. Tel est en effet l'enfant nouveau-né dont Socrate accouche son jeune interlocuteur :

> Ce que tu as dit était par conséquent de toute beauté, que science n'est pas autre chose que sensation. Et au même point convergent d'abord la formule d'Homère, d'Héraclite et de toute la tribu qui leur ressemble, « toutes choses sont en mouvement comme des flots », puis celles du très savant Protagoras, « de toutes choses l'homme est mesure », celle de Théétète enfin : puisqu'il en est ainsi, « sensation vient à être science » [2].

1. J.L. Borgès, « L'Immortel » dans *L'Aleph*, traduit de l'espagnol par R. Caillois, Paris, Gallimard, 1967, p. 27.

2. *Théétète*, 160 d 5-e 1, trad. de M. Narcy comme toutes celles citées dans cette Introduction.

Comme le note Socrate par la suite, à l'accouchement doit succéder l'amphidromie du nouveau-né. Les pages restantes de la première partie du dialogue vont ainsi examiner la viabilité du premier rejeton de Théétète en considérant successivement la thèse de Protagoras (169 d-172 b, et 177 c-179 d), celle d'Héraclite (179 d-183 c), enfin celle de Théétète (184 b-187 b).

L'article de Marc-Antoine Gavray, qui ouvre ce volume, est consacré au premier moment de cet examen, donc au dialogue que Socrate noue avec Protagoras et à la critique qu'il développe de la thèse de l'*homo mensura*. La question philosophique principale qui anime la contribution de Gavray est double : non seulement, pourquoi lire (et réfuter) Protagoras, mais également, et peut-être surtout, comment le lire ? Car le long travail d'exégèse que Socrate propose des premières lignes de la *Vérité* de Protagoras permet selon Gavray de dispenser une véritable leçon d'herméneutique dont la valeur engage la manière de lire les Dialogues. Gavray commence par relever comment le texte de Protagoras se donne à l'interprétation de Socrate : il apparaît alors que, bien loin de chercher à réduire son adversaire au silence par tous les moyens, Platon prend soin de lui donner toutes ses chances. Rien d'étonnant à cela, car la position de Protagoras engage la possibilité même d'aboutir en commun à une vérité, et partant, celle de la maïeutique et du dialogue. Gavray montre ainsi que la critique de Protagoras est tout aussi philosophiquement essentielle au propos du dialogue que ne le sera la discussion du *logos* de Parménide dans le *Sophiste* ou la distinction des deux mesures dans le *Politique* : sans cette critique, la philosophie est tout bonnement impossible. Mais comment, en ce cas, intégrer Protagoras à un dialogue dont sa thèse refuse la possibilité même ? Gavray remarque que Socrate développe une exégèse du fragment de Protagoras scandée par plusieurs étapes et par l'usage de différentes méthodes dont aucune ne s'avérera concluante. Cet échec dispense une leçon capitale sur l'herméneutique philosophique que Platon appelle de ses vœux : lire en philosophe, ce n'est pas seulement expliquer, analyser, saisir ce qu'implique une thèse, mais la comprendre, ce qui implique de comprendre pourquoi elle est soutenue. En interrogeant ce que le *Théétète* nous dit de la science *du texte* et la pratique qu'il en propose, Gavray met en lumière l'exigence que représente tout dialogue authentique selon Platon. Dans cet *agôn* philosophique qu'est le dialogue platonicien, le polémique ne prend jamais le pas sur le philosophique, et critiquer Protagoras impose de donner toute sa chance à sa thèse.

La contribution suivante procède à une analyse détaillée du second moment de la première partie du *Théétète*, où, passant de Protagoras à

Héraclite, Socrate en vient à examiner «cette réalité en translation, en frappant dessus pour voir si elle rend un son franc ou fêlé» (*Théét.*, 179d2-4). Justin Gosling commence par noter que Socrate, tout en concluant sa critique de la thèse de Protagoras en 179c, reconnaît que Théétète pourrait néanmoins avoir raison d'identifier connaissance et perception *actuelle*. Pourtant, ce n'est pas cette thèse limitée que Socrate prétend avoir réfutée en 183c, mais bien la thèse plus générale de Théétète selon laquelle la connaissance est perception, thèse dont Socrate prétend avoir produit une *reductio ad absurdum*. Gosling remarque alors que cette *reductio* pose deux problèmes logiques aussi bien que philosophiques. Le premier est lié à la troisième forme de mouvement, le changement qualitatif, que Socrate introduit, en 181 c-d, et dont dépend sa réfutation. Rien, en effet, ne semble indiquer que le changement qualitatif soit partie intégrante de la théorie héraclitéenne de la perception exposée précédemment. Or si la position de Théétète ne présuppose pas cette forme de mouvement, la *reductio* qui repose sur elle ne peut advenir et Théétète n'est pas réfuté. Le deuxième problème tient à l'interprétation qu'il convient de faire de ce changement des qualités. Tout semble indiquer, relève Gosling, qu'il s'agit là d'un changement radical, non pas, explique-t-il, du blanc lumineux au blanc terne, mais du blanc au non blanc, de la vision à la non-vision, etc. Mais là encore, en quoi cette version radicale et élargie de l'héraclitéisme découle-t-elle de la version initiale selon laquelle les choses sont soumises à des changement qualitatifs constants et graduels ? L'enjeu est de taille, car on a pu considérer que Platon s'est sur ce point tout bonnement fourvoyé. Rien de tel, selon Gosling qui montre que la version initiale de l'héraclitéisme implique bien un changement constant de qualités, sous une forme radicale nécessaire à la *reductio*. Pour ce faire, Gosling reconstruit une théorie héraclitéenne cohérente de la perception, reconstruction qui ne peut être faite qu'au prix de la suppression d'un membre de phrase (182d3 : μεταβολὴν εἰς ἄλλην χρόαν), au motif qu'il s'agit vraisemblablement d'une insertion ultérieure et malencontreuse émanant d'un scribe incapable de suivre les détails de l'argument de Socrate.

L'article de Sylvain Delcomminette se consacre à un passage (186b-c) de la dernière section de la première partie du *Théétète*, où Socrate, traitant des raisonnements qui en l'âme comparent et confrontent les impressions dans leurs rapports à l'être et à l'utilité, mentionne l'importance de l'éducation (παιδεία). Le titre de la contribution de Delcomminette résume, à lui seul, la question philosophique qui l'anime : quel rôle l'éducation joue-t-elle dans la perception ? Cette question appelle cependant un projet plus vaste : montrer que l'éducation constitue un thème essentiel, bien que souterrain, du *Théétète*. Prenant appui sur un passage de la digression du *Théétète* (175 b-176 a), dont le rapport étroit au mythe de la Caverne dans la *République* est évident, Delcomminette soutient que l'éducation à laquelle Socrate fait allusion en 186 c est une éducation à la dialectique. Pourtant la conception protagoréenne et la conception platoniciennes de l'éducation ont un point commun : Delcomminette montre que si le but de cette dernière n'est pas de modifier la perception, cette modification en constitue néanmoins un effet non négligeable. C'est en ce sens que Delcomminette interprète la suite dramatique dans laquelle s'inscrivent le *Théétète* et le *Sophiste* : ces deux dialogues peuvent être lus comme la mise en scène de l'éducation philosophique de Théétète et de l'impact de cette éducation sur sa perception. Du *Théétète* au *Sophiste*, Platon relate donc la déprise progressive du jeune homme du joug des sophistes et la modification de l'apparence de la sophistique que produit l'effort dialectique.

Centré sur le traitement que Socrate inflige à la question philosophique essentielle de la possibilité de l'erreur, l'article de Michel Narcy couvre en réalité la totalité de la deuxième partie du *Théétète* (187 b-201 c). La question posée par Narcy est la suivante : Socrate et Théétète ont beau parler tous les deux le grec, se comprennent-ils pour autant ? À cette question, Narcy conclut qu'il faut répondre par la négative. Théétète, bien qu'instruit et déjà mathématicien confirmé, n'est pas si différent du jeune esclave du *Ménon* car, après la réfutation de sa première réponse, Théétète cherche moins à répondre à la question de Socrate qu'à tenter de deviner, dans les paroles mêmes de Socrate, ce qui pourrait mettre sa deuxième réponse à l'abri d'une nouvelle réfutation. Socrate, bien sûr, n'est pas dupe. Narcy explique ainsi que la deuxième partie du dialogue peut être lue comme la succession de cinq hypothèses portant sur la question de l'erreur : l'erreur consisterait à savoir ce qu'on ne sait pas, à penser ce qui n'est pas, à prendre un sujet pour un autre (l'erreur par *quiproquo*, traduction d'*allodoxia* que Narcy propose et justifie), à associer une sensation présente à une empreinte mémorielle qui ne lui correspond pas (le bloc de cire), enfin à ne pas ressaisir, donc à ne pas avoir, un savoir déjà en nous, donc pourtant acquis (la volière). Pour chacune de ces hypothèses, Narcy montre que Socrate place Théétète devant une alternative et lui prouve que l'une de deux options se heurte à des impossibilités. Pourtant, à chaque fois, Théétète n'en conclut pas qu'il faut considérer l'autre voie. D'où on peut conclure avec Narcy que le but de la deuxième partie du *Théétète* et de son examen de la question de l'erreur est non seulement d'ouvrir des pistes qui seront suivies par l'Étranger d'Élée dans le *Sophiste*, mais également, et peut-être surtout, de permettre à Socrate d'exercer son art maïeutique en vérifiant ce qu'a vraiment compris Théétète et en le faisant accoucher de ses conceptions erronées. Il n'est donc pas surprenant, selon Narcy, que Théétète soit, dès le lendemain, confié à l'examen de l'Étranger, car il fait partie de ces jeunes gens que Socrate préfère, constatant leur vacuité, confier à Prodicos ou à d'autres sages d'inspiration divine.

La première partie de ce volume s'achève par rien moins que cinq articles consacrés, partiellement ou intégralement, à la dernière définition de Théétète. Les conclusions auxquelles parviennent ces articles, portant sur seulement neuf pages Stephanus du dialogue, sont le plus souvent divergentes et parfois radicalement opposées. Pourtant, ces résultats divergents s'accordent tous sur un point essentiel : quelle que soit la manière dont on comprend ce que Platon entend par *epistémè*, le savoir que recherche un philosophe est une exigence d'une telle radicalité qu'elle écrase, de son éclatante différence, les prétentions de toutes les autres formes de connaissance. La complexité et la profondeur philosophiques du *Théétète* sont à la mesure et sont la mesure de cette exigence peut-être démesurée.

La question posée par la troisième définition du savoir peut selon Monique Dixsaut se formuler ainsi : « peut-on admettre que l'opinion vraie entre pour partie dans la définition du savoir ? » Cette possibilité rencontre comme principal obstacle la fin du livre V de la *République* et Dixsaut s'attache d'abord à montrer comment s'y opère le passage d'une relation de contrariété (être/non être, connaissance/non-connaissance) à une relation d'altérité impliquant une participation de la puissance « intermédiaire » et de ses objets à ce dont ils diffèrent : le savoir se constitue de sa différence d'avec l'opinion autant que l'opinion est constituée par sa différence d'avec le savoir. Annuler cette différence, c'est se condamner à méconnaître la puissance de l'une comme de l'autre. L'opinion n'est pas une forme inférieure de connaissance, elle n'est pas connaissance mais semble en être une, l'opinable n'est pas un moindre être mais « quelque chose d'autre que ce qui est », ce en quoi on reconnaît la nature de l'image. Le livre V a déterminé l'objet mais pas défini l'*ergon* de la puissance du savoir. Selon la fin du *Théétète*, cela consisterait à accompagner l'opinion vraie de son *logos*. L'addition a un résultat nul, car ce qu'on prétend adjoindre à l'opinion vraie, elle l'avait déjà. Les trois sens de *logos* envisagés par Socrate sont les seuls compatibles avec la définition proposée, donc avec l'opinion, mais chacun d'eux en démontre à sa façon l'absurdité. Aucun ne peut être identifié au « raisonnement sur la cause » du *Ménon*, non seulement parce que ce raisonnement suppose la médiation de la réminiscence, mais parce qu'il est l'instrument propre à des sciences qui procèdent par définitions et démonstrations nécessaires. Pour ces sciences « dianoétiques », la transformation des opinions vraies en savoirs est possible car les modalités de leurs discours, l'affirmation et la négation, sont les mêmes. Ce ne sont pas celles du *logos* dialectique. Dixsaut conclut que le *Théétète* est structuré par le croisement de deux *logoi* dont l'un a pour but de faire comprendre à l'autre que posséder des connaissances vraies n'empêche pas de se tromper sur ce que c'est que savoir. Ce n'est donc pas l'absence des Formes intelligibles qui explique le caractère aporétique du *Théétète* mais la négation d'une différence principielle dont Socrate ne réussit pas à faire se ressouvenir Théétète.

Le commentateur anonyme du *Théétète* considère également que la dernière partie du dialogue indique, à celui qui sait la lire, une solution à l'aporie finale. Cependant, cette solution n'est pas à trouver, selon lui, dans la *République*, mais plutôt dans le *Ménon*. Pourquoi en effet Socrate, quand il aborde la troisième définition de la connaissance, semble-t-il avoir oublié la réponse qu'il a donnée, dans le *Ménon*, au problème de l'articulation de l'opinion vraie et de la connaissance ? Pourquoi donc le *logos* de la dernière partie du *Théétète* n'est-il pas défini comme ce « raisonnement sur la cause » (*aitias logismos*) qui dans le *Ménon* (97 e-98 a) permet de transformer des opinions vraies en connaissance véritable ? Telle est la question que soulève mon article. Pour le commentateur anonyme, l'aporie du *Théétète* n'est qu'apparente car le lecteur attentif de Platon doit comprendre qu'il lui suffit d'importer ce quatrième sens de *logos*, passé sous silence dans le *Théétète*, pour répondre à la question du dialogue. En examinant l'analyse du troisième sens de *logos* dans sa relation aux deux premiers, je tente de montrer que la solution de l'Anonyme, bien que séduisante, ne peut pas régler la difficulté soulevée par l'argument circulaire qui clôt le *Théétète*. Et ce d'autant plus que le passage du *Ménon*, où Socrate semble attester la possibilité de transformer l'opinion vraie en connaissance par l'adjonction du raisonnement sur la cause, se conclut également sur un argument circulaire qui semble invalider toute solution de continuité de l'opinion vraie à la connaissance. Je propose alors d'analyser la leçon commune que l'on doit tirer de ces passages parallèles : on ne peut rien *ajouter* à l'opinion, fût-elle vraie, qui la transforme en connaissance. Le *Ménon* fait toutefois comprendre que la connaissance a tout à voir avec un lien (*desmos*), mais que ce lien est celui d'une âme qui désire connaître, donc se ressouvenir, et non une propriété objective ajoutée à l'opinion.

Dans sa contribution intitulée « La fin du *Théétète* », Christopher Rowe défend une thèse toute différente : si le *Théétète* s'achève sur une définition de la connaissance comme *doxa* vraie accompagnée d'un *logos*, c'est que cette définition est la définition correcte de la connaissance selon Platon.

Mais alors que faire des critiques que Socrate adresse à cette définition, et particulièrement des tout derniers arguments du dialogue qui semblent fragiliser, si ce n'est détruire, la validité de ce *logos* ajouté à l'opinion vraie ? Pour Rowe, ces arguments visent à montrer que la définition finale du *Théétète* vaut pour la science divine, si le *logos* ajouté à l'opinion vraie est pleinement assurée, et pour la science humaine, s'il ne l'est pas et dépend des moyens limités dont nous disposons pour le produire. Cette interprétation, qui dépend d'une lecture plus globale des Dialogues de Platon que Rowe a défendue dans son récent *Plato and the Art of Philosophical Writing* (Cambridge University Press, 2007), fait de Platon un socratique, c'est-à-dire, selon Rowe, un philosophe qui souscrit, tout au long de sa carrière, à la distinction radicale élaborée par Socrate dans l'*Apologie* entre science divine et science humaine. D'où l'on voit que, s'agissant du *Théétète*, la thèse de Rowe prend le contre-pied des interprétations qui considèrent que le *Théétète* cherche à montrer qu'il n'y a aucune solution au problème de la connaissance sans le recours aux Formes. À la lumière de la relecture qu'il propose du passage fondamental de *République* V (477 a *sq.*) où Socrate semble attribuer à l'opinion et à la connaissance deux types d'objets bien distincts et faire d'elles deux états cognitifs séparés, et à la différence de l'interprétation que Monique Dixsaut a donnée de ce même passage dans ce volume, Rowe considère que la *doxa* vraie n'a pas à se voir empêchée de jouer un rôle dans la connaissance. Le *Théétète* ne constitue pas l'adieu d'un disciple à son maître vénéré, encore moins l'histoire de l'accouchement d'une âme amenée à voler désormais de ses propres ailes : le *Théétète* est au contraire l'achèvement d'un projet profondément socratique.

Là où Rowe voit, dans la fin du dialogue, la mise en scène d'une aporie seulement apparente, dont le but est de souligner les limites de notre savoir trop humain par différence avec la science divine, Fulcran Teisserenc montre au contraire que l'aporie du *Théétète* est bien réelle mais qu'elle émane d'une question mal posée parce que fondamentalement impossible. En effet, la question « qu'est-ce que la connaissance ? » posée, au début du dialogue, sous sa forme socratico-platonicienne habituelle provoque chez le lecteur une attente : que ce quelque chose qu'est la science soit identifié à une essence, à une Forme. Mais, remarque Teisserenc, il n'y a dans le *Théétète* aucune allusion à une quelconque Forme de la science. Cette absence explique-t-elle l'aporie du dialogue ? Ou bien le *Théétète* nous donne-t-il les raisons positives pour lesquelles la question initiale doit rester sans réponse ? C'est cette seconde voie qui est explorée par Teisserenc qui, après avoir montré que la conception platonicienne des

Formes intelligibles interdit qu'il y ait une Forme de la science, examine les détails de la deuxième et de la troisième définition de Théétète. Teisserenc conclut de son examen qu'il n'y a pas de définition directe de la science, car elle est cette puissance qui se déploie dans l'effort qu'on produit pour répondre à la question d'essence et définir une réalité.

C'est un épisode du second prologue du *Théétète* qui nourrit la réflexion de Mary-Louise Gill et constitue le point de départ de son analyse. En 147 c, soucieux de donner à Théétète un modèle de définition en réponse à sa question : « qu'est-ce que la connaissance ? », Socrate produit une définition de l'argile, valable pour l'argile des potiers comme pour celui des fabricants de briques et tous les autres artisans : l'argile est « de la terre mélangée avec de l'eau ». Selon Gill, Socrate, par cette définition, indique à Théétète (et Platon, à son lecteur) qu'il faut s'interroger sur les différentes composantes de la connaissance. Car si Socrate conclut, à la fin du dialogue, que la connaissance n'est ni perception, ni opinion vraie, ni explication ajoutée à une opinion vraie (210 a), rien n'interdit en droit de soutenir que la connaissance est une combinaison de ces trois éléments. Gill soutient en effet que le *Théétète* définit la connaissance en appliquant à la connaissance elle-même une méthode détaillée dans la troisième partie du dialogue, à savoir la méthode d'analyse d'un tout selon ses différentes parties (deuxième sens de *logos*). Ceci explique que Gill se consacre exclusivement à la troisième définition de la connaissance et aux différents rapports entre complexes et éléments présupposés par l'examen des deux derniers sens de l'explication (*logos*). La lecture proposée par Gill place l'ensemble du dialogue sous le signe de la toute première réponse de Théétète, qui faisait de la science une expertise ou une compétence, c'est-à-dire une capacité se réalisant dans des actes de connaissance. Chacune des trois définitions ultérieures exprime donc un élément commun à tous les experts quels qu'ils soient : tous en effet perçoivent l'objet qu'ils connaissent, le jugent correctement en l'identifiant et disposent d'une explication, d'un *logos* gouvernant cette identification. Mais ce qui distingue le savant, ou l'expert, pour tel ou tel objet, de celui que se contente de juger droitement de ce même objet, ce sont d'une part les empreintes mentales correspondant à ces deux types d'acte cognitif, et d'autre part, les caractéristiques mêmes de cet objet. Identifier correctement un objet est au fondement du jugement vrai mais connaître requiert une explication qui autorise l'identification de l'essence de l'objet, dans tous ses contextes d'apparition. Le *Sophiste* et le *Politique* peuvent donc en toute rigueur présupposer, dans leurs divisions respectives, le genre de la connaissance, car le *Théétète* qui les préface permet d'en produire une définition forte et cohérente, en analysant les parties conceptuelles inhérentes à tout acte de connaissance.

Les différentes études qui constituent la seconde partie de ce volume ont pour objet de situer le dialogue dans son contexte, d'identifier les distorsions qu'a connues sa réception et de retracer quelques uns des moments décisifs de sa postérité. Cette postérité est longue et il serait bien naïf de croire en proposer ici plus qu'un aperçu. Les travaux présentés dans cette seconde partie ne prétendent donc pas épuiser un champ de recherches, mais ils ouvrent néanmoins des voies nouvelles et apportent des éclairages inédits sur la réception d'un dialogue qu'on a souvent cantonné au seul rôle de manuel sceptique pour les membres de la Nouvelle Académie. On verra que la tradition du *Théétète* est bien plus riche, et bien plus complexe, et que les questions philosophiques et exégétiques abordées pour elles-mêmes dans la première partie ne seront pas oubliées pour autant, car les commentateurs anciens y étaient sensibles, tout autant que nous le sommes.

L'article d'Harold Tarrant qui ouvre la deuxième partie de ce volume s'attache à restituer les méandres d'une histoire mystérieuse et méconnue, celle des premières lectures du *Théétète*. S'il ne fait aucun doute que le *Théétète* a constitué l'une des œuvres de référence de la Nouvelle Académie sceptique, il serait erroné de croire que l'importance du *Théétète* fut découverte par Arcésilas et ses successeurs. Ce que montre Tarrant est que le *Théétète* a été un dialogue célèbre et célébré dès sa publication, du vivant même de Platon, et qu'il ne cessa jamais de l'être par la suite. Pour reconstituer ces toutes premières interprétations du dialogue, il faut se tourner vers les *dubia socratica*, les dialogues socratiques suspects. Parmi eux, le *Théagès* est particulièrement précieux car il offre, selon Tarrant, la trace de la première interprétation d'une partie importante du *Théétète*, dédiée à la maïeutique de Socrate. Examinant en détail plusieurs passages parallèles du *Théagès* et du *Théétète*, Tarrant montre qu'un passage du *Théagès* (129 e-130 a) a très vraisemblablement emprunté sa langue et ses idées au *Théétète*. Pourtant on ne trouve pas ce passage dans le *Théétète* que nous lisons ajourd'hui. Cette absence, conjointe à d'autres indices positifs, amène Tarrant à soutenir que l'auteur du *Théagès* reflète sans doute un passage appartenant à une première version du *Théétète*, avant la révision finale du dialogue. Quand Arcésilas confère donc au *Théétète* la place centrale qui fut la sienne dans la Nouvelle Académie et fait de lui l'un des instruments de défense des positions sceptiques contre les attaques stoïciennes, il bénéficie de la déjà longue tradition herméneutique du dialogue à l'Académie.

La stratégie d'Harold Tarrant était résolument historique; celle d'Arnaud Macé, parce qu'elle cherche à mettre en lumière des points de convergence possibles entre l'ontologie des héraclitéens raffinés du *Théétète* et le corporalisme stoïcien, est résolument comparative. Depuis l'article fondateur de Jacques Brunschwig, « La théorie stoïcienne du genre suprême et l'ontologie platonicienne » (dans J. Barnes et M. Mignucci (eds.), *Matter and Metaphysics, IVth Symposium Hellenisticum*, Naples, Bibliopolis, 1988, p. 19-127), il est d'usage de comparer l'ontologie radicale des Fils de la Terre du *Sophiste* au corporalisme stoïcien et de voir dans la première une préfiguration, si ce n'est un antécédent historique, du second. Prenant pour point de départ l'une des sources importantes de notre connaissance de la théorie stoïcienne de la causalité, le livre VIII des *Stromates* de Clément d'Alexandrie, l'article de Macé souligne l'étrangeté philosophique d'une doctrine qui tout en conférant pleinement à la causalité sa dimension active et aux corps le privilège d'agir, fait de l'activité elle-même (*energeia*) un incorporel. Dans le sillage des travaux de Brunschwig, Macé propose alors de montrer que cette étrange doctrine de l'incorporéité des actes trouve un précédent, non pas dans l'ontologie des Fils de la Terre du *Sophiste*, mais dans la doctrine que Socrate attribue, dans le *Théétète*, à ceux qu'il dit être non-initiés aux mystères de la doctrine secrète de Protagoras. Pourtant, la position des stoïciens par rapport aux Mystères du *Théétète* est foncièrement ambivalente. Macé analyse deux points de comparaison entre la doctrine stoïcienne de la causalité et la doctrine secrète du *Théétète*. Le rapport entre cause et effet, et entre agent et patient, d'abord. À partir de plusieurs exemples empruntés à Clément, Macé montre que les stoïciens ont cherché à briser la liaison nécessaire de l'agir et du pâtir, que Platon tenait pour évidente et fondamentale, au profit d'un modèle de causalité partagée qui n'est plus indexé sur la relation agent-patient, mais où l'interaction des corps, d'une part, et celle de leur agir et de leur pâtir, d'autre part, sont distinguées. Le deuxième point de comparaison entre la doctrine causale stoïcienne et la doctrine secrète du *Théétète* a trait à leur conception commune de ce que Macé nomme « la délocalisation de l'agir et du pâtir » : parce que les héraclitéens raffinés et les stoïciens émancipent le patient d'un rapport fixe et déterminé avec un agent, les qualités et les actes des corps ne sont plus localisés en eux mais en dehors d'eux, dans leur rencontre. Il serait cependant réducteur d'assimiler purement et simplement l'une et l'autre doctrine philosophique. La doctrine secrète du *Théétète* se fonde sur un monisme ontologique radical, selon lequel tout est mouvement. Rien de tel chez les stoïciens dont la conception des rapports de l'agir et du pâtir implique au contraire une nette séparation ontologique : la cause est un corps mais ce dont la cause est cause est un prédicat, c'est-à-dire une espèce de ce que les stoïciens appellent « dicibles », tout dicible étant, on le sait, un incorporel. C'est sans doute parce que le corporalisme stoïcien fait de l'agir et du pâtir des incorporels, qu'il peut libérer les corps de l'ordonnancement causal des effets selon la différence de l'agent et du patient. Ce n'est pourtant pas là le fin mot de l'histoire, car le passage de Clément souligne l'existence d'une autre conception de la causalité, où cette fois les incorporels sont causes. Selon cette doctrine, les actes n'existent pas. Macé relève qu'elle correspond précisément à la position des non initiés à la doctrine secrète qui, eux aussi, refusent qu'existent les actions et les genèses, car rien d'autre n'existe que ce qu'ils peuvent tenir entre leurs mains (*Théét.*, 155 e).

Dans la contribution suivante, David Sedley jette une lumière nouvelle sur la position particulière qu'occupe le *Théétète* dans la deuxième tétralogie de Thrasylle à partir d'un nouveau fragment de papyrus (POxy. 4941) dont il a donné la première édition en 2009, édition qu'il reprend ici avec quelques améliorations significatives et dont il offre un commentaire suivi. La première tétralogie de Thrasylle, qui comprend l'*Euthyphron*, l'*Apologie*, le *Criton* et le *Phédon*, est ordonnée selon une logique interne liée à la question du genre de vie du philosophe par excellence, Socrate. Mais qu'en est-il de la deuxième tétralogie, regroupant le *Cratyle*, le *Théétète*, le *Sophiste* et le *Politique* ? Le nouveau fragment édité par Sedley nous donne, pour la première fois, l'opportunité de comprendre la logique propre de son ordonnancement. On sait que le schéma tétralogique thrasylléen consiste à combiner trois dialogues appartenant à une seule forme générique, correspondant à la fonction de l'ensemble, et un dialogue isolé, analogue au drame satyrique concluant les tétralogies tragiques athéniennes. Or comme le rapporte le témoignage de Diogène Laërce (III, 57-58) sur les classements de Thrasylle, dans la deuxième tétralogie, les trois dialogues appartenant au genre logique sont le *Cratyle*, le *Sophiste* et le *Politique* : seul le *Théétète* est un dialogue « peirastique », un dialogue qui met à l'épreuve. Quel est le sens de cette combinaison pour la deuxième tétralogie ? Le nouveau fragment montre que le thème unifiant l'ensemble n'est rien d'autre que la méthode pour acquérir la connaissance et que le *Théétète*, dans ce contexte, vise à dissiper l'ensemble des conceptions erronées de la connaissance pour mener à sa définition correcte, c'est-à-dire à la dialectique, articulant définition et division. Les dernières lignes du fragment semblent indiquer que la trilogie *Théétète*, *Sophiste* et *Politique* n'est pas seulement unie méthodologiquement, mais également du point de vue de la psychologie cognitive, car elle décrit comment la méthode platonicienne permet aux jeunes interlocuteurs de Socrate et de l'Étranger de développer et articuler les concepts et les distinctions déjà présents dans leur âme.

Pour illustrer l'interprétation thrasylléenne du *Théétète* au sein de la deuxième tétralogie, Sedley la compare brièvement à l'autre commentaire du dialogue qui nous est parvenu sous forme fragmentaire, le *Commentaire anonyme au* Théétète (PBerol. 9782). C'est précisément ce commentaire qui fait l'objet de la contribution de Mauro Bonazzi qui analyse deux questions philosophiques essentielles abordées par le *Commentaire anonyme*: la nature de la connaissance et celle du monde sensible. Ce faisant, Bonazzi éclaire non seulement la signification du *Théétète* pour un platonicien de l'époque impériale, mais également les ambitions philosophiques propres du commentateur et l'intérêt qu'elles gardent aux yeux du lecteur contemporain de Platon. L'anonyme médio-platonicien défend une position que le jargon contemporain des études platoniciennes appelle « unitarienne » : pour lui, le platonisme est un ensemble doctrinal unifié et parfaitement cohérent, les variations d'un dialogue à l'autre s'expliquant comme autant de stratégies argumentatives spécifiques sur fond doctrinal commun. Dans ce cadre exégétique, le *Théétète* pose évidemment deux problèmes: pourquoi le dialogue, censé définir la connaissance, finit-il par échouer? Quel enseignement sur la conception platonicienne et le processus même de la connaissance peut-on en tirer? Si l'Anonyme est bien un « unitarien », son désir d'unité va pourtant plus loin que la recherche de la cohérence de l'œuvre de Platon. À son époque, dans les premiers siècles de l'époque impériale, le platonisme connaît une profonde crise d'identité, en grande partie liée à l'héritage sceptique d'Arcésilas et de ses successeurs à l'Académie. Pourtant, à la différence d'autres platoniciens (d'Antiochus à Proclus), l'Anonyme ne nie pas la légitimité de l'appartenance de la Nouvelle Académie à la tradition platonicienne. Bien au contraire : il veut, pour reprendre l'expression de Bonazzi, lui « trouver une place au sein de la *platonica familia* ». Ceci explique que lorsqu'il aborde la première partie du *Théétète* (la seule partie du dialogue sur laquelle son commentaire nous soit parvenu), l'Anonyme déploie beaucoup d'efforts pour montrer que les académiciens sont en réalité des anti-empiristes et non des sceptiques et que partant, ils souscrivent à la critique platonicienne de l'empirisme protagoréen et du monde héraclitéen qu'il présuppose. D'où l'on voit que l'Anonyme conçoit le platonisme comme la seule et unique forme de savoir permettant de rendre compte du réel. L'analyse de Bonazzi nous rappelle ainsi que la tentative systématisante du commentateur répond à une ambition philosophique dont la pertinence traverse les âges : articuler les différents éléments du système de Platon est la tâche d'un philosophe, non d'un historien, car commenter un dialogue de Platon n'est rien d'autre que dire le monde.

La contribution de Sara Magrin, consacrée à l'usage plotinien de la « doctrine secrète » du *Théétète* dans le traité *Sur l'impassibilité des incorporels*, *Enn.*, III, 6 [26], poursuit l'analyse d'une des questions philosophiques abordées dans la contribution précédente : comment garantir l'identité des corps à travers le temps ? Comme l'Anonyme avant lui, Plotin aborde cette question sur fond du débat hellénistique autour du critère d'identité des corps, débat ayant opposé les académiciens aux stoïciens. Dans ce débat, l'« Argument sur la Croissance » employé par les académiciens pour montrer les limites du corporalisme stoïcien, fait figure d'argument central : si tous les corps sont en flux, accueillant et laissant sans cesse échapper des particules, chaque ajout à un corps produit un nouveau corps, et non la croissance d'un *même* corps. Ainsi la doctrine secrète du *Théétète* devient, dans les mains de Plotin, une arme de destruction massive du critère d'identité stoïcien élaboré pour répondre à l'Argument sur la Croissance : la notion de corps « qualifié de façon particulière » (*idiôs poion*). Mais Plotin ne fait seulement usage de la première partie du *Théétète* pour réfuter le corporalisme stoïcien, incapable d'expliquer la permanence de l'identité des corps : elle lui permet de justifier l'introduction des formes platoniciennes et de l'âme, seuls principes à même de garantir cette identité. Le recours à la première partie du *Théétète* est donc motivé, du point de vue de Plotin, par la nécessité d'expliquer comment la matière est impassible, comment elle ne peut en aucun cas être affectée mais peut tout de même recevoir des qualités de toutes sortes. L'article de Magrin démontre qu'aux yeux du premier des néoplatoniciens, le *Théétète* ne saurait se réduire, comme on l'a trop souvent considéré, aux quelques lignes sur l'assimilation au divin dans la digression centrale (176b). Comme tous les philosophes, avant et après lui, Plotin n'a pas manqué d'être fasciné par la déréalisation progressive du sensible que Socrate explore au fur et à mesure qu'il révèle le secret de Protagoras. Cette fascination est directement liée à la non moins fascinante conception de la matière que Plotin a léguée à l'histoire de la métaphysique.

La contribution de Bernard Sève qui clôt ce volume nous fait entendre la voix d'un lecteur exceptionnel du *Théétète*, douze siècles après Plotin, la voix singulière de Michel de Montaigne. Tout sépare, tout oppose même, la lecture informée et dogmatique, polémique et systématique, que Plotin fait du *Théétète*, et celle de Montaigne qui ne prétend que feuilleter les livres sans les étudier et qui, dans le cas du dialogue qui nous occupe, ne se préoccupe nullement d'en dégager une interprétation générale et cohérente. Et pourtant l'essentiel les rapproche, car ces deux lectures, de nature si différente, ont en commun d'être pleinement, d'être directement, philosophique. Même si, à première vue, la présence du *Théétète* dans les *Essais* est loin d'être tonitruante, Sève relève tout de même six « lieux » (citations ou emprunts) du *Théétète*, tous, à l'exception d'un seul, figurant dans le texte célèbre que Montaigne consacre à la défense du scepticisme, « l'Apologie de Raymond Sebon » (II, 12). Que Montaigne ait pu faire une lecture sceptique du *Théétète* n'a de prime abord rien de surprenant, mais ce n'est pourtant pas le thème le plus topique que Montaigne emprunte et exploite, car ce que Montaigne trouve dans le *Théétète*, c'est avant tout une réflexion sur la figure du philosophe et sur la vie philosophique. En analysant les réécritures montaniennes du passage maïeutique du *Théétète* et de l'épisode de Thalès tombant dans le puits, véritable « cœur actif » de la présente du *Théétète* dans les *Essais*, Sève montre ce que Montaigne omet, gauchit ou transforme mais également comment il modifie sa propre réécriture au fil des différentes strates textuelles des *Essais*. Il apparaît ainsi que Montaigne a trouvé dans le *Théétète* le lieu même des tensions indépassables entre plusieurs figures de la vie philosophique. Ce faisant, Montaigne se révèle être un excellent lecteur du *Théétète* et des Dialogues en général car nul ne peut nier que ces tensions soient à l'œuvre dans la philosophie même de Platon. Qui ne sait en effet que Socrate n'est pas Thalès tombant dans le puits, mais qu'il n'est pas plus le philosophe à venir de la *République*, « ce naturel, possédant toutes les qualités que nous venons justement de prescrire à celui qui veut devenir parfaitement philosophe » (*Rép.*, VI, 491 a-b, trad. P. Pachet) ?

Les articles rassemblés dans ce volume sont pour une bonne part issus du séminaire platonicien consacré au *Théétète* que j'ai dirigé à l'université Paris I Panthéon-Sorbonne durant les années 2007-2008 et 2008-2009. Que soient chaleureusement remerciés tous les collègues qui ont accepté de partager lors de ces séances mensuelles le fruit de leurs recherches sur le *Théétète* : Thomas Bénatouïl, Mauro Bonazzi, Myles Burnyeat, Sylvain Delcomminette, Monique Dixsaut, Denis O'Brien, Arnaud Macé, Jean-Philippe Narboux, Michel Narcy, Christopher Rowe, David Sedley, Bernard Sève, Harold Tarrant et Fulcran Teisserenc.

Aux contributions précédentes, Marc-Antoine Gavray, Mary Louise Gill, Justin Gosling et Sara Magrin ont bien voulu ajouter un article sur tel ou tel aspect du dialogue ou de sa réception qu'il n'avait pas été possible d'étudier lors du séminaire : je veux leur exprimer ici ma plus profonde gratitude pour avoir accepté de compléter si avantageusement cet ouvrage.

L'organisation du séminaire d'où est né ce livre doit beaucoup à Annick Jaulin et à Pierre-Marie Morel qui ont tant œuvré pour le rendre possible et faire de lui une expérience enrichissante pour tous et pour chacun. Ces séances n'auraient pas été si riches et profitables sans la participation active des mes étudiants de Master de Paris I, à qui je veux dire ici toute ma reconnaissance, notamment Thomas Auffret et Olivier D'Jeranian. Olivier D'Jeranian a établi la première version de la traduction française de plusieurs des articles publiés ici : sa rigueur et sa disponibilité m'ont été d'un grand secours face à l'ampleur de la tâche éditoriale. Qu'il en soit très chaleureusement remercié. Un grand merci également à Matthieu Bouchet qui s'est chargé de la tâche ô combien ingrate de la confection des indices.

PREMIÈRE PARTIE

COMMENTAIRES

COMMENT NE PAS INTERPRÉTER UN FRAGMENT PHILOSOPHIQUE

LE DIALOGUE AVEC PROTAGORAS DANS LE *THÉÉTÈTE*[*]

Marc-Antoine GAVRAY

Le *Théétète* comporte le plus long essai d'interprétation par Platon d'un fragment philosophique[1]. Socrate y interroge l'affirmation de Protagoras, consignée dans sa *Vérité*, d'après laquelle « l'homme est la mesure de toutes choses, de celles qui sont au sens où elles sont, de celles qui ne sont pas au sens où elles ne sont pas[2] ». Toutefois, le travail d'exégèse ne s'accomplit pas sans heurt : il se confronte à plusieurs apories avant de parvenir à la version finale de la réfutation. Dès lors, indépendamment du contenu de pensée que Platon prête à Protagoras, mais à la lumière du dialogue noué avec lui, nous pourrions nous demander en quoi l'examen de ce texte écrit, par ses détours, s'avère porteur d'une leçon herméneutique qui excède son propre cadre. Pour le dire autrement, quelles recomman-

* Je tiens à remercier Dimitri El Murr, dont les remarques et suggestions ont grandement contribué à améliorer cet article. Les imperfections qui subsistent restent sous ma seule responsabilité.

1. Les Dialogues offrent peu de situations d'interprétation explicite. Les principaux parallèles sont le *Protagoras*, où Socrate discute la doctrine du sophiste, mais où il est difficile d'établir avec précision les limites de la position protagoréenne ; le *Sophiste*, où l'Étranger examine la thèse de Parménide sur la négation du non-être (237 a-b, 241 d-242 b, 258 c-259 d), avant de critiquer ce qu'il qualifie d'ontologies antérieures (242 b-249 d). Il faut encore mentionner le poème de Simonide, que Socrate interprète dans le sens du paradoxe selon lequel nul ne fait le mal de son plein gré (*Prot.*, 339 a-347 a).

2. Fragment cité *in extenso* en *Théét.,* 152 a (= 80 B1 DK). Pour un état des lieux des problèmes de traduction, lire F. Decleva Caizzi, « Il frammento 1 D.-K. di Protagora. Nota Critica », *Acme*, 31, 1, 1978, p. 11-35 ; B. Huss, « Der Homo-mensura Satz des Protagoras. Ein Forschungsbericht », *Gymnasium* 103, 1996, p. 229-257.

dations le *Théétète* adresse-t-il au lecteur quant à l'attitude à adopter vis-à-vis d'un fragment à caractère philosophique[1]? Et, au-delà de l'exégèse d'une pensée en lambeaux, comment ces éléments de méthode rejaillissent-ils sur la lecture des Dialogues? Car, si l'écriture de la philosophie passe par l'exercice de son histoire, il reste à établir quelle histoire de la philosophie se révèle proprement philosophique, du moins aux yeux du premier philosophe – qui est aussi le premier interprète de ses prédécesseurs et contemporains.

Le *Théétète* ne s'attarde pas à formuler des règles. Il distille plutôt, au fil de l'examen, les principes d'une pratique exégétique[2]. Afin de dégager les bases d'une théorie platonicienne de l'interprétation du fragment, il faudrait lier ensemble ces éléments. Par conséquent, je commencerai par exposer les raisons qui président au choix du texte à interpréter. Ensuite, j'examinerai la démarche interprétative à l'œuvre, en reprenant les passages dans lesquels Socrate s'interrompt pour s'interroger sur sa pratique et ses écueils. Chacune de ses remarques mérite d'être observée – davantage du moins qu'elle ne l'a été jusqu'ici – du point de vue de son origine, de son orientation et de son apport à la leçon générale. Puis, j'observerai comment s'élabore une interprétation qui s'interroge sur ses postulats, ouvrant à la mise en dialogue et à une réfutation aboutie. Enfin, je tâcherai de comprendre comment ce que Platon accomplit dans le *Théétète* à propos de Protagoras instruit le lecteur quant à la façon d'approcher les Dialogues en général.

CHOISIR UN TEXTE POUR L'INTERPRÉTER

De quelle manière Protagoras survient-il dans le dialogue et comment son texte s'offre-t-il à l'interprétation? Socrate introduit la thèse de l'homme-mesure aussitôt après avoir reçu de Théétète sa première définition de la science : la science, c'est la sensation.

> SOCRATE — Tu risques bien d'avoir formulé au sujet de la science une parole qui n'est pas ordinaire et qui, au contraire, est celle aussi de Protagoras. C'est d'une autre façon qu'il a dit ces mêmes choses. Car il soutient, n'est-ce pas, que « De toutes choses, l'homme est mesure, de

1. Une question analogue guide A. Ford, « Protagoras' Head : Interpreting Philosophic Fragments in *Theaetetus* », *American Journal of Philology* 115, 1994, p. 199-218.

2. Sur ce point, il se distingue du *Politique*, qui s'interrompt pour dispenser plusieurs leçons de méthode dialectique : par exemple, la leçon de division en *Pol.*, 262 a-264 b, ou la définition de la métrétique en *Pol.*, 283 b-287 a.

> celles qui sont au sens où elles sont, de celles qui ne sont pas, au sens où elles ne sont pas ». Tu as certainement lu cela ?
> THÉÉTÈTE — Je *l'ai lu souvent*, même [1]. (*Théét.*, 151 e 8-152 a 5)

Bien que Socrate propose d'emblée un rapprochement avec la formule de Protagoras, il se montre prudent quant à ce parallèle – κινδυνεύεις μέντοι, που (deux fois) : il y a des chances que Théétète ait parlé comme le sophiste et que lui-même reproduise fidèlement ses propos. Il répète ces réserves quand il avance sa propre interprétation du *dictum* de Protagoras et le paraphrase de la manière suivante : « *Voilà donc à peu près ce qu'il dit* : telle m'apparaît chaque chose, telle elle est pour moi, et telle elle t'apparaît à toi, telle est pour toi; or tu es un homme et moi aussi ? » (152 a 6-8). Certaines précautions s'imposent à l'interprète, car il doit tenir compte de la possibilité qu'existe une lecture alternative. Dès lors que l'interprétation constitue l'expression d'une opinion relative à un texte donné, elle peut se révéler aussi vraie que fausse, mais également n'être qu'une lecture parmi d'autres. Une première tâche de l'herméneutique consistera donc à consolider cette opinion, tout en demeurant attentif à la possibilité de son inadaptation [2]. Une autre sera alors de légitimer le choix du texte, en justifiant son utilité pour l'argument. À ce titre, notre passage contient plusieurs raisons de pratiquer l'herméneutique d'un texte.

Premièrement, Socrate invoque la formule de Protagoras en raison de son analogie avec la thèse – ordinaire – assumée par Théétète (réduire le savoir à la sensation) : ὃν ἔλεγε καὶ Πρωταγόρας, τὰ αὐτὰ ταῦτα. Traduite en termes d'apparaître, elle signifie que la vérité relève du phénomène individuel. À cet égard, elle partage avec la définition de la science par la sensation le présupposé selon lequel il existe un savoir immédiat du monde sensible, qui n'implique ni recherche ni réflexion, mais donne à connaître le monde tel qu'il se présente à chacun. Et si, dans un même mouvement, phénomène et sensation peuvent être tous deux identifiés à la science, il reste à expliquer la différence entre ces formules. Τρόπον δέ τινα ἄλλον : elle résulte seulement d'une légère variation dans l'expression, bien que le sens s'avère similaire.

1. *Théét.*, 151 e 8-152 a 5 : Κινδυνεύεις μέντοι λόγον οὐ φαῦλον εἰρηκέναι περὶ ἐπιστήμης, ἀλλ' ὃν ἔλεγε καὶ Πρωταγόρας. Τρόπον δέ τινα ἄλλον εἴρηκε τὰ αὐτὰ ταῦτα. Φησὶ γάρ που πάντων χρημάτων μέτρον ἄνθρωπον εἶναι, τῶν μὲν ὄντων ὡς ἔστι, τῶν δὲ μὴ ὄντως ὡς οὐκ ἔστιν. 'Ανέγνωκας γάρ που… - 'Ανέγνωκα καὶ πολλάκις. Les textes sont cités d'après E.A. Duke *et alii*, *Platonis opera*, Tomus 1, Oxford, Clarendon Press, 1995. Je traduis et souligne.

2. Dans la suite, Socrate persiste à prendre des précautions interprétatives.

Deuxièmement, l'exégèse examine un écrit largement diffusé auprès d'un public instruit : Théétète confesse *avoir lu, et même souvent*, les premiers mots de la *Vérité* (ἀνέγνωκα καὶ πολλάκις)[1]. Bien que nous ignorions l'état dans lequel circulait le traité peu après la mort de Protagoras (en 399, à l'époque de la fiction du dialogue) ou au milieu du IVe siècle (lors de la rédaction du *Théétète*), il faut souligner que Platon ne se réfère nulle part à la suite de l'ouvrage, mais se contente de l'*incipit – ce qui, en l'absence du reste du texte, lui confère le statut de fragment* et justifie l'exercice herméneutique[2]. À cette raison s'ajoutent la renommée de l'auteur et l'intérêt de son œuvre (λόγον οὐ φαῦλον, répété en 152 d 2). En tant que savant, il y a fort à parier que Protagoras n'ait pas déliré (152 b 1-2) et il faut envisager que sa thèse possède une valeur telle qu'elle a pu exercer une influence notable sur les esprits[3]. La réputation de Protagoras incite à se livrer à l'interprétation de son texte, autrement dit à *l'accompagner pour examiner la vérité de son propos* (ἐπακολουθήσωμεν αὐτῷ). Il en ressort que l'herméneutique platonicienne se présente non pas comme une opposition hostile à un adversaire, mais comme la recherche d'une collaboration en vue d'un cheminement commun, qui postule la diffusion de l'écrit, la notoriété de son auteur, l'intérêt de son contenu et la possibilité de l'accompagner dans le raisonnement – héritage de la bienveillance inhérente à la maïeutique socratique, qui prend pour règle de recevoir avec mesure ce qui provient de quelqu'un de sage (161 b 3-4).

Troisièmement, l'herméneutique platonicienne ne poursuit pas une fin documentaire ou la rédaction d'une histoire de la philosophie, mais elle sert un objectif de progrès de la pensée. Pour justifier l'examen, un fragment doit posséder des résonances considérables. Son interprétation, tout autant que sa discussion, doivent s'avérer nécessaires pour ses implications sur l'existence même de la philosophie, parce que la thèse qu'il enveloppe se révèle être la source d'une difficulté menaçant la philosophie en son principe. Lue comme un phénoménalisme où chaque manifestation est vraie pour son destinataire et vaut pour lui à titre de science, l'affirmation de l'homme-mesure semble rendre vaine l'existence de savants, puisque

1. Platon situe le fragment au début de *La Vérité* : ἀρχόμενος τῆς Ἀληθείας (161 c 4); ce que confirment Sextus Empiricus, *Contre les logiciens*, I, 60 : ἐναρχόμενος τῶν Καταβαλλόντων; et Diogène Laërce, *Vies*, IX, 51 : ἤρξατό που.

2. L'essai d'interprétation renvoie à un possible enseignement oral, au ton mystérieux (152 c).

3. De la même façon, dans le *Sophiste*, l'Étranger doit examiner la thèse de Parménide parce qu'elle sert d'assise philosophique aux arguments sophistiques consistant à nier l'existence du non-être (241 d-242 a).

tout un chacun possède *de facto* un rapport immédiat et semblable au savoir. De plus, fonder la science sur la sensation implique de l'étendre à l'ensemble du règne animal étant donné que, de ce point de vue, l'homme ne se distingue pas des bêtes[1]. Bref, comprise en ces termes, la thèse de l'homme-mesure empêche d'établir des différences de degré au sein du savoir, ce qui a pour premier effet de réduire à néant la supériorité et le salaire réclamés par le sophiste pour sa prétendue expertise (161 d-e). Elle annule également toute volonté d'aboutir en commun à une vérité. À quoi bon chercher ensemble ce que chacun atteint par lui-même, sans intermédiaire? Une telle lecture met directement en cause l'art maïeutique et le principe du dialogue en tant que recherches de la vérité. Par conséquent, elle constitue bien une attaque réelle à l'encontre de la philosophie telle que Platon la conçoit (161 e-162 a). À cet égard, l'interprétation du fragment de Protagoras s'avère aussi nécessaire que la discussion du λόγος de Parménide dans le *Sophiste*, qui, sinon, entrave la recherche du non-être et de la différence entre sophiste et philosophe (*Sophiste*, 261 a-b; *Politique*, 284 b). De part et d'autre, ces détours visent à restaurer la légitimité de la philosophie, mise en cause par la nécessité de la vérité du phénomène (*Théétète*) ou par l'impossibilité de l'expression du faux (*Sophiste*). Dire que l'homme est la mesure de toutes choses accentue la définition sensualiste de la science, afin d'en souligner les implications profondes. En résumé, dans l'examen général de la science, le propos de Protagoras apparaît comme un objet accessoire mais dont la lecture s'avère nécessaire pour la progression: la réfutation de son interprétation va justifier la recherche entreprise. Telle que la pratique Platon, cette herméneutique interprète un fragment parce qu'il soulève une question essentielle, dont la réponse engage la possibilité de la philosophie.

Quatrièmement, l'exercice prend son sens dans le dialogue entamé avec le texte écrit. Le fragment ne reste pas confiné dans les quelques mots qui le composent. Il ouvre la porte à une étude de la pensée de son auteur, comme le relève Socrate : « Me sauras-tu donc gré si je cherche avec toi à connaître exactement la vérité dissimulée de la pensée d'un homme, voire d'hommes de renom ? » (155 d 9-e 1). L'objet de l'interprétation tient à la recherche d'une vérité sous-jacente aux mots, accessible à la seule condition de

1. *Théét.*, 161 c 3-d 2 : « Mais je reste stupéfait par le début de son discours, parce qu'il n'a pas commencé sa *Vérité* en disant que "De toutes choses, la mesure est le cochon", "le babouin" ou quelque autre être plus étrange encore dans ceux doués de sensation, afin de commencer à nous parler sur un ton plein d'air et de mépris, en indiquant que, nous, nous l'admirions comme un dieu pour son savoir, alors que lui ne se trouvait être, pour la pensée, en rien meilleur qu'un têtard de grenouille, pour ne pas dire qu'un autre homme. »

reprendre le cheminement qui a permis d'aboutir à la conclusion consignée par écrit. Pour comprendre un fragment philosophique, il ne suffit pas d'en expliquer séparément chaque terme dans l'espoir d'atteindre, en dernière analyse, une vision d'ensemble. Il faut entreprendre de parcourir à nouveau la suite des questions auxquelles il répond ultimement, dans l'idée qu'elles révéleront la pensée à son origine[1]. La signification se dévoile seulement par la mise en présence de la pensée de l'auteur, c'est-à-dire par la saisie du mouvement de questions et de réponses qui s'est érigé en λόγος avant d'être consigné par écrit. La méthode impose de s'en enquérir auprès des auteurs «comme s'ils étaient présents» (*Sophiste*, 243 d), ce que le *Théétète* matérialise par les deux interventions figurées de Protagoras (162 d-e; 165 e-168 c). Par conséquent, pour déceler les enjeux de la thèse de l'homme-mesure, il faut entamer un dialogue, en définir la règle et y intégrer Protagoras.

MÉTHODOLOGIE HERMÉNEUTIQUE

L'exégèse du fragment de Protagoras se déroule en plusieurs temps : 1) la révélation d'une « doctrine secrète », en vertu de laquelle rien n'est un mais tout repose sur un principe de mouvement universel (152 c-160 e); 2) la mise à l'épreuve de cette lecture par le recours à différentes formes de critique – y compris une première intervention de Protagoras pour protester contre le traitement que lui inflige Socrate (160 e-165 e); 3) la seconde intervention de Protagoras, destinée à justifier sa thèse grâce à une redéfinition des termes centraux de sa doctrine (165 e-168 c); 4) la critique finale, qui dissocie les thèses précédemment associées afin d'isoler les problèmes, selon un modèle dialectique (168 d-179 e). Les deux premières parties, qui tentent d'approcher la signification du fragment, se soldent par un échec, à cause d'une méthode inadaptée. La troisième offre une réconciliation avec l'activité dialectique, par le principe d'interrogation. La dernière alimente l'interprétation et la réfutation conformes à la dialectique, tout en manifestant leurs limites.

1. Conformément à la définition de la pensée donnée par Socrate en *Théét.*, 189 e-190 a, reprise en *Soph.*, 263 e-264 b et en *Phil.*, 38 c-e. Sur ces définitions, voir M. Dixsaut, « Qu'appelle-t-on penser ? Du dialogue intérieur de l'âme selon Platon », dans *Ead.*, *Platon et la question de la pensée. Études platoniciennes I*, Paris, Vrin, 2000, p. 47-70.

L'interprétation par rapprochement (152 c-160 e)

Le fragment sur l'homme-mesure apparaît dans son opacité comme une *énigme pour la populace*[1]. Au mépris à l'égard de la foule, le verbe αἰνίττομαι ajoute l'idée d'une parole dotée d'un sens délibérément caché, dont la duplicité est prise en mauvaise part : l'αἴνιγμα pèche par une ambivalence et un manque de clarté inadaptés à l'expression de la science[2]. L'interprétation doit donc dévoiler « les mystères que Protagoras enseignait à ses disciples en secret » (152 c 10-11), afin de voir si son fragment, « sa *Vérité* est vraie, plutôt que d'être un amusement formulé depuis le livre où elle est retirée comme en un sanctuaire » (162 a 1-3). La première tentative d'interprétation s'assimile à une allégorèse, où la parole de Protagoras est envisagée comme un oracle à déchiffrer par un jeu de correspondances[3]. Platon y insiste : Socrate va révéler un secret qu'il n'a lui-même jamais entendu (152 d). Autrement dit, cette méthode s'octroie une large liberté, dans la mesure où elle ne se fonde pas sur le texte, qui reste muet, mais parle pour lui par association d'idées.

Platon intègre Protagoras à une généalogie de la pensée allant d'Homère et Épicharme à Héraclite et Empédocle (152 e). Si ce geste lui confère une légitimité, il ôte à sa doctrine sa part d'originalité. L'assimilation aux deux sommets de la poésie, Homère et Épicharme, la réduit à une variante de la sagesse populaire, qui obéit à une rationalité autre que la philosophie. Elle consiste en une succession d'assertions sur l'Être et le Devenir dont elle ne manifeste ni la cohérence ni le sens, dans la mesure où elle repose sur des marques suffisantes (σημεῖα ἱκανά) puisées dans l'expérience (153 a-b).

Attentive aux liens de parenté, l'interprétation doit également envisager leur préservation. Platon qualifie la formule de μῦθος orphelin que ses tuteurs – Théodore le premier – refusent d'aider (164 e)[4]. Liée à la

1. *Théét.*, 152 c 9 : ᾐνίξατο τῷ πολλῷ συρφετῷ. Ce terme péjoratif sert à désigner l'*alter ego* vulgaire de Socrate (*Hip. maj.*, 288 d) et, dans la bouche de Calliclès, la foule d'esclaves qui s'emparerait du pouvoir (*Gorg.*, 489 c).

2. Sur αἰνίττομαι et les mots apparentés : *Théét.*, 180 a 4 (le terme se rapporte aux héraclitéens qui n'articulent pas de discours mais décochent des énigmes) ; *Ap.*, 21 b 4, 27 a 1 et d 4 ; *Charm.*, 161 c 9, 162 b 4 et 164 e 6 ; *Rép.*, V, 479 c 1-2, où l'αἴνιγμα est défini comme le mode de l'objet de l'opinion, qui tantôt est tantôt n'est pas, sans que l'on ne puisse savoir s'il est davantage l'un que l'autre. Il résulterait de l'ambivalence du sensible et de l'opinable.

3. En accord avec A. Ford, « Protagoras' Head », art. cit., p. 207.

4. *Théét.*, 164 e 2-3 : ὁ πατὴρ τοῦ ἑτέρου μύθου, l'autre mythe étant la doctrine sensualiste. Dans le *Phèdre*, le père du discours, en plus de lui donner naissance, est supposé le défendre (à propos de Lysias, 257 b-e). Le père d'un *logos* est aussi celui qui l'introduit dans la discussion (*Banquet*, 177 d). Dans le *Sophiste*, μῦθος qualifie les doctrines de l'Être,

doctrine posant que rien n'est en soi et par soi, mais que tout résulte de la corrélation entre deux mouvements (les puissances d'agir et de subir), la formule est désignée ainsi pour trois raisons : la thèse est placée sous le patronat des Muses et des mystères ; son lexique résonne avec l'ἀρχή et la γένεσις ; enfin, la dire μῦθος maintient une distance à son égard[1]. Or, en révélant son sens et ses implications, le μῦθος semble mené à son terme et il se mue en un λόγος signifiant qui articule entre elles les formules de Théétète, de Protagoras et d'Héraclite[2]. Toutefois, un μῦθος ne devient pas un λόγος par l'ajout d'une explication : après examen, l'apparence de μῦθος se révèle posséder, en réalité, toutes les caractéristiques d'un authentique λόγος sur la science. Le premier travail de l'interprète consiste à faire se correspondre statut et objet du texte.

Ce résultat se révèle provisoire car, conclut plus loin Platon, « ainsi périt le mythe protagoréen »[3]. Là où Protagoras « aurait paré bien des coups », Socrate ne parvient pas à mener le récit à son terme. En réalité, l'association de Protagoras à la tradition engendre une incomplétude : en l'état, sa formule sur la mesure se trouve incapable de justifier la prétention du sophiste à un savoir supérieur (161 c-e), la possibilité de percevoir sans connaître (163 b-c) ou l'existence de la mémoire (163 d-164 d). Par conséquent, alors qu'un λόγος semblait atteint, la critique révèle son insuffisance en tant que λόγος, voire en tant que μῦθος achevé, au vu de la fragilité de ses articulations (il est dit μῦθος dès le moment où il ne parvient pas à affronter les objections). Dans ces conditions, la tentative d'unification des thèses de Théétète, d'Héraclite et de Protagoras ne peut que se solder par un échec : ce μῦθος incomplet n'a jamais été qu'un simulacre de λόγος, voire un simulacre de μῦθος. Loin de satisfaire aux exigences philosophiques, ce

dont la logique dramatique fait appel à des images semblables aux récits poétiques, et non à la dialectique (242 c 8-9 : « Chacun semble avoir raconté une sorte de fable, comme si nous étions des enfants »). Au lieu de définir l'Être, objet échappant au devenir, elles font droit à un récit caractérisé par la temporalité qui explique son avènement. Parce qu'elles ne comprennent pas l'essence de leur objet, ces théories manquent la cohérence du fond et de la forme. Cette absence de réflexion fait de ces thèses des fables, qui ne relèvent ni du vrai ni du faux dans la mesure où elles recourent à un récit non vérifiable (243 a).

1. *Théét.*, 156 c 3-6 : ΣΩ. Τί δὴ οὖν ἡμῖν βούλεται οὗτος ὁ μῦθος, ὦ Θεαίτητε, πρὸς τὰ πρότερα... Ἆρα ἐννοῖς... ΘΕΑΙ. Οὐ πάνυ, ὦ Σώκρατες. – ΣΩ. Ἀλλ' ἄρθρει ἐάν πως ἀποτελεσθῇ. Socrate respecte un précepte qui régit le mythe : veiller à lui donner une fin (une tête). Sur ce précepte, voir L. Brisson, *Platon. Les Mots et les Mythes*, Paris, La Découverte, 1994, p. 72-75 (pour l'image du père du mythe, voir p. 50-59).

2. *Théét.*, 160 c 1-2 : ὡς ὁ λόγος ὃν διεληλύθαμεν σημαίνει.

3. *Théét.*, 164 d 8-10 : οὕτω δὴ μῦθος ἀπώλετο ὁ Πρωταγόρειος. Et il poursuit : καὶ ὁ σὸς ἅμα ὁ τῆς ἐπιστήμης καὶ αἰσθήσεως ὅτι ταὐτόν ἐστιν.

pseudo-*logos* reste impuissant et muet en l'absence de son père. Il en résulte que le principe d'interprétation par association ne permet pas la restauration d'un dialogue avec un λόγος. En associant Protagoras à Théétète et à Héraclite, afin de vérifier son opinion par un accord avec d'autres, Platon soulève la question de l'interprétation du texte philosophique. Il en ressort qu'au lieu d'en augmenter le crédit et de parer aux objections, cette voie lui nuit plus qu'elle ne le sert, parce qu'elle l'affuble de défauts exogènes. Il convient plutôt de remonter au principe de cette opinion, afin de l'interroger sur sa signification du concept de science.

La méthode par erreur (160 e-165 e)

Selon les principes de la maïeutique, la définition de Théétète et son essai d'interprétation doivent subir une mise à l'épreuve, afin d'établir s'il y a là enfantement réel ou simple vent. Ce test s'adresse également au fragment de Protagoras. Platon en propose plusieurs approches qui, philosophiquement parlant, se révéleront insatisfaisantes car elles ne sondent pas la signification du texte cible (160 d-161 a).

La première objection – l'homme ne vaudrait guère mieux que l'animal – revêt une forme rhétorique qui vise à heurter l'auditeur (161 c-d). Elle tourne la thèse en dérision sans l'éprouver logiquement : l'évocation du porc et du babouin crée une image rebutante et ridicule, à laquelle personne n'accepte d'être réduit. D'ailleurs, si le lecteur consent à être hissé au rang des dieux, cette restriction de leur supériorité peut aussi le choquer (162 c). Or doter les animaux de sensation n'altère en rien la validité de la thèse de Protagoras, car elle s'étend aux opinions issues de la sensation auxquelles ils n'ont pas accès [1]. L'objection manifeste donc une première discordance dans la liaison des thèses de Protagoras et de Théétète, dès lors que la première s'étend au champ de la δόξα. Elle souligne l'inadéquation de la méthode par association d'idées en tant que méthode interprétative.

Socrate insiste sur la réputation de Protagoras, l'appelant successivement πασσόφος (152 c 8), ὁ σοφώτατος (160 d 9), σοφός et διδάσκαλος (161 d 8). La critique vise sa qualité de savant, rendue vaine par la

1. Si T. Chappell voit juste sur ce point, il a tort d'affirmer que l'absurdité de la thèse de Protagoras résulterait pour Socrate de la suppression de l'infériorité de la perception animale (*Reading the* Theaetetus, Sankt Augustin, Academia Verlag, 2005, p. 90). Pourquoi suspecterait-il que les sens de certains animaux sont plus affûtés (*cf.* la vue de l'aigle en *Iliade*, XVII, 675) ? L'argument ne vise pas la qualité de la sensation, mais la possibilité de distinguer l'homme de l'animal. Voir J. McDowell, *Plato : Theaetetus*, Oxford, Clarendon Press, 1973, p. 158-159.

définition universaliste de la science (161 c-e). L'argument devient *ad hominem* : il ne discrédite pas seulement la thèse de Protagoras sur la base d'une négligence relative aux conséquences de sa doctrine, mais bien sa renommée et sa fonction [1]. Ce procédé rhétorique consiste à figer l'auteur étudié dans une situation inextricable – sans adéquation nécessaire avec la réalité –, ce qui a pour effet d'altérer la perception de ses idées et de produire une incohérence entre la personne et son discours [2]. Par ce biais, Platon ne vise pas à déterminer la validité de la thèse, mais à examiner si Protagoras se montre cohérent. En définitive, ce tour rhétorique envisage l'affirmation de l'homme-mesure comme l'opinion d'un individu dans un statut déterminé.

Conduite sur un mode rhétorique usant du vraisemblable pour séduire un auditoire dont Théétète illustre la naïveté, la première objection s'avère plus persuasive que convaincante [3]. Son argumentation oratoire agit sur l'âme et flatte les sentiments : par sa logique hédonique, elle abuse la sottise de son destinataire plutôt que de chercher une cause (cf. *Gorgias*, 464 c-465 d). Dans le cas de l'interprétation, elle manque de cerner la raison de l'affirmation pour uniquement s'adresser aux affects. Par conséquent, dans la mesure où elle évite de l'interroger, la méthode rhétorique ne parvient pas à diagnostiquer la validité ou l'absurdité de la thèse consignée dans un fragment : le fait que la foule trouve une idée désagréable ne suffit pas à en prouver la fausseté.

Rompant avec la diatribe, Socrate entame alors une procédure dialogique qui octroie au sophiste un droit de réponse (162 d-e). Protagoras lui reproche donc de faire comparaître les dieux, alors que lui s'est refusé à en traiter dans ses écrits (162 d-e). Cette affirmation évoque le fragment B 4 : « Au sujet des dieux, je ne peux savoir ni qu'ils existent, ni qu'ils n'existent pas, ni quels ils sont quant à leur aspect, car nombreuses sont les choses qui m'empêchent de le savoir : leur invisibilité et la brièveté de la vie humaine. » Platon élabore une interprétation cohérente qui recourt au

1. Ce point est confirmé par la réponse que Théodore adresse à l'objection : « Aussi, je ne consentirais pas à ce que Protagoras soit réfuté à cause de mes accords » (162 a 4-6). Pour lui, ce n'est pas l'argument de Protagoras qui est mis en cause, mais Protagoras lui-même, ce dont il s'indigne parce que l'homme lui est cher.

2. Ch. Perelman, *Traité de l'argumentation*, Bruxelles, Éditions de l'ULB, 2000, p. 394-398.

3. *Théét.*, 162 d 3-4 : τῆς οὖν δημηγορίας ὀξέως ὑπακούεις καὶ πείθῃ. Si Socrate l'accuse de plaider pour la foule (δημούμενον, 161 e 4), Protagoras lui objecte son éloquence populaire (δημηγορεῖτε, 162 d 6). Cela ressemble à une dispute d'orateurs : pour rejeter une accusation, mieux vaut la retourner contre son auteur (*cf.* le retour de la question des cochons en 166 c).

fragment sur les dieux pour fixer les limites de celui sur l'homme-mesure. Ce procédé arrache l'argument au contexte rhétorique : au lieu d'introduire des éléments extérieurs liés par la vraisemblance, il explique un fragment à l'aide d'un autre, selon un postulat herméneutique de cohérence – supposer que l'auteur a pris garde aux implications de ses arguments. Si le fragment sur l'homme-mesure a un sens, il doit être cohérent avec l'affirmation sur les dieux : Protagoras s'interdit de traiter des dieux, car les qualifier de mesures reviendrait à leur reconnaître l'existence. Or, s'il place la phénoménalité au fondement de l'Être, il ne doit pas même dire des dieux qu'ils existent, puisqu'ils excèdent l'expérience humaine. De même, il ne peut pas non plus dire comment ils sont, car ils ne font pas partie de son champ empirique et ne lui apparaissent pas comme tels. Du fait que Platon fonde le scepticisme théologique de Protagoras sur des bases gnoséologiques en harmonie avec une conception de la réalité puisée dans un autre fragment, il ressort que sa méthode de lecture implique de postuler la cohérence de la pensée en examen, au sens où ses différentes positions doivent se répondre.

> Quant à la nécessité démonstrative (ἀπόδειξιν δὲ καὶ ἀνάγκην), il n'y en a guère dans ce que vous dites, mais vous usez du vraisemblable (τῷ εἰκότι) – et si Théodore ou un autre géomètre voulait s'en servir pour faire de la géométrie, il ne vaudrait pas un sou. Considérez donc, Théodore et toi, si vous accepteriez des discours tenus sur de si grands sujets par le recours au langage persuasif et à la vraisemblance (εἰκόσι). (*Théét.*, 162 e 3-163 a 1)

Protagoras blâme Socrate d'argumenter en véritable sophiste[1]. L'exégèse philosophique exige au contraire une méthode au moins aussi rigoureuse que la géométrie, dont les prémisses vraies par présomption s'enchaînent grâce à une déduction logique. Or, pour façonner son interprétation et la réfutation consécutive, Socrate a assemblé incorrectement de mauvaises prémisses à des fins rhétoriques. Dès lors, faire plaider Protagoras pour la démonstration et la nécessité revient à le ramener sur le terrain du dialogue. Pour interpréter avec validité sa doctrine, il faut en chercher la cohérence sur un autre plan que le sens commun. Platon réalise par là un geste fort : il arrache le sophiste à la (rhétorique de la) place publique pour le hisser à un niveau supérieur de pensée. Cesser de jouer au cochon (166 c-d), c'est d'une part ne plus dénigrer l'écrit, d'autre part ne plus lire en usant de persuasion et de vraisemblance.

1. Le *Phèdre* attribue à Tisias et à Gorgias l'introduction du vraisemblable, ce qui en fait le *topos* rhétorique par excellence (267 a).

Démontrer géométriquement consiste à déduire *toutes* les conséquences d'une hypothèse (*Rép.*, VI, 510c-d). Érigée en principe herméneutique, la méthode géométrique reviendrait à prendre l'hypothèse de l'homme-mesure pour en déduire les conséquences, sans sortir du cadre fixé. Les affirmations tirées du fragment devront s'enchaîner logiquement les unes aux autres sans se contredire, chacune étant la seule possible (car nécessaire). Cette méthode consiste à écarter les opinions qui entraveraient la déduction des arguments – ce qui suppose de prendre la mesure des questions posées, c'est-à-dire de les accepter et d'y répondre sans introduire d'éléments extérieurs. Évoquer le cochon ou les dieux manque ainsi à cette recommandation, car cela entraîne de recourir à une idée du sens commun qui maintient le raisonnement dans le vraisemblable, plutôt que d'envisager cette pensée et ses implications pour elles-mêmes. Or interpréter un fragment philosophique, c'est en retrouver le lien original, que Protagoras situe dans la nécessité et la démonstration.

Ce plaidoyer en faveur de la discussion géométrique soulève une question quant au bien-fondé de l'exégèse platonicienne, car il entre apparemment en contradiction avec un témoignage consigné dans la *Métaphysique* d'Aristote (B, 2, 998a1-4) :

> Cependant, l'astronomie ne pourrait pas s'occuper des grandeurs sensibles ni de notre ciel. En effet, ni les lignes sensibles ne sont telles que les décrit le géomètre – il n'y a rien d'aussi droit ni d'aussi courbe dans les sensibles, car le cercle ne touche pas la règle en un seul point, comme le disait Protagoras dans sa réfutation des géomètres –, ni les mouvements circulaires du ciel ne sont semblables à ceux au sujet desquels l'astronomie énonce ses raisonnements [1].

La réfutation ne vise pas la géométrie comme telle, mais elle dénonce la *pratique habituelle des géomètres*, qui construisent des objets en désaccord avec le donné phénoménal [2] : contrairement à l'affirmation selon laquelle la tangente touche le cercle en un seul point, le dessin sur lequel le géomètre fonde son raisonnement indique qu'elle le borde sur la longueur d'un arc. Cette position s'avère cohérente avec les affirmations sur l'homme-mesure

1. La brièveté du témoignage ne permet pas de se figurer le contenu de la réfutation – brièveté qu'E. Schiappa explique par le fait que le sujet était familier au lecteur d'Aristote (*Protagoras and Logos. A Study in Greek Philosophy and Rhetoric*, Columbia, University of South Carolina Press, 2003, p. 149).

2. En accord avec G.B. Kerferd, *Le Mouvement sophistique*, trad. A. Tordesillas, Paris, Vrin, 1999, p. 168-169; et M. Untersteiner, *Les Sophistes*, tome I, trad. A. Tordesillas, Paris, Vrin, 1993, p. 60-61.

et sur les dieux : si aucune expérience ne révèle les propriétés des objets non phénoménaux, nous devons uniquement réfléchir sur ce qui nous apparaît. Il en résulte que les mathématiques doivent éviter de raisonner à partir d'objets transcendants ou absolus.

Or Platon présente Théodore comme un partisan de Protagoras (162 a). En fait-il un adepte de sa géométrie ? Au début du *Théétète*, une anecdote lui prête une preuve *par construction graphique* (ἔγραφε) en vertu de laquelle il *montre* (ἀποφαίνων) quelques puissances irrationnelles, sans poursuivre le raisonnement ni l'universaliser (147d)[1] : par ces exemples, il aurait résolu l'incommensurabilité des puissances. Théétète aurait ensuite achevé la tâche laissée en suspens en formulant une définition générale de la δύναμις (147 e-148 a). La géométrie de Théodore ne semble pas aller au-delà des propriétés dont les constructions rendent compte, dans la mesure où elle s'interrompt avant d'atteindre « une démonstration unique, abstraite et générale[2] ». Elle ne s'occupe pas non plus des raisonnements verbaux et abstraits, dont Théodore s'est détourné au profit de la géométrie (165 a). Bref, ses preuves ne sont jamais purement discursives, détachant complètement la parole du dessin, le *logos* de la figure représentée, mais elles maintiennent un lien entre la preuve graphique et son explication. Quoiqu'elle procède par démonstration pour formuler des énoncés apodictiques, cette géométrie corrobore d'une certaine façon la définition de la science par la sensation, au sens où, si elle possède en droit une induction illimitée, elle reste attachée aux cas particuliers.

Ce modèle géométrique convient-il à l'examen d'un fragment ? Il revient à manifester la vérité de la thèse de l'homme-mesure par une construction fondée sur l'expérience phénoménale, critère que satisfait l'objection tirée des langues étrangères. Bien que nous percevions les sons qu'émettent les Barbares, nous n'en comprenons pas le sens (163 a-c). Un même phénomène entraîne ainsi une double situation de savoir et d'ignorance, puisque nous connaissons la qualité des sons perçus mais pas leur signification (163 c-d). Ce procédé exégétique aboutit donc à un

1. Sur le sens de ces termes en contexte mathématique, voir M. Burnyeat, « The Philosophical Sense of *Theaetetus'* Mathematics », *Isis* 69, 1978, p. 489-513 : p. 505, n. 57. Voir surtout M. Caveing, *La Constitution du type mathématique de l'idéalité dans la pensée grecque.* Volume 3 : *L'irrationalité dans les mathématiques grecques jusqu'à Euclide*, Villeneuve d'Ascq, Presses Universitaires du Septentrion, 1998, p. 172-173.

2. C'est ainsi que M. Caveing (*op. cit.*, p. 182-183) rend compte du choix par Platon du verbe ἀποφαίνειν. Il explique en outre pourquoi Théodore s'arrête à $\sqrt{17}$: puisqu'il s'agit d'un point d'achoppement habituel, le fait que sa méthode de preuve lève cette difficulté le dispense d'étendre au-delà sa démonstration.

résultat ambivalent qui entrave la poursuite de l'examen, dans la mesure où les situations vécues n'expriment ni la vérité ni l'erreur de l'hypothèse, mais seulement son amphibologie. Par conséquent, la méthode se révèle incomplète et requiert un autre procédé [1].

La *République* définit une autre géométrie, qui raisonne à propos du carré lui-même, pas de son image, et n'en démontre pas les propriétés sur le mode graphique mais bien discursif (VI, 510 d-511 a). Comme celle de Théodore, la géométrie de Platon procède avec nécessité, mais elle s'en démarque par sa définition du nécessaire. Si la première s'appuie sur la preuve empirique, la géométrie platonicienne prône un critère logique. Or, dans la *République*, la méthode géométrique présente une insuffisance par rapport à la dialectique, vu que les mathématiques n'occupent que le second segment de la ligne (511 c-e). Cette infériorité résulte de ce que leurs démonstrations admettent des hypothèses pour principes et ne remontent pas à l'anhypothétique (511 c-d) : sans être interrogés, les concepts mathématiques (le pair, les figures) ne peuvent être qu'admis et leur statut hypothétique ne peut être levé. Ainsi, les géomètres doivent postuler des réalités, les figures, dont ils ne peuvent rendre compte sur le mode dianoétique propre à la géométrie [2]. Transposé à l'examen d'un fragment philosophique en vue d'en comprendre les propriétés et les limites, ce procédé revient à partir d'une situation empirique où interviennent plusieurs concepts (en l'occurrence la mémoire et la connaissance) et à raisonner en tenant ceux-ci pour acquis afin d'expliquer la manière dont la thèse peut rendre compte de la situation, sans cependant s'interroger sur le sens des concepts impliqués ni a fortiori vérifier leur adéquation avec la thèse en question. Ces derniers restent simplement assumés, sans que leur nature et leur signification hypothétique ne soient réellement explicitées. Toutefois, le lecteur de la *République* sait que la méthode géométrique ne peut constituer le fin mot de l'interprétation philosophique.

1. Socrate n'objecte rien à Théétète mais prend une autre voie. Aux adverbes ἄλλῃ (163 a 4, 6) et τῇδῃ (163 a 7), qui introduisaient l'examen par la méthode de Théodore, se substitue l'interrogatif πῇ, qui place l'objection suivante (à propos de la mémoire) sur un autre mode (*Théét.*, 163 c 5-6 : Ἀλλ' ὅρα δὴ καὶ τόδε ἄλλο προσιόν, καὶ σκόπει πῇ αὐτὸ διωσόμεθα) : avant d'examiner l'objection, il faut s'accorder sur la méthode à employer pour la repousser.

2. Sur le statut de la géométrie dans ce passage de la *République*, voir Th. Bénatouïl et D. El Murr, « L'Académie et les géomètres : usages et limites de la géométrie de Platon à Carnéade », *Philosophie antique* 10, 2010, p. 41-80 : p. 52-55.

L'examen géométrique reprend donc sur ce mode discursif (163 d-164 b) : si par la sensation nous connaissons une chose et, en son absence, la transformons dans la mémoire par le biais d'un apprentissage, nous sommes confrontés à une double situation de savoir et d'ignorance puisque, sans désormais faire l'expérience directe de l'objet, nous en conservons la trace dans le souvenir. L'objection s'avère géométrique (au sens hypothétique et discursif) en ce qu'elle soulève une contradiction entre des concepts liés à la thèse – apprentissage et mémoire – sans les interroger : par hypothèse, ils sont considérés comme des formes de savoir, bien que leur sens reste inexploré *dans le cadre de la théorie sensualiste associée à Protagoras*. Or la signification ordinaire mène la thèse vers l'aporie, car ces hypothèses qu'elle érige en principes s'avèrent la contredire. L'objection emprunte une mauvaise direction parce qu'en vertu d'une précompréhension de la notion de mémoire comme résidu de l'objet absent, elle ne détermine pas si le sens qu'elle attribue à ce concept s'accorde avec celui de la thèse en cours d'analyse (164 c). Elle n'interroge pas la signification de ces concepts *pour Protagoras* mais renverse la perspective de l'examen : elle veut vérifier si la thèse rend compte du concept de mémoire dans son acception courante, et non si le sensualisme en permet une autre définition. L'erreur ne provient ni de la thèse ni du fragment examinés, mais de la méthode d'examen : les objections attribuent aux notions de mémoire et d'apprentissage un sens implicite, habituel, dont l'origine reste non interrogée (*cf.* 168 b-c).

La méthode géométrique ne convient pas à l'interprétation philosophique, parce qu'elle se contente d'accords verbaux et débouche sur une chasse aux mots qui soulève des contradictions apparentes, sans correspondant logique. Elle ne prête aucune attention au sens des mots – ce qui caractérise l'attitude des ἀγωνισταί[1]. Pour illustrer l'échec de cette méthode purement discursive, Platon recourt à un argument éristique. Admettons que quelqu'un nous cache un œil : dans cette situation, nous voyons le manteau avec l'œil libre mais pas avec l'œil couvert (165 b-c)[2].

1. *Théét.*, 165 a 6 : μὴ προσέχων τοῖς ῥήμασι τὸν νοῦν; 164 c 8-d 2 : Ἀντιλογικῶς ἐοίκαμεν πρὸς τὰς τῶν ὀνομάτων ὁμολογίας ἀνομολογησάμενοι καὶ τοιούτῳ τινὶ περιγενόμενοι τοῦ λόγου ἀγαπᾶν, καὶ οὐ φάσκοντες ἀγωνισταὶ ἀλλὰ φιλόσοφοι εἶναι λανθάνομεν ταὐτὰ ἐκείνοις τοῖς δεινοῖς ἀνδράσιν ποιοῦντες. « Protagoras » reprend cette accusation dans son discours : τὸν δὲ λόγον αὖ μὴ τῷ ῥήματί μου δίωκε, ἀλλ' ἔτι σαφέστερον μάθε τί λέγω (166 d 7-e 2).

2. Trois éléments discréditent cette objection et soulignent son caractère éristique : la réplique précédente (qui juge plus terribles, δεινότερα, les conclusions d'un examen agonistique), le fait que le sophiste soit le δεινός par excellence (celui qui manipule par le

De l'identification entre vision et savoir, il résulte que nous connaissons et ignorons en même temps une même chose. L'objection consiste à passer d'un emploi relatif des actes de perception (voir *avec un œil*, ne pas voir *avec l'autre*) à un usage absolu (voir et ne pas voir), en supprimant les qualificatifs s'appliquant à la vision de l'objet[1]. Par l'omission du point de vue sous lequel une affirmation est posée, ce procédé éristique produit une contradiction sans la moindre valeur logique, puisqu'il pose des situations qui affectent le même individu, *mais sous des rapports distincts*[2]. Il constitue un exemple typique de réfutation éristique qui tait la portée relative des expressions[3]. Il illustre à nouveau la chasse aux mots, qui réduit une expression complexe à un seul terme et conduit, par une rupture logique, à une dilution d'un sens originel dont elle ne s'occupe guère.

Quel que soit leur mode (rhétorique, géométrique, éristique), toutes ces objections révèlent un fond philosophique. Si l'immédiateté du savoir inscrit chacun dans un rapport incontestable à l'objet, chacun s'avère maître de la vérité au sein de son propre monde. Au vu de la multiplicité des situations individuelles, cette thèse conduit à la ruine du sens commun et de la critique des phénomènes. Pour être soutenable, et interprétable, elle devra maintenir ouverte l'existence d'un monde où le sens est communicable. Or la théorie de Protagoras n'entraîne pas nécessairement la dissolution totale du sens, vu que les individus conservent un rapport similaire aux phénomènes : entre eux les différences sont de degré et non de nature. Il

langage) et le recours à un interlocuteur imaginaire. Dire que l'auteur de l'objection n'a pas froid aux yeux (ἀνέκπληκτος ἀνήρ, 165 b 9) fait songer au guerrier qui fonce sans hésiter dans la bataille (un homme au caractère martial, qui est dit téméraire moins parce qu'il s'attaque à l'objection que parce qu'il la soulève contre un autre). La réplique qui précède l'« apologie » confirme qu'il s'agit de la caricature du sophiste et que l'objection est éristique (165 d 2-e 4) : Socrate y multiplie les allusions à la lutte (πελταστικὸς ἀνὴρ ἐν λόγοις, ἐμβαλών, συνεποδίσθης, ψειρωσάμενός τε καὶ συνδήσας) et y fait référence au salaire du sophiste (μισθοφόρος, ἐλύτρου χρημάτων) qui est défini comme un mercenaire en discours, capable de ce type d'objections. Notons que les commentateurs manquent le ton de cette réplique et ajoutent cette objection aux précédentes.

1. Comme l'a bien vu J. McDowell, *Plato : Theaetetus*, *op. cit.*, p. 161-164. Socrate néglige la réponse de Théétète (οὕτω γέ πως) et prétexte qu'il ne l'a pas interrogé sur la manière (τὸ ὅπως, 165 c). Cette omission des relatifs rappelle les pièges d'Euthydème et de Dionysodore (*Euthyd.*, 293 b-d).

2. En *Rép.*, IV, 436 b-437 a, Platon appelle κομψευόμενος celui qui emploie ce type d'argument. Il fait des subtilités mais ne contredit pas.

3. Aristote fait de ce procédé, fréquent chez les éristiques, le type de l'argument παρὰ τὴν λέξιν· τὸ ἁπλῶς ἢ μὴ ἁπλῶς ἀλλὰ πῂ ἢ ποὺ ἢ ποτὲ ἢ πρός τι λέγεσθαι (*Réf. Soph.*, 166 b 22-23). Les variantes en *Théét.*, 165 d (savoir aigu et obtus, de près et de loin, intense et modéré) suggèrent que Platon avait bien identifié ce procédé.

reste possible de développer un principe pragmatique d'interférence entre mondes propres. Ainsi, l'ultime solution sera d'offrir à Protagoras un λόγον ἐπίκουρον qui lui rende justice, en prenant la parole en son nom et en évitant les erreurs précédentes (164e, 165d)[1]. Celles-ci ont pourtant servi à montrer que l'interprétation d'un texte ne devait pas prendre appui sur ses implications et viser à en dégager des contradictions. Il convient au contraire de s'interroger sur l'origine et les causes de ses affirmations. Le fragment philosophique ne doit pas être lui-même conçu comme une pensée, mais comme la trace d'une pensée qui a abouti. Il n'est jamais que l'expression figée d'une opinion formée au terme d'un questionnement. Dès lors, pour retrouver la pensée sous-jacente, il faut se mettre en quête de l'interrogation qui l'anime en analysant les concepts problématiques et contradictoires[2].

Malgré leurs échecs, les premiers essais d'interprétation de l'affirmation protagoréenne contribuent à la formulation d'une leçon de méthode : toute exégèse d'un fragment philosophique s'ancre dans une opinion, puisqu'elle ne constitue jamais initialement que l'approche singulière d'un texte donné. Lorsque Socrate paraphrase le fragment de Protagoras (« Telle m'apparaît chaque chose, telle elle est pour moi, etc. », 152 a), il identifie sa thèse à un objet du monde à propos duquel il se forme une opinion. Cette approche herméneutique implique donc une prise de position, un point de vue sur la thèse (ce qui, en quelque sorte, justifie le choix du fragment de Protagoras : l'interprète est la mesure de la thèse qu'il étudie). Face à cette opinion, il reste à recomposer le λόγος qui y a abouti et à entamer un dialogue avec la pensée de Protagoras. Il ne s'agit plus seulement d'interpréter, c'est-à-dire de saisir les implications d'un fragment, mais de le comprendre, en d'autres termes de remonter aux raisons de son énonciation.

1. Comme le note Myles Burnyeat, la section 163e-165e est « un modèle de démonstration de la façon dont il ne faut *pas* s'y prendre pour critiquer la thèse [...] à savoir, en isolant la thèse des enjeux épistémologiques et métaphysiques auxquels elle a été rattachée jusqu'ici » (*Introduction au* Théétète *de Platon*, trad. fr. M. Narcy, Paris, P.U.F., 1998, p. 39). Il est regrettable qu'il ne soit pas plus explicite sur ce point.

2. C'est en substance l'objectif que Gadamer attribue également à la lecture des cosmologies ioniennes que fait Platon : « Platon et les Présocratiques [1964] », dans H.G. Gadamer, *Interroger les Grecs. Études sur les Présocratiques, Platon et Aristote*, trad. fr. D. Ipperciel, Montréal, Fides, 2006, p. 153.

EXPRESSION DU LOGOS : L'APOLOGIE DE PROTAGORAS

La raison du discours

Afin de dépouiller l'examen de ce qui le personnifie et lie Protagoras aux préjugés sur le sophiste, l'exégèse doit s'abstraire des aspects circonstanciels et s'arracher à l'opinion (à l'inverse d'une herméneutique de type socratique, qui repose sur des relations interpersonnelles). Pour satisfaire aux exigences philosophiques, elle implique la dépersonnalisation du dialogue, en vertu du principe selon lequel la vérité peut être séparée de la personne qui l'énonce. Platon doit détacher Protagoras de la δόξα populaire, ce qu'il fait par le biais d'un discours à la première personne *mais prononcé par Socrate*, et non par Protagoras lui-même. En clair, la dépersonnalisation s'avère la plus aboutie aussitôt qu'il devient possible à un individu de se substituer à un autre, afin de reprendre pour lui le chemin de la pensée.

Ressusciter un auteur empêche de considérer sa position comme un livre mort, une δόξα inerte et sans portée, car réfuter une δόξα n'enseigne rien sur la vérité de sa propre position. Dialoguer avec un écrit implique d'agir non plus en historien de la philosophie, mais en philosophe, étant donné que la thèse étudiée ne se résume pas à son énonciation, mais enveloppe le chemin qui y a conduit, autant que les implications qu'elle traîne à sa suite. Prendre un interlocuteur vivant revient à lui attribuer un droit de riposte – à charge de l'auteur de ne pas le rendre factice. Il en ressort que l'interprète de Platon aura pour devoir d'adopter une attitude *également favorable* à l'égard des deux penseurs qu'il étudie, Platon et Protagoras, tout en conservant le regard critique nécessaire à l'élucidation de la distinction entre la part du polémique et celle du philosophique qui animent le dialogue.

L'emploi du discours apologétique n'implique pas le nécessaire retour de procédés rhétoriques, car il ne contrevient pas, dans son principe, à la forme dialectique de la pensée. Au début du *Sophiste* en effet, Socrate présente une alternative : soit exposer seul et longuement l'objet à démontrer, soit procéder par interrogations (217 c). L'Étranger répond par une distinction entre deux situations : celle où il est possible de *s'adresser à un interlocuteur* docile et non agressif (τὸ πρός ἄλλον), celle où il est au contraire préférable d'avancer par soi-même (τὸ καθ' αὑτόν, 217 d). Placé dans la seconde position par les objections précédentes, Protagoras se voit contraint de prononcer un discours pour exposer la pensée contenue dans son fragment. Il entame un dialogue avec lui-même ou, dans les termes de la définition de la διάνοια qui suivra, il s'adresse les questions et formule lui-même les réponses[1]. En prêtant un discours à Protagoras, Platon effectue en réalité un retour de la dialectique.

L'objet du discours

L'« apologie » s'ouvre par une interrogation sur les objections déployées à l'encontre du fragment de Protagoras[2]. Dans ce cas, répondre aux critiques par autant de questions ne ressortit pas à un procédé rhétorique destiné à confondre l'interlocuteur. Dans la mesure où les objections se sont révélées mal formulées, les questionner constitue un moyen de renouer le dialogue. Par leur biais, il devient possible d'examiner les préjugés qui ont pesé sur la première partie : le rapport entre souvenir et sensation, la simultanéité du savoir et de l'ignorance, l'identité de l'individu. Si Protagoras n'apporte pas de réponse et semble bien se dérober, à tout le moins soulever ces questions, c'est-à-dire s'interroger au préalable sur l'origine et la cause de l'erreur des différentes objections, invite à rechercher si une conception alternative du savoir, du phénomène et de la sensation paraît envisageable – et dans quelles conditions[3]. Entamer un dialogue implique de commencer par comprendre l'échec des tentatives précédentes, afin d'en éviter les travers.

L'« apologie » est ensuite le lieu de l'examen de la notion de σοφία, mais aussi de l'αἴσθησις, de la δόξα et du bon usage du λόγος : ce qui apparaissait comme une δόξα s'est avéré la source d'une mise en cause du même principe de toute δόξα en tant que vérité, puisque cette opinion a posé le problème du statut de l'opinion. Protagoras rétablit donc la possibilité d'une expertise, c'est-à-dire d'une opinion meilleure que les autres, en ces termes :

1. Cf. *Théét.*, 189 e-190 a : la seule différence entre le dialogue et la pensée pure tient à la formulation orale du premier.

2. *Théét.*, 166 b 1-c 2 : « Crois-tu qu'on te concèdera que le souvenir de ce que quelqu'un a éprouvé lui sera présent – le souvenir étant une affection analogue à celle qu'il éprouvait alors – s'il ne l'éprouve plus ? Loin de là ! Ou bien crois-tu qu'on hésitera à convenir qu'une même personne est capable de savoir et de ne pas savoir une même chose ? Ou encore, si on a peur de cela, qu'on accordera jamais que celui qui est dissemblable est identique à ce qu'il était avant de le devenir ? Davantage même : que quelqu'un soit "celui" et non pas "ceux", bien que ceux-ci deviennent infinis en nombre, lorsque se produit une dissemblance, dans l'hypothèse où il faudrait nous prémunir contre des chasses mutuelles aux mots ? »

3. La position de Protagoras peut être reconstruite à partir de la succession des questions et du reste de ses affirmations dans le dialogue. Ce n'est pas le lieu ici de se livrer à un tel exercice.

> Savoir et savant, il s'en faut de beaucoup que j'en nie l'existence, mais j'appelle savant celui-là même qui, à l'un d'entre nous à qui les choses apparaissent et sont mauvaises, les fera apparaître et être bonnes, en opérant un changement. (*Théét.*, 166 d 4-7)

Si chacun est mesure de ses phénomènes, au sens où tous les phénomènes d'un individu sont vrais pour lui, le savant possède la capacité de modifier les dispositions en vue de produire de meilleurs phénomènes. À la différence entre le vrai et le faux, Protagoras substitue, de façon cohérente – du moins aussi solide que l'ont proposée les philosophes relativistes contemporains –, une hiérarchie du pire et du meilleur dont les échelons varient en fonction de la situation [1]. En prônant un modèle d'adaptation du savoir à la situation, il interroge l'idée d'un standard universel à l'aune duquel le savant évaluerait tout phénomène. À l'intention des critiques futures, il ajoute : « Ne poursuis pas à nouveau ma thèse mot par mot, mais entends encore plus clairement ce que je veux ainsi dire (166 d 7-e 2). » Le discours ne produit pas seulement des définitions ; il justifie le sens des concepts qu'il emploie, en les intégrant dans une théorie plus large que renforce une explication du principe. Dès lors, l'interprète doit commencer par en comprendre les raisons et à observer la position depuis laquelle il avance ses objections, plutôt que de s'attacher aux mots qu'il est facile de faire résonner.

Enfin, « l'apologie » pose les modalités d'un examen réussi : Protagoras y prône le recours à la méthode par questions (δι' ἐρωτήσεων, 167 d) – qu'il présente comme l'alternative à l'opposition d'un discours à l'autre. Du point de vue formel, celle-ci n'est pas exclusive du discours, puisqu'en son sein le λόγος peut s'adresser des objections et poursuivre le cheminement de pensée. En revanche, l'interrogation ne doit pas être menée dans un esprit de dispute et d'injustice, où chacun s'amuserait à faire choir l'autre (167 e-168 b). Dans le dialogue, chacun prend soin de redresser l'interlocuteur, en lui indiquant ses chutes. Bref, si l'interprétation fait apparaître des erreurs, il faut en tirer profit plus que gloire en en étudiant la cause – du moins ce chemin mène-t-il à la philosophie (168 a). « Ce n'est ni placé dans un état de malveillance ni de lutte, mais dans une pensée favorable qu'il te faut examiner véritablement ce que nous voulions dire tout à l'heure (168 b 3-4) ».

En attribuant à Protagoras cette méthode par questions, somme toute la plus philosophique, Platon ne légitime pas la pratique du sophiste en tant

1. Pour une comparaison avec le relativisme moderne, on lira U. Zilioli, *Protagoras and the Challenge of Relativism. Plato's Subtlest Enemy*, Aldershot, Ashgate, 2007, p. 55-87.

que telle, mais il insiste sur l'intérêt philosophique de sa thèse et sur la possibilité d'un examen valide. Ce discours esquisse les contours d'une herméneutique qui ambitionne de produire un λόγος chargé de rendre raison d'une thèse en initiant un mouvement d'interrogation. Elle n'obéit pas à un esprit de rivalité mais de coopération, qui implique de peser, en accord avec soi-même, la validité des questions et l'adéquation des réponses. Contre les travers des méthodes rhétoriques et éristiques, elle ne livre pas un examen de l'extérieur, consistant en des objections formelles fondées sur des accords verbaux ou des opinions courantes, mais elle procède à une étude des principes en vue d'évaluer leur pertinence et la façon dont ils rendent compte d'eux-mêmes – le dialogue étant avant tout dialogue de la thèse avec elle-même. Il faut donc se livrer à l'examen en contraignant les forces en présence à y participer[1].

DISSOCIATION DES PROBLÈMES

L'apologie limite le lien entre les formules de Protagoras, d'Héraclite et de Théétète. Héraclite intervient seulement en fin de discours (168 b). Quant à Théétète, la proximité entre sensation et apparaître est mise de côté du fait que le phénoménalisme de Protagoras reçoit une plus grande extension, en englobant δόξα et σοφία. Si les présupposés et conséquences des trois thèses révèlent des problèmes distincts, elles requièrent des traitements spécifiques et vont dès lors subir des examens séparés et successifs : Protagoras en 169 d-172 b, puis en 177 c-179 d ; Héraclite en 179 d-183 c ; et Théétète en 184 b-187 b. L'interprète doit commencer par isoler les questions, avant de les examiner sans les faire interférer.

La critique adressée à Protagoras se présente comme la première tentative de réfutation du relativisme. Elle commence par recourir à un argument sur le nombre : l'opinion de Protagoras paraît fausse à davantage de gens qu'elle ne paraît vraie à d'autres. Protagoras doit donc céder au poids de la majorité et reconnaître son erreur (170 d-171 a). Cette objection est peu satisfaisante, tant du point de vue de Protagoras (qui a admis la supériorité de l'opinion du savant sur celle de la foule) que de Platon lui-même (qui refuse en général l'argument du nombre de témoins : cf. *Criton*, 48 a ; *Gorgias*, 471 e-472 c). Platon raffine alors sa position : si Protagoras accorde la vérité de l'opinion qui juge fausse sa thèse, dès lors qu'il n'y a

1. C'est ce que signifie l'injonction faite à Théodore de prendre part à la discussion, afin de convoquer son expertise (168 d-169 d).

d'opinion que de ce qui est (vrai), il doit admettre de ce fait la fausseté de sa propre thèse (171 a-c). Platon réintègre Protagoras au débat sur la vérité, tout en conservant le principe de supériorité de certains individus : si toutes les opinions sont vraies, même si elles ne le sont jamais que *pour quelqu'un*, rien ne permet de juger fausses certaines opinions d'autrui. Le dialogue apparaît enfin centré sur le problème majeur que soulève le fragment de Protagoras : l'existence du faux.

> Il n'est pas évident, mon ami, que nous poursuivions Protagoras sur la bonne piste : il est du moins vraisemblable que lui, plus âgé, soit plus sage que nous. Et si, tout d'un coup, il surgissait ici de terre jusqu'au cou, il me réfuterait, moi qui énonce beaucoup de sottises, comme c'est vraisemblable, et toi qui les accordes, après quoi il se renfoncerait aussitôt pour prendre la fuite. (*Théét.,* 171 c 10-d 3)

Pour certains, le retour de Protagoras consisterait à se réfugier derrière les termes relatifs et à ouvrir un débat infini : « Conclusion vraie pour toi, fausse pour moi[1]. » De cette façon, il couperait court à toute entreprise dialogique, refusant les arguments de Socrate. Or, étant donné la réfutation apportée au principe de vérité relative, cette solution semble difficile à admettre, à moins de considérer que Protagoras refuse le projet philosophique et, par extension, que toute cette partie du dialogue est dépourvue de sens. Cette remarque se comprend en revanche dans la perspective de l'herméneutique que Platon a développée dans l'apologie. Il s'agirait alors d'une mise en garde contre la réfutation qui vient de s'achever, car elle reposerait sur une interprétation erronée du fragment sur l'homme-mesure que Protagoras viendrait rectifier. Toutefois, en l'état, la dialectique ne peut rien de plus : le texte écrit demeure toujours susceptible d'une nouvelle interprétation, d'une opinion qui s'enracine en lui et qu'il reste à dialectiser. Il n'est jamais qu'un prétexte à la pratique dialectique, à un exercice de pensée susceptible d'être sans cesse repris.

La critique finale adressée à Protagoras est l'occasion d'une réflexion sur l'expertise. Dès lors que le sophiste, ou tout spécialiste, prétend posséder un savoir pour agir sur une disposition, Platon interroge : d'où vient ce savoir et en vertu de quel critère se voit-il qualifié de meilleur ? Protagoras désignait par ἀμείνων la référence de l'action du savant et il lui associait l'utile et le nuisible, le meilleur et le pire. Platon parle aussi d'utile, mais pour qualifier le bon (ἀγαθόν, 172 a-b, 177 d, 179 a), opérant

1. Voir A. Long, « Refutation and Relativism in *Theaetetus* 161-171 », *Phronesis* 49, 1, 2004, p. 24-40 : p. 39.

plusieurs modifications : il change de lexique pour insister sur le bénéfice[1], il associe l'utile au bon, réintroduisant le critère du vrai et du faux, et il restreint son extension à la cité. Dans son argument, le bénéfique reçoit une valeur objective, plutôt que contextuelle. Il n'est plus un qualificatif attribué au sein d'un groupe pour une période donnée (177 d). Là où Protagoras favorisait la maximalisation des intérêts individuels en cherchant le plus utile pour chacun, Platon impose comme rôle au savant de connaître et de produire le réellement bénéfique. Dans son raisonnement, le meilleur ne qualifie plus la disposition, mais l'état du savant lui-même, qui vaut mieux que les autres en vertu de son pouvoir de prédiction, fondée sur une connaissance objective (178 d-e, 179 a). Bref, il en ressort ultimement que le fragment de Protagoras constitue le lieu pour un questionnement sur un principe utile à la vie quotidienne : l'opinion droite.

CONCLUSION

Quelle leçon en tirer pour la lecture du *Théétète*? Repartons du prologue. Le *Théétète* se présente comme un dialogue consigné par Euclide dans un livre (142 a-143 c). À titre d'écrit, il est muet et orphelin : Euclide ne connaît pas le récit de mémoire et doit ordonner la lecture d'une retranscription; Socrate a bu la ciguë depuis longtemps et Théétète est mourant. Le *Théétète* place donc l'interprète dans des conditions analogues au fragment. La lecture doit-elle dès lors en être reprise sans cesse[2]? À la différence du fragment, qui réduit la *Vérité* à son *incipit*, le *Théétète* conserve la forme dialoguée, où la suppression des incises accentue la dimension du questionner et du répondre (143 b-c). Ce caractère dialectisé empêche de le considérer comme un objet d'opinion, puisqu'il inclut dans sa forme le mouvement de l'interrogation. Il existe donc une lecture adéquate du *Théétète* : celle qui s'attache à en relever les questions, car toute lecture d'un dialogue platonicien doit déjà viser à un dialogue avec Platon. Enfin, la confrontation avec Protagoras enseigne qu'il n'y a pas d'interprétation unique, car le dialogue renoué par le lecteur prend à chaque fois un tour différent, en fonction du chemin qu'il suit pour trouver les réponses. Dialogue sur la science, le *Théétète* établit ce que devrait être en substance une science du texte, qui nous instruit sur l'art de lire un dialogue tout autant qu'un fragment philosophique.

1. Protagoras parlait de χρηστόν et de πονηρόν, Platon emploie συμφέρον et ὠφέλιμον.

2. A. Ford (« Protagoras' Head », art. cit., p. 216-217) soulève la question mais rejette l'idée de lecture dialectique.

HÉRACLITE ET LA RÉFUTATION DE THÉÉTÈTE

(*THÉÉTÈTE*, 179 C- 183 C)

Justin GOSLING

LE PROBLÈME

Lorsque Théétète déclare, en 151 e, que la connaissance est perception, Socrate et Théétète éclaircissent cette affirmation en l'identifiant à l'opinion de Protagoras selon laquelle ce qui m'apparait est pour moi, et ce, sous la forme suivante : les seules choses qui sont pour moi sont celles qui sont données dans la perception. Il est dit que cela revient au point de vue d'Héraclite selon lequel la perception est le résultat de l'interaction entre des mouvements. Cet exposé s'achève en 157 c, et donne suite à une défense de la position contre des objections diverses.

On pourrait s'attendre à ce que Socrate procède à la réfutation de cette position, mais auparavant, il examine une version plus vaste de la thèse protagoréenne, version qui autorise des jugements allant au-delà de la perception actuelle et qui affirme que ces jugements sont tous vrais (pour celui qui juge ?). La critique formulée révèle tout ce que nous devrions abandonner dans notre conception de la connaissance, mais établit aussi que tous les jugements ne peuvent pas être vrais. Ce passage sert également à nous faire prendre conscience que la version plus restreinte de la thèse protagoréenne ne nous autoriserait pas à produire des jugements sur le futur, ni sur ce qui est, ni sur la vérité, – mais ce point n'est pas développé. Ce qui est développé, en revanche, c'est que la version étendue de la thèse protagoréenne ne nous permet pas de reconnaître les experts, tel que nous le faisons habituellement – ceux qui s'y connaissent mieux que d'autres sur les questions de santé, par exemple ; cette version ne permet pas à Protagoras d'affirmer sa compétence à propos de sa propre conception de la vérité, ou même de soutenir une telle conception – de fait, Protagoras doit, selon Socrate, la considérer comme fausse (cf. *Théét.*, 171 b 1-2); enfin, la version étendue de la thèse de Protagoras aurait pour conséquence absurde que les jugements des individus sur leurs états futurs sont garantis comme étant vrais. Il n'est pas nécessaire de s'attarder sur le détail de ces arguments : le point important est que dans un vaste éventail des domaines où la compétence / la connaissance est revendiquée, nous supposons nous-mêmes que nous opérons dans un monde publique où les opinions des autres pourraient bien se trouver mieux fondées que les nôtres, à l'opposé de ce qu'implique la version plus restreinte de la thèse de Protagoras.

En 179 c, ayant à sa grande satisfaction réfuté la version plus étendue de la thèse protagoréenne, Socrate reconnaît qu'il pourrait être plus difficile de nier que les perceptions et les jugements qui naissent d'une interaction perceptive sont vrais, et que, s'ils le sont, alors ceux qui disent que ce sont là des exemples de connaissance pourraient bien avoir raison, et Théétète n'être pas loin de la vérité en identifiant perception et connaissance. Voilà qui doit à présent être examiné avec plus de précision et qui exige que nous considérions en détail la doctrine héraclitéenne du flux, convoquée pour soutenir la position de Protagoras.

On pourrait croire que ce que Socrate va examiner est la thèse limitée selon laquelle tous nos jugements perceptifs sont vrais, mais pourtant, ce qu'il prétend avoir réfuté en 183 c est la thèse plus forte selon laquelle la connaissance est perception. Cette thèse plus vaste serait tout autant réfutée par la réfutation de la thèse plus limitée, mais le choix des termes comme la récapitulation de la première conception de la perception que Socrate propose en 183 c suggèrent que Socrate considère qu'il revient à la thèse initiale de Théétète et non qu'il prête simplement attention à un reste probable de celle-ci.

On s'attendrait donc à ce que la *reductio ad absurdum* annoncée en 183 c soit une réfutation de l'affirmation selon laquelle la connaissance est perception sous la forme que prend cette thèse lorsqu'elle s'appuie sur la version de l'héraclitéisme esquissée à partir de 156 e, et que par conséquent ce soit l'opinion de Théétète telle que fondée sur cette version de l'héraclitéisme qui se trouve réfutée. Mais notre attente risquerait bien d'être déçue et il se peut que d'autres facteurs nous contraignent à adopter une interprétation différente.

Considérer la *reductio* finale comme dérivant de la combinaison de la thèse de Théétète et de l'héraclitéisme présente deux difficultés :

1) Dans la théorie héraclitéenne de la perception appelée au renfort de Protagoras, nous trouvons mentionnées seulement deux formes de

mouvement, le local et le rotatif; il ne semble pas être fait mention d'un changement qualitatif. Toutefois, en 181 c-d, une autre sorte de mouvement semble être ajouté, un changement qualitatif, qui est affirmé devoir être admis par les héraclitéens, si ces derniers veulent pouvoir soutenir que tout est soumis au flux – et la réfutation dépend d'une manière cruciale de cette forme de « mouvement ». C'est parce qu'il est admis que les choses sont soumises à un changement qualitatif constant que la *reductio* est censée être produite. Mais si le changement qualitatif ne fait aucunement partie de la théorie nécessaire pour venir au renfort de Protagoras, alors la réfutation construite par Platon ne parvient pas à ébranler la position de Théétète qui ne défend pas cette thèse supplémentaire. Il serait plus satisfaisant de pouvoir soutenir que cet héraclitéisme apparemment élargi est impliqué par la version restreinte mais il n'est pas facile de voir comment cela est possible. Il est donc courant d'attribuer à Platon un argument qui n'est pas très bon et qui, en tant qu'argument, n'est pas rendu plus respectable par la suggestion que certains héraclitéens ont peut-être soutenu cette position, ou que Platon avait le sentiment qu'ils auraient dû la soutenir. La réfutation doit découler de la thèse telle qu'elle est nécessaire à la position de Théétète.

2) Même si nous mettions de côté nos inquiétudes à ce sujet, il reste un point curieux : la *reductio* semble dépendre d'une interprétation très radicale du changement des qualités, interprétation qui requiert que tout change, non pas uniquement, par exemple, du blanc lumineux au blanc terne, mais du blanc au non-blanc, et dans le cas de la vision, de la vision à la non-vision (et ceci doit évidemment être un changement vers la non-perception, si nous devons pouvoir en déduire que nous sommes passés à la non-connaissance) – et de même avec les autres sens. Ainsi, puisque la connaissance est perception, n'importe quel cas de connaissance se transforme en non-connaissance. Il n'est pas évident de saisir en quoi cette version radicale de l'héraclitéisme découle de la version plus traditionnelle qui, elle, semble autoriser un changement graduel constant, ce qui est tout ce que requiert l'hypothèse selon laquelle les choses sont soumises à des changements qualitatifs constants. Mais, à moins que la version radicale ne découle effectivement de la version traditionnelle, Platon, une fois de plus, ne parvient pas à réfuter Théétète, car la version plus traditionnelle paraît bien trop faible pour produire la *reductio*.

Dans son commentaire du dialogue[1], David Bostock relève ces deux problèmes et, en considérant les autres interprétations disponibles,

1. D. Bostock, *Plato's* Theaetetus, Oxford, Clarendon Press, 1988 : voir p. 106, n. 16.

remarque qu'il ne parvient pas comprendre celle que j'ai proposée quand j'ai traité du passage dans mon *Plato*[1]. Je ne vais pas m'adonner à un pénible exercice d'histoire de l'interprétation, afin de voir si je comprends mieux que lui ce que j'ai moi-même écrit – c'est d'ailleurs la raison pour laquelle je n'ai pas repris ce texte. Toutefois, la remarque de Bostock m'a incité à revenir au *Théétète* car, bien que je sois en accord substantiel avec lui sur bon nombre des critiques qu'il adresse aux autres interprétations, son interprétation semble ne pas nous laisser d'autre choix que celui d'attribuer à Platon une argumentation passablement inepte. Comme je suis sûr qu'il en conviendrait lui-même, il serait tout de même préférable, toutes choses étant égales par ailleurs, de trouver une interprétation qui laverait Platon de cette accusation. Je voudrais voir ici si nous pouvons interpréter Platon de telle manière qu'il lui soit au moins plausible de considérer que la version initiale de l'héraclitéisme implique un changement constant de qualité et sous une forme radicale nécessaire à la *reductio*. Toute ressemblance avec les opinions que j'ai exprimées ailleurs serait tout à fait involontaire.

HÉRACLITÉISME RESTREINT, HÉRACLITÉISME ÉTENDU

Il est évident que dans l'exposé de la conception héraclitéenne de la perception en 156 *sq*., seuls deux types de mouvement sont mentionnés, le local et le rotatif; par ailleurs, en 181, Socrate a tout l'air d'introduire un nouveau point. À l'évidence, c'est une nouvelle forme de mouvement qu'il semble introduire. Après avoir mentionné le mouvement local et le rotatif comme constituant *un* genre de mouvement, il se réfère alors au changement de qualité et déclare qu'il en constitue un second genre. Ceci permet de supposer que, selon toute vraisemblance, le changement de qualité n'avait pas été envisagé dans le premier exposé. Il est vrai que ce sont les interactions entre mouvements qui produisent les rejetons jumelés[2] qui

1. J.C.B. Gosling, *Plato*, London - Boston, Routledge and Kegan Paul, 1973, p. 148-150.

2. Cf. *Théét.*, 156 a 7-b 1 : ἐκ δὲ τῆς τούτων ὁμιλίας τε καὶ τρίψεως πρὸς ἄλληλα γίγνεται ἔκγονα πλήθει μὲν ἄπειρα, δίδυμα δέ [...]. Afin de prévenir toute confusion, je précise que je ferai ici fréquemment usage du terme « rejeton » (*offspring*) en me référant au résultat final de l'interaction, alors même que Socrate utilise le terme pour renvoyer aux mouvements rapides produits par les mouvements rotatifs lents. De ces mouvements, à leur tour, résultent bien sûr l'œil voyant et l'objet coloré, qui sont *leurs* rejetons. C'est là qu'interviennent les changements du voyant au non-voyant et du blanc au non-blanc, et ils sont inextricablement jumelés. Ce sont eux que je désigne comme les « rejetons jumelés ». Ce que Socrate appelle les rejetons jumelés, les mouvements rapides que sont la vision et la

sont responsables des qualités perçues, mais l'exposé est autorisé à se développer comme s'il laissait une place à l'idée d'une absence de changement qualitatif au travers des rejetons successifs. Si en effet les « choses » sont des collections de rejetons contemporains et successifs, il semblerait bien qu'une chose puisse conserver les mêmes qualités au cours d'une succession de perceptions, lesquelles en retour pourraient toutes être des visions. De sorte que le changement qualitatif ne semble pas impliqué par l'héraclitéisme restreint. Dans les cas où les qualités / choses perçues seraient impossibles à distinguer, les visions auraient toutes les chances de l'être aussi. Ainsi le changement de qualité ne semble pas du tout requis, – ni, bien sûr, le changement de type de perception, et encore moins le changement de perception à non-perception.

Tout ceci rend très tentant de suggérer que Platon ne s'emploie pas à, et n'a pas l'intention de, réfuter Théétète dans la mesure où celui-ci souscrit à une version restreinte de l'héraclitéisme. Une telle version donne, après tout, une esquisse de la forme que pourrait / devrait prendre toute théorie de toute forme de sensation quelle qu'elle soit, esquisse dont Platon pourrait se satisfaire pleinement[1]. Que le monde de la perception soit soumis à un constant changement semble être la doctrine platonicienne standard. Si nous distinguons entre perception et jugement, Platon pourrait également admettre que les jugements portant sur la manière dont les choses apparaissent dans la perception sont toujours exacts, même s'ils ne méritent pas pour autant de ce fait le titre d'*epistemè*. Ainsi Platon serait prêt à laisser intact quelque chose de la thèse de Théétète et n'est prêt à attaquer cette

blancheur, pose un certain nombre de problèmes. Son analyse a l'air plausible et de sens commun dans l'explication qu'elle propose de la façon dont les mêmes choses apparaissent différemment à différents sujets, mais la comprendre ainsi est quelque chose qu'un protagoréen ne pourrait tolérer. En effet, il lui faudrait alors considérer que les mouvements convoqués dans l'explication sont dotés d'un certain caractère, responsable des différences de perceptions relativement aux différents sujets. Pour nous prévenir contre cette interprétation, nous disposons des remarques faites en 156 d-e, selon lesquelles le mouvement rapide qu'est la blancheur (un rejeton qui avec la vision – l'autre rejeton – est le co-producteur de l'œil voyant et de l'objet blanc), et le mouvement rapide qu'est la vision ne seraient jamais apparus si l'un des deux avait rencontré quelque chose de différent. Par conséquent, le mouvement qu'est la blancheur, s'il apparaissait aux côtés d'une vision correspondant à la vision du rouge, ne serait pas finalement le mouvement qu'est la blancheur, pas plus qu'*il* ne produirait un objet rouge – il serait plutôt remplacé par le mouvement qu'est la rougeur. Ceux qui soutiennent cette position veulent une chose et son contraire : ils veulent être à même de parler comme si les mouvements existaient et étaient explicatifs et, en même temps, comme si la blancheur, disons, est la blancheur si, mais seulement si, il en résulte une chose blanche perçue – mais, précisément, voilà qui prive cette position de tout pouvoir explicatif.

1. Ceci semble correspondre à ce que l'on trouve, par exemple, dans le *Timée*.

thèse que si elle s'allie à un héraclitéisme impliquant un changement constant de qualités aussi bien qu'un mouvement permanent.

Je ne vois pas clairement à quoi se ramènerait cette version restreinte ainsi laissée intacte. Il y deux éléments qui sont propres à cette version restreinte : 1) l'image du mécanisme de la perception comme affaire d'interactions constantes entre l'organe sensoriel et l'environnement, toutes les parties de l'interaction se trouvant en mouvement constant ; 2) le portrait du rejeton comme constituant une présentation d'un objet doté d'une qualité perceptible pour celui qui perçoit l'objet comme possédant cette qualité. Par la suite, bien sûr, l'argument de Socrate va de fait séparer ces deux éléments. Mais si la version restreinte est tout ce qui demeure lorsque le changement de qualité est supprimé, alors 1) et 2) sont tous les deux conservés. Que Platon puisse s'en trouver satisfait me semble hautement improbable. Pour commencer, comme on vient tout juste de le remarquer, ceci laisse intacte la confusion entre percevoir et juger. Mais ceci laisse également sans critique aucune l'identification de la qualité perçue avec l'autre de deux jumeaux du couple de rejetons. Cette identification est nécessaire pour assurer l'infaillibilité. Car il est essentiel que, pour pouvoir être garanti comme vrai, le jugement ne se risque pas au-delà du donné immédiat de la perception : la qualité perçue doit être entièrement donnée dans le percevant. Il n'y a pas de place pour la conception que Socrate défendra plus tard et selon laquelle notre saisie des qualités provient de la comparaison que nous faisons entre nos différentes perceptions. Non seulement l'idée de comparer des perceptions est incompréhensible dans la conception héraclitéenne, mais si Socrate avait raison, alors appréhender une qualité reviendrait à appréhender la similarité entre ce qui est donné ici et maintenant et d'autres percepts. Mais cela mènerait le jugement au-delà du donné immédiat et le rendrait ainsi faillible. De sorte que ce qui reste de tout cela n'aurait pas satisfait Platon, me semble-t-il,

La même objection est valable si nous considérons un héraclitéisme restreint défendant un changement *graduel* des qualités, la version étendue soutenant, quant à elle, un changement *radical*. Dans ce cas, bien sûr, comme Bostock le remarque, Platon semble passer beaucoup de temps à réfuter une conception complètement insensée, du moins si on fait appel au bon sens naturel : les héraclitéens ne peuvent tout de même pas faire appel à une « réalité familière » quand ils soutiennent que toute chose change constamment de couleur. Comme Bostock le note également, il n'est pas simple de justifier, même si on voulait le faire, l'idée selon laquelle Platon distingue deux versions de l'héraclitéisme, comme il distinguait deux versions du protagoréisme : à la différence de ce dernier cas, rien dans le texte n'indique, s'agissant de l'héraclitéisme, l'existence d'une quelconque distinction. Si toutefois on admet l'existence de cette distinction et que l'on soutient que seule la version étendue, radicale, se trouve réfutée, alors non seulement nous nous retrouvons avec la réfutation d'une opinion dont il est difficile de croire que quelqu'un ait jamais pu la prendre au sérieux, mais ce qui demeure non réfuté conserve la confusion entre perception et jugement de perception, laquelle ne saurait être admise par Platon, et qui semble indispensable pour conserver l'infaillibilité.

Je suppose que l'on pourrait dire qu'à ce stade Socrate réfute seulement la thèse de Théétète en tant qu'elle prend appui sur un héraclitéisme élargi, et qu'il laisse la réfutation de la version restreinte pour l'argument ultérieur sur le jugement. Cela se pourrait bien, mais dans ce cas nous nous retrouvons confronté à quelque chose de curieux : à savoir que Socrate *s'exprime* comme s'il avait réfuté Théétète si ce dernier se fonde sur Héraclite tel qu'il a été dépeint initialement. Si Théétète se fonde seulement sur le point relatif au changement de qualité sous sa forme radicale, l'argument peut arriver directement à sa conclusion à partir de cette supposition : il n'y aurait donc aucun intérêt à rappeler, en 182, tous les éléments antérieurs afin de produire la *reductio*. En outre, comme le remarque Bostock, le texte n'indique nullement l'existence d'une distinction opérée entre une version traditionnelle de l'héraclitéisme, liée à une conception du changement graduel, et une version radicale nécessaire à la *reductio*.

Comme je l'ai remarqué plus haut, il est essentiel à la sauvegarde de l'infaillibilité que ce qui est jugé / connu soit présenté tout entier et complet dans la perception. De plus, chaque moment successif produit un rejeton distinct, une perception différente d'un objet qualifié différent. Ces rejetons ne sont en eux-mêmes ni dans le mouvement local ni dans le mouvement rotatif, mais sont les résultats momentanés des rencontres de tels mouvements. Ils sont, toutefois, soumis à un changement permanent : un rejeton doit seulement survenir pour cesser d'être. L'un des jumeaux dans chaque cas est un objet perçu. Les qualités perçues sont des parties de ces objets. Je dis « parties » [1] et non « aspects », parce que ce dernier terme pourrait suggérer qu'ils sont des manières par lesquelles ces objets ressembleraient aux autres – mais cela, nous l'avons vu, menacerait

1. Ceci n'implique pas pour autant que je soutienne que ces qualités font partie d'un des agrégats mentionnés en 157 b-c, si ces derniers sont considérés comme semblables à ceux des *sense-data* des empiristes. Il suffit qu'un rejeton soit, disons, un objet blanc, lequel est vraisemblablement doté d'une forme visible, et que la forme et la couleur soient des parties de ce qui est vu.

l'infaillibilité. Aussi les qualités, avec le rejeton, changent-elles constamment, au moins dans la mesure où chaque perception successive est une nouvelle perception d'une nouvelle qualité perçue. Assurément, l'héraclitéisme original implique donc le changement qualitatif permanent ?

On pourrait cependant objecter : cela ne laisse-t-il pas très certainement ouverte la possibilité que les qualités perçues successives soient similaires ? Dans ce cas, le rejeton changerait, au sens où, d'un moment à un autre, nous aurions des rejetons différents, bien que la qualité et le type de perception demeurent. Assurément, alors qu'en un sens à chaque moment nous avons une nouvelle qualité perçue et une nouvelle vision, chaque paire successive de jumeaux dans la série pourrait être un cas de vision et un cas de blanc ?

BURNYEAT

Dans son commentaire du dialogue[1], Burnyeat est conscient de ces problèmes et avance une interprétation (qu'il nomme la « Lecture B ») qui dérive directement la *reductio* de la version originale de l'heraclitéisme, en soutenant qu'il serait impossible à ces héraclitéens de permettre la persistance de la qualité.

Si j'ai bien compris Burnyeat (et peut-être même si je ne l'ai pas compris), son interprétation est très ingénieuse et va comme suit : l'argument qui s'étend jusqu'en 183c est une véritable *reductio* de la position héraclitéenne originale, introduite afin qu'il soit possible de travailler sur la thèse de Théétète. Il est important de noter la similitude entre cette position et une position empiriste caractéristique, selon laquelle pour atteindre la certitude, il nous faut limiter notre jugement à ce qui est immédiatement présent aux sens. La doctrine du flux satisfait cette exigence et constitue ce dont nous avons besoin pour parvenir à échapper à l'objectivité : il existe un parallélisme entre le contraste du flux et de la stabilité et celui de la subjectivité et de l'objectivité. La critique de la version élargie du protagoréisme met en valeur le point suivant : si nous devons pouvoir posséder une compétence, situation où les gens ne se trompent pas, alors l'erreur doit être possible, ce qui implique objectivité et stabilité, à savoir l'opposé du flux et de la subjectivité. Cet point est alors utilisé à l'encontre des héraclitéens pour les contraindre à accepter le changement constant des

1. M. Burnyeat, *The* Theaetetus *of Plato*, with translation by M.J. Levett, revised by M. Burnyeat, Indianapolis, Hackett, 1990 ; trad. fr. de M. Narcy, Paris, P.U.F., 1998.

qualités. Car s'ils permettent qu'une qualité, quelle qu'elle soit, puisse persister, alors ils autorisent l'existence de la stabilité, si faible soit-elle – ce qui ouvre la porte à l'objectivité, ainsi qu'à la possibilité de l'erreur. La possibilité de l'erreur est en fait nécessaire s'il doit exister une cible pour la vérité objective. Parce qu'ils ne peuvent accorder la stabilité / la persistance des qualités et ne peuvent ainsi accorder une quelconque objectivité, les héraclitéens ne peuvent accorder que nos jugements soient justes à propos de quoi que ce soit, parce que l'erreur est impossible. Ainsi, s'il est vrai que nos jugements ne peuvent être incorrects, c'est parce qu'ils ne peuvent pas être corrects non plus. Par conséquent, si les héraclitéens avaient raison, nous devrions être tout aussi fondés à appeler quoi que ce soit non-blanc plutôt que blanc, non-vision plutôt que vision, non-connaissance plutôt que connaissance, en bref, le langage s'effondrerait. Les héraclitéens pourraient échapper à cette conséquence, sans doute, en distinguant entre perception et jugements de perception, mais, ce faisant, il leur faudrait quitter le chemin menant à l'infaillibilité, lequel passe par cette identification entre perception et jugement de perception. La *reductio*, donc, dérive de prémisses auxquelles les héraclitéens souscrivent initialement. Socrate fait ce qu'il a à faire, et il n'y a nul besoin d'une quelconque notion d'héraclitéisme élargi.

QUELQUES CRITIQUES

Bien que l'interprétation de Burnyeat produise ce qu'il faut, me semble-t-il, vouloir produire, à savoir une *reductio* véritable, la façon de faire me laisse toutefois insatisfait.

Mes craintes se fondent sur les principaux piliers sur lesquels repose cette interprétation : en premier lieu, le lien entre stabilité et objectivité ; en second lieu, le genre d'objectivité, si tant est qu'il y en ait une, impliqué par le fait de rendre les qualités persistantes ; en troisième lieu, la connexion entre l'objectivité et la possibilité de se tromper. En outre, l'ensemble me semble rendre la façon de procéder de Socrate plutôt bizarre par endroits.

Stabilité et objectivité

Je n'ai pas l'intention de discuter l'affirmation de Burnyeat selon laquelle pour Platon la stabilité implique habituellement l'objectivité. Ce dont nous avons besoin, cependant, pour que la *reductio* soit valide, n'est pas une absurdité dérivant de prémisses platoniciennes, mais d'une absurdité dérivant de prémisses héraclitéennes. Aussi la question importante est-elle de savoir si les héraclitéens sont tenus d'inférer l'objectivité à partir de la stabilité. Si par objectivité nous entendons une situation où des objets ou des qualités existent indépendamment de la perception, alors il est très clair que les héraclitéens pensent que leur doctrine du flux a pour effet un refus de l'objectivité. Il n'est pas clair, en revanche, qu'il leur faille accepter la réciproque, à savoir qu'un refus du flux mène à l'acceptation de l'objectivité : ils pourraient se contenter de penser que, s'il n'y avait pas de flux, il n'y aurait à coup sûr pas de connaissance, parce qu'il n'y aurait pas aucune interaction entre le connaissant et le connu ; ou bien qu'il n'y aurait rien du tout ; ou encore qu'à l'examen, la suggestion est incohérente. Pour être sûrs d'avoir une *reductio* digne de ce nom, nous devrions être certains que les héraclitéens sont tenus de souscrire au point de vue platonicien supposé. Autant que je puisse le voir, Socrate ne fait rien pour leur imposer. Il se pourrait, évidemment, que Platon leur impose sa propre distinction sans se rendre compte qu'elle exige de lui plus de travail – mais ceci rendrait l'argument bien moins que satisfaisant.

Degrés d'objectivité

Burnyeat pourrait ici objecter que, quand il parle d'objectivité, il ne pense à rien d'aussi radical. Il pourrait soutenir qu'il suffit à Socrate que les héraclitéens accordent la persistance d'une qualité, ne serait que pendant le plus petit instant, dans le monde supposément solipsiste de l'expérience sensible. C'est assez pour assurer qu'à propos d'un fait, on puisse avoir raison ou tort : il n'y a nul besoin d'objets existant indépendamment de ceux qui perçoivent.

Avoir raison et la possibilité de l'erreur

Cette remarque permet de relier ce point à ma troisième crainte, relative à l'idée selon laquelle le jugement (objectif) requiert la possibilité de commettre des erreurs. Burnyeat semble affirmer que c'est dans la critique du protagoréisme élargi qu'on nous fait prendre conscience de ce point précis. Socrate y vient au secours de l'objectivité pour un très large éventail de jugements, et l'objectivité se voit étroitement liée à la possibilité de se tromper (voir 178 a, 179 a)[1]. Mais ce dont nous avons besoin, naturellement, ce n'est pas seulement que le lecteur puisse éventuellement prendre conscience de ce point, ni même que Platon ait projeté que le lecteur en prenne conscience, mais bien que ce point appartienne effectivement à l'argument de Socrate. Il est vrai que, dans ce passage, Socrate explique

1. Voir M. Burnyeat, *The* Theaetetus *of Plato*, *op. cit.*, p. 42-43 ; trad. fr., p. 64-66.

clairement que si nous voulons maintenir notre confiance habituelle dans la compétence, nous devons reconnaitre, contre Protagoras, que les jugements ne sont pas tous également fiables, et qu'il existe d'authentiques conflits de jugements. En outre, une autre conviction va très certainement de pair avec la précédente, à savoir que ces jugements opèrent au moins en partie dans un monde commun ouvert à divers « jugeurs » : cela fait partie du point soutenu par Socrate que de préciser que nous ne considérons habituellement pas les jugements comme étant limités au contenu de notre propre expérience. Nous présupposons l'objectivité au sens requis par ma première objection. Il faut cependant noter deux choses : d'abord, que cette objectivité est beaucoup plus forte que n'importe quelle objectivité impliquée dans des qualités persistantes dans l'expérience subjective ; et ensuite, que Socrate ne prend pas la peine d'argumenter que la possibilité de se tromper est pour nous une condition nécessaire pour être dits avoir raison. Le passage auquel se réfère Burnyeat est bien trop faible pour justifier ce dernier point. En 177 e-178 a, Socrate précise que les hommes politiques *de fait* se trompent souvent, mais cela ne semble être qu'une concession que la plupart des gens considérerait comme évidente. Il n'est pas dit que les hommes politiques peuvent avoir raison à la seule condition qu'effectivement ils se trompent parfois. De plus, le fait qu'ils se trompent effectivement n'est considéré par personne comme une condition de leur aptitude à avoir raison. Les arguments d'influence wittgensteinienne sur la possibilité de l'erreur comme condition de celle de ne pas se tromper n'éliminent jamais la possibilité que quelqu'un dans ce domaine ne commette jamais de fait une erreur : je pourrais être un génie précoce et ne jamais faire d'erreur en arithmétique, mais cela ne voudrait pas dire que je n'arriverais jamais à la bonne solution du moment qu'il y aurait quelque chose qui *puisse compter* comme erreur. Ce passage du *Théétète* ne me semble ni suggérer ni même être fait pour suggérer un quelconque lien conceptuel intéressant entre le jugement vrai et la possibilité de l'erreur. Il affirme simplement que les hommes politiques (et d'autres) énoncent souvent des affirmations sur le futur qui se révèlent fausses, et c'est suffisant pour montrer que leurs jugements concernant le futur ne garantissent en rien leur vérité. Tout ceci, bien sûr, fait partie de la critique de la version étendue de la doctrine de Protagoras, non de sa version restreinte.

Ce qui, peut-être, nous reste donc est la conception plus faible de l'objectivité comme persistance d'une qualité dans l'expérience du sujet, sans qu'un quelconque argument de type de celui du « langage privé » nous contraigne à accepter une conception plus forte de l'objectivité. Il semble bien que nous soyons privés d'un argument général montrant que le fait d'avoir raison présuppose la possibilité de l'erreur. Aussi pourquoi Burnyeat estime-t-il qu'accorder la persistance d'une quelconque qualité, même l'espace d'un instant, devrait être fatal aux héraclitéens? Pour que cela soit le cas, il doit être clair que la persistance implique l'objectivité et que l'objectivité implique la possibilité de l'erreur – or rien de tout cela n'a été démontré. Il a seulement été démontré (parce que c'est définitionnel) que la persistance implique l'objectivité au sens faible, mais rien n'a été fait pour suggérer que cette sorte d'objectivité apporte avec elle la possibilité de l'erreur. Pourquoi un héraclitéen ne serait-il pas en mesure de dire que la persistance d'une qualité peut simplement apporter avec elle la persistance d'un percevant (chacun existant seulement par rapport à l'autre, comme il est requis), le percevant étant l'unique autorité pour la qualité de ce qu'il sent à chaque moment de son existence? Ou bien, de façon alternative, il pourrait y avoir une succession de percevants indiscernables de perceptions qualitativement indiscernables, chaque percevant étant infaillible relativement à chaque qualité. La seule façon d'introduire la possibilité de l'erreur est, me semble-t-il, de dire que les héraclitéens doivent admettre la persistance d'un percevant percevant une qualité persistante en tant que persistante et juger, en jugeant que telle chose est blanche, que la qualité persistante est blanche. Car en ce cas, à l'évidence, un élément de mémoire et de prédiction est présupposé où les possibilités d'erreur sont très grandes. Mais, non seulement l'argument de Socrate ne semble pas aller en ce sens, mais je n'arrive pas à voir pour quelle raison un héraclitéen devrait franchir ce pas fatal, à moins d'être contraint de le faire par quelque argument moderne inspiré de Wittgenstein – quoique de tels arguments il n'y ait aucune trace.

La conception que Burnyeat défend de la persistance et de sa relation à l'objectivité pose un problème qu'il vaut la peine d'examiner. Pour une qualité perçue, persister c'est pour elle durer un instant, si bref soit-il. Ne pas persister c'est, donc, pour elle, ne pas durer un instant, si bref soit-il. Voilà qui ne semble pas être la même chose que de changer constamment de qualités. Le résultat correct d'un argument stipulant que les qualités ne persistent pas un instant, si bref soit-il, est de dire qu'elles n'existent pas – ce point devient peut-être plus évident si on le soutient au sujet d'une *expérience* de perception. Voilà en effet qui pourrait bien constituer une objection à formuler contre les héraclitéens, à savoir qu'ils doivent accorder quelque persistance aux perceptions et aux qualités perçues s'ils veulent avoir des perceptions tout court. Ce ne serait pas, toutefois, une formulation très heureuse de cette conclusion, que de dire, comme le fait Socrate en 182 d, que les héraclitéens doivent dire que le blanc change en une autre couleur. Car cela, au mieux, affaiblit ce qui semble un point beaucoup plus solide. Par ailleurs, ce que serait la réponse des héraclitéens à une telle objection n'est pas non plus très clair : peut-être pourraient-ils seulement dire que ceci montre que rien ne les contraint à accepter l'idée d'un changement de qualité.

Enfin, l'interprétation de Burnyeat ne fait aucune usage de l'insistance de Socrate sur le flux. Or, comme Sedley le note[1], Socrate produit sa réfutation à partir de la considération du flux. Du fait que le « blanc » change, nous sommes censés pouvoir déduire d'abord que n'importe laquelle des références que nous y faisons dans la durée renvoie autant au non-blanc qu'au blanc et, ensuite, que toute référence à la vision doit faire intervenir au moins autant de non-vision. Pour le dire comme Sedley[2], nos phrases deviennent périmées avant même d'avoir été entièrement énoncées.

Je suis en accord avec bien des points de la démarche de Burnyeat. D'abord, il me semble juste de chercher une interprétation qui fasse de l'argument contre les héraclitéens une véritable *reductio* de la position originelle de Théétète telle qu'elle se fonde sur l'héraclitéisme. Deuxièmement, il doit évidemment suivre du point précédent qu'il est nécessaire de montrer qu'un changement constant de qualités est strictement impliqué par cette position initiale, et ne constitue pas une condition supplémentaire qu'on doit ajouter à l'argument. Troisièmement, Burnyeat, à coup sûr, a en grande partie raison quand il note la similitude entre la position héraclitéenne et celle de certains empiristes postérieurs. Quatrièmement, et plus particulièrement, les héraclitéens et certains empiristes postérieurs ont en commun de devoir garantir l'infaillibilité en limitant d'une façon ou d'une autre le contenu de ce qui est jugé à ce qui est donné immédiatement dans la perception. Si le jugement s'étend au-delà de ce qui est immédiatement donné, alors il a de fortes chances, autant qu'on le sache, de ne pas être vrai pour ce qui n'est pas donné. Comme Socrate le dit pour défendre Protagoras en 167 a, il n'est pas possible de porter un jugement sur tout ce qui se trouve au-delà de ce qu'on est en train de subir / percevoir. Tout ceci est nécessaire pour garantir l'identification de la connaissance avec la perception. La connaissance est, et est seulement, connaissance de ce qui est ; mais les choses sont seulement F (par exemple blanches, froides) dans la mesure où elles sont F pour un percevant quelconque, dans la mesure où

1. D. Sedley, *The Midwife of Platonism. Text and Subtext in Plato's* Theaetetus, Oxford, Oxford University Press, 2004, p. 90.

2. *Ibid.*, p. 95.

elles se présentent à la perception. La sensation n'est rien d'autre que ce qui se présente à la perception. Ainsi pour n'importe quel sujet connaissant, la perception donne tout et uniquement ce qui est F. En d'autre termes, connaître, c'est juste percevoir.

SEDLEY

C'est à partir de là que mon interprétation commencer à diverger de celle de Burnyeat. Je pense qu'il serait préférable de trouver une interprétation qui montre que les héraclitéens soutiennent la thèse d'un changement qualitatif constant sans avoir à leur attribuer en même temps l'idée selon laquelle l'absence de mouvement implique l'objectivité, et sans devoir faire appel à l'idée que la possibilité de l'erreur est une condition préalable de la possibilité du jugement vrai. En outre, une telle interprétation doit expliquer le rôle du recours au flux dans l'argument.

Selon Sedley, le flux constant est la clef de la réfutation et entraîne l'impossibilité de toute référence à un quelconque sujet ou à une quelconque qualité. Suivant son interprétation, le blanc que l'on voit est soumis à un flux constant et, par conséquent, change en une autre nuance ou une autre couleur. Aussi le prédicat « blanc » est-il intrinsèquement instable, et ce à quoi on tente de faire référence, quand on fait usage de ce prédicat, a déjà changé quand on a fini de prononcer la phrase contenant la description en question. Cependant, cette idée, comme Sedley le voit bien, pose un problème, car, de cette prémisse portant sur le changement constant du blanc, Socrate compte déduire la conclusion selon laquelle la vision change en non-vision – ce qui constitue l'étape essentielle de sa réfutation. Mais, à première vue, cette conclusion est impossible car, si le blanc change en une autre nuance ou une autre couleur, alors, à coup sûr, à la vision ne succède pas la non-vision, mais davantage de vision. La solution de Sedley est la suivante : une hypothèse implicite est à l'œuvre dans l'argument, hypothèse selon laquelle si nous voyons, alors nous percevons le fait que nous voyons. Or si nous demeurions dans cet état pendant ne serait-ce qu'un temps, nous devrions être à même de corriger notre jugement. Mais si l'infaillibilité doit être garantie, alors notre jugement ne doit pas pouvoir faire l'objet d'une correction. Ainsi, pour garantir l'infaillibilité à ce niveau de second ordre, il faut que l'objet de cette sensation de second ordre soit instantané, donc qu'il soit suivi par une non-vision[1].

Voilà qui me pose deux problèmes. Premièrement, si Socrate veut réussir à produire sa réfutation, il a besoin de prémisses auxquelles les héraclitéens souscrivent. En d'autres termes, l'hypothèse implicite signalée par Sedley doit être une hypothèse implicite héraclitéenne. Sedley reconnaît qu'il n'y a pas de preuve textuelle que ces derniers (ou Socrate) font cette hypothèse – elle est implicite. Mais il me semble que non seulement cette hypothèse n'est pas explicite, mais qu'elle n'est pas non plus implicite, étant donné qu'il ne se trouve rien qui permette aux héraclitéens de lui donner le moindre sens. Leur théorie de la perception fait de la perception une affaire d'interactions instantanées entre mouvements rapides et mouvement lents. Pour se percevoir voyant, ils auraient besoin de mouvements entre un rejeton éphémère et… quoi ? La théorie ne donne aucune moyen de rendre compte d'une perception de second ordre. Qu'ils soient incapables de justifier une perception de second ordre peut être formulé comme une objection à leur encontre, mais les héraclitéens ne peuvent, selon moi, être considérés comme faisant eux-mêmes cette hypothèse.

Ma deuxième difficulté constitue un problème pour toutes les interprétations que j'ai pu rencontrer, y compris la mienne. Sedley traite du rejeton comme s'il subissait un changement qualitatif, en s'appuyant sur l'affirmation de Socrate (en 182 d 1-5) suivant laquelle le blanc doit changer en une autre couleur. Mais de quelle sorte de changement s'agit-il ? Quand mon beurre fond, il y a quelque chose qui commence par être solide et qui finit par être liquide. Il est clair que les rejetons ne peuvent changer de cette manière, puisqu'ils devraient alors persister d'une façon qu'on leur a refusée. Lorsque le Christ changea l'eau en vin à Cana, il y avait d'abord de l'eau, ensuite plus d'eau du tout mais seulement du vin. Le « changement de type Cana » (*Cana change*) est le seul type de changement possible pour les rejetons : il y a d'abord le rejeton 1 qui est nuance ou couleur 1, puis le rejeton 2, qui est nuance ou couleur 2. Ce que nous avons donc, si le rejeton change ainsi de nuance, c'est une succession de rejetons qui selon Sedley[2] pourraient tous être des nuances de blanc. Mais nous sommes désormais confrontés à deux problèmes. Le problème mineur est que le prédicat « blanc » pourrait être considéré comme couvrant un éventail de nuances, si bien que la phrase affirmant que nous voyons quelque chose de blanc

1. *Ibid.*, p. 95-96.
2. *Ibid.*, p. 93.

pourrait saisir des blancs à chaque étape de son énonciation. Même si nous insistons sur le changement de couleur plutôt que sur le changement de nuance, l'objet sera vraisemblablement présenté à notre vue/jugement comme coloré, et nous retrouvons le même problème. Le problème majeur est que tous ces blancs (ou toutes ces couleurs) devront être vus, de sorte que, loin d'avoir un rejeton changeant en non-vision, nous devrions avoir une série de visions. Ces visions seraient évidemment des visions individuelles différentes, et pourraient être des visions qualitativement différentes, mais elles ne sauraient être des non-visions. Mais voilà qui estropie l'argument de Socrate dans son fondement même, puisqu'à présent il ne peut plus affirmer que n'importe quelle chose à laquelle nous tentons de nous référer comme à une vision est aussi bien une non-vision; et ainsi, il ne peut plus amener son argument à sa conclusion sur le non-percevant et le non-connaissant.

UNE OPTION ALTERNATIVE

Comme je l'ai dit, le fait que Socrate affirme en 182 d 1-5 que le blanc doit changer en une autre couleur constitue un problème pour toute interprétation du *Théétète*, car c'est ce point qui fait de l'idée d'une vision changeant en non-vision une étape non seulement non-évidente mais, qui plus est, impossible de l'argument. Pour l'instant, je vais néanmoins examiner la conception héraclitéenne de la perception telle qu'elle semble être développée avant cette phrase problématique.

Pour commencer, il vaut la peine de noter qu'avant même qu'on en vienne aux héraclitéens, Protagoras s'exprime (153 d-154 a) comme si les couleurs étaient les résultat d'interactions, et comme s'il était évident qu'une même chose ne sera jamais vue à l'identique par deux observateurs différents ni même vue deux fois à l'identique par le même observateur. Ce n'est pas là quelque chose qui semble tout à fait évident au sens commun, et en particulier le dernier point – excepté, peut-être, si l'on considère les changements de perspective. Les changements de position et de mouvements de la tête pourraient rendre évident le fait que souvent les choses paraissent différentes à des personnes différentes, et pour soi-même à des moments différents – mais qu'il en soit « toujours » ainsi semble trop fort. Une fois la conception héraclitéenne de la perception à notre disposition, la même remarque semble être faite en 156 d, à savoir que la blancheur et la vision ne sauraient être engendrées par n'importe lequel de ces deux mouvements entrant en collision avec un autre.

Evidemment, il se pourrait bien que tout cela signifie seulement que ce cas particulier de blancheur est intimement lié à cet œil voyant particulier, mais la formulation permet aussi de suggérer qu'il doit y avoir un changement de qualité, que la rencontre d'un seul de ces mouvements avec un autre qui lui serait associé produira nécessairement quelque chose qui ne sera pas seulement individuellement, mais aussi qualitativement, différent. Étant donné que le rejeton est une qualité, il est plus que probable que les deux cas soient envisagés. Assurément, en 160 a, quand Socrate défend Protagoras, le changement de rejeton et le changement de qualité sont associés :

> Je ne me trouverai certainement jamais percevoir aucune autre chose exactement de cette façon ; car de chaque chose [vue] il y a une perception différente qui rend le percevant différent et différemment qualifié ; et ce qui agit sur moi, en s'unissant à quelque chose / quelqu'un d'autre, ne produira non plus jamais la même chose et ne deviendra ainsi semblable, car à partir d'une autre chose il engendrera quelque chose d'autre, et deviendra ainsi qualitativement différent. (*Théét.,* 159 e 7-160 a 3)

La façon dont le percevant a été qualifié ici est en tant que *voyant*. Ce qui implique que nul autre appariement ne comprendra « voyant » en guise de l'un des deux jumeaux.

Voilà qui, me semble-t-il, ne devrait pas surprendre. Si l'on demandait à un héraclitéen à quel moment la couleur entre en jeu, il est clair qu'il répondrait que le blanc vu est l'un des rejetons jumeaux. Mais à présent, comme chacun sait, et comme Socrate va d'ailleurs s'en plaindre, les héraclitéens assimilent « voir une chose blanche » avec « juger que cela est blanc ». Puisque il n'y a pas ici de distinction, le corollaire est qu'il n'y a pas non plus de distinction entre le blanc en tant que couleur présentée à l'œil et le blanc en tant que couleur jugée caractériser ce qui est présenté à l'œil. L'un des deux rejetons jumeaux doit être à la fois un voyant et un jugeant, et l'autre, à la fois la couleur vue et la qualité jugée se manifester. Comme Burnyeat le précise en effet, cette assimilation est requise pour garantir l'infaillibilité. Si juger que quelque chose est blanc revenait à juger que cette chose ressemble à n'importe quoi d'autre, même à une autre perception, ou encore si cela revenait à juger qu'il serait possible qu'elle lui ressemble, alors le jugement en viendrait à s'égarer au-delà du donné. Ainsi, assimiler l'objet du jugement à l'objet de la vue est essentiel à la démarche. L'objet de la vue est lui-même identifié à l'un des deux rejetons d'une paire de jumeaux. Nous avons, par conséquent, une double identification : d'abord, une identification entre la qualité que l'on juge être observée et ce qui est présenté à l'œil, et ensuite, une identification entre ce qui est présenté à l'œil et un rejeton. Il en résulte une identification de la qualité que l'on juge être observée avec un rejeton. Mais ces rejetons disparaissent aussitôt qu'ils sont nés, et jamais ne réapparaissent. Par conséquent, la qualité, que l'on juge être présente ici et maintenant, disparaît, et jamais ne réapparait.

La conséquence de tout ceci est que, pour obtenir les résultats qu'ils souhaitent ou, à tout le moins, les résultats requis pour garantir l'infaillibilité exigée par la thèse de Théétète, les héraclitéens sont contraints de traiter les qualités – au sujet desquels ils disent que nous sommes infaillibles – comme des éphémères dans un état de flux constant. La soi-disant théorie de la perception est à la fois une esquisse de la forme générale que l'on pourrait s'attendre à voir prendre toute analyse de toute forme de perception, et une analyse de la façon dont la qualité que je vois est jugée infailliblement. Le résultat est que, pour ce qui est de la façon dont les héraclitéens traitent des qualités, ils ne peuvent rendre raison de la permanence ou de la récurrence d'une qualité, – point dont, je l'ai rappelé plus haut, on nous montre qu'ils le reconnaissent, pour ne pas dire qu'ils s'en vantent, même s'ils n'en mesurent peut-être pas toutes les conséquences. Il n'est donc pas possible, comme je le suggérais en guise d'objection à Burnyeat, qu'il puisse y avoir une absence de changement de qualité au sens où il y aurait une succession de visions de blanc. Car en faisant cette suggestion nous employons le mot « blanc » pour indiquer une possible similarité entre deux percepts; or ce ne peut être cet emploi du prédicat « blanc » que ces théoriciens reconnaissent comme étant à l'œuvre dans tout jugement infaillible. Cela enfreindrait la conclusion établie par Socrate au nom de Protagoras en 167 a 7-b 1, conclusion selon laquelle il n'est pas possible de juger ce qui n'est pas, ni quoi que ce soit, sauf ce que l'on éprouve sur le moment [*i.e.* que l'on perçoit] car ces choses [que l'on éprouve / perçoit] sont toujours vraies. En fait, et bien que ce ne soit pas là, évidemment, la façon dont Socrate présente les choses, ils doivent considérer « Blanc » comme le nom propre d'un rejeton, et considérer que le fait de juger qu'il est blanc n'est pas distinguable du fait de le nommer Blanc. Quel que soit le prochain rejeton dans la série, il ne sera pas Blanc, bien qu'il puisse être Brun ou Dupont, si on décide de le nommer ainsi – ou bien alors, si on décide de le nommer Blanc, il en sera comme du cas de plusieurs personnes portant le même nom : en utilisant ce même nom, on ne dit pas qu'elles sont toutes semblables. Chaque personne, dans un groupe de gens portant tous le nom de Blanc, sera également « non-Blanc » relativement à chacune des autres.

Si ceci est correct, alors c'est une version très radicale de l'héraclitéisme qui découle de la thèse originale; ce n'est pas que les héraclitéens sont contraints de dire que le blanc change en non-blanc, tel que nous devrions normalement comprendre cette idée, mais que, selon la façon dont ils conçoivent les qualités, ils sont obligés de nier la possibilité de leur persistance ou de leur récurrence. Étant donné que chaque rejeton est ce qu'il est seulement en relation à son jumeau et inversement, cette conception implique que non seulement le blanc doit changer en non-blanc, mais également que la vision doit changer en non-vision. Le changement rapide en question n'est pas un changement qualitatif rapide tel qu'on le comprend communément, mais un changement rapide de type Cana.

Il est important de noter ce qui se passe quand Socrate développe son apologie de Protagoras en soutien à Théétète. Nous sommes confrontés à une position, qui n'est pas inhabituelle aux empiristes, où l'argument commence par recourir à des faits du sens commun, tels que « le même vent peut sembler froid à une personne, chaud à une autre », faits à partir desquels il paraît valide d'en venir à une position selon laquelle le percevant est le juge de la fraicheur ou de la chaleur du vent pour ces mêmes faits. Mais comme la théorie est développée dans l'intention de produire l'infaillibilité recherchée, on en vient à être contraint de dire des choses qui, si l'on y réfléchissait, seraient considérées comme subvertissant toute notre manière de parler qui, précisément, faisait passer les faits familiers pour des faits. En particulier, à partir du moment où c'est la théorie qui prend le dessus, il deviendrait tout à fait impossible d'accepter comme une évidence que le vent a semblé chaud à une personne et froid à une autre, en quelque sens familier que ce soit, et ce, parce que ce propos autorise le « fait » tout aussi familier que deux personnes pourraient être d'accord que le vent est frais. La théorie ne permet pas que de tels faits nous soient accessibles. Il y a en réalité un va et vient constant entre ce que le sens commun accepte comme évident et ce que la théorie requiert, et le fait que les frontières passent inaperçues rend très aisé de ne pas voir comment la théorie mine les points de départ qui donnent à la position sa vraisemblance. Dans le cas présent, les qualités commencent par être conçues comme des items pouvant être partagés, mais finissent comme des items éphémères et ne pouvant jamais être partagés (quoi que cela puisse signifier).

Il résulte de tout ceci que l'argument de 181 d 8-e 7 est plus respectable qu'on l'a parfois dit et qu'il peut bien affirmer avec vraisemblance que les héraclitéens sont contraints d'accorder l'existence des deux sortes de mouvements (le mouvement rotatif / local et le changement qualitatif) tout le temps, sous peine de contradiction – argument que McDowell, dans sa note sur le passage, rejette comme fallacieux[1]. La question posée est celle de savoir si les héraclitéens doivent admettre que toute chose présente les deux sortes de mouvements (le premier, local et rotatif, et le second, qualitatif), ou si certaines choses présentent les deux, alors que d'autres n'en présentent qu'un seul. La réponse qui est faite est que, si les héraclitéens choisissaient la seconde option, alors les choses devraient être à la fois en mouvement et en repos, et qu'ils pourraient ainsi dire tout autant que tout est en repos que tout est en mouvement, soumis au flux. McDowell rejette cet argument pour la simple raison qu'il n'y a évidemment aucun problème à ce que les choses se meuvent d'une seule façon (par exemple, rotative) et pas d'une autre (par exemple, locale), et que Platon était bien conscient de cela. De même, il n'y aurait aucune contradiction à dire que tout est en mouvement mais que certaines choses sont en repos de la façon indiquée.

Dans le contexte, cependant, les deux formes de mouvement en question sont les suivantes : le mouvement (local et rotatif) et l'altération, et la question est alors de savoir si, oui ou non, tout doit être soumis à l'altération. Ainsi l'option selon laquelle certaines choses se meuvent (tant localement que par rotation) et s'altèrent, tandis que d'autres présentent seulement une forme de mouvement, vise la possibilité que certaines choses se meuvent mais ne s'altèrent pas. Dans le présent contexte, il devrait alors y avoir dans certains lieux et pour un certain temps une cessation de tous les types de mouvement quels qu'ils soient. Car tant que les mouvements, au sens ordinaire, perdurent et entrent en collision, il y aura succession de qualités. Conserver une qualité inchangée *per impossibile*, pendant un laps de temps, aussi court soit-il, reviendrait à geler l'interaction, à mettre fin aux mouvements rapides et lents responsables de sa production. Cette possibilité exige donc qu'il y ait des lieux / périodes de mouvement total (mouvement et altération) et des lieux / périodes sans aucun mouvement quel qu'il soit. Par conséquent, « toutes choses sont en mouvement local et rotatif » et « certaines choses présentent une absence de changement qualitatif » sont deux énoncés incompatibles. En accordant la persistance de la qualité, les héraclitéens devraient abandonner leur thèse initiale selon laquelle tout est en mouvement local et rotatif permanent. L'argument ne parait plus si évidemment fallacieux.

Au point où nous sommes, il semble donc que si Théétète doit défendre sa définition en passant par l'héraclitéisme, il devra admettre que tout énoncé faisant état d'une vision du blanc capturera également dans ses filets des non-visions de non-blanc – le langage ne pouvant jamais saisir

1. J. McDowell, *Plato : Theaetetus*, Oxford, Clarendon Press, 1973, p. 180.

l'éphémère. Mais, de là, il faut encore que Socrate soit à même d'en venir au non-perçu et au non-connu. Le problème, c'est que ce passage du non-vu au non-perçu et au non-connu n'est pas justifié avec évidence : pourquoi, après tout, ne pas en venir à une autre forme de perception que la vision? C'est sur ce point précis que le fait de dépendre à la fois du sens commun et de la théorie nous plonge dans la confusion. Si quelque chose se présente à la vue comme blanc, alors le sens commun exige qu'il soit de ce fait présenté à la perception comme blanc; mais la théorie requiert ensuite que le blanc n'ait qu'un seul jumeau. Par conséquent, la théorie requiert que la vision et la perception soient identiques, et ainsi que le prochain jumeau de la prochaine paire ne puisse être une perception, parce que la perception est le même éphémère que la vision. Ainsi, en identifiant la connaissance à la perception, Théétète l'identifie à un éphémère, et les problèmes posés par la référence à la vision contaminent la référence à la connaissance. Voilà qui constitue un problème pour la démarche de Théétète, et ce, pour la raison suivante : lorsqu'on lui a demandé ce qu'est la connaissance, Théétète l'a identifiée à la perception, mais puisqu'elle s'avère être un éphémère, la seule façon de répondre à la question « Qu'est-ce que la connaissance? » est d'indiquer verbalement l'éphémère en question. Or il s'avère à présent que Théétète ne peut jamais faire cela sans indiquer au moins autant les éphémères qui ne sont pas la connaissance. Ainsi, en cherchant de l'aide chez les héraclitéens, Théétète rend impossible toute réponse à la question qu'on lui posait au départ, alors même que c'est la seule façon de répondre que la théorie autorise.

UNE OBJECTION REVISITÉE

Si tout ceci est correct, alors on pourrait s'attendre à ce que Socrate soit clair à ce sujet. Mais dans ce cas, il n'aurait jamais dit, en 182 d, que le flux de la blancheur requiert un changement en une autre couleur. Car (1) s'il y avait un changement en une autre couleur, alors la prochaine perception-jumelle devrait être une vision, de sorte qu'une vision est quelque chose dont la récurrence est permise, contrairement à mon hypothèse; (2) l'objet demeurerait coloré, et « être coloré » demeurerait ainsi ce que l'objet est pour le sentant. Mais être coloré est quelque chose qui peut, à coup sûr, se présenter au jugement du percevant, et ainsi, selon moi, Coloré devrait être un rejeton, donc quelque chose incapable de persister ou de réapparaitre.

Autant que je puisse en juger, ce point soulève une difficulté pour n'importe quelle interprétation. Si nous le considérons sérieusement, alors le reste de l'argument de Socrate s'écroule simplement, et ce pour les raisons données dans l'exposition de l'objection. Car les points notés dans l'objection exigent que Socrate admette que certains changements qu'il dit être nécessaires (de la vision à la non-vision, par exemple) ne sont simplement pas requis, et en fait ne se produisent pas du tout. Ce dont Socrate a besoin, c'est que le blanc change en non-blanc, en parallèle avec le changement de la vision en non-vision. On ne peut pas se débarrasser de ce problème en considérant que c'est là une erreur de langage de la part de Socrate, car, si j'ai raison jusque là, cela ruinerait de manière trop évidente son argument et suggérerait qu'il n'a pas compris ce qu'il voulait dire. Mais il est hautement improbable que Platon ait représenté un Socrate aussi confus, à moins que lui-même ait raté ce point, ce qui est également improbable.

Tout ceci semble indiquer que le membre de phrase en cause pourrait bien être une insertion faite par un scribe qui pensait expliquer clairement ce que Socrate voulait dire, tout en manquant en fait le point en question et en ruinant l'argument. Voilà qui serait d'ailleurs tout à fait compréhensible. Comme je l'ai remarqué, l'exposition de cette conception requiert un mélange des façons de parler/penser du sens commun et de celles de la théorie. Ainsi, Protagoras commence par recourir à des faits apparemment familiers, mais se voit, à la fin, contraint d'adopter une position selon laquelle il est presque impossible de considérer ces faits comme des faits. Les façons de parler/penser du sens commun confèrent aux points de départ de cette position une vraisemblance, mais ne produiraient pas réellement à elles seules l'infaillibilité recherchée. Néanmoins, la théorie requise pour obtenir l'infaillibilité produit des résultats qui n'accordent aucune vraisemblance aux points de départ. Cependant, à moins de saisir clairement le moment où l'on passe du sens commun à la théorie, il est facile d'interpréter les résultats de la théorie dans les termes du sens commun, sans voir que la théorie subvertit en fait la vraisemblance initiale des « faits » du sens commun. Un scribe, toutefois, aurait pu rater les implications radicales de la théorie et en inférer naturellement que si le blanc s'écoule, il doit s'écouler en une autre couleur. Nous ne devons pas, pour autant, supposer que Socrate/Platon a raté ces implications radicales, parce que c'est précisément pour aboutir à celles-ci qu'ils ont développé l'argument.

Si nous supprimons le membre de phrase en cause (182d3 : καὶ μεταβολὴν εἰς ἄλλην χρόαν, « et changer en une autre couleur ») nous obtenons une phrase que l'on peut traduire comme suit :

> Mais puisque pas même ceci n'est constant, à savoir que le flux s'écoule en blanc, mais change, de sorte qu'il y ait aussi écoulement de cette chose

> même, la blancheur, ce qui lui évite d'être tenue pour permanente en cela, y a-t-il la moindre possibilité d'attribuer le nom d'une couleur à quelque chose et d'avoir raison de l'appeler ainsi ? (*Théét.*, 182 d 1-5)

Il y a deux façons d'interpréter ce passage : 1) la question pourrait être de savoir s'il est possible de dire que quelque chose est rouge ou bleu ou vert, et d'avoir raison de l'appeler ainsi – ou 2) la question pourrait être de savoir s'il est possible de dire que quelque chose est une couleur (en tant que distinct d'une odeur ou de quoi que ce soit d'autre) et d'avoir raison de l'appeler ainsi. Pour la première interprétation, j'ai suggéré que le scribe avait cru la lire, et que c'est pour la clarifier qu'il inséra sa petite phrase. Dans le second cas, Socrate ferait une remarque d'où il résulterait que nous ne serions pas plus autorisés à appeler vision que non-vision l'autre jumeau, étant donné que si nous en venons au non-coloré, il faut en venir à la non-vision. Dans ce cas, toutefois, il n'est pas évident de comprendre comment Socrate, à partir du fait, reconnu par lui, qu'il y a un flux de blancheur, va en conclure qu'il nous est impossible d'appeler quelque chose une couleur. Le raisonnement pourrait être quelque chose comme cela. Le sens commun nous dit que si ce qui est présenté à la vue est blanc, alors le blanc est présenté à la perception. Il nous dit ainsi qu'une couleur est de ce fait présentée à la perception. Donc la couleur et le blanc doivent être le même jumeau. Or la théorie requiert que le blanc n'ait qu'un seul jumeau. Donc vision et perception doivent être le même jumeau. Par conséquent, le flux du blanc en non-blanc doit être un changement du coloré au non-coloré, et l'autre jumeau doit aller de la perception à la non-perception. Voilà qui paraîtrait assez clair aux yeux de Socrate, si du moins son argument est bien celui que je lui attribue, et voilà également qui pourrait paraître clair aux yeux de Théétète, si tant est qu'il ait pu le suivre. Mais il est assez compréhensible qu'un tel argument ne soit pas détecté par quelqu'un dont la principale activité quotidienne est la transcription.

Reste à voir quelle forme prend la réfutation de Théétète. J'ai parlé d'une *reductio*, mais si l'on considère que cela signifie que sa thèse mène à une contradiction, alors elle n'est pas une *reductio* au sens strict. La portée de la réfutation n'est pas non plus de montrer que l'ajout de l'héraclitéisme à la position de Théétète en vient à rendre le langage impossible. La portée de la réfutation est plus localisée : il s'agit de montrer que si Théétète accepte l'aide des héraclitéens, alors, d'une manière paradoxale, il sera incapable de répondre à la question « Qu'est-ce que la connaissance ? ». La raison en est que la réponse qu'il donne est « la connaissance est perception ». Or accepter l'aide d'Héraclite pour répondre a pour résultat d'identifier la connaissance avec une réalité éphémère, mais, dans ce cas, la réponse à la question «Qu'est ce que la connaissance?» doit prendre la forme d'une référence à la réalité éphémère en question. La seule façon dont nous pouvons faire cette référence est au moyen du langage, par une réponse telle que «ceci est connaissance», mais il nous est interdit de prétendre que ce que nous désignons par notre référence est connaissance plutôt que non-connaissance. Donc, si la réponse de Théétète est correcte, il ne peut répondre correctement à la question, en ce qu'il est incapable dans sa phrase, de n'isoler que la connaissance, sans désigner de la même façon la non-connaissance.

CONCLUSION

Dans ce qui précède, je ne prétends pas avoir discuté la question dans le détail que sans aucun doute elle requiert, et certainement pas non plus d'avoir donné une réfutation adéquate de toutes les propositions alternatives. Ces deux tâches exigeraient plus de mots que ceux dont je dispose ici. Ce que j'espère avoir fait, c'est esquisser, avec une clarté suffisante, une interprétation qui présente la thèse héraclitéenne authentique dont il est fait usage pour établir l'équation faite par Théétète entre connaissance et perception, thèse qui engage une conception des qualités impliquant que les qualités perceptives et les modes de perception subissent un changement constant et total. Cette implication passe par l'identification entre, d'une part, percevoir et juger la qualité de ce qui est perçu et, d'autre part, entre la couleur vue et la qualité que cette couleur est jugée avoir. Le résultat en est que Théétète ne peut répondre à la question posée. Tout ceci, bien entendu, ne nous dit rien de ce que pourrait être l'attitude de Platon envers une analyse, quelle qu'elle soit, du mécanisme de la sensation qui, dans sa structure générale, ressemblerait à celle des héraclitéens, mais sans ces identifications fatales. Tout ceci ne nous dit rien non plus sur ce que pourrait être sa propre conception de l'idée d'un monde perceptible soumis à un changement qualitatif constant, selon le sens familier de cette conception. Étant donné la nécessité d'assimiler les qualités à des rejetons éphémères pour garantir l'infaillibilité des jugements perceptifs, il est peu probable que Platon ait été bien disposé envers l'idée que les jugements perceptifs sont infaillibles.

Il pourrait sembler scandaleux de commencer par développer une interprétation pour ensuite finir par modifier le texte afin de le faire correspondre à cette interprétation. Mais il me semble que le texte que je propose de modifier ne pose pas un problème spécifique à ma propre interprétation, mais, plus généralement, à toutes. D'autres façons de modifier le texte pourraient sembler meilleures, mais je pense que toute interprétation requiert de supprimer la phrase que je propose de supprimer.

Je serai satisfait si l'on considère que l'option que je défends est assez claire pour être comprise. Je laisse à d'autres le soin de la réfuter.

Traduit de l'anglais (G.B.) par Olivier D'Jeranian et Dimitri El Murr

QUEL RÔLE JOUE L'ÉDUCATION DANS LA PERCEPTION ?

Sylvain DELCOMMINETTE

À la fin de la discussion de la première définition de la science proposée par Théétète, qui identifie la science à la sensation, Socrate introduit un nouvel et décisif argument (184 b-187 a) qui va signer l'arrêt de mort de cette définition et permettre la transition vers la deuxième. Brièvement résumé, cet argument consiste à distinguer, au sein de ce que j'appellerais la perception, la part jouée par la sensation (αἴσθησις) proprement dite, dans laquelle l'âme saisit par le biais des organes des sens le visible, l'audible, le tangible, etc., et la part jouée par l'âme elle-même sans l'aide d'aucun organe, qui consiste à examiner (ἐπισκοπεῖν) les « communs » (τὰ κοινά) tels que l'être et le non-être, le même et l'autre, le nombre et l'unité, la dissemblance et la ressemblance, le beau et le laid, le bien et le mal, etc., et à les attribuer au senti par un acte que Théétète nomme, avec l'approbation de Socrate, δοξάζειν. Dans la mesure où la science présuppose la vérité, et que la vérité présuppose l'être, la science ne peut se réduire à la sensation, mais trouve bien plutôt son lieu dans cet espace d'examen propre à l'âme seule.

C'est dans ce contexte que surgit le passage qui m'intéresse ici. Socrate résume en effet la distinction qu'il cherche à établir entre les deux actes de l'âme présents dans la perception de la manière suivante :

> Donc, sitôt nés et par don de nature (φύσει), hommes et bêtes ont pouvoir de sensation (αἰσθάνεσθαι) pour toutes impressions (παθήματα) qui, par le canal du corps, cheminent vers l'âme. Mais les raisonnements (ἀναλογίσματα) qui confrontent ces impressions en leurs rapports à l'être et à l'utile (πρός τε οὐσίαν καὶ ὠφέλειαν), c'est par l'effort, avec le temps, au prix d'un multiple labeur et d'une longue éducation (διὰ πολλῶν

> πραγμάτων καὶ παιδείας) qu'ils parviennent à se former (παραγίγνεται) en ceux où, toutefois, ils se forment[1]. (*Théét.*, 186 b 11-c 5)

L'apparition de la *paideia* à cet endroit du dialogue est assez inattendue, et elle n'est pas expliquée par la suite. C'est ce point que j'aimerais tenter d'éclairer ici, en essayant de répondre à deux questions intimement liées entre elles : 1) quelle est la nature de l'éducation à laquelle ce passage fait allusion ? et 2) quel rôle l'éducation peut-elle jouer dans la perception ? Ce faisant, j'espère montrer que la *paideia*, même si elle est très peu mentionnée explicitement dans le *Théétète*, constitue en réalité un thème souterrain essentiel de ce dialogue.

À vrai dire, ce passage n'est pas le premier du dialogue dans lequel perception et éducation sont associées. Dans l'apologie de Protagoras prononcée par Socrate, ce dernier met dans la bouche du célèbre sophiste une conception de l'éducation (παιδεία) selon laquelle celle-ci consiste à « modifier » (μετάβαλλειν) l'état de l'élève afin de lui permettre d'avoir des opinions non pas plus vraies, puisque toute opinion est vraie, mais meilleures qu'auparavant (166 d-167 d). En effet, dans la mesure où toute opinion n'est selon Protagoras que l'expression discursive de ce que le sujet ressent actuellement (πάσχῃ), la seule manière de modifier cette opinion est d'agir sur l'état du sujet lui-même. C'est ce que fait le médecin pour le corps par ses remèdes (φαρμάκοις), et le sophiste pour l'âme par ses discours (λόγοις). Il faut sans doute comprendre qu'en modifiant le système des croyances, des valeurs, etc., de l'élève, le sophiste l'aide à mieux s'adapter au monde naturel et surtout social dans lequel il évolue, et dès lors à appréhender celui-ci de manière plus positive et plus efficace. En ce sens, le sophiste agit bien sur la perception même de son élève, qui se trouve littéralement transformé dans son être à l'issue du processus[2].

Protagoras n'est pas très explicite sur les modalités exactes de cette transformation. Dans son discours, le *logos* semble revêtir deux statuts différents : *passif* en tant qu'énonciation de la *doxa*, elle-même simple traduction discursive de la sensation, mais *actif* en tant qu'instrument de transformation dans le cadre du processus d'éducation. Il y a donc, semble-

1. Toutes les traductions du *Théétète* sont issues de A. Diès, *Platon : Théétète*, texte et traduction, « Budé », Paris, Les Belles Lettres, 1926, parfois légèrement modifiées.

2. Sur cette question, et sur les rapports entre la position de Protagoras et le pragmatisme, voir la discussion de M.-A. Gavray, *Sophistique et philosophie. L'influence de Protagoras sur la constitution des dialogues de Platon*, Thèse de doctorat, Université de Liège/Université de Paris 1 Panthéon-Sorbonne, 2008, p. 209-214 (à paraître prochainement aux éditions Vrin).

t-il, une réciprocité entre la sensation et le *logos*, dont chacun agit sur l'autre. Mais sans doute cette formulation est-elle erronée, car elle semble encore présupposer une certaine indépendance de chacun des deux termes relativement à l'autre. Au contraire, selon Protagoras, la *doxa* et le *logos* qui l'énonce sont l'expression discursive nécessairement et parfaitement adéquate de la sensation, et inversement la sensation est l'expression affective nécessairement et parfaitement adéquate de la *doxa*. Aucune distorsion n'est possible entre ces différents niveaux. C'est pourquoi Protagoras interprété par Socrate va jusqu'à identifier purement et simplement apparence et sensation (φαντασία… καὶ αἴσθησις ταὐτόν, 152 c 1), de même qu'il identifie l'apparence (φαίνεται) et l'être (ἔστιν). Dès lors, toute modification de l'opinion est en même temps une modification de la sensation, et réciproquement. L'action de l'éducation sur la perception est donc immédiate : en modifiant les opinions de l'élève par ses discours persuasifs, le sophiste transforme également sa perception du monde.

Or c'est cette belle continuité qui est progressivement brisée par Socrate au cours de son examen de la première définition de Théétète. Sensation, *doxa* et apparence, confondues par le sophiste, vont être soigneusement distinguées et articulées. C'est en particulier ce qui se produit dans le passage 184 b-187 a qui clôt tout cet examen. Ce qui est à proprement parler l'objet de la sensation (αἴσθησις), c'est seulement « la dureté du dur » ou « la mollesse du mou » ; « mais leur être et qu'ils sont deux et leur opposition mutuelle et l'être de leur opposition, c'est l'âme elle-même qui, d'un retour fréquent sur chacun et de leur confrontation mutuelle, essaie de les discerner pour nous (τὴν δέ γε οὐσίαν καὶ ὅτι ἐστὸν καὶ τὴν ἐναντιότητα πρὸς ἀλλήλω καὶ τὴν οὐσίαν αὖ τῆς ἐναντιότητος αὐτὴ ἡ ψυχὴ ἐπανιοῦσα καὶ συμβάλλουσα πρὸς ἄλληλα κρίνειν πειρᾶται ἡμῖν, 186 b 6-9). » En effet, l'être et l'opposition sont des déterminations communes à tous les sensibles, et non seulement à ces tangibles que sont le dur et le mou ; et si l'on accorde comme Théétète qu'il est impossible que l'objet d'une sensation (au sens d'objet intentionnel : le tangible, le visible, l'audible, etc.) soit saisi par une autre sensation, de telles déterminations communes ne peuvent être l'objet de sensations, mais seulement d'une saisie de l'âme elle-même qui ne passe pas par les organes des sens.

Comment comprendre l'être dont il est question ici ? Certains traducteurs et commentateurs (par exemple Cornford, Robin et Narcy) l'entendent au sens d'« existence », et considèrent dès lors que ce que le toucher ne sent pas, par exemple, c'est l'existence du dur ou du mou elle-même. Cette interprétation me paraît toutefois à tout le moins trop restrictive. L'être dont il s'agit est bien plutôt celui qui est la condition de tout jugement ou de toute opinion (δοξάζειν), selon la dénomination de cet acte de l'âme proposée par Théétète. Or même si l'on admet que les jugements d'existence au sens strict ont un sens pour Platon, ce qui me semble loin d'être évident, il est clair que ceux-ci ne représentent au mieux qu'une petite partie de l'ensemble de tous les jugements. L'être qui est la condition de tout jugement est bien plutôt l'être au sens de copule, pour autant que tout jugement en général peut être exprimé sous la forme « x est a ». C'est en ce sens que l'être est la condition de la vérité : non pas parce que l'être désignerait ce que les choses sont « objectivement dans le monde », comme on le comprend parfois[1], mais bien plutôt parce qu'il désigne la discursivité en tant que telle, l'attribution d'un prédicat à un sujet en général, et que c'est seulement à ce niveau, comme le répétera Aristote dans le premier chapitre du *De Interpretatione*, qu'apparaît la possibilité aussi bien de la vérité que de l'erreur[2]. C'est cela, l'être du mou : non pas l'existence du mou en tant que tel (pour autant que celle-ci ait un sens), mais le mou considéré comme prédicat d'un jugement possible, dont la forme logique est « ... est mou »[3].

C'est à partir de ce point de vue que l'on peut distinguer entre la sensation et l'apparence. Certes, ce que ma sensation sent, c'est bien « la mollesse du mou », mais elle ne la sent pas encore *comme mollesse* ; car ce « comme » n'est qu'une autre expression de l'articulation discursive dont le « est » est la forme canonique. Dès que je dis « ceci est mou », mon âme ajoute quelque chose à la simple sensation du mou tangible, à savoir ce « est » qui ne peut pas, quant à lui, être saisi par le toucher, puisqu'il intervient également dans les jugements concernant les visibles, les audibles, etc. Il y a une différence entre *sentir* le mou et le percevoir *comme* mou. C'est cette différence que Platon exprime par la distinction entre

1. Voir par exemple Y. Kanayama, « Perceiving, considering, and attaining being (*Theaetetus*, 184-186) », *Oxford Studies in Ancient Philosophy* 5, 1987, p. 29-81 : p. 52 et p. 62-63.

2. Sur ce point, je me permets de renvoyer à mon étude « *Théétète* », dans A. Motte et P. Somville (éd.), Ousia *dans la philosophie grecque des origines à Aristote*, Louvain-la-Neuve, Peeters, 2008, p. 139-141.

3. En ce sens, tout concept en tant que tel, c'est-à-dire en tant que prédicat d'un jugement possible, relève des « déterminations communes » et ne peut donc être appliqué que par l'activité de l'âme elle-même. Sur ce point, je ne peux suivre J.M. Cooper (« Plato on sense-perception and knowledge (*Theaetetus* 184-186) » [1970], repris dans G. Fine (ed.), *Plato. 1 : Metaphysics and Epistemology*, Oxford, Oxford University Press, 1999, p. 355-376 : p. 362-365) selon qui Platon suggère au contraire que certains concepts comme « rouge » pourraient être appliqués directement par les sens.

sensation (αἴσθησις) et apparence (φαντασία, φαίνεται), termes qu'il est bien loin, quant à lui, d'identifier, puisque dans le *Sophiste*, il définit l'apparence comme « la combinaison de sensation et de *doxa* (σύμμειξις αἰσθήσεως καὶ δόξης, 264 b 2) ». Il est vrai que, quelques lignes plus haut dans le même dialogue, l'Étranger décrit la φαντασία comme une *doxa* qui se présente « par l'intermédiaire de la sensation (δι 'αἰσθήσεως, 264 a 4) », dans une formule qui rappelle fortement celle par laquelle Protagoras exprimait la relation entre sensation et *doxa* dans le *Théétète* (ὃ ἂν δι 'αἰσθήσεως δοξάζῃ, 161 d 3); mais il faut bien voir que ces deux formules n'ont pas du tout le même sens chez l'un et chez l'autre. En effet, comme nous l'avons vu, chez Protagoras, la *doxa* est la simple traduction discursive de la sensation à laquelle elle n'ajoute rien et à laquelle elle est dès lors nécessairement adéquate, de sorte que tant la sensation que la *doxa* sont toujours vraies, tandis que chez Platon, la *doxa* introduit un supplément relativement à la sensation, à savoir ces déterminations communes parmi lesquelles l'être, et avec ce dernier seulement la possibilité de la vérité – mais aussi de l'erreur, pour autant du moins que l'erreur soit possible, ce qui ne sera pleinement démontré que dans le *Sophiste*. Mais dans le cadre du *Théétète*, il suffisait de montrer que le lieu propre de la possibilité de la vérité est l'âme elle-même et non la sensation, qui en tant que telle est encore « neutre » par rapport à cette question, car cela suffit à réfuter définitivement l'identification entre la science et la sensation proposée par Théétète.

Dans ces conditions, si l'éducation joue un rôle dans la perception, ce n'est plus en agissant directement sur la sensation, comme c'était le cas selon Protagoras. C'est au contraire sur la formation de la *doxa* dans sa différence avec la sensation qu'elle va s'exercer. Cela permet d'expliquer de manière beaucoup plus convaincante, me semble-t-il, pourquoi et comment deux individus placés dans des conditions exactement identiques peuvent néanmoins percevoir les mêmes choses de manière radicalement différente en fonction de leur degré d'éducation. Prenons un exemple inspiré du *Théétète* lui-même (163 b-c). Comment se fait-il que, lorsque deux individus entendent une autre personne s'exprimant dans une langue étrangère, l'un d'entre eux, qui a appris la langue en question, comprenne ce qui est dit, tandis que l'autre, qui l'ignore, ne soit même pas capable de discerner les mots qui composent le discours ? N'entendent-ils pourtant pas la même chose ? Selon Protagoras, la réponse doit être négative. Comme le dit Théétète, ce que nous entendons avant d'avoir appris la langue en question, ce n'est pas un discours doué de signification, mais une suite de sons aigus et graves. En revanche, faut-il supposer, l'audition même de celui qui a appris cette langue est différente : il n'entend tout simplement plus une simple suite de sons, mais une suite cohérente de mots doués de signification. Cette sensation est radicalement différente de la première : ce n'est pas un approfondissement de celle-ci, mais entre les deux, il y a solution de continuité, chacune constituant d'une certaine manière un « bloc » indivisible résultant de la relation entre ces sons particuliers et ce sujet particulier dans l'état précis où il se trouve à ce moment-là. Au contraire, pour Platon, les deux individus en question *entendent* bien la même chose ; mais alors que le premier, parce qu'il a appris la langue, est capable de *reconnaître* les sons en question comme formant des mots doués de sens, le second n'est capable de les reconnaître que comme des sons aigus ou graves. Bref, selon la distinction que j'ai introduite plus haut, leur *sensation* est sans doute identique (si l'on néglige ici les inévitables différences circonstancielles), mais leur perception diffère, précisément en raison de leur différence d'éducation.

Mais en quoi consiste exactement cette éducation et comment procède-t-elle ? D'après les textes cités plus haut, il s'agit essentiellement de raisonnements (ἀναλογίσματα) qui comparent les différentes déterminations quant à leur être (οὐσία) et à leur utilité (ὠφέλεια). Malgré les résistances de certains commentateurs[1], il semble difficile de ne pas voir là une allusion à la dialectique, qui étudie l'être de chaque chose en la confrontant à ce qu'elle n'est pas, procédure à laquelle la méthode de rassemblement et de division offre ses règles rigoureuses. En ce sens, l'éducation ici en question ne serait pas sans rapport avec celle qui est décrite dans le livre VII de la *République*, visant à la connaissance des Idées dans leur essence et leurs relations mutuelles. Ce qui me semble aller en ce sens, c'est le fait que cette conception de l'éducation est en tout cas très clairement présente dans un passage antérieur du *Théétète*, qui intervient dans ce que l'on a coutume d'appeler la « digression ». Malgré sa longueur, il vaut la peine de citer ce passage dans son intégralité. Socrate vient de décrire à Théodore les moqueries dont fait l'objet le philosophe lorsqu'il est contraint de se prononcer sur les affaires publiques qui constituent l'unique objet de préoccupation de la foule. Il poursuit :

> Mais qu'un autre, au contraire, ô mon ami, soit attiré par lui vers les hauteurs (ἑλκύσῃ ἄνω), qu'il consente à le suivre hors du « quel tort te fais-je ou me fais-tu ? » pour examiner en elles-mêmes la justice et l'injustice, leur essence respective, leur différence à l'égard de tout le reste

1. Voir par exemple J. McDowell, *Plato : Theaetetus*, Oxford, Clarendon Press, 1979, p. 192, qui écrit qu'une telle interprétation est « possible, mais évidemment pas nécessaire ».

> ou leur distinction mutuelle (εἰς σκέψιν αὐτῆς δικαιοσύνης τε καὶ ἀδικίας, τί τε ἑκάτερον αὐτοῖν καὶ τί τῶν πάντων ἢ ἀλλήλων διαφέρετον) ; que, dépassant les thèmes « si le Roi est heureux avec ses monceaux d'or », on aborde l'enquête sur la royauté, sur le bonheur et le malheur humains en leur sens absolu, leur essence respective, les voies qui conviennent à l'humaine nature pour conquérir l'un, échapper à l'autre ; lorsque, sur toutes ces questions, celui dont l'âme est petite, aiguisée, chicanière, est tenu de donner et défendre sa réponse (λόγον διδόναι), c'est alors son tour de payer le talion. La tête lui tourne, de cette hauteur où il est suspendu. Son regard tombe du ciel en des profondeurs tellement inaccoutumées qu'il s'angoisse, ne trouve plus que dire et n'arrive qu'à bredouiller. Il est la risée alors, non point de femmes thraces ni de quelque autre gent inculte (ἀπαιδεύτῳ), incapable de sentir son ridicule, mais de tous ceux qui furent élevés au rebours d'une éducation d'esclaves (τοῖς δ' ἐναντίως ἢ ὡς ἀνδραπόδοις τραφεῖσι πᾶσιν). Ainsi se comportent l'un et l'autre, Théodore. L'un, qu'une réelle liberté, un réel loisir ont formé (τῷ ὄντι ἐν ἐλευθερίᾳ τε καί σχολῇ τεθραμμένου), celui précisément que tu nommes philosophe, peut, sans qu'on s'en indigne, faire figure de simple et de bon à rien quand il choit en des offices serviles, et ne point savoir, par exemple, comment s'installe une couverture de voyage, comment se relève un mets ou s'assaisonnent en flatteries les discours. L'autre peut, de tout cela, faire sagace et prompt service. Mais il ne saurait relever son manteau sur l'épaule droite à la façon d'un homme libre (ἐλευθερίως) ni s'adapter à l'harmonie des discours pour dignement chanter la réalité de vie que vivent et les dieux et les mortels bienheureux. (*Théét.*, 175 b 9-176 a 2)

On a depuis longtemps reconnu les allusions à la *République* contenues dans ce passage. Le fait que l'exemple choisi par Socrate pour caractériser la démarche du philosophe soit la justice est un premier signe. Mais le parallélisme entre ce texte et le mythe de la caverne est encore plus frappant. Dans les deux cas, il y a un mouvement d'arrachement du sensible et d'élévation vers les « hauteurs » des Idées, exprimé par des verbes de la même famille (*cf.* ἐξελκύσειεν, *République* VII, 515 e 8) ; cette ascension se traduit dans un cas par un éblouissement et une perte (temporaire) de la vue et de la capacité de discernement, dans l'autre par un vertige et des difficultés à s'exprimer ; et dans les deux cas, celui qui a été capable d'effectuer tout ce trajet vers le haut est décrit comme un homme libre par opposition à des esclaves ou à des prisonniers. Bien plus, et tel est le point essentiel pour mon propos, si le thème du mythe de la caverne est explicitement l'éducation (cf. *Rép.*, VII, 514 a 2 : παιδείας τε πέρι καὶ ἀπαιδευσίας), il en va de même de ce passage du *Théétète*, qui intervient après que Socrate a dénoncé le manque d'éducation (*cf.* ἀπαίδευτον, 174 d 8 ; ἀπαιδευσίας, 175 a 1) de ceux qui se moquent indûment des philosophes. Or le début de ce passage, où il est question de l'activité du philosophe comme d'un examen de ce que sont en elles-mêmes la justice et l'injustice et de leur différence avec tout le reste ainsi que de leur distinction mutuelle, fait immanquablement penser à la caractérisation de l'éducation présente en *Théétète*, 186c. J'en conclus qu'il n'y a aucune raison de nier que la conception de l'éducation à laquelle il est fait allusion dans ce dernier passage fasse référence à celle développée dans le livre VII de la *République*, dont le sommet n'est autre que la dialectique, qui sera d'ailleurs caractérisée dans le *Sophiste*, en conformité tant avec la *République* qu'avec la digression du *Théétète*, comme « la science des hommes libres » (τήν τῶν ἐλευθέρων… ἐπιστήμην, 253 c 7-8).

On objectera peut-être que, si la définition de l'éducation comme art de retourner (τέχνη… τῆς περιαγωγῆς) cet « organe » qu'est l'âme, ou plus exactement la partie rationnelle de l'âme, vers l'intelligible (*Rép*., VII, 518 d), peut faire penser à la définition protagoréenne de l'éducation comme art de « modifier (μετάβαλλειν) les états » que nous avons rencontrée plus haut, elle s'en distingue toutefois radicalement par le fait que, alors que le but de l'éducation sophistique est de faire passer l'élève d'une sensation à une autre, meilleure que la première, le retournement de l'éducation platonicienne consiste au contraire à détourner l'âme du devenir et du sensible en général pour l'orienter vers l'être et l'intelligible (*Rép*., VII, 518 c). En ce sens, il s'agit d'un changement beaucoup plus profond, puisqu'il ne consiste pas simplement à remplacer une opinion par une autre, procédé qui est sans doute visé par Socrate lorsqu'il dit dans la *République* que l'éducation ne consiste pas simplement à « retourner une coquille (ὀστράκου… περιστροφή, 521 c 5) », mais à amener l'âme à renoncer à l'opinion en général pour faire enfin usage de la puissance d'apprendre qui est depuis toujours en elle, ce qui ne peut advenir que si elle s'oriente vers les seuls objets véritablement connaissables, à savoir les Idées. Or dans ces conditions, il semble que l'éducation s'institue bien plutôt *contre* la sensation et la perception en général qu'en continuité avec elle.

La situation est toutefois plus complexe, même dans la *République*. Tout d'abord, la perception y joue un rôle fondamental en tant qu'incitant à l'éducation, dans un passage qui annonce très clairement celui du *Théétète* d'où nous sommes partis, jusqu'au choix des exemples qui y sont proposés. Je pense bien entendu aux célèbres pages 523 a-525 b du livre VII, dans lesquelles Socrate explique à Glaucon que « l'enseignement capable de tirer l'âme depuis ce qui devient vers ce qui est (μάθημα ψυχῆς ὁλκὸν ἀπὸ τοῦ γιγνομένου ἐπὶ τὸ ὄν, 521 d 3-4) » est celui qui conduit à l'intelligence (πρὸς τὴν νόησιν) en illustrant son propos à partir d'une différence dans les sensations (ἐν ταῖς αἰσθήσεσιν). Certains objets de celles-ci, explique-t-il, n'invitent pas l'intelligence (νόησις, διάνοια) à les examiner (εἰς ἐπίσκεψιν), parce qu'ils sont suffisamment discernés (κρινόμενα) par la sensation, d'autres au contraire sollicitent l'intelligence, parce qu'ils suscitent simultanément une sensation contradictoire (εἰς ἐναντίαν αἴσθησιν ἅμα) et donc foncièrement insatisfaisante. Comme exemple des premiers, Socrate cite le doigt, qui apparaît (φαίνεται) directement comme tel à la vue (ὄψις) sans être mêlé à ce qui serait son contraire, et n'incite donc pas l'intelligence à se demander « ce que peut bien être un doigt (τί ποτ᾽ ἐστὶ δάκτυλον) ». En ce qui concerne les seconds, Socrate cite la grandeur et la petitesse pour la vue, et, pour le toucher (ἁφή), la grosseur et la minceur ainsi que la mollesse (μαλακότης) et la dureté (σκληρότης), qui, en tant qu'elles sont toujours relatives, n'apparaissent jamais séparément de leur contraire. Socrate poursuit :

> SOCRATE — (…) Et les autres sensations, ne manifestent-elles pas ce genre de données d'une façon insuffisante ? Chacune d'elles ne procède-t-elle pas de la façon suivante : en premier lieu la sensation assignée au dur est nécessairement assignée aussi à ce qui est mou, et elle rapporte (παραγγέλλει) à l'âme qu'elle sent le même objet comme dur et comme mou ?
> GLAUCON — Oui, c'est cela, dit-il.
> SOCRATE — Par conséquent, dis-je, il est nécessaire qu'en de tels cas, l'âme de son côté soit perdue et se demande ce que peut bien être ce dur que la sensation lui signifie (ἀπορεῖν τί ποτε σημαίνει αὕτη ἡ αἴσθησις τὸ σκληρόν), si la sensation décrit (λέγει) aussi le même objet comme mou, et se demande aussi, pour celle de léger, et celle de lourd, ce qu'est le léger, et le lourd, si la sensation signifie (σημαίνει) le lourd comme léger, et le léger comme lourd ?
> GLAUCON — En effet, dit-il, ces informations sont bien étranges pour l'âme, et elles demandent examen.
> SOCRATE — Il est donc normal, dis-je, que dans de tels cas l'âme essaie d'abord, en appelant à la rescousse raisonnement et intelligence (λογισμόν τε καὶ νόησιν), d'examiner si chacune des qualités indiquées est une seule, ou deux (ἐπισκοπεῖν εἴτε ἓν εἴτε δύο ἐστὶν ἕκαστα τῶν εἰσαγγελλομένων).
> GLAUCON — Forcément.
> SOCRATE — Par conséquent, s'il apparaît (φαίνηται) que ce sont deux choses, chacune paraît (φαίνεται) être à la fois différente, et une ?
> GLAUCON — Oui.
> SOCRATE — Si donc chacune des deux est une, et que prises ensemble elles sont deux, l'âme pensera en tout cas ces deux-là comme séparées

(κεχωρισμένα); car si elle ne les séparait pas, elle ne les concevrait pas comme deux, mais comme une seule.

GLAUCON — C'est exact[1]. (*Rép.*, VII, 523 e 6-524 c 2)

Comme l'a déjà remarqué Harold Cherniss, ce passage offre un parallèle frappant avec celui du *Théétète* précédemment mentionné[2]. Dans les deux cas, l'insuffisance de la sensation incite l'âme à effectuer un examen de certaines déterminations par elle-même, sans faire usage des sens; et dans les deux cas, Socrate illustre son propos par l'exemple du dur et du mou. Certes, dans le *Théétète*, il est dit que la dureté du dur et la mollesse du mou sont perçues par le toucher (186 b); mais ce que le toucher ne saisit pas, c'est leur οὐσία, ainsi que leur dualité et leur opposition, qui réclament quant à elles une activité propre à l'âme seule. C'est précisément ce que dit ce passage de la *République* : c'est en raison de l'opposition entre le dur et le mou que l'intelligence est amenée à s'interroger sur ce qu'est chacun d'eux, et pour ce faire à les distinguer et à les séparer l'un de l'autre. On remarquera également le rôle central joué par l'unité et le nombre dans les deux passages, celui de la *République* ayant pour but, ne l'oublions pas, d'introduire l'arithmétique comme première discipline éducative susceptible de tourner l'âme de l'élève vers l'intelligible.

Ce parallélisme ne doit toutefois pas masquer les différences entre ces deux textes, et sur ce point Cooper a raison contre Cherniss. La plus importante est sans doute le fait que dans la *République*, sensation et apparence ne sont pas encore clairement distinguées, de sorte que la sensation semble recevoir des caractéristiques qui selon le *Théétète* sont propres à la *doxa*. Ainsi, la sensation *signifie*, *décrit* un objet *comme* mou ou *comme* dur, rôle qui, d'après le *Théétète*, revient à la *doxa* qui s'ajoute à la sensation pour constituer une apparence. Cette confusion entre sensation, apparence et *doxa* est d'ailleurs en accord avec le livre VI de la *République*, où, lorsqu'il décrit la ligne des facultés de connaissance et de leurs objets, Socrate passe allègrement du terme ὁρατόν (509 d 3) au terme δοξαστόν (510 a 9) pour désigner l'objet des deux degrés inférieurs. La distinction claire entre la sensation et l'apparence est certainement l'un des accomplissements décisifs du *Théétète*, qui sera repris et prolongé dans le

1. Les traductions de la *République* sont issues de P. Pachet, Platon : *La République*, Traduction et notes, Paris, Gallimard, 1993, parfois légèrement modifiées.

2. Voir H.F. Cherniss, « The relation of the *Timaeus* to Plato's later Dialogues » [1957], repris dans R.E. Allen (ed.), *Studies in Plato's Metaphysics*, London, Routledge and Kegan Paul, 1965, p. 349-360 : p. 357, n. 1. La position de Cherniss a été critiquée par J.M. Cooper, « Plato on sense-perception… », art. cit., p. 355-376.

Sophiste. Mais cette différence témoigne à mes yeux bien plus d'un *approfondissement* de ce qui est développé dans la *République* que d'une rupture avec celle-ci ; et il me semble que le choix des exemples et les allusions d'un passage à l'autre ont précisément pour but d'insister sur cette continuité. J'ajoute immédiatement que le rapprochement entre ces deux dialogues ne signifie pas pour autant que toute perception sensible impliquerait une quelconque « contemplation des Idées », contrairement à ce que suggère par exemple F.M. Cornford[1]. Je reviendrai sur ce point dans quelques instants.

Mais avant cela, je voudrais insister sur le fait que le mouvement inverse existe également dans la *République*, à savoir l'action en retour de l'éducation sur la perception. En effet, on a peut-être un peu trop tendance à insister exclusivement sur la description de l'aveuglement du philosophe qui retourne dans la caverne après avoir été confronté à la lumière éblouissante de l'intelligible et qui n'est dès lors plus capable de discerner les ombres des marionnettes projetées sur la paroi, suscitant ainsi l'hilarité des prisonniers demeurés dans leur antre, voire leur hostilité s'il insiste pour les en faire sortir (*Rép.*, VII, 516 e-517 a, 517 d-518 b). Ce stade est certes important, et il est ouvertement valorisé par Platon, puisque Socrate n'hésite pas à qualifier l'âme qui éprouve ce genre de troubles d'« heureuse » (εὐδαιμονίσειεν, 518 b 1) précisément parce qu'elle est dans cette condition. Il correspond très clairement à l'état du philosophe décrit dans la digression du *Théétète*, qui lui aussi apparaît ridicule aux incultes lorsqu'il doit se débattre avec les ombres dans les tribunaux ou retrouver le chemin de sa maison (172 c-d, 173 c-175 b). Il est d'ailleurs à nouveau difficile de ne pas voir cette description comme une reprise et un développement intentionnels de celle du retour du philosophe dans la caverne. Mais il ne faudrait pas oublier que cet état correspond seulement à un premier stade, dû au manque d'accoutumance à l'obscurité de celui qui vient tout juste de quitter cette lumière de l'intelligible qu'est la vérité. Ce stade doit être dépassé par l'accoutumance progressive à l'obscurité, grâce à laquelle les bienfaits de l'éducation se manifesteront jusque dans la perception sensible elle-même. Comme l'explique Socrate en s'adressant aux futurs gardiens :

> Il vous faut donc descendre, chacun à votre tour, vers le séjour commun des autres, et vous accoutumer à contempler les choses obscures. Une fois

1. F.M. Cornford, *Plato's Theory of Knowledge. The* Theaetetus *and the* Sophist *of Plato translated with a running commentary*, London, Routledge and Kegan Paul, 1935, p. 108.

> accoutumés, en effet, vous verrez dix mille fois mieux que ceux de là-bas ; vous reconnaîtrez chacune des figurines : ce qu'elle est, et de quoi elle est l'image, pour avoir vu le vrai sur ce qui est beau, juste, et bon. Et ainsi c'est en état de veille que la cité sera administrée, par nous et par vous, et non pas en songe, comme à présent où la plupart sont administrées par des gens qui se combattent les uns les autres pour des ombres, et qui entrent en dissension pour le pouvoir, comme si c'était là quelque grand bien. (*Rép.*, VII, 520 c 1-d 1)

En effet, comme l'a dit Socrate dans le livre précédent, n'est pleinement éveillé que celui qui « est capable d'apercevoir aussi bien le beau lui-même que ce qui en participe, et de ne pas croire que ce qui en participe soit le beau lui-même ni que le beau lui-même soit ce qui en participe » (476 d 1-3) – bref, celui qui connaît non seulement les modèles, mais qui est capable d'utiliser ces modèles pour mieux reconnaître les ombres, parce qu'il les reconnaît non seulement *comme ombres*, mais aussi *comme ombres de tel ou tel modèle*[1]. Platon prend tellement au sérieux cette accoutumance à l'obscurité qu'il lui réserve dans la formation des futurs gardiens une durée égale à celle de cette accoutumance à la lumière qu'est tout le parcours éducatif constitué par les mathématiques et la dialectique, à savoir quinze ans, et ce « afin qu'en matière d'expérience (ἐμπειρίᾳ) non plus ils n'aient pas de retard sur les autres » (VII, 539 e 4-5)[2]. On voit dès lors que la perception sensible se situe aux deux extrémités du parcours éducatif : d'une part, elle en fournit l'impulsion initiale, mais d'autre part, elle en ressort radicalement transformée.

Prévenons toutefois un malentendu. Je ne suis pas en train de dire que l'éducation en général, et la dialectique en particulier, aurait pour *but* la transformation de la perception. Celle-ci est un *effet* de l'éducation, mais certainement pas une fin en soi : d'ailleurs, les philosophes de la *République* ne demanderaient pas mieux que de demeurer « là-haut » pour le reste de leur existence, et c'est seulement à contrecœur, par devoir, qu'ils acceptent de redescendre dans la caverne. Si on le laissait faire, le

1. Voir déjà *Rép.*, III, 402 b 5-c 6 : de la même façon « que les images des lettres, s'il en apparaissait sur les eaux ou sur des miroirs, nous ne saurions pas les reconnaître avant de connaître les lettres elles-mêmes (…) c'est de cette même façon que nous ne serons pas non plus amis des Muses avant de savoir nous-mêmes, avec ceux que nous affirmons éduquer pour être nos gardiens, reconnaître les espèces (εἴδη) de la sagesse, du courage, de l'esprit de liberté, de la hauteur de vue, et toutes les espèces qui en sont les sœurs, et inversement celles qui en sont les opposées, en tout lieu où elles sont distribuées ; avant de percevoir leur présence chez ceux où elles se trouvent, elles-mêmes et leurs images (…) ».

2. Sur l'importance de l'expérience, voir aussi *Rép.*, VI, 484 d.

philosophe choisirait sûrement de « passer sa vie, jusqu'à la fin, dans l'éducation (ἐν παιδείᾳ... διατρίβειν διὰ τέλους, 519 c 1-2) » ; car l'éducation que reçoivent les gardiens n'est rien d'autre que *la pensée elle-même* – διάνοια d'abord, νόησις ensuite –, et celle-ci, considérée en elle-même, est une fin en soi, même si d'un point de vue politique – en réalité subordonné –, elle rend possible la bonne administration de la cité. Sur ce point, l'éducation platonicienne a un statut tout à fait différent de l'éducation protagoréenne. Dans cette dernière, le but est bien la modification des états en tant que telle ; quant au processus par lequel cette modification est réalisée, il est entièrement du ressort du maître et de sa capacité à inculquer des opinions à l'élève grâce à ses talents de persuasion. Puisqu'il n'y a pas de différence entre opinion et connaissance, l'éducation consiste simplement à remplacer une opinion par une autre, avec pour résultat concomitant la transformation de la sensation correspondante. Pour Platon, au contraire, l'éducation consiste à orienter l'âme de l'élève vers des objets qui l'inciteront à mettre en branle son intelligence et à chercher par elle-même, non pas dans le but d'arriver à une solution qui marquerait l'arrêt de la recherche, mais au contraire parce que le bonheur ne se trouve nulle part ailleurs que dans cette recherche qui n'a pas de fin. Cette recherche, c'est bien entendu la *philosophia*, dont l'aboutissement est certes la connaissance de l'Idée du bien, mais sans que celle-ci entraîne l'arrêt de la recherche : au contraire, elle ne fait que fonder la valeur suprême de la recherche dialectique en tant que telle, qui doit donc être poursuivie à l'infini[1]. Socrate le dit explicitement dans la *République* : après avoir atteint l'Idée du bien, les gardiens consacreront la majorité de leur temps à la philosophie (πολὺ πρὸς φιλοσοφίᾳ διατρίβοντας, 540 b 2). La *philosophia* ne cherche pas à se dépasser vers une quelconque *sophia* dans laquelle elle pourrait se fixer une fois pour toutes, car celle-ci n'est jamais qu'une figure de la *doxa* dont elle tente précisément de se libérer.

Mais justement, n'y a-t-il pas là une différence radicale entre la *République* et le *Théétète* ? Alors que, en *République* VII, 523 a-525 b, certaines sensations sont dites susciter la διάνοια et la νόησις, dans le *Théétète*, l'acte par lequel l'âme ajoute par elle-même les déterminations communes à la sensation est nommé δοξάζειν. Peut-on imaginer plus grande opposition ? Des déterminations comme l'être, l'un, le nombre, etc., qui auparavant étaient les objets propres de la pensée par contraste avec

1. Sur ce point, je me permets de renvoyer à mon ouvrage *Le* Philèbe *de Platon. Introduction à l'agathologie platonicienne*, Leyde, Brill, 2006, en particulier p. 629-637 (conclusion).

l'opinion, sont à présent devenues les objets de l'opinion elle-même. Remarquons tout d'abord qu'avant le verbe δοξάζειν, on trouve également le verbe διανοεῖσθαι pour désigner l'activité de l'âme dans notre passage du *Théétète* (185 a 4, b 7). Or plus loin dans le même dialogue, les rapports entre διανοεῖσθαι et δοξάζειν sont précisés : la pensée est définie comme « un discours que l'âme se tient tout au long à elle-même sur les objets qu'elle examine (λόγον ὃν αὐτὴ πρὸς αὑτὴν ἡ ψυχὴ διεξέρχεται περὶ ὧν ἂν σκοπῇ) », tandis que l'opinion est dite résulter de l'arrêt de ce dialogue intérieur et de la décision ou fixation sur une position déterminée (189 e-190 a)[1]. Or en 184 b-187 a aussi, l'acte de l'âme dans son rapport aux déterminations communes est avant tout de l'ordre de l'examen (ἐπισκοπεῖν, σκοπεῖσθαι), de l'effort (ἐπορεγέσθαι), du raisonnement (ἀναλογιζεῖν), l'âme faisant un retour fréquent sur ces déterminations et les confrontant mutuellement (ἐπανιοῦσα καὶ συμβάλλουσα πρός ἄλληλα); et c'est bien dans le raisonnement sur les impressions (ἐν δὲ τῷ περὶ ἐκείνων συλλογισμῷ) que la science est dite consister, et non dans son résultat[2]. Il est vrai que lorsque Théétète nomme δοξάζειν cet acte par lequel « l'âme s'applique seule et directement à l'étude des êtres (αὐτὴ καθ' αὑτὴν πραγματεύηται περὶ τὰ ὄντα) », il reçoit l'approbation de Socrate; mais c'est justement cette erreur initiale que toute la discussion de la deuxième définition de la science aura pour but de réfuter. La science a été distinguée de la sensation; reste à présent à la séparer de la *doxa*, y compris de la *doxa* vraie.

L'erreur de Théétète s'explique d'ailleurs aisément par le fait qu'il se base sur le modèle perceptif. En effet, la perception est arrêt, reconnaissance de quelque chose comme quelque chose, et suppose donc une *doxa*, un jugement identifiant qui se doit d'être fixe. Cela n'empêche pas celui-ci de pouvoir être remis en question, comme le souligne Socrate dans le *Philèbe* (38 c-e) par l'exemple du promeneur qui voit de loin une silhouette sous un arbre et se demande s'il s'agit d'un homme ou d'une statue, pouvant continuer à s'interroger soi-même longtemps avant de se fixer sur

1. Sur ce texte capital, voir M. Dixsaut, « Qu'appelle-t-on penser? Du dialogue intérieur de l'âme selon Platon » [1996], repris dans *Platon et la question de la pensée*, Paris, Vrin, 2000, p. 47-70.

2. L'un des rares commentateurs à insister sur cet aspect « dynamique » de la saisie des communs est Heidegger dans son cours de 1931-1932 : voir *De l'essence de la vérité. Approche de l'« allégorie de la caverne » et du* Théétète *de Platon*, trad. A. Boutot, Paris, Gallimard, 2001, p. 227-261.

une réponse définitive[1]. Il n'en reste pas moins que ce qui constitue l'apparence comme telle, c'est bien la *doxa*, fût-ce celle qui identifie la silhouette *comme silhouette* si ce promeneur ne peut se décider pour l'une ou l'autre des deux options « homme » ou « statue », et non la pensée dont elle est le résultat. La *doxa* est seulement la partie émergée de l'iceberg, mais c'est elle qui détermine notre perception. Bien entendu, si l'on identifie la connaissance à la *doxa*, cette distinction ne tient plus, et l'on est amené à réduire tout ce travail de l'âme à son résultat. C'est ce que fait ici Théétète, conformément à la nouvelle définition de la science à laquelle il adhère à présent. Mais la discussion de cette définition nous contraindra précisément à refuser cette identification entre la science et l'opinion, ouvrant à nouveau le champ à la partie immergée de l'iceberg, c'est-à-dire à tout ce travail de l'âme qui précède son arrêt sur une opinion. Or c'est précisément ce travail qui est le lieu propre de l'éducation.

Cependant, il est clair que cette éducation n'est pas nécessairement l'éducation au sens platonicien du terme, et que toute opinion identifiante dans la perception n'est pas le produit de la dialectique. Il y a bien des moyens d'arriver à une opinion, et la dialectique est sans doute le moins répandu. D'ailleurs, sont-ils vraiment nombreux, les hommes qui, parce qu'un doigt leur paraît à la fois dur et mou sous différents rapports, en viennent à s'interroger sur ce que sont le dur et le mou en eux-mêmes ? Certes, tout le monde émet des jugements identifiants impliquant des déterminations communes, mais cela ne veut pas dire que tout le monde base ceux-ci sur une véritable *connaissance* de ces déterminations, bref, sur un examen de ces déterminations *comme Idées*. Ce n'est pas parce qu'on dit « le doigt est mou » qu'on *connaît* ce qu'est le mou, et encore moins ce qu'est l'être. La dialectique, et donc les Idées qu'elle nous fait connaître, ne jouent un rôle que dans la perception du dialecticien, c'est-à-dire du philosophe. La perception du commun des mortels repose quant à elle bien plutôt sur des déterminations communes issues, dans le meilleur des cas, d'une recherche personnelle mal réglée, et, beaucoup plus fréquemment encore, de l'« éducation » traditionnelle ou sophistique. C'est là l'origine d'un type d'erreur perceptive que le modèle du bloc de cire proposé plus

1. Bien entendu, le mouvement de la pensée décrit dans le *Philèbe* (*cf.* διανοούμενος, 38 e 6-7) n'est pas la dialectique, et ne doit donc pas être confondu avec celui décrit dans la *République* (où Socrate écarte explicitement le cas des « choses vues de loin », *cf.* VII, 523 b-c) et dans le *Théétète*. Comme nous allons le voir, tout jugement perceptif n'émane évidemment pas de la dialectique. Cela n'empêche pas de voir une analogie entre les deux cas, d'autant moins que cette analogie est à mon sens visée dans le *Philèbe* lui-même (sur ce point, voir mon analyse dans *Le* Philèbe *de Platon*, *op. cit.*, p. 349-424).

loin par Socrate (191 b-195 b) ne prend pas en compte: celui où l'« empreinte » dans la cire à laquelle il faut ajuster la sensation serait elle-même déjà erronée. Imaginons par exemple que notre promeneur du *Philèbe* confonde *dans sa pensée elle-même* le concept d'homme et le concept de statue. Alors, lorsqu'il verra un homme, même très clairement, il croira voir une statue et se trompera. La condition première d'une perception correcte, avant même les conditions de la perception elle-même, est la justesse des concepts qu'elle mobilise dans ses jugements identifiants. Or cette justesse ne peut être atteinte et garantie que par la dialectique.

Certes, l'exemple du promeneur qui confondrait dans leur concept même l'homme et la statue est très peu plausible – encore que la question « qu'est-ce que l'homme ? » est sans doute l'une des plus difficiles qui soit, et qu'elle est citée par Socrate dans la digression du *Théétète* parmi les objets propres de la recherche du philosophe qui le distinguent des préoccupations communes (*cf.* 174 b). Mais l'ensemble formé par le *Théétète* et le *Sophiste*, qui le suit directement dans l'ordre dramatique, nous offre un exemple à la fois beaucoup plus subtil et beaucoup plus parlant. En effet, cet ensemble peut être envisagé comme mettant en scène l'éducation proprement philosophique de Théétète et son impact sur la perception de celui-ci.

Un premier signe en ce sens nous est donné dès l'introduction du dialogue. Le jeune Théétète est un élève particulièrement brillant de Théodore, mathématicien que Socrate décrit expressément comme un maître en géométrie (γεωμετρικός), en astronomie (ἀστρονομικός), en calcul (λογιστικός), en musique (μουσικός) « et en tout ce qui touche à l'éducation (καὶ ὅσα παιδείας ἔξεται) » (145 a 8). Les quatre disciplines citées, qui seront répétées quelques lignes plus loin (145 c-d) moyennant la substitution de l'harmonie (ἁρμονία) à la musique, correspondent évidemment à quatre des cinq disciplines qui constituent l'éducation mathématique recommandée en *République* VII[1], l'absence de la stéréométrie s'expliquant sans doute par le fait de la quasi-inexistence de cette science à l'époque, regrettée par Socrate dans la *République* (528 b-d) – ainsi peut-être que par le fait que Théétète est précisément le mathématicien qui a le plus contribué à son développement[2]. Théétète et son jeune ami Socrate ont atteint un tel niveau dans ces sciences qu'ils dépassent à présent leur maître,

1. La relation entre ce passage et le programme éducatif de *République* VII a été peu remarquée par les commentateurs modernes, à l'exception de D. Sedley, *The Midwife of Platonism. Text and Subtext in Plato's* Theaetetus, Oxford, Clarendon Press, 2004, p. 27-28.

2. Cette dernière explication m'a été suggérée par Marc-Antoine Gavray.

comme l'illustre l'exemple des grandeurs irrationnelles (147 c-148 b). Ils sont donc fin prêts pour l'étape suivante, à savoir l'éducation proprement dialectique[1]. Pour ce faire, Théodore, qui s'avoue incapable d'accéder à ce niveau supérieur (146 b), passe le relais à Socrate.

Que la méthode appliquée par Socrate dans le *Théétète* soit à proprement parler éducative n'est pas dit explicitement dans ce dialogue, mais l'est en revanche très clairement dans le *Sophiste*. On sait que la sixième définition du sophiste proposée dans ce dernier dialogue (226 a-231 b), que l'Étranger hésite à bon droit à attribuer à ce personnage, n'est autre qu'une description de l'entreprise socratique telle qu'elle peut s'observer dans les dialogues platoniciens, et tout particulièrement dans le *Théétète*. Rappelons les termes de l'Étranger :

> <Les adeptes de cette méthode> posent, à leur homme, des questions auxquelles, croyant répondre quelque chose de valable, il ne répond cependant rien qui vaille; puis, vérifiant aisément la vanité d'opinions aussi errantes, ils les rassemblent dans leur critique, les confrontent les unes avec les autres et, par cette confrontation, les démontrent en même temps, sur les mêmes objets, aux mêmes points de vue et sous les mêmes rapports mutuellement contradictoires. Ce que voyant, les interlocuteurs en conçoivent du mécontentement contre eux-mêmes et des dispositions plus conciliantes envers autrui. Par un tel traitement, tout ce qu'ils avaient sur eux-mêmes d'opinions orgueilleuses et cassantes leur est enlevé, ablation où l'auditeur trouve le plus grand charme, et le patient, le profit le plus durable. Un principe, en effet, mon jeune ami, inspire ceux qui pratiquent cette méthode purgative, celui-là même qui fait dire, aux médecins du corps, que, de la nourriture qu'on lui fournit, le corps ne saurait tirer profit tant que les obstacles internes ne seront évacués (πρὶν ἂν τὰ ἐμποδίζοντα ἐν αὐτῷ ἐκβάλῃ). Ils se sont donc fait, à propos de l'âme, la même idée : elle ne tirera, de ce qu'on lui peut ingérer de sciences (τῶν προσφερομένων μαθημάτων), aucun bénéfice jusqu'à ce qu'on l'ait soumise à la réfutation (πρὶν ἂν ἐλέγχων τις) et que, par cette réfutation, lui faisant honte d'elle-même, on l'ait débarrassée des opinions qui ferment les voies à l'enseignement (τὰς τοῖς μαθήμασιν ἐμποδίους

1. Je ne peux ici être d'accord avec M. Narcy, qui voit au contraire en Théétète un élève borné des sophistes, qui échouerait « piètrement » dans la recherche initiée par Socrate (*Platon : Théétète*, traduction, introduction et notes, Paris, GF-Flammarion, 1995 ², p. 17-21, p. 42 *sq.* et *passim*). Comme à la majorité des commentateurs, il me semble difficile de ne pas prendre Théodore et Socrate au mot lorsqu'ils décrivent Théétète comme un jeune homme particulièrement brillant et prometteur, type même du « naturel philosophe » (comparer *Théét.*, 144 a-b et *Rép.*, VI, 503 c-d), qui s'avérera capable, au terme de cette préparation, de suivre l'Étranger dans l'argumentation extrêmement complexe du *Sophiste*.

> δόξας ἐξελών), amenée à l'état de pureté manifeste et à croire savoir tout juste ce qu'elle sait, mais pas davantage [1]. (*Sophiste*, 230 b 4-d 4)

Il serait aisé de montrer la correspondance exacte de cette description avec celle de la maïeutique et de ses bienfaits que l'on trouve dans le *Théétète*, notamment dans la conclusion du dialogue (*Théét.,* 210 b-d). Or ce qui m'intéresse ici est que cette méthode est explicitement décrite dans le *Sophiste* comme une nouvelle méthode d'éducation (παιδεία, 229 d 2; παιδευτική, 231 b 5). La maïeutique est la première étape de l'éducation proprement dialectique, étape nécessaire pour libérer la puissance de la pensée du carcan dans lequel l'enferment les opinions, non seulement les opinions fausses, mais les opinions *en tant que telles*, en tant qu'*arrêts* de la pensée. C'est à ce niveau qu'interviendra l'Étranger d'Élée, qui reprendra le flambeau dans le *Sophiste* et poursuivra l'éducation de Théétète sur le terrain de l'examen des « communs ». En effet, que sont les « très grands genres » du *Sophiste*, sinon certaines parmi les plus éminentes des déterminations communes du *Théétète*? Tant l'être que le même et l'autre figurent d'ailleurs dans la liste des communs donnés en exemples dans ce dernier dialogue. Et l'examen qui en est fait dans le *Sophiste* est explicitement désigné comme « dialectique » par l'Étranger (*Sophiste*, 253 b-e), d'une manière tout à fait compréhensible puisqu'il consiste à les examiner par la pure pensée dans leurs rapports mutuels. C'est bien là, également, l'éducation visée en *Théétète*, 184 b-187 a, dont il nous était d'ailleurs suggéré qu'elle était loin d'être accessible à tous (*cf.* 186 c).

Or cette éducation par laquelle passe Théétète dans ces deux dialogues transforme sa perception – en l'occurrence, sa perception du sophiste. Au début du *Théétète*, Théétète est sous l'influence de Protagoras, puisque la première définition de la science qu'il propose s'inscrit dans le sillage de la thèse de l'homme-mesure. Malgré la réfutation de celle-ci, il reste manifestement sous l'emprise des sophistes au début du dialogue suivant, même si, comme le souligne l'Étranger, il n'en a apparemment jamais rencontré en personne (cf. *Sophiste*, 239 e). En effet, toutes les premières définitions du sophiste ne font que détailler les guises sous lesquelles le sophiste apparaît (*cf.* πέφανται, *Sophiste*, 231 d 2, et les nombreux termes apparentés dans toute cette première partie du dialogue) aux interlocuteurs. Ces apparences sont imposées par le sophiste, en ce que celui-ci parvient à

1. Traduction A. Diès, *Platon : Sophiste*, texte et traduction, « Budé », Paris, Les Belles Lettres, 1925. Sur les rapports entre ce texte et celui mis par Socrate dans la bouche de Protagoras en *Théétète*, 167 e-168 a, voir les remarques de M.-A. Gavray, *Sophistique et philosophie*, *op. cit.*, p. 211-213.

persuader les autres hommes de le considérer tel qu'il le souhaite, c'est-à-dire à agir sur l'opinion (δόξα) constitutive de leur perception, ou encore de la manière dont il apparaît (φαίνεται). Or rappelons qu'en vertu de certaines de ces apparences, l'activité du sophiste est indistincte de celle de Socrate. Comme le dit celui-ci dès le prologue du dialogue (*Sophiste*, 216 c-d), si les philosophes véritables apparaissent (φαντάζονται) souvent tantôt comme sophistes, tantôt comme politiques, tantôt comme fous, ce n'est pas de leur propre fait, mais en raison de l'ignorance des autres hommes (διὰ τὴν τῶν ἄλλων ἄγνοιαν)[1]. Pour remédier à cette confusion, il faut arriver à une notion claire de chacun d'entre eux par le biais de la « méthode des logoi » (227 a 7-8). Celle-ci permet tout d'abord d'échapper aux apparences produites par le sophiste en faisant voir qu'elles sont contradictoires : en effet, le sophiste paraît appartenir à de nombreuses espèces différentes, y compris des espèces opposées l'une à l'autre dans le cours de la division, ce qui est impossible. Elle permet ensuite de dépasser cette aporie en montrant que si le sophiste se manifeste sous tant d'apparences différentes, c'est précisément parce qu'il est un producteur de simulacres, c'est-à-dire d'images fausses, images qu'il produit par le biais de son art de la persuasion en inculquant des opinions qui déterminent la perception de ceux à qui il apparaît. Or l'Étranger souligne que les victimes privilégiées de cet art sont les plus jeunes, en raison de leur absence de familiarité avec la vérité des choses, tandis qu'en avançant en âge, le clair contact avec les êtres révèle le caractère illusoire de ces apparences (234 d-e). Comme le note N.-L. Cordero[2], il est difficile de ne pas voir ici une allusion au mythe de la caverne et à la conception de la *paideia* qui y est développée. Théétète a été victime du sophiste, et l'Étranger dit explicitement que son propre but et celui de ses compagnons (en particulier Socrate et Théodore) est de le faire progresser dans la saisie des êtres qui lui permettra de se libérer des simulacres qui s'imposent à lui (234 d). Pour ce faire, il restera à fonder la possibilité de l'erreur via le grand détour sur l'être et le non-être et l'analyse du discours qui lui fait suite. Le résultat de tout ce processus sera une modification radicale de la perception que Théétète aura du sophiste, ce qui signifie que l'apparence de celui-ci aura changé – précisément parce que la

1. Sur ce passage, et sur l'importance de la thématique de l'apparence dans le *Sophiste* en général, voir B. Collette, « *Phantasia* et *phantasma* chez Platon », *Les Études philosophiques*, 76, 1, 2006, p. 89-106.

2. N.-L. Cordero, *Platon : Le sophiste*, traduction, introduction et notes, Paris, GF-Flammarion, 1993, p. 226, n. 99.

doxa constitutive de cette apparence sera à présent le produit de la dialectique.

Le *Théétète* et le *Sophiste* sont donc des illustrations directes du rôle de l'éducation dans la perception, c'est-à-dire de la manière dont la dialectique rend le philosophe plus à même de s'y retrouver dans les ombres de la caverne. Pour que le tableau soit complet, il restera encore à montrer les implications politiques de ce processus, c'est-à-dire la manière dont le philosophe pourra faire profiter l'ensemble de ses concitoyens de cette transformation de sa perception. Tel sera l'un des objectifs majeurs du *Politique*, le dialogue qui suit immédiatement le *Sophiste* d'un point de vue dramatique et qui expliquera comment le véritable politique imprimera dans l'âme de ses concitoyens une opinion vraie et ferme concernant le beau, le bien, le juste et leur contraire, par le biais de lois qui concentreront autant que possible les bienfaits qui ne peuvent à proprement parler être atteints que par la pensée pure (φρόνησις) (cf. *Politique*, 309 c-310 a). Là encore, le *Politique* ne fait que développer les recommandations déjà contenues en germe dans la *République*[1]. De sorte qu'il ne me paraît pas exagéré de dire que, loin de constituer une quelconque rupture par rapport à la *République*, la trilogie *Théétète-Sophiste-Politique* présente bien plutôt une illustration et un approfondissement extrêmement élaborés du programme éducatif prescrit au livre VII de ce dialogue.

1. Voir en particulier *Rép.*, VI, 484 c 6-d 4 : « – Eh bien, te semble-t-il y avoir la moindre différence entre les aveugles et ceux qui sont réellement privés de la connaissance de toute chose qui est réellement (τῷ ὄντι τοῦ ὄντος ἑκάστου), qui n'ont dans l'âme aucun modèle clair, et ne sont pas capables, comme le feraient des peintres, de tourner les yeux vers ce qui est le plus vrai, de s'y reporter à chaque fois, et de le considérer avec le plus d'exactitude possible, pour précisément y conformer aussi les règles (νόμιμα) à établir ici concernant ce qui est beau, juste, et bon, chaque fois que besoin est de les établir ; et aussi bien de préserver celles qui sont établies, en étant leurs gardiens ? – Non, par Zeus, dit-il, il n'y a guère de différence entre eux. »

POURQUOI L'ERREUR ?

Michel NARCY

OÙ L'ON VOIT THÉÉTÈTE FAIRE PREUVE DE PRUDENCE

À la question de Socrate, qu'est-ce que la science ? la première réponse de Théétète était, on le sait : « la science n'est rien d'autre que sensation (οὐκ ἄλλο τί ἐστιν ἐπιστήμη ἢ αἴσθησις) » (*Théét.*, 151 e 2-3.) L'ultime réfutation, par Socrate, de cette définition a consisté à mettre en évidence l'existence de contenus de connaissance qui ne relèvent d'aucun des cinq sens en particulier, parce qu'il s'agit des propriétés communes à des objets relevant justement de sens différents, par exemple au son et à la couleur : le fait que tous les deux sont, que chacun est différent de l'autre et identique à lui-même, qu'ensemble ils sont deux et que chacun est un, qu'ils sont semblables ou dissemblables (185 a-b) ; et Théétète récapitule : « le fait d'exister ou non (οὐσίαν… καὶ τὸ μὴ εἶναι), la ressemblance et la dissemblance, le même et l'autre, et aussi l'unité et le reste des nombres », ainsi que leurs propriétés comme le pair et l'impair (185 c 9-d 2). Et c'est lui-même qui conclut que ces propriétés communes (τὰ κοινά), c'est l'âme elle-même, par le seul moyen d'elle-même (αὐτὴ δι 'αὑτῆς), qui les examine (ἐπισκοπεῖν) (185 e 1-2). Socrate n'a alors aucune peine à faire valoir que, si l'existence ou la réalité (οὐσία, 185 c 8, 186 a 2, b 6) d'une chose ne nous est pas connue par sensation, alors la sensation ne nous fait pas connaître la vérité de cette chose, autrement dit ne nous fait pas connaître cette chose et ne peut donc pas prétendre au titre de connaissance, d'ἐπιστήμη (186 c-e).

Nous savons donc, poursuit Socrate, qu'il faut chercher la science, non pas dans la sensation, mais « sous le nom, quel qu'il soit, que porte l'âme quand elle a affaire elle-même par elle-même aux réalités (ἐκείνῳ τῷ ὀνόματι, ὅτι ποτ᾿ ἔχει ἡ ψυχή, ὅταν αὐτὴ καθ᾿ αὑτὴν πραγματεύηται περὶ τὰ ὄντα) » (187 a 4-6). À quoi répond aussitôt Théétète :

> Mais cela, Socrate, c'est ce qu'on appelle, à ce que je crois, *doxazein* (Ἀλλὰ μὴν τοῦτό γε καλεῖται, ὦ Σώκρατες, ὡς ἐγᾦμαι, δοξάζειν). (*Théét.*, 187 a 7-8)

Tu as raison de le croire (ὀρθῶς γὰρ οἴει), répond Socrate ; efface donc maintenant tout ce qui précède et dis à nouveau ce que peut être la science (πάντα τὰ πρόσθεν ἐξαλείψας [...] λέγε αὖθις τί ποτ᾿ ἐστὶν ἐπιστήμη). Encouragé probablement par l'approbation de Socrate à son *doxazein*, Théétète se contente de remplacer ce verbe par le substantif correspondant, *doxa* ; mais, précise-t-il, pas toute *doxa*, puisqu'il y a aussi une *doxa* fausse (ἐπειδὴ καὶ ψευδής ἐστι δόξα) : il y a donc des chances (κινδυνεύει) que l'*alethes doxa*, la *doxa* vraie, soit science.

Contre le principe de l'homme-mesure, discuté dans la partie précédente du dialogue, Socrate avait fait valoir que la presque totalité des hommes pensent qu'il y a chez eux savoir et ignorance :

> toute l'humanité, ou à peu près (πάντα που...τἀνθρώπινα), est pleine de gens qui soit recherchent qui les enseigne et les commande [...] soit à leur tour croient être capables, qui d'enseigner, qui de commander. Que dirons-nous d'autre, dans tous ces cas sans exception, si ce n'est que les hommes eux-mêmes croient qu'il y a chez eux savoir et ignorance ? (*Théét.*, 170 b 2-7)

Autrement dit, les hommes ne se tiennent pas eux-mêmes pour mesure de toutes choses mais, au mieux, de celles pour lesquelles ils se croient compétents. Ces hommes, interroge alors Socrate, « tiennent le savoir (σοφίαν) pour une pensée vraie (ἀληθῆ διάνοιαν), et l'ignorance pour une opinion fausse (ψευδῆ δόξαν) ? » (170 b 9-10)

Question rhétorique, à laquelle Théodore s'était contenté de répondre : « Quelle question ! » (τί μήν... 170 c 1), la réponse allant visiblement pour lui de soi.

Il est légitime de penser que Théétète, quand par la suite il est sollicité de donner une meilleure réponse que la première à la question « qu'est-ce que la science ? », trouve dans cet échange entre son maître et Socrate une double incitation à opter pour ce qu'il est fondé, après tout, à prendre pour l'opinion de Socrate lui-même : ce dernier n'a-t-il pas recueilli l'assentiment de Théodore à l'idée que le partage entre science et ignorance et l'assimilation de l'ignorance à l'opinion fausse sont une vérité quasi universellement reconnue ? Plus que probablement, donc, Théétète pense être à l'abri d'une réfutation de la part de Socrate en proposant cette nouvelle définition de la science comme opinion vraie.

OPINION OU JUGEMENT ?

À la vérité, toute la question est de savoir s'il faut ici traduire *doxa* par « opinion ». La question peut surprendre, tant « opinion » passe pour la traduction canonique de *doxa*, mais le fait est qu'elle divise les interprètes. Il suffit pour s'en rendre compte de comparer les traductions d'Auguste Diès[1] et de Léon Robin[2] : Diès traduit *alethes doxa* par « opinion vraie », Robin par « jugement vrai ». Mais dans la réplique précédente, où il s'agit de nommer l'activité de l'âme quand elle a affaire aux réalités, Diès traduit *doxazein* par « juger » ; quant à Robin, dont la traduction est plus homogène (« juger » pour *doxazein*, « jugement » pour *doxa*), il écrit pourtant dans la manchette qui accompagne ce passage : « Si le savoir n'est pas la sensation, peut-être est-il *l'opinion* vraie. » Ce n'est donc pas seulement la divergence de nos deux traducteurs, mais l'embarras dont ils semblent faire preuve chacun de son côté, qui est l'indice d'un problème[3]. Aussi bien Diès que Robin, pourtant, en 170 b 10, c'est-à-dire dans la réplique de Socrate dont, selon moi, s'inspire Théétète, traduisent *doxa* par « opinion ».

Pourquoi, dès lors, ne pas traduire *doxa*, ici aussi, tout simplement par « opinion », puisque c'est sa traduction canonique dans d'autres textes, à commencer par le *Ménon* ? La raison en est donnée par le premier à avoir traduit dans notre passage et dans toute la suite du dialogue, mais pas dans ce qui précède, *doxa* par « jugement » : Victor Cousin (1824). L'unique traducteur français précédent (Grou, 1770) traduisait par « opinion » et Schleiermacher (1818) par *Vorstellung*. Cousin justifiait son choix par le fait que, selon lui, à ce moment du dialogue, Théétète substitue, à une

1. Platon, *Œuvres complètes*, tome VIII, 2e partie, *Théétète*. Texte établi et traduit par A. Diès, « CUF », Paris, Les Belles Lettres, 1926.

2. Platon, *Œuvres complètes*, traduction nouvelle et notes par L. Robin, tome II, « Bibliothèque de la Pléiade », Paris, Gallimard, 1942.

3. On trouve le même embarras chez les traducteurs en d'autres langues. Par exemple O. Apelt (Platon, *Sämtliche Dialoge*, Bd. IV, Leipzig, F. Meiner, 1921) qui, tout en traduisant *doxa* par *Meinung*, écrit en note (note 48 [p. 173] *ad* 187 b) : « l'usage montre que ce terme fait toujours penser à un jugement (*Urteil*). Le mot *Vorstellung* [représentation], dont se servent quelques traducteurs, ne comporte pas nécessairement cette signification. » Ou M. Burnyeat (*The* Theaetetus *of Plato*, Indianapolis-Cambridge, Hackett, 1990) : « La solution est de préférer "jugement" dans la traduction, mais de se rappeler que juger peut être pensé comme en venir à croire quelque chose ou former une opinion. » (trad. fr., *Introduction au* Théétète *de Platon*, Paris, P.U.F., 1998, p. 98.)

impression des sens, « une opération de l'intelligence »[1]. Le fait est que ce que Théétète appelle *doxazein*, c'est une activité mentale que Socrate a bel et bien décrite auparavant en termes de jugement. Cousin avait raison de penser que le passage de l'*aisthesis* à la connaissance par l'âme revient à substituer à une impression des sens une opération de l'intelligence. Mais, contrairement à ce qu'il écrit, ce n'est pas Théétète qui opère cette substitution, mais Socrate : c'est Socrate qui décrit la connaissance par l'âme et qui indique que c'est en elle qu'il faut chercher la réponse à la question « qu'est-ce que la science ? ». La seule contribution de Théétète, c'est de nommer l'activité que vient de décrire Socrate, et la question est de savoir si, avec *doxazein*, il la nomme correctement ou si, au contraire, il passe à côté de la réponse que lui suggérait Socrate.

Comme je l'ai indiqué plus haut, lorsque Théétète déclare que l'activité propre de l'âme sans le secours des sens s'appelle *doxazein*, Socrate lui répond : « Tu as raison de le croire (ὀρθῶς γὰρ οἴει) », et cette approbation ne peut qu'encourager Théétète à définir la science comme *alethes doxa*. La question est donc de savoir en quel sens Socrate approuve ici l'emploi de *doxazein*. Les termes de l'alternative sont les suivants : ou bien (1) Socrate pense que *doxazein* est une désignation correcte de la connaissance par l'âme d'objets qui ne sont pas accessibles aux sens – objets qu'on a du mal, par conséquent, à ne pas appeler intelligibles, νοητά, et leur connaissance, intellectuelle, νόησις ou, à défaut, διάνοια[2] ; ou bien (2) ce à quoi Socrate donne son approbation dans la déclaration de Théétète, c'est seulement καλεῖται, « on appelle » : le fait que *doxazein* est le terme consacré par l'usage pour désigner une activité mentale à laquelle les sens n'ont pas de part.

Dans le premier cas, Théétète a raison de simplifier l'énoncé de 170 b 9-10, en considérant que science et ignorance ne sont rien d'autre que *doxa* fausse ou vraie ; mais ont raison aussi ceux qui, à partir de 187 a, traduisent *doxazein* et *doxa* par « juger » et « jugement ». En effet, cette hypothèse revient à dire que Socrate qui, dans la démonstration qu'il vient de faire, n'a pas une seule fois employé le verbe *doxazein*, donne raison à Théétète de substituer ce verbe à tous ceux qu'il vient d'employer, à savoir successivement *dianoeisthai*, « penser » (185 a 4, a 9, b 7), en alternance

1. *Œuvres de Platon* traduites par V. Cousin, tome deuxième, Paris, Bossange frères, 1824, p. 3.

2. Il est à noter que Socrate, dans la phrase citée ci-dessus (170 b 9-10), identifiait σοφία et ἀληθὴς *διάνοια*, ἀμαθία et ψευδὴς *δόξα*, laissant ainsi entendre une distinction entre διάνοια et δόξα, διανοεῖσθαι et δοξάζειν, qui a échappé à Théétète.

avec *episkepsasthai*, « examiner » (185 b 5, b 11), repris plus loin par Théétète sous la forme *episkopein* (185 e 1) – on notera qu'à aucun moment Théétète n'emploie le verbe *dianoeisthai* –, et enfin *krinein* ou plus exactement *krinein peirasthai*, « essayer de juger » (186 b 8-9).

Deux points sont à considérer : 1) *doxazein* est absent de la série des verbes usités par Socrate, cependant que Théétète, lui, n'emploie jamais *dianoeisthai* – tout juste fait-il écho à l'*episkepsasthai* de Socrate avec une occurrence d'*episkopein* ; 2) commencée avec *dianoeisthai*, la série des verbes employés par Socrate s'achève avec *krinein (peirasthai)* via *episkepsasthai*. Tout se passe, autrement dit, comme si *krinein* était l'ultime précision apportée à *dianoeisthai* : connaître les *koina*, c'est penser, *ou plus exactement*, juger.

Toute la question est alors de savoir si, avec son *doxazein*, Théétète complète ou du moins prolonge la série *dianoeisthai-episkepsasthai-krinein*, autrement dit si, du *dianoeisthai* de Socrate au *doxazein* de Théétète, on a une série continue ou linéaire – et dans ce cas on a raison de traduire *doxazein* à cet endroit par « juger » ; ou si le fait que Socrate, dans tout le cours de sa démonstration, n'ait jamais employé *doxazein*, et que Théétète, dans ses répliques, n'ait jamais employé *dianoeisthai*, indique que, si tous deux parlent grec, ils ne se comprennent ou ne s'entendent pourtant pas. Premier de la série des verbes employés par Socrate, *dianoeisthai* apparaît en effet comme l'alternative à *aisthanesthai*, « sentir » : ce dont tu n'as pas de sensation, demande Socrate à Théétète, par quoi le *penses*-tu ? Ce qui revient à dire que l'alternative à l'*aisthesis*, c'est la *dianoia*, et qui est une manière de souffler à Théétète la définition de la science : puisque, comme il va en tomber d'accord avec Socrate, c'est à l'âme, non aux sens, qu'il appartient de rencontrer la réalité (οὐσίαν), et par conséquent la vérité (186 c 7-10), puisque, en résumé, seule l'âme est susceptible de connaissance vraie, autrement dit de science, il devrait suffire à Théétète de substituer *dianoia* à *aisthesis* dans son premier énoncé et de répondre cette fois-ci, non plus « la science n'est pas autre chose que sensation », mais « la science n'est pas autre chose que *dianoia* » ou, si l'on retient le dernier verbe de la série, *krisis*, « jugement ». En s'en tenant à *doxazein* puis à *doxa*, Théétète montre, dans cette hypothèse, qu'il n'a pas compris la suggestion de Socrate.

Comment choisir entre ces deux hypothèses ? À mon sens, c'est la seconde qui est la bonne : ce qui le prouve, c'est la façon dont Socrate expédie finalement, en moins d'une page Stephanus (201 a 4-c 6), la définition de la science comme *alethès doxa*. L'argument sur lequel repose cette réfutation consiste en ce que, même aux meilleurs orateurs, il est bien impossible de donner aux juges devant lesquels ils plaident la connaissance des faits sur lesquels ils doivent statuer : ils ne peuvent leur en donner qu'une opinion, vraie dans le meilleur des cas, c'est-à-dire quand ils les amènent à rendre un verdict juste.

> Ceux-ci (*scil.* les orateurs), en effet, persuadent au moyen de leur art, non pas en enseignant, mais en faisant avoir les opinions qu'ils veulent (πείθουσιν οὐ διδάσκοντες ἀλλὰ δοξάζειν ποιοῦντες ἃ ἂν βούλωνται). Ou bien crois-tu qu'il existe des maîtres assez habiles pour être capables d'enseigner à suffisance, à ceux qui n'étaient pas présents quand des gens ont été dépouillés de leurs biens ou ont subi d'autres violences, dans le court moment où coule l'eau de la clepsydre, la vérité des faits ? (*Théét.,* 201 a 8-b 4)

D'où il suit que l'opinion des juges, même quand elle est vraie, n'est pas une science. La définition de la rhétorique sur laquelle s'appuie ici Socrate n'est autre que celle qui, dans le *Gorgias*, lui est accordée de bon gré par Gorgias lui-même :

> La rhétorique produit une persuasion fondée sur la croyance, et non sur l'enseignement (πειθοῦς... πιστευτικῆς ἀλλ' οὐ διδασκαλικῆς), en matière de justice et d'injustice. (*Gorg.*, 454 e 9-455 a 2[1])

Et cela, pour la même raison invoquée dans le *Théétète* : parce qu'un orateur « ne serait pas capable d'instruire en peu de temps une si grande foule sur des questions aussi importantes » (*Gorg.*, 455 a 5-6).

Le parallélisme des deux argumentations autorise à considérer que l'opposition, dans le *Théétète*, entre « enseigner » (διδάσκειν) et « faire avoir des opinions » (δοξάζειν ποιεῖν) équivaut à celle du *Gorgias* entre une persuasion « fondée sur l'enseignement » (διδασκαλική) et celle qui se fonde sur la croyance (πιστευτική)[2] : à ce moment-là, c'est bien comme une *pistis*, une croyance, donc une opinion plutôt qu'un jugement, que Socrate comprend *doxa* dans la bouche de Théétète.

ESSAYER DE JUGER

Mais ce n'est pas, semble-t-il, sans avoir examiné l'hypothèse contraire. Tout se passe comme si, en effet, Socrate commençait par créditer Théétète d'une compréhension correcte de la démonstration que

1. Voir aussi *Gorg.*, 458 e 6-459 a 1.
2. Rappelons que dans la *République*, 534 a 1-2, la *pistis* est subsumée sous la *doxa*.

lui-même vient de lui faire ; comme si, donc, il considérait *doxazein* comme un substitut approprié des verbes qu'il a employés, et en particulier du dernier, *krinein* ; comme si, autrement dit, il entendait *doxazein*, dans la bouche de Théétète, au sens de « juger ». Ce qui suggère qu'il en est ainsi, c'est le fait que, au lieu de s'attaquer directement à l'équation science = *alethes doxa*, Socrate commence par entraîner Théétète dans une longue discussion sur ce que peut bien être une *pseudes doxa*, une *doxa* fausse.

Le tour est inattendu, et on ne voit pas bien en quoi une discussion de la *doxa* fausse peut faire progresser l'enquête sur la nature de la connaissance (science). L'explication s'en trouve peut-être dans le verbe qui, je l'ai déjà souligné, accompagne *krinein* dans la bouche de Socrate : *peirasthai*. La réalité (*ousia*) des différentes impressions des sens, disait en effet Socrate – la réalité de la dureté du dur, de la mollesse du mou, etc. –,

> leur opposition mutuelle, la réalité de cette opposition, c'est l'âme elle-même, quand elle les récapitule et qu'elle les confronte l'une à l'autre (ἐπανιοῦσα καὶ συμβάλλουσα πρὸς ἄλληλα) qui, pour nous du moins, essaye d'en juger (κρινεῖν πειρᾶται ἡμῖν). (*Théét.*, 186 b 6-9)

Dire que, lorsque l'âme connaît selon son mode propre, la pensée, elle juge ; interpréter, autrement dit, *dianoeisthai* comme un jugement, c'est faire de la connaissance une activité. Or, si, au lieu d'être reçue, comme la sensation, la vérité est atteinte par l'âme, elle peut aussi être manquée. Voilà pourquoi Socrate n'avance pas le verbe *krinein* sans le flanquer de *peirasthai*, « essayer » : juger ne peut jamais être – du moins pour nous, qui ne sommes pas des dieux – qu'un essai : dans son effort pour atteindre la vérité, l'âme – l'âme humaine – peut échouer.

C'est là une nouveauté par rapport à la *République*, et cette nouveauté est grosse de difficultés dont la *République* faisait l'économie. Définie comme activité judicative par opposition à la passivité des sens, et par là même comme effort pour bien juger, la *dianoia* implique le risque d'erreur comme quelque chose qui lui est consubstantiel : alors que toute sensation est incontestable dès lors qu'elle a lieu, le jugement est toujours une tentative de l'âme pour établir une vérité ; une tentative, dit Socrate, qui, chez ceux mêmes à qui elle réussit (οἷς ἂν καὶ παραγίγνηται), ne s'effectue qu'« avec peine, sur la durée, après de nombreuses fatigues et une éducation (μόγις καὶ ἐν χρόνῳ διὰ πολλῶν πραγμάτων καὶ παιδείας) » (186 c 2-4). Une tentative, autrement dit, qui n'est pas à la portée de tous mais qui, chez tous, reste exposée à l'échec. En un mot, une définition de la science comme connaissance par l'âme implique la possibilité de l'erreur : l'erreur, ou sa possibilité, est consubstantielle à la connaissance à partir du moment où on a abandonné la définition de la connaissance comme sensation. On comprend donc que Socrate pose aussitôt le problème de l'erreur : c'est le moyen de vérifier si Théétète, avec son *doxazein*, a voulu dire la même chose que lui avec *krinein peirasthai*; c'est tester l'équivalence, dans la bouche de Théétète, entre *doxazein* et « juger » ou « former un jugement » – vrai ou faux.

La discussion sur l'erreur se présente comme l'examen, aboutissant à chaque fois à un échec, de cinq hypothèses successives. Mais cette fois ce n'est pas à Théétète qu'il incombe de les proposer : toutes, ainsi que leur rejet, sont le fait de Socrate. Si, comme je l'ai suggéré ci-dessus, ce sont autant de moyens de vérifier ce qu'a compris Théétète de la connaissance par l'âme, on est conduit à penser que les échecs auxquels elles mènent sont dus moins à leur faiblesse intrinsèque qu'à l'incompréhension de Théétète ; en conséquence, chacune des hypothèses avancées par Socrate est moins l'essai d'une solution nouvelle que la reprise de la précédente en termes nouveaux, la tentative renouvelée de mettre à la portée du jeune garçon la conclusion que Socrate espérait probablement entendre de sa bouche en 187 a, à savoir que la connaissance, si elle n'est pas *aisthesis*, est *dianoia*, discursivité, jugement, et que c'est de cela que témoigne le phénomène de l'erreur.

PEUT-ON NE PAS SAVOIR CE QU'ON SAIT ?

Socrate commence par convenir avec Théétète d'examiner la question en faisant abstraction de ces états (ou étapes) intermédiaires entre savoir et ignorance que sont apprendre et oublier[1]. Cette convention de départ ne peut manquer d'étonner, puisque, comme on vient de le souligner, si connaître c'est juger, et plus encore si c'est *essayer* de juger, il n'y a pas de connaissance sans effort de connaître, c'est-à-dire sans passage de l'ignorance au savoir, sans apprentissage. De fait, l'absurdité de cette position du problème éclate rapidement : si l'ensemble des objets de connaissance se divise en deux classes, ceux qui nous sont connus et ceux qui ne nous le sont pas, sans aucun intermédiaire, alors l'erreur ne peut consister qu'en une confusion soit à l'intérieur de l'une de ces deux classes, soit entre les deux. Or si l'on connaît deux objets aussi bien l'un que l'autre, on ne les confond pas ; deux objets que l'on ignore autant l'un que l'autre, non plus, puisqu'on ne connaît aucun des deux ; selon le même raisonnement, on ne confond pas ce qu'on connaît avec ce dont on n'a pas connaissance. Sur la base du

1. Cf. *Théét.*, 188 a 1-6.

partage sans nuance établi par Socrate entre savoir et non-savoir, l'erreur est inexplicable.

Ce partage, à vrai dire, a de quoi étonner le lecteur du *Ménon*. La démonstration par Socrate qu'il est également impossible de ne pas savoir ce qu'on sait et de savoir ce qu'on ne sait pas (*Théét.*, 188 a 10-b 1) semble en effet une reprise de la thèse de Ménon, qu'il est inutile de chercher ce que l'on ne connaît pas : puisque je ne le connais pas, comment saurai-je, si d'aventure je le trouve, que c'est ce que je cherche[1] ? Dans le *Ménon*, Socrate surmonte l'objection par le mythe de la réminiscence : apprendre n'est jamais rien d'autre que se ressouvenir, et ignorer, rien d'autre qu'un oubli, ce qui revient à dire que ce que l'âme ignore, en réalité elle le sait. D'après l'enseignement de Socrate dans le *Ménon*, ne pas savoir ce qu'on sait et savoir ce qu'on ne sait pas, c'est par définition la condition de l'âme.

Socrate qui, dans le *Théétète*, ne fait aucune allusion à cet enseignement[2], observera le même silence jusqu'à la fin de la discussion sur l'erreur, alors même que c'est sur cette apparente impossibilité de connaître ce qu'on ne connaît pas que viendra échouer chacune de ses tentatives d'explication du phénomène de l'erreur[3]. En d'autres termes, nous voyons Socrate essayer de façon répétée de résoudre l'aporie du *Ménon*, et donc de rendre compte de la susdite condition de l'âme, sans recourir au mythe de la réminiscence. Certes il n'y parvient pas, mais puisque cet échec est dû à la défaillance de Théétète plutôt qu'à la sienne, nous ne pouvons en conclure qu'il n'en a pas les moyens.

1. Cf. *Mén.*, 80 d 5-8.

2. À la suite du Commentateur anonyme (XLVII, 35-XLVII, 7), plusieurs interprètes (A. Diès, *Platon, Œuvres complètes*, tome VIII, 2e partie, Paris, Les Belles Lettres, 1926, p. 129 ; F. M. Cornford, *Plato's Theory of Knowledge*, London, Kegan Paul, 1935, p. 27-29) voient dans l'exposé de Socrate sur la maïeutique un rappel de la doctrine de la réminiscence présentée dans le *Ménon*. En réalité, comme je l'ai montré (M. Narcy, *Platon, Théétète*, traduction inédite, introduction et notes, Paris, GF-Flammarion, 21995, p. 8-9), le Socrate du *Théétète* contredit ouvertement le mythe de la réminiscence : alors que, selon le mythe du *Ménon*, toute âme, au fil de ses multiples renaissances, a tout appris, certains jeunes gens, dit-il dans le *Théétète*, viennent à lui sans avoir encore rien conçu, si bien qu'il cherche qui ils pourraient fréquenter avec profit – par exemple « Prodicos et d'autres hommes savants et divins » (151 b 1-6). La métaphore de la volière à laquelle Socrate aura recours dans la suite exclut, elle, de manière explicite, toute forme de réminiscence au sens du *Ménon* : chez les enfants, dit Socrate, la cage est vide (197 e 2-3).

3. Cf. *Théét.*, 191 a 8-b 1, 196 b 7-8, 200 b 1-6.

Non-être relatif et non-être absolu

Il est assez surprenant d'entendre Socrate déclarer aussi absurde que la première la deuxième hypothèse, selon laquelle l'erreur viendrait de ce qu'on pense (δοξάζειν) quelque chose qui n'est pas. C'est surprenant pour deux raisons. D'abord à cause de la reformulation que donne Socrate lui-même de cette hypothèse : à la question « se trouvera-t-il un homme pour penser ce qui n'est pas, que ce soit à propos d'une chose existante ou en soi et par soi ? » (188 d 7-10), notre réponse, dit Socrate, sera « oui, quand ce qu'il croit n'est pas vrai » (188 e 1 : ὅταν γε μὴ ἀληθῆ οἴηται οἰόμενος), ce qui paraît être une vérité de sens commun. Ensuite parce que l'idée ainsi exclue par Socrate, que l'erreur vient de ce qu'on pense ce qui n'est pas, c'est celle que l'Étranger d'Élée s'emploiera à démontrer demain à l'appui de sa définition du sophiste comme fabricant d'illusions. Socrate n'est justement pas l'Étranger, dira-t-on, mais il est tout de même permis de s'étonner que Platon enchaîne deux dialogues dont les protagonistes, qu'on a toutes raisons de tenir l'un et l'autre pour ses porte-parole, se contredisent aussi frontalement.

En réalité, ils ne se contredisent pas autant qu'ils en ont l'air. Le livre V de la *République* s'achève, comme on le sait, sur la démonstration suivante : l'opinion (*doxa*), puisqu'elle diffère de la science, ne peut avoir le même objet que cette dernière ; puisque savoir, c'est connaître ce qui est, l'opinion, elle, doit nécessairement avoir pour objet autre chose que l'être, mais ce ne peut pas être le non-être ; en effet, il n'est pas possible d'avoir une opinion (δοξάζειν) et de n'avoir une opinion de rien (μηδὲν δοξάζειν), car qui a une opinion (ὁ δοξάζων) pense (δοξάζει) au moins une chose (ἕν γέ τι) et non pas « rien », μηδέν, c'est-à-dire « même pas un » (μηδ' ἕν)[1]. L'opinion ne peut donc avoir pour objet ni l'être, puisqu'elle n'est pas la science, ni le non-être, puisque ce n'est même pas un objet ; son objet, si elle en a un, est quelque chose qui, « capable à la fois d'être et de n'être pas… occupe une position intermédiaire entre ce qui est purement et simplement et ce qui n'est pas du tout (οἷον ἅμα ὄν τε καὶ μὴ ὄν… μεταξὺ κεῖσθαι τοῦ εἰλικρινῶς ὄντος τε καὶ τοῦ πάντως μὴ ὄντος) »[2] : le sensible, qui participe des Formes sans leur être identique, et par conséquent n'est jamais complètement ce qu'on dit qu'il est (beau, grand, petit, etc.)[3].

1. Cf. *Rép.*, V, 478 a-b.
2. *Rép.*, V, 478 d 5-7.
3. *Rép.*, 478 e 1-479 e 4.

Il est assez étonnant de trouver ramassé en ces quelques pages de la *République* le mouvement qui occupe la majeure partie du *Sophiste*. Penser quelque chose, c'est forcément penser quelque chose qui est, d'où il suit que penser ce qui n'est pas, c'est ne pas penser : c'est là, explique l'Étranger, l'argument qu'opposera le sophiste à la tentative de le localiser dans l'art de produire, non pas une copie de la réalité (εἰκών), mais un faux-semblant (φάντασμα), un semblant de réalité, autrement dit un non-être [1] : comment serait-ce possible, s'objecte à lui-même l'Étranger pour le compte du sophiste, alors que, comme l'a dit Parménide, on ne peut faire que des non-êtres soient ? [2] Démonstration : on ne peut, par hypothèse, appliquer l'expression « non-être » à aucun être, de sorte que parler de non-être n'est pas parler de ou dire quelque chose (λέγειν τι), pas même une (μηδέν) ; par conséquent c'est ne rien dire (μηδέν λέγειν), donc ne pas même parler (οὐδὲ λέγειν). On reconnaît le premier temps du raisonnement de Socrate dans la *République*. Dans un deuxième temps, comme Socrate dans la *République*, l'Étranger du *Sophiste* va s'employer, pour surmonter l'objection du sophiste, à découvrir un intermédiaire entre l'être et le non-être. Cet intermédiaire, on le sait, sera cette fois la Forme de l'autre, à laquelle chaque être participe par ce qu'il n'est pas, la Forme, autrement dit, d'un non-être inhérent à chaque être. Bien que d'accord, donc, avec le sophiste – et avec Parménide – que nul ne saurait dire ni penser un non-être absolu [3], l'Étranger démontre en effet qu'à chaque être sont associés une infinité de non-êtres [4], à savoir tout ce qu'il n'est pas. Là gît la possibilité du faux, et donc de l'art du φάντασμα : dire non pas quelque chose qui n'est pas, mais dire de quelque chose ce qu'il n'est pas ; dire, donc, certes toujours quelque chose qui est, mais autre qu'il n'est. Comme le sensible dans la *République*, l'autre s'avère donc lui aussi « occuper une position intermédiaire entre ce qui est purement et simplement et ce qui n'est pas du tout ».

La différence avec la *République*, c'est qu'au lieu que l'être, objet de la science, y est exempt des équivoques du sensible, objet de l'opinion, dans le *Sophiste* c'est à tout être que se mêle le non-être engendré par son

1. Cf. *Soph.*, 236 c 3-7.
2. *Soph.*, 237 a 8-9 = 28 B 7 DK, 1-2.
3. *Soph.*, 258 e 6-7.
4. *Soph.*, 256 e 6-7.

altérité[1] : la nouveauté apportée par le *Sophiste*, c'est que le non-être est inséparable de l'être.

Cette nouveauté consonne bien évidemment avec celle apportée, on l'a vu plus haut, par le *Théétète*, à savoir que la possibilité de l'erreur est consubstantielle à la connaissance. En d'autres termes, l'Étranger d'Élée développe le versant ontologique de la théorie de la connaissance dont Socrate essaye d'« accoucher » Théétète. Il est donc bien étonnant de voir Socrate buter sur l'objection parménidéo-sophistique de l'impossibilité de dire ou penser le non-être. Non qu'on puisse s'attendre à ce qu'il fasse valoir la solution qu'il en a exposée dans la *République*, où le déficit ontologique du sensible rendait compte de la faillibilité de l'opinion : rappelons-nous que les mots *doxa* et *doxazein* ont été introduits par Théétète là où Socrate parlait de *dianoeisthai* et pour finir de *krinein* et même de *krinein peirasthai* ; étant donné que par ces mots il désignait la connaissance prise par l'âme de contenus de connaissance qui échappent aux sens, donc de contenus intelligibles, c'est à propos de cette connaissance qu'il interroge maintenant Théétète sur la possibilité de l'erreur. Même si ce dernier – à tort ou à raison, c'est la question – a préféré les mots *doxa* et *doxazein* pour désigner la connaissance par l'âme, Socrate, lui, ayant posé la question de l'erreur au même niveau de généralité que l'Étranger dans le *Sophiste*, interroge Théétète à ce même niveau de généralité et, même s'il lui concède l'emploi du mot *doxa*, il ne peut s'en tenir à une explication de l'erreur par le défaut du sensible.

La question est évidemment de savoir pourquoi il ne guide pas Théétète vers l'explication que donnera l'Étranger d'Élée dans le *Sophiste*. Qu'il ne soit pas en mesure de donner cette explication, il est difficile de le penser, car la façon même dont il formule l'objection contient le principe de la solution que dévoilera l'Étranger :

> Que dirons-nous, Théétète, si l'on nous demande : Est-ce possible, ce qu'on dit là ? Y aura-t-il quelqu'un parmi les hommes pour penser ce qui n'est pas, *soit au sujet de l'une des choses qui sont, soit en soi et par soi* ? (Τί ἐροῦμεν, ὦ Θεαίτητε, ἐάν τις ἡμᾶς ἀνακρίνῃ· "Δυνατὸν δὲ ὁτῳοῦν ὃ λέγεται, καί τις ἀνθρώπων τὸ μὴ ὂν δοξάσει, εἴτε περὶ τῶν ὄντων του εἴτε αὐτὸ καθ' αὑτό;") (*Théét.*, 188 d 7-10)

1. C'est autour de chacune des *formes* (περὶ ἕκαστον τῶν εἰδῶν) qu'il y a abondance d'être et infinité de non-être (πολὺ μέν ἐστι τὸ ὄν, ἄπειρον δὲ πλήθει τὸ μὴ ὄν, *Soph.* 256 e 6-7, cité note précédente).

Il est bien connu que c'est cette distinction entre « dire quelque chose qui n'est pas » et « dire ce qui n'est pas *au sujet de quelque chose* », autrement dit dire d'une chose ce qu'elle n'est pas, qui est la clé de la démonstration de l'Étranger. Or ici Socrate, glissant en quelque sorte les termes de la réponse dans l'énoncé du problème, formule lui-même cette distinction[1]. Pourquoi, dès lors, n'en fait-il pas usage ?

Pour Myles Burnyeat, c'est parce qu'il confond les deux termes de l'alternative, assimilant le premier au second ; pour Franco Ferrari, parce qu'après avoir raisonné uniquement sur le second terme, il commet ensuite une deuxième erreur, qui est de faire du vrai et du faux des propriétés appartenant aux objets de l'opinion et non aux propositions portant sur ces objets[2]. Reste à savoir, dans cette hypothèse, pourquoi Platon prête de telles erreurs à Socrate : en est-il lui-même victime ? Une hypothèse fort simple permet d'éviter ici ce débat classique : c'est l'hypothèse que Socrate, loin de commettre une erreur, omet sciemment, dans l'examen où il entraîne Théétète, le premier terme de l'alternative qu'il a lui-même énoncée. Loin d'être gratuite, cette hypothèse est celle qui s'accorde le mieux avec le contexte dramatique du dialogue.

1. J'avoue ne pas comprendre la thèse de L. Bene (« False Judgement and the Puzzles about Not-Being : *Theaetetus* 188C-189B », dans A. Havlícek, F. Karfík & Š Špinka, *Plato's* Theaetetus : *Proceedings of the Sixth Symposium Platonicum Pragense*, Praha, Oykoumenè, 2008, p. 217-249), selon qui τὸ μὴ ὂν αὐτὸ καθ 'αὑτό ne constitue pas, dans la bouche de Socrate, une alternative à τὸ μὴ ὂν περὶ τῶν ὄντων του mais n'en est qu'une reformulation ; selon qui, autrement dit, τὸ μὴ ὂν αὐτὸ καθ 'αὑτό est, au même titre que τὸ μὴ ὂν περί τινος, un prédicat. Outre que c'est précisément la construction λέγειν τι περί τινος, où περί est l'opérateur d'une συμπλοκή τῶν ὀνομάτων, qui permettra à l'Étranger de sortir du piège sémantique constitué par la transitivité de λέγειν τι, on peut légitimement se demander ce qu'il est possible de dire (ou de penser) lorsqu'on dit ou pense le non-être en soi et par soi comme un prédicat, mais sans le rapporter à ce dont il est dit : soit l'on dit ou pense un prédicat qui n'appartient pas à un sujet, mais sans faire mention du sujet, et dans ce cas c'est le prédicat lui-même qu'on pense, et non le fait qu'il n'appartient pas à *ce* sujet ; soit, faisant toujours abstraction du sujet, on pense comme un prédicat la négation elle-même de ce prédicat, p. ex. non-beau, mais, étant donné que « non-beau » englobe l'infinité des prédicats autres que « beau », penser le non-beau en soi, c'est ne penser rien de déterminé.

2. *Cf.* M. Burnyeat, *The* Theaetetus *of Plato*, *op. cit.* p. 78 (trad. fr. cit. p. 109) ; F. Ferrari (éd.), Platone, *Teeteto*, Introduzione, traduzione e commento, Milano, BUR, 2011, p. 95. Pour l'un comme pour l'autre, c'est cette « erreur » qui conduit Socrate à conclure l'impossibilité de penser le non-être à partir d'une analogie entre penser (δοξάζειν), d'une part, voir et toucher, d'autre part (188 e 4-189 b 3). Comme je l'ai fait remarquer ailleurs (M. Narcy, « Socrate et le problème de l'erreur dans le *Théétète* », dans A. Havlícek, F. Karfík & Š Špinka, *Plato's* Theaetetus, *op. cit.* p. 196-197), aussi bien dans le *Charmide* (167 c 8-168 a 5) que dans la *République* (V, 478 a-d), Socrate n'a pas besoin de cette analogie pour établir l'impossibilité de penser le non-être.

La première aporie où Socrate a entraîné Théétète, issue de l'exclusion de tout intermédiaire entre savoir et ne pas savoir, était elle aussi fallacieuse, et pourtant il ne vient à l'esprit d'aucun commentateur de penser que Socrate, *a fortiori* Platon, s'y laisse prendre. Cette aporie, comme celles de la première partie du *Ménon*, par exemple, était pour Socrate un moyen d'écarter son interlocuteur d'opinions insuffisamment fondées et de l'inciter par conséquent à revenir sur les présupposés d'où elles résultent. La différence avec les dialogues aporétiques dont on rapproche volontiers le *Théétète*, et même avec la première partie de notre dialogue, c'est que cette fois Socrate n'attend pas de son jeune interlocuteur une réponse à la question posée, mais pose lui-même une question à laquelle Théétète n'avait pas pensé (qu'est-ce que l'erreur?) et indique lui-même – fût-ce fallacieusement – sur quelles bases en chercher la réponse. Cette attitude directive n'est pas sans rappeler la façon dont, après avoir montré à l'esclave de Ménon que ses réponses spontanées au problème de la duplication du carré reposaient sur des idées fausses, il le guide d'une main ferme vers la solution.

La différence, là encore, c'est que Socrate, s'il guide Théétète d'une main aussi ferme que l'esclave, ne le guide vers aucune solution. Il reste ainsi fidèle, sans doute, à son intention déclarée d'accoucher le jeune homme du savoir dont il est gros et à sa propre stérilité intellectuelle proclamée[1]. Les apories auxquelles il expose Théétète dans la discussion sur l'erreur peuvent donc être considérées comme autant de tests destinés à savoir si ce dernier est capable de donner naissance à une authentique conception de la science, ou non. La première aporie, on l'a vu, était une démonstration par l'absurde dont on pouvait attendre qu'elle suscite chez Théétète l'idée de sortir de l'alternative imposée par Socrate et de faire valoir l'existence d'intermédiaires entre savoir et non-savoir.

Ce ne fut pas le cas, d'où la nouvelle proposition de Socrate, elle aussi couronnée d'insuccès pour avoir, comme la précédente, négligé d'explorer la possibilité d'un intermédiaire, cette fois entre être et non-être. On notera pourtant la progression : alors que, dans la première aporie, aucune voie de sortie n'était indiquée à Théétète, cette fois-ci la première des deux façons de dire le non-être, περὶ τῶν ὄντων του, apparaît à tous les commentateurs

1. Cf. *Théét.*, 150c4 : ἄγονός εἰμι σοφίας. La suite du dialogue révèle que cette profession de non-savoir est feinte : Théétète ayant lui-même tiré la conclusion que l'âme connaît par elle-même les κοινά (185e1-2), Socrate avoue qu'il savait d'avance où il voulait l'amener : « Moi aussi, c'était mon opinion (τοῦτο γὰρ ἦν ὃ καὶ αὐτῷ μοι ἐδόκει), mais je voulais que ce soit aussi la tienne. » (185e7-8)

comme la claire indication de la voie à suivre. L'explication la plus simple du silence de Socrate sur cette voie qu'il a lui-même indiquée pourrait bien être qu'il s'est agi là d'une concession à l'inexpérience de son jeune interlocuteur, mais d'une concession au-delà de laquelle pour le moment il ne veut pas aller, puisque ce serait transgresser la règle qu'il s'est imposée, d'obliger le jeune homme à faire la preuve de sa capacité. Il se contente donc de placer dans l'énoncé du problème l'indication de la direction dans laquelle chercher la solution, laissant à Théétète le soin de saisir cette indication.

Que Socrate, lui, soit parfaitement au fait des tenants et aboutissants de la question du non-être selon les termes dans lesquels on la pose, on en a la preuve dans la façon même dont il a déjà introduit le non-être parmi les *koina* dont la connaissance ne peut procéder que de l'âme. En tête de l'énumération qu'il en donne figurait l'être[1]. Passant ensuite à la question de savoir au moyen de quoi ces *koina* sont connus, c'est encore l'être qu'il a nommé en premier, mais en l'associant cette fois aussitôt à son contraire, le non-être : « au moyen de quoi s'exerce la faculté qui te montre… ce sur quoi tu mets les mots "est" ou "n'est pas" (ᾧ τὸ "ἔστιν" ἐπονομάζεις καὶ τὸ "οὐκ ἔστι") ? » (185 c 5-6) Le langage de Socrate est à ce moment on ne peut plus explicite : être, mais aussi non-être, sont des noms (ὀνόματα) que l'on met sur (ἔπ-) des objets. Une telle formulation contient implicitement la question de la réalité ou de l'être du non-être, puisqu'elle signifie que le mot « non-être », comme tout autre mot, a une référence, en l'occurrence une de ces entités dont la réalité ou l'être n'est pas connu(e) par les sens.

Il est difficile de croire que Socrate use d'un langage aussi élaboré sans savoir ce qu'il dit. D'où il résulte que, lorsqu'il demande plus loin à Théétète s'il est possible de penser ce qui n'est pas, « soit au sujet de l'une des choses qui sont, soit en soi et par soi », autrement dit lorsqu'il énonce en toutes lettres la distinction dont le lendemain se servira l'Étranger, il est clair pour tout lecteur du *Sophiste* qu'il est conscient de la difficulté, mais aussi qu'il en connaît la solution; et dans ce cas on ne voit pas pourquoi il l'oublierait aussitôt après. Si dans la suite il n'interroge Théétète que sur la seconde branche de l'alternative et s'il le met face à l'impossibilité de penser le non-être en soi sans plus faire aucune allusion à la possibilité de le penser « à propos des choses qui sont », ce n'est pas parce qu'il confond les deux branches de l'alternative. Ayant indiqué à Théétète, en termes explicites, qu'il existe deux façons de penser le non-être, il lui démontre ensuite que la seconde est impraticable : la réaction qu'il semble légitime

1. Cf. *Théét.*, 185 a 9 : ἀμφοτέρω (*scil.* φωνὴ καὶ χρόα) ἐστόν.

d'attendre de la part du jeune homme est qu'il propose lui-même d'adopter la première. Pour prendre une comparaison anachronique, si, à un carrefour où ne s'offrent que deux voies, à l'entrée de l'une d'elles se dresse un panneau de sens interdit, cette indication négative suffit à tout conducteur suffisamment formé pour lui faire emprunter l'autre. Théétète, lui, n'en fait rien. De son silence, on peut inférer qu'il n'a pas prêté attention à l'indication donnée par Socrate, ou qu'il ne l'a pas comprise, ou enfin qu'il l'a oubliée ; mais, concernant Socrate, rien de tout cela.

Comme je l'ai indiqué plus haut, mon hypothèse est que, depuis que Théétète a repris le *krinein* de Socrate par un *doxazein*, ce dernier cherche à vérifier si le jeune garçon, tout en utilisant le verbe *doxazein*, a compris les implications de la nature judicative de la connaissance intellectuelle. Ajoutons que, si ce n'est pas le cas, il cherche à l'aider à les comprendre : tel est le sens de la fonction maïeutique qu'il s'est attribuée au début du dialogue. Dans la mesure, cependant, où il se refuse à jouer un autre rôle que celui justement de maïeuticien, son aide ne peut être que négative. Dans la première partie du dialogue, avant le moment négatif, à savoir la réfutation de Protagoras, il y a eu une phase positive, qui a consisté à aider Théétète à mettre au jour ce que, sans le savoir clairement, il avait en tête. Mais maintenant qu'il a été amené à abandonner cette façon de voir, il n'a plus rien en tête ou, pour le dire autrement, c'est à la découverte de pensées nouvelles, qu'il n'avait pas en tête avant de le rencontrer, que le conduit Socrate. Voilà pourquoi c'est maintenant Socrate qui suggère des hypothèses, mais aussi pourquoi il n'examine les hypothèses qu'il a lui-même suggérées que de façon négative et sur le mode de la réfutation : ce qu'il veut n'est pas enseigner à Théétète la bonne solution, mais la lui faire découvrir[1] ; son aide se limite donc à le détourner des fausses pistes, laissant à son initiative de s'engager sur la bonne voie.

L'ERREUR PAR QUIPROQUO

Si, cette initiative, Théétète ne la prend pas, ce n'est pas faute d'insistance de la part de Socrate. La troisième hypothèse forgée par ce dernier – plus exactement, ce qu'il présente comme une troisième hypothèse – semble en réalité n'être qu'une simplification de la précédente, destinée à attirer l'attention de Théétète sur ce qui lui a auparavant échappé. L'erreur, enseignera demain l'Étranger, consiste à associer à un être un

1. Cf. *Théét.*, 185 e 8-9 et *supra* p. 108, n. 1.

non-être, c'est-à-dire quelque chose que cet être n'est pas; à lui associer, autrement dit, autre chose que ce qu'il est, donc à le dire autre qu'il n'est. Tout lecteur du *Sophiste* pardonnera à Théétète de n'avoir pas saisi cet enchaînement dans l'idée formulée par Socrate de « penser le non-être à propos de l'une des choses qui sont ». Socrate aussi, peut-être : tout se passe comme si, épargnant à Théétète la complexité de l'analyse du non-être, il lui en indiquait directement l'aboutissement en construisant sur le mot « autre » le néologisme[1] qui va lui servir maintenant à définir l'erreur :

> Nous disons qu'une opinion est fausse quand elle est une sorte de quiproquo[2], quand on affirme que l'une des choses qui sont en est une autre, au nombre aussi de celles qui sont, parce qu'on les a permutées en pensée. (᾿Αλλοδοξίαν τινὰ οὖσαν ψευδῆ φαμεν εἶναι δόξαν, ὅταν τίς <τι> τῶν ὄντων ἄλλο αὖ τῶν ὄντων ἀνταλλαξάμενος τῇ διανοίᾳ φῇ εἶναι.) (*Théét.*, 189 b 12-c 2)

La traduction ci-dessus, comme la plupart, intègre le τι suppléé par la majorité des éditeurs entre τίς et le premier τῶν ὄντων, de manière à obtenir la construction suivante : ὅταν τίς φῇ <τι> τῶν ὄντων εἶναι ἄλλο αὖ τῶν ὄντων. La difficulté de cette construction est qu'elle laisse ἀνταλλαξάμενος τῇ διανοίᾳ sans complément d'objet, sauf à sous-entendre un ταῦτα reprenant <τι> et ἄλλο. M. Burnyeat supplée ἀντί τινος à la place de τι et construit : ὅταν τίς ἀνταλλαξάμενος τῇ διανοίᾳ ἄλλο αὖ τῶν ὄντων <ἀντί τινος> τῶν ὄντων φῇ εἶναι = *when a man, in place of one of the things that are, has substituted in his thought another of the things that are and asserts that it is*. À la traduction *standard*, il objecte qu'elle introduit dans la description initiale de l'ἀλλοδοξία l'absurdité qui va en entraîner le rejet, à savoir le fait que juger F à la place de G, c'est juger

1. ᾿Αλλοδοξίαν n'est pas attesté avant Platon et reste chez lui un *hapax*. Après Platon, l'occurrence la plus ancienne citée par les dictionnaires se trouve dans Dion Cassius (79. 5. 4), où le mot signifierait « divergence d'opinion, esprit de rébellion » ; F. Montanari (*Vocabolario della lingua greca*, Torino, Loescher 1995) en signale une autre chez Athanase d'Alexandrie (IVe siècle apr. J.-C.) avec le sens d'« hétérodoxie ». F. Adrados (*Diccionario griego-español* II, Madrid, CSIC, 1995) mentionne une occurrence de l'adjectif ἀλλοδόξος chez Philodème (*Herc. Ox.* XIX, 2, 8), avec le sens d'« être d'opinion différente ». Aucune de ces significations ne correspond au contexte dans lequel le mot est employé par Platon.

2. Pour la traduction d'ἀλλοδοξία par « quiproquo », je renvoie à Littré : « Méprise consistant à prendre une personne, une chose pour une autre. » (*Dictionnaire de la langue française*, Paris, 1877, *s. v.* quiproquo.) C'est exactement ce que décrit Socrate pour expliciter le sens du néologisme ἀλλοδοξία. Préférant le *definiens* au *definiendum*, Diès et Robin ont tous deux traduit ἀλλοδοξία par « méprise ».

que F est G[1]. Outre, cependant, que la construction de Burnyeat exige à son tour de sous-entendre un τοῦτο pour servir de sujet à l'infinitif εἶναι complément de φῇ, la phrase ainsi construite ne peut être donnée pour une description de l'erreur : même si l'on confond deux objets, si l'un et l'autre sont au nombre des choses qui sont, dire que l'un ou l'autre des deux est n'est pas une erreur. L'erreur, c'est soit de dire que l'un est l'autre, soit, si τι et ἄλλο désignent non pas des sujets mais des prédicats, de dire que *x* est l'un quand en réalité il est l'autre, ou inversement.

C'est précisément sur cette dernière alternative – le ἄλλο de ἀλλοδοξία désigne-t-il un sujet ou un prédicat ? – que va se jouer le sort de cette nouvelle hypothèse. Cette alternative avait déjà été posée de façon explicite par Socrate lorsque, en discutant la précédente hypothèse, il avait mis en question la possibilité de penser le non-être, « soit au sujet de l'une des choses qui sont », donc comme un prédicat, ou « en soi et par soi », autrement dit comme un sujet. Socrate s'étant borné à démontrer l'impossibilité de penser le non-être comme sujet, l'erreur de Théétète avait été de ne pas évoquer la possibilité de le penser comme prédicat, comme ce que quelque chose n'est pas, autrement dit comme ce qui est autre qu'elle et qui la rend autre que toute autre chose. Il est difficile de ne pas penser que le mot ἀλλοδοξία, aussitôt forgé par Socrate, ne l'est pas tout exprès pour réorienter Théétète dans cette direction[2].

Théétète le comprend-il ? Il est difficile d'en décider. À l'explication par Socrate de ce que serait cette ἀλλοδοξία, il fait écho par un exemple qui ne met en jeu que des adjectifs, et dont la syntaxe ne permet pas d'établir avec certitude s'il les tient pour des prédicats ou des sujets :

> Quand on a pour opinion laid au lieu de beau ou beau au lieu de laid, alors on a vraiment des opinions fausses[3]. (Ὅταν γάρ τις ἀντὶ καλοῦ αἰσχρὸν

1. *The* Theaetetus *of Plato*, *op. cit.* p. 321-322 et n. 42 *ad loc.* « Juger » est la traduction de Burnyeat pour δοξάζειν.

2. Ἀλλοδοξία sera d'ailleurs explicitement repris dans la suite sous la forme ἑτεροδοξεῖν (190 e 2) et ἑτεροδοξία (193 d 2).

3. Je rejette ici la traduction (traditionnelle en français depuis Grou jusqu'à Diès, Robin seul faisant exception) que j'ai adoptée dans ma traduction du *Théétète* (1994) : « on a des opinions véritablement fausses ». Mes raisons sont les suivantes. Quelques lignes plus bas (189 c 11-d 3), Socrate va se saisir de la séquence ὡς ἀληθῶς ψευδῆ δοξάζει pour prendre prétendument Théétète en flagrant délit de contradiction. Il isole pour cela les mots ἀληθῶς ψευδῆ, comme si Théétète avait parlé d'opinions « vraiment fausses », mais ce n'est pas le cas : Socrate ayant expliqué, dans la réplique immédiatement précédente (189 c 3-4), que lorsqu'on prend une chose pour une autre (ἕτερον δὲ ἀνθ' ἑτέρου), « on peut à juste titre être dit avoir des opinions fausses (δικαίως ἂν καλοῖτο ψευδῆ δοξάζων) », Théétète n'a fait que reprendre la formule à son compte, en remplaçant δικαίως καλεῖσθαι par ἀληθῶς. Non sans

ἢ ἀντὶ αἰσχροῦ καλὸν δοξάζῃ, τότε ὡς ἀληθῶς ψευδῆ δοξάζει.) (*Théét.*, 189 c 5-7)

Cet exemple est calqué sur l'illustration auparavant fournie par Socrate en conclusion de sa description du phénomène de l'ἀλλοδοξία : οὕτω γὰρ ὄν μὲν ἀεὶ δοξάζει, ἕτερον δὲ ἀνθ' ἑτέρου (189 c 2-3). Il est extrêmement difficile de rendre en français l'ambiguïté de ces mots : comme δοξάζει n'a pour compléments qu'un participe et un adjectif, il est impossible de savoir si Socrate décrit une confusion entre deux objets (« on pense toujours quelque chose qui est, mais l'une à la place de l'autre ») ou entre deux prédicats, par ailleurs aussi réels l'un que l'autre (« on pense toujours de l'être, mais qualifié d'une façon à la place d'une autre »).

Il en va de même dans la reformulation de cet exemple par Théétète, où καλόν et αἰσχρόν viennent concrétiser le vague ἕτερον ἀνθ' ἑτέρου de Socrate. Si l'on avait ἀντὶ καλοῦ αἰσχρόν τι ἢ ἀντὶ αἰσχροῦ καλόν τι δοξάζειν, « trouver une chose laide au lieu de belle, ou belle au lieu de laide », il serait clair que Théétète pose « laid » et « beau » comme des prédicats et comprend l'ἀλλοδοξία comme une interversion de prédicats : l'erreur consisterait alors à dire d'une chose qu'elle est autre qu'elle n'est en réalité et l'ἀλλοδοξία ne serait qu'un détour par lequel Théétète se verrait ramené à la solution du *Sophiste*, manquée dans la discussion de

raison : il va de soi que ce qui est dit à juste titre est vrai, et que par conséquent si l'on est dit à juste titre faire ceci ou cela, c'est qu'on le fait vraiment. Théétète n'a donc pas parlé d'avoir des opinions véritablement fausses, mais d'avoir vraiment des opinions fausses. L'apparence de contradiction dénoncée par Socrate (apparence qui sera de nouveau évoquée, puis dissipée, par l'Étranger dans le *Sophiste*, *cf.* 236 e 4, 263 d 2-4) ne se produit que si l'on brise le syntagme ψευδῆ δοξάζειν pour faire porter ἀληθῶς, non sur le syntagme entier, mais sur le seul ψευδῆ. Autrement dit, la contradiction au piège de laquelle Socrate fait mine de vouloir prendre Théétète ne se produit que si l'on refuse de tenir compte de la syntaxe effective de la phrase prononcée par ce dernier (ou par Socrate lui-même trois lignes plus haut). C'est ce que fait Socrate en 189 c 11 *sq.*, mais il n'y a pas de raison d'aligner par anticipation la phrase prononcée par Théétète sur la façon dont elle sera déformée par Socrate. On peut d'ailleurs s'interroger sur la raison pour laquelle ce dernier se comporte de cette façon. En effet, il ouvre ainsi une piste sur laquelle il déclare aussitôt ne pas avoir l'intention de s'engager. La raison de cette abstention est assez claire : mettre Théétète en difficulté sur « véritablement faux » serait ouvrir sur-le-champ la discussion du *Sophiste*, alors que Socrate vient de s'y refuser en abandonnant la question du non-être. La fugitive évocation de cette piste n'a donc aucune fonction dans l'argument du *Théétète*, et il est difficile d'y voir autre chose que l'annonce par Platon de la discussion du *Sophiste*. Ce qui confirme que, bien loin de mettre en scène un Socrate ignorant de la solution qui sera développée par l'Étranger, il lui fait multiplier les signes indiquant cette direction, en lui faisant d'abord mentionner en propres termes la possibilité de penser le non-être non pas en soi mais à propos d'un être, c'est-à-dire sous la forme d'une prédication négative, puis attirer de façon répétée l'attention sur la notion d'altérité.

l'hypothèse précédente. Mais telle qu'elle est formulée par Théétète, c'est-à-dire sans aucun support (pro)nominal aux adjectifs καλόν et αἰσχρόν, la phrase peut aussi signifier « avoir pour opinion *le* laid au lieu *du* beau ou *le* beau au lieu *du* laid ».

C'est dans ce sens que Socrate va l'entendre – ou choisir de l'entendre. Après une digression sur le paradoxe apparent « penser vraiment faux »[1], il demande et obtient confirmation de la part de Théétète qu'« il est possible de poser par la pensée (τῇ διανοίᾳ τίθεσθαι) une chose donnée comme autre et non comme cette chose-là (ἕτερόν τι ὡς ἕτερον καὶ μὴ ὡς ἐκεῖνο) » (189 d 7-8). Cette phrase est en quelque sorte une reformulation du ἕτερον ἀνθ' ἑτέρου <δοξάζειν> analysé ci-dessus, mais le premier ἕτερον est cette fois non seulement supporté par un τι mais repris par ἐκεῖνο· s'il s'agissait d'une confusion entre deux prédicats, on attendrait, comme dans le *Sophiste*[2], ταὐτόν plutôt que ἐκεῖνο. Il s'agit donc bien décidément de sujets, non de prédicats.

Comme on va le voir bientôt, cette interprétation de l'ἀλλοδοξία conduit à une impasse, et c'est Socrate qui y entraîne Théétète. L'hypothèse proposée plus haut pour expliquer le comportement de Socrate dans la discussion précédente s'applique ici de la même façon : après avoir placé Théétète devant deux interprétations possibles de l'ἀλλοδοξία, Socrate lui montre comment l'une des deux se heurte à des impossibilités, attendant de son jeune interlocuteur qu'il se tourne de lui-même vers l'autre interprétation. Il lui fournit pourtant cette fois une aide supplémentaire : c'est le passage fameux sur la définition de la pensée comme dialogue de l'âme avec elle-même.

Socrate, en effet, une fois admis en toute équivoque qu'il est possible de poser par la pensée une chose comme autre qu'elle-même, ne laisse pas Théétète aller plus loin sans attirer son attention sur la condition à laquelle cela est possible : pour que la pensée pose une chose donnée comme une autre, il est nécessaire qu'elle pense soit les deux, soit l'une des deux (189 e 1-2). Dans le second cas, on le sait déjà[3] et on le verra plus loin (190 d 8-11), la confusion n'est évidemment pas possible : qui, de deux choses, ne pense que l'une ne peut évidemment pas la prendre pour l'autre, qu'il n'a pas présente à l'esprit. Ne reste donc que la première possibilité, penser les deux à la fois. Mais comment pense-t-on deux choses à la fois ?

1. Voir note précédente.

2. Cf. *Soph.*, 263 d 1-2 : περὶ δὴ σοῦ λεγόμενα μέντοι θάτερα ὡς τὰ αὐτα : « énoncé à ton sujet, quoique différent, comme le même ».

3. Cf. *Théét.*, 188 c 2-3.

Dans la discussion de l'hypothèse précédente, pour exclure la possibilité de penser le non-être, Socrate a eu recours à une analogie avec les sens. Ici, une telle analogie est exclue, puisqu'on ne peut avoir deux sensations contraires à la fois. Loin donc de toute analogie, Socrate attire l'attention de Théétète sur ce qu'a au contraire de spécifique l'acte de penser (διανοεῖσθαι). Il est à remarquer qu'on a ici la première occurrence de ce verbe depuis qu'il a été utilisé par Socrate pour désigner la connaissance par l'âme et que Théétète lui a substitué le verbe δοξάζειν.

Revenant donc pour la première fois sur cette substitution, Socrate explique en quel sens il l'entend, autrement dit en quel sens elle est à ses yeux légitime : penser, explique-t-il, c'est une discussion que l'âme poursuit avec elle-même, se posant des questions et y répondant ; quand enfin elle parvient à se mettre d'accord avec elle-même (ὅταν… τὸ αὐτὸ ἤδη φῇ καὶ μὴ διστάζῃ, 190 a 2-4), « nous posons, dit Socrate, que c'est son opinion (δόξαν… αὐτῆς) » (190 a 4), de sorte que δοξάζειν, le verbe auquel s'en tient constamment Théétète, ne signifie selon Socrate rien d'autre que parler, et δόξα, une parole (λόγος) que l'âme s'adresse en silence à elle-même. Parole prononcée en réponse aux questions que l'âme s'est posées : il s'agit donc d'une phrase suffisamment articulée pour exprimer un avis, autrement dit, d'une proposition. Telle est la condition à laquelle, aux yeux de Socrate, est recevable l'emploi de δοξάζειν pour διανοεῖσθαι et toute la série des verbes par lesquels il a caractérisé l'activité de l'âme, série, on s'en souvient, qui s'achevait par κρίνειν (186 b 8) : telle est aussi, par conséquent, la condition nécessaire pour que δοξάζειν équivaille à « juger » et δόξα, à « jugement ».

Ce jugement ou cet avis, bien entendu, peut être erroné : c'est ce que laissait entendre Socrate en disant non pas que l'âme juge mais qu'elle « essaye de juger » (186 b 9). Autrement dit, la conception de la δόξα comme jugement propositionnel contient la possibilité de l'opinion fausse, elle en définit même la condition. Il suffirait donc à Théétète d'en prendre conscience pour comprendre comment se produit une erreur ou opinion fausse, et trouver du même coup réponse à la question de la nature de la connaissance. C'est vraisemblablement ce que cherche à obtenir Socrate, qui transgresse ainsi sa réserve de maïeuticien, en acceptant de lui expliquer ce que lui-même « appelle » penser (189 e 3-4).

Avant de mettre Théétète sur la voie d'une réponse à la double question à laquelle le confronte Socrate – qu'est-ce que connaître ? comment est-il possible de se tromper ? –, la définition de la pensée comme discours est le moyen le plus direct de lui montrer qu'il se fourvoie s'il entend l'ἀλλοδοξία comme une confusion entre deux sujets. Si, en effet, poser une chose comme autre c'est dire, de deux sujets que l'on a également présents à l'esprit, autrement dit que l'on identifie, que l'un est l'autre, la chose est impossible. Toi-même, fait immédiatement remarquer Socrate à Théétète, tu ne t'es jamais dit que le beau est laid ou l'injuste juste ni, même en rêve, que les impairs sont pairs (190 b 2-8). Et pour que la chose soit tout à fait claire, pas même un fou, ajoute-t-il, n'oserait essayer de se convaincre lui-même que « le bœuf est un cheval, ou deux, un » (190 c 1-3).

Que penser de ce dernier argument ? Beau et laid, juste et injuste ne sont évidemment pas à mettre sur le même plan que le bœuf et le cheval. Beau et laid, bon et mauvais ont été d'un commun accord comptés par Socrate et Théétète au nombre des propriétés dont l'âme examine la réalité[1] ; c'est, depuis la page 187, dans la relation de l'âme à ces réalités que l'on cherche à déterminer la nature de la connaissance : Socrate va le rappeler dans un instant en prenant acte de l'impossibilité de poser une chose comme autre « quand on énonce et qu'on pense les deux à la fois et qu'on est *par l'âme* en contact avec les deux » (190 c 6-7). Il est clair que bœuf et cheval ne sont pas, eux, au nombre de ces réalités que l'âme connaît sans le secours des sens[2]. En outre, la raison qui empêche, quand on pense aux deux, de dire que le bœuf est un cheval n'est pas la même que celle qui empêche de dire que le beau est laid. Beau et laid, juste et injuste sont des contraires, et il est clair qu'une affirmation d'identité entre deux contraires est en soi contradictoire. Bœuf et cheval, eux, ne sont pas des contraires ; ne pas distinguer entre deux espèces, ce n'est pas la même chose que ne pas distinguer entre deux contraires. En passant du beau et du laid au bœuf et au cheval, on ne parle donc ni de réalités du même ordre ni du même type d'erreur.

Socrate est-il lui-même victime de l'erreur de raisonnement qu'il commet ainsi ? Il est une fois de plus difficile de le croire : quand, dans l'*Euthydème*, Dionysodore caricature son affirmation que c'est la présence du beau qui rend les choses belles en rétorquant qu'à ce compte la présence d'un bœuf le rendra bœuf, il crie au blasphème[3]. Il est donc permis de penser qu'ici, où il est lui-même l'auteur de la caricature, Socrate le fait en connaissance de cause. Si, à la différence du Dionysodore de l'*Euthydème*, son but n'est pas de réduire son interlocuteur au silence, mais, comme il s'y

1. Cf. *Théét.*, 186 a 9-b 1.

2. Deux et un, en revanche, appartiennent à cet ordre de réalités (*cf.* 185 c 10-11 : « tu parles… aussi de l'unité et du reste des nombres. »). Mais ils ont ceci de commun avec le bœuf et le cheval que, à la différence du beau et du laid, du juste et de l'injuste, ils ne sont pas des contraires.

3. Cf. *Euthyd.*, 301 a 4-5.

est plus haut exhorté lui-même, de le mettre dans le droit chemin[1], c'est précisément à cela que doit servir cette caricature : non pas à faire trébucher Théétète comme le ferait un éristique, mais au contraire à lui signaler la chute[2] à laquelle il s'expose s'il poursuit dans la direction où il s'est laissé entraîner par Socrate, à savoir traiter les deux objets en cause dans le phénomène de l'ἀλλοδοξία comme des sujets et non comme des prédicats. Dans cette perspective, bœuf et cheval sont un panneau de sens interdit certainement plus évident que beau et laid, juste et injuste. Dire que *le* beau est laid est sans doute une erreur aussi grossière que dire que le bœuf est un cheval, mais l'erreur n'y est pas aussi évidente. Plus précisément, elle n'est évidente que pour qui comprend que *le* beau n'est pas la chose qui est belle, mais ce qui la rend belle, et il n'y a pas de raison de penser que Théétète le comprenne plus facilement qu'Hippias dans l'*Hippias majeur*. Or l'impossibilité logique d'énoncer « le beau est laid » ne vaut que pour qui a dissipé la confusion entre le beau avec lequel on est en contact « par l'âme » (190 c 7), c'est-à-dire la forme du beau, et la beauté sensible ; pour qui, en d'autres termes, est informé de la théorie des formes, ce qui n'est pas le cas de Théétète. Voilà pourquoi Socrate recourt à l'analogie caricaturale due à Dionysodore. De la question de savoir si tel objet est beau ou laid[3], on peut toujours débattre, tandis que de ce qui est bœuf ou cheval, il n'y a pas à discuter.

Le panneau dressé ainsi devant Théétète suffit à l'arrêter, mais pas, cette fois encore, à l'orienter dans l'autre direction, celle qui mènerait à concevoir l'opinion fausse comme consistant à poser un prédicat comme son contraire, par exemple à trouver laide une chose belle ou juste une injustice – erreurs, elles, tout à fait plausibles et que l'on voit commettre tous les jours. Socrate persistant à s'abstenir de donner aucune indication positive, Théétète en reste au constat de l'impossibilité de confondre deux choses que l'on a l'une et l'autre présentes à l'esprit, ainsi que, bien évidemment, deux choses dont on n'a qu'une seule en tête (190 d 8-11). La discussion, on le notera, revient ainsi à son point de départ : la seule différence entre ces deux impossibilités et celles auxquelles les deux interlocuteurs se sont heurtés en premier lieu est la substitution de δοξάζειν et μὴ δοξάζειν à εἰδέναι et μὴ εἰδέναι.

1. Cf. *Théét.*, 167 e 7 : ἐπανορθοῖ.
2. Cf. *Théét.*, 167 e 8-168 a 1.
3. Par exemple Théétète lui-même : cf. *Théét.*, 185 e 3-5.

LE BLOC DE CIRE : UNE MÉTAPHORE MALHEUREUSE

Pour sortir de ce cercle, Socrate réintroduit dans le débat ce qu'il en avait initialement exclu, à savoir l'apprentissage, passage du non-savoir au savoir, et la mémoire, lieu d'accumulation des connaissances successivement acquises. Pour illustrer ce double phénomène, il développe une métaphore : celle de la présence dans nos âmes d'un bloc de cire, sur lequel impriment leurs marques sensations et pensées – c'est l'apprentissage – et où en est assurée la conservation – c'est la mémoire – aussi longtemps que la cire en garde l'empreinte.

Comme l'a noté M. Burnyeat, cette métaphore sera, d'Aristote à Locke – c'est-à-dire dans une tradition empiriste –, abondamment réutilisée. Mais, comme le souligne Burnyeat, elle le sera dans un sens résolument non platonicien, et au prix d'une modification essentielle : ce ne sera plus, comme chez Platon, la mémoire qui sera comparée à une cire capable de recevoir l'empreinte, mais le sens lui-même. L'enjeu philosophique de la question, comme l'écrit Burnyeat, c'est la capacité cognitive de la sensibilité [1]. Capacité niée par Socrate, on s'en souvient, quand il a fait découvrir à Théétète que c'est à l'âme, non au sens, qu'il revient de connaître les *koina* et parmi eux avant tout la réalité (*ousia*), y compris celle des qualités sensibles [2]. Fidèle à cette idée, Socrate se garde bien ici, et d'identifier l'âme avec ce bloc de cire – il est contenu *dans* l'âme – et d'y laisser s'imprimer elles-mêmes les sensations : c'est « nous », mystérieux sujet placé par Socrate au principe de tout le processus, qui avons l'initiative d'imprimer sur le bloc de cire contenu en nos âmes (εἰς τοῦτο, 191 d 5) « ce que *nous voulons* nous rappeler de ce que nous voyons ou entendons (ὅτι ἂν *βουληθῶμεν* μνημονεῦσαι ὧν ἂν ἴδωμεν ἢ ἀκούσωμεν) », voire de ce que « nous-mêmes (*scil.* sans recours à la perception) nous avons dans l'esprit (ἢ αὐτοὶ ἐννοήσωμεν) », en « le plaçant (*scil.* ledit bloc de cire)

1. *Cf.* M. Burnyeat, *The* Theaetetus *of Plato*, *op. cit.* p. 100-101 (= trad. fr. cit. p. 138-139). Contrairement à ce qu'écrit Burnyeat, cependant, la différence entre Platon et les empiristes ne tient pas à ce que Platon réserve la capacité d'identification des objets au jugement, mais à ce que Platon réserve le jugement à la pensée : pour Aristote aussi bien que pour les stoïciens (le cas de Locke et de l'empirisme moderne est différent), la perception est comme telle un jugement. Voir sur ce point M. Narcy, « *Krisis* et *aisthesis* dans le *De Anima* III 2 », dans G. Romeyer Dherbey et C. Viano (éd.), *Corps et âme. Études sur le* De anima *d'Aristote*, Paris, Vrin, 1996, p. 239-256.

2. Cf. *Théét.*, 186 b 2-9 : c'est au moyen du toucher que l'âme sentira la mollesse du mou et la dureté du dur, mais c'est sans l'intermédiaire d'aucun sens qu'elle essaye de juger (κρίνειν πειρᾶται) la réalité de cette mollesse et de cette dureté et la réalité de leur opposition.

sous les sensations et les pensées (ὑπέχοντας αὐτὸ ταῖς αἰσθήσεσι καὶ ἐννοίαις) » (191 d 5-8).

Notons l'adjonction aux impressions reçues par les sens d'ἔννοιαι qui sont apparemment de notre fait (ὧν… αὐτοὶ ἐννοήσωμεν) : sans doute s'agit-il de ces jugements portés par l'âme qui seuls peuvent prétendre au titre de connaissance, et il est curieux de les trouver ici voisinant sur le bloc de cire avec les impressions procurées par les sens. Mais le plus singulier est le silence observé par Socrate à leur sujet tout au long de sa description de l'usage que nous faisons du bloc de cire : il n'en sera de nouveau question, désignées cette fois comme « ce qu'on ne fait rien d'autre que penser (ἃ μηδὲν ἄλλο ἢ διανοεῖταί τις) », que dans l'exemple qui servira à montrer l'insuffisance de la métaphore du bloc de cire (195 e 1 *sq.*).

En effet, à peine a-t-il décrit le bloc de cire et son utilisation, c'est uniquement dans le rapport entre ce qu'on voit ou entend et le souvenir qu'on a de telles sensations que Socrate va chercher des possibilités d'erreur. Et pour la première – et la seule – fois de tout l'épisode, il en trouvera[1] : connaissant Théodore et Théétète – ce qui ne signifie ici rien d'autre que le fait d'avoir leurs empreintes respectives déjà tracées sur notre cire – et les voyant tous deux, mais de trop loin pour en avoir une vision nette, il se peut que je croie reconnaître l'un quand il s'agit de l'autre et réciproquement, autrement dit que je me trompe d'association entre la sensation actuelle de ces deux personnes et la connaissance que j'en ai antérieurement acquise ; la même chose pouvant se produire, bien entendu, si, les connaissant toutes deux, je n'en vois qu'une et la prend pour l'autre. On tient bien là, dit Socrate, un cas de ce quiproquo (ἑτεροδοξία, 193 d 1) par lequel on veut depuis tout à l'heure rendre compte de l'opinion fausse, et pour peu qu'on admette qu'il y a dans l'image du bloc de cire un peu plus qu'une métaphore – une analogie –, on en a bien là aussi l'explication : l'association (manquée), dira plus loin Socrate, d'une sensation à une pensée (ἡ σύναψις αἰσθήσεως πρὸς διάνοιαν, 195 d-1-2). Deux choses, cependant, sont à remarquer : d'une part, ce dont il est question sous le nom de *dianoia*, ce n'est rien d'autre que l'empreinte laissée dans la cire par la rencontre antérieure de Théodore ou de Théétète, la mémorisation suffisant apparemment à transformer la sensation en pensée, et celle-ci se définissant

1. Je passe sur l'énumération des combinaisons possibles entre sensations et souvenirs, présents et/ou absents, par laquelle Socrate se plaît à étourdir Théétète, et Platon son lecteur : « les lecteurs qui ont du talent pour la combinatoire s'offriront le plaisir de décider combien de cas il oublie, et si, oui ou non, il essaye d'énumérer toutes les combinaisons possibles. » (M. Burnyeat, *The* Theaetetus, *op. cit.* p. 97 = trad. fr. cit. p. 134.)

donc comme souvenir et non plus comme jugement; d'autre part, dans toute cette analyse ne sont mis en cause, tant comme objets de « pensée » que de sensation, que des individus. En résumé, le bloc de cire donne bien un contenu à cette idée d'ἀλλο-/ἑτεροδοξία au moyen de laquelle nous cherchions à définir l'opinion fausse, mais ce résultat n'a rien à voir avec la connaissance des *koina* et l'effort de pensée qu'elle exige de l'âme, ce qui était pourtant l'objectif initial de l'enquête.

L'image même du bloc de cire, à vrai dire, n'a elle-même rien à voir avec la conception de la pensée que Socrate, faisant une deuxième entorse à sa profession d'ignorance[1], a déclaré être la sienne : un dialogue de l'âme avec elle-même. Il est même très étonnant de voir Socrate, presque aussitôt après avoir livré une conception avant tout discursive de la pensée, en proposer un modèle dans la description duquel le terme *dianoia* n'apparaît que pour désigner le souvenir de l'impression sensorielle retenue d'un objet et non plus le jugement porté sur ses propriétés ontologiques (sa réalité, son identité à soi et sa différence d'autre chose, etc.). Pourquoi se montre-t-il – de façon si prolixe – infidèle à sa propre conception de ce que c'est que penser ?

La réponse se trouve probablement dans l'échange de répliques qui provoque l'apparition de cette malheureuse métaphore. Dans leur tentative de définir l'erreur comme une *allodoxia*, Socrate et Théétète se sont vus ramener à l'aporie initiale, à savoir l'impossibilité de confondre deux choses que l'on connaît ou dont on ne connaît qu'une seule. Pour sortir de ce cercle, Socrate déclare qu'ils ont eu tort d'admettre cette impossibilité; d'un certain point de vue (πῃ), dit-il, il est possible de « croire que ce qu'on connaît, c'est ce qu'on ne connaît pas, et ainsi de se tromper (ἅ τις οἶδεν… δοξάσαι ἃ μὴ οἶδεν εἶναι αὐτὰ καὶ ψευσθῆναι) » (191 a 8-b 1). Socrate, on le notera, désigne l'objet de la connaissance ou de la non-connaissance par un pluriel, ἅ· quels objets de connaissance désigne-t-il ainsi ? Les *koina* ? Théétète ne lui laisse pas le temps de s'expliquer là-dessus. Ne s'agit-il pas, demande-t-il, du cas que lui-même n'a pas osé évoquer plus haut : quand, connaissant Socrate et apercevant un inconnu, il prend ce dernier pour Socrate ? (191 b 2-6) Comme il est aisé de l'observer, il s'agit là exactement de l'ἑτεροδοξία dont la métaphore du bloc de cire permet de rendre compte : le fait d'associer une perception actuelle à une empreinte mémorielle qui ne lui correspond pas.

Mais précisément elle ne rend compte que de cas de ce genre. Aussitôt obtenu ce résultat, Socrate va s'empresser de montrer que, dès qu'on

1. La première a été faite à *Théét.*, 185 e 7-8 ; cf. *supra* p. 108 n. 1.

abandonne le terrain de la perception et des impressions que nous pouvons en conserver, la métaphore se révèle inopérante : elle ne permet pas de comprendre un accident aussi banal qu'une erreur de calcul telle que 7 + 5 = 11 (195 e 1-196 b 6). Ne parlons pas, dit Socrate, de sept et cinq hommes ou autres objets de perception, mais des nombres 5 et 7 eux-mêmes (αὐτὰ πέντε καὶ ἑπτά, 196 a 2) : dans ces conditions, la perception est mise hors jeu, et il est par conséquent impossible d'expliquer l'erreur par l'association erronée d'une perception actuelle avec l'impression conservée d'une autre plus ancienne (à quoi se réduit en fait ce que Socrate a appelé l'association d'une sensation à une pensée). Il est plus que probable que cet exemple arithmétique marque l'entrée en scène de ces contenus de pensée (ἔννοιαι) « que nous-mêmes avons à l'esprit ([ἃ ἂν] αὐτοὶ ἐννοήσωμεν) », dont il n'a plus été question depuis que Socrate les a évoqués au tout début de sa description du bloc de cire (191 d 6-7). On comprend maintenant pourquoi : ne résultant pas d'une impression reçue de l'extérieur, ces ἔννοιαι ne sont évidemment pas susceptibles d'être comparées avec une perception nouvelle; elles peuvent être comparées entre elles mais, dans l'imagerie du bloc de cire, ce sont alors des empreintes déjà tracées que l'on compare, c'est-à-dire des choses que l'on connaît l'une et l'autre : il a déjà été établi à deux reprises que ce cas ne donne pas matière à *allo-/heterodoxia*, puisqu'on ne peut prendre l'une pour l'autre deux choses que l'on connaît également ou que l'on a toutes deux à l'esprit.

Pour autant que la métaphore de l'empreinte convienne aux *ennoiai* comme elle convient aux sensations, on pourrait s'attendre que Socrate s'explique sur l'origine de ces empreintes et, puisqu'elles figurent des souvenirs, incite Théétète à se demander de quoi d'autre que de sensations elles peuvent être les souvenirs : il n'en fait rien. Tout se passe comme si, ayant montré qu'une conception empiriste du savoir peut bien rendre compte des erreurs des sens, mais pas d'une erreur de raisonnement telle qu'un calcul élémentaire, il avait atteint son but; comme si, autrement dit, la métaphore du bloc de cire n'avait eu d'autre fonction, une fois de plus, que d'éviter à Théétète de s'engager dans une mauvaise direction.

LA VOLIÈRE

Une erreur de calcul n'est pas tout à fait un quiproquo. Quand je prends 11 pour la somme de 7 et de 5, je ne le prends pas pour 12. Comme Kant l'a fort bien vu, « le concept de douze n'est point du tout pensé par cela seul que je pense cette réunion de cinq et de sept, et j'aurais beau analyser mon concept d'une telle somme possible, je n'y trouverais pas le nombre douze»[1]. En revanche, c'est une très bonne illustration de la façon dont l'âme, «quand elle a affaire aux réalités» (187 a 5-6) et non pas aux sensibles, «essaye de juger» (186 b 9). Autrement dit, la difficulté sur laquelle Socrate fait buter une fois de plus Théétète contient la solution, et c'est ce qu'il entreprend de lui expliquer avec la métaphore de la volière.

La notion d'*allodoxia* y subit un renversement: le quiproquo en quoi consisterait l'erreur ne porte plus sur des objets, mais sur des connaissances. Au lieu d'un bloc de cire sur lequel nous accumulons les empreintes de ce que nous sentons ou pensons, Socrate imagine que notre âme contient une cage où, tel un oiseleur peuplant progressivement sa volière, nous mettons en sûreté nos connaissances au fur et à mesure de leur acquisition. Mais, de même que l'oiseleur, une fois ses prises enfermées dans la volière, doit de nouveau leur y faire la chasse quand il veut utiliser l'un ou l'autre de ses oiseaux, de même, quand nous voulons user d'une connaissance que nous avons apprise, il nous faut la retrouver, et non seulement la retrouver, mais la ressaisir parmi nos savoirs. Ce n'est donc pas la même chose de posséder une science pour l'avoir acquise (κεκτῆσθαι) et de l'avoir au présent (ἔχειν). Il est donc possible, alors qu'on a acquis une science, de ne pas l'avoir (κεκτημένον μὴ ἔχειν, 197 c 1-2); alors qu'on est en possession de la connaissance d'une chose, de ne pas la connaître.

On retrouve la difficulté sur laquelle ont buté toutes les tentatives précédentes: en quoi la métaphore de la volière en donne-t-elle une solution meilleure que les précédentes? C'est ce que Socrate entreprend d'expliquer. Il vaut la peine de remarquer que c'est là un notable changement d'attitude de sa part: pour la première fois depuis le début de l'épisode, au lieu de s'en tenir à montrer à Théétète comment les voies diverses où il pourrait être tenté de s'engager ramènent toujours à la même difficulté, il entreprend d'en exposer lui-même la solution.

S'étant après tout montrée suffisante pour expliquer une erreur empirique, une erreur des sens, la métaphore du bloc de cire a eu au moins le mérite de replacer la discussion sur son terrain initial, la connaissance de contenus qui n'ont rien de sensible, tels les nombres. Socrate se garde bien cette fois de quitter ce terrain : au moment d'expliquer comment on peut à la fois connaître et ne pas connaître une même chose ou, ce qui revient au

1. Kant, *Critique de la raison pure*, Introduction, V. 1, B 15, trad. J. Barni rév. par P. Archambault. Le choix de l'exemple de 7 + 5 = 12 pour montrer que les jugements mathématiques sont des jugements synthétiques peut difficilement ne pas être sous la plume de Kant une allusion au *Théétète*.

même, ne pas avoir une science que l'on a pourtant acquise, la science qu'il prend pour exemple, c'est l'arithmétique (198 a 5).

Prenons un spécialiste consommé de l'arithmétique (ἀριθμητικὸς ὢν τελέως) : à ce titre, il connaît tous les nombres (198 b 8-10). Pourtant, lorsqu'il compte, il ne fait rien d'autre qu'examiner de quelle quantité se trouve être tel nombre (σκοπεῖσθαι πόσος τις ἀριθμὸς τυγχάνει ὤν, 198 c 5) – ce que fait aussi celui qui en est encore à apprendre l'arithmétique. Suivi de l'interrogatif πόσος, σκοπεῖσθαι, en effet, ne peut signifier l'examen d'une donnée, mais la recherche d'un résultat, en l'occurrence un calcul[1]. Par exemple, quand l'arithméticien consommé compte 7 + 5, il « examine », calcule, autrement dit cherche, de quelle quantité (πόσος) se trouve être le nombre qui exprime leur somme : c'est ce que fait aussi l'élève à qui l'exercice est proposé pour la première fois. La différence entre eux, pour revenir à la métaphore de la volière[2], c'est que l'élève fait la chasse à cette connaissance en vue de l'enfermer dans sa cage, alors que l'arithméticien lui fait la chasse à l'intérieur de sa propre volière ; mais une chasse est une chasse : faire la chasse à ce qu'on a déjà capturé, c'est chercher à le capturer de nouveau ; se rappeler ce qu'on a appris, c'est comme le réapprendre.

> Par conséquent, conclut Socrate, celui dont nous sommes d'accord qu'il connaît tous les nombres, quand il calcule, il a l'air de ne pas savoir ce qu'il sait. (Ὃ ἄρα ἐπίσταται, σκοπούμενος φαίνεται ὡς οὐκ εἰδώς, ὃν ὡμολογήκαμεν ἅπαντα ἀριθμὸν εἰδέναι.) (*Théét.*, 198 c 7-8)

Ce qu'on ne comprend généralement pas, c'est que Socrate, dans ce passage, ne développe pas une fois de plus l'aporie apparue dès le début de la discussion sur l'erreur, mais au contraire en indique la solution. Il n'y a d'aporie, en effet, que pour qui pose, comme Socrate l'a fait initialement, un partage exclusif entre savoir et ne pas savoir. Mais l'analyse de la procédure mathématique la plus simple oblige à renoncer à un tel partage. L'effort de la pensée vers la connaissance, présent dans le premier apprentissage, l'est encore dans l'activité du savant le plus accompli : quel

1. Ce que rendent bien Cornford et McDowell qui traduisent ici respectivement *trying to find out* et *investigating*. Sens confirmé par les deux seules autres occurrences du verbe dans le dialogue : 145 b 7, où Socrate fait valoir la nécessité pour lui de tester le bien-fondé des propos élogieux de Théodore sur Théétète, et 186 a 10 (la précédente occurrence du verbe), où Théétète, acceptant d'inclure beau et laid, bon et mauvais parmi les *koina* qu'examine (σκοπεῖσθαι) l'âme, décrit un tel examen comme le fait de raisonner par analogie sur le futur à partir du passé et du présent (ἀναλογιζομένη ἐν ἑαυτῇ τὰ γεγονότα καὶ τὰ παρόντα πρὸς τὰ μέλλοντα).

2. Cf. *Théét.*, 198 d 1-8.

que soit le degré d'expertise auquel on est parvenu, « ne pas savoir ce qu'on sait » ou « apprendre ce que l'on connaît », c'est le ressort même de l'acte de connaître. Mais c'est ce que ne comprend pas Théétète :

> SOCRATE — L'arithméticien qui va se mettre à compter ou l'alphabétisé qui va lire quelque chose, va-t-il de nouveau apprendre ce qu'il sait, mais cette fois de lui-même, puisqu'il en est instruit ?
> THÉÉTÈTE — Mais c'est aberrant, Socrate.
> SOCRATE — Mais devons-nous dire qu'il va lire ou compter ce qu'il ne sait pas, alors que nous avons lui avons accordé le savoir de toutes les lettres et de tout nombre ?
> THÉÉTÈTE — Mais cela aussi est dépourvu de sens. (*Théét.*, 198 e 2-199 a 2[1])

S'il avait compris l'analyse de Socrate, Théétète donnerait au contraire une réponse positive à chacune de ces deux questions. Oui, pour qui connaît ses lettres ou connaît les nombres et les règles de calcul, lire ou compter, c'est s'apprendre à lui-même ce qu'il sait déjà, puisque c'est puiser dans son propre savoir. Mais le texte qu'il lit ou le résultat qu'il obtient par le calcul, il ne le connaissait pas avant de l'avoir lu ou calculé, et en ce sens il est vrai que, tout en sachant lire et compter, il ne connaît pas ce qu'il lit avant de l'avoir lu, ni ce qu'il calcule avant de l'avoir calculé. Encore une fois, l'analyse des opérations cognitives les plus simples permet de comprendre que savoir et ne pas savoir y coexistent à chaque instant.

L'OMBRE D'EUTHYDÈME

« Il doit bien t'arriver d'entendre les controverses de ce genre ? », demande Socrate à Théétète, qui confirme (198 c 8-10)[2]. Où les entend-il ? On a pensé à l'objection opposée par Ménon à la prétention de chercher ce qu'on ne connaît pas[3]. Objection qualifiée d'éristique par Socrate, ce qui a

1. ΣΩ. […] ὅταν ἀριθμήσων ἴῃ ὁ ἀριθμητικὸς ἤ τι ἀναγνωσόμενος ὁ γραμματικός, ὡς ἐπιστάμενος ἄρα ἐν τῷ τοιούτῳ πάλιν ἔρχεται μαθησόμενος παρ᾽ ἑαυτοῦ ἃ ἐπίσταται… — ΘΕΑΙ. Ἀλλ᾽ ἄτοπον, ὦ Σώκρατες. — ΣΩ. Ἀλλ᾽ ἃ οὐκ ἐπίσταται φῶμεν αὐτὸν ἀναγνώσεσθαι καὶ ἀριθμήσειν, δεδωκότες αὐτῷ πάντα μὲν γράμματα πάντα δὲ ἀριθμὸν ἐπίστασθαι…

2. C'est la seconde allusion dans le dialogue aux accointances sophistiques de Théétète. La première, c'était la question posée à Théétète, trop jeune pour avoir pu entendre Protagoras, s'il l'avait lu (152 a 4). Avec le présent ἀκούεις, il est évidemment question de sophistes actifs à Athènes au moment où se situe la rencontre de Socrate avec Théétète.

3. J. McDowell, *Plato : Theaetetus*, Translated with Notes, Oxford, Clarendon Press, 1973, n. *ad* 198 a 4-c 10 et 199 a 4-c 7, p. 221-223.

pu faire penser qu'elle proviendrait des mégariques, connus dans la tradition sous le nom d'éristiques[1]. R. S. Bluck[2] renvoie à ce propos au sophisme dont est victime le jeune Clinias dans l'*Euthydème* : qui sont ceux qui apprennent (οἱ μανθάνοντες), les savants ou les ignorants (οἱ ἀμαθεῖς)[3] ? Bluck, qui a bien vu que, dans le *Ménon* comme dans l'*Euthydème*, la question posée implique que « la connaissance [soit] quelque chose d'absolu qui n'admet pas de degrés », retrouve la même implication dans la question posée par Socrate à Théétète – question dont Socrate reconnaîtra ensuite le caractère éristique – à propos de celui qui voit d'un œil et ne voit pas de l'autre et qui par conséquent connaît et ne connaît pas la même chose au même moment (165 d). Il ne fait pas mention de la discussion sur l'erreur, bien que celle-ci, comme on l'a vu, soit conditionnée depuis son commencement par la même alternative sans intermédiaire entre savoir et ne pas savoir. Bien plus que de la réfutation plus ou moins fallacieuse de Protagoras, c'est pourtant de la métaphore de la volière, ou plutôt de l'explication qu'en donne Socrate, qu'il y a lieu de rapprocher le sophisme de l'*Euthydème*[4]. Entre la réfutation de Clinias par les deux frères et les explications données à Théétète par Socrate, il y a en effet un parallélisme frappant.

La question posée à Clinias, qui sont ceux qui apprennent, les savants ou les ignorants ? n'offre le choix qu'entre deux réponses : « les savants », ou « les ignorants ». Optant d'abord pour « les savants », Clinias s'entend rétorquer que c'est évidemment ce qu'ils ignorent que le maître d'école enseigne aux enfants ; comme il se retourne alors vers les ignorants, on lui fait remarquer que seuls peuvent apprendre sous la dictée du maître[5] ceux qui connaissent leurs lettres. Que ce soit bien là le genre de controverses auquel fait allusion Socrate quand il demande à Théétète s'il lui arrive d'en

1. *Cf.* Diogène Laërce, II, 106 ; *Souda*, s.v. *Eukleides* (= *SSR* II A 22) ; Ps-Galien, *Hist. Philos.* 7 (= *SSR* II A 27).

2. R. S. Bluck, *Plato's 'Meno'*, edited with Introduction and Commentary, Cambridge, Cambridge University Press, 1964, n. *ad* 80 d 6, p. 272.

3. *Euthyd.*, 275 d 3-4.

4. D. Bostock (*Plato's 'Theaetetus'*, Oxford, Clarendon Press, 1988, p. 190 n. 31) et R. M. Polansky (*Philosophy and Knowledge : A Commentary on Plato's 'Theaetetus'*, London-Toronto, Associated University Presses, 1992, p. 198 n. 42) font le rapprochement, mais ne le commentent pas.

5. Cf. *Euthyd.*, 276 c 3-5 : ὁπότε ἀποστοματίζοι ὑμῖν ὁ γραμματιστής, πότεροι ἐμάνθανον τῶν παίδων τὰ ἀποστοματιζόμενα ; Pour cette traduction d'ἀποστοματίζειν, voir M. Narcy, *Le Philosophe et son double : un commentaire de l'*Euthydème *de Platon*, Paris, Vrin, 1984, p. 97-99 ; M. Canto, *Platon : Euthydème*, traduction nouvelle, introduction et notes, Paris, GF-Flammarion, 1989, p. 188-189 n. 50.

écouter, c'est ce que confirme le fait que, ajoutant ensuite l'exemple utilisé par Euthydème, celui des lettres et de la lecture, à celui des nombres et du calcul sur lequel il avait jusque-là conduit son analyse (198 e 1-199 a 2), il le fait sans aucunement détailler ce nouvel exemple, et sans que Théétète en marque aucune surprise : tout se passe comme s'il allait de soi que l'exemple est bien connu du jeune garçon.

On peut penser que c'est cet exemple et sa connaissance des ressources éristiques qu'il recèle qui empêche Théétète de suivre Socrate dans des conclusions qu'il trouve absurdes et dénuées de sens. Ces conclusions, en effet, il les a acceptées une première fois. À Socrate qui lui expliquait, à la lumière de la métaphore de la volière, qu'il est possible d'apprendre à nouveau ce qu'on a déjà appris, quand on ne l'avait pas présent à la pensée (πρόχειρον τῇ διανοίᾳ), il a répondu : « C'est vrai. » (198 d 4-9) Sous l'éclairage de la métaphore, le concept d'une connaissance comme apprentissage toujours recommencé ne lui fait pas peur. Ce qui le fait reculer, c'est le souvenir d'Euthydème ou de l'un de ses pairs qui resurgit dans l'exemple de la lecture, et avec lui le rappel soudain de la facilité avec laquelle ce en quoi consiste, selon Socrate, l'acte de connaître peut être réduit à une *contradictio in verbis*.

Cette reculade de Théétète devant la conséquence à laquelle conduit le concept de connaissance développé par Socrate est symétrique de celle qu'il a opérée, dans la première partie du dialogue, quand Socrate lui a montré que faire sien le principe de l'homme-mesure le conduisait à nier sa propre identité[1]. De même que sa timidité l'avait alors empêché de soutenir avec succès la doctrine de Protagoras, de même ici elle lui interdit de résoudre le problème de l'erreur.

C'est ce que Socrate s'emploie à lui montrer dans ce qui constitue la fin de l'épisode (199 a 4-200 d 2). Soit l'explication suivante de l'erreur 7 + 5 = 11 : ayant acquis la connaissance du nombre 11 et celle du nombre 12, au moment d'additionner sept et cinq nous faisons appel à notre connaissance du nombre 11 à la place de celle du nombre 12. Étant donné que nous connaissons le nombre 11 aussi bien que le nombre 12, à aucun moment dans la description de ce processus nous n'avons à dire que nous ne savons pas ce que nous savons : nous ne faisons jamais que prendre un savoir pour

1. Cf. *Théét.*, 154 a 6-9 : SOCRATE – Une chose quelconque apparaît-elle semblable à un autre homme et à toi ? Est-ce cela que tu soutiens de toutes tes forces, ou bien plutôt que même à toi elle n'apparaît pas la même, du fait que toi-même à aucun moment tu n'es identique à toi-même ? – THÉÉTÈTE — Je suis de la première opinion, plutôt que de cette dernière (τοῦτο μᾶλλόν μοι δοκεῖ ἢ ἐκεῖνο). – Sur la traduction de la réplique de Théétète, voir M. Narcy, *Platon, Théétète*, *op. cit.* n. 110 p. 323.

un autre. Malheureusement, observe Socrate, nous tombons dans une contradiction aussi grossière, puisque cela revient à dire qu'à un certain moment une connaissance est une erreur (199 c10-11). Point découragé pour autant, Théétète propose alors d'imaginer que nous détenons dans notre volière non seulement des connaissances, mais des inconnaissances (ἀνεπιστημοσύναι) : mettons-nous la main sur notre connaissance de 12, nous calculons juste; sur notre inconnaissance de 12, faux (199 e 1-6). Admirable, répond Socrate; sauf que nous voyons ainsi renaître l'ensemble des impossibilités que nous croyions avoir dépassées. Si en effet, étant en possession aussi bien de nos inconnaissances que de nos connaissances, nous déclarons connaître les unes aussi bien que les autres, nous nous retrouvons confondre deux choses dont nous connaissons l'une et l'autre; si, supposition aussi absurde, nous ne connaissons pas plus notre connaissance que notre inconnaissance, nous confondons deux choses dont nous ne connaissons aucune; enfin, supposition peut-être plus logique, nous connaissons l'une, mais pas l'autre : mais comment peut-on confondre une chose que l'on connaît avec une autre que l'on ne connaît pas ?

Socrate, on le notera, n'attire pas l'attention de Théétète sur ce qu'a d'absurde son hypothèse d'inconnaissances présentes en notre esprit de la même façon que des connaissances. Tout se passe comme si son seul souci était de faire valoir l'inhérence à toute explication de l'erreur, et quelle qu'en soit l'absurdité, du paradoxe devant lequel a reculé le jeune garçon, à savoir qu'il arrive de ne pas savoir ce qu'on sait.

SOCRATE MET FIN AU DIALOGUE

Toute cette discussion sur l'erreur, ai-je écrit plus haut, n'était qu'une série de tests destinés à savoir si Théétète, une fois délivré de Protagoras, était gros d'une authentique conception de la science. Au moment où la discussion rejoint son point de départ, la conclusion qui se dégage est que tous les tests se sont révélés négatifs. Contrairement aux espoirs exprimés par Socrate en au moins deux occasions[1], Théétète s'avère faire partie de ces jeunes gens que Socrate, constatant leur état de vacuité, introduit auprès de ceux dont la fréquentation leur sera plus profitable que la sienne – par exemple auprès de Prodicos et « d'autres hommes savants et divinement inspirés » (151 b 5-6). C'est très exactement le service que rendra demain

1. *Théét.*, 148 e 7-8 : « C'est que tu es en proie aux douleurs de l'accouchement »; 185 e 3-9 : « Tu es beau, Théétète », etc.

Socrate à Théétète, en le remettant aux mains de l'Étranger d'Élée, après que Théodore l'ait assuré que le jeune homme n'aura pas affaire en cet homme à « un dieu réfutateur », mais à quelqu'un qui, « plus mesuré que les passionnés de disputes », n'en est pas moins divin[1].

Pourquoi dès lors le *Théétète* ne s'arrête-t-il pas là? Pourquoi une nouvelle relance par Socrate de la question qu'est-ce que la science? et pourquoi la « troisième réponse » de Théétète?

On n'est généralement pas sensible au ton narquois sur lequel Socrate relance une dernière fois sa question de départ : « Parle donc : c'est en la qualifiant surtout de quoi que nous nous contredirions le moins[2] ?" Adressée à un garçon qui vient de céder à la peur de la contradiction, la question sonne comme un défi – défi que Théétète se montre d'ailleurs aussitôt incapable de relever, puisqu'il déclare lui-même n'avoir rien de plus à dire que ce qu'il a déjà avancé en 187 b, « l'opinion vraie ». Réponse, on l'a vu dans les premières pages de cet article, dont Socrate montre qu'il n'est pas besoin d'être philosophe pour la réfuter, puisque la différence entre science et opinion vraie, c'est le fondement même de la rhétorique. Où Socrate, donc, rabroue Théétète au lieu de l'encourager.

Ce qui confirme que Socrate est arrivé à la conclusion que lui, en tant qu'accoucheur des âmes, ne peut rien pour Théétète, ou que ce n'est pas de lui que ce dernier a besoin. Un deuxième point qui n'est généralement pas relevé, c'est que, de fait, après ce qui paraît n'être autre qu'une rebuffade, Socrate ne relance plus la question : comme s'il considérait avoir mis un terme à la discussion. C'est Théétète qui essaye de sauver sa réponse en la complétant par un élément qu'il avait « oublié » (201 c 8) : c'est de l'opinion droite « accompagnée d'un *logos* » qu'il voulait parler. La façon dont Socrate s'évertue à écarter cette dernière formulation donne lieu à beaucoup d'interrogations[3] : une partie de l'explication pourrait en être la conviction résultant de la discussion sur l'erreur, que Théétète, encore trop immature pour qu'on l'aide à mettre au jour sa conception du savoir, a d'abord besoin d'être enseigné.

1. Cf. *Soph.* 216 b 6-8.

2. *Théét.*, 200 d 8-9 : Λέγε δή, τί ἂν αὐτὸ (*scil* ἐπιστήμην *vel* ἐπίστασθαι *ex* ἐπιστήμην 200 d 5) μάλιστα εἰπόντες ἥκιστ᾽ ἂν ἡμῖν αὐτοῖς ἐναντιωθεῖμεν…

3. La dernière section du dialogue ne fait pas l'objet de cet article. Un recueil lui a été tout entier consacré par G. Mazzara et V. Napoli (a cura di) : *Platone. La teoria del sogno nel* Teeteto. *Atti del Convegno Internazionale, Palermo 2008*, Sankt Augustin, Academia Verlag, 2010, auquel j'ai contribué avec un article intitulé « Socrate et Théétète font-ils le même rêve ? » (p. 263-279).

DU *LOGOS* QUI S'AJOUTE À L'OPINION AU *LOGOS* QUI EN LIBÈRE

Monique DIXSAUT

Miles Burnyeat conclut son *Introduction au* Théétète en évoquant une interprétation qui « eut son heure de gloire » : dès l'Antiquité, on a pensé que le Dialogue tout entier avait pour but

> d'apporter un soutien indirect à l'épistémologie des deux mondes du *Phédon* et de la *République* où savoir et opinion (*doxa*) sont des capacités séparées et sont assignées à des domaines différents (…) S'il n'est pas de science des objets de l'opinion, nous devons rejeter le premier composant de la troisième définition du *Théétète*, le jugement vrai (…) Mais ce n'est pas une solution non plus. (…) il vaudrait mieux se concentrer sur le point, plus formel, que, selon la *République* savoir et opinion sont distingués en premier lieu comme deux capacités, dont l'une ne peut se tromper [1] alors que l'autre le peut (477 d-e). Nous pourrions très bien lire le *Théétète* comme une longue méditation sur ce bref passage de la *République*.

La question soulevée par la troisième définition du *Théétète*, question posée en effet depuis l'Antiquité et qui continue à donner lieu à de passionnantes controverses [2], peut se résumer ainsi : « peut-on admettre que l'opinion, même vraie, entre pour partie dans le définition platonicienne du

1. Je modifie la traduction de *unerring* par « infaillible » donnée par M. Narcy (M. Burnyeat, *Introduction au* Théétète *de Platon*, Collection du Collège international de philosophie, Paris, 1998, p. 308-309; *The* Theaetetus *of Plato*, Cambridge [Indiana] 1990, p. 238) ; la raison est donnée dans la note 1 de la page 134.

2. Celle de Ch. Rowe (voir, dans ce volume, « La fin du *Théétète* ») avec les interprétations de F.M. Cornford (*Plato's Theory of Knowledge*, London, Kegan Paul, 1935) et D. Sedley (*The Midwife of Platonism : Text and Subtext in Plato's* Theaetetus, Oxford, Clarendon Press, 2004) en est un bon exemple.

savoir ? » L'affirmation catégorique de leur différence dans le *Ménon* (98 b) ne l'exclut pas absolument, dans la mesure où Socrate vient d'admettre la possibilité pour les opinions vraies de devenir des savoirs. En revanche, la fin du livre V de la *République* rend, c'est le moins qu'on puisse dire, la chose difficilement acceptable. Or Christopher Rowe affirme qu'elle a « fait l'objet d'une mécompréhension totale » et que la définition du savoir comme *doxa* vraie accompagnée de *logos* serait « la définition préférée » de Platon : elle doit simplement être améliorée de façon à rejoindre celle donnée dans le *Ménon*. Il n'y aurait d'ailleurs « aucun autre candidat en réserve »[1]. Quant à Burnyeat, il considère finalement que « revenir à la *République* n'est plus d'aucune utilité » car il n'existe pas « de quatrième sens de *logos* capable de résoudre les problèmes de la troisième partie » du *Théétète*. Qu'on en juge la méditation inutile, ou qu'on estime nécessaire d'en proposer une nouvelle et assez révolutionnaire interprétation, ce passage de la *République* pose un problème à tous les interprètes de la dernière définition du *Théétète*. Faut-il y voir une confirmation indirecte de la coupure ontologique entre objets de l'opinion et objets du savoir, ou au contraire une tentative visant à la surmonter épistémologiquement ?

Je vais donc commencer par une relecture de ce texte. L'examen des trois sens de *logos* envisagés par Socrate à la fin du *Théétète*, puis un retour sur l'*aitias logismos* du *Ménon*, auront ensuite pour but de montrer que, lorsqu'il est dialectique, le *logos* exclut sans appel que la *doxa* puisse *être* un savoir, alors que, dianoétique, il laisse ouverte la possibilité que des opinions vraies *deviennent* des savoirs (et cessent d'être des opinions).

COMMENT DÉFINIR UNE PUISSANCE

À la suite d'un brusque rappel à l'ordre de Glaucon, Socrate déclare qu'il va à présent tenir un « discours paradoxal » (*Rép.*, 472 a 6). Il ne va pas parler contre une opinion admise mais contre la *doxa* elle-même, car il n'y a pas d'autre manière de « parler droitement » du philosophe. La « troisième vague » impose une mutation du discours, et vérité, Formes intelligibles, participation, unité et multiplicité, être, essence font irruption dans le

1. Rowe reprend dans son article (voir la note précédente) les arguments des chapitres 6 et 8 de son livre, *Plato and the Art of Philosophical Writing*, Cambridge, Cambridge University Press, 2007. Je n'en avais pas encore pris connaissance lorsque j'ai rédigé la première version de ce texte (« *Logos* et *doxa* », paru dans *Platone. La teoria del sogno nel* Teeteto. Atti del Convegno Internazionale [Palermo 2008], a cura di G. Mazzara-V. Napoli, Accademia Verlag, Sankt Augustin 2010, p. 119-134), et sa lecture m'a incitée à préciser les raisons de mon désaccord.

Dialogue, qui aborde ainsi son tournant dialectique. Une fois énoncée la condition de possibilité de la belle cité, à savoir le gouvernement des philosophes, il faut s'attaquer aux raisons qui font juger cette thèse ridicule, la principale étant l'opinion généralement partagée sur la nature des philosophes.

Une définition à la manière d'Antisthène ?

Pour définir de quelle sorte de philosophes il parle, Socrate demande à Glaucon de le suivre « par là », afin de voir si « nous fournirons une explication (*exègèsômetha*) qui, d'une manière ou d'une autre, soit satisfaisante » (474 c 5-6). Le verbe utilisé est la première raison de penser que Socrate va se livrer à une sorte de parodie de la méthode d'Antisthène[1], dont la première règle est que l'examen portant sur la nature d'une chose consiste en une « exégèse » de son nom. Socrate commence en effet par expliquer les deux éléments du nom *philosophos*, *philein* et *sophia* : le philosophe aime la *sophia*, or celui qui aime trouve aimables tous les aspects de la chose qu'il aime et la *sophia* désigne tout ce qui peut s'apprendre (toute espèce de *mathèma*). La définition étant pour Antisthène le résultat de cette exégèse du nom, un philosophe serait donc un homme « qui consent volontiers à goûter toute science (παντὸς μαθήματος γεύεσθαι), qu'un élan joyeux porte à apprendre et qui est insatiable (ἀπλήστως ἔχοντα) ». En suivant toujours la même méthode, un *logos* définitionnel doit se structurer comme une *diairesis*, les déterminations à accepter étant opposées terme à terme aux déterminations à exclure, et Socrate conclut ainsi sa première définition :

> Eh bien c'est de cette façon, dit-il, que j'opère ma division (Ταύτῃ … διαιρῶ), en séparant d'un côté (χωρὶς μέν) les amateurs de spectacles, de techniques et les hommes d'action, de l'autre, au contraire (καὶ χωρὶς αὖ), ceux que seuls on pourrait appeler droitement philosophes (476 a 10-b 2).

Mais en l'occurrence, la division à laquelle Socrate arrive rejette les caractéristiques figurant dans la définition obtenue par l'analyse du nom : elles s'appliquent au *philotheamôn*, non au véritable philosophe. On peut accorder qu'un philosophe aime chaque aspect de ce qu'il aime, mais cela veut dire aimer « chaque étant » et non pas n'importe quelle science ; on peut également accepter que son désir d'apprendre renaisse

1. Le texte est signalé par G. Giannantoni comme se référant à Antisthène : *SSR* V A 150. Voir A. Brancacci, *Antisthène, Le Discours propre*, trad. S. Aubert, Paris, Vrin, 2005, p. 107 pour les deux premiers points et p. 116-117 pour le troisième.

inlassablement, non qu'il soit insatiable et jamais comblé. Avec ce joyeux renversement, Socrate joue Antisthène contre Antisthène et disqualifie sa méthode. Celui pour qui toute idée n'est qu'une entité imaginaire et qui « ne supporte pas » qu'on lui parle du bien en soi ne peut être qu'un amateur de spectacle[1].

Définir une puissance, c'est la distinguer

Socrate a réussi de cette façon à démontrer que l'attribution correcte de *philosophos* passe par l'analyse de sa différence d'avec le *philotheamôn*. Comme le *philotheamôn* est un philodoxe, cela revient à poser la question de la différence entre opinion et savoir.

Première étape (475 e-476 c). Socrate demande d'abord à Glaucon de lui accorder que, si le « beau » et le « honteux » sont contraires, ils sont deux tout en étant chacun un, et cela vaut pour tous les couples de contraires. L'existence de Formes contraires (*eidos* prend le sens de Forme pour la première fois en 476 a 5) rend indéniable le fait qu'il en existe une multiplicité, et il faut « tenir le même *logos* sur toutes les Formes » : en elle-même chacune est une, mais en raison de sa communication avec des actes, des choses, et de la communication des Formes entre elles (καὶ ἀλλήλων κοινωνίᾳ), chacune apparaît partout sous des aspects multiples (476 a 5-7). La ligne de clivage passe entre l'unité participée et la multiplicité sensible *ou* intelligible des participants. La première multiplicité est celle des « semblants », des images sensibles (belles couleurs et beaux sons), la seconde celle des différentes manifestations nées d'une communication sélective avec d'autres Formes (Justice, Courage, Pensée sont « beaux »). Il faut alors distinguer entre celui qui a la puissance (*dunamenos*) d'aller vers l'unité d'une réalité en soi, et celui qui, confondant participé et participants, prend pour la chose même ce qui lui est semblable, et rêve (476 c-d). Le premier connaît, et on doit appeler connaissance (*gnômè*) sa pensée (*dianoia*). *Gnômè* : le terme implique la présence du sujet connaissant dans ce qu'il connaît, du sujet de l'énonciation dans ce qu'il énonce. La distinction entre connaissance et opinion est à prendre à la fois du côté de l'objet et de celui du sujet.

Deuxième étape (476 e-477 b). Socrate s'adresse à l'homme dont il vient de dire que, puisqu'il opine, il ne connaît pas, et il lui demande,

1. La violence du personnage interdit de voir en cet amateur de spectacle un « non-philosophe » : le rejet des réalités en soi est au contraire théorisé, c'est une position « socratique », pas une simple incompréhension. J'avais expliqué plus longuement ce point dans « *Logos* et *doxa* » (cité *supra*).

Glaucon ayant le rôle de porte-parole, si celui qui connaît connaît quelque chose ou rien (ὁ γιγνώσκων γιγνώσκει τὶ ἢ οὐδέν, 476 e 7); s'il connaît quelque chose, il connaît forcément quelque chose qui est, car il est impossible de connaître quelque chose qui n'existe pas. En radicalisant cette opposition, on peut tenir pour acquis que ce qui est pleinement est pleinement connaissable, et que ce qui n'est en aucune façon est absolument inconnaissable. Connaissance (*gnôsis*) et non-connaissance (*agnosia*, *agnoia*) sont des contraires qui s'excluent. La distinction précédente entre unité du participé et multiplicité des participants avait justifié la distinction épistémologique entre connaissance et opinion, la deuxième étape cherche à la fonder ontologiquement. Or l'opposition radicale entre être et non-être débouche sur une opposition entre connaissance et non-connaissance : l'opinion ne peut pas porter sur ce qui n'existe absolument pas.

S'il existe toutefois des choses « constituées de telle façon qu'elles sont et à la fois ne sont pas », elles tiennent « le milieu entre le purement étant et l'absolument non-étant ». Il faut donc voir *si* à cette espèce de choses correspond un milieu entre non-connaissance et savoir (*epistèmè*) (477 a-b) : la contrariété (connaissance/non connaissance) laisse place à l'altérité, et le nom de la puissance (*dunamis*) qui diffère de la *doxa* est *epistèmè* (et non plus *gnôsis*).

Comme *epistèmè* et *doxa* sont deux puissances différentes, chacune doit porter sur un objet différent. « Le savoir s'applique par nature à ce qui est, pour connaître comment est ce qui est. » Ce n'est évidemment pas une définition, puisque le *definiendum* y est inclus : dire que le savoir a pour but de connaître est une tautologie. Mais cela permet de poser la question : s'il porte sur ce qui est, sur quoi porte l'opinion ? L'opinion en effet est quelque chose, mais n'est pas forcément le « milieu » qu'on cherche : s'il est impossible d'avoir une opinion qui n'opine rien et sur rien (le passage de 478 b-c est repris littéralement en *Théét.*, 189 a-b), il n'est en revanche pas *a priori* impossible que, comme le savoir, l'opinion s'applique à ce qui est. Rien n'empêche en effet qu'un même genre d'objet puisse donner lieu à deux sortes différentes de connaissance, et on pourrait définir l'opinion vraie comme ce qui s'applique à ce qui est pour se faire une *opinion sur* (et non pas un *savoir de*) « comment est ce qui est ». Socrate voit sans doute l'objection venir, car il s'interrompt : il doit d'abord définir ce qu'il entend par puissance (*dunamis*).

Troisième étape (477 c-479 e). « Nous dirons que les puissances sont un genre déterminé d'êtres, par lesquelles nous, en particulier, pouvons ce que nous pouvons, et en général toute chose peut précisément ce qu'elle peut » (477 c 1-2). Les puissances ne sont pas des réalités que leurs propriétés sensibles permettraient de caractériser, mais ce ne sont pas non plus des Formes intelligibles, elles sont « un certain genre d'étants » (477 c 1 : γένος τι τῶν ὄντων). Comment définir une puissance? « Quand il s'agit d'une puissance, je considère seulement cela: ce à quoi elle s'applique et ce qu'elle effectue » (ἐφ' ᾧ τε ἔστι καὶ ὃ ἀπεργάζεται, d 2). La définir consiste à en délimiter le champ d'application et l'opération propres, donc procure le moyen de la distinguer : « et celle qui est attachée au même objet et qui effectue le même résultat je l'appelle la même, celle qui est attachée à autre chose et effectue autre chose, je la dis autre » (477 d 2-5).

Opinion et savoir sont deux puissances distinctes puisque leurs résultats, connaître et opiner, sont distincts: le savoir, dit Glaucon, « ne commet pas d'erreur » (477 e 5 : *anamartèton*). Glaucon ne dit pas que le savoir est infaillible, il procède négativement : celui qui sait ne peut pas se tromper, tandis qu'il n'est pas impossible que celui qui a une opinion se trompe[1]. Cela suffit à établir que, puisque l'*ergon* des deux puissances diffère, leurs objets aussi doivent être différents : « Connaissable (*gnôston*) et opinable (*doxaston*), est-ce que ce sera la même chose (*to auto*), ou est-ce impossible (*adunaton*) ? — C'est impossible » (478 a 10-12).

« Si donc c'est ce qui est qui est connaissable, serait opinable quelque chose d'autre que ce qui est? » (478 b 3-4 : ἄλλο τι ἂν δοξαστὸν ἢ τὸ ὂν εἴη). À la différence de l'Étranger du *Sophiste*, Socrate ne s'embarrasse pas ici de démontrer que l'autre de ce qui est n'est pas le contraire de l'être, mais c'est ce qu'implique la notion de « milieu ». Et comme l'opinion ne peut pas non plus porter sur ce qui n'est pas, « on n'opine donc ni sur ce qui est ni sur ce qui n'est pas » (478 c : οὐκ ἄρα ὂν οὔτε μὴ ὂν δοξάζει). Puisque son objet doit tenir le milieu « entre l'étant pur (*eilikrinôs*) et l'absolument non étant » (478 d), elle doit aussi tenir le milieu entre savoir et non-connaissance : elle est la puissance intermédiaire cherchée.

La conséquence de la définition formelle de la puissance (ce par quoi nous pouvons ce que nous pouvons), puis de celles non moins formelles de la science et de l'opinion (elles sont ce par quoi nous connaissons ou opinons) est que l'opinion n'est pas un degré inférieur de connaissance : elle n'est pas du tout une connaissance. De ceux qui s'en tiennent aux multiples choses qui leur semblent belles ou justes mais ne savent pas tourner leur regard vers le beau ou le juste, et ainsi pour tout le reste, « nous

1. C'est ce que Burnyeat nomme l'usage « inoffensif » d'*anamartèton* (« Socrate et le jury : de quelques aspects paradoxaux de la distinction platonicienne entre connaissance et opinion vraie », dans *Les Paradoxes de la connaissance, Essais sur le* Ménon *de Platon*, éd. M. Canto-Sperber, Paris, Odile Jacob, 1991, p. 253, n. 2).

dirons qu'ils ont sur toutes ces choses des opinions, mais qu'ils ne connaissent aucune des choses sur lesquelles ils opinent» (479 e 4-5: δοξάζειν φήσομεν ἅπαντα, γιγνώσκειν δὲ ὧν δοξάζουσιν οὐδέν). Cette conclusion-là n'a rien de formel[1], pas plus que celle qui affirme que l'opinable n'est pas connaissable. On a bien ici la réfutation ontologique de la troisième définition du *Théétète*: non seulement l'opinion, même vraie, ne s'applique pas à ce qui est, mais elle s'applique à ce dont il n'y a pas de connaissance possible.

Quatrième étape (478 e-480 a). « Il nous reste à découvrir, il semble, ce qui participe de chacun des deux, de l'être et du ne pas être » (478 e). C'est donc cela que veut dire se situer « au milieu » : participer des deux termes extrêmes, c'est-à-dire de l'être et du ne pas être. Il ne s'agit pas d'une équidistance qui préserverait l'indépendance des termes extrêmes et du « milieu ». Le terme situé au milieu est un intermédiaire (*metaxu*), ce qui signifie qu'il est constitué par sa différence avec chacun des deux termes extrêmes. L'opinion n'est pas seulement différente du savoir, elle est constituée par sa différence d'avec le savoir, et le savoir est constitué tout autant par sa différence d'avec l'opinion. C'est ce nœud de relations que méconnaît celui qui nie l'existence d'un Beau en soi et ne se donne à penser que des choses qui lui semblent belles. Il devra reconnaître à propos de toutes les choses de ce genre :

– que toutes celles ayant une qualité qui possède un contraire participent nécessairement aussi à cette qualité contraire sous un certain rapport, en un certain lieu, à un certain moment, ou de l'avis de certains (479 a-b, cf. *Banquet*, 211 a: le Beau en soi y est défini *a contrario*). Le problème n'est pas que l'opinion puisse juger beau ce qui est laid, ou inversement, il est que ce qu'elle appelle beau ne l'est jamais mais semble seulement l'être, puisqu'il est entièrement soumis aux variations de temps, de lieu, et à celles de la subjectivité individuelle ou collective.

– que toutes les déterminations quantitatives sont relatives puisque ce sont des relations : il n'existe ni double ni moitié, ni lourd ni léger « en soi ».

Aucune prédication, qualitative ou quantitative, n'est en conséquence davantage justifiée que la prédication contraire : il n'y a de raison d'affirmer « d'aucune de ces multiples choses qu'elle est, plutôt qu'elle n'est pas, ce qu'on se trouve dire qu'elle est » (479 b 9-10). Toutes les choses, les substances pour parler comme Aristote, qui ne sont pas des Formes

1. Selon Rowe, elle ne vaudrait pas pour les opinions soutenues par un philosophe. Mais un philosophe ne soutient pas d'opinions, il les soumet à examen ou ce n'est pas un philosophe.

intelligibles tiennent le même langage ambigu que celui de l'eunuque et de la chauve-souris. On ne peut rien en affirmer, que ce soit directement (elle est cela et aussi cela) ou par double négation (elle n'est ni l'un ni l'autre). De chacune il faut dire qu'elle n'est « ni les deux, ni ni l'un ni l'autre » (479 c 5 : οὔτε ἀμφότερα οὔτε οὐδέτερον). L'eunuque n'est pas à la fois homme et femme, il n'est pas davantage ni homme ni femme, il est une autre manière d'être un homme, et aussi une autre manière de ne pas l'être, différente de celle d'être femme. De même, toutes les choses « opinables » possèdent une autre manière d'être que celle de l'être qui est toujours et est toujours ce qu'il est. Étant différentes de lui, elles ne sont pas, mais leur manière de ne pas être diffère de celle propre à ce qui n'est absolument pas.

Quelle signification donner ici à « être » et à « ne pas être » ? Les prendre en un sens existentiel rendrait impossible la double participation, car il est impossible de participer à ce qui n'existe absolument pas. C'est pourquoi, quand la participation (μετέχον) intervient, l'infinitif intervient (εἶναι, μὴ εἶναι, 478 e 2) et se substitue aux participes substantivés ὂν et μὴ ὂν. Être et ne pas être sont pris en un sens prédicatif : « être ou ne pas être *tel ou tel* », et le milieu doit alors se situer entre « un mode d'être essentiel et le ne pas être » (μεταξὺ οὐσίας τοῦ εἶναι τε καὶ τοῦ μὴ εἶναι, 479 b 7). Le *Sophiste* (240 b 7) dira de l'image : « elle est réellement une chose qui n'est pas réellement[1] » c'est-à-dire qui n'est pas réellement ce qu'elle paraît être. L'opinion ne porte pas sur des réalités mais sur des « semblants », des apparences.

La double participation entraîne que les déterminations des objets de l'opinion, y compris leurs déterminations essentielles, ne sont jamais telles ou telles de façon ferme et univoque, et qu'elles sont donc vouées à démentir tout *logos* tenu sur elles. Parce qu'elle est une puissance de capter ce qui « roule » (κυλινδεῖται) et « erre » (πλανητόν) dans un lieu intermédiaire (479 d), l'opinion n'est pas à la fois connaissance et non-connaissance, pas davantage ni l'une ni l'autre, elle est réellement un faux-semblant de connaissance, une capacité en l'âme de se rapporter à des objets qui paraissent être mais en vérité ne sont pas, semblent être tels mais sont aussi toujours (plus ou moins) le contraire.

1. En lisant Οὐκοῦν (T) ἄρα οὐκ ὄντως (β TW) ἐστὶν ὄντως ἣν λέγομεν. Pour ma discussion de cette phrase voir « La dernière définition du sophiste » dans *Platon et la question de la pensée*, *Études platoniciennes* 1, Paris, Vrin, 2000, p. 291-292, n. 2. Le passage du livre V annonce l'ontologie de l'image (*cf.* 476 d : l'opinion enferme l'homme dans un rêve) développée aux livres VI et VII, ainsi que le thème de l'obscurité et de la clarté (478 c) qui en est inséparable ; il tourne aussi autour de difficultés qui seront examinées et résolues dans le *Sophiste*.

Quelle sorte de discours (*logos*) peut alors tenir la *doxa*? Et de quelle sorte de vérité pourrait être vraie l'opinion vraie? Aucune autre logique ne commande le discours de l'opinion que celle, illogique, de l'*epamphoterizein* (479 b 11, c 3). Logique illogique car, dans sa duplicité, ce discours dit des vérités qui ne sont jamais vraiment vraies, sans être pour autant toujours entièrement faux. Vérité et fausseté sont pour l'opinion et les discours qui l'expriment des déterminations extrinsèques, elles résultent d'une adéquation ou une inadéquation à ce qui devient et advient, elles sont intégralement dépendantes des variations du devenir et de la diversité des points de vue. Qu'elle soit vraie ou fausse ne change donc en rien la nature de la *doxa*, vérité et fausseté ne sont pour elle que des accidents.

Mais comment appeler le *logos* tenu par Socrate tout au long de cet examen, un *logos* qui a commencé par déterminer quelle sorte d'unité et de multiplicité il devait entrelacer, a défini le genre d'être des puissances et énoncé la règle de leur définition, n'a pris ni l'autre pour le contraire, ni le semblable ni l'autre pour le même? Pas autrement que dialectique.

LOGOS ET *DOXA*

Si on en croit Burnyeat, ce sens dialectique de *logos* ne résoudrait rien car l'objection selon laquelle un *logos*, par nature complexe, ne peut dire le simple, serait indépassable[1]. Si pourtant un *logos* est dialectique, il n'a pour objets que des Formes intelligibles, or la simplicité d'une Forme n'est pas celle de l'élément. Je me contenterai de renvoyer à *Phèdre*, 270 d :

> N'est-ce pas ainsi qu'il faut procéder pour se faire une idée de la nature de quoi que ce soit? D'abord se demander si elle est simple ou multiforme (…) Puis, à supposer qu'elle soit simple, déterminer quelle puissance elle recèle : puissance d'agir par nature sur quoi, puissance d'être affecté par quoi.

La notion de *dunamis* résout l'aporie. Même si on ne peut pas diviser en ses espèces une Forme dont la nature est simple, celle-ci n'offre pas le mutisme obtus de l'élément; possédant une puissance, elle possède une articulation interne et c'est cette articulation (agir et sur quoi / pâtir et de quoi) que le *logos* peut découvrir et dire.

Cela étant réglé, en tout cas je l'espère, une question subsiste : la différence entre savoir et opinion est ontologiquement fondée, mais on n'a

1. L'aporie est soulevée en *Théét.*, 201 e–206 b et reprise par Aristote en *Métaphysique* H 3, 1043 b 28-32.

défini qu'un seul aspect de sa puissance. C'est de là que part Socrate quand il reproche à Théétète de ne pas avoir répondu à la question. Il ne voulait pas savoir « de quels objets (τίνων) » est la science, ou combien il y a de sciences (146e 7-8), mais ce que le savoir en lui-même peut bien être. Chaque science étant particularisée par la nature des objets auxquels elle s'applique, la question des objets conduit forcément à poser une multiplicité de sciences. Mais même si Théétète avait dit que tout savoir porte sur des êtres réellement étant, cela n'aurait pas répondu à la question. Il faut non seulement dire à quoi la puissance du savoir s'applique[1], mais dire en quoi consiste son *ergon* propre. Une fois longuement établi par le suite que savoir n'est ni percevoir ni avoir une opinion vraie, reste une dernière possibilité : que savoir consiste à accompagner une opinion vraie de *logos* – ἐπιστήμη = ἀληθῆς δόξα μετὰ λόγου.

D'une addition à une adjonction

Avant d'examiner les trois significations possibles du *logos* censé devoir être ajouté, Socrate rappelle l'objet de la discussion et en réalité le reformule. Quel sens, demande-t-il, cela peut-il bien avoir de dire qu'« un *logos* venu s'adjoindre (λόγον προσγενόμενον) à l'opinion vraie » en vient à être le savoir le plus achevé (τὴν τελεωτάτην ἐπιστήμην γεγονέναι) » (206 c 3-5) ? On passe de la définition synchronique qu'avait entendue Théétète : « il disait que c'est l'opinion vraie *accompagnée de logos* qui *est* savoir » (ἔφη δὲ τὴν μὲν μετὰ λόγου ἀληθῆ δόξαν ἐπιστήμην εἶναι, 201 c 9-d 1) à un énoncé diachronique : de l'adjonction (προσγενόμενον) d'un *logos* à l'opinion vraie « vient à être (γεγονέναι) le savoir ». L'infinitif parfait γεγονέναι remplace très normalement l'infinitif présent εἶναι, et je l'ai sur-traduit, mais traduit de façon à faire entendre le parfait grec, à faire entendre que, dans l'énoncé revu par Socrate, le savoir n'est pas l'*addition* de deux facteurs mais la *conséquence d'une adjonction*.

Le passage d'une formule à l'autre se fait en donnant un sens temporel à « accompagnée de *logos* » (μετὰ λόγου). Les notations temporelles deviennent d'ailleurs de plus en plus insistantes au cours de l'examen. Elles interviennent quand *logos* signifie l'énumération des éléments : « étant donc *encore* dépourvu de savoir, mais ayant des opinions droites » (Οὐκοῦν ἔτι ἀνεπιστήμων ὤν, ὀρθὰ δὲ δοξάζων, 208 b 1), « par

1. Cela a été fait au livre V, comme le marquent clairement les expressions ἐφ' οἷς γνωσίς ἐστιν [...] ἐφ' οἷς δόξα employées en conclusion (480 a 1).

conséquent, mon ami, il y a une opinion droite accompagnée de *logos* qu'il ne faut *pas encore* (οὔπω) appeler savoir » (8-9). Mais elles se multiplient lors de l'examen du troisième sens : « celui qui, pourvu d'une opinion droite à propos d'une réalité quelconque, *a saisi en plus* (*προσλάβῃ*) la différence de cette chose avec tout le reste, celui-là *sera devenu* savant quant à cette chose, alors qu'*avant* il n'en *avait* qu'une opinion » (αὐτοῦ ἐπιστήμων γεγονὼς ἔσται οὗ *πρότερον* ἦν δοξαστής, 208 e 3-5), « donc, *tant que j'avais* de toi seulement une opinion… (*Ἡνίκ'* οὖν ἐδόξαζον μόνον…, 209 a 7), « Théeétète ne *sera* donc pas en moi l'objet d'une opinion (δοξασθήσεται) *avant que* (*οὐ πρότερόν γε*), je veux dire *jusqu'à ce que que* (*πρ ὶν ἂν*) cet aplatissement du nez (…) ait inscrit en moi la trace d'un *souvenir* différent (διάφορόν τι *μνημεῖον*) de tous les autres aplatissements du nez que j'ai vus (…) c'est cet aplatissement là qui, si je te rencontre *demain*, me *fera me ressouvenir* (ἐὰν *αὔριον ἀπαντήσω, ἀναμνήσει*) et opiner droitement à ton sujet » (209 c 4-9). Passé, présent, futur et futur antérieur se conjuguent pour affirmer que, « avant », l'opinion ne pouvait pas être un savoir puisqu'elle était *alogos*, c'est-à-dire privée du *logos* entendu en ce sens-là. L'accent mis sur ces indications temporelles s'explique, car c'est justement sur ce point que porte l'objection, toujours la même, faite à chacun des trois sens : le *logos* dont on prétend que l'opinion vraie était dépourvue lui était déjà présent.

« L'image de la pensée dans la voix »

C'est vrai du premier sens, selon lequel le *logos* est « comme l'image de la pensée dans la voix », ainsi que résume Théétète (208 c). Lorsque, dans le même Dialogue, Socrate avait expliqué comment il se représente ce qu'on appelle « penser », il avait par avance montré qu'adjoindre un *logos* à une *doxa*, vraie ou fausse, c'est adjoindre un *logos* à ce qui est déjà un *logos*. La pensée est « un *logos* que l'âme elle-même se tient tout au long à elle-même à propos des choses qu'elle veut examiner »,

> mais lorsqu'elle s'est déterminée (ὅταν δὲ ὁρίσασα) […], qu'elle affirme désormais la même chose et ne doute plus (τὸ αὐτὸ ἤδη φῇ καὶ μὴ διστάζῃ), c'est cette opinion que nous posons comme étant la sienne. De telle sorte que, pour ma part, j'appelle « dire » cet acte d'opiner et l'opinion je l'appelle un discours prononcé, non pas certes devant un autre ni par la voix, mais silencieusement à soi-même (ὥστ' ἔγωγε τὸ δοξάζειν λέγειν καλῶ καὶ τὴν δόξαν λόγον εἰρημένον οὐ μέντοι πρὸς ἄλλον ουδὲ φωνῇ, ἀλλὰ σιγῇ, πρὸς αὑτόν, *Théét.*, 190 a 4-6).

Dans le texte parallèle du *Sophiste* (263 e 3-264 b 3), la *dianoia* est aussi un dialogue intérieur et silencieux, les deux modalités, affirmation et négation, sont réservées à l'opinion, et le *logos* est défini phonétiquement : il est « un courant qui émane de l'âme en passant par la bouche et en s'accompagnant de son ». On retrouve la même séquence *dianoia – doxa – logos* dans le *Philèbe* (38 c 2-e 7), avec l'épisode du promeneur[1].

À quelques détails près, ces descriptions coïncident : *logos* et *doxa* sont les deux noms d'une même chose ; opiner (*doxazein*) c'est dire (*legein*), et la *doxa* est un *logos* intérieur et silencieux. Elle est toujours décrite psychologiquement comme un état de l'âme, non comme un acte logique (ce qu'insinue à tort la traduction par « jugement »), et le *logos* proféré en est l'expression ou l'image sonore. Socrate précise dans le *Philèbe* que cette traduction phonétique ne lui ajoute rien et ne la modifie en rien : si quelqu'un est présent aux côtés du promeneur, ce qu'il se formulait silencieusement à lui-même « il le transposera oralement (*eis phônèn*) pour celui qui est là, il proférera les mêmes choses, et c'est bien ainsi que devient discours (*logos*) ce que nous appelions alors (*tote*) opinion (*doxa*) » (*Phil.*, 38 d 5-6).

Pourquoi alors répéter à la fin du *Théétète* ce qui avait été déjà si clairement établi ? Sans doute pour marquer que, si savoir consistait à ajouter à une opinion vraie un *logos* entendu phonétiquement, le savoir serait, comme ce *logos*, le propre de l'homme, de tout et n'importe quel homme en tant qu'il est homme. Dans les *Mémorables*, Xénophon prête en effet à Socrate la thèse selon laquelle la Providence divine a beaucoup mieux pourvu l'homme que les animaux en lui fournissant la station droite, l'indépendance des mains et la mobilité de la langue (*glôssa*). Tous les animaux possèdent cet organe, mais sa mobilité explique la spécificité des langages humains : « de telle sorte qu'en touchant la bouche, tantôt ici, tantôt là, elle articule la voix (ἀρθοῦν τε τὴν φωνήν). » La parole humaine peut ainsi « signifier (σημαίνειν) tout ce que nous désirons nous communiquer les uns aux autres » (*Mém.*, I, 4, 12). Quand le flux modulé de la voix s'articule, on prononce des mots qui ont un sens, on ne profère pas des sons, des onomatopées, des exclamations, des plaintes… *Sèmainein* devient *endeixasthai* dans le *Théétète* et l'aptitude linguistique à articuler des

1. J'ai analysé ces textes dans « Qu'appelle-t-on penser ? Du dialogue intérieur de l'âme selon Platon », *Platon et la question de la pensée*, *op. cit.*, p. 47-70.

verbes et des noms (203 d)[1] y est également dite commune à tous les hommes, sauf s'ils sont sourds ou muets (206 d) – elle a donc une disposition physiologique pour condition nécessaire. Le Socrate de Platon ajoute toutefois que si tout être humain est capable (*dunatos*) de cette sorte de *logos*, il manifeste par ce moyen non des choses mais la façon dont chacune lui apparaît (*dokei*, 206 d), de sorte que « plus jamais l'opinion droite ne se trouvera séparée de la science ». L'ennui est que cela vaut tout autant pour l'opinion fausse.

Parcourir les éléments

Le deuxième sens restitue au *logos* un caractère dialogique : il s'agit cette fois « d'être capable (δυνατὸν εἶναι), quand on est interrogé sur telle ou telle chose, de donner une réponse à celui qui questionne en parcourant les éléments (διὰ τῶν στοιχείων) » (206 e 6-207 a 1). Le mouvement du *logos* est progression continue et irréversible d'un élément jusqu'au tout, il n'y a aucun va-et-vient entre interroger et répondre, et la nature technique de la question posée fait que celui qui répond est interrogé mais ne s'interroge pas lui-même. Il doit déjà avoir la réponse pour pouvoir la donner, ce qui suppose un apprentissage technique, une *mathèsis* (207 d 8) à la suite de laquelle il aura acquis une opinion droite sur une espèce particulière d'objet. Les deux exemples avancés par Socrate (les pièces du chariot, les lettres) sont des arts manuels qui, selon la classification du *Gorgias* (450 c), procèdent « en silence » ou en ne recourant que très peu au *logos*. Pour ces deux *tekhnai*, exécuter convenablement leur œuvre (fabriquer un chariot, écrire) veut dire être capable d'assembler les éléments dans l'ordre voulu et sans rien omettre. L'énumération exhaustive et ordonnée des noms des éléments n'ajoute rien; elle ne fait que doubler la « voie » suivie par l'action, voie qui est condition de sa réussite. On ne peut donc pas dire de celui qui a correctement écrit « Théétète » qu'il ne savait pas encore et n'avait qu'une opinion droite « car c'est en ayant à sa disposition la route à suivre, élément par élément, qu'il écrivait » (τὴν γὰρ διὰ τοῦ στοιχείου ὁδὸν ἔνων ἔγραφεν, 208 b 4-5) – cette route, *hodos*, est elle-même un *logos*. L'opinion qui présidait à l'action était droite parce qu'elle était méthodique et efficace. Le *logos* qu'il faudrait lui adjoindre pour en faire

1. Le texte du *Sophiste* (261 e-262 d) où le plus petit *logos* est défini par cet entrelacement se situe aussi dans un contexte doxique : Λόγον δὴ πρῶτον καὶ δόξαν [...] λάβωμεν (261 c 6-7).

un savoir n'est à nouveau qu'un *logos* au sens phonétique dont on vient de montrer qu'il n'ajoute rien.

« L'explication de la différence caractéristique »

Avec le troisième sens (208 c 4), la raison pour laquelle Socrate insiste sur l'antériorité de l'opinion vraie sur le *logos* devient encore plus claire. Le *logos* qu'on devrait ajouter est celui de la différence singulière. Croire en effet que *logos* veut dire ici définition, explication, raison, est démenti d'abord par la réponse de Socrate lorsque Théétète lui demande ce qu'il veut dire par ce troisième sens : « Tout juste ce que la plupart des gens en diraient… », ensuite par les deux exemples choisis par Socrate. Dire que le soleil « est le plus brillant des corps qui se promènent dans le ciel autour de la Terre » n'est pas vraiment un énoncé scientifique, et l'aplatissement du nez propre à Théétète n'a que peu de rapport avec la différence spécifique d'Aristote. Si on donne à *logos* ce troisième sens, savoir consisterait en un bon ajustement de sensations présentes ou à venir à la trace mnémique déposée par une sensation passée, or c'est ce bon ajustement qui est la condition de la rectitude de l'opinion. Retour, encore, à la première définition.

C'est donc la signification apparemment la plus « logique » de *logos* qui renvoie le plus directement le savoir à la sensation telle qu'elle a été décrite dans le passage sur le bloc de cire (191 c *sq.*). Ni image dans la voix, ni route à suivre pour décomposer et recomposer un ensemble d'éléments, le *logos* de la différence semblait enfin dire que le savoir exige définition et justification. Semblait donc, de loin, dire la même chose que le *Phédon* (76 b) : savoir signifie pouvoir « donner le *logos* », rendre raison de ce qu'on sait. De loin, car c'est « l'un de ces sens » dit Socrate, que « posera (*thesesthai*) celui qui définit le savoir comme opinion droite accompagnée de *logos* » (208 c), l'un d'eux et aucun autre. La troisième définition du savoir ne peut donner à *logos* que des significations compatibles avec l'opinion, et elles sont compatibles parce qu'elles sont elles-mêmes des opinions sur la nature du *logos* ; elles ignorent donc (délibérément ou non) la différence entre opinion et savoir. Non seulement les sens examinés ne sont pas les trois seuls sens possibles, mais ils ne sont que ceux jugés conciliables avec la définition proposée, définition dont chacun des sens envisagés démontre à sa façon l'absurdité. Il n'y a aucune « progression » de l'un à l'autre, aucun n'est plus « philosophique » ou scientifique, bien qu'il puisse paraître tel[1]. Tous relèvent de la même objection : « Car, ce que nous avons (ἅ ἔχομεν), nous enjoindre de l'ajouter pour que nous comprenions ce dont nous avons l'opinion (ἵνα μάθωμεν ἅ δοξάζομεν), cela semble être le fait de quelqu'un qui serait tout à fait authentiquement plongé dans l'obscurité[2]. »

L'addition du *logos* à l'opinion aboutit toujours à un résultat nul, et cela tient à la notion même d'addition qui implique la dissociation de la forme et du contenu : le *logos* donnerait en s'ajoutant la *forme* d'un savoir à ce qui était le *contenu* d'une opinion vraie. Ce peut être une forme phonétique (premier sens), ou pratique (deuxième sens), ou apparemment scientifique (troisième), mais son adjonction ne changera rien, ni au contenu lui-même qui était déjà celui d'un *logos* silencieux en l'âme, ni surtout au rapport que l'âme a avec la *doxa*.

SUIVRE UNE AUTRE VOIE

La définition proposée, et rejetée, dans le *Théétète* est-elle voisine de celle donnée, et semble-t-il acceptée, dans le *Ménon* ?

> En effet, les opinions, celles qui sont vraies, sont, pour le temps qu'elles demeurent, une belle chose et ne produisent que des biens; mais elles ne consentent pas à demeurer longtemps, au contraire elles s'enfuient de l'âme de l'homme, de sorte qu'elles ne valent pas grand chose, jusqu'à ce qu'on les ait enchaînées par un raisonnement sur la cause (αἰτίας λογισμός) – or cela, mon cher Ménon, est une réminiscence, comme nous en sommes précédemment tombés d'accord. Une fois enchaînées, en premier lieu elles deviennent des savoirs, et par suite deviennent stables ; et voilà pourquoi un savoir a plus de valeur qu'une opinion droite : c'est par un lien qu'un savoir diffère d'une opinion droite. (*Mén.*, 97 e-98 a)

J'aurais pu me dispenser de reproduire ce texte, bien – et peut-être trop – connu. Cela m'a paru nécessaire pour deux raisons.

De la réminiscence comme lien

La première est la nécessité de marquer une différence de finalité : il s'agit d'énoncer la condition d'une présence « stable » du savoir en l'âme,

1. Pour la position opposée, voir dans ce volume l'article de D. El Murr qui suit Sedley, p. 159, n. 1.

2. *Théét.*, 210 e 3-4 ; outre le fait qu'il est thématisé en 197 a *sq.*, le verbe ἔχειν est un leitmotiv du Dialogue.

pas de proposer une définition du savoir. Rien n'exclut d'emblée que ce savoir existe sous la forme d'opinions vraies (si elles sont vraies, elles sont « belles » et n'ont que de « bonnes » conséquences), c'est leur fugitivité qui dans le *Ménon* force à juger « qu'elles ne valent pas grand chose ». Une opinion vraie peut en effet s'oublier ou être remplacée et même contredite par une autre [1], alors que le savoir ne le peut pas. Mais dans ce texte, leur transformation en savoirs n'est pas la fin cherchée, c'est un moyen. Le but à atteindre est la stabilité, qui ici est donnée comme la seule différence du savoir d'avec l'opinion vraie et sa seule supériorité sur elle. Les forces auxquelles l'opinion vraie est incapable de résister ne peuvent rompre le lien qui rattachent le savoir à l'âme. Leur différence de valeur procède de ce lien, et Socrate dit qu'il consiste en « un raisonnement sur la cause ». Réfléchir à la cause signifie probablement réfléchir à la raison pour laquelle telle opinion semble vraie : c'est seulement lorsque le petit esclave pourra expliquer pourquoi ce qu'on lui a enseigné lui a paru correct, que son opinion droite « deviendra » un savoir. Expliquer suppose avoir compris, avoir compris qu'on n'avait pas compris, et également être capable d'ajouter d'autres vérités à celles qui ont été enseignées (voir la leçon de Théétète sur les « puissances » en 147 d-148 b). Pour cela, il faut fait sienne la question du « pourquoi », en général et pas seulement à propos du problème posé.

Cette interrogation de l'âme sur les raisons du discours qu'elle tient ou se tient est, dit Socrate, une réminiscence [2]. Quand l'âme comprend qu'elle ne peut tirer les raisons d'affirmer ce qu'elle affirme que d'elle-même, elle découvre que c'est d'elle-même et par elle-même qu'elle peut tout apprendre. Son effort pour apprendre, comprendre et se comprendre ne

1. Cf. *Rép.*, IV, 412 e 10-413 c 3 : la perte d'une opinion vraie ne peut être qu'involontaire, car personne ne peut consentir à être privé de quelque chose de bon. Celui à qui cela arrive est victime d'un vol, s'il se laisse dissuader ou s'il oublie ; d'une violence, s'il change d'opinion sous l'effet d'une douleur ou d'un chagrin ; d'un sortilège, s'il est ensorcelé par un plaisir ou hanté par une crainte. Les faux arguments et le temps sont des voleurs, la douleur est plus forte que toute croyance vraie, le plaisir et la peur sont naturellement trompeurs. Il est peu probable que l'opinion vraie soit capable de résister à ces assauts, tant extérieurs qu'intérieurs, ce qui la rend aussi et même plus instable que l'opinion fausse.

2. J'ai développé à plusieurs reprises cette conception de la réminiscence, en particulier dans mon édition du *Phédon* (Paris, GF-Flammarion, 1991), p. 97-105, dans « Platon et ses deux mémoires », *Mémoire et souvenir. Six Études sur Platon, Aristote, Hegel et Husserl*, A. Brancacci et G. Gigliotti (dir.), Napoli, Bibliopolis, 2006, p. 13-45, et dans « Comment ne pas lire Platon : l'exemple de la réminiscence », dans « *Lire les dialogues, mais lesquels et dans quel ordre ? Définitions du corpus et interprétations de Platon* », A. Balansard et I. Koch (éd.), 2013. Mais ce n'est pas ici mon propos.

s'ajoute pas à l'opinion vraie pour en faire un savoir, il fait qu'à une opinion droite se *substitue* un savoir. La réminiscence est la médiation nécessaire de ce passage, elle n'est pas la justification venant s'adjoindre à l'opinion vraie. C'est un lien « psychique », non la conformité à des exigences épistémologiques, qui permet que, là où il y avait opinion vraie, du savoir puisse advenir. Mais quand il advient, on comprend que la seule raison de « tenir pour vrai » est de réussir à saisir un aspect de ce qui existe en vérité. Telle est la double fonction de la réminiscence : elle relie le savoir à l'âme, et elle relie l'âme au seul mode d'être dont un savoir est possible. Ce faisant, elle la libère de l'opinion.

De l'opinion vraie à l'opinion droite

Une seconde raison de regarder de près ce texte du *Ménon* est que, une fois opposée au savoir, l'opinion n'est plus dite « vraie » (ἀληθῆς), mais « droite » (ὀρθή) : la vérité d'une opinion se révèle n'être qu'une rectitude, sa valeur tient à sa capacité de diriger correctement l'action et de produire ainsi quantité de bonnes conséquences – l'affirmation de Théétète : « et c'est d'elle que naissent toutes les choses belles et bonnes » (201 e 5-6) est un écho du *Ménon.* Cependant, aucune opinion n'a de valeur en elle-même car ne reliant l'âme à rien de vraiment réel, elle ne suscite de sa part aucune intelligence. Or il n'y a pas de différence entre un aveugle qui suit le bon chemin et une opinion vraie privée d'intelligence (*Rép.*, 506 c). Si une opinion se trouve être plutôt vraie que fausse, sa vérité relève d'une perception sensible, de la chance, d'une bonne inspiration ou de la croyance « aveugle » au savoir d'un autre. Le changement de prédicat qui, dans le *Ménon*, pourrait passer inaperçu ou sembler insignifiant se répète dans le *Théétète* et coïncide avec le passage de la deuxième à la troisième définition du savoir. Dans la deuxième, il n'est évidemment question que de l'opinion vraie (et de son contraire); il devrait en aller de même dans la troisième, puisqu'il s'agit seulement de compléter la deuxième. Ce n'est pas le cas, car si jusqu'en 207 c l'« opinion vraie » coexiste avec l'« opinion droite » (expression apparue en 206 e 2), elle disparaît ensuite complétement, et la formule à discuter devient, en 208 c 2, δόξαν ὀρθὴν μετὰ λόγου[1]. Ce qui n'a qu'un lien contingent avec la vérité peut prétendre tout au plus à la rectitude et ne peut entrer dans la définition du savoir.

1. L'opinion vraie ne réapparaît qu'en conclusion (210 b 2).

Du quatrième sens de logos…

Dans le *Ménon*, c'est un *logismos* qui doit accompagner l'opinion vraie, et dans le *Théétète*, un *logos*. Un *logismos* est à coup sûr une espèce de *logos*, mais laquelle ? Ceux qui rapprochent du *Ménon* la dernière définition du *Théétète* optent pour le troisième sens, « l'explication (ἑρμηνεία) de la différence caractéristique » (209 a 5). Prenons l'exemple exposé dans le *Ménon*. Le petit esclave a été purgé de ses opinions fausses et a acquis une opinion droite : quel que soit le carré qu'on lui montre, il saura sur quelle ligne construire un carré d'aire double du premier. Mais, dans l'hypothèse du rapprochement avec le *Théétète*, il ne finirait par savoir qu'à la condition d'ajouter un raisonnement équivalent à l'explication de la différence, donc (comme le précise Socrate à propos de l'aplatissement du nez de Théétète, différent du sien et de tous les autres) de pouvoir expliquer, non pas ce qui distingue le carré de toutes les autres figures géométriques, mais ce qui distingue ce carré de tous les autres carrés. Ce qui est évidemment absurde. L'*aitias logismos* du *Ménon* est un *raisonnement* qui n'a rien à voir avec le *logos* défini comme explication d'une différence singulière, qui doit avoir été saisie empiriquement. Un énoncé mathématique n'est ni singulier, ni général, il est universel, il est l'œuvre de la partie rationnelle (*logistikè*) de l'âme, et c'est parce qu'il se limite à ce genre d'énoncés que tout raisonnement mathématique peut fournir des démonstrations aboutissant à des conclusions nécessaires.

Dans le *Théétète*, Socrate déplore justement l'absence de « démonstration et de nécessité » dont souffre le discours persuasif et vraisemblable que vient de tenir Protagoras, et il déclare que « c'est par une autre voie qu'il faut conduire l'examen, à ce qu'il semble, celle qu'indique ton [celui de Théétète] *logos* et celui de Théodore » (163 a). Le terme λογισμός n'apparaît qu'une seule fois dans le Dialogue, il est mis au pluriel et désigne les « raisonnements » ou « calculs » propres à la science des nombres et à l'arithmétique qui, outre la géométrie, l'astronomie et l'harmonie, font partie de l'enseignement de Théodore. La voie à prendre est celle d'un raisonnement qui soit aussi inébranlable que ceux des mathématiciens.

Pourtant, en accusant Théétète de lui fournir du multiple à la place de l'un, Socrate avait indiqué que ce n'est pas dans ces sciences, bien qu'elles en soient véritablement, que l'on découvrira ce que c'est que savoir (146 c-147 c). Moyennant quoi, grâce à son art maïeutique, on découvrira seulement ce que *n'est pas* le savoir, et

> ce n'était pas dans ce but, découvrir ce que n'est pas le savoir, que nous avons entamé la discussion, c'était pour trouver ce qu'il est. Toutefois, nous voici assez avancés pour ne plus du tout le chercher dans la sensation,

> mais dans le nom, quel qu'il soit, que porte l'âme quand, elle-même et par elle-même, elle a affaire à des êtres qui sont (ὅταν αὐτὴ καθ' αὑτὴν πραγματεύηται περὶ τὰ ὄντα). (*Théét.*, 187 a 1-6).

Ce nom est l'intelligence (*noûs*, *noèsis*), et c'est, lors du sectionnement de la Ligne, la *République* qui nous le dit. Timée le répète : il estime que la différence entre l'opinion vraie et l'intellection suffit à établir l'existence d'une autre espèce de réalités ; la distinction épistémologique est première et confirme l'existence d'une différence ontologique. Elle repose sur trois points : l'intellection naît d'un enseignement (*didakhè*) alors que l'opinion vraie a la persuasion pour origine ; la première est toujours accompagnée de *logos* vrai, la seconde est *alogos* ; enfin, à l'opinion vraie tout homme a part, tandis que seuls les dieux et un très petit nombre d'hommes ont part à l'intellection[1]. L'opinion n'est *alogos* dans aucun des trois sens mentionnés à la fin du *Théétète*, mais en ce qu'elle est irrationnelle, incapable de rendre raison d'elle-même. Quant au savoir que lui oppose Timée, il est celui propre aux sciences propédeutiques de la *République* : l'astronomie et l'harmonie sont les plus hauts genres de philosophie que peut atteindre un homme dont l'horizon est limité à l'image cosmique produite par le Démiurge (*Tim.*, 47 a-e). C'est néanmoins parce qu'il a affaire à ce qui est toujours même, inengendré et indestructible, inébranlable et immuable, invisible et non sensible, dit Timée, que le *logos* des sciences qui résultent d'un enseignement est vrai (*Tim.*, 52 a 1-3). Tout mathématicien fait donc, même à son insu, acte de réminiscence, car il fait l'expérience de ce que peut l'âme « elle-même et par elle-même ».

Il y a donc bien un quatrième sens de *logos*. Il est présent dans le *Théétète* et il est imposé par l'existence de sciences qui donnent à leurs objets un mode d'être qui les soustrait à tout ce qui les rendrait inintelligibles. Cependant, ces sciences que l'on peut enseigner ne sont pas le savoir le plus haut. Si on reprend la distinction lancée, sans y insister, au livre VII de la *République* (533 d), ce sont des *mathèmata*, pas des *epistèmai* – mais la différence entre des sciences dont il existe une pluralité et qui appellent une classification, et cette science unique qu'est la dialectique, rend en effet inutile d'insister. Les opinions vraies deviennent dans le *Ménon* des

1. L'interprétation de Rowe me semble en dernière analyse avoir pour fondement sa conviction que l'impuissance humaine ne peut pas faire mieux qu'accompagner de justification une opinion vraie, ce qui revient non seulement à méconnaître la fonction accordée par Platon aux sciences mathématiques, mais à nier la possibilité qu'existent ces exceptions que sont les naturels philosophes. Cette humilité l'honore, mais je ne crois pas possible de la prêter à Platon.

epistèmai, et le pluriel suffit à indiquer de quelle sorte de savoir il s'agit. Le passage des unes aux autres est possible : le seul *logos* capable de « réduire le gouffre » qui sépare les deux grandes sections de la Ligne est celui de la pensée dianoétique. Elle possède la puissance de rétablir une sorte de continuité entre l'opinion et l'intellection (la seconde déréalisant les objets de la première pour s'en servir d'images) sans annuler leur différence fondamentale[1]. Le *logos* qu'elle tient a pour but de découvrir des réponses qui excluront toute possibilité d'être remises en question et de reposer autrement les questions. Ce n'est pas le but que poursuit la puissance dialectique, et la différence se traduit par une différence de modalité. Le passage de l'opinion vraie au savoir est possible en dépit de la différence d'objets quand les modalités du *logos*, bien que devant être justifiées, sont les mêmes que celles de l'opinion : affirmation et négation. Ce sont elles qui permettent de décrire le rapport de l'âme avec la *doxa* comme un rapport de possession : « mais lorsqu'elle affirme désormais la même chose et ne doute plus, c'est cette opinion que nous posons comme étant la sienne » (*Théét.*, 190 a 4).

On ne doute pas davantage de ce qui a été démontré : dans le *Gorgias* (453 e 9-454 a 3), ceux auxquels on enseigne une science sont persuadés *(pepeismenoi)* au même titre que ceux qui ont été persuadés (*pepisteukotes*). Mais pour les premiers, être persuadés signifie être certains de la vérité de ce qu'on leur a enseigné (des énoncés de l'arithmétique sur le pair ou l'impair par exemple), ils sont *pepeismenoi* sans avoir été *pepisteukotes*, leur certitude ne découle pas de la confiance (*pistis*) accordée à une force de persuasion, mais d'une *mathesis*. Une vérité scientifique produit cet affect intellectuel qu'est le fait d'être persuadé, ce qui équivaut à juger absurde toute objection qui pourrait lui être adressée. La certitude est en l'âme l'assurance qui résulte de la possession d'une vérité jugée scientifiquement fondée.

1. Pour cette fonction de la *dianoia*, voir P. Aubenque, « De l'égalité des segments intermédiaires dans la ligne de la *République* », dans *Sophiès Maiètores, « Chercheurs de sagesse »*, Hommage à J. Pépin, sous la direction de M.-O. Goulet-Cazé, G. Madec et D. O'Brien, Paris, Études Augustiniennes, 1992, p. 37-44, voir p. 43. L'absence des sciences et du raisonnement mathématiques dans l'article de Rowe peut être tenue pour un véritable symptôme. Mais même Sedley attribue à la *doxa* ce qui, dans la *République*, est le propre de la *dianoia*, c'est-à-dire un rapport indirect possible avec les objets de la science à travers des choses particulières du monde sensible.

... au cinquième

Pour les véritables philosophes définis aux livres V et VI de la *République*, le rapport de l'âme au savoir n'est justement pas un rapport de possession, mais de désir : « ils sont amoureux, toujours, d'une science capable de leur révéler quelque chose de cette manière d'être, celle qui est toujours[1]. » Lorsque, dans le *Philèbe* (58 d 4-8), Socrate s'interroge à nouveau sur la différence entre les mathématiques pures et la science dialectique, qui portent pourtant sur les mêmes objets intelligibles, il ne reprend pas ce qu'il avait dit dans la *République* (les premières se servent d'images et ne remettent pas en question leurs hypothèses). Il se contente de dire ceci : s'il existe dans l'âme « une puissance d'aimer le vrai », la dialectique est la science la plus pure et la plus vraie. Le retour de l'interrogation alors même que les réponses peuvent paraître satisfaisantes est suscité par ce désir du vrai existant en l'âme de certains. Désirer le vrai c'est apprendre, chercher, examiner, s'interroger et se répondre, non afin d'arriver à des conclusions justifiées, mais afin de « devenir plus inventif dans l'art de rendre évidents par le *logos* ce que sont les êtres qui sont » (τῆς τῶν ὄντων λόγῳ δηλώσεως εὑρετικωτέρος, *Pol.*, 287 a 3-4) – en d'autres termes, afin de comprendre toujours plus et mieux. Les modalités du jugement, affirmer et nier, qui immunisent contre l'inquiétude de la pensée, ne sont pas celles du discours dialectique.

Il y a donc « en réserve » non pas un, mais deux autres sens de *logos*, l'un propre à des savants qui, dit Glaucon à Socrate, « ne te semblent pas avoir l'intelligence de leurs objets, bien que ceux-ci soient intelligibles accompagnés de leur principe » (*Rép.* VI, 511 d); leur savoir consiste à enchaîner des propositions, ils en contrôlent chacun des termes en les définissant, ce qu'ils paient de l'inintelligence de leurs principes. La puissance dialectique s'attache à articuler un questionnement, elle se fraye un chemin fait de multiples rebondissements, digressions, avancées et retours. On peut être certain d'avoir acquis du savoir si on suit la route droite du *logos* enseigné par Théodore, mais on ne peut jamais être certain d'avoir vraiment compris, sûr d'avoir découvert, ou inventé, toutes les voies permettant de « rencontrer » ce qui était à comprendre[2].

1. Μαθήματός γε ἀεὶ ἐρῶσιν ὃ ἂν αὐτοῖς δηλοῖ ἐκείνης τῆς οὐσίας τῆς ἀεὶ οὔσης (*Rép.*, V, 485 b 1-2).

2. Le double sens de *manthanô*, apprendre ce qu'on ne savait pas (et qui peut être le résultat d'un enseignement), et comprendre (ce que l'âme ne peut faire que par elle-même), sert dans *l'Euthydème* (277 e-278 a) à montrer le ressor du sophisme dont l'examen sera l'objet du *Ménon*.

J'ai tenté de montrer en quoi une « méditation » sur la fin du livre V de la *République* pouvait servir à l'interprétation de la troisième définition du *Théétète*. Platon ne se contente pas d'y répéter que le savoir porte sur des essences intelligibles et l'opinion sur des choses en devenir : en faisant de l'opinion une puissance « intermédiaire », il montre que sa différence d'avec le savoir ne lui est pas extérieure mais constitutive, et la réciproque est vraie. Annuler cette différence, de quelque manière que ce soit, c'est se condamner à méconnaître la puissance de l'une comme de l'autre. Cette différence ne peut faire l'objet d'une définition ou d'une démonstration : c'est d'elle qu'il faut partir afin de constater les effets de ces deux « puissances » sur le *logos*. Celui qui fait de l'opinion vraie le premier composant du savoir ne peut accorder au *logos* d'autres fonctions que celles recensées à la fin du *Théétète*. Le *logos* se trouve alors privé aussi bien de la puissance persuasive que lui attribue Protagoras que de la puissance de saisir ce qui est en vérité. Cette dernière puissance donne lieu à deux *logoi* différents, bien qu'ayant tous deux affaire au même genre de réalités, et l'ensemble du *Théétète* est structuré par leur croisement, l'un ayant pour but de faire comprendre à l'autre que posséder des connaissances vraies n'empêche pas de se tromper sur ce que c'est que savoir. Ce n'est donc pas l'absence des Formes intelligibles qui explique le caractère aporétique du *Dialogue*, c'est la négation de la différence principielle entre savoir et opinion – différence dont Socrate ne réussit pas à faire se ressouvenir le mathématicien Théétète, ni à convaincre certains commentateurs.

DESMOS ET *LOGOS* : DE L'OPINION VRAIE À LA CONNAISSANCE (*MÉNON*, 97 E-98 A ET *THÉÉTÈTE*, 201 C-210 B)*

Dimitri EL MURR

Pourquoi Socrate, lorsqu'il examine la troisième réponse offerte par Théétète à la question de savoir ce qu'est l'ἐπιστήμη (*Théét.*, 201 c-210 b), semble-t-il avoir oublié la réponse qu'il a lui même donnée à une question voisine dans le *Ménon* (97 e-98 a)? Parmi les nombreux motifs de perplexité que suscite le *Théétète* depuis l'Antiquité, ce dernier problème est, de très loin, celui qui a le moins préoccupé les commentateurs, particulièrement les exégètes modernes. On s'est en effet relativement peu interrogé sur le rapport entre le passage du *Ménon* consacré à l'analyse de l'opinion droite et de la connaissance (96 d-98 c) et la dernière définition du *Théétète*, notamment l'argument circulaire qui clôt le dialogue (209 d-210 b)[1].

Ce manque d'intérêt relatif est surprenant, car si les deux passages analysent tous les deux les rapports de l'opinion droite et de la connaissance, le passage du *Ménon* évoque la possibilité d'une continuité

* Une première version de cet article a paru dans G. Mazzara i V. Napoli (eds), *Platone. La teoria del sogno nel Teeteto*. Atti del Convegno internazionale Palermo 2008, Sankt Augustin, Academia Verlag, 2010, p. 135-156. Par rapport à cette première version, les modifications que j'ai introduites, outre celles visant à améliorer telle ou telle formulation, concernent mon interprétation de l'argument circulaire final du *Théétète* et la dernière section de l'article, où j'ai développé l'analyse du passage du *Ménon*.

1. À l'exception notable de David Sedley, *The Midwife of Platonism, Text and Subtext in Plato's* Theaetetus, Oxford, Clarendon Press, 2004, p. 176-178. Voir également l'excellente introduction de la récente traduction de Franco Ferrari: Platone, *Teeteto*, introduzone, traduzione e commento di F. Ferrari, Milano, BUR Rizzoli, 2011, p. 123-134.

de l'opinion droite à la connaissance – une connaissance serait en effet des opinions vraies liées par un « raisonnement sur le cause » (αἰτίας λογισμός) –, continuité qui semble impossible dans le *Théétète* quand Socrate examine l'identification de la connaissance (ἐπιστήμη) à « l'opinion vraie accompagnée de *logos* » (ἀληθῆς δόξα μετὰ λόγου). Un tel rapprochement a la vertu non négligeable de préciser les problèmes que pose l'interprétation de la troisième partie du *Théétète*. Si en effet la définition finale du *Théétète* échoue à rendre compte de ce qu'est la connaissance, est-ce simplement parce qu'aucun des trois sens de *logos* que Socrate distingue en *Théétète*, 206c7-8[1], ne convient, mais qu'un autre, proche de, ou identique à l'αἰτίας λογισμός du *Ménon*, lui, conviendrait ? Auquel cas le *Ménon* permettrait de résoudre facilement l'aporie du *Théétète* en montrant comment des opinions droites peuvent être converties en une connaissance, mais nous laisserait dans l'obligation d'expliquer pourquoi le Socrate du *Théétète* n'a pas eu recours à l'analyse du Socrate du *Ménon*. Ou bien faut-il considérer au contraire que l'examen de la dernière définition du *Théétète* a pour but de montrer les difficultés insurmontables que rencontre la solution évoquée par Socrate dans le *Ménon* ? Toute la question est alors de savoir si les deux passages dispensent une leçon différente, comme on pourrait le croire à première vue, ou bien si les conclusions auxquelles ils aboutissent sont en réalité les mêmes. J'espère montrer, dans ce qui suit, que la fin du *Théétète* comme le passage du *Ménon* sur les statues de Dédale aboutissent au même résultat : on ne peut définir la connaissance à partir de l'opinion, fût-elle vraie.

Pour ce faire, je commencerai par analyser brièvement certains éléments significatifs de l'interprétation de la troisième partie du *Théétète* que l'on trouve dans le *Commentaire anonyme* au dialogue (PBerol. 9782), interprétation qui repose sur une comparaison suggestive entre le *Ménon* et le *Théétète*. J'en viendrai ensuite au *Théétète* lui-même et, après quelques remarques sur l'analyse des trois sens de *logos*, je concentrerai mon attention sur le dernier argument du dialogue qui pose les problèmes les plus redoutables mais dont la portée est la plus décisive pour l'ensemble de la troisième partie. Enfin, en me fondant sur l'analyse précédente, je proposerai une lecture de *Ménon* 97e-98b qui permettra de dégager la leçon commune de ces deux passages.

1. Socrate ne précise rien quant à l'exhaustivité de son analyse. Cf. *Théét.*, 206c 7-8 : φέρε δή, τί ποτε βούλεται τὸν λόγον ἡμῖν σημαίνειν… τριῶν γὰρ ἕν τί μοι δοκεῖ λέγειν.

LE *MÉNON* ET LE *THÉÉTÈTE*
LA MÉTHODE ET LES SOLUTIONS DU COMMENTAIRE ANONYME

Le *Commentaire anonyme au* Théétète a survécu sur un unique papyrus (PBerol. 9782) édité pour la première fois à Berlin par Diels et Schubart[1] et réédité (accompagnée d'une traduction italienne) par D. Sedley et G. Bastianini il y a plus d'une quinzaine d'années[2]. Les analyses du commentateur médio-platonicien sur la section finale du *Théétète* ne nous sont malheureusement pas parvenues, les fragments à notre disposition ne couvrant que le début du dialogue jusqu'à la page 157 environ. On peut néanmoins reconstituer assez précisément le principe de sa lecture de la section finale, à partir de ses remarques introductives et de son commentaire du premier argument circulaire du dialogue en *Théétète*, 145 e-147 d[3].

À la fin de la colonne II, l'Anonyme précise que le *Théétète* traite de la connaissance en tant que telle, c'est-à-dire de la scientificité de la connaissance, plutôt que des sciences et de leurs objets locaux[4]. Il ajoute alors :

> Etant donné que la connaissance est l'opinion droite liée par la cause du raisonnement (δόξα ὀρθὴ δεθεῖσα αἰτίᾳ λογισμοῦ) – car nous connaissons les choses non seulement quand nous savons que c'est (ὅτι ἔστιν) mais aussi quand nous savons pourquoi c'est le cas (διὰ τί) – et puisqu'il y a ceux qui ont surévalué les sensations, parce que celles-ci ont la capacité de nous frapper, leur attribuant aussi l'exactitude, il va d'abord mettre à l'épreuve cette hypothèse, puis il en viendra à l'opinion droite, et ensuite à l'opinion droite avec un *logos*, et arrivé là, il cessera la recherche (ἐνθάδε κατ[α]παύσει τ[ὴ]ν ζήτη[σιν). Car, s'il avait pris en compte le lien de la cause ([τὸν] δ[ε]σμὸν τῆς αἰτία[ς), le *logos* de ce type de connaissance aurait pour lui été achevé (τέλει[ο]ς ὁ τῆ[ς] τοιαύτης ἐπι[σ]τή[μη]ς λόγος). (*In Theaet.*, III, 1-25)

Parce qu'il n'est pas déterminant pour mon présent argument, je laisserai de côté le point textuel, pourtant fort intéressant, relatif à la leçon

1. H. Diels und W. Schubart, « Anonymer Kommentar zu Platons Theaetet (Papyrus 9782) », *Berliner Klassikertexte*, Heft II, Berlin, Weidmann, 1905.

2. G. Bastianini e D.N. Sedley, *Commentarium in Platonis « Theaetetum »*, in *Corpus dei papiri filosofici greci e latini*, Parte III, Firenze, L. Olschki, 1995, p. 227-562. Sur ce commentaire en général, et les problèmes relatifs à sa datation et à l'attribution de son auteur en particulier, voir les contributions de H. Tarrant et de M. Bonazzi dans ce même volume, ainsi que celle de D. Sedley.

3. Sur cet argument voir la contribution de M.-L. Gill dans ce même volume.

4. L'Anonyme distingue en effet l'ὕλη et l'οὐσία de l'ἐπιστήμη, ce sur quoi elle porte de ce qu'elle est en général. Voir *in Theaet.*, II, 42-52.

alternative de *Ménon*, 98 a 3 que propose l'Anonyme par rapport à la tradition manuscrite[1]. Ce qui m'importe ici est l'usage très particulier que l'Anonyme fait du *Ménon*. En termes modernes et anachroniques, l'Anonyme est un lecteur « unitarien » des Dialogues. Il n'hésite pas une seconde à introduire un résultat significatif du *Ménon* dans la partie introductive de son commentaire : pour lui, non seulement le *Ménon* comporte des enseignements indispensables pour l'épistémologie, ce que nul aujourd'hui ne penserait à lui disputer, mais surtout il va plus loin que le *Théétète* dans la définition positive de ce qu'est la connaissance. Pourquoi en ce cas le Socrate du *Théétète* ne donne-t-il pas la définition de la connaissance que l'Anonyme lit dans le *Ménon* ? La réponse de l'Anonyme est sans ambiguïté :

> Dans d'autres circonstances, il [=Socrate] déclare ses opinions et soutient des thèses ([κ]αὶ εἶχεν [δόγ]ματα), mais quand il les enseigne (ἐν δὲ τῷ [διδά]σκειν αὐτοὺς), il prépare ses élèves à parler au sujet des choses, en développant leurs notions naturelles (τὰς φυσικὰς ἐννοίας) et en les disséquant (καὶ διαρ[θρ]ῶν). (*In Theaet.*, XLVII, 35-45)
> J'affirme donc que dans ses recherches, il interroge et ne déclare pas ses propres opinions (πυνθάνεται καὶ οὐκ ἀποφαίνεται), si bien qu'il ne pose ni vérité ni fausseté. Pourtant, à ceux qui sont expérimentés dans la méthode (τοῖς μέντοι ἐμπείροις [τῆς] μεθόδου), il indique, de façon non évidente (λεληθότ[ως]), l'opinion qui a ses préférences. (*In Theaet.*, LIX, 12-21)

Si le Socrate du *Théétète* ne donne pas sa définition de l'ἐπιστήμη, c'est tout simplement parce que le type d'examen mené dans le *Théétète* est maïeutique. Il vise à développer les « notions naturelles », ou « concepts innés » (ἐννοίαι φυσικαί), de Théétète, non à exposer la conception platonicienne de la connaissance[2]. La modalité de l'enquête principale du *Ménon* sur la vertu permet donc à Socrate de développer directement une épistémologie que l'enquête principale du *Théétète* sur la connaissance n'autorise précisément pas à développer. Cependant les passages

1. Voir H. Tarrant, « By Calculation of Reason? » *in* P.M. Huby and G.C. Neale (eds), *The Criterion of Truth. Essays written in honour of Georges Kerferd on his 70th Birthday*, Liverpool, Liverpool University Press, 1989, p. 57-82 et, du même, « *Meno* 98 a : More Worries », *Liverpool Classical Monthly*, 14, 8, 1989, p. 121-122 : dans ces deux articles, Tarrant soutient la leçon de l'Anonyme contre la tradition manuscrite. La leçon traditionnelle a été défendue, de façon très convaincante, par A. Carlini, « Plato, *Meno* 98a3 (αἰτίας λογισμῷ / αἰτίᾳ λογισμοῦ· *utrum in alterum ?* », dans L. Belloni, G. Milanese e A. Porro (a cura di), *Studia classica Iohanni Tarditi oblata*, 2 vol., Milano, Vita e pensiero, vol. II, p. 1017-1027.

2. Voir H. Tarrant, *Recollecting Plato's Meno*, London, Duckworth, 2005, p. 135-136.

significatifs du *Théétète* sur la maïeutique indiquent, à celui qui est suffisamment expérimenté dans la méthode de Socrate, qu'il faut dépasser l'aporie finale du dialogue et comprendre qu'elle appelle la solution du *Ménon*.

Telle est donc une solution possible au problème que je relevais au début de cet article. Reste à savoir si elle résiste à un examen détaillé du dernier argument du *Théétète* comme de celui développé en *Ménon*, 97 e-98 a.

L'EXAMEN DES TROIS SENS DE *LOGOS*

Afin de mettre en lumière la fonction précise qu'occupe, dans la troisième partie du *Théétète*, le dernier argument du dialogue, commençons par reconstituer la progression de l'analyse que Socrate développe des trois sens du mot *logos*.

L'énoncé

Le premier sens examiné par Socrate identifie le *logos* au « fait de rendre claire sa propre pensée par le moyen de la voix articulée en verbes et en noms » (*Théét.*, 206 d 1-2 : τὸ τὴν αὑτοῦ διάνοιαν ἐμφανῆ ποιεῖν διὰ φωνῆς μετὰ ῥημάτων τε καὶ ὀνομάτων). Ce premier sens est celui qui a le moins retenu l'attention des commentateurs, ce qui n'a rien d'étonnant tant Socrate semble lui-même en disposer rapidement. La rapidité de l'examen que lui consacre Socrate est telle qu'elle invite même à se demander à quoi il peut bien servir. S'il est possible de considérer qu'il s'agit avant tout d'une clarification, comme le soutiennent la plupart des commentateurs[1], ce premier examen n'en est pas moins une étape importante pour la suite de l'analyse. En effet, s'il s'agit seulement de montrer que le premier venu n'est pas savant du simple fait qu'il parle, c'est à l'évidence beaucoup de bruit pour rien. À mon avis, la leçon de ce passage est ailleurs : si *logos* a le sens d'énoncé (vocal ou pas), alors la connaissance, entendue comme opinion droite plus un *logos*, ne serait rien d'autre que l'opinion droite plus un *logos* proféré ou silencieux, peu importe, *de cette opinion droite*. L'analyse du premier sens de *logos* attire donc l'attention sur un problème

1. Par exemple, F.M. Cornford, *Plato's Theory of Knowledge*, London, Routledge, 1935, p. 155 : « This common meaning is mentioned only for the sake of clearness », ou encore, D. Bostock, *Plato's Theaetetus*, Oxford, Clarendon Press, 1988, p. 222 : « The first [way] need not detain us, since this suggestion is that to produce an account is simply to express one's thought in speech [...]. »

qui va s'avérer décisif par la suite : la *forme* dans laquelle s'exprime l'opinion vraie peut-elle la convertir en science ? Dans ce cas précis, l'objet de l'opinion vraie et celui de l'opinion vraie plus le *logos* sont identiques. Réfléchir sur ce que *logos* signifie semble donc impliquer de donner au *logos* un contenu objectif propre, et non un contenu seulement formel.

Le parcours complet des éléments

Le deuxième sens de *logos*, le « parcours complet élément par élément » (*Théét.*, 207 c 6-7 : διέξοδος διὰ στοιχείου), marque un pas décisif dans la compréhension philosophique de ce que pourraient être la nature de la connaissance et celle de l'objet propre de ce *logos* ajouté à l'opinion vraie.

Premier progrès notable : à la différence du sens examiné précédemment, la distinction entre ce que l'on est capable de dire par opinion droite et par l'opinion droite avec le *logos* est clairement marquée. En effet, à la question « qu'est-ce qu'un chariot ? (τι ἐστὶν ἅμαξα …) », je peux répondre de deux façons.

Soit j'énumère des parties du chariot (τροχοί, ἄξων, ὑπερτερία, ἄντυγες, ζυγόν). Il peut s'agir des parties principales du chariot en question, celles qui me permettent d'individualiser ce dont je parle. En les énumérant, je ne décris pourtant pas l'ensemble de ces parties. Je dispose donc d'une opinion droite. Quelqu'un d'autre pourrait énumérer d'autres parties tout aussi importantes : il aurait également une opinion vraie de ce même chariot. Soit, si j'en suis capable, j'énumère les cent parties du chariot selon Hésiode. Dans ce cas, j'ajoute à la première opinion vraie la liste de l'ensemble des éléments du tout. Je dispose alors d'une opinion vraie à laquelle s'ajoute le parcours de l'οὐσία du chariot. Par cet ajout, de δοξαστικός je suis devenu τεχνικός (*Théét.*, 207 c 2)

Mais pourquoi en est-il ainsi ? La réponse à cette question constitue le second progrès notable par rapport à la définition précédente du sens de *logos*. Elle tient tout entière dans la proposition causale de *Théét.*, 207 c 3-4 : « parce que j'ai fait le tour complet élément par élément (διὰ στοιχείων τὸ ὅλον περάναντα) ». Comment faut-il la comprendre ?

L'emploi du terme « élément » (στοιχεῖον) pour désigner les parties du chariot et l'absence de μέρος, sans doute plus naturel, pose deux problèmes. D'abord, pourquoi Socrate fait-il à nouveau usage de la notion d'élément alors même qu'il vient tout juste de réfuter la théorie du Rêve exposée en 201 e-202 c ? Par ailleurs, qu'entend-il par ce tout dont les éléments seraient les éléments ? S'agissant de la première question, il est important de noter que si Socrate utilise ici la notion d'élément, ce n'est à l'évidence pas dans le même sens que dans le Rêve où les éléments sont inconnaissables. La théorie élémentaire exposée ici, à l'aide de l'exemple du chariot, ne présuppose pas en effet le principe d'asymétrie cognitive qui sous-tend l'ensemble du Rêve de Socrate [1]. Par conséquent, le dilemme au fondement de la critique du Rêve ne peut surgir. Ce dilemme a consisté à opposer deux conceptions du rapport du tout à sa partie : la première était *réductionniste* (le tout n'est que la somme de ses parties), la seconde, *émergentiste* (le tout est quelque chose de plus que la somme de ses parties). Or chacune des deux branches du dilemme menait à une impasse. Si le tout est identique à (n'est rien d'autre que) la somme de ses éléments, alors le tout et les éléments sont également connaissables, ce qui contredit le principe même du Rêve, donc nie la distinction proposée par Théétète entre réalité *sachables* et non *sachables* [2], en justification de sa définition. Mais si le tout n'est pas identique à ses éléments, donc n'a pas de parties, il est alors tout aussi inconnaissable que ses éléments.

Naturellement, si Socrate est parvenu à produire ce dilemme, c'est qu'il a refusé de considérer que la somme des parties (τὰ πάντα) puisse être différente du tout (τὸ ὅλον) qu'elles forment [3], comme le montre l'exemple arithmétique des parties du nombre 6 (en 204 b-c). Si Socrate revient donc à une théorie élémentaire en analysant le second sens de *logos*, c'est à l'évidence qu'il examine une possibilité qu'il a refusé d'envisager auparavant. Le tout qu'il a en vue est ici une totalité organisée, dont les parties distinguées sont des parties *fonctionnelles*, dotées d'une certaine forme et d'une certaine place dans une structure d'ensemble. On comprend donc finalement pourquoi celui qui est capable d'énumérer toutes les parties du chariot a, sur l'essence du chariot, plus qu'une opinion vraie, donc peut se déclarer τεχνικός relativement à cet objet.

Par rapport au premier, le deuxième sens de *logos* a permis de mettre au jour deux points essentiels. D'abord, connaître quelque chose, c'est, par rapport l'opinion vraie que l'on peut en avoir, saisir quelque chose de plus de l'objet. Ensuite, cette considération de l'objet revient à saisir le tout qu'il forme en saisissant la structuration des ses éléments, ce qui implique de rejeter le principe d'asymétrie cognitive du Rêve si l'on veut comprendre comment le *logos* analyse les choses.

1. Voir D. Sedley, *The Midwife of Platonism*, *op. cit.*, p. 172-173.

2. Pour reprendre l'ingénieux barbarisme de M. Narcy : Platon, *Théétète*, introduction, traduction et notes, Paris, GF-Flammarion, 1995, p. 276 et n. 421 (à 201 c).

3. Cf. *Théét.*, 204 a-205 a et la remarque de Théétète en 205 a 7 : δοκεῖ μοι νῦν οὐδὲν διαφέρειν πᾶν τε καὶ ὅλον.

La critique du deuxième sens de logos

Mais Socrate n'est pas satisfait. Que reproche-t-il finalement à cette conception de la connaissance fondée sur une théorie améliorée du rapport entre tout et parties ? Il détaille d'abord un principe général, ou si l'on préfère un critère distinctif de reconnaissance du savoir : avoir la connaissance d'un objet quelconque, c'est considérer qu'il n'est pas différent parce qu'il appartient tantôt à telle chose, tantôt à telle autre.

> SOCRATE — Est-ce que tu penses que qui que ce soit est savant sur quoi que ce soit, lorsque la même chose (τὸ αὐτὸ), il juge qu'elle appartient tantôt à la même chose (τοτὲ μὲν τοῦ αὐτοῦ δοκῇ αὐτῷ εἶναι), tantôt à une autre (τοτὲ δὲ ἑτέρου) ou encore lorsque il juge que la même chose est tantôt la même tantôt une autre (τοῦ αὐτοῦ τοτὲ μὲν ἕτερον, τοτὲ δὲ ἕτερον δοξάζῃ) ? (*Théét.*, 207 d 3-6)

Dans la formulation un peu alambiquée de Socrate, la double circonstancielle vise à couvrir deux cas réciproques que l'on peut reconstituer à partir de l'explicitation qu'en donne Théétète, quelques lignes plus loin[1]. Je peux en effet considérer qu'une même chose est présente dans deux ensembles différents, *alors qu'elle n'est présente que dans l'un des deux* : je peux par exemple juger que la lettre τ (*tau*) est le premier élément de la première syllabe du nom de Théétète et également de celui de Terpsion. Mais je peux aussi juger qu'une même chose est tantôt même, tantôt autre, *alors qu'elle est toujours même qu'elle-même* : en effet, je peux juger que le premier élément de la première syllabe du nom de Théétète est différente de celle du nom de Théodore, alors qu'il s'agit du même Θ (*thêta*) dans les deux cas. Dans l'un et l'autre cas d'erreur, ce qui importe est que je confonde le même et l'autre, et soit tantôt assuré qu'un même objet est même que lui-même, tantôt troublé par son apparition dans d'autres contextes.

Notons ici que l'argument de Socrate ne consiste pas à dire que l'enfant qui apprend à écrire « Théétète » ne connaît pas les éléments du mot quand il se trompe sur l'orthographe de « Théétète », mais bien que l'enfant qui apprend à écrire ce mot se trompe sur les *autres mots* qui comprennent les mêmes lettres et les même syllabes[2]. La conclusion de l'argument stipule alors qu'on ne peut même pas dire qu'il *savait* les éléments du nom de

1. Cf. *Théét.*, 207 d 10-e 3 : Ἆρα λέγεις τῆς αὐτῆς συλλαβῆς τοτὲ μὲν ἕτερον, τοτὲ δὲ ἕτερον ἡγουμένους γράμμα, καὶ τὸ αὐτὸ τοτὲ μὲν εἰς τὴν προσήκουσαν, τοτὲ δὲ εἰς ἄλλην τιθέντας συλλαβήν…

2. Ce point a été mis en lumière par G. Fine, « Knowledge and Logos in the *Theaetetus* », *Philosophical Review* 88, 3, 1979, p. 366-397 : p. 388.

Théétète, alors même qu'il les avait épelés correctement. En d'autres termes, l'incapacité de reconnaître les mêmes éléments dans d'autres contextes invalide la scientificité de la « connaissance » du nom de Théétète, donc la rabat sur l'opinion droite. De la même manière, celui qui est capable de lister l'ensemble des parties d'un chariot mais qui est incapable de reconnaître les mêmes parties fonctionnelles dans d'autres ensembles (tel ou tel autre véhicule, par exemple) ne peut même pas être dit *savant* relativement à l'essence du chariot.

Avant d'en venir à l'analyse de cette réfutation et de la conception implicite de l'ἐπιστήμη qu'elle semble présupposer, considérons d'abord le troisième sens de *logos* qui vise à remédier aux défauts du deuxième. Les raisons de ce léger détour apparaîtront plus loin.

La différence caractéristique

Le troisième sens de *logos* est introduit dans la continuité directe de celui examiné précédemment. La liste des éléments d'un tout dans leur interrelation, ajoutée à l'opinion vraie, est apparue comme ne pouvant pas satisfaire l'exigence de l'ἐπιστήμη. Disposer d'un *logos* sur les éléments d'une chose, c'est être à même de les reconnaître dans *tous les contextes où ils apparaissent*. Le troisième sens de *logos* met en relief la condition qui semblait faire défaut précédemment : afin de pouvoir reconnaître quelque chose dans tous les contextes, le *logos* doit être à même d'identifier chaque chose singulièrement, en elle-même, c'est-à-dire en tant qu'elle diffère de toutes les autres.

On voit donc que l'examen du troisième sens de *logos*, la différence caractéristique (διαφορά), n'invalide en rien le second sens, puisqu'il apparaît que celui-ci est désormais analytiquement compris dans l'opinion vraie [1]. Le problème auquel Socrate se confronte peut alors être formulé comme suit : est-ce que l'opinion vraie de quelque chose, comprenant la liste des éléments de cette chose, à laquelle on ajoute la marque caractéristique individualisant cette chose parmi toutes les autres [2], est une connaissance au sens strict ?

1. Comme l'a bien vu D. Bostock, *Plato's Theaetetus*, *op. cit.*, p. 225-232. Voir également D. Sedley, *The Midwife of Platonism*, *op. cit.*, p. 174 : « each definition considered is, philosophically, an improvement on its predecessor. »

2. M. Burnyeat (*The* Theaetetus *of Plato*, Indianapolis – Cambridge, Hackett, 1990, p. 220-221 ; *Introduction au* Théétète *de Platon*, trad. M. Narcy, Paris P.U.F., 1998, p. 287-289) a raison de préciser, contre J. McDowell (*Plato. Theaetetus*, translated with notes, Oxford, Clarendon Press 1973, p. 229) et G. Fine (« Knowledge and Belief », art. cit., p. 388), que la *diaphora* n'est pas tant la capacité à donner une description individualisante d'un objet

Non, car pour avoir de Théétète ne serait-ce qu'une opinion vraie, je dois disposer de sa différence caractéristique, sans quoi il me serait impossible de concevoir Théétète plutôt que Théodore ou Théétète plutôt que Socrate. En ce sens, la saisie de la différence caractéristique est une condition nécessaire de la vérité de l'opinion, tout comme précédemment dans le cas du parcours complet des éléments. Dans l'un comme l'autre cas, nul n'est besoin d'introduire la connaissance : l'opinion vraie suffit.

On objectera que l'argument de Socrate invalidant le troisième sens de *logos* est étroitement dépendant du type d'exemple qu'il convoque. En effet, Socrate développe une définition de la différence caractéristique que donne « la plupart des gens » (*Théét.*, 208 c 7 : οἱ πολλοί), et les deux exemples qu'il choisit sont deux illustrations de perception sensible particulière (le soleil, le visage de Théétète). Pourquoi Socrate n'a-t-il pas continué à faire usage du paradigme des lettres qui a guidé toute la troisième partie du *Théétète*? Pourquoi recourir à une conception « commune » de la différence caractéristique ?

Imaginons, en effet, qu'au lieu de considérer que la connaissance est l'opinion vraie de X (donc la liste des éléments de X) plus la marque caractéristique de X par rapport à Y et Z, Socrate ait considéré que la connaissance est l'opinion vraie de X (donc la liste des éléments de X) plus la marque distinctive de *chacun des éléments* de X permettant de les reconnaître *dans tous les contextes*. Autrement dit, imaginons que Socrate ait proposé, sans pour autant changer de modèle épistémologique, une troisième définition qui supplée véritablement aux défauts de la deuxième. Aurait-il alors pu éviter de conclure que la différence caractéristique est déjà comprise dans l'opinion vraie ?

Il me semble que non et j'en veux pour preuve un passage parallèle du *Politique* qu'il nous faut considérer brièvement. Tout comme Socrate l'avait fait avec Théétète la veille, l'Etranger d'Elée rappelle à Socrate le jeune sa propre expérience de l'apprentissage de la lecture.

> L'ÉTRANGER — [Nous savons] qu'ils [les jeunes élèves] distinguent de façon satisfaisante chacun des éléments dans les syllabes les plus courtes c'est-à-dire les plus faciles, et qu'ils deviennent capables d'énoncer la vérité au sujet de ces éléments.
>
> SOCRATE LE JEUNE — En effet, comment le nier ?

donné que la marque caractéristique qui permet de reconnaître cette chose dans tous les contextes.

> L'ÉTRANGER — En revanche, ils retombent dans le doute à propos de ces mêmes éléments dans d'autres syllabes, et se trompent, tant dans leur jugement que dans leurs paroles.
> SOCRATE LE JEUNE — Tout à fait.
> L'ÉTRANGER — Or, n'est-ce pas en procédant ainsi que l'on parviendra le plus facilement et le mieux à les mener vers ce qu'ils ne connaissent pas encore ? (*Politique*, 277 e 6-278 a 6)

On retrouve ici, sous une forme plus développée, l'essentiel de l'argument par expérience convoqué par Socrate contre la théorie élémentaire du Rêve [1]. Soutenir qu'il y a une discontinuité essentielle entre des éléments inconnaissables et des complexes qui seraient, eux, connaissables contredit la pratique « continuiste » et progressive du grammatiste enseignant les lettres aux jeunes enfants. Les jeunes enfants commencent tous en effet par apprendre à reconnaître les lettres *en elles-mêmes*, puis ces mêmes lettres dans des syllabes de complexité croissante. Le moyen de cet apprentissage, comme l'explique l'Etranger, c'est la comparaison paradigmatique. Mais que nous apprend le *Politique* sur la finalité même de cette méthode ?

> L'ÉTRANGER — Eh bien, n'avons-nous pas saisi de façon satisfaisante le point suivant : il y a production de paradigme quand une chose qui est la même dans une autre séparée d'elle (ὂν ταὐτὸν ἐν ἑτέρῳ διεσπασμένῳ) fait l'objet d'une opinion droite (δοξαζόμενον ὀρθῶς) et qu'une fois ces deux choses rapprochées (συναχθὲν), pour chacune des deux choses en particulier comme pour les deux ensemble (περὶ ἑκάτερον ὡς συνάμφω), on parvient à une unique opinion vraie (μίαν ἀληθῆ δόξαν ἀποτελῇ) ? (*Politique*, 278 c 3-6)

Les enfants qui apprennent à lire reconnaissent donc le même dans l'autre, non seulement parce qu'ils partent d'une reconnaissance de la singularité de chaque lettre, toujours même qu'elle-même, mais aussi parce que le même est systématiquement comparé à lui-même dans de nouveaux contextes (dans d'autres syllabes, puis dans toutes les syllabes). Notons – c'est le point qui m'importe – que cette combinatoire semble satisfaire aux exigences implicites relevées dans le *Théétète* : chaque élément est saisi en propre et reconnu dans tous les contextes. Cependant, l'Étranger ne dit jamais que les enfants sachant lire, capables donc de reconnaître

1. *Théét.*, 206 a 6-9 : « SOCRATE — [Je veux dire] que tu ne t'es, pendant ton apprentissage, efforcé à rien d'autre qu'à tenter de discerner (διαγιγνώσκειν πειρώμενος) au moyen de la vision comme de l'audition, chacun [des éléments] en soi et pour soi, afin que leur position ne te trouble pas, qu'ils soient prononcés ou écrits. »

les éléments dans tous leurs contextes d'apparition, disposent d'une ἐπιστήμη. Bien au contraire, la finalité de la méthode est très explicitement circonscrite à la sphère de l'opinion vraie[1]. Le *Politique* confirme, sur ce point, la leçon du *Théétète*, à partir du même paradigme épistémologique : reconnaître les mêmes éléments dans tous les contextes, ce n'est pas disposer d'une connaissance, mais seulement d'une opinion vraie.

Que le *logos* soit donc défini comme le parcours complet des éléments d'une chose ou comme la différence caractéristique de cette chose ou, comme on l'a envisagé, de ces éléments, le verdict est le même : la puissance du *logos* ainsi comprise ne suffit pas à rendre compte de l'exigence que constitue l'ἐπιστήμη. Celle-ci est *ex hypothesi* quelque chose de *plus* que l'opinion vraie, mais il semble impossible d'en rendre raison. Pourtant, les analyses des deuxième et troisième sens de *logos* ne font pas de la connaissance qu'un point aveugle. Elles disent sur celle-ci une chose essentielle. Isoler un objet dans sa réalité singulière et le saisir dans son interrelation à d'autres objets ne sont pas en soi des critères suffisants de la scientificité de sa connaissance. Mais pourquoi ces critères objectifs demeurent-ils insuffisants ?

Un premier niveau de réponse réside, à l'évidence, dans la relation « subjective » que l'âme entretient aux objets connaissables. Revenons maintenant, après ce long mais nécessaire détour[2], à la critique que Socrate propose du deuxième sens de *logos*. Être capable d'écrire correctement le nom de Théétète, mais se tromper sur la première syllabe de celui de Théodore, c'est *ne savoir ni l'un ni l'autre*, mais disposer seulement d'une opinion droite relativement au nom de Théétète. Quel critère déterminant de l'ἐπιστήμη peut-on déduire de cette critique ? La formulation de Socrate en 207 d et celle de Théétète quelques lignes plus loin[3] révèlent l'une et l'autre l'importance du critère de la stabilité : posséder la connaissance de quelque chose, c'est disposer d'un *logos* stable et permanent sur cette chose. Pour comprendre ce que Socrate veut dire ici, il faut une fois de plus se reporter à un passage du *Politique*.

> L'ÉTRANGER — Serions-nous donc surpris que notre âme subisse par nature le même sort [que les enfants qui apprennent les lettres], eu égard aux éléments de toutes choses (περὶ τὰ τῶν πάντων στοιχεῖα) ; que tantôt (τοτὲ μὲν) elle soit fermement établie dans la vérité au sujet de chaque

1. Cf. *Pol.*, 278 a 3 : δόξῃ τε ψεύδονται καὶ λόγῳ; a 6 : ὀρθῶς ἐδόξαζον; b 3 : τὰ δοξαζόμενα ἀληθῶς; c 6 : δοξαζόμενον ὀρθῶς; c 7 : μίαν ἀληθῆ δόξαν; d 4 : ὀρθῶς δοξάζει; d 8 : ἀπὸ δόξης ψευδοῦς.

2. Voir *supra* p. 159.

3. Cf. *Théét.*, 207 d 4-5 (τοτὲ μέν… τοτὲ δέ) et 207 d 10-e 1.

> élément individuellement dans certaines choses, et que, tantôt (τοτὲ δὲ), par rapport à tous les éléments, quand ils sont inclus dans certaines autres choses, elle se laisse, au contraire, emporter (αὖ φέρεται) ; que sur certains éléments de ces mélanges, elle ait, ici ou là (ἁμῇ γέ πῃ), une opinion droite, mais qu'une fois ces mêmes éléments transposés dans les longues et difficiles syllabes des choses, inversement, elle ne les reconnaisse pas ?
> SOCRATE LE JEUNE – Il n'y a là rien de surprenant. (*Politique*, 278 c 8-e 2)

Le retour du lexique des éléments, comme la reprise de la parataxe en τοτέ, amène tout naturellement à comparer ce passage avec la fin du *Théétète*. Si notre âme hésite et retombe dans l'ignorance, c'est du fait du mode d'acquisition de l'opinion vraie. En effet, si elle se laisse emporter (φέρεται), c'est que ce qu'elle a acquis, elle l'a fait au petit bonheur, de façon rhapsodique et désordonnée (ἁμῇ γέ πῃ). Cette instabilité structurelle de l'opinion vraie, qui n'est vraie que le temps qu'elle dure [1], est aussi l'objet de l'analyse du *Ménon* (96 e 1-98 b 5), mais dans ce dernier dialogue, j'y reviendrai, Socrate explique comment rendre les opinions vraies stables : en les enchaînant par le lien de la cause. En d'autres termes, et pour revenir à notre exemple du *Théétète*, je peux bien savoir écrire le nom de Théétète, avoir une opinion vraie sur lui, mais il est impossible de considérer cela comme une connaissance si je ne sais pas *pourquoi* il s'agit d'une opinion *vraie*, c'est-à-dire si j'ignore *pourquoi* les éléments du nom de Théétète sont ainsi ordonnés et peuvent réapparaître sous la même forme dans d'autres ensembles complexes. Le grammatiste, qui apprend aux jeunes enfants la lecture et l'écriture, rend leurs opinions plus stables, c'est un fait, mais il ne leur confère pas la permanence qui est le propre d'une connaissance authentique. Si tel était le cas, le grammatiste n'enseignerait pas la lecture, il enseignerait la grammaire et serait grammairien.

L'ARGUMENT CIRCULAIRE FINAL

J'en viens maintenant au dernier argument du dialogue, le fameux argument circulaire. En 209 d, Socrate conclut en ces termes l'analyse de la différence caractéristique :

> SOCRATE — Le fait d'ajouter un *logos* à l'opinion droite (τὸ προσλαβεῖν λόγον τῇ ὀρθῇ δόξῃ), que pourrait-ce donc être de plus ? Si en effet (εἰ μὲν γὰρ) il s'agit d'ajouter à l'opinion le *logos* par lequel quelque chose diffère

1. C'est ce que D. Sedley a justement nommé la *dependability* de l'opinion vraie : voir *The Midwife of Platonism*, *op. cit.*, p. 173.

> des autres chose (ᾗ διαφέρει τι τῶν ἄλλων), la prescription devient tout à fait risible. (*Théét.*, 209 d 4-6).

De façon générale, le dernier argument invalidant le troisième sens de *logos* porte sur la relation cognitive que le sujet entretient à ce *logos* que l'on ajoute à l'opinion vraie [1]. Dans la passage cité précédemment, il apparaît qu'ajouter à l'opinion droite ce qu'elle comprend déjà revient à ne rien faire de bien utile. En effet, si le *logos* entendu comme *diaphora* est déjà saisi par l'opinion droite, alors en définissant la science comme l'opinion droite plus la différence caractéristique, on définit la science comme l'opinion droite plus une caractéristique déjà incluse dans l'opinion droite, ce qui est évidemment redondant.

La question qui se pose alors à Socrate est de savoir si le sujet peut entretenir au *logos* une relation cognitive plus forte que l'opinion vraie. Pour que le *logos* ne soit pas un ajout redondant à l'opinion vraie, il faut en effet qu'il lui apporte vraiment quelque chose. Ajouter le *logos* doit donc représenter une exigence plus forte. Or cette exigence ne peut qu'être celle de la connaissance (cf. *Théét.*, 209 e 6 : γνῶναι κελεύει). Il faut par conséquent que le sujet *connaisse* le *logos*, car c'est là la seule relation cognitive à notre disposition qui soit plus forte que l'opinion vraie. Si le *logos* doit être connu pour être ajouté à l'opinion vraie et éviter ainsi toute redondance, il s'ensuit que la connaissance doit être définie comme l'opinion vraie plus la connaissance de la différence. Mais la définition ainsi obtenue est circulaire, car elle utilise le *definiendum* dans le *definiens*.

L'intérêt de ce dernier argument tient à sa portée extrêmement générale. La récapitulation que Socrate en propose en 210 a ne fait aucun doute sur ce point :

> SOCRATE — Et nous sommes tout à fait simples d'esprit, nous qui cherchons ce qu'est la connaissance, de dire qu'elle est l'opinion droite avec la connaissance de la différence *ou de quoi que ce soit d'autre* (εἴτε διαφορότητος εἴτε ὁτουοῦν). (*Théét.*, 210 a 7-9)

Qu'on définisse le *logos* comme on voudra : puisqu'il faut en avoir plus qu'une opinion droite, afin que celle-ci, pour ainsi dire, ne l'absorbe pas, il faudra *connaître* ce *logos*, donc présupposer dans la définition ce que l'on cherche à définir. À mon sens, que Platon ait placé cet argument circulaire à la toute fin de l'examen en dit long sur sa portée rétrospective pour l'ensemble de l'analyse des trois sens de *logos*. Je crois même qu'il n'est pas exagéré de soutenir que cet argument dit la vérité de tous les autres.

1. *Ibid.*, p. 175.

Contrairement aux arguments précédents, l'argument circulaire ne conclut pas que l'opinion droite possède déjà en elle-même la caractéristique que l'on prête au *logos*, mais il montre que définir la connaissance comme l'opinion droite plus quelque chose invalide toute définition authentique de la connaissance. Si l'on jette maintenant un œil rétrospectif sur l'ensemble de l'analyse des trois sens de *logos*, on voit que tout le problème a bien résidé dans cet ajout. Ce que Théétète avait défini en termes neutres mais peu clairs (la science est μετὰ λόγου ἀληθῆ δόξα) s'est vu réinterprété par Socrate comme l'*ajout* d'une chose à une autre [1]. Or ajouter quoi que ce soit à l'opinion vraie ne fera jamais advenir une connaissance, pour la bonne et simple raison qu'il faut rendre raison des conditions épistémologiques de la saisie de ce que l'on ajoute. Tel est ce que vise à montrer l'argument circulaire. Par cet argument, Platon semble reconnaître qu'il n'y a aucune solution de continuité de l'opinion vraie à la connaissance.

Récapitulons finalement les leçons positives et négatives de la section finale du *Théétète*. La critique du Rêve a établi qu'il est impossible de fonder une connaissance sur un inconnaissable, sur quelque chose dont il ne peut y avoir *logos*. Mais elle n'a pas congédié pour autant les notions d'éléments et de totalité. L'exemple du chariot d'Hésiode transforme radicalement la théorie élémentaire du Rêve, en refusant le principe d'asymétrie cognitive qui le structure, donc propose une conception du tout qui échappe au dilemme formulé par Socrate en réponse au rêve de Théétète. Les éléments d'une totalité organisée appartiennent à une structure et, en tant que tels, peuvent être objets d'un *logos* qui les énumère. Ils peuvent même être l'objet d'un *logos* qui les différencie et les caractérise individuellement. Mais quel est le statut épistémique de ce *logos* qui saisit la structure et

1. Il suffit de comparer *Théét.*, 209 d 4-6 aux passages antérieurs marquant la progression de la troisième partie : à chaque fois, l'accent est mis sur ce que l'on *ajoute* à l'opinion vraie. Cf. *Théét.*, 202 c 1-4 (Rêve de Socrate : τὸν γὰρ μὴ δυνάμενον δοῦναί τε καὶ δέξασθαι λόγον ἀνεπιστήμονα εἶναι περὶ τούτου· *προσλαβόντα δὲ λόγον* δυνατόν τε ταῦτα πάντα *γεγονέναι* καὶ τελείως πρὸς ἐπιστήμην ἔχειν.) ; *Théét.*, 206 c 3-5 (Introduction de l'analyse des trois sens de *logos* : ὅτι δή ποτε καὶ λέγεται τὸ μετὰ δόξης ἀληθοῦς λόγον *προσγενόμενον* τὴν τελεωτάτην ἐπιστήμην *γεγονέναι.*) ; *Théét.*, 207 b 8-c 4 (Deuxième sens de *logos* : οὕτω τοίνυν καὶ περὶ ἁμάξης ἡμᾶς μὲν ὀρθὴν ἔχειν δόξαν, τὸν δὲ διὰ τῶν ἑκατὸν ἐκείνων δυνάμενον διελθεῖν αὐτῆς τὴν οὐσίαν, *προσλαβόντα τοῦτο, λόγον τε προσειληφέναι* τῇ ἀληθεῖ δόξῃ καὶ ἀντὶ δοξαστικοῦ τεχνικόν τε καὶ ἐπιστήμονα περὶ ἁμάξης οὐσίας *γεγονέναι*, διὰ στοιχείων τὸ ὅλον περάναντα.) ; *Théét.*, 208 e 3-5 (Troisième sens de *logos* : Ὃς δ' ἂν μετ' ὀρθῆς δόξης περὶ ὁτουοῦν τῶν ὄντων τὴν διαφορὰν τῶν ἄλλων *προσλάβῃ*, αὐτοῦ ἐπιστήμων *γεγονὼς* ἔσται οὗ πρότερον ἦν δοξαστής.) ; *Théét.*, 209 e 6-8 (*idem* : εἰ *τὸ λόγον*, ὦ παῖ, *προσλαβεῖν* γνῶναι κελεύει, ἀλλὰ μὴ δοξάσαι τὴν διαφορότητα, ἡδὺ χρῆμ' ἂν εἴη τοῦ καλλίστου τῶν περὶ ἐπιστήμης λόγου.)

la différence propres ? L'expérience la plus élémentaire de l'apprentissage de la lecture montre que l'opinion droite en est une condition suffisante. Toute la profondeur et toute la difficulté de la section finale du *Théétète* résident dans ce constat : quand on dit vrai, l'opinion droite est toujours déjà là et rien de ce qui semble définir la connaissance authentique ne paraît lui manquer. Et pourtant elle manque de l'essentiel. Si la leçon principale de la fin du *Théétète* est donc négative, elle n'est pas moins forte : partir de l'opinion vraie, c'est nécessairement y rester, car d'elle la connaissance ne peut jamais advenir.

RETOUR AU MÉNON

Ce n'est pourtant pas ce que semble penser le Socrate du *Ménon*.

> SOCRATE — Parce que tu n'as pas fait attention aux statues de Dédale, mais sans doute n'y en a-t-il pas par chez vous ?
> MÉNON — À quel propos me parles-tu donc de cela ?
> SOCRATE — Parce qu'en vérité ces statues, si on ne les attache pas, prennent la fuite et s'en vont, mais si on les attache, restent en place.
> MÉNON — Eh bien quoi ?
> SOCRATE — Posséder l'une des œuvres de celui-ci [*scil.* Dédale] n'a pas plus de prix que posséder un esclave qui s'enfuit, car elles ne demeurent pas en place ; en revanche, attachées, elles sont de grande valeur, car ce sont de très belles œuvres. À propos de quoi te parlé-je de cela ? À propos de celles des opinions qui sont vraies. Car les opinions vraies aussi, tout le temps qu'elles restent en place, sont un bel avantage et produisent tous les bienfaits du monde ; cependant, elles ne consentent pas à demeurer très longtemps en place, et s'enfuient de l'âme humaine, si bien qu'elles n'ont pas un grand prix, tant qu'on ne les a pas liées par un raisonnement sur la cause (ἕως ἄν τις αὐτὰς δήσῃ αἰτίας λογισμῷ), et c'est cela, mon ami, qu'est la réminiscence, comme nous en avons convenu précédemment. Et une fois qu'elles sont liées ainsi (ἐπειδὰν δὲ δεθῶσιν), elles deviennent d'abord des connaissances (πρῶτον μὲν ἐπιστῆμαι γίγνονται), et ensuite demeurent fixées (ἔπειτα μόνιμοι). C'est pour cette raison là que la connaissance a plus de prix que l'opinion droite, et c'est par un lien que la connaissance diffère de l'opinion droite (διαφέρει δεσμῷ ἐπιστήμη ὀρθῆς δόξης). (*Ménon*, 97 d 9-98 a 8)

Le passage est bien connu, ses difficultés textuelles et interprétatives également[1]. Aussi me contenterai-je du strict nécessaire. À la lumière du *Théétète*, ce passage est doublement surprenant : non seulement, il affirme

1. Voir p. 154, n. 1.

qu'une continuité de l'opinion vraie à la connaissance est possible (*Ménon*, 98 a 6 : γίγνονται) mais, qui plus est, il montre que cette possibilité dépend de la saisie d'une condition supplémentaire, le « raisonnement sur la cause » (αἰτίας λογισμός) que l'on a bien du mal à ne pas rapprocher du *logos* examiné dans la section finale du *Théétète* [1].

Quelle pertinence faut-il alors accorder à la solution du commentateur anonyme, selon laquelle le *Ménon* développe une conception du *logos* absente du *Théétète*, mais qui permettrait au platonicien averti de sortir de l'aporie finale ? Force est de constater qu'elle ne règle en rien le problème. Certes, l'introduction du raisonnement sur la *cause* détermine un élément indispensable à toute connaissance authentique, élément que Socrate présuppose d'ailleurs, on vient de le voir, dans sa critique du *logos* comme énumération. Mais il n'en demeure pas moins que le raisonnement sur la cause ne répond pas au problème mis en lumière par l'argument circulaire, car comment rendre raison de l'ajout de cet αἰτίας λογισμός aux opinions vraies sans retomber dans l'aporie finale ?

Platon aurait-il alors simplement soulevé dans le *Théétète* une difficulté essentielle qu'il n'aurait pas encore perçue dans le *Ménon* ? Rien n'est moins sûr. Prêtons attention à la façon dont Socrate caractérise la thèse qu'il vient de soutenir, dans le passage suivant immédiatement l'évocation des statues de Dédale :

> SOCRATE — Pourtant, mon langage n'est pas celui de quelqu'un qui sait (ὡς οὐκ εἰδὼς λέγω), mais qui conjecture (ἀλλὰ εἰκάζων). Mais, que l'opinion droite et la connaissance sont différentes, voilà quelque chose qu'il ne me semble pas que je conjecture (οὐ πάνυ μοι δοκῶ τοῦτο εἰκάζειν), mais, s'il y a précisément quelque chose que j'affirmerais savoir (ἀλλ' εἴπερ τι ἄλλο φαίην ἂν εἰδέναι) – et je l'affirmerais de peu de choses –, c'est cette unique chose que je placerais parmi celles que je sais (ἓν δ' οὖν καὶ τοῦτο ἐκείνων θείην ἂν ὧν οἶδα). (*Ménon*, 98 b 1-5)

Comme David Sedley l'a bien noté [2], cette remarque semble impliquer une distinction très nette entre : 1) la thèse selon laquelle opinion droite et connaissance diffèrent ; et 2) la thèse selon laquelle c'est par un lien (δεσμῷ) qu'elles diffèrent. La thèse (1) porte sur l'existence même de la différence, et Socrate déclare qu'il la sait (εἰδέναι) ; la thèse (2), sur la *cause* de cette différence que Socrate déclare conjecturer (εἰκάζων). De là l'argument suivant. Si Socrate dit que (1) est objet d'une connaissance,

1. Sur la différence entre *logos* et *logismos*, voir la contribution de M. Dixsaut dans ce même volume.

2. D. Sedley, *The Midwife of Platonism*, *op. cit.*, p. 176-178.

alors, par (2), on sait qu'il peut en donner un αἰτίας λογισμός. Mais, précisément, en énonçant (2), Socrate nie en être capable, donc nie *connaître* la cause de la différence entre savoir et opinion vraie, puisqu'il déclare en avoir une simple opinion. Comme dans le *Théétète*, connaissance et opinion droite diffèrent, parce que l'une est ferme et stable, tandis que l'autre est fluctuante et instable dans l'âme. Mais dès qu'il s'agit de définir la connaissance par différence avec l'opinion droite, Socrate déclare ne plus savoir, ce qui, dans les termes du *Ménon*, revient à affirmer ne pas connaître la cause de cette différence. Aussi la fonction de l'argument circulaire du *Ménon* serait-elle d'invalider l'essentiel de ce que Socrate vient de dire, en montrant que les opinions droites ne deviennent jamais des sciences ? Je ne crois pas. La fonction de cet argument est en réalité tout à fait identique à celle du dernier argument du *Théétète* : si l'on soutient que la connaissance est l'opinion vraie *plus quelque chose*, alors il faut rendre raison de la relation cognitive que l'âme entretient à ce que l'on ajoute. Mais sur ce point précis, Socrate confesse que, dans son propre cas, elle n'est que de l'ordre de l'opinion. Il indique par là même, comme il le fera dans le *Théétète*, qu'on ne peut rien ajouter à l'opinion vraie pour en faire une connaissance.

Cela reste bien sûr à prouver car, objectera-t-on, Socrate dit bel et bien qu'une fois liées par le raisonnement sur la cause, des opinions vraies « deviennent des connaissances » (98 a 6 : ἐπιστῆμαι γίγνονται). Le problème qui se pose à tout lecteur de ce passage du *Ménon* est donc le suivant : en quel sens des opinions vraies peuvent-elles devenir des connaissances sans pour autant que cette transformation soit l'effet d'un simple ajout à l'opinion vraie ? La réponse à ce problème est, à mon sens, à chercher dans le rapprochement que Socrate propose entre ce lien institué par le raisonnement sur la cause et la réminiscence (98 a 4 : τοῦτο δ'ἐστιν… ἀνάμνησις).

En quel sens la réminiscence consiste-t-elle à lier une opinion vraie par un αἰτίας λογισμός? En rapprochant raisonnement sur la cause et réminiscence, Socrate nous renvoie évidemment à l'épisode de l'interrogation de l'esclave (82 b-85 b) par lequel il a donné à Ménon une preuve empirique de la possibilité de rechercher ce que l'on ne connaît pas. Notons d'abord, comme d'autres commentateurs l'ont bien relevé[1], qu'aux yeux de Socrate, qui note à plusieurs reprises son incomplétude, le processus de réminiscence que subit le jeune esclave n'est ici qu'amorcé. L'interrogation de Socrate a beau avoir éveillé des opinions vraies relatives à la duplication du carré, elles sont encore un rêve (85 c 9-10 : καὶ νῦν μέν γε

1. Par exemple, F. Ferrari : Platone, *Teeteto*, *op. cit.*, p. 127-128

αὐτῷ ὥσπερ ὄναρ ἄρτι ἀνακεκίνηνται αἱ δόξαι αὗται). Autrement dit, le jeune esclave ne dispose d'aucun raisonnement sur la cause qui lui permettrait d'appréhender scientifiquement le problème géométrique auquel il a été confronté. Mais Socrate ne s'arrête pas là et remarque que si on interroge (85 c 10 : ἀνερήσεται) le jeune esclave « souvent sur ces mêmes sujets et de différentes manières » (85 c 10-11 : πολλάκις τὰ αὐτα ταῦτα καὶ πολλαχῇ), il finira par en avoir une connaissance exacte. On comprend donc que la réminiscence est strictement dépendante de cette ἐρώτησις, ce que Socrate affirme on ne peut plus clairement dans les lignes suivantes.

> N'est-ce donc pas sans avoir reçu aucun enseignement de personne (οὐδενὸς διδάξαντος) mais parce qu'il a été interrogé (ἐρωτήσαντος) qu'il saura (ἐπιστήσεται), ayant retrouvé la connaissance lui-même à partir de lui-même (ἀναλαβὼν αὐτὸς ἐξ αὐτοῦ τὴν ἐπιστήμην) ? (*Ménon*, 85 d 3-4)

C'est dans ce processus tout entier, que Socrate résume par le verbe *interroger* (ἐρωτάω), qu'il faut comprendre comment le lien imposé par l'αἰτίας λογισμός permet de transformer des opinions vraies en connaissances, sans pour autant rien leur ajouter[1]. En effet, comme Socrate le souligne avec force avant de conclure son interrogation, le jeune garçon, parce qu'il ne croit plus détenir un savoir, est disposé à le chercher, et ce, parce que désormais, il le désire (84 c 6 : ἐπόθησεν τὸ εἰδέναι). L'électrochoc de la torpille socratique ne lui a donc conféré aucun savoir mais l'a placé dans la condition préalable à tout savoir : le désir. Loin d'être un événement ponctuel, la réminiscence est ainsi un processus graduel et dynamique consistant à remettre en cause tout ce que l'on croit savoir pour désirer savoir plus que tout autre chose. Il faut donc prendre Socrate au sérieux quand il affirme que répétée inlassablement, une interrogation de ce type permettrait de se ressouvenir de toute la géométrie (85 e 1-2 : περὶ πάσης γεωμετρίας) et de toutes les autres disciplines (85 e 2-3 : καὶ τῶν ἄλλων μαθημάτων ἁπάντων). À (très long) terme, le jeune esclave pourrait devenir géomètre, c'est-à-dire savoir, entre autres choses, *pourquoi* le carré d'aire double se construit sur la diagonale du carré donné. Pourtant, l'effet d'une telle interrogation, et c'est là le point essentiel, ne consiste pas à ajouter quelque chose à l'opinion vraie.

1. Le rapprochement que je propose entre l'interrogation et le processus liant l'opinion vraie à l'âme apparaît clairement si l'on remarque que *Ménon*, 85 a 7-8 (αἳ [ἀληθεῖς δόξαι] ἐρωτήσει ἐπεγερθεῖσαι ἐπιστῆμαι γίγνονται) annonce 98 a 5-6 (ἐπειδὰν δὲ δεθῶσιν, πρῶτον μὲν ἐπιστῆμαι γίγνονται).

Pour s'en convaincre, on ne peut, là encore, lire le passage sur les statues de Dédale isolément, en faisant l'économie du rapprochement que Socrate propose entre le lien de l'opinion à l'âme et la réminiscence. En 98 a, Socrate ne dit pas que c'est l'imposition d'un lien *entre* des opinions vraies qui les transforment en connaissance. Au contraire, comme l'indique l'analogie avec l'enchaînement des statues, le lien du raisonnement sur la cause lie chaque opinion *à l'âme*, et non à une autre opinion. Mais comment ce lien peut-il transformer une opinion vraie en connaissance sans pour autant être ajoutée à l'opinion vraie ? Le passage est avare de détails, mais le commentaire de Socrate au mythe évoqué en réponse au paradoxe de Ménon l'est heureusement nettement moins.

> Parce que l'âme donc est immortelle et parce qu'elle est née de nombreuses fois et a vu tant les choses d'ici bas que celles de l'Hadès (καὶ ἑωρακυῖα καὶ τὰ ἐνθάδε καὶ τὰ ἐν Ἅιδου), donc toutes les réalités (καὶ πάντα χρήματα), il n'est pas possible qu'elle n'ait rien appris. Aussi, il n'y a rien d'étonnant à ce qu'au sujet de la vertu et des autres choses, celle-ci soit à même de se ressouvenir de ces choses que, précisément, elle connais-sait auparavant (ἅ γε καὶ πρότερον ἠπίστατο). Parce qu'en effet, l'âme est apparentée à la nature dans son ensemble et parce qu'elle a appris toutes choses (ἅτε γὰρ τῆς φύσεως ἁπάσης συγγενοῦς οὔσης καὶ μεμαθηκυίας τῆς ψυχῆς ἅπαντα), rien n'empêche qu'en se ressouvenant d'une chose seulement οὐδὲν κωλύει ἓν μόνον ἀναμνησθέντα) – ce que les hommes appellent « apprentissage » –, elle retrouve elle-même toutes les autres (τἆλλα πάντα αὐτὸν ἀνευρεῖν), à la condition qu'elle soit courageuse et tenace dans la recherche. Car chercher et apprendre ne sont au total qu'une réminiscence. (*Ménon*, 81 c 5-d 5)

Dans la succession de ses vies prénatales, l'âme a vu toutes choses : son savoir latent est donc total. Sur quoi porte ce savoir ? Sur les πάντα χρήματα que je n'ai pour ma part aucun problème à assimiler aux réalités intelligibles[1]. Mais pourquoi l'âme est-elle en droit capable de se remémorer toutes choses ? Parce que, précise Socrate, « elle est apparentée

1. Quand Socrate précise la conséquence de ce qu'il vient de dire (l'âme a vu toutes choses) sur l'enquête qui l'occupe avec Ménon, il indique que la réminiscence de l'âme a lieu « au sujet de la vertu et des autres choses » (81 c 7 : καὶ περὶ ἀρετῆς καὶ περὶ ἄλλων). Il me semble que περὶ ἄλλων est une généralisation de περὶ ἀρετῆς et que Socrate a donc en vue les réalités intelligibles. Voir sur ce point les remarques utiles de L. Brisson, « La réminiscence dans le *Ménon* (81 c 5-d 5) » dans M. Erler and L. Brisson (eds), *Gorgias – Menon*. Selected papers from the VIIth *Symposium Platonicum*, Sankt Augustin, Academia Verlag, 2007, p. 199-203.

à la nature dans son ensemble »[1]. L'âme est donc liée à la réalité intelligible par un lien de συγγενεία[2]. Il me semble que le processus décrit en *Ménon*, 98 a, consistant à transformer une opinion vraie en connaissance par un lien, se trouve singulièrement éclairé par cette parenté de l'âme (ou plutôt, de son intellect immortel) à l'intelligible. En effet, quand elle subit l'interrogation qui lui convient, quand donc elle oublie ce qu'elle prend pour un savoir et désire véritablement savoir, l'intelligence de l'âme retrouve le lien qui l'unit à l'objet même du savoir : elle se ressouvient, pour ainsi dire, qu'elle est intelligence, et que cette intelligence est sa nature propre. Transformer une opinion vraie en connaissance, dans ces conditions, ne consiste pas à ajouter quoi que ce soit à l'opinion vraie, mais à modifier radicalement le rapport de l'âme à la vérité. La réminiscence est un lien parce que, quand elle pâtit du processus de remémoration provoqué par l'interrogation, l'âme se retrouve, c'est-à-dire retrouve *son* propre savoir, ce qu'elle a toujours su et qui lui est apparenté par nature. Ce que l'âme retrouve ainsi comme étant sien, il n'y a en effet aucun risque qu'il s'échappe à nouveau. On enchaînait les statues dans l'Antiquité pour assurer la permanence de la présence du dieu ou de la déesse que la statue représentait[3] : il n'est pas exagéré de dire que, de la même manière, la réminiscence nous (re)lie au divin en nous.

L'αἰτίας λογισμός n'est donc pas, à mon sens, un raisonnement logique qui aurait pour but de relier une opinion vraie à sa cause, mais bien un raisonnement de l'âme sur la cause qui ne peut être qu'intelligible pour être véritablement cause. Ce raisonnement n'ajoute rien à l'opinion vraie car il ne peut être atteint que par la purification préalable que l'âme opère de toutes ses opinions. Quand donc Socrate affirme n'avoir qu'une opinion sur la cause de la différence de l'opinion vraie et du savoir, tout en sachant qu'elles diffèrent, il alerte le lecteur, comme il le fera dans le *Théétète*, que l'on ne peut rien ajouter à l'opinion vraie pour en faire une connaissance et qu'il n'y a, de l'une à l'autre, aucune continuité possible. Mais dans le *Ménon* il indique également que la cause véritable de la différence du savoir et de l'opinion vraie est à chercher dans ce lien que l'âme entretient par nature à l'intelligible.

1. Brisson (« La réminiscence… », art. cit., p. 201-202) a raison de voir dans τῆς ψυχῆς le sujet des deux participes οὔσης et μεμαθηκυίας. La virgule après οὔσης en 81 d 1 qu'imprime Burnet, suivi par la plupart des éditeurs (par exemple Croiset, Bluck et Sharples), est malencontreuse.

2. Sur la συγγενεία de l'âme à l'intelligible, voir *Phédon*, 78 b-84 b.

3. Voir les témoignages antiques rassemblés par R.S. Bluck, *Plato's* Meno, Cambridge, Cambridge University Press, 1961, note *ad* 97 d 8.

LA FIN DU *THÉÉTÈTE*

Christopher ROWE

Dans un livre publié en 2007[1], j'ai soutenu que Platon a ce que j'appelle une « définition préférée de la science ». J'identifiais celle-ci, de manière fort peu passionnante (comme je l'ai dit), ou originale, avec la définition en réalité proposée[2], et apparemment rejetée, à la fin du *Théétète* : la science comme *doxa* vraie combinée à un *logos* – à une définition, ou à une description, ou à une liste de caractéristiques, ou à … – qui, d'une manière ou d'une autre, transformera l'opinion afin qu'elle cesse d'être *doxa* pour devenir autre chose : la science. Le vocabulaire utilisé ici dans le *Théétète* rappelle bien sûr immédiatement, et il est sans doute fait pour rappeler, celui qu'on trouve dans le *Ménon*, en 98 a (la science comme *doxa* vraie « reliée » par un *logismos*, un « raisonnement », sur la cause), et soulève les

1. Christopher Rowe, *Plato and the Art of Philosophical Writing*, Cambridge, Cambridge University Press, 2007. Le présent article – rédigé initialement pour l'entretien, dans le cadre d'un séminaire – constitue essentiellement une répétition, sous une forme différente et pour un contexte différent, du raisonnement et de la conclusion du chapitre 8 de *Plato and the Art of Philosophical Writing*. En particulier, j'ai essayé ici de défendre de façon plus explicite mon interprétation contre d'autres interprétations plus orthodoxes, ou dominantes, particulièrement bien représentées par David Sedley dans son livre paru en 2004, *The Midwife of Platonism : Text and Subtext in Plato's* Theaetetus, Oxford, Clarendon Press.

2. Originellement par Théétète, en *Théét.*, 201 c 8-d 3. La science n'est pas une *doxa* vraie, vient tout juste de dire Socrate, c'est quelque chose d'autre : « Oui, Socrate, c'est ce que j'avais entendu dire par quelqu'un, mais je l'avais oublié, et maintenant je m'en souviens : il disait que la science était la *doxa* vraie accompagnée d'une définition, la *doxa* vraie dépourvue de définition tombant en dehors de la science ; et les choses qui n'avaient pas de définition, il disait qu'elles n'étaient "pas sachables" (il utilisait en effet ces mots), tandis que celles qui en avaient une étaient "sachables". »

mêmes types de problèmes[1]. Qu'est-ce exactement que le *logos* (ou le *logismos*) est supposé ajouter à la *doxa* ? Si la *doxa* est vraie, elle doit déjà se référer adéquatement à l'objet auquel elle dit se rapporter. Et pourquoi faudrait-il considérer que le *logos* / *logismos* fait plus que confirmer la vérité de la *doxa* ? (Pourquoi devrions nous supposer qu'une espèce de *logos*, quelle qu'elle soit, ou quelque quantité de *logismos* que ce soit, sont suffisantes pour réduire le gouffre, décrit avec tant d'éloquence dans la *République* et ailleurs, qui sépare la *doxa* et l'*epistemè* ?) Voilà bien sûr qui constitue le genre d'objection que le Socrate du *Théétète* présente comme fatale pour la proposition de Théétète[2]. La science ne peut pas être une *doxa* vraie accompagnée d'un *logos*.

Ma proposition est que la science peut demeurer comme telle (une *doxa* vraie accompagnée d'un *logos*), qu'elle *est* telle, pour Platon, et qu'elle doit l'être. Je cite ici le paragraphe correspondant dans mon livre :

> [Qu'en est-il] du défaut présumé dans sa définition finale de la science : que la définition, pour être ajoutée à la *doxa* vraie, si elle devait la transformer en science, devrait elle-même être quelque chose de connu ? Si, comme je l'ai proposé, Platon lui-même partage l'idée selon laquelle : 1) parvenir à une définition définitive, complète et finale de quoi que ce soit, et 2) atteindre la science – dépassent les capacités humaines (au moins, pour ce qui est du cas singulier le plus important, que constitue le bien), alors, bien loin d'être funeste, le défaut présumé de la définition permettra en réalité à confirmer son authenticité, à savoir qu'elle est le genre de définition dont Platon aura besoin. Naturellement, il est en effet difficile de comprendre comment n'importe quel *logos* peut garantir de représenter la réalité vraie dans tous ses aspects, mais ceci reflète simplement la manière dont nous, humains, sommes limités. La science *est* une *doxa* vraie accompagnée d'une définition, mais seulement c'est une définition dont nous, contrairement aux dieux, ne pouvons avoir aucune garantie que nous la saisissons. Comme dans le cas des autres dialogues « aporétiques », l'*aporia* s'avère être construite – et sa solution tient seulement dans notre compréhension du fait qu'elle l'est[3].

Autrement dit (telle est ma proposition), « *doxa* vraie accompagnée d'un *logos* » se veut une définition de la science – de la science divine, si le *logos* est pleinement assuré, et de la science humaine, s'il ne l'est pas, c'est-à-dire, si la seule garantie de ce *logos* est une garantie que nous pouvons

1. Sur le rapport entre ces deux passages du *Ménon* et du *Théétète*, voir la contribution de D. El Murr, dans ce même volume.

2. Voir en particulier *Théét.*, 209 b-210 b.

3. *Plato and the Art of Philosophical Writing*, *op. cit.*, p. 237.

produire avec les moyens limités dont nous disposons. Naturellement, dans le second cas, celui de la science humaine, il pourrait bien y avoir débat sur la question de savoir si, au sens strict, on peut même parler de *science* et, effectivement, du point de vue de sa contrepartie divine, cette science n'en est pas une. Cependant, si la certitude absolue n'est pas à notre portée, et que nous devons faire avec le plus haut degré de certitude possible, alors cette définition nous fournira quelque chose qui, en tout cas par rapport à la simple *doxa*[1], pourrait toujours mériter le titre de « science[2] » – c'est du moins ce que je pense que Platon nous invite, en son nom, à supposer.

Tout ceci dérive d'une manière très particulière d'interpréter Platon : de l'interpréter essentiellement comme un socratique, c'est-à-dire, de la façon la plus directe, comme quelqu'un qui ne cesse jamais de souscrire au type de distinction entre science ou sagesse divine et science ou sagesse humaine (dans ce contexte, je ne distingue pas entre science et sagesse), notoirement soutenue par Socrate dans l'*Apologie*, 20 d-23 b[3]. Le Socrate de Platon – tel est ce que je soutiens[4] – n'accorde jamais que les hommes peuvent être sages ou savants, au regard des standards les plus élevés. Le mieux qu'ils puissent faire, de son point de vue, est de construire des *logoi* qui se révèlent capables de résister aux objections répétées, comme on le voit dans ce passage clé de la *République* :

> N'appelles-tu pas, [Glaucon], « expert en dialectique » celui qui rend raison de ce qu'est chaque être ? Et celui qui ne le fait pas, tu ne diras pas qu'il a pour lui l'intelligence, dans la mesure où il n'est pas capable d'en

1. Par différence avec la *doxa* vraie. La « simple *doxa* » consistera à simplement croire que quelque chose est vrai, que cela puisse être vrai ou ne pas l'être, ou l'être seulement en partie, sans pouvoir dire exactement pourquoi on le croit.

2. « *Doxa* vraie » équivaudra peut-être au fait de *s'attacher correctement à* (j'aurai quelque chose à dire par la suite sur ce à quoi ceci pourrait équivaloir) la chose en question, quelle qu'elle soit, tandis que donner le *logos* consistera à dire ce que la chose est, et ce qui la distingue ou la relie à d'autres choses. La question de savoir si la science divine devrait se composer des deux mêmes éléments (*doxa* vraie et *logos*) est objet de débat. « La *doxa* vraie accompagnée d'un *logos* (parfaitement assuré) » pourrait simplement être ce à quoi la version divine de la science – la science véritable – ressemble du point de vue de la perspective humaine.

3. Passage qui s'achève ainsi : « [...] la vérité est très probablement, citoyens d'Athènes, que c'est le dieu le véritable savant, et que dans son oracle il dit simplement que la sagesse humaine ne vaut que très peu, voire rien du tout. Et en mentionnant ce "Socrate", il semble utiliser mon nom juste pour me désigner comme un exemple – comme s'il disait : "Le plus sage d'entre vous, humains, est celui qui, comme Socrate, a reconnu qu'il ne vaut rien devant la sagesse" » (*Apologie*, 23 a-b).

4. Par exemple dans *Plato and the Art of Philosophical Writing*, *op. cit*, en particulier dans les chapitres 6 et 7.

> rendre compte ni à lui-même ni à un autre ? – Comment pourrais-je parler autrement ? dit-il. – Donc il en est aussi de même pour le bien : que celui qui ne peut, en la séparant de toutes les autres choses, différencier la forme du bien, et, comme dans une bataille, passer au travers de toutes les objections (*elenchoi*) – avide qu'il est de mettre à l'épreuve [son *logos* ?] non selon la *doxa* mais selon l'être –, et en frayant son chemin à travers tous les obstacles garder sa définition (*logos*) indemne [littéralement « en n'ayant pas été jeté » : *aptôs* (comme dans la lutte)] ; tu ne diras pas de celui qui se trouve dans cette condition [c'est-à-dire : celui dépourvu de la capacité décrite] qu'il connaît le bien lui-même ou même un autre bien, mais [tu diras] que si, d'une certaine manière, il avait saisi quelque image fantomatique [du bien][1], c'est au moyen de la *doxa* qu'il la possède, et non par science, somnambule qu'il est tout au long de sa vie... (*Rép.*, VII, 534 b 3-c 6).

Même l'état que Socrate appelle « savoir » dans ce passage est, selon moi, un état qu'il attribuera à d'autres figures non identifiées et en réalité purement idéalisées et imaginaires. Lui-même est bien en deçà, de sorte que, si ces autres figures sont imaginaires, on pourra à peine distinguer, si tant est qu'on puisse les distinguer du tout, une sagesse humaine *réelle*, de sa propre « sagesse » supposée, telle qu'elle est décrite dans l'*Apologie* et, selon moi, telle qu'elle est décrite à nouveau, et dans une perspective différente, avec l'image de la sage-femme dans le *Théétète* (148 e-151 d)[2].

À mon avis, le *Théétète* nous donne donc une réponse à la question sur la science de manière à peine voilée – tout comme d'autres dialogues supposés « aporétiques » font allusion aux solutions des questions qu'ils posent[3]. (À ce jour, ce n'est plus là une position particulièrement

1. Socrate a l'air de penser ici aux « amateurs de sons et de spectacles » dont il parle dans l'argument de la fin du livre V, comme l'autre partie de la phrase, et en particulier la référence au « somnambule » (ὀνειροπολοῦντα καὶ ὑπνώττοντα; *cf.* 476 c 5 : ὀνειρώττειν, à propos des « amateurs de sons et de spectacles ») semble le confirmer. Socrate a lui-même utilisé le mot « images » pour décrire le bien (le soleil, la ligne divisée, la caverne), et il introduit ces choses en signalant explicitement qu'il ne pourrait rien faire de mieux que ἄνευ ἐπιστήμης δόξας (VI, 506 c 6). Cependant, la caractéristique principale et définitionnelle des amateurs de spectacles est qu'ils ne reconnaissent pas l'existence des formes, ce que Socrate fait. Ses *doxai* et ses « images » sont ainsi à un niveau nettement plus élevé que les leurs (bien que, de son propre aveu, il soit encore loin d'être sage).

2. Voir *Plato and the Art of Philosophical Writing*, *op. cit*, p. 35-37 (la description que Socrate fait de lui-même comme une sage-femme constituera elle-même une expression de sa « sagesse »).

3. Les dialogues « aporétiques » tendent à demander des définitions; et chacun de ces dialogues « définitionnels » fait signe vers la thèse socratique, souvent désignée, de manière trompeuse, simplement comme un « paradoxe », selon laquelle « la vertu / l'excellence est la science », ou alors, dans le cas du *Lysis*, vers la thèse connexe selon laquelle tout désir est désir

controversée, même si nombreux sont ceux qui lui résisteront, et qui préféreront rester fidèles à l'idée, et à l'image, d'un Socrate naviguant librement sur tous les sujets, à l'exception des thèses épistémologiques et éthiques les plus générales.) L'*aporia apparente* est l'un des outils standards de la boîte à outils platonicienne, et ce, au moins en partie parce que l'*aporia* est requise, et en tout cas pour des raisons évidentes de présentation, par la position de Socrate comme celui qui ne sait rien (c'est la position qu'il adopte dans l'*Apologie* et aussi, selon moi, dans le *Théétète*)[1]. Mais quoi qu'il en soit et quoi que les interprètes modernes de Platon puissent penser des dialogues « socratiques », ils sont probablement très peu nombreux à croire vraiment que le *Théétète* constitue un type d'exercice dialectique, qui ne débouche sur absolument aucune solution du tout[2]. La plupart des lecteurs du *Théétète* (ceux que je connais du moins) trouve une manière ou une autre de contourner les objections à la solution « *doxa* vraie + *logos* », ou alors adoptent une variante de la thèse de Cornford[3], selon laquelle le débat est conçu pour montrer qu'il n'y a aucune solution possible au problème sans les formes platoniciennes :

> Le platonicien tirera la conclusion qui s'impose. La vraie science a pour objets des choses d'un ordre différent – non les choses sensibles, mais les Formes intelligibles et les vérités à leur propos. De tels objets sont nécessairement uniques. Ils ne sont pas sujets au devenir et ne périssent ou ne changent en aucune manière. C'est pourquoi nous pouvons les

du bien (réel). Ces thèses sont connexes dans la mesure où la science en question est la science du bien, et les excellences sont toutes supposées être de bonnes choses. Sur l'*aporia* du *Lysis*, voir Terry Penner et Christopher Rowe, *Plato's* Lysis, Cambridge, Cambridge University Press, 2005, en particulier les chapitres 6 à 8. Que l'argument arrive à un terme, dans ces dialogues « aporétiques », tient au fait que les interlocuteurs sont trop loin derrière Socrate, ou alors s'explique simplement parce que Platon choisit – quelle que soit la raison de ce choix – de ne pas faire dire à Socrate où est la solution de l'impasse apparente. Dans aucun des ces dialogues, Socrate ne se trouve véritablement dans l'embarras (c'est du moins ce que j'avance).

1. Plus précisément : alors même que le « désaveu de connaissance » de Socrate (*disavowal of knowledge*), comme on le désigne de nos jours, ne l'empêche pas du tout de posséder au moins les plus fermes convictions au niveau général, par exemple, à propos du besoin de science et du type de science dont nous avons besoin, une affirmation directe ou un plaidoyer relatifs au contenu de ces convictions – en particulier en l'absence d'une totale compréhension de leur transposition en termes pratiques – ont très bien pu sembler inadéquats à Platon en termes dramatiques.

2. Un de ceux qui pensent qu'il en est ainsi est M.F. Burnyeat, *The Theaetetus of Plato*, translated by M.J. Levett, revised by M. Burnyeat, Indianapolis, Hackett, 1990; trad. française par M. Narcy, Paris, P.U.F., 1998.

3. F.M. Cornford, *Plato's Theory of Knowledge*, London, Routledge and Kegan Paul, 1935.

> connaître et connaître des vérités éternelles à leur propos. Le *Théétète* mène à cette conclusion classique en démontrant l'échec de toutes les tentatives pour extraire la science des objets sensibles [1].

C'est à ce type d'interprétation que je souhaite me confronter dans le présent article. Toutefois, je propose de le faire non pas en considérant l'interprétation qu'en donne Cornford lui-même, mais en considérant celle qui, selon moi, a été faite de Cornford par David Sedley. Sedley fait lui-même la distinction entre sa propre interprétation de la fin du *Théétète*, qu'il appelle « maïeutique [2] », et celle de Cornford. Au lieu d'échouer purement et simplement, tel qu'il le fait dans l'optique de Cornford,

> le dialogue prend la forme d'une approximation de plus en plus proche de la vraie définition de la science. La première tentative est un échec lamentable, la seconde une amélioration, et ainsi de suite. La définition finale, telle qu'elle est construite dans les dernières pages du dialogue, est tellement proche de la vraie définition que Socrate doit s'arrêter ici et sur le champ. Pourquoi procède-t-il ainsi ? Parce que, comme le dialogue lui-même nous le montre, la méthode philosophique correcte est celle de la maïeutique, où il incombe à l'interlocuteur, et à personne d'autre, de donner naissance à la vraie doctrine [3].

Et pourtant, ce qui s'ouvre à nous s'avère être « la voie platonicienne » (que ne peut emprunter le Socrate de Sedley, autre raison pour laquelle il – Socrate – doit s'arrêter là où il le fait dans le *Théétète*). Autrement dit, une voie dans laquelle « la science – bien que nulle part formellement définie – sera reconnue comme étant un état cognitif qui diffère beaucoup trop radicalement de la *doxa* vraie pour être défini comme l'une de ses espèces » :

> Comme dans les livres V-VII de la *République*, dont on s'accorde généralement à penser qu'ils précèdent chronologiquement le *Théétète*, de même encore que dans le *Timée*, que l'on considère comme une production beaucoup plus tardive, la position platonicienne pleinement articulée reste que la science et le jugement (ou « l'opinion ») [4] sont deux états cognitifs ou facultés entièrement séparés, chacun ayant affaire à son propre ensemble d'objets. La science est science de ce qui est, les Formes éternelles, tandis

1. F.M. Cornford, *Plato's Theory of Knowledge*, *op. cit.*, p. 162-163.
2. Sedley, *The Midwife of Platonism*, *op. cit.*, p. 5.
3. *Ibid.*
4. C'est-à dire la *doxa*, que je traduis par *belief* en anglais et qui ici n'est pas traduit.

que le simple jugement est jugement portant sur le monde sensible, sur des objets qui sont en perpétuel « devenir », sans « être » jamais [1].

Voilà qui diffère nettement de l'interprétation de Cornford, dans la mesure où Sedley considère que Platon rejette spécifiquement l'idée de la science *comme une espèce de* doxa (tandis que Cornford pense que la réponse « *doxa* vraie + *logos* » échoue tout simplement parce que la discussion tout entière se limite au contexte des « choses sensibles individuelles [2] »). D'autre part, si le problème relatif à la *doxa* est que ses objets ne sont pas et ne peuvent pas être des Formes, alors il sera vrai, du point de vue de Sedley comme de celui de Cornford, que la discussion achoppe parce qu'elle omet les Formes – en se concentrant sur la *doxa*, laquelle se rapporte à d'autres objets, et non aux Formes.

Quoi qu'il en soit, l'objet de cet article est d'interpréter Platon, et non Sedley. La question que je veux poser est la suivante : doit-on en fait supposer que la solution du *Théétète* (s'il en y a une) est d'*exclure la doxa* de notre compréhension de la science ? Le raisonnement de Sedley paraît assez puissant : si la théorie de la connaissance de la *République* et du *Timée* donne à la *doxa* un ensemble distinct d'objets, et que la date de production du *Théétète* doit se trouver quelque part entre ces deux dialogues, alors nous n'avons guère d'autre choix que de concéder que non seulement nous ne sommes pas censés continuer à faire de la *doxa* une partie de la définition de la science, mais, qui plus est, que nous devons l'en exclure. Nous devons « abandonner… l'idée [c'est-à-dire, l'idée socratique] que le jugement vrai pourrait être converti en science par [la] puissance de différenciation. [3] »

Sedley n'explicite pas en détail la position qu'il attribue à Platon sur la science et la *doxa*, position fondée sur le passage célèbre portant sur les « amateurs de sons et de spectacles » en *République* V et sur le passage correspondant dans le *Timée* (que je considère comme étant spécifiquement conçu pour rappeler et répéter l'essentiel du raisonnement de *République* V, en l'adaptant à un nouveau contexte). Mais j'imagine que la reconstruction de la position platonicienne faite par Sedley doit être à peu près la suivante : Platon dit qu'il nous est possible d'avoir une sorte de saisie de la beauté, ou de quoi que ce soit d'autre (de n'importe quelle

1. Sedley, *The Midwife of Platonism*, *op. cit.*, p. 179.

2. Cornford, *Plato's Theory of Knoweldge*, *op. cit.*, p. 162.

3. Bien que, selon Sedley, cette puissance doive elle-même être retenue « comme le fondement de la science » (*The Midwife of Platonism*, *op. cit.*, p. 179).

Forme ?), sans en avoir la science, et que ce sera là une *doxa* vraie [1]. Mais il n'y a aucune manière de convertir la *doxa* vraie en une science véritable, qui constitue un état cognitif tout à fait différent, impliquant une relation différente entre le sujet cognitif et l'objet de la cognition – peut-être une sorte de « rencontre » directe entre l'âme et la forme, et qui exige de tourner « l'œil » de l'âme vers ce qui lui est apparenté (c'est-à-dire, apparenté à l'âme dans sa nature véritable, rationnelle) [2]. La « *doxa* » constituera une faculté qui, si jamais elle entretient un rapport avec les objets de la science (si elle porte « sur » eux de quelque manière que ce soit), le fera donc de manière indirecte, et ce, de façon caractéristique, à travers des choses particulières du monde sensible. Ainsi sera-t-il possible de soutenir des *doxai*, qu'elles soient vraies [3] ou fausses, relatives aux Formes, mais il n'y aura aucun moyen d'aller des *doxai* vers la *science* (et la fin du *Théétète* est conçue pour produire exactement cet argument : Sedley a d'ailleurs une manière plutôt subtile de montrer que l'argument produit cette conclusion, mais je n'entre pas ici dans le détail).

Encore une fois, je ne suis pas certain de rendre compte exactement de ce que David Sedley avait en tête lors de la rédaction de son livre. Mais je pense que j'ai résumé les points principaux, ce qui, pour mon présent propos, suffira. Ce qui importe pour mon propos, c'est le défi particulier que l'interprétation de Sedley lance à ma propre interprétation (et à toute autre qui lui serait similaire). Le défi est le suivant : il s'agit de montrer comment mon interprétation est consonante avec l'argument de la *République* – et celui du *Timée*. Étant donné qu'il est maintenant traditionnellement admis que le *Timée* suit chronologiquement le *Théétète*, et étant donné que la théorie de la connaissance du *Timée* est difficile à distinguer de celle de la *République* (et en effet, selon moi, elle lui fait délibérément écho), il semble qu'il ne reste guère de place – comme ce fut le cas pendant un temps, avant que la nouvelle datation du *Timée* par G.E.L. Owen ne soit réfutée – pour une conception du *Théétète* « comme un dialogue

1. C'est là la partie de ma propre reconstruction de sa position dont je suis le moins certain : Sedley propose-t-il en fait que la simple *doxa* n'est en rien capable de saisir des formes, et pense-t-il que la *doxa* vraie est toujours restreinte à des items tels que l'identité de la route pour Larissa, c'est-à-dire à des choses appartenant au monde physique ? Je pense qu'il serait inutilement peu charitable d'attribuer cette dernière option à Sedley, parce qu'il serait tout aussi peu charitable de l'attribuer à Platon. Quoi qu'il en soit, une telle option irait à l'encontre de la lettre même du texte platonicien : dans la *République*, Socrate dit spécifiquement qu'il n'a que des *doxai* – et rien de plus – sur la forme du bien : cf. *Rép.*, VI, 506 b-d.

2. Cf. *Phédon*, *République* VI, VII, X, *etc.*

3. Des *doxai vraies*, je suppose, doivent être des *doxai* qui, d'une manière ou d'une autre, tombent juste relativement à quoi que ce soit sur lequel elles portent (voir p. 175, n. 2).

aporétique, critique, dans lequel Platon rejette, ou au moins réévalue, sa période métaphysique intermédiaire et sa théorie de la connaissance[1]. » Au contraire, semble-t-il, le *Théétète* doit correspondre à la théorie de la connaissance de la *République* – ce qui signifie, naturellement, qu'il doit être en cohérence avec l'argument de *République* V, tout autant qu'avec les trois images qui expliquent le Bien et leurs conséquences dans les livres VI-VII. Si Sedley voit juste pour la *République* – et la très grande majorité des interprètes est très probablement de son côté – alors Platon souscrit à la thèse selon laquelle la science et la *doxa* ont des objets différents[2]. Si tel est bien le cas, alors mon interprétation s'écroule. Car ce que mon interprétation stipule est précisément que la science – la science humaine, ou tout ce qui est considérée comme science par les êtres humains, par contradistinction avec l'ignorance plus ou moins nuancée des non-philosophes – est en fait impossible à distinguer, d'un certain point de vue, d'un type de *doxa* vraie, même s'il s'agit d'un type de *doxa* supérieur[3]. Je suis donc contraint de montrer comment la *République* et le *Timée* peuvent être interprétés d'une façon qui les rende cohérents avec la position que je défends.

En vérité, j'affirme avoir déjà démontré ailleurs la cohérence de ma position avec le texte de la *République* au moins[4] : je n'offrirai donc ici

1. L'expression est de Mi-Kyoung Lee, dans un compte-rendu de Sedley, paru dans la *Classical Review* 55, 2005, p. 430-432, p. 430. Sedley, *The Midwife of Platonism*, *op. cit.*, p. 7, n. 15 : « L'article fondamental de [Owen] [= « The place of *Timaeus* in Plato's Dialogues », *Classical Quarterly*, n.s. 3, 1953, 79-95], bien qu'il ait au final très peu convaincu les spécialistes d'antidater le *Timée* (même s'il emporta l'adhésion de Bostock [*Plato's* Theaetetus, Oxford, Clarendon Press, 1988]), a eu une influence majeure sur les tentatives pour défaire l'interprétation platonisante du *Théétète* avancée par Cornford. » Je n'ai naturellement pas l'intention de suggérer que l'ordre chronologique du *Théétète* entre la *République* et le *Timée* exclut en soi la *possibilité* que le *Théétète* soit (réellement) aporétique, critique, etc. Toutefois, je pense que cela ne la rend que moins vraisemblable. Et mon affirmation selon laquelle Platon utilise ordinairement des dialogues « aporétiques » afin d'avancer des théories positives me rend de toute façon encore moins enclin à croire que le *Théétète* doit être tel (c'est-à-dire, réellement aporétique, etc.).

2. De la même façon, Platon souscrira à une version ou une autre de la théorie des « deux mondes » (dont la distinction science / *doxa* est habituellement comprise comme une partie et comme une conséquence).

3. Voir C. Rowe, « What difference do forms make for Platonic epistemology ? », dans C. Gill (ed.), *Virtue, Norms, and Objectivity*, Oxford, Clarendon Press, 2005, p. 215-232.

4. Mon analyse du livre V de la *République* (qui constitue le point de départ du chapitre 6 de *Plato and the Art of Philosophical Writing*, intitulé « Knowledge and the philosopher-rulers of the *Republic*, I : knowledge and belief in Book V ») sera publiée sous forme électronique, comme partie intégrante du Projet Archelogos. La date de publication semble encore incertaine, bien que le texte ait été soumis il y a déjà plusieurs années (et avec environ sept ans

qu'une récapitulation des points principaux de mon raisonnement. Mon but dans le présent article n'est pas, et ne peut être, de développer, l'argumentaire complet en faveur de ma lecture de la fin du *Théétète*; il s'agit seulement d'en donner une esquisse, en la situant aussi bien dans le contexte général des interprétations modernes du *Théétète* que, de façon plus importante encore, dans le contexte global de l'interprétation de Platon. Par ailleurs, le présent article est censé porter sur le *Théétète*, non sur la *République*. Néanmoins, la synthèse que je vais proposer de ma lecture alternative de l'argument de *République* V (contre les « amateurs de spectacles ») permettra de présenter un autre aspect de la pensée platonicienne qui a, selon moi, fait l'objet d'une mécompréhension totale, et qui a eu également, je pense, des conséquences significatives sur l'interprétation du *Théétète* (conséquences que je n'aurai également le temps que d'esquisser, et non d'analyser complétement).

J'en reviens donc à mon analyse du raisonnement du livre V de la *République*. Pour faire bref, il se développe comme suit. Commençons la lecture en 477 a 9, où il est établi que la science « porte sur ce qui est ». Ceci se comprend, selon moi, du fait que la science a l'être, ou ce qui est, pour objet; par contraste, l'ignorance, *agnoia*, « portera sur » ce qui n'est pas et ce, dans la mesure sans doute où il n'y a ici rien, pas d'objet, à connaître / à saisir. L'état mental « intermédiaire » entre les deux, entre la science et l'ignorance, s'avérera être la *doxa*; ou plutôt, comme je le soutiens, et c'est un point crucial, ce sera là *le genre de* doxa *qu'a l'amateur de sons et de spectacles*. C'est ce qui « portera sur » ce qui est appelé « cette chose intermédiaire (τῷ μεταξὺ τούτῳ) (477 a 10) », dans la mesure où, pour ainsi dire, cette *doxa* n'a rien d'autre en vue que ce qui est « intermédiaire », quelle que soit cette chose[1]. (« Qu'est-ce que la beauté ? » – « Simplement les belles choses que je vois et que j'entends. »). Ces points rappelés, ce sur quoi j'insiste tout particulièrement à présent est que *nulle part il n'est dit dans le passage tout entier*, pas même selon moi de façon implicite, *que toutes les* doxai *quelles qu'elles soient « portent sur ce qui est intermédiaire »*. Je veux dire qu'il n'est nulle part déduit de tout ceci qu'il est impossible qu'un autre type de *doxa*, par exemple, une *doxa* soutenue par un philosophe, ait un autre type d'objet (je pense, par exemple, à une *doxa* du type de celle soutenue par Socrate quand il dit, plus tard dans la *République* : « Je pense que la Forme du bien est le plus grand *mathêma* », et

de retard !). Voir également ma nouvelle traduction annotée de la *République*, parue à Londres, chez Penguin, en 2012.

1. En tout cas, elle *affirme* n'avoir rien d'autre en vue que cela (voir ci-après).

de même par la suite, pour toutes les autres choses qu'il dit sur cette Forme particulière dans les trois comparaisons et ce qui les suit). Ou, pour le dire autrement, Socrate traite exclusivement ici, en *République* V, de la *doxa* dans la mesure où 1) elle est opposée *à la science* (la « *doxa* simple ») et 2) où elle est opposée à *la science du philosophe*. J'ajoute également que 3) Socrate s'intéresse seulement, dans ce contexte, aux *doxai* relatives *aux choses dont le philosophe pourrait avoir une science* (la beauté, etc.), car Socrate tente tout particulièrement d'empêcher « l'amateur de sons et des spectacles » d'être troublé par le fait de s'entendre dire qu'il a (et n'a que) des *doxai* sur ces choses. Après tout, dans la mesure où les amateurs de sons et de spectacles répondent en tout honnêteté à la question « Qu'est-ce que la Beauté ? » en disant que la beauté, ce sont « les choses belles » – c'est en effet ce qu'ils croient vraiment –, ce qu'ils disent et pensent *se référera* de fait, même si à leur insu, à la beauté telle qu'elle est réellement. Et Socrate parle d'eux comme confondant les belles choses avec la beauté (réelle) dont ils ne parviennent pas à reconnaître l'existence[1]. (Nous pourrions considérer que Socrate a tort de parler des amateurs de spectacle de cette façon, ou bien que ce qu'il dit induit en erreur : comment en effet pourraient-ils se référer à quelque chose dont l'existence même leur est inconnue ? Mais *telle est bien* la manière de parler de Socrate et je pense, c'est du moins ce que je vais montrer dans un instant, que nous devons le prendre au sérieux.) Mais, par conséquent, dans la mesure où ces belles choses particulières participent bien de la beauté, ce que ces amateurs conçoivent de la beauté aura aussi véritablement quelque chose à voir avec ce qu'est la beauté – dont on peut alors dire qu'ils parviennent à saisir quelque chose. Ainsi, dire que pour le Socrate de *République* V, les « objets » de la *doxa* sont les belles choses particulières exige d'introduire des nuances et/ou des clarifications (voir, en particulier, les trois restrictions, énoncées précédemment, relatives à l'extension de la *doxa* dans le présent contexte[2]).

Ainsi, bien que la science et la *doxa* soient ici (et dans le *Timée*) « deux états cognitifs ou facultés séparés », ils ne sont pas totalement distincts l'un de l'autre, et bien que chacun, en un sens, « ait affaire à son propre ensemble

1. Voir *Rép.* V, 476 c 5-d 4, et, plus particulièrement, 479 c 6-d 6.

2. Par contraste, le fait que les Formes soient les « objets » de la science du philosophe ne fait pas problème. Ceci n'implique pas, cependant, que le fait quelque chose « porte sur *x* » soit identique au fait que cette chose ait *x* pour objet : comparez l'usage de ἐπί + datif en *République* I, 341 d.

d'objets », chacun a également « affaire » aux *mêmes* objets[1]. La *doxa* de l'amateur de sons et de spectacles a beau « porter sur » des exemples visibles et sonores de la beauté, elle est en même temps une *doxa sur la beauté* (à la fois parce que, et dans la mesure où, ces exemples sont véritablement des exemples de beauté, mais aussi parce que sa *doxa* se réfère effectivement à la beauté réelle, même si c'est à l'insu de l'amateur de sons et de spectacles). Un des avantages de cette interprétation est qu'elle permet d'expliquer de quelle manière les *doxai* peuvent être vraies : la vérité doit selon toute vraisemblance, même dans le cas des *doxai*, avoir quelque chose à voir avec la science, donc avec les (véritables) objets de la science[2]. Mais la conséquence la plus importante, dans le contexte du présent article, est que la *doxa* – la *doxa* vraie – n'a plus à se voir empêchée de jouer un rôle dans l'analyse que Platon donne de la science. Et à mon avis (et selon mon interprétation), il vaut mieux qu'il en soit ainsi, parce que la seule façon que Platon a de comprendre, ou de représenter, *un progrès vers* la science passe par la dialectique, qui semble inévitablement obligée de travailler à partir des *doxai*. Ainsi, par exemple, tout nouveau-né mental que la sage-femme Socrate aide son interlocuteur à mettre au monde doit vraisemblablement être un *logos* qu'au moins une personne doit considérer, au moins provisoirement, comme pouvant être vrai, même si en vérité il s'avère être faux (une *doxa* fausse). Par conséquent, ou bien la science est quelque chose que nous acquérons soudainement, après avoir parlé d'un sujet ou y avoir réfléchi pendant longtemps, et ce, dialectiquement, en prenant les *logoi* les uns après les autres ; ou bien la science est quelque chose que, dans les meilleures conditions possibles, nous approchons graduellement (là encore, en mettant à l'épreuve une série de *logoi*), jusqu'à ce que, peut-être, et comme nous pourrions l'espérer, nous reconnaissions que nous avons atteint la vérité. Selon le second scenario, qui ressemble à ce qui paraît être

1. Je fais ici référence à (et propose de rejeter) la position de Sedley, telle qu'elle est énoncée dans *The Midwife of Platonism* et citée plus haut dans cet article.

2. Voir le traitement plutôt positif des capacités de la *doxa* en *Timée* 51-52. Ainsi, par exemple, « la *doxa* combinée à la perception » est dite être celle qui recouvre – « porte par nature sur » dans les termes de *République* V ? – la sphère du devenir, c'est-à-dire des choses particulières (52 a 7). Ce point est en accord avec (mon interprétation de) la *République*, à la condition que cette sphère des particuliers ne soit compréhensible que dans la mesure où elle « participe de » ce qui est, à savoir des essences réelles ou formes : en saisissant, et dans la mesure où elle saisit, cette sphère du devenir, l'âme ou l'intellect saisit *ipso facto* quelque chose de la nature de la véritable réalité.

envisagé dans le passage de *République* VII cité plus haut [1], les *doxai* vraies en viendraient à se transformer littéralement en science (si tant est que cela se produise jamais). Selon le premier scenario, qui semble *grosso modo* celui décrit par l'auteur de la *Septième Lettre* [2], même si l'état cognitif qui s'ajoute à tout le travail accompli auparavant est d'un genre fondamentalement distinct, la façon dont se distinguent l'état cognitif savant et ce qui y a mené est pour le moins obscure (même dans la *Septième Lettre*, qui est probablement l'analyse la plus explicite dans le corpus de la « première étincelle » de la science dans l'esprit du philosophe), tant est si bien qu'on peut se demander s'ils peuvent être exactement distingués, voire si Platon souhaite qu'on les distingue [3].

Naturellement, il n'est pas nécessaire de s'appuyer sur la *Septième Lettre* pour prouver que Platon est disposé à comprendre la science en termes de contact direct avec, ou plus communément, de « vision de », ses objets. Les interprètes de Platon font face à un choix : celui de prendre, ou non, pour argent comptant l'idée du savoir assimilé à un sorte de confrontation mentale directe avec les Formes. Or cette idée apparaît si fréquemment sous la plume de Platon qu'elle ne peut pas être évacuée comme le signe d'une simple aberration. Néanmoins, elle peut être considérée comme une métaphore, et quiconque ne la prendrait pas comme telle serait alors contraint d'expliquer quel rapport est institué entre la vision et la conversation qui la précède. Des explications plausibles pourraient être convoquées, mais je note que ni Platon, ni même l'auteur de la *Septième Lettre* – s'il ne s'agit pas de Platon – n'en ont jamais fourni. Mais quelle que soit l'explication qu'on finisse par fournir, il me semble inévitable qu'elle

1. Il s'agit du passage (*Rép.* VII, 534 c) où Socrate décrit le dialecticien comme celui capable « en frayant son chemin à travers tous les obstacles [de] garder sa définition (*logos*) indemne » : voir *supra* p. 175-176.

2. *Lettre* VII, 341 c-d.

3. *Lettre* VII, 341 c 5-d 2 : « Ce savoir n'est pas formulable, comme les autres choses qui peuvent être apprises ; mais après un commerce répété (συνουσία) avec la chose elle-même, et une cohabitation (συζῆν : « vivre ensemble »), comme une étincelle née d'un feu qui jaillit en flamme, une fois né dans l'âme, il se nourrit désormais de lui-même. » Il paraît raisonnable de demander quel rapport il pourrait y avoir entre le « commerce » et la « cohabitation » précédant l'« illumination », d'une part, et le processus dialectique, d'autre part – il doit vraisemblablement y avoir une sorte de rapport entre les deux, puisque la dialectique constitue la majeure partie de l'activité supposée du philosophe, et ce, non pour le plaisir de faire de la dialectique, mais pour progresser intellectuellement. Mais, s'il en est ainsi, il semblerait prématuré de supposer que la science qui illumine, et sa « croissance », puissent être totalement non verbales. Il n'est pas dit que ce soit là quelque chose de totalement indicible, mais seulement quelque chose qu'« on ne peut exprimer (ῥητόν) comme les autres *mathêmata*. »

ne parviendra pas à maintenir séparés le fait de *doxazein* et celui de savoir, comme s'il s'agissait de deux activités totalement distinctes.

La caractéristique centrale de ma propre interprétation – celle qui la distingue le plus non seulement de celle de David Sedley, mais de pratiquement toutes les autres – a affaire avec les questions relatives à la *référence*. Selon l'interprétation standard de la position de Platon, lorsque les non-philosophes (ceux de *République* V, par exemple) parlent de quelque chose, disons, de la beauté, ils ne parlent pas du tout de la Forme, mais de choses tout à fait différentes – des belles choses, des bonnes choses, et ainsi de suite. Selon l'interprétation que je propose, Platon pense que même les non-philosophes, quand ils parlent de la beauté, et même lorsqu'ils l'identifient aux belles choses, parlent en réalité de la Forme, c'est-à-dire de la *beauté* dont ils veulent parler, même s'ils ne reconnaissent pas qu'existe une pareille chose, une entité telle que la Forme de la beauté. Et il en est ainsi dans tous les cas similaires[1] : parler de *x* sera toujours, et de manière inévitable, se référer à ce qu'est réellement *x* (la nature réelle de *x*, la « Forme » de *x*)[2]. Et justement, affirme le Socrate de Platon, nous tous, toujours, désirons le bien réel[3], même lorsque nous tendons visiblement vers ce qui se révèle mauvais, et même s'il nous arrive de ne pas reconnaître du tout ce que Socrate nous dit que nous désirons réellement, à savoir : non pas les mauvaises choses auxquelles nous tendons, mais plutôt les bonnes que nous ne parvenons pas à obtenir (et que nous n'avons jamais, selon nous, vraiment voulues en premier lieu, bien que naturellement nous puissions finir par voir que nous ne désirions pas *réellement*, en fin de compte, ce que nous étions effectivement venus chercher). Donc, dans la mesure où les belles choses que l'amateur de sons et de spectacles confond

1. À l'exclusion des individus ou des « particuliers » en tant que tels. Par exemple : Socrate, Théétète, cette rose, cette symphonie.

2. Pour un traitement plus complet du principe en question, voir l'index de T. Penner and C. Rowe, *Plato's* Lysis, *op. cit*, sous l'entrée « Principle of Real Reference » et les références données à l'entrée « Real reference, principle of » dans l'index de *Plato and the Art of Philosophical Writing*, *op. cit.*

3. Ce cas constitue sans doute le cas fondamental : or ne voulons-nous pas ordinairement connaître la vérité des choses ? En *République* VI, 504 d-e, Socrate fait une distinction entre les choses belles et les choses justes, d'un côté, et les choses bonnes, de l'autre : nous ne serons jamais satisfaits, suggère-t-il, par ce qui apparaît simplement bon sans être réellement tel, tandis que nombreux sont ceux qui choisiront de se comporter comme si les choses étaient belles et justes, et ce bien qu'elles ne le soient pas (est-ce à dire : bien qu'ils sachent qu'elles ne le sont pas ?). Mais à un niveau plus profond, je considère que son analyse restera la même, dans la mesure où une véritable compréhension de la beauté et de la justice impliquera nécessairement une compréhension de leur *bonté* intrinsèque.

avec la beauté *sont* belles, et même si elles sont aussi, et en même temps, non belles, elles seront telles du fait de leur participation à la Forme de la beauté : tant et si bien que les amateurs de sons et de spectacles, comme leurs proches parents, les prisonniers de la Caverne, auront effectivement une certaine notion de la chose en elle-même. Ils ne sont donc pas complètement dans l'erreur. Leur erreur consiste à prendre les belles choses *pour* le chose réelle : la Forme. Mais même si leur goût en venait à être totalement dépravé, de sorte que, interrogés sur l'essence de la beauté, ils désignent les choses les plus hideuses et les plus horribles, en les considérant comme magnifiques, l'analyse de Socrate (c'est-à-dire, du Socrate de Platon), demeurerait, selon moi, la même : ils parlent de la beauté, mais ils la confondent avec d'autres choses. Faire erreur dans de tels cas, que nous le sachions ou pas, sera toujours une affaire de confusion entre une chose et une autre [1].

Cette position d'ensemble est, selon moi, le développement d'idées qui remontent aux dialogues soi-disant socratiques, et ce tout particulièrement dans la mesure où l'on y retrouve la théorie socratique, intellectualiste de l'action (tout désir est désir du bien réel, etc.). Loin de constituer l'adieu de Platon à Socrate, comme c'est le cas dans l'analyse par ailleurs brillante de David Sedley, le *Théétète* est, selon ma propre interprétation concurrente, l'achèvement d'un projet profondément socratique. Après avoir passé en revue tout un éventail de réalités, et en particulier les vertus / excellences, qui soit sont intimement liées à la science, soit s'avèrent être finalement la même chose qu'elle, Platon en vient enfin à la science elle-même : qu'est-ce qu'*elle* peut bien être ? Ce qui a toujours été, à mes yeux, le seul candidat possible pour jouer ce rôle – la *doxa* vraie + *logos* – fait alors, comme il se doit, son apparition, est interrogée, et échoue apparemment. Mais il n'y a plus aucun candidat en réserve. Notre tâche, quand nous-mêmes interrogeons le texte, est donc de voir comment, au bout du compte, et malgré ses limites, le dernier candidat fera l'affaire.

Traduit de l'anglais (G.B.) par Olivier D'Jeranian et Dimitri El Murr

1. Savoir comment se produit la confusion d'une chose avec une autre est bien sûr la préoccupation principale du passage du *Théétète* (187 d-201 c) sur la *doxa* fausse, précédant immédiatement la dernière tentative de définition de la science.

POURQUOI N'Y A-T-IL PAS DE DÉFINITION DE LA SCIENCE ?

UNE LECTURE APORÉTIQUE DU *THÉÉTÈTE*

Fulcran TEISSERENC

Quiconque a feuilleté le *Théétète* sait qu'à la question « qu'est-ce que la science ? », il n'est pas fourni de réponse qui satisfasse les interlocuteurs. Les trois hypothèses (la science, c'est la sensation, c'est l'opinion droite, c'est l'opinion droite plus un *logos*) sont récusées l'une après l'autre. Pourquoi en va-t-il ainsi ? Non pas tant pourquoi chaque hypothèse fait-elle l'objet d'une fin de non recevoir, mais pourquoi le dialogue est-il construit de telle sorte qu'aucune réponse positive ne soit fournie ? Afin de mesurer l'ampleur de cette difficulté, prenons momentanément pour guide un des derniers à l'avoir longuement discutée.

David Sedley dans *The Midwife of Platonism* explique l'aporie dans laquelle nous laisse le *Théétète* comme une conséquence de la mise en scène platonicienne de l'art maïeutique de Socrate[1]. Il reviendrait à un lecteur qui aurait fait siennes les questions et les réfutations du dialogue de fournir d'autres réponses et de vérifier leur robustesse ; cette dialectique externe (entre le lecteur et le texte) prolongerait la dialectique interne (entre Socrate et Théétète) et serait susceptible en principe d'aboutir à une vérité produite par le lecteur lui-même. Sedley ajoute à cette considération d'ensemble les quatre points suivants : 1) la réponse correcte à la question « qu'est-ce que la science ? » serait liée à l'ontologie platonicienne de la maturité ; 2) elle serait approchée de manière de plus en plus étroite dans le dialogue, celui-ci s'arrêtant juste avant qu'elle ne soit énoncée ; 3) Platon

1. D. Sedley, *The Midwife of Platonism*, Oxford, Oxford University Press, 2004, p. 5.

saurait par devers lui cette réponse; 4) mais, reconnaît Sedley, il ne la formule expressément dans aucun dialogue[1].

Tout cela dessine une stratégie de lecture fort intéressante en elle-même, et du reste remarquablement mise en œuvre. On peut toutefois demeurer sceptique quant à la pertinence du diagnostic.

Considérons d'abord le constat, en lui-même incontestable, d'une absence dans toute l'œuvre de Platon d'une solution explicite au problème du *Théétète*. Certes, l'originalité de ce dernier, si elle implique une lecture maïeutique, pourrait justifier que la principale question qu'il pose reste en suspens. Mais cette approche n'est nullement exigée par l'ensemble des autres dialogues[2]. Pourquoi alors une bonne et solide définition de la science ne s'y trouverait-elle pas?

Platon, selon Sedley, reconsidère dans le *Théétète* la singulière filiation qui l'unit à Socrate. Celui-ci aurait préparé par son questionnement l'accouchement des idées de son disciple, accouchement auquel le lecteur serait à son tour incité en s'interrogeant lui-même, à l'instar du maître ironique et du jeune mathématicien. Or Sedley admet que cet accouchement n'est en fait possible que pour des lecteurs déjà platoniciens, entraînés et formés par la lecture des Dialogues. C'est pourquoi l'interprétation maïeutique du dialogue n'est de ce point de vue qu'une variante de l'interprétation de F.M. Cornford ou de H. Cherniss, selon laquelle la sortie de l'aporie est à trouver, et comme à reconstruire, à partir d'autres textes, soit le *Sophiste* pour Cornford, soit la *République* et le *Timée* pour Cherniss[3].

Surtout, le présupposé de la lecture avancée par Sedley, où s'enracinent les difficultés précédentes, est d'admettre, comme beaucoup d'autres, qu'une définition en réponse à la question « qu'est-ce que la science ? » est possible et légitime. On peut, pourtant, ne pas partager une telle conviction. Notre propos principal dans cet article est de montrer comment et pourquoi Platon engage finalement le lecteur à écarter cette question.

Précisons cependant que l'approche de Sedley reste, sur bien des points, non seulement judicieuse, mais très éclairante. Le *Théétète* est sûrement une invitation à philosopher et une machine à produire des hypothèses,

1. D. Sedley, *The Midwife of Platonism*, *op. cit.*, p. 11.

2. Comme le reconnaît D. Sedley, *The Midwife of Platonism*, *op. cit.*, p. 9.

3. F.M. Cornford, *Plato's Theory of Knowledge*, London, Routledge and Kegan Paul, 1935; H.F. Cherniss, « The Philosophical Economy of the Theory of Ideas », *American Journal of Philology*, 57, 1936, p. 445-456. La lecture la plus convaincante pour dégager à partir du *Théétète* une solution qui tienne compte des enseignements des dialogues de la maturité comme de la dernière période de Platon est celle proposée par N. Cooper, « Plato's *Theaetetus* Reappraised », *Apeiron*, 33, 1, 2000, p. 25-52.

mais il est tout autant une mise en lumière de la précarité de toute approche de la connaissance séparée de sa mise en œuvre effective. Autrement dit, la leçon qu'il conviendrait de tirer du dialogue serait qu'aucune définition de la connaissance ne peut et ne vaut d'être poursuivie pour elle-même, *indépendamment* de la connaissance elle-même : une définition réelle de la science devrait finalement se confondre avec sa possession non moins réelle, et consisterait dès lors moins en une définition de la connaissance qu'en la définition de ses objets.

Pour donner plus de relief encore à ce problème, revenons à la thèse la plus répandue des commentateurs à propos du *Théétète*: la réponse à la question posée en ce dialogue est à chercher dans la métaphysique platonicienne. Il conviendrait, par exemple, de dire que les Formes sont la condition nécessaire de tout énoncé ou de tout jugement scientifique. Le *Théétète*, précisément parce qu'il ne fait pas état des Formes, ne pouvait dès lors aboutir à une réponse positive et, dans une perspective platonicienne, se condamnait à l'aporie.

Pourtant, on ne peut manquer de constater que le début du texte engage la question de la science d'une façon apparemment très platonicienne, en visant l'essence de la chose considérée: « qu'est-ce que la science ? » demande en effet Socrate. L'absence la plus remarquable est alors moins celle des Formes à titre de condition nécessaire à la science [1] que celle de la Forme de la science elle-même [2]. La stratégie ordinaire de réponse à une question de ce type est : ce x que nous cherchons, tu conviendras que c'est bien quelque chose [3]. Ce point accordé, le lecteur d'un dialogue de la maturité s'attend à ce que ce quelque chose (*ti*) qu'est la science soit identifié à une essence dont il faudrait rechercher la définition. C'est, à l'évidence, ce que le *Théétète* ne fait pas.

Une fois remarqué que ce fait négatif – l'absence d'une Forme ou d'une Idée de la science – est sans doute étroitement lié à l'absence, pour Platon, de réponse véritable à la question centrale du dialogue, deux possibilités interprétatives s'offrent à nous. Ou bien nous jugeons qu'il suffirait d'introduire la pièce manquante pour lever les difficultés rencontrées, solution classique des commentateurs, ou bien nous considérons que dans

1. Selon l'épistémologie de la *République*, il s'agit ainsi de définir le domaine couvert par la connaissance scientifique.

2. Sur le fait qu'une telle Forme ait pu être envisagée à un certain moment de la réflexion platonicienne, voir *Phèdre*, 248 e, et notre rapide discussion de *Parménide* 134 b-c, p. 195, n. 1.

3. Par exemple, *Gorgias*, 464 a 1, *Hippias Majeur*, 287 c-d, *Protagoras*, 330 c 1, 332 a 4, *Phédon*, 64 c 2, 74 a 9-12, *République*, V, 477 c, IX, 583 c 5, 584 d 3, *Sophiste*, 246 e-247 b.

le dialogue sont données les raisons de ne pas l'introduire, et de laisser définitivement sans réponse la question qui y est posée. C'est cette deuxième option que nous privilégierons.

Disons par anticipation pourquoi à notre avis une Forme de la science est délibérément écartée par la discussion entre Socrate et Théétète : en raison de son lien génétique avec son ancêtre historique, l'approche *socratique* des vertus, laquelle est pour sa part explicitement examinée et récusée dans le *Théétète*[1]. Dans le contexte thématique du dialogue, la démarche socratique consiste à référer le fait d'être savant à la présence en l'âme de la science, selon le même raisonnement que celui qui réfère le fait d'être courageux ou juste à la présence en nous du courage ou de la justice. Or le présupposé d'une science logée en l'âme et déterminant en elle tel ou tel acte de connaissance génère sous certaines conditions les mêmes apories que celles suscitées par l'hypothèse d'une Forme de la science. En ce sens, l'échec du *Théétète* servirait de prophylaxie à l'encontre d'une thèse qui n'est jamais donnée, ni dans ce dialogue ni dans un autre, et qui serait pourtant la réponse que la pensée platonicienne aurait dû fournir si elle avait admis l'existence d'une Forme de la science. Le silence ultime de Platon sur cette question apparaîtra dès lors bien fondé. Si on peut donc admettre avec Sedley que, dans le *Théétète*, Platon représente ce qu'il doit à son maître, il met aussi en scène ce qui l'en écarte définitivement, en soulignant comment certaines questions qui ont clairement une frappe socratique engagent inévitablement l'interlocuteur comme le lecteur sur de fausses pistes. La maïeutique débarrasse sans doute des fausses réponses, elle débarrasse aussi des mauvaises questions.

Nous procéderons à front renversé, en présentant d'abord les difficultés et les paradoxes d'une Forme ou d'un *eidos* de la science, et en montrant ensuite qu'à ces mêmes paradoxes conduisent les hypothèses du *Théétète*, dans la mesure où elles participent d'une tentative pour essentialiser la science et la rendre causalement responsable des états cognitifs de l'âme.

D'UNE IMPOSSIBLE FORME DE LA SCIENCE

Commençons d'abord par quelques remarques élémentaires. La définition d'un objet, par exemple d'un triangle, communique le savoir de

1. Comme il convient d'ailleurs dans une œuvre dont un des aspects est, comme Sedley l'a bien montré, de discuter l'héritage de Socrate.

son essence[1]. Il en va de même pour la science, encore qu'il convienne d'éviter une confusion fréquente : savoir ce qu'est une science rend en effet savant à propos de cette science et permet de la distinguer d'autres sciences, mais assurément ne communique pas cette science. Par exemple, il est possible de définir l'art du tissage et de donner cette définition à lire et à comprendre, comme fait l'Étranger dans le *Politique*, sans pour autant transformer le lecteur ou le narrateur en tisserand, encore moins en bon tisserand. Il est tout aussi possible de définir l'art du politique, comme le fait également l'Étranger dans le *Politique*; mais ni l'auteur du dialogue, ni le personnage principal, ni bien sûr le lecteur, aussi assidu soit-il, ne deviennent de ce fait de vrais politiques.

On peut donc considérer qu'il y a un écart entre la connaissance et la participation : connaître n'est pas participer à l'objet connu et réciproquement, participer n'est pas connaître. Pour prendre des exemples triviaux, l'âme qui connaît l'essence du triangle ne participe pas à cette essence ni ne devient triangulaire. Mais surtout, comme la connaissance est connaissance des contraires[2], aucune âme ne connaît un objet séparé, l'un à part du multiple, la justice à part de l'injustice. Et une âme qui connaît l'essence de l'injustice ne devient pas pour autant injuste, pas plus que le médecin qui connaît la maladie ne devient malade (cf. *Rép.*, III, 408 c-409 b).

Nous avons donc sommairement distingué la relation cognitive de connaissance de la relation ontologique de participation[3]. Reste cependant qu'il y a bien pour Platon un pâtir dans l'acte de connaître[4], pâtir en vertu duquel l'âme connaît cet objet-ci et non cet objet-là. Néanmoins, ce ne sont jamais les caractères propres de la chose connue qui se trouvent imprimés dans l'âme à la faveur de ce pâtir, mais seulement, et encore dans une

1. Par exemple *Eutyphron*, 9 e-11 a, *Phédon*, 76 b 5, *Phèdre*, 245 c-246 a, *République*, VII, 534 b-c, *Sophiste*, 218 c, *Politique*, 285 d-286 a, *Philèbe*, 62 a-b, *Lois*, X, 895 d, *Lettre* VII, 342 b. À noter qu'en 175 c, le *Théétète* lui-même fait de la capacité de διδόναι λόγον (à propos de la justice et de l'injustice en elles-mêmes) la caractéristique du vrai philosophe, qui le distingue de tous les chicaniers à l'âme étroite.

2. Par exemple, *Ion*, 531 e-532 a; *République*, V, 472 c, 475 e-476 a; *Théétète*, 175 c, 176 e, 186 b. Ce principe de connaissance des contraires s'oppose au principe ontologique de causalité, d'après lequel seul le semblable cause le semblable. Sur ce dernier principe, voir D. Sedley, « Platonic Causes », *Phronesis*, 43, 2, 1998, p. 114-132, notamment les p. 116-119.

3. Cela ne veut pas dire qu'en certains cas, la participation (pleine et entière, ou du moins la plus complète possible) à une Forme, n'implique pas la connaissance de cette Forme (par exemple, la Justice : voir p. 194, n. 1).

4. Par exemple, *République*, VI, 511 d-e, *Sophiste*, 248 c-e. Nous nous permettons de renvoyer sur ce point à F. Teisserenc, « Puissance, activité, passivité dans le *Sophiste* de Platon », *Philosophie*, 96, 2007, p. 25-45.

certaine mesure, ses caractères idéaux d'unité, d'atemporalité, voire de simplicité.

Une hypothèse contrefactuelle

Peut-on pourtant essayer d'interpréter la relation de connaissance à la lumière de la relation de participation, sans les calquer directement l'une sur l'autre ? Ne pourrait-on pas dire, par exemple, que connaître un objet c'est participer non à cet objet mais à la science de cet objet ? En un sens oui, mais à condition de ne pas prêter à cette dernière formule une signification réflexive. Car si la science de l'objet x fait connaître l'objet x, comme la beauté rend belle la chose qui y participe, selon un principe largement à l'œuvre dans les dialogues socratiques et dans le *Phédon* (99 d-101 c), elle ne fait pas, cependant, connaître elle-même la science de l'objet x, analytiquement distincte de l'objet x lui-même. Comment alors *savoir* qu'on sait ? Non pas comment avoir conscience des actes de pensée impliqués dans cette connaissance, mais comment savoir que ces opérations sont constitutives du savoir comme tel ? En vertu peut-être d'une autre participation, qui serait cette fois participation à la science de la science.

Que montre cette menace de régression à l'infini, sinon l'absurdité de toute tentative qui cherche à isoler la science comme entité à part, responsable de ce que tel ou tel sujet qui y participe soit précisément dans un état de connaissance ? C'est en effet subvertir la compréhension même de la relation cognitive que de la faire dépendre d'une cause qui serait la science elle-même – qu'elle soit en nous, version socratique, ou en soi, version platonisante de ce trope socratique –, au lieu de la faire dépendre de l'objet connu. L'avantage, à cet égard, de greffer dans le domaine épistémique une hypothèse platonicienne sur un raisonnement socratique, c'est d'en faire ressortir immédiatement les conséquences déroutantes. Supposons donc l'existence d'une Forme de la science éponyme. Qu'en résulterait-t-il ?

1) D'abord, on vient de le voir, si cette Forme est située au même niveau que les Formes des objets connus, il faudrait poser également, afin de connaître cette Forme de la science, une Forme de la science de la science, et ainsi de suite. Et en l'absence de participation à cette Forme de la science de la science, l'âme qui participe à la Forme de la science sait, ou connaît, mais ignore qu'elle sait [1]. À l'inverse, il devrait être possible de participer à

1. Participer à une Forme ne revient pas à connaître cette Forme. La connaître suppose une participation en la science de cette Forme. Mais dans ce cas, il serait possible, par

la Forme de la science de la science sans participer à la Forme de la science, autrement dit de tout connaître de la science sans rien connaître de ses objets.

2) Deuxième difficulté : si ce qui est en nous science ne l'est qu'en vertu d'un rapport de participation à la science en soi, il en découle que cette science en nous ne saurait avoir ni l'exactitude ni la stabilité de la science en soi[1]. Mais comment dès lors pourrait s'effectuer la distinction science / opinion droite ? Ce modèle semble réduire à néant la classification hiérarchique des états cognitifs de l'âme que l'on trouve par exemple en *République* V-VII (474 c-480 a, 509 e-511 e, 534 a) ou dans le *Timée* (27 e-28 a, 29 b-c, 51 d-e).

3) Enfin, le troisième paradoxe, à notre avis le *protôn pseudos* de toute l'affaire, découle de la transposition, sur le plan heuristique, du rapport causal de la Forme de la science à la cognition. Vers quoi doit s'orienter la pensée qui cherche à connaître ? S'il existe une Forme de la pensée, ou encore une Forme de la science, notre pensée comme notre science ne pourraient se constituer qu'en imitant *intentionnellement* la pensée paradigmatique ou la science paradigmatique, et non point en pensant les objets véritables. L'affirmation d'un processus causal mettant à l'origine d'un acte de connaissance l'existence d'une science en soi (ou sa présence en l'âme) induit dès lors un contresens sur le processus téléologique et la visée intentionnelle propres à la pensée qui tend au savoir. Si c'est par la science qu'on est savant, alors pour être savant, il faudrait rechercher la science (ou viser ce qui en tient lieu, trace cognitive, image souvenir, connaissance endormie, etc.), au lieu de s'intéresser aux choses mêmes.

exemple, d'être juste sans savoir ce qu'est la justice, et en ignorant que l'on est juste. Or le philosophe, qui est l'être véritablement juste, l'est précisément parce qu'il connaît l'essence de la justice et tire de ce savoir de quoi prescrire l'action juste (*Rép.*, IV, 443 e).

1. Un paradoxe voisin est énoncé dans la première partie du *Parménide*. En postulant explicitement une Forme de la science (134 b 6-7), et en l'opposant à la science en nous, Parménide exclut que nous accédions à la connaissance des Formes, et réciproquement, il exclut que le dieu, participant à la science en soi, accède à la connaissance des choses humaines. Toutefois, ce résultat est obtenu au prix d'une coupure radicale entre les deux modes d'être, de telle sorte que l'un ne doit rien de sa puissance (*dunamis*) à l'autre (133 d 5). Or la difficulté que nous évoquons ici, sans postuler explicitement une telle scission, mais en soulignant le rapport paradigmatique de l'un à l'autre, arrive à la même conclusion : la science en nous, dépourvue de la stabilité et de l'exactitude (cf. *Parménide*, 134 c 7) de l'en soi, se confond dès lors avec l'opinion droite.

Approche socratique

Après donc avoir exposé une situation largement contrefactuelle – qu'est-ce qui découlerait de l'hypothèse d'une Forme de la science? – situation contrefactuelle par rapport à ce qui se trouve dans le *Théétète*, mais dont on voit facilement qu'elle pourrait être rapprochée de la méthode exposée dans le *Phédon* par exemple, tournons-nous à présent vers le début de notre dialogue. Les premiers échanges permettent d'entrevoir une préconception de la science qui est à la base des réponses plus élaborées fournies par Théétète (et Socrate), à propos desquelles nous retrouverons certains des paradoxes que nous venons d'évoquer.

Dans le portrait qu'il fait de son disciple (143 e-144 b), Théodore souligne la facilité de celui-ci à apprendre, son excellente mémoire combinée avec une grande douceur de caractère (qualités du naturel philosophe, au livre II de la *République*, 375 a-376 c comme au livre VI, 486 c-487 a)[1]. Un peu plus loin, au moment d'engager la conversation avec Théétète (145 b), Socrate rappelle les qualités que lui attribue Théodore, sagesse et vertu, qualités de son âme à propos desquelles il se pourrait, dit-il, que Théodore ait quelque compétence[2]. N'écartons pas la possibilité que lorsque Socrate reconnaît un certain poids à l'éloge que peut faire Théodore du savoir de son élève, il y mette quelque ironie. Après tout, aucune des réponses que va produire Théétète sous l'effet de l'art maïeutique de Socrate ne s'avérera viable: son âme n'est pas aussi riche que nous l'a laissé entendre Théodore. Mais quelle que pourra être la conclusion ultime concernant la valeur de Théétète, nous devons prendre en considération la façon dont Socrate enjoint à Théétète de dévoiler son âme; celui-ci doit la *découvrir* et Socrate doit l'examiner (145 b 6-7). Pourquoi le faut-il? Parce qu'on risque de trouver logées en elle la *sophia* et l'*aretè* dont l'a gratifiées Théodore[3]. En somme, à qui veut savoir ce qu'est la *sophia* (plus loin

1. Par contraste, on notera que Théodore n'a pas cette mémoire requise, puisqu'il ne se souvient pas du nom du père de son élève. Curieuse négligence pour un maître; à moins que ce ne soit une façon de signaler qu'il en a occupé pleinement la place, d'autant que de ce père inconnu de lui, il sait au moins qu'il est mort – comme quoi il est possible de formuler un jugement à propos de quelqu'un qu'on ignore, cf. *Ménon*, 71 b 4-7, 76 b 4-5.

2. À moins qu'il ne faille prendre la remarque de Socrate *cum grano salis*: ami de Protagoras, Théodore partageait peut-être avec lui une conception physicienne des mathématiques. Voir M. Narcy, Platon: *Théétète*, traduction inédite, introduction et notes par M. Narcy, Paris, GF-Flammarion, 1995[2], p. 30-68.

3. Démarche similaire dans le *Charmide*, où le personnage éponyme est loué pour sa sagesse. Voici comment imagine de procéder Socrate, en s'adressant à son jeune interlocuteur: « il est clair que si tu possèdes la sagesse, tu dois t'en faire une certaine conception. Il est impossible qu'elle réside réellement en toi sans que tu aies sensation de sa présence et

assimilée à l'*epistèmè*, 145 e 6), il convient de regarder à l'intérieur de Théétète. La science serait donc quelque chose qui pourrait en principe être assigné à un lieu déterminé – l'âme – où il serait possible de l'étudier à loisir. C'est aussi ce à quoi conduit la remarque socratique selon laquelle c'est la *sophia* qui rend sage (145 d 11), comme c'est la science qui rend savant (la réfutation des Fils de la Terre dans le *Sophiste* à propos de la justice et de la *phronèsis* offre une version très proche de ce raisonnement : c'est par la présence en elle de la justice que l'âme devient juste, c'est par la *phronèsis* qu'elle devient sensée, 247 a 5-6[1]).

En somme, si quelqu'un sait (par exemple Théétète), c'est donc qu'il a en lui la science grâce à laquelle il sait. Mais si quelqu'un d'autre veut à son tour savoir (par exemple Socrate, qui ne sait rien), il doit se mettre en quête de la science et poser la question : qu'est-ce que la science ? et il s'oriente pour en examiner la nature vers l'âme où elle est sise (une variante platonisante serait : il s'oriente vers le lieu intelligible où réside sa Forme). Les trois réponses présentées par Théétète, mais en particulier la seconde et la troisième, partagent ce point de vue, ce qui les conduit à certaines des difficultés indiquées tout à l'heure, que nous rappelons maintenant dans l'ordre où nous pensons les déceler dans le texte du *Théétète* : d'abord la confusion de direction intentionnelle du savoir ; ensuite la régression à l'infini des sciences ; enfin le paradoxe d'une science impuissante à se distinguer de l'opinion.

DE QUOI LE SAVOIR EST-IL LE SAVOIR ? OU D'UNE CONFUSION DE DIRECTION INTENTIONNELLE

Nous serons brefs sur la première hypothèse avancée par Théétète, notre propos n'étant pas, dans le cadre limité de cet article, d'analyser tous

sans que cette sensation fasse naître en ton esprit une opinion sur ce qu'elle est et sur son véritable caractère » (158 e 7-159 a 3). Plus loin : « il faut que tu recommences de t'examiner avec plus d'attention encore, et quand tu auras découvert l'effet que produit sur toi la présence de la sagesse, quand tu auras discerné le caractère qui lui permet de produire cet effet, alors, tout bien considéré, dis-moi exactement et courageusement ce que tu crois qu'elle est » (160 d 5-e 1).

1. Voir également *Protagoras*, 332 b, *Hippias Majeur*, 287 c-d, 289 d. Démarche également voisine dans la *République*, où Socrate redéfinit la justice comme un état interne de l'âme (son harmonie), responsable de sa conduite juste. Il a paru à beaucoup qu'il était impossible de retrouver à partir de cette redéfinition de la justice le concept habituel de justice comme ce qui est dû à autrui. En conséquence, quand Socrate s'est engagé à démontrer au livre II qu'une vie juste l'emporte sur une vie injuste, il ne réussirait son pari qu'en changeant son sujet.

les aspects du dialogue, mais de repérer dans le texte ce qui va le plus clairement dans le sens des paradoxes que nous venons d'indiquer. Il convient toutefois de noter la chose suivante : identifier la science à la sensation, c'est d'une part loger la science en l'âme et d'autre part écarter l'objet à propos duquel elle se produit. C'est du moins, semble-t-il, ce que montre la réduction de cette thèse au relativisme de Protagoras qui enferme chacun en son monde privé. C'est également ce que suggère l'assimilation à une forme d'héraclitéisme ; les sensations changeantes dans l'âme ne peuvent être sciences que si le flux psychique est moins le reflet que l'expression parmi d'autres du flux universel.

Premières apories

Venons-en maintenant à la deuxième hypothèse. Socrate élabore progressivement un modèle internaliste de la connaissance dans lequel la science n'est plus simplement un état psychique, la sensation qui affecte l'âme, mais une mise en relation *interne* de deux dispositions psychiques. Le jugement de connaissance est compris alors non pas comme l'attribution d'un prédicat à un sujet, lequel serait proprement visé comme hors de l'âme, mais comme l'ajustement d'une impression sensible et d'une marque mnémonique (le modèle du bloc de cire) ou la mise en correspondance d'une science latente ou en puissance et d'une science en acte (modèle de la volière). Or cette analyse de l'âme connaissante comme une boîte mentale à l'intérieur de laquelle se coordonneraient différents états représentatifs aboutit inévitablement au premier paradoxe énoncé plus haut, celui d'un acte de connaissance visant la science ou son *ersatz* (le souvenir, la colombe), visant donc une disposition en l'âme en lieu et place de la chose même à connaître.

Avant d'expliciter ce point là où il apparaît le plus clairement, dans les modèles épistémiques indiqués par les deux métaphores du bloc de cire et de la volière, il faut signaler qu'on trouve déjà par deux fois, dès le début du développement de la deuxième hypothèse, l'esquisse d'un savoir entendu comme la mise en relation interne de phénomènes psychiques ou d'états mentaux.

Lorsque Socrate s'efforce d'examiner les problèmes liés à la nature du jugement faux, au tout début de la deuxième réponse de Théétète, il pointe d'abord ce qui lui paraît être quatre descriptions possibles de l'erreur, qui sont en même temps pour lui quatre impossibilités (188 b 3-c 3). Impossible en effet de juger que : 1) une chose que l'on connaît est une autre chose que l'on connaît ; 2) une chose que l'on ne connaît pas est quelque chose que l'on connaît ; 3) une chose que l'on connaît est une autre chose que l'on ne connaît pas; 4) une chose que l'on ne connaît pas est une autre chose que l'on ne connaît pas.

La plupart des commentateurs estiment que cette analyse, et l'affirmation d'impossibilité qu'elle déploie, présupposent que les erreurs de description se ramènent à des jugements (et à des erreurs) d'identité [1]. Remarquons en effet qu'un jugement comme « Théétète est stupide », consiste bien, en un sens, à juger que Théétète, que nous connaissons, est une autre chose, que nous connaissons également (« être stupide »); mais la description en ces termes du jugement erroné ne suffit pas, à l'évidence, à révéler une incongruité majeure. Nous pourrions tout autant soutenir, sans davantage d'absurdité, que Théétète, connu de nous, est quelque chose que nous ne connaissons pas (riche ou pauvre). Nous connaissons Théétète, mais pas complètement, et en particulier nous sommes ignorants de son éventuelle richesse ou pauvreté. Théodore, par exemple, qui ne connaît pas le père de Théétète car il en ignore le nom, sait du moins qu'il est mort.

Si toutes ces opérations sont finalement réputées impossibles, et reviennent en réalité à des jugements d'identité insensés, c'est en raison de l'affirmation centrale (188 a 10) selon laquelle « ce que l'on sait, il n'est pas possible de ne pas le savoir ». Mais cette prémisse est à son tour, et à première vue, parfaitement arbitraire : après tout, nous pouvons connaître un objet par un de ses aspects et ne pas le connaître par un autre; nous pouvons juger que x est grand, sans en même temps savoir et juger que x est gros.

Qui plus est, ce postulat du tout ou du rien en matière de connaissance est à la base d'un deuxième diagnostic erroné, concernant cette fois l'impossibilité des erreurs d'identification (et non pas simplement de description). Il n'y aurait ni paradoxe ni contradiction à juger qu'un individu que nous connaissons (Castor) est un autre individu que nous connaissons (Pollux) [2] : il suffirait d'admettre que notre connaissance de Castor n'enveloppe pas celle de sa différence d'avec Pollux. Nous en savons suffisamment pour faire référence à l'un et à l'autre, mais pas suffisamment pour faire la différence entre eux. C'est encore plus clair si l'on prend un

1. F.M. Cornford, *Plato's Theory*, *op. cit.*, p. 113; J. Ackrill, « Plato on False Belief: *Theaetetus* 187-200 », *The Monist* 50, 1966, p. 383-402 : p. 385; J. McDowell, *Plato Theatetetus*, Oxford, Clarendon Press, 1973, p. 195; M. Burnyeat, *Introduction au Théétète de Platon*, trad. M. Narcy, Paris, P.U.F., 1998, p. 100 et 103.

2. Exemple de M. Burnyeat (*Introduction*, *op. cit*, p. 105). D. Sedley rapporte le début d'un discours de Mussolini : « Le philosophe grec Anaxagore, pardonnez mon érudition, a dit que l'homme était la mesure de toutes choses, ... » (*The Midwife of Platonism*, *op. cit.*, p. 121).

jugement d'identité négatif faux (exemple de notre cru, Socrate ne considérant pas cette éventualité). Un enfant peut penser que le clown qu'il a sous les yeux n'est pas son père; il connaît les deux, et suffisamment pour faire référence à l'un et à l'autre, et cependant il peut bel et bien se tromper en niant leur identité. Mais, évidemment, la possibilité de ces deux erreurs d'identification implique que l'âme ne sache pas tout à propos de ce à quoi elle fait référence dans son jugement, possibilité exclue par l'idée que « ce que l'on sait, il n'est pas possible de ne pas le savoir ».

En voulant faire ressortir l'impossibilité des jugements erronés, tant d'identification que de description, à l'aide d'un axiome de départ qui paraît manquer de toute vraisemblance, Socrate n'a été, semble-t-il, guère inspiré. Pourtant, il est possible de fournir une interprétation de cet axiome qui lui conserve une signification acceptable et donne ainsi une forme de légitimité aux apories initiales de la deuxième partie du *Théétète*[1]. « Ce que l'on sait, il n'est pas possible de ne pas le savoir » est à comprendre comme une croyance sur la croyance : nous ne pouvons pas ne pas croire (vrai) quelque chose que nous croyons (vrai). Cette interprétation est tout à fait recevable dans le cadre d'une hypothèse soutenant l'identité entre savoir, γιγνώσκειν ou ἰδεῖν, et juger, δόξαζειν (ou du moins, une certaine espèce de juger, juger vrai). L'âme ne peut pas *produire* une croyance (juger) et croire en même temps qu'elle n'adopte pas cette croyance, ou pire, confondre cette croyance avec une autre.

On est ainsi conduit à passer d'une définition sémantique de l'erreur, – prendre un être pour un autre être, Théétète pour Socrate – à une définition épistémique – prendre une croyance pour une autre croyance, la question de ce à quoi elles sont relatives basculant au second plan. « Les choses que l'on sait » (ἃ οἶδε, 188 b 3) est en effet une expression ambiguë : ou bien elle désigne les choses à propos desquelles on dispose d'un savoir, en elles-mêmes et indépendamment de la représentation que l'on a dans l'esprit, ou bien elle désigne la représentation même de ces choses, la croyance que l'on forme en l'âme à leur sujet. D'un côté donc, la face sémantique du savoir ou de la croyance, de l'autre sa face psychologique. Or, d'une

1. D. Sedley propose ici d'affaiblir la portée de l'axiome pour le rendre plus convenable (*The Midwife of Platonism*, *op. cit.*, p. 122-123). Il impliquerait selon lui trois propositions connexes : 1) connaître quelque chose ou quelqu'un serait connaître ce qu'il est, ou qui il est; 2) ce serait aussi être en mesure de le distinguer de n'importe quelle autre chose ou être; 3) la condition précédente est une condition nécessaire de toute connaissance. Pour notre part, nous estimons que ces trois propositions sont difficiles à dénicher dans le texte, contrairement à notre suggestion, qui ne fait que s'appuyer sur l'équivalence clairement affirmée par la deuxième hypothèse entre savoir et croire.

croyance ou d'un savoir quelconque, si nous nous rapportons à elle ou à lui à la faveur d'une sorte de dédoublement, nous ne pouvons manquer de former une opinion droite au sujet de cette croyance, au sens où nous ne pouvons manquer de l'identifier correctement et de noter qu'elle est effectivement soutenue par nous. Elle ne peut donc être confondue ni avec une autre chose que nous savons (une autre croyance), ni avec quelque chose que nous ne savons pas ou qui n'est le contenu interne d'aucun jugement; abordée ainsi par son côté psychologique, l'erreur devient incompréhensible. Le labyrinthe dans lequel on tourne est donc celui d'une définition du savoir qui rend compte du jugement vrai comme du jugement faux sur le modèle du jugement *interne* que nous pouvons former à propos de nos *propres* jugements comme événements ou actions psychiques[1].

Nous retrouvons une perspective similaire dans la troisième difficulté soulevée à propos du jugement faux, centrée sur l'ἀλλοδοξία. Ce qu'il y a de surprenant dans l'examen socratique de l'ἀλλοδοξία, c'est que « juger une chose pour une autre » n'est pas dire une chose (qui est) à la place d'une autre (qui est également) *à propos* d'une troisième (à son tour existante), par exemple que Théétète est laid alors qu'il est beau (la laideur en place de la beauté, à propos de Théétète). Cette formule, « juger ou prendre une chose pour une autre », reviendrait plutôt, selon Socrate, à penser que le beau est laid. Dans la section considérée (189 b 9-190 e 4), Socrate parle en effet de prendre l'injuste pour le juste, l'impair pour le pair, de façon tout à fait abstraite, sans jamais évoquer un cas concret de méprise comme il le fera dans le *Philèbe*[2]. Tous les exemples cités conduisent par impossible à identifier l'une à l'autre des entités conceptuelles opposées, comme le beau et le laid, les impairs et les pairs, le deux et l'un, le bœuf et le cheval. À chaque fois, le sujet est précédé de l'article défini, ce qui autorise à le traiter comme espèce ou classe, et non comme individu sensible auquel il serait fait référence moyennant le concept : il s'agit donc de rapporter et d'assimiler une entité conceptuelle générale à une autre, en dépit de leur

1. Cette analyse rejoint en partie celle de T. Chappell (*Reading Plato's Theaetetus*, Indianapolis – Cambridge, Hackett, 2004, p. 161-162), en cela du moins qu'elle peut être aussi comprise comme un critique d'une conception purement empiriste de la connaissance, limitée à l'emploi d'images ou d'impressions intérieures.

2. Nous venons d'introduire le cas d'un Théétète dont on penserait qu'il est laid, alors qu'il est beau. Il convient ici de se méfier de la tendance des traducteurs à rendre en 190 c 5-6 une construction directe : « personne, jugeant et disant les deux et les touchant au moyen de son âme, ne dira ni ne jugera l'un des deux comme étant l'autre », par une construction plus indirecte et plus référentielle : « sur l'un et l'autre tenant discours et jugeant » (Diès, et pour des formulations similaires, Robin et Narcy).

identité respective. Cette analyse ne considère ainsi que le contenu *immédiat* de la pensée, indépendamment de la réalité qu'il peut servir à identifier ou à décrire, indépendamment donc de sa référence sémantique. Ce que confirme d'ailleurs le fait que sa conclusion s'applique également aux cas du rêve (ἐν ὕπνῳ, 190 b 6) ou de la folie (μαινόμενον, 190 c 1), deux situations dans lesquelles l'âme est supposée perdre sa capacité à se connecter au monde extérieur.

Dès lors, la contradiction éclatante à laquelle on aboutit n'est évidemment pas celle d'une prédication portant sur un individu x – extérieur – qui serait à la fois y et non y (après tout, s'il s'agissait de prédication, il n'y aurait nulle difficulté à dire que sous un rapport x est beau, et sous un autre x est laid : Théétète laid quant au corps, beau quant à l'âme). Elle porte sur le fait que l'on traite le prédicat y (le beau) comme identique à son contraire (le laid). On ne respecte pas leur différence constitutive. Or on ne peut *former* intellectuellement ces concepts qu'en y incluant cette différence qui les détermine mutuellement (ou alors, il ne s'agit pas de ces concepts)[1].

Mais, là encore, qu'est-ce qui justifie que l'on puisse croire que dans toute méprise se glisse un jugement d'identité fallacieux, et que ce même jugement est impossible, non sur le plan verbal, mais sur le plan psychologique de sa formation ? À la base de ces conceptions, se trouve l'idée selon laquelle l'âme qui prend une chose pour une autre possède les deux *présentes* à l'esprit (189 e 3, 190 c 6-7, *cf.* 190 d 10-11). Mais justement, cette âme ne peut ignorer ce qu'elle pense, *en tant* qu'elle le pense activement, ni le confondre avec autre chose. C'est là une des principales, sinon la principale, des significations de l'analyse de la pensée et de l'opinion comme d'un discours que l'âme s'adresse à elle-même (190 a 1, a 6). Si

1. Approche voisine de celle de J. Ackrill (« Plato on False Belief », art. cit., p. 388-389). D. Bostock (*Plato's Theaetetus*, Oxford, Clarendon Press, 1988, p. 174) adopte une autre stratégie (voir aussi D. Sedley, *The Midwife of Platonism*, *op. cit.*, p. 131). Il fait reposer l'interprétation socratique de l'ἀλλοδοξία (correspondant à ses yeux à des erreurs de prédication) sur le passage d'une description *de dicto* [« il dit que Théétète est laid »] à une description *de re* [« c'est un être beau (Théétète) qu'il dit être laid »], à son tour reformulée illicitement en termes *de dicto* [« il se dit à lui-même que le beau est laid »], résultat absurde, invalidant la possibilité même de l'erreur. Mais cette reconstruction ne s'accorde guère aux exemples cités qui, nous l'avons vu, n'accréditent pas l'idée qu'un jugement de type prédicatif soit ici à l'œuvre. Qui plus est, la contradiction et l'impossibilité ne surgissent dans la dernière reformulation *de dicto* qu'à la condition de basculer d'un jugement prédicatif (le sujet mentionnant un individu, le prédicat une propriété générale) à un jugement d'identité [car il n'y aurait rien d'absurde à ce que l'âme se dise à elle-même que le beau (Alcibiade) s'est montré laid (dans sa conduite)]. Ce qui reconduit à la position que nous développons.

l'âme *se* dit à elle-même : « ceci est a » (expression de son jugement), voilà qui implique pour elle qu'elle ne puisse pas en même temps se dire à elle-même : « je ne crois pas que ceci est a ». Elle doit au contraire reconnaître que c'est bien ainsi qu'*elle* s'exprime, qu'elle s'engage *en son* opinion. Certes, il ne s'agit pas de nier que le dialogue intérieur ne puisse être l'occasion de revenir sur ce qui a été dit, mais de souligner que l'âme ne peut pas manquer de reconnaître *quelle* opinion elle soutient, et en quels termes elle a été formulée, d'autant que celle-ci, puisqu'elle couronne un échange intérieur, prend la forme d'un jugement explicite. C'est là un acte (lequel peut d'ailleurs entériner une forme de passivité, dans la sensation par exemple), et non plus une disposition ou un état de l'âme (lesquels pourraient être, à des degrés divers, plus ou moins conscients ou inconscients).

Analysant le processus dynamique d'autodétermination de l'âme, Socrate convoque donc un certain savoir de soi, que l'on pourrait appeler l'autorité en première personne d'une âme relativement aux opinions qu'elle soutient. C'est pourquoi il n'y aurait guère de sens à rétorquer à quelqu'un qui affirme : « je crois que c'est Pierre » ou « je crois que c'est juste », qu'il se trompe en la première partie de son jugement (et non pas qu'il *manque de sincérité*) et suggérer qu'« en réalité, vous commettez une erreur d'attribution, ce n'est pas vous qui croyez cela, mais un autre, et pour votre part, *vous* croyez que c'est Jean, ou *vous* croyez que c'est injuste ». Apparaît par conséquent l'impossibilité pour une âme de se méprendre non pas sur l'objet *à propos* duquel elle se prononce en son for intérieur, mais sur le jugement qu'elle produit à l'égard de cet objet. Il y a ici une forme d'infaillibilité, sur laquelle Socrate s'appuie pour rendre l'erreur en général inintelligible, pour autant que celle-ci est vue comme une confusion entre des termes ou des concepts qui sont intérieurement manipulés par l'âme.

Une telle approche ignore donc, tout en la rendant sensible par les conclusions absurdes auxquelles elle aboutit, l'existence d'une visée sémantique du jugement, la propriété fondamentale qu'il se réfère à quelque chose. Car savoir n'est pas avoir à l'esprit un concept ou une connaissance entendue comme état mental clos sur lui-même. C'est s'inquiéter de ce qui est hors de soi ou indépendant de soi, et juger ou décider de quelque chose de vrai à son sujet. Ce sera la tâche du *Sophiste* de distinguer le περί τινος du *logos* de son τινος, de distinguer ce que le discours dit (affirme ou nie) de ce dont il le dit (ce à quoi il réfère) (*Sophiste*, 263 b-c). Dès lors, le jugement faux ne viendra plus ruiner par impossible l'identité conceptuelle respective des termes utilisés, mais il sera compris comme l'attribution à telle ou telle entité transcendante à l'âme – Forme ou réalité sensible – de ce qu'elle ne possède pas (τὰ μὴ ὄντα ὡς ὄντα). Juger n'est plus dans ces conditions un événement purement mental, une combinaison interne de pensées ou de concepts : c'est un acte de l'âme à propos de ce qui est.

Le bloc de cire

Le modèle du bloc de cire thématise, de façon cette fois manifeste, la prémisse implicite des analyses précédentes selon laquelle la science est une donnée interne à l'âme, et plus encore, que savoir consiste à mettre en rapport des représentations. Après être passé d'une conception du jugement s'inspirant du jugement singulier que l'on peut former sur nos propres jugements, après avoir compris ensuite le δόξαζειν comme combinaison de concepts et le jugement faux comme l'opération impossible consistant à les identifier, le bloc de cire nous signale une conception du savoir comme articulant des éléments de statut épistémique différent, sensations et impressions perceptives d'une part, marques cognitives, mnésiques et imageantes d'autre part.

L'idée sous-tendant l'argumentation est que l'âme ne peut se méprendre sur sa perception (elle ne peut pas la confondre avec une autre) comme elle ne peut se méprendre sur sa connaissance souvenir (elle ne peut pas la confondre avec une autre connaissance souvenir). Si elle se saisit de ce souvenir, elle ne peut pas se dire à elle même : « ce souvenir-ci, c'est ce souvenir-là ». (Naturellement, elle pourrait faire erreur à propos de *la chose* sur laquelle est censé porter le souvenir : croire qu'elle est telle que le souvenir la lui présente, etc. Or des choses, dans le modèle du bloc de cire, il n'en est pas question). La seule question traitée dans ce modèle, c'est de savoir si l'âme peut ou non se méprendre dans l'art et la manière d'assortir les empreintes aux perceptions et réciproquement.

La première difficulté que soulève ce modèle est précisément de comprendre l'apport de l'empreinte à la perception et la possibilité de l'erreur qui en découle. Que signifie, d'un point de vue cognitif, le parfait ajustement des deux ou leur mutuel emboîtement ? De deux choses l'une. Ou bien l'on considère la sensation comme réellement indéterminée, la marque ayant pour fonction de lui apporter la détermination manquante ; mais alors, où peut bien se cacher l'erreur ? Car l'impression sensible se structurera en fonction de la grille conceptuelle, du découpage que lui impose la marque mnémonique, comme la glaise reçoit sa forme de l'empreinte qu'on lui applique. Ou bien l'on considère que la marque mnémonique fonctionne comme une *règle* qui permet d'identifier le contenu de l'impression sensible. L'usage de la marque consiste alors à rendre explicite ce qui était implicite dans l'impression sensible. Celle-ci était donc déterminée en soi, mais elle ne l'était pas encore pour l'âme. Par exemple, l'âme ne sait pas si l'impression sensible qu'elle considère à présent peut être identifiée comme, disons, celle de Socrate, tant qu'elle ne l'a pas soumise à la règle qui veut que, pour être de Socrate, le profil du nez doive être camus, la forme des yeux globuleuse, etc. Auquel cas, on ne voit pas pourquoi l'application de la règle en question ne pourrait se faire *universellement* pour classer en deux ensembles les impressions sensibles (celles susceptibles de concerner Socrate, celles pour qui c'est exclu). Le problème pourrait être à la rigueur une mauvaise application de la règle, mais non le fait de *s'être trompé* de règle ou de marque. On pourrait aussi imaginer que la règle manque de précision pour discriminer par exemple entre l'apparence sensible de Socrate et celle de Théétète. Dans son souvenir, Socrate a des yeux globuleux : avoir des yeux globuleux est donc une condition nécessaire pour être apparence de Socrate, mais cette règle est également une condition nécessaire pour être apparence de Théétète, et l'âme ne peut trancher à l'aide de cette seule règle la question de l'identité de celui qu'elle perçoit. Là encore, on ne voit pas bien comment pourrait se produire une faute d'assortiment entre la marque et l'impression. Toute marque en effet, entendue au sens de règle, est nécessairement ajustée, dans la mesure où il est toujours sensé de la solliciter pour clarifier le contenu de l'impression sensible, même si elle est par ailleurs insuffisante.

Ce modèle semble en réalité incapable de rendre compte de l'expérience familière pour laquelle il a été introduit, qui consiste à confondre quelqu'un vu au loin avec quelqu'un d'autre. Cette silhouette entraperçue, on croit que c'est Théétète (et non Socrate), puis on s'approche et l'on s'avise alors de son erreur. Mais cette erreur, fera-t-on observer, ne provient pas d'un mauvais rapprochement de la sensation et de la mémoire, elle provient d'une divergence entre ce que l'âme pensait (sensation plus mémoire indistinguées) et l'individu auquel faisait référence son jugement. Autrement dit, le modèle du bloc de cire présente le travail de l'âme non comme un effort pour penser de manière adéquate ce qui est à connaître, mais comme un ajustement *interne* de deux modes de représentation. Sa capacité à faire erreur résiderait dans l'*opacité* de l'esprit à lui-même, dans la divergence de ses registres épistémiques et dans la difficulté à les accorder. Cette opacité est la nouveauté introduite par le bloc de cire, par opposition au mode de l'ἀλλοδοξία qui sous-entendait la transparence pour l'âme des entités cognitives qu'elle mobilise. Toutefois, cette redescription du travail d'identification et de reconnaissance fait porter la visée cognitive de l'esprit *sur les marques* à l'aide desquelles éclairer les sensations. Et c'est parce que nous les manquerions comme un archer maladroit (194 a 3) que nous commettrions une erreur[1]. Nous retrouvons ainsi le paradoxe, évoqué tout à l'heure, du renversement de la direction intentionnelle de l'esprit qui connaît. Plutôt que de se tourner vers la réalité elle-même, l'âme se mettrait en quête de la trace représentationnelle de celle-ci, telle serait en effet son σκόπος, afin de la faire rentrer et s'emboîter comme ἀποτύπωμα dans la sensation, c'est-à-dire dans le τύπος correspondant (194 b 5-6). Savoir x, en ce sens, reviendrait à être attentif à la science (la marque) de x que l'on a en sa mémoire, et non à x lui-même.

De même que ce modèle inverse l'intentionnalité naturelle de la connaissance en la retournant vers l'intérieur de soi, il projette dans le sein de l'âme sa séparation d'avec les choses sous la forme d'un décalage entre sensations d'une part et signes et autres marques dont se constitue le savoir d'autre part. Les premières ont certes un rôle équivalent à celui d'un critère de vérité par rapport aux seconds, en validant l'opportunité de leur usage. Mais c'est là une connexion immanente à l'âme et à ses états, qui met entre parenthèses la réalité même à propos de laquelle est supposé se dérouler tout ce processus. Or les pièces (matérielles) d'un puzzle peuvent s'ajuster plus ou moins aisément les unes avec les autres, elles ne sauraient acquérir par elles-mêmes un contenu représentatif, sinon par l'intervention d'un tiers ayant en vue l'original dont elles pourraient être la reproduction, et pouvant, dès lors, se dispenser de se rapporter à celles-ci pour connaître la réalité elle-même (cf. *Cratyle*, 439 a-b). La faiblesse de tout modèle empiriste de l'esprit est ainsi son incapacité à procurer aux productions mentales, quelle qu'en soit la variété, un véritable statut d'image – munies par conséquent d'une référence et d'une direction d'ajustement.

1. Cette interprétation d'un jugement portant sur des états internes de l'esprit et non sur les choses elles-mêmes (assez voisine, en un sens, de celle que soutient J. Ackrill, « Plato on False Belief », art. cit., p. 392-393 ; voir aussi M. Burnyeat, *Introduction*, *op. cit.*, p. 132-133), est contestée par D. Bostock (*Plato's Theaetetus*, *op. cit.*, p. 179), au motif que Platon *never really suggests that we think about the image and the impression themselves*. Si de fait, on peut ne pas accorder que le jugement tel qu'il est décrit par Platon consisterait à rapporter une image perceptive et une empreinte cognitive à un troisième objet comme le voudrait J. Ackrill (objet qui serait leur source commune), il est pourtant incontestable que le travail de la pensée consiste bien à trouver l'empreinte qui correspond à la sensation, de façon à les associer correctement. *Cf.* c'est à quoi « je m'efforce », 193 c 2 ; c'est la « pensée », διάνοια, qui harmonise bien ou mal marque et sensation, et qui ainsi se produit vraie ou fausse, 194 a 6-8 ; c'est le « jugement » lui-même (ἡ δόξα) qui assemble sceau et empreinte, entre quoi il « tourne et retourne », 194 b 3-6 ; et le « jugement » ne peut être faux quand il porte sur les nombres en tant que « souvenirs déposés dans la cire », 196 a 3.

D'où l'intérêt du contre-exemple choisi par Socrate – l'erreur de calcul –, dans lequel seules des représentations de même niveau sont convoquées. Dans cette situation où justement l'âme n'est plus confrontée à la difficulté d'accorder deux régimes distincts de représentation, il ne devrait y avoir nulle méprise. Et si, cependant, on constate qu'il peut s'en produire une (7+5 = 11), cette possibilité, inintelligible à l'intérieur du modèle, le fait voler en éclats.

Cet échec à rendre compte de l'erreur de calcul, purement intellectuelle, témoigne des impasses d'une approche de la connaissance dans laquelle la pensée n'a plus affaire aux choses mêmes, mais à leurs substituts mentaux, qu'il s'agirait de rapprocher mutuellement avec plus ou moins de bonheur. Voilà pourquoi Socrate rejette intégralement le modèle du bloc de cire (196 c 4-5), au lieu, comme il aurait pu sembler naturel, d'en limiter la validité aux seules erreurs perceptives, qu'elles soient de nature descriptive ou identificatoire[1]. La comparaison avec le *Philèbe* est ici éclairante[2] : dans ce dialogue, Platon s'intéresse d'une manière très voisine à celle du *Théétète* à la perception et à la formation du jugement; mais il ne fait nullement état de traces ou d'empreintes que l'âme devrait découvrir en son sein pour y faire correspondre la sensation et en identifier le contenu. La formation d'un jugement se rapporte directement à l'objet externe perçu, acquérant immédiatement une dimension référentielle. La production d'images mentales est *postérieure* au jugement, qui donc ne porte pas sur elles, à l'inverse de ce que supposait le modèle du bloc de cire, y compris pour l'opération de calcul (196 a 3-4).

La raison profonde de l'inadéquation d'un tel modèle tient à ce que toute doctrine de la vérité ou de la fausseté entendue comme accord ou désaccord *entre* représentations implique le refus initial, ou l'ignorance, de la différence radicale entre représentation et chose représentée. Ce qui est

1. Pour M. Burnyeat (*Introduction*, *op. cit.*, p. 140) le modèle est écarté car il n'est pas suffisant pour définir le jugement faux, mais il contient néanmoins des éléments pertinents pour Platon lui-même (*cf.* aussi K.M. Sayre, *Plato's Analytic Method*, Chicago, University of Chicago Press, 1969, p. 102-15 et 115). D. Sedley pour sa part (*The Midwife of Platonism*, *op. cit.*, p. 139-140) juge que c'est à tire de candidat pour un modèle socratique, c'est-à-dire unifié, de la connaissance, qu'il est écarté, mais il doit trouver sa place dans un modèle platonicien, c'est-à-dire dualiste. Déjà de cet avis, F.M. Cornford, *Plato's Theory*, *op. cit.*, p. 129-130.

2. Nous nous permettons de renvoyer sur ce point à notre article : « L'empire du faux ou le plaisir de l'image, *Philèbe* 37 a-41 a », dans M. Dixsaut (dir.), *La Fêlure du plaisir*, Études sur le *Philèbe* de Platon, 1. Commentaires, Paris, Vrin, 1999, p. 267-297. Voir aussi S. Delcomminette, *Le* Philèbe *de Platon, Introduction à l'agathologie platonicienne*, Leiden-Boston, Brill, 2006, p. 362-383.

vrai de la seconde ne l'est pas de la première. Ce n'est pas parce qu'une âme se représente 5 et se représente 7, en même temps que le signe de l'addition, qu'elle sait par là même que 7+5=12. (7+5) et (12) sont certes des expressions coréférentielles, mais elles ne sont pas substituables dans la croyance ou le savoir de l'âme, alors qu'elles le sont dans un jugement *de re*. Des expressions synonymes ne sont pas interchangeables *salve veritate* (la vérité étant sauve) dans un contexte que les grammairiens appellent oblique et les logiciens opaque ou intensionnel (avec un s). Un modèle purement représentationnel de l'âme est forcément voué à l'échec dès lors qu'il assimile un jugement *de dicto* à un jugement *de re*[1] : il en vient à présupposer, contre toute évidence, qu'une âme qui dit 7+5=11 se dit à elle-même 12=11 (196 b 5-6)[2].

La volière

En proposant une nouvelle métaphore, celle de la volière, Socrate tente de sortir de l'ornière où il s'est lui-même enfoncé. Toutefois, il semble qu'il ne fasse ainsi que réitérer sur le plan des savoirs (ou des sciences) la distinction qu'il avait opérée entre marques mnésiques et sensations, distinction en soi peu claire mais dont on pouvait dire qu'elle revenait à opposer dans l'âme deux façons de représenter un objet. Un écart similaire est à nouveau introduit quand les savoirs que l'on possède parce qu'on les a acquis et emmagasinés en notre mémoire sont distingués de ceux que l'on a parce qu'on les a repris en main et qu'ils sont ainsi immédiatement présents à l'esprit, comme une colombe qu'on ressaisirait après l'avoir une première fois capturée dans la nature et enfermée dans une cage (197 d).

En quoi ces distinctions, et le modèle de la volière, sont-ils en mesure de résoudre le problème du jugement erroné, quand il porte sur des contenus

1. Voir D. Bostock, *Plato's Theaetetus*, *op. cit.*, p. 183-184. Voir aussi D. Sedley, *The Midwife of Platonism*, *op. cit.*, p. 139, n. 25.

2. Le même exemple est pris par E. Kant (*Critique de la raison pure*, Introduction, V; AK, III, 37) pour illustrer le jugement synthétique par opposition au jugement analytique. L'énoncé « 5+7 » est une règle ou un programme de construction d'un objet dans l'intuition, et non la définition de cet objet. On peut examiner tous les éléments compris dans cet énoncé (le 5, le 7, l'addition), on ne trouve jamais qu'y soit inclus le nombre 12 ; celui-ci est un produit engendré par l'addition, il ne préexiste pas à l'opération que prescrit l'énoncé. Par conséquent, il serait abusif de décrire l'erreur comme une confusion entre 11 et 12. Quand il y a erreur, 12 n'est jamais donné à l'esprit du calculateur, que ce soit sous forme de sensation ou de marque mnésique. Autrement dit, 12 est le concept que nous utilisons pour décrire de l'extérieur son erreur et pour déterminer à quoi doit aboutir en réalité l'opération qu'effectue celui qui se trompe ; c'est donc un terme *de re*, pour dire la chose dont parle le calculateur, telle qu'elle est, et non un terme *de dicto*, pour dire comment le calculateur lui-même la dit.

purement intellectuels? Pour le savoir, examinons la manière dont est supposé s'y prendre l'arithméticien quand il compte : il se lance dans une chasse aux savoirs. Cette chasse implique elle-même une certaine science, elle est un art, une *technè*, dit très précisément Socrate (ταύτην [τέχνην] δὴ ὑπόλαβε θήραν ἐπιστημῶν, 198 a 7). Ce savoir technique du chasseur à l'affût ne se confond évidemment pas avec un des savoirs qui constituent sa proie. Autrement dit, l'arithméticien, du fait qu'il est un expert, ne réveille pas n'importe comment ses acquisitions relatives aux nombres. C'est à son art qu'il doit d'avoir (ἔχειν), au sens fort de tenir en main (ἔχειν ἐν ταῖς χερσὶν, 198 d 4, πρόχειρον, d 8), les savoirs qui sont déjà sous sa main, ou à portée d'elle (ὑποχειρίους, 197 c 9), autrement dit, déjà acquis. Cet art lui permet d'attraper sans se tromper les colombes/sciences qui volent dans sa volière (et de les transmettre [1] à ceux qui en sont dépourvus, 197 b 1). Afin de répondre à la question « que font 5+7 ? », l'arithméticien se mettrait donc en quête de la connaissance du 12, mais il pourrait lui arriver de tomber par malchance sur celle du 11, qu'il prendrait pour celle du 12.

Socrate formule alors en manière de paradoxe que c'est sa science (de soi, ou la sienne) qui serait responsable de l'échange ou de la confusion entre les savoirs acquis (« ayant science de quelque chose, ignorer cela même, non du fait de l'ignorance, mais en raison de *sa propre* science », 199 d 1-2). Le choix du réfléchi ἑαυτοῦ (et non d'αὑτοῦ) montre qu'il s'agit ou bien de la science de celui qui sait (génitif subjectif) ou bien de la science de soi (génitif objectif). Mais que l'on comprenne d'une manière ou d'une autre (la science qui appartient au soi, ou la science qui a pour objet le soi – de ce qui est logé en soi-même), il s'agit dans les deux cas de l'expertise du chasseur grâce à laquelle il s'est mis en recherche de la science du 12. Cette science au deuxième degré n'est pas celle sur laquelle il y a méprise [2], mais celle qui *opère* la méprise : recherchant *en soi* un savoir que

1. On peut noter en passant qu'il y a là un indice que cette description est clairement située en dehors d'une perspective platonicienne : l'éducation selon Platon ne consiste pas à mettre une connaissance dans une âme où il n'y en avait aucune auparavant (voir *Rép.*, 518 b-c, cf. *Banquet*, 175 d), à se saisir donc d'une colombe (en son âme) pour la placer dans la cage vide de l'âme enseignée.

2. D. Sedley (*The Midwife of Platonism*, *op. cit.*, p. 146) comprend comme s'il y avait écrit τῇ αὑτοῦ ἐπιστήμῃ· Socrate soutiendrait que c'est l'activation de la science du 11 qui aboutit à une erreur à propos du 11, sa confusion avec 12 ; M. Burnyeat (*Introduction*, *op. cit.*, p. 157) est du même avis. D. Bostock (*Plato's Theaetetus*, *op. cit.*, p. 189) et F.M. Cornford (*Plato's Theory of Knowledge*, *op. cit.*, p. 136-138), qui comprennent identiquement, sont obligés dès lors de souligner la faiblesse de l'argument : la science du 11 serait au mieux l'occasion de l'erreur, non sa cause. En revanche, M. Narcy est sensible à l'ambiguïté de l'expression (Platon, *Théétète*, *op. cit.*, n. 408, p. 364).

l'on possède au moyen d'un autre savoir (cet art de la chasse qu'on pourrait aussi désigner comme l'habileté à solliciter les connaissances enfouies, à les reconnaître et à les distinguer les unes des autres), il devient incompréhensible qu'on le manque. Il faut bien supposer une expertise pour se mettre en quête de certaines d'entre elles, mais du coup, cette expertise devrait permettre de les discerner à coup sûr. Le modèle de la volière laisse donc penser que le calculateur se met en chasse d'un savoir dont il sait à l'avance l'identité, le savoir du 12, mais qu'il viendrait de façon inexplicable à le manquer et à le confondre avec un autre. C'est cette difficulté que souligne Socrate, s'étonnant qu'on puisse ignorer ce que l'on sait du fait de sa science.

Certes, la dimension dispositionnelle du savoir recherché (celui du 12) est supposée rendre possible sa confusion avec un autre savoir, explicite quant à lui (celui du 11). Pour user des termes métaphoriques dont se sert ici Socrate et les traduire conceptuellement, la différence épistémique entre un oiseau libre encagé et un oiseau pris dans la main n'est pas une différence sémantique entre deux oiseaux différents (le ramier, le pigeon), mais une différence quant à l'actualisation d'un *même* contenu cognitif : lâché ou ressaisi, il s'agit toujours du même oiseau. Toutefois, la subtilité perverse du modèle de la volière est que cette différence épistémique vient recouper et masquer la différence sémantique : l'oiseau *libre* 12 serait confondu avec l'oiseau *pris* 11 en raison de l'opposition entre ce qui est latent et ce qui est actuel, laquelle est à l'origine de l'aspect *inapparent* pour l'esprit de la distinction entre les contenus de chaque savoir, notamment potentiel ou latent. Mais cette explication n'est en rien effective, comme Socrate s'en rend lui-même compte.

D'abord, cette différence épistémique ne devrait-elle pas également cacher les identités sémantiques, et donc empêcher de reconnaître dans le savoir actualisé du 11 le savoir potentiel du même item ? Ce serait du coup les identifications psychiques correctes qui deviendraient impossibles.

Ensuite, le savoir actualisé du 11, en tant que contenu de pensée explicité et déployé en acte devant l'esprit, se donne pour ce qu'il est, c'est-à-dire pour la connaissance du 11. Rien n'indique en lui qu'il se donne *en tant que* connaissance (potentielle) de 7+5 (ou même de 6+5)[1]. Autrement

1. Contrairement à ce qu'imagine M. Burnyeat (*Introduction*, *op. cit.*, p. 153-155), pour qui une troisième voie d'accès à un objet (en sus de la perception et de la connaissance), consistant à y penser sans le savoir, serait empruntée par celui qui se demande ce que font 7+5. Mais cette interprétation ingénieuse s'accorde mal avec certains aspects du texte. D'abord, le rapport de cette troisième voie avec la connaissance simplement possédée (et non exercée) de l'objet (12) n'est pas très clair dans le cadre de cette hypothèse. Ensuite, le fait de prendre un

dit, le processus d'actualisation ne comporte pas un rapport entre plusieurs termes, ou entre deux aspects différents d'un même terme (la différence entre connaissance potentielle et connaissance actuelle n'incluant nullement une différence d'aspect de leur objet respectif). L'actualisation du savoir n'a donc pas de structure judicative. Mettre sous les yeux de l'esprit la pensée du 11 n'est pas plus produire une fausseté qu'une vérité.

Enfin, comment un processus qui serait tourné vers le trésor des idées innées ou emmagasinées dans l'âme pourrait-il réellement défaillir? Soit le contenu recherché est opaque, et il faut se demander comment l'âme en vient à le viser. Soit ce contenu est effectivement visé, grâce sans doute à « l'art de la chasse », mais comment alors l'âme peut-elle manquer de le reconnaître? De manière générale, comment l'âme pourrait-elle ne pas identifier correctement toute connaissance, tout concept, qu'elle mobilise pour ce qu'ils sont précisément? Y aurait-il sens à objecter à une âme qui affirme: « je pense à 11 », « non, en réalité, vous pensez à 12, et vous croyez à tort que 12 est 11 », dès lors que l'âme n'est pas supposée faire mouvement vers un objet à connaître indéterminé, mais uniquement activer des états mentaux internes, dont elle seule peut dire le contenu, sans risque d'erreur?

Nous sommes donc encore et toujours aux prises avec le même paradoxe que celui que nous avions supposé découler de la position d'un *eidos* platonicien de la science, à savoir que la science en nous devrait se constituer par imitation de la science en soi, et non par visée des réalités (intelligibles). On voit le parallèle entre les deux situations. En effet, dans la volière, l'accent étant mis sur la différence de modalité entre deux types de connaissance, la potentielle et l'actuelle, le passage de l'une à l'autre est indifférent aux différences de contenu car les changements épistémiques sont sans rapport avec les distinctions sémantiques. Dans une perspective platonicienne contrefactuelle, la participation à la Forme de la science, supposée rendre l'âme savante (actualiser en elle la science), impliquerait certes une relation avec une extériorité (la Forme en question), mais dispenserait pareillement de nouer des rapports spécifiques avec les objets réels du savoir.

oiseau, même en réponse à une question posée, n'est pas la même chose que prononcer un jugement, d'autant que cette saisie est une science exercée, qui par conséquent ne doit rien contenir de faux par rapport au contenu manifesté. Enfin, pourquoi, s'il existe une telle pensée inconsciente à l'œuvre dans la question posée, échoue-t-elle à capturer la connaissance adéquate, à activer la connaissance du 12? Ou inversement, pourquoi celui qui a posé une telle question en vient-il à se saisir du 11? On est tenté de répondre: parce qu'il a déjà jugé que 7+5 = 11, ce qui revient à présupposer le point à expliquer.

LE SAVOIR DU SAVOIR OU LA RÉGRESSION A L'INFINI

Mais la fin de la discussion du modèle de la volière indique la présence d'un deuxième paradoxe lié au premier. Pour sortir de la difficulté que pointe Socrate (ignorer par l'effet d'un savoir), Théétète propose de corriger le modèle et de dire que l'on ignore par l'effet d'un non-savoir (ἀνεπιστημοσύνας, 199 e 2-3). On s'est demandé ce qu'est cette absence de savoir, responsable selon Théétète de l'opinion fausse. Il convient de l'entendre de façon très simple : c'est ce qui empêche le chasseur de reconnaître le savoir qu'il cherche et d'en faire usage. Faute de mettre la main sur celui-ci, il en prend un autre, de manière tout à fait indéterminée. Relativement à un savoir donné, le non-savoir, ce n'est pas un autre savoir, une opinion fausse [1], c'est l'impossibilité de mettre la main sur lui.

Mais ce non-savoir ne se fait pas connaître comme non-savoir par celui qui l'attrape : il l'attrape sans le savoir, c'est donc qu'il a aussi attrapé un non-savoir responsable de son ignorance à propos du premier non-savoir qu'il a attrapé et ainsi de suite. Socrate s'attache ici aux conséquences qui résultent de l'introduction par Théétète de l'idée d'un non-savoir et du fait que l'ignorance – c'est une leçon socratique – n'est pas transparente à elle-même. Si en vertu d'une causalité de type socratique appliquée aux phénomènes négatifs, on ignore telle chose en raison d'une ignorance en nous (d'un non-savoir qui nous empêche de saisir le savoir pertinent), le fait palpable et intuitif que la présence de cette ignorance en nous nous est cachée conduit aisément à une régression à l'infini, qui évidemment ruine le modèle de la volière. Certes, le même mécanisme s'applique au savoir, mais avec moins d'évidence intuitive : s'il y a une science qui nous fait saisir avec pertinence les savoirs acquis, nous ne pouvons savoir que nous avons en nous cette science propre à nous faire reconnaître les autres savoirs qu'en vertu d'un troisième savoir, etc. Nous retrouvons les paradoxes signalés plus haut.

1. Ainsi F.M. Cornford (*Plato's Theory of Knowledge*, *op. cit.*, p. 138) et D. Bostock (*Plato's Theaetetus*, *op. cit.*, p. 192), à qui l'on peut objecter, comme le fait J. McDowell (*Plato Theaetetus*, *op. cit.*, p. 225), qu'introduire l'opinion fausse pour expliquer l'opinion fausse est une pétition de principe. La suggestion de M. Burnyeat (*Introduction*, *op. cit.*, p. 159), que les morceaux d'ignorance seraient des jugements vrais (sans savoir) est également contestable. En effet, si un ou des jugements vrais à propos d'un objet sont la condition nécessaire pour former d'autres jugements à son sujet, dont des jugements faux, ce n'est pas la condition suffisante de ces derniers : parmi les autres jugements peuvent aussi figurer à l'évidence d'autres jugements vrais. Attraper de tels jugements ne conduit pas nécessairement à l'erreur.

En somme, cette approche aboutit aux apories de l'homoncule si fréquentes dans les théories de l'esprit. Car c'est à un certain art ou science que nous devons de faire passer nos connaissances latentes à l'état de connaissance en acte, ou nos sciences acquises à celui de sciences exercées; mais pour se mettre en quête de cette science des sciences, pour la saisir et l'éveiller, il est besoin d'une autre science, et ainsi de suite. Nous ne pourrions donc jamais *commencer* à savoir. En l'absence d'une activation par l'*objet*, une conception purement internaliste de l'esprit comme celle de la volière est impuissante à rendre compte de la genèse de la connaissance.

On pourrait comparer avec fruit cette critique de la volière avec l'analyse de la réminiscence dans le *Ménon* et surtout dans le *Phédon*. Après tout, ne pourrait-on considérer que cette partie du *Théétète* ne fait que revenir sur un mode aporétique à l'idée énoncée dans les dialogues de la maturité que savoir c'est se ressouvenir? De fait, il y a une très grande proximité dans les formules utilisées; c'est ainsi qu'en *Phédon* 75 d, Socrate précise en quoi consiste « savoir » : « ayant acquis la connaissance, l'avoir et ne pas la perdre ». Plus loin, en 75 e, il définit ce que c'est que « s'instruire » (ou « apprendre »): « ce n'est rien d'autre que ressaisir un savoir qui nous appartient » (cf. *Théétète*, 198 d). Toutefois, la grande différence, outre le fait que la cage est vide à la naissance selon le modèle de la volière, alors qu'elle est pleine de toutes les sciences avant la naissance selon le *Phédon*, consiste dans le mécanisme de la réminiscence : c'est un être qui en rappelle un autre selon le Socrate du *Phédon*, alors que c'est un savoir qui se met en quête d'un savoir déjà là et l'actualise, selon le modèle de la volière. Dans le *Phédon*, l'analyse part d'une réflexion ontologique pour en dévoiler les conditions épistémologiques sous-jacentes et inapparentes : 1) perception du sensible, des bouts de bois égaux par exemple; 2) mise en évidence d'un manque en ce sensible, à savoir l'identité à soi et la nécessité qui caractérisent l'égalité en soi; 3) conscience que ce manque ne peut être enseigné par la perception elle-même; 4) aveu qu'il existe en l'âme une connaissance non empirique implicite. Mais la réminiscence comme acte philosophique consiste à réveiller et approfondir cette connaissance non point *en la recherchant elle-même*, mais en s'interrogeant *sur l'être* intelligible lui-même (*Phédon*, 75 d 1-3, 76 b 3-4) et en s'efforçant d'en rendre raison. Le progrès du savoir ne consiste pas, d'un point de vue phénoménologique, à rechercher une science déjà là, mais à faire porter la dialectique sur l'objet qui lui est approprié. Nous ne sommes donc pas dans une perspective strictement internaliste, puisque l'âme qui accomplit le processus de réminiscence cherche à se mettre en rapport plus étroit avec *la réalité à connaître*. Ce n'est que pour celui qui, de l'extérieur, décrit ce processus, qu'il peut être compris comme la reviviscence d'un savoir oublié ; pour l'âme elle-même, il ne s'agit pas d'éclaircir un souvenir, mais de se procurer une meilleure compréhension des choses.

DERNIER PARADOXE : LA SCIENCE IGNORANTE

Après la confusion de direction intentionnelle et la régression à l'infini, la fin du dialogue contient les traces d'un troisième paradoxe, celui d'une science de la science ignorante de ses objets, et à l'inverse, d'une science connaissant ses objets mais s'ignorant elle-même, c'est-à-dire incapable de se différencier de l'opinion. Il est à nouveau loisible d'y déceler l'effet d'une certaine approche socratique, dont la radicalisation platonisante permet de rendre plus nettes les impasses auxquelles elle conduit. Précisons le contexte dans lequel elles apparaissent.

Après quelques essais infructueux destinés à dépasser la seconde hypothèse, Théétète en vient à clarifier le sens du *logos* supposé s'adjoindre à la *doxa* et permettre à l'ensemble de valoir comme science : c'est un *logos* qui donne la différence caractéristique de l'objet dont il est question (208 d). En dépit d'une proximité avec la démarche que pratique Platon dans ses derniers dialogues, cette définition est à nouveau écartée, au motif qu'elle butte sur l'objection de circularité. En effet, si nous faisons du *logos* qui doit être ajouté à la *doxa* pour la constituer en connaissance, un *logos* de la différence qui distingue l'objet de tous les autres, il n'y a pas là un apport original du *logos*, puisque cette différence est déjà comprise dans la *doxa* pour pouvoir se rapporter précisément à cet objet. La seule option qui reste, c'est d'admettre que le *logos* qui donne la différence la donne de façon scientifique ; ce *logos*, c'est la science de la différence (210 a 4). Mais alors, il est évidemment circulaire de définir la science comme l'opinion droite plus la science de la différence (de son objet).

Chacune des étapes du raisonnement réfutatif soulève toutefois des difficultés. Dans la première, qui conclut à l'indifférence rédhibitoire d'un *logos* distinctif et de l'opinion se rapportant au même objet, Socrate estime que pour faire référence à une chose sensible, l'opinion requiert une trace mémorielle conservant l'empreinte de ses qualités particulières, *équivalente* à un *logos* descriptif épinglant l'objet de la *doxa*. Or, comme l'observe D. Bostock[1], cette reprise du bloc de cire, avec la modification substantielle d'une marque distinctive susceptible de référer à l'objet du jugement en

1. D. Bostock, *Plato's Theaetetus*, *op. cit.*, p. 237-240.

place et en l'absence de la perception, est loin d'aller de soi. Son mode opératoire n'a rien de spontanément clair. D'abord, à supposer qu'une marque distinctive soit utile dans un contexte donné, elle ne suffirait pas nécessairement à faire reconnaître la chose en question dans un autre contexte. Ensuite, la reconnaissance peut se produire sans que l'esprit ait préalablement mobilisé (consciemment) des images mentales – visuelles, acoustiques ou autres –, sans, par conséquent, que l'esprit puisse *dire comment* il procède. Enfin, la traduction linguistique de cette marque, quand elle est donnée, est souvent impossible. Par ailleurs, l'argument de la redondance ne peut être maintenu, même en faisant l'économie de toute marque et en suggérant que le *logos* ajouté à l'opinion n'est que la réitération du *logos* inclus dans l'opinion permettant à celle-ci de se référer à son objet: rien n'assure en effet qu'une description plus ou moins complexe soit le moyen privilégié qu'utilise la pensée pour se rapporter à telle ou telle chose en ses jugements singuliers[1].

Il faut avouer que ces objections seraient proprement dirimantes s'il s'agissait de s'en tenir aux seules réalités sensibles individuelles. Bien sûr, les exemples proposés (le soleil, Théétète) relèvent de cet ordre et F.M. Cornford n'a pas tort de considérer que, dans ces conditions, aucune description individualisante ne fait l'affaire, car aucune ne peut révéler l'essence[2]. Mais, justement, la discussion ne se limite pas aux individus concrets, le paradigme proéminent des lettres dans les pages précédentes montre que Platon envisage non pas des occurrences sensibles de certains types, mais bien les types eux-mêmes, puisqu'il s'agit de reconnaître les mêmes lettres et les mêmes syllabes dans des mots différents. Il est donc fort probable que Platon vise aussi les termes généraux, auxquels on ne peut cette fois correctement se référer que moyennant un *logos*, seul également à pouvoir en procurer une connaissance adéquate selon le *Politique* (285 d 8-286 a 7)[3].

1. L'aptitude à référer dépendant davantage d'un contact causal avec cette chose, qui forme l'aspect sous lequel nous pensons à elle, idée qui peut s'élargir à une théorie causale des noms propres. Voir G. Evans, « The Causal Theory of Names », *Proceedings of the Aristotelian Society*, Supplementary Volume 47, 1973, p. 187-208; et S.A. Kripke, *La Logique des noms propres*, trad. fr. P. Jacob et F. Recanati, Paris, Minuit, 1982.

2. F.M. Cornford, *Plato's Theory of Knowledge*, *op. cit.*, p. 162. Les aspects individualisants de la chose sensible peuvent être ôtés, sans qu'elle ne cesse de demeurer elle-même (le soleil pourrait ne plus tourner au tour de la terre, ou ne plus être l'astre le plus brillant ...). Voir Aristote, *Métaphysique*, Z, 15.

3. Sur la signification controversée de ce passage, qui souligne l'importance dans tous les cas du *logos* pour rendre compte des êtres, même si pour certains d'entre eux est admise la

Quant à la seconde étape du raisonnement, la circularité qu'il met en évidence pourrait, selon certains interprètes, se doubler d'une régression vicieuse, dès lors que le *logos* qui donne scientifiquement la différence est assimilé à un *logos* qui la justifie au moyen d'autres choses, lesquelles doivent à leur tour être connues de la même manière[1]. Toutefois, la présentation très succincte qu'en livre ici Socrate ne mentionne pas cette supposée nécessité d'expliquer une chose par une autre, et ainsi de suite. C'est sans doute que l'accès à la différence peut être accidentel (opinion droite), mais qu'il peut aussi acquérir une forme de scientificité s'il s'insère dans un réseau systématique de différences qui divise complètement un genre. Ici, une différence renvoie certes à d'autres différences, mais ces renvois sont mutuellement corrélés et la circularité n'implique pas de régression à l'infini[2].

Mais une autre difficulté, plus redoutable peut-être, pointe ici. Juste avant d'introduire la dernière étape du raisonnement (et après celle qui fait du *logos* donnant la différence un énoncé recoupant celui de la *doxa*), Socrate déclare (209 e 7-210 a 5) :

A) Si d'autre part, ajouter le *logos* (τὸ λόγον προσλαβεῖν) si donc cela enjoint de connaître [aoriste gnomique], et non de juger, la différence,

B) ce serait alors une chose suave, ce *logos*, le plus beau de ceux qui sont au sujet de la science [génitif subjectif, indiquant qui aurait cette propriété d'être « chose douce, suave »].

C) Celui qui est interrogé sur ce qu'est la science, il répondra que c'est l'opinion droite accompagnée de la science de la différence, car ceci, c'est l'ajout du *logos*, d'après lui.

On peut dans ce passage passablement obscur distinguer trois emplois du mot λόγος. Il est d'abord question d'un *logos* qui porte sur la différence de l'objet connu (propositions A et C). Ensuite, d'un *logos* qui porte sur la science elle-même (proposition B). Enfin, d'un *logos* qui porte sur la différence de la science (propositions A+B).

Ce dernier emploi n'est pas donné explicitement dans le texte, mais découle de l'emploi en B. En effet, le *logos* qui prend pour objet la science elle-même (proposition B), ce *logos* « suave » est lui-même un *logos* qui énonce une différence, si l'on admet du moins que l'occurrence du terme

possibilité de montrer une image et de s'en satisfaire, nous nous permettons de renvoyer à notre ouvrage, *Langage et image dans l'œuvre de Platon*, Paris, Vrin, 2010, p. 167-183.

1. Voir D. Bostock, *Plato's Theaetetus*, *op. cit.*, p. 237-240.

2. Voir G. Fine, « Knowledge and logos in the *Theaetetus* », *Philosophical Review* 88, 1979, p. 366-397 : p. 394-397

λόγος en B ne peut faire figurer le mot que dans un sens qu'il avait aussi en son occurrence dans la proposition A. Mais, réciproquement, connaître la différence (et non point la juger), c'est également disposer du *logos* qui sache la science (puisque le *logos* en A se prolonge dans le *logos* en B), en d'autres termes, c'est disposer d'un *logos* qui, énonçant la différence de son objet, sait en même temps qu'un tel énoncé diffère de l'énoncé du « simple » jugement comme la science diffère de la *doxa*.

Ainsi la définition que l'on produisait tout à l'heure de la science est non seulement circulaire, puisqu'elle fait intervenir dans le *definiens* le terme même à définir, mais encore contradictoire. Car dire qu'elle consiste en une opinion droite plus un *logos* qui énonce une science de la différence (tant de l'objet lui-même, d'avec les autres objets, que de la science, d'avec l'opinion) reviendrait à la définir comme une opinion à laquelle s'ajouterait un *logos* énonçant que l'opinion n'est pas la science. La première partie de la définition est à l'évidence supprimée par la seconde.

Dès lors, la seule caractérisation de la science qui s'impose, désignée *en creux* par le texte, passe par la suppression de la mention initiale de la *doxa*, abandonnant ainsi toute idée de définition par ajout ou addition. La science serait alors un savoir de la différence (caractéristique de l'objet connu) et un savoir de la différence du savoir et de l'opinion. On a la circularité mais plus la contradiction. Peut-on néanmoins atténuer la circularité, en tout cas éviter la redondance du terme « savoir » ?

On pourrait par exemple suggérer que le discours qui a la science de l'objet, c'est-à-dire aussi la science de sa différence, se distingue de l'opinion droite en ce qu'il *s'en* sait lui-même différent. Ce serait alors le savoir de sa différence d'avec l'opinion droite qui constituerait le *logos* portant sur la différence propre à l'objet, en savoir de la différence de l'objet. Mais qu'est-ce alors qui produirait ce savoir de la différence entre savoir et opinion, savoir qui rejaillirait sur le *logos* de la différence de l'objet et le muterait en *logos* scientifique (de la différence de l'objet) ? Il est à craindre qu'en l'état, cette approche n'ait à offrir qu'une différence non articulée, non déployée, une différence vide. Sauf à lui donner comme fonction et comme légitimité d'être une différence à conquérir, une différence toujours prise dans un processus d'autodifférenciation du savoir par rapport à l'opinion. Nous le vérifierons dans un instant.

Avant cela, examinons d'abord une manière moins énigmatique de formuler cette situation. Elle consiste à penser que le savoir de la différence entre l'opinion et la science (par exemple, savoir que le propre du savoir, c'est de rendre raison de la différence de son objet par une méthode de division systématique, ou par un raisonnement qui donne la cause), c'est justement ce savoir qui gouverne l'acquisition de la connaissance de l'objet. La prise épistémique sur ce dernier doit en effet s'effectuer conformément aux méthodes qui distinguent la science de la simple opinion, et il faut connaître ces méthodes avant d'envisager de connaître un objet quelconque. Priorité donc d'une connaissance de second ordre sur une connaissance de premier ordre (savoir ce qu'est le savoir avant de connaître les objets dont il est le savoir). Cette perspective est du reste tout à fait socratique et répond aux exigences définitionnelles formulées dans le tout début du *Théétète* (146 e 7-10).

Mais si cette approche est pertinente, il convient d'en distinguer deux versions, l'une méthodique, l'autre essentialiste. Dans le premier cas, la science peut être définie comme un ensemble de techniques à utiliser ou à mettre en œuvre à propos de tel ou tel objet; définition simplement procédurale, circonscrivant formellement une certaine façon de faire, et produisant une sorte de prolepse destinée à s'effacer devant ce qu'elle anticipe, ce savoir dont elle aura permis de frayer le chemin. Une réflexion épistémologique de cette nature, qu'on peut unifier sous le titre générique de méthode de division et de rassemblement, figure dans le *Phèdre* (265 d), le *Sophiste* (252 e-253 e) et le *Philèbe* (16 d-18 b), chacun de ces dialogues, auxquels on peut joindre le *Politique*, la mettant en œuvre pour définir et classer des réalités aussi diverses que les personnages éponymes du sophiste et du politique, le pêcheur à la ligne et le tisserand, les plaisirs ou *érôs*[1].

Dans le second cas, la science est en revanche considérée comme une réalité déjà là, autonome, indépendante, qui peut faire l'objet d'un discours proprement définitionnel. On tombe alors dans le paradoxe du *Charmide*, qui fait de la science un en soi, susceptible d'être à son tour visé par une autre science, qui serait science de la science, et qui, connaissant ce qui justement fait la différence de la science en tant que telle, serait science de la science et de la non-science (*Charmide*, 166 e). Cette science en soi, il serait dès lors possible de la connaître sans nécessairement connaître les objets dont elle est la science (170 b). Conclusion aberrante qui, dans le *Charmide*, suffit à repousser l'hypothèse dont elle découle. Mais conclusion que nous rejoignons également par cette voie que nous

1. Contrairement à ce que prétend D. Bostock (*Plato's Theaetetus*, *op. cit.* p. 249), récusant ainsi l'interprétation de G. Fine (« Knowledge and logos », art. cit.), cette méthode n'est pas tardive, ni nécessairement hors de l'horizon de ce à quoi pouvait penser l'auteur du *Théétète*, puisqu'on la trouve déjà mentionnée dans le *Cratyle*, avec une insistance particulière sur la différence essentielle que doit indiquer le nom aidé du *logos* (voir *Cratyle*, 388 b-390 d et notre ouvrage, *Langage et image*, *op. cit.*, p. 34-43).

signalions plus haut, et qui faisait de la science une Forme, un *eidos* susceptible d'être connu par une autre science, relevant d'une autre Forme. On aboutirait pareillement à cette conséquence, que la participation à cette dernière Forme (celle de la science de la science) conditionnerait pour l'âme la connaissance de la science sans pour autant garantir la connaissance des objets de la science (car cette connaissance relèverait d'une autre participation, à la Forme de la science).

Ces résultats absurdes découlent d'un postulat commun, l'équivalence entre le rapport de la science à ses objets et le rapport de la méta-science, ou science de la science, à la science elle-même[1]. Or cette équivalence entre savoir réflexif et savoir transitif vient à son tour de ce que l'on calque le processus de production de connaissance en l'âme sur le modèle de la production de qualité ou de propriétés dans les choses : tout comme c'est le beau qui rend beau, ce serait la science (ou la participation à la Forme de la science) qui rend savant. Appliqué au domaine épistémologique, ce type de causalité aligne la connaissance méthodologique et réflexive de la science sur la connaissance scientifique des êtres, c'est-à-dire les traite de façon identique et engendre inévitablement une régression à l'infini sans assurer de circulation entre les niveaux.

En revanche, l'approche méthodique et non essentialiste[2], si elle justifie une priorité heuristique d'une connaissance de la science sur la connaissance de l'objet de la science, conserve une discontinuité nette entre les deux espèces de connaissance, tout en maintenant leur articulation mutuelle. Définir la science, c'est en effet définir, on l'a dit, des procédures et des méthodes, c'est mettre en avant un programme dont la valeur réside moins en lui-même qu'en son exécution. Mais définir l'objet de la science, c'est définir une essence, une différence essentielle, qui subsiste par soi et en soi, qu'elle soit ou non connue. C'est pourquoi le critère qui sépare la science de l'opinion droite (par exemple, que la première recourt à une division systématique commandée par un questionnement dialectique, comme l'explicitent tant le *Sophiste* que le *Philèbe*, même si dans le détail des textes, le lecteur peut rencontrer quelques difficultés pour accorder les descriptions et dégager une doctrine unifiée), ce critère n'est pas lui-même produit par application à soi du type de différence que la science fait valoir

1. Dans le *Charmide*, Socrate doute précisément du fait qu'existe une telle science de la science, précisément parce que la relation que noue la science à son objet est une relation πρὸς ἄλλο, laquelle ne peut se retourner sur elle-même pour devenir πρὸς ἑαυτό (168 c-e).

2. Quand Platon décrit cette méthode dans les dialogues susdits, il ne s'intéresse pas directement au statut ontologique des objets de la dialectique, précisément parce que cette question se trouve en fait subordonnée à celle de la méthode, qui le concerne au premier chef.

dans ses objets. Autrement dit, ce qui est dégagé comme différence caractéristique de la démarche scientifique par une réflexion de second degré s'appliquant au mouvement effectif du savoir n'est pas *du même ordre* que les différences essentielles repérées dans les choses par la science elle-même. La division science / opinion droite est une division *sui generis*, auto-produite par le déploiement même du savoir. Et parce qu'elle est auto-produite, elle ne souffre pas du problème qu'engendrerait une régression à l'infini de la récursivité du critère.

Cette reconnaissance de la dimension spécifique des distinctions épistémologiques permet également d'échapper à la difficulté que nous soulevions plus haut, qui tirait du postulat d'une science en soi auquel il faudrait participer pour être savant, l'impossibilité de distinguer entre science et opinion (puisque la science en nous, manquant de la scientificité de la science en soi, s'apparenterait à la *doxa*). En effet, l'opposition des deux états de l'âme n'est pas donnée dans les choses, mais engendrée par l'âme dès lors qu'elle s'engage dans la tâche de penser. Propriété interne au dynamisme cognitif de l'âme, elle n'est nullement le reflet ou l'effet d'un jeu antécédent de Formes, sur lequel l'âme devrait se mouler, même si, comme nous le verrons dans un instant, l'âme est amenée à introduire une différenciation ontologique du côté des objets qu'elle pense, selon qu'ils sont ou non susceptibles d'être pleinement pensés.

Pour résumer cette analyse, le *logos* énonçant la différence de son objet est un *logos* scientifique dans la mesure où il intègre et met en œuvre un savoir de la différence entre science et opinion. Il se conformerait à ce que doit être un énoncé scientifique en vertu de certaines caractéristiques formelles ou procédurales de la science, qui la distinguent de l'opinion droite, mais ces caractéristiques elles-mêmes sont abstraites du mouvement même de la science se faisant et réinvesties en lui. Reste que la manière de savoir la différence de la science et de l'opinion droite n'est pas du tout la manière de savoir la différence de l'objet sur lequel porte la science. Seule la prise de conscience de cette irréductibilité garantit contre les paradoxes essentialistes que retraçait déjà le *Charmide*[1].

1. Il permet de résoudre aussi la difficulté que pose ce passage du *Ménon* (98 a 6-b 5) dans lequel Socrate déclare savoir qu'il y a une différence entre l'opinion droite et la science, mais seulement conjecturer (εἰκάζειν) ce par quoi elles se séparent, le calcul de la cause. Ce calcul de la cause s'applique à l'évidence aux objets dont il y a science, il peut donc être crédité comme le fait directeur de la science, mais l'établissement de la différence entre science et opinion droite ne procède pas à son tour d'un calcul de la cause, il est simplement ce que devine Socrate faisant retour sur la démarche de la science. En somme, pour le *Ménon*, connaître de façon réflexive, c'est-à-dire connaître la différence de la science d'avec

Conclusion

Le *Théétète*, dialogue à bien des égards socratique, se termine dans l'aporie. Pouvait-il en aller autrement, alors qu'il ne peut y avoir de définition de la science, si par définition l'on entend définition d'une essence ? C'est pourquoi nous avons en dernier lieu mis en lumière deux concepts de la différence, selon qu'il s'agit des choses elles-mêmes, dont chacune doit être distinguée en nature des autres, ou selon qu'il s'agit de la science de celles-ci, appelée à se séparer par elle-même de l'opinion. Toutefois, cette différence des différences ne doit pas faire perdre de vue ce qui les rassemble, le contexte et la pratique dialectique dans lesquels s'inscrit toute *epistèmè* selon Platon. L'aptitude du savoir à s'interroger lui-même réunit en effet les deux faces qui le composent, connaissance de son objet, connaissance de soi-même, en se gardant bien cependant d'établir une quelconque symétrie entre ces deux modes cognitifs. Quand son rapport à la réalité est tenu par elle pour une évidence, la pensée renonce à interroger, elle s'arrête et cristallise en opinion. Mais quand ce rapport est lui-même mis en question, l'âme affronte cette double exigence de rendre compte plus complètement de la chose visée et de s'autodéterminer comme science, distincte de tout ce qui ne se trouve vrai que par accident, c'est-à-dire par rencontre, par ouï-dire, par expérience. Dans le prolongement de cette interrogation, elle est conduite à penser que son affaire propre réside dans la connaissance des réalités intelligibles et elle pose alors une certaine condition ontologique à l'accomplissement de soi-même comme savoir, selon un mouvement que l'on retrouve dans la *République* et le *Timée*.

Or, dans ces derniers dialogues, qui mettent en évidence une division des êtres en rapport avec une distinction des dispositions (παθήματα) cognitives de l'âme, Platon examine aussi le statut ontologique de la science elle-même. C'est ainsi qu'il la range parmi ce genre d'être que sont les puissances, qui ne peuvent se définir par des caractéristiques intrinsèques mais par ce sur quoi elles portent et par leur effet[1]. Puisqu'elle

l'opinion droite, c'est conjecturer, connaître de façon transitive, c'est-à-dire connaître les objets de la science, c'est faire usage d'un calcul de la cause. Cette distinction entre niveaux de connaissance, et cette limitation du champ d'application de l'αἰτίας λογισμός, permettent de sauver les propositions de Socrate de la contradiction, bien mise en évidence par D. Sedley (*The Midwife of Platonism*, *op. cit.*, p. 177). Sur le rapport entre ce passage du *Ménon* et la fin du *Théétète*, voir la contribution de D. El Murr dans ce même volume.

1. En *République*, V, 477 c 1, Socrate isole un genre des êtres (γένος τι τῶν ὄντων), celui des δυνάμεις. À la différence de certaines propriétés, comme la couleur ou la forme, dont la considération suffit à faire distinguer les choses qui les possèdent, les puissances doivent être examinées relativement à leur objet et à leur effet (βλέπω ἐφ'ᾧ τε ἔστι καὶ ὃ ἀπεργάζεται).

se détermine essentiellement par l'objet qu'elle connaît et non point en elle-même, elle relève selon Platon de la catégorie des relatifs (réalités πρὸς ἄλλα) et non de la catégorie des termes subsistants par eux-mêmes, les choses αὐτὰ καθ 'αὑτά [1]. Ce qui ne veut évidemment pas dire qu'on ne puisse proposer certaines caractéristiques générales de la démarche scientifique, par exemple, définir ce qu'est l'art dialectique de diviser; mais il convient de ne pas projeter sur la dialectique elle-même les caractéristiques des réalités qu'elle connaît, et d'en faire une essence subsistante par soi.

S'il était permis d'achever un exposé très spéculatif (au double sens du terme) par une considération plus spéculative encore, nous dirions que la seule définition de la science à laquelle on est en droit de s'attendre à la sortie du *Théétète* est proche d'un modèle esquissé en son début, mais trop tôt abandonné. On se souvient de ce que Théétète lui-même a accompli avec les puissances arithmétiques (l'homonymie est assurément significative) : il a montré que les nombres pouvaient être divisés en deux classes, nombres carrés, nombres rectangulaires [2], et que la racine afférente aux seconds est une puissance, c'est-à-dire une grandeur irrationnelle [3]. Cette puissance ne peut donc être définie par un nombre entier ou une fraction de ce nombre, mais *indirectement* par le type de nombre dont elle est la racine. Semblablement, il serait possible de circonscrire la science par son objet « générique », en lui attribuant le domaine des réalités intelligibles, encore que ce ne soit là qu'indiquer les caractères idéaux des choses connues et connaissables et non les déterminations qui entrent dans leur essence propre et les spécifient, comme ils spécifient la connaissance qui s'y rapporte. Reste qu'il n'y a pas de définition directe de la science, sinon de manière purement nominale, comme l'ensemble des réponses satisfaisantes à la question « qu'est-ce que ? », ensemble dans lequel ne figure pas la réponse à la question « qu'est-ce que la science ? ». Ce ne peut donc être l'effet du hasard que la réflexion épistémologique du *Théétète* ait été mise par Platon sous le signe de puissances dont il n'y a pas de *logos*.

1. *République*, IV, 438 b-d fait figurer l'ἐπιστήμη dans la liste des réalités qui sont ce qu'elles sont d'une autre chose (comme le double est le double de la moitié) ou relativement à une autre (plus grand relativement à plus petit). Voir aussi *Charmide*, 168 d, *Sophiste*, 255 c-d.

2. Exemple intéressant en ce qu'il semble illustrer le processus de division recommandé par le *Sophiste*, une dichotomie accordée aux Formes. Mais la classe des nombres rectangulaires n'intègre les nombres premiers qu'à la condition de considérer que le rectangle qui leur correspond a pour côté une longueur égale à eux-mêmes, et la largeur égale à l'unité, laquelle toutefois n'était pas considérée comme un nombre par les Grecs. À notre connaissance, aucun commentateur ne relève ni ne résout cette difficulté.

3. Voir M. Narcy, Platon : *Théétète*, *op. cit.*, p. 58-62 et n. 48 p. 311.

LA CONNAISSANCE ET L'ARGILE

Mary Louise GILL

Le *Théétète* se présente lui-même comme le premier dialogue d'une série de conversations qui se poursuivent dans le *Sophiste*, le *Politique* et dans le *Philosophe* manquant. Dans cet article, je soutiendrai que le *Théétète* lance le projet qui couvre toute la série de dialogues. Le *Sophiste* et le *Politique* débutent leur recherche définitionnelle en posant un genre unique, appelé τέχνη (« art » ou « expertise ») dans le *Sophiste*, ἐπιστήμη (« connaissance ») dans le *Politique*, puis se poursuivent en divisant, étape par étape, ce genre en sous-espèces afin de trouver l'expertise particulière du sophiste et du politique à l'extrémité d'une branche de l'arbre produit par la division. Le *Sophiste* et le *Politique* posent le genre sans le définir, ce qui conduit un spécialiste[1] à remarquer que, puisqu'il est nécessaire de connaître le genre pour connaître ses espèces et qu'on ne peut connaître un genre de niveau supérieur de la même façon (c'est-à-dire par division), le genre est alors simplement défini par le rassemblement de ses espèces afin de voir quels traits distinctifs elles ont en commun. Dans ce qui suit, je montrerai que le *Théétète* indique comment il faut définir le genre présupposé dans les divisions du *Sophiste* et du *Politique*. La discussion commence par une énumération de différentes branches du savoir, mais ce n'est là qu'une première étape, permettant aux protagonistes de proposer une description sommaire de la connaissance avant de s'embarquer dans la recherche d'une véritable définition. Selon moi, le *Théétète* accomplit la tâche qui manque dans le *Sophiste* et le *Politique* en faisant usage d'une méthode de définition détaillée dans la dernière partie du dialogue : le

1. D. Bostock, *Plato's* Theaetetus, Oxford, Clarendon Press, 1988, p. 245-246.

Théétète montre comment on peut définir la connaissance en *analysant* les parties conceptuelles de celle-ci.

Le *Théétète* examine et critique une série de définitions de la connaissance – comme perception (αἴσθησις), comme opinion vraie (ἀληθὴς δόξα) et comme opinion vraie avec une explication (λόγος). Socrate analyse et rejette tour à tour chaque définition et conclut par ces mots : « Donc, Théétète, la connaissance n'est ni perception, ni opinion vraie, ni explication ajoutée à une opinion vraie » (*Théét.*, 210 a 9-b 2). La connaissance ne peut être définie par aucun de ces trois concepts, mais la conclusion de Socrate n'écarte pas toute solution : la connaissance pourrait être une sorte de *combinaison* de ces trois composantes.

Dans cet article, je soutiendrai que le *Théétète* considère la connaissance comme un type particulier de capacité (δύναμις), une compétence cognitive ou expertise (τέχνη), exercée par celui qui connaît en des occasions particulières et par des actes de connaissance. Socrate et Théétète se concentrent sur l'exercice actif de cette capacité (δύναμις) et analysent ensuite la connaissance active en trois composantes – la perception, l'opinion vraie et l'explication – puis ils analysent tour à tour chacun d'elles dans les trois parties principales du dialogue. Nous pouvons alors utiliser ces trois activités pour donner une définition de la connaissance comme une capacité complexe, puisque ses parties correspondent aux trois types d'activités – la capacité de percevoir, la capacité d'avoir une opinion vraie, et la capacité d'expliquer – mais l'analyse de l'expertise ne saurait être réduite simplement à une énumération des types d'activités qui la constitue. On ne saurait non plus la réduire au fondement sous-jacent auquel la capacité complexe appartient – l'âme (ψυχή) ou la raison (νοῦς) – ou à une combinaison des manifestations actives de ce fondement. La δύναμις, qui lie l'âme à ces activités, est irréductiblement fondamentale : c'est la *cause formelle* de ces activités, qui définissent les activités pour ce qu'elles sont. Cette δύναμις complexe est un ensemble de propriétés, unifié d'une façon particulière, commun à tous les genres de compétences et d'expertises : c'est en cela qu'on peut considérer ces compétences et ces arts comme de la connaissance. C'est aussi la caractéristique qui fait de son possesseur un être savant, comme le dit Socrate au début de la conversation : « C'est à cause de la sagesse (σοφίᾳ), je suppose, que les hommes sages sont sages (σοφοὶ οἱ σοφοί) » (145 d 11). Le *Théétète* s'engage à spécifier la forme de la connaissance que Socrate définit initialement comme la sagesse (145 d 7-e 7).

LA DÉFINITION DE L'ARGILE

Au début de la discussion principale, Théodore présente Socrate à son étudiant Théétète, qu'il qualifie de laid (il ressemble à Socrate avec son nez épaté et ses yeux exorbités), mais qu'il loue pour son intellect et son caractère combinant courage et fermeté (143 e 4-144 b 6). La description de Théétète faite par Théodore incite Socrate à demander au jeune homme si Théodore, le géomètre, est compétent pour juger son physique ainsi que ses facultés intellectuelles. La discussion sur l'expertise de Théodore les mène naturellement vers la question centrale du dialogue : qu'est-ce que la connaissance ? Théétète répond d'abord à l'aide d'une énumération d'exemples tirés de la conversation précédente :

> Je pense que ce que l'on peut apprendre de Théodore sont des connaissances, la géométrie et les sujets que vous venez tout juste d'énumérer (l'arithmétique, l'astronomie, la musique), et la cordonnerie également et les arts (τέχναι) des autres artisans ; tous ensemble et chacun séparément ne sont rien d'autre que connaissance (οὐκ ἄλλο τι ἢ ἐπιστήμη εἶναι). (*Théét.*, 146 c 7-d 2)

Socrate rejette cette première tentative : il ne cherche pas des connaissances qui se distinguent les unes des autres par leurs objets. Il veut savoir ce que tous ces arts ont en commun, ce qui fait qu'ils sont chacun des exemples de *connaissance*.

Pour aider Théétète à comprendre le type de réponse qu'il attend, Socrate propose un modèle. S'il demandait à Théétète, « Qu'est que l'argile ? », il n'attendrait pas en réponse une liste des types d'argile différenciés par leurs emplois respectifs : l'argile des potiers, celui des fabricants de briques, des fabricants de poupées et ainsi de suite. Il veut une unique réponse qui dit ce que tous les types d'argile ont en commun, le trait qui fait de chacun un type d'argile et dont la présence dans ces choses fait de ces choses des exemples d'argile. Il donne alors un exemple de définition : « L'argile est de la terre combinée à un liquide » (147 c 4-6). Après plusieurs pages la question de la connaissance surgit à nouveau, et là Théétète répond : « Il me semble qu'un homme qui connaît quelque chose perçoit la chose qu'il connait et ce qui m'apparaît maintenant en tout cas, c'est que la connaissance est simplement perception » (151 e 1-3). Cette proposition, selon laquelle la connaissance n'est pas autre chose que la perception, fait naître la première partie du dialogue.

Au regard de sa réponse initiale, la première définition de Théétète est déroutante. La définition de la connaissance comme perception considère la connaissance comme la conscience directe d'objets perceptibles, alors que la réponse initiale décrivait la connaissance comme une capacité à réaliser une activité, comme une expertise : ce que nous appelons aujourd'hui un savoir faire, une compétence cognitive. La première définition officielle de Théétète abandonne donc l'idée qui unifiait sa réponse précédente.

Nous pouvons cependant réconcilier les deux passages si nous supposons qu'en proposant que la connaissance soit perception, Théétète essaye de suivre le conseil de Socrate. Il s'est demandé : « qu'est que tous les experts ont en commun – le géomètre, l'arithméticien, le médecin, le cordonnier, le charpentier et les autres ? » Il répond que toute personne qui connaît quelque chose perçoit la chose qu'il connaît. De là, il conclut que la connaissance est simplement perception. Alors qu'il avait en vue précédemment la capacité qui rend possible une activité qualifiée, une expertise que l'on peut apprendre d'un expert, sa réponse actuelle concerne l'activité correspondante, qui a lieu en des occasions particulières : les actes de *savoir*. Tous ceux qui connaissent activement quelque chose perçoivent ce qu'ils connaissent. Le défaut principal de la réponse de Théétète, comme le démontre la première partie du dialogue, est qu'il croit que la perception *épuise* ce qu'est la connaissance, donc que la connaissance n'est rien d'autre que la perception. Le dialogue rejette cette assertion, mais je soutiendrai qu'il préserve l'idée que la perception est une *composante* de la connaissance.

Considérons la définition de l'argile : « de la terre mélangée à un liquide ». Socrate a mentionné deux composants physiques qui, bien combinés, donne l'argile (plutôt que, par exemple, une flaque). Sa définition de l'argile est un bon modèle, analogue à celui que l'Étranger d'Élée de Platon recommande dans le *Politique* et emploie aussi bien dans le *Sophiste* (avec le pêcheur à la ligne) que dans le *Politique* (avec le tisserand). Un modèle comprend un exemple banal et non controversé, quelque chose que nous pouvons observer et imaginer, qui révèle une structure que l'on peut découvrir à l'aide d'une certaine procédure (*Politique*, 277 d 1-279 a 6 et 285 d 9-286 b 1). L'argile est une combinaison d'éléments physiques et nous pouvons découvrir sa structure en en faisant une analyse physique. Socrate modélise cette structure et pousse Théétète à essayer de la reproduire dans sa définition de la connaissance. La structure qui se trouve dans l'exemple et dans la cible est naturellement bien différente, puisque la connaissance est une capacité cognitive dont on ne peut se faire une image, dont l'identité est controversée, et dont les composantes sont des parties non physiques mais conceptuelles. Mais le modèle suggère que Théétète devrait s'interroger sur les composants dont est formée la connaissance et sur la façon de les assembler.

Il m'est impossible, dans le cadre de cet article, d'examiner le *Théétète* dans son ensemble : je me concentrerai donc uniquement sur la troisième partie du dialogue.

COMPLEXES ET ÉLÉMENTS

Après avoir échoué à montrer que la connaissance est perception ou opinion vraie, Socrate demande une troisième fois à Théétète de lui dire ce qu'est la connaissance et Théétète propose alors comme réponse l'opinion vraie avec une explication (λόγος). Socrate reformule cette proposition au moyen d'une théorie qu'il appelle son rêve (201 d 8-202 c 5). Selon le rêve de Socrate, nous et tout le reste sommes composés d'éléments (201 e 2), qui sont inaccessibles à la connaissance et dont l'explication manque, mais que l'on peut nommer et *percevoir* (202 b 7). Par contraste, les complexes d'éléments sont connus, exprimables et peuvent être jugés dans une *opinion vraie* (202 b 7-8). Le complexe a une explication, qui est tissée à partir des noms des éléments. Selon cette théorie, l'opinion vraie repose sur la perception, car la perception apporte les éléments d'un complexe qu'on peut juger véritablement. De plus, comme l'a montré la deuxième partie du dialogue, l'opinion (qu'elle soit vraie ou fausse) est *stimulée* par la perception. Je vais soutenir que, contrairement au rêve, Socrate montre que les éléments de tout complexe, quel qu'il soit, ne sont pas seulement perceptibles, mais également connaissables et dotés d'une explication.

Juste après avoir formulé le rêve, Socrate dit que l'une de ses caractéristiques lui déplaît, à savoir que les éléments soient inaccessibles à la connaissance alors que les complexes le sont (202 d 8). Dans la suite de la discussion sur les parties et le tout (203 c 4-205 e 8), il soutient, en opposition à la théorie du rêve, que les éléments et les complexes sont soit également connaissables et exprimables, soit également inconnaissables et inexplicables (205 d 7-e 7). Il fait alors appel à notre expérience pour montrer que les éléments sont en fait bien plus clairement connus que les complexes. Pensons, par exemple, à la manière dont on apprend à lire et à écrire et au rôle que jouent les yeux et les oreilles dans cet apprentissage.

> Quand vous appreniez, vous essayiez de distinguer les lettres, à *l'œil et à l'oreille*, chacune elle-même par elle-même (αὐτὸ καθ' αὑτὸ), de sorte que leurs positions dans les mots parlés et écrits ne vous posent pas de difficulté. (*Théét.*, 206 a 5-8)

De plus :

> Donc, si nous devions inférer à partir des éléments et complexes dont nous faisons l'expérience au travers d'autres choses, nous dirions que la classe des éléments permet une connaissance beaucoup plus claire et qui fait davantage autorité, pour parfaitement saisir chaque discipline, en opposition à la connaissance du complexe, et si quelqu'un disait qu'un complexe est de nature connaissable et un élément inconnaissable, nous supposerions qu'il plaisante, volontairement ou non. (*Théét.*, 206 b 5-11)

Ainsi nous pouvons non seulement percevoir mais aussi connaître les éléments. Socrate n'indique pas si les éléments ont aussi une explication (*logos*), mais traite ensuite la question des λόγοι (206 c 1-5). Comme nous allons le voir, les éléments sont à la fois connaissables et explicables.

LES EXPLICATIONS (*LOGOI*)

Théétète a défini la connaissance comme l'opinion vraie avec une explication. Socrate définit maintenant à son tour trois manières de comprendre cette « explication » (λόγος) et cherche à montrer que l'ajout d'une explication, quel que soit son type, distingue la connaissance de l'opinion vraie. Entendue dans la première de ses acceptions, une explication exprime simplement une opinion (206 d 1-5). Le fait d'exprimer une opinion vraie n'ajoutant rien de plus à l'opinion vraie que ce que nous avons déjà, Socrate laisse immédiatement de côté cette proposition (sur laquelle je reviendrai plus loin).

L'analyse des éléments

Le deuxième type de λόγος décompose un complexe en ses éléments (206 e 6-207 a 1) et la connaissance d'un complexe consiste alors à en avoir une analyse exhaustive. Bien que l'on puisse avoir une *opinion vraie* du chariot d'Hésiode fondée sur une analyse partielle, à savoir une liste des composants principaux du chariot (les roues, l'essieu, le châssis, les rails et le joug), la *connaissance* du chariot exige une décomposition complète du chariot en ses cent pièces, les parties élémentaires (207 a 3-d 1).

Si la connaissance requiert d'avoir une explication, et si « explication » est ici compris selon sa deuxième acception, les éléments, eux, n'ont pas d'explication. Précédemment dans la troisième partie, juste après que Socrate a mentionné son objection au rêve – à savoir que les complexes sont connaissables et les éléments inconnaissables – il mentionne les modèles (παραδείγματα) employés pour les éléments et les complexes dans la théorie du rêve : les lettres et les syllabes (202 e 3-203 c 3). Selon le rêve, nous pouvons expliquer les syllabes, mais pas les lettres. Prenons la première syllabe du nom de Socrate : ΣΩ. L'explication de ΣΩ est « sigma et oméga », mais il n'y a pas d'explication similaire de Σ. « Comment peut-on donner les lettres d'une lettre ? », demande Théétète. « Sigma est une des lettres sourdes, simplement un son comme si la langue sifflait ». Ensuite, Théétète décrit d'autres lettres, y compris les sept voyelles, qui sont seulement sonorisées, mais sans aucune explication (203 b 2-8). Si une explication décompose un complexe en ses éléments, les éléments eux-mêmes n'ont pas d'explication : ils ne peuvent qu'être nommés.

Il s'avère donc qu'un λόγος de ce type ne suffit pas, même pour la connaissance de la syllabe. Supposons que l'on puisse donner une analyse complète d'un complexe, par exemple du nom « Théétète » (207 d 3-208 b 10). On pourrait décomposer le nom, pas seulement en ses quatre syllabes, mais dans les neuf lettres grecques qui composent ses syllabes. Nous aurions ainsi une opinion vraie de l'orthographe du nom et une analyse complète de ses éléments (208 a 9-10). Mais notre opinion vraie, à laquelle s'ajoute l'analyse complète, ne serait pas encore de la connaissance s'il nous est possible de ne pas reconnaître un des éléments dans un autre contexte. On pourrait par exemple considérer que la première lettre du nom « Théodore » est un T (*tau*) au lieu d'un Θ (*thêta*). Mais si l'on pouvait commettre cette erreur relativement à *thêta* dans le nom « Théodore », on ne *connaîtrait* alors pas plus le nom « Théétète ». Pour connaître le nom « Théétète », il faut pouvoir épeler non seulement ce nom, mais n'importe quel nom où cette lettre se trouve. Comment est-il possible de bien saisir les lettres ? Il faut, finalement, une explication des éléments, c'est-à-dire un λόγος selon la troisième acception du terme.

Différencier

Socrate caractérise le troisième genre d'explication de la façon suivante : « ce que la plupart des gens dirait : être capable de désigner un signe (σημεῖον) par lequel l'objet en question diffère de tous les autres objets ». (*Théét.*, 208 c 7-8) « Par exemple, nous distinguons le soleil de tout le reste comme « la plus lumineuse des choses qui dans le ciel tournent autour de la terre » » (208 d 1-3).

Le troisième sens de λόγος a été interprété de deux manières par les commentateurs. La première, endossée par bon nombre d'entre eux, consiste à dire que nous avons la connaissance du soleil si nous avons une opinion vraie sur le soleil et la capacité d'en donner une description unique et individualisante; la seconde, recommandée par Myles Burnyeat[1], stipule que le dernier sens de λόγος est relatif à la façon dont nous *reconnaissons* une chose comme la chose qu'elle est. Burnyeat attire l'attention sur le langage de Socrate, qui rappelle le modèle du bloc de cire dans la deuxième partie du dialogue, les mots comme σημεῖον (« signe ») et μνημεῖον (« souvenir ») signifiant les empreintes des objets perceptibles sur notre cire mentale. Une empreinte acquise au moyen de la perception est une représentation mentale qui nous permet, quand on perçoit à nouveau l'objet, d'associer la perception avec cette représentation, et ainsi de reconnaître l'objet en question. La proposition de Burnyeat est renforcée par l'exemple que Socrate discute ensuite. Quel genre de souvenir de Théétète va permettre à Socrate de reconnaitre Théétète parmi tous les autres quand il le rencontrera à nouveau ? Il ne suffit pas de le décrire comme un homme avec un nez, des yeux et une bouche, car cela ne le différenciera pas de n'importe quel autre homme. Il n'est pas non plus suffisant de penser à lui comme l'homme au nez retroussé et aux yeux exorbités, parce que ces traits ne le différencieront ni de Socrate ni de quelqu'un d'autre ayant les mêmes traits. Socrate dit plutôt que ce qui lui permettra de produire des jugements vrais sur Théétète quand il le rencontrera une prochaine fois, ce sont le souvenir du nez retroussé qui lui est propre et d'autres traits qui se sont gravés dans sa mémoire (209 b 2-c 10). L'accent mis sur les traits perceptibles s'accorde bien également avec l'affirmation de Socrate selon laquelle le troisième genre de λόγος correspond à ce que « la plupart des gens dirait » (208 c 7-8).

Au vu de l'exemple de Socrate, il me semble que Burnyeat a raison de dire que le troisième sens de λόγος est relatif à la reconnaissance. Le fait que Socrate s'intéresse ici à la reconnaissance suggère que certains types de traits, individualisant de manière unique, sont non pertinents. Par exemple, au début de sa conversation avec Théodore dans notre dialogue, Socrate distingue Théétète au milieu d'un groupe de jeunes hommes qui approchent (144 b 8-d 1). Connaître Théétète par cette description, alors même qu'elle le désigne de manière unique, n'aidera pas Socrate à le reconnaître la prochaine fois qu'ils se rencontreront. Les caractéristiques qui lui ont permis de le reconnaitre doivent nous autoriser à distinguer le *même* objet plus d'une fois, donc doivent être des caractéristiques *générales* même si elles (ou leur combinaison) sont tellement spécifiques qu'un seul individu est caractérisé par elles. Cet individu doit être caractérisé par

1. M. Burnyeat, *Introduction au* Théétète *de Platon*, trad. fr. par M. Narcy, Paris, P.U.F., 1998, p. 285-294.

elles en plus d'une occasion si elles doivent fournir une base pour la reconnaissance. Bien que Socrate, quand il traite du troisième sens de λόγος, se concentre sur des exemples triviaux et leurs caractéristiques perceptibles, je pense que ce genre d'explication n'est pas limité à la reconnaissance des choses perceptibles par leurs traits perceptibles, mais peut s'étendre aux types perceptibles et aux autres types intelligibles, que nous reconnaissons par des traits intelligibles.

Revenons maintenant à la lettre *thêta*, une chose perceptible que le débutant identifie correctement dans le nom « Théétète », mais ne reconnaît pas dans le nom « Théodore ». Quelqu'un ayant seulement rencontré cette lettre dans le nom « Théétète » a une description de la lettre qui la distingue de manière unique et cette description lui permet de l'identifier de manière sûre dans ce nom. Mais cette description ne garantira pas qu'il pourra reconnaître cette même lettre dans d'autres mots. Quelle est la marque caractéristique qui permet de reconnaitre la lettre *thêta*, non seulement dans le nom « Théétète », mais dans tout mot dans laquelle celle-ci apparaît ? Rappelons que lorsque Socrate a exposé son raisonnement à partir de l'expérience afin de montrer que les éléments sont plus connaissables que les complexes (206 a-c), il a rappelé à Théétète que :

> Quand vous appreniez, vous essayiez de *distinguer* (διαγιγνώσκειν) les lettres, à *l'œil et à l'oreille*, chacune elle-même par elle-même (αὐτὸ καθ' αὑτὸ), de sorte que leurs positions dans les mots parlés et écrits ne vous posent pas de difficulté. (*Théét.*, 206 a 5-8)

Les éléments ne sont évidemment pas seulement perceptibles et connaissables : ils ont aussi une explication du troisième genre – comme Théétète aurait pu le remarquer quand il a donné une explication de *sigma* comme une lettre muette, rien qu'un son, comme un sifflement de la langue (203 b 3-4).

Quelle marque caractéristique nous permet de reconnaître la lettre *thêta* chaque fois qu'elle se présente, non seulement dans le nom « Théétète » mais dans tous les mots qui la comprennent ? Tant que nous n'avons pas de réponse satisfaisante à cette question, le troisième sens de λόγος ne parvient pas à distinguer la connaissance de l'opinion vraie (la capacité à juger véritablement). Car Socrate remarque que nous avons besoin d'un λόγος du troisième genre, non seulement pour connaître cette lettre mais aussi pour en former une opinion vraie. En d'autres termes, il nous faut un λόγος du troisième genre y compris pour reconnaître l'objet que nous jugeons correctement (209 c 5-d 2).

Si nous avons également besoin d'un λόγος du troisième genre pour nous faire une opinion vraie, comment le fait d'ajouter un tel λόγος à un jugement vrai permettrait-il de transformer une opinion vraie en connaissance ? Soit il nous faut ajouter ce que nous avons déjà (209 d 5-e 5), et alors la connaissance est la même chose que l'opinion vraie (identification déjà rejetée dans la deuxième partie du dialogue) ; soit « ajouter une explication » signifie qu'il nous faut connaître, et pas simplement juger correctement, ce qui distingue un objet. Dans ce cas, la troisième définition de la connaissance est circulaire : « La connaissance est l'opinion vraie, avec la *connaissance* de la différence » (209 e 7-210 a 9). Dans les deux cas, nous ne savons toujours pas ce qu'est la connaissance. Ainsi, Socrate tire la conclusion que la connaissance n'est ni perception, ni opinion vraie, ni l'opinion vraie à laquelle s'ajoute une explication (210 a 9- b 2). La troisième et dernière définition de Théétète finit par échouer.

CONNAISSANCE ET OPINION VRAIE

Comme je l'ai souligné au début de cet article, l'échec de la définition finale de Théétète laisse ouverte une possibilité – à savoir que, comme dans la définition de l'argile qui est une combinaison de terre et de liquide, on puisse définir la connaissance comme une combinaison des trois composantes examinées dans le dialogue : la perception, l'opinion vraie et l'explication. Je soutenais au début que l'enquête tout entière est régie par la proposition initiale de Théétète selon laquelle la connaissance est une compétence (ou expertise), une capacité qui se réalise dans des actes de connaissance. Chacune des trois définitions examinées exprime ce qui est commun à tous les experts, quand il exercent leur connaissance : ils perçoivent l'objet qu'ils connaissent, ils jugent cet objet correctement en l'identifiant correctement, et ils en ont une explication qui gouverne cette identification.

Mais considérer que la connaissance est une expertise ne résout pas les problèmes relevés par Socrate à la fin du dialogue. Les conditions de la connaissance active de quelque chose – disons de la lettre Θ – semblent insuffisantes à distinguer la connaissance active du jugement vrai, puisque quelqu'un qui n'a de la lettre Θ qu'un jugement correct doit également la percevoir, l'identifier correctement, et posséder d'elle une explication (*logos*) de la troisième espèce, fondant le jugement vrai. Comment pouvons-nous distinguer la connaissance de l'opinion vraie, puisque celle-ci est également un genre de compétence ? Je soutiendrai que l'opinion vraie est la compétence consistant à joindre un objet perçu à l'empreinte qui lui correspond, tandis que la connaissance ajoute à cette compétence un type particulier de perception et d'explication.

Tentons de répondre à deux questions en puisant dans les ressources fournies par le *Théétète* : premièrement, nous voulons définir la connaissance comme distincte de l'opinion vraie sans circularité et, deuxièmement, nous voulons montrer qu'une personne peut acquérir une connaissance sans avoir besoin d'un nombre infini d'explications. Je propose dans ce qui suit d'outrepasser la lettre du texte platonicien, tout en faisant usage des matériaux présents dans le dialogue.

Distinguer la connaissance de l'opinion vraie

Pour éviter le problème de la circularité, considérons chacun des composants de la connaissance, en commençant par le jugement vrai (la croyance active). On pourrait croire que le jugement vrai est un acte complexe impliquant à la fois la perception et l'identification correcte fondée sur une explication, et que donc la connaissance est tout cela plus quelque chose d'autre. Mais ce n'est pas ce Platon pense. Tandis que la connaissance active est complexe, en ce qu'elle consiste en un acte de perception et un acte de jugement vrai fondé sur une explication, le jugement vrai lui-même, bien qu'il dépende de la perception et d'une explication, est un acte simple consistant à faire correspondre l'objet perçu à une empreinte mentale (le corrélat cognitif de l'explication). J'ai remarqué ailleurs, sur la base de l'argument final de la première partie du dialogue (*Théét.*, 184-186), que la perception présente, à celui qui juge, l'*objet* de son jugement sans l'identifier[1]. L'exemple du morceau de cire, dans la deuxième partie du dialogue (*Théét.*, 191 a-196 c), montre qu'en faisant un jugement celui qui juge *fait correspondre* l'objet perçu à une empreinte mentale ; un jugement est *vrai* si celui qui juge fait correspondre la perception à l'empreinte correcte et, ainsi, identifie l'objet de façon correcte ; un jugement est *faux*, s'il fait correspondre la perception à la mauvaise empreinte. Un jugement, même simple, est structuré comme une déclaration (*statement*), étant donné qu'il identifie un objet donné ou lui attribue une propriété. L'opinion vraie est la capacité à relier correctement un prédicat à un sujet, et en tant que telle, elle est un élément de la connaissance.

La connaissance comprend également la perception et une explication, parce qu'elle saisit les objets d'une certaine façon et les fait correspondre à des empreintes d'un type particulier. Considérons la perception. Celui qui

1. M. L. Gill, *Philosophos: Plato's Missing Dialogue*, Oxford, Oxford University Press, 2012, p. 107-120.

sait *remarque* dans son champ perceptif des choses omises par celui qui ne fait que juger. Dans la première partie du dialogue, Socrate en donne une illustration parfaite : vous et moi entendons tous deux quelqu'un parler une langue étrangère que vous comprenez, mais pas moi ; bien que nous entendions les mêmes sonorités, elles n'ont aucun sens pour moi, mais, pour vous, si. Socrate demande à Théétète si nous entendons et connaissons les sons ou, au contraire, si nous ne les entendons pas ni ne les connaissons – et Théétète de répondre avec raison que nous connaissons précisément cet aspect de ces sons (αὐτό γε...τοῦτο αὐτῶν), celui que nous entendons (163 b 1-c 4). Bien qu'il ait tort de dire que nous sommes tous deux savants, étant donné que l'un seulement d'entre nous comprend et l'autre pas, il a cependant raison de dire que nous saisissons différents aspects du son que nous entendons tous deux. À mon avis, la première partie du *Théétète* est principalement un exercice de perception attirant l'attention du lecteur sur des sujets dont l'importance est facilement négligée. À l'évidence, des personnes différentes peuvent percevoir des choses identiques et pourtant en remarquer des aspects différents (songeons, par exemple, à l'œnologue et au profane buvant le même vin : l'expert s'est entraîné à remarquer des caractéristiques que le profane ne remarque pas). Si j'ai raison de dire que la première partie du *Théétète* vise à entraîner notre capacité perceptive, la perception devrait être incluse comme une composante à part entière dans la définition de la connaissance, parce que le savant remarque des choses que manque celui qui ne possède qu'une simple opinion vraie.

Le savant diffère également de celui qui ne fait que juger relativement à la qualité de ses impressions, et par conséquent, au statut de l'explication correspondante. Dans son traitement du second type d'explication (l'analyse d'un tout dans ses parties), Socrate distingue des explications plus ou moins adéquates d'un même objet physique, et en associe une à la connaissance, l'autre au jugement vrai. En faisant appel à l'exemple du chariot d'Hésiode, il fait la distinction entre une analyse intermédiaire, suffisante pour un jugement vrai, et une analyse complète, requise pour la connaissance, en disant qu'un jugement vrai sur le chariot d'Hésiode va généralement de pair avec une analyse du tout en ses principaux composants (roues, essieu, caisse, rambardes, joug : cf. *Théét.*, 207 a 3-7), mais que la connaissance requiert une analyse, élément par élément, de la centaine de morceaux de bois utilisés (207 b 8-c 4). Nous pouvons appliquer cette leçon à la troisième espèce de λόγος et, dans ce cas également, comparer une explication qui suffirait à un jugement vrai et une explication requise par la connaissance. À nouveau, songeons au novice en matière d'orthographe dont l'erreur sur la lettre Θ a détruit le fondement même de la deuxième espèce de λόγος (il épelle le nom « Théétète » correctement mais il se trompe sur la lettre Θ dans les autres mots). Lorsqu'il épelle « Théétète » correctement, il énonce un jugement vrai sur le nom et les lettres qui le composent, et possède une explication de la troisième espèce, étant donné qu'il peut identifier un trait caractéristique qui distingue une lettre d'une autre – Θ est la première lettre du nom « Théétète » – et cette explication (qui décrit son impression mentale) lui permet d'épeler correctement le nom à chaque fois qu'on le lui demande. Pourtant, la marque dont il fait usage, bien qu'elle spécifie Θ correctement, ne lui donne aucune flexibilité dans l'usage de la lettre, parce qu'elle ne lui permettra pas d'identifier la lettre de façon fiable sauf lorsqu'elle apparaîtra dans ce nom précis. Aussi pourra-t-il commettre une erreur lorsqu'on lui demandera d'épeler le nom « Théodore », ou d'autre mots qui comprennent la lettre Θ. Une marque (une impression mentale) suffisante pour reconnaître et utiliser la lettre Θ au début de l'apprentissage des lettres pourrait donc très bien ne pas être celle qui sera au fondement d'une connaissance ultérieure.

Alors que l'élève rencontre la lettre Θ dans de nouveaux contextes, il en vient à se rendre compte que sa précédente marque s'est révélée défectueuse et fiable dans certains contextes seulement, mais pas dans d'autres. La marque requise, dont le contenu peut être articulé à une explication de la troisième espèce, doit être telle qu'il puisse identifier l'objet à travers différents contextes, y compris ceux qui n'ont pas été rencontrés auparavant. Il est inutile de faire un inventaire complet des usages réels de la lettre Θ, bien qu'il ne fasse aucun doute qu'apprendre de nombreux mots utilisant la lettre Θ contribue à l'apprentissage de la lettre. La capacité d'utiliser correctement la lettre dans de nouvelles situations exige de l'expert en orthographe qu'il saisisse ce que la lettre Θ est essentiellement – en soi et par soi (αὐτὸ καθ' αὑτό) – ou, comme Platon le formule souvent, qu'il connaisse Θ, ce qu'elle est. Quelle est l'essence de la lettre Θ? Un linguiste pourrait dire que Θ est une *consonne fricative dentale sourde*. Il est inutile de disposer de la définition du linguiste pour connaître Θ de la manière qui convient, mais il faut être à même de reconnaître le son comme étant ce son-là pour entendre et utiliser correctement la lettre dans des situations nouvelles. La connaissance de Θ peut être définie sans circularité comme la perception de Θ en soi, la concordance du Θ perçu avec l'impression mentale de Θ, guidée par une explication de l'essence de Θ. Le savant et celui qui énonce un jugement vrai font tous les deux correspondre l'objet perçu à une impression juste mais seul le savant saisit l'objet en soi et le fait correspondre à une impression adéquate.

Les niveaux de la connaissance

J'ai soutenu que toute connaissance, même celle des éléments, requiert une explication; mais si des éléments il y a une explication de la troisième espèce, est-ce que celui qui connaît a besoin d'une explication des composants conceptuels de cette explication et, par suite, d'une explication des composants de cette deuxième explication, et ainsi de suite à l'infini? Les explications de la troisième espèce, fondée sur la division, peuvent être extrêmement complexes, comme nous l'apprennent le *Sophiste* et le *Politique*. Certains spécialistes [1] évitent le problème de la régression à l'infini en accordant aux éléments d'être connaissable sans explication (et ainsi d'en faire usage dans l'explication d'autres choses). Gail Fine, en revanche, a soutenu avec force que toute connaissance requiert une explication, mais elle pense que la régression est sans gravité, dans la mesure où Platon souscrit à ce qu'elle appelle un modèle « interrelationnel » de la connaissance, selon lequel la connaissance implique de maîtriser un domaine et de saisir les éléments dans les relations systématiques qu'ils peuvent entretenir à l'intérieur de ce même domaine [2].

De mon point de vue, le *Théétète* indique une tout autre direction, et deux éléments permettent de s'en convaincre: l'argument à partir de l'expérience de l'apprentissage des lettres (206 a 1-b 12) et le passage portant sur les erreurs dans le nom de Théodore (207 d 3-208 b 10). Sur le premier passage, j'ai montré que l'écolier apprend à reconnaître les lettres individuellement dans les mots, et non séparément sur un tableau, et apprend ainsi une lettre dans sa relation à son contexte immédiat. Muni de l'empreinte d'un nom, disons « Théétète », acquise quand il a appris à épeler ce nom, le débutant peut identifier à nouveau Θ de manière cohérente dans ce nom; mais c'est seulement lorsqu'il aura abstrait la lettre de celles qui l'entourent et pourra l'identifier isolément qu'il cessera d'être désorienté par sa position dans d'autre mots. Comme le montre le second passage, on commet facilement des erreurs tant que l'on n'a pas encore isolé la lettre en tant que telle (αὐτὸ καθ' αὑτό), afin de la reconnaître et de l'utiliser correctement dans d'autres contextes. Ces passages ne font pas

1. D. Bostock, *Plato's* Theaetetus, *op. cit.*, p. 239, 243-250, 262, 265-267 et 273). *Cf.* également R. Robinson, « Forms of Error in Plato's *Theaetetus* », *Philosophical Review* 59, 1950, p. 3-30, repris dans *Essays in Greek Philosophy*, Oxford, Clarendon Press, 1969, p. 39-73, et N.P. White, *Plato on Knowledge and Reality*, Indianapolis, Hackett, 1976, p. 178-179.

2. G. Fine, « Knowledge and Logos in the *Theaetetus* », *Philosophical Review*, 88, 3, 1979, p. 366-397.

appel au modèle interrelationnel de la connaissance, qui requiert que l'on maîtrise le domaine entier pour être maître de quoi que ce soit dans ce domaine, parce que Socrate déclare que notre connaissance des éléments est « plus claire et fait davantage autorité (ἐναργεστέραν… καὶ κυριωτέραν), pour saisir parfaitement chaque discipline, que la connaissance du composé » (206 b 7-9). Une discipline, en tant que totalité, est un vaste composé, et celui qui l'étudie se hisse jusqu'à ce composé à partir des éléments simples (abstraits de leurs contextes), en combinant ces éléments en syllabes, puis en composés de plus en plus vastes, jusqu'à saisir éventuellement la totalité du système complexe constituant un corps de connaissance. Bien qu'on commence par connaître les éléments à partir d'un composé inadéquatement saisi et qu'on le morcelle en parties, on finit par connaître le composé d'une manière adéquate en le reconstruisant à partir d'éléments et en prenant garde à l'ordonnancement de ces derniers.

Dans la mesure où je pense que des éléments au niveau le plus fondamental il y a explication et que je rejette le modèle interrelationnel de la connaissance, il me faut à présent suggérer une interprétation alternative. S'exercer dans plusieurs disciplines implique d'apprendre des règles. Un médecin fraichement sorti de l'université peut faire état des règles qui président à sa pratique et fait appel à ces règles pour s'assurer qu'il suit chaque étape correctement et dans le bon ordre quand il doit accomplir quelque intervention complexe dans une occasion donnée. Un docteur chevronné a, lui, intériorisé les règles qui l'aide à structurer son expertise et n'a pas besoin de faire explicitement appel à ces règles pour réaliser une opération, parce qu'il a acquis, par son expérience et sa pratique, la flexibilité d'user de ces règles et d'y faire exception. Si quelqu'un lui demandait après coup pourquoi il a fait ce qu'il fait, l'expert devra être capable de réfléchir à l'ensemble des étapes et d'expliquer pourquoi il les a suivies, mais il n'aura pas eu besoin considérer ces étapes à l'avance.

La connaissance la plus fondamentale, celle de notre langue maternelle, commence à l'opposé. Nous apprenons les règles du langage en commençant par s'y conformer dans la pratique sans se servir le moins du monde de ses règles. Lorsque quelqu'un a l'expérience des lettres, sa capacité cognitive est activée en réponse à un stimulus perceptif – par exemple, dès qu'il entend un mot comprenant la lettre Θ il reconnait automatiquement ce son. On risquerait la régression à l'infini si le reconnaissance de la lettre exigeait une inférence basée sur une explication, mais qui a appris une première langue n'a pas besoin de recourir à des actes supplémentaires de connaissance pour activer la connaissance de cette langue. La reconnaissance de la lettre Θ est non-inférentielle. Si quelqu'un a appris à se servir de cette lettre et peut l'identifier correctement dans un large éventail de cas, y compris dans des contextes qu'il n'a jamais rencontrés auparavant, ce sont bel et bien l'explication de Θ et les règles de la phonétique grecque qui dictent son l'usage de la lettre, même s'il est incapable de les articuler. Stimulé par l'expression d'un son, un individu répond directement ou bien, si les conditions perceptive, dans tel ou tel cas, entrent en conflit avec son expérience des conditions normales de perception, il s'abstient de juger que le son entendu est bien Θ. Comme Socrate le souligne dans son argument à partir de l'expérience, une reconnaissance active de la lettre se fonde sur un exercice et entraînement préalables : « vous *essayiez* de distinguer les lettres, à l'œil et à l'oreille, chacune elle-même par elle-même, de sorte que leurs positions dans les mots parlés et écrits ne vous posent pas de difficulté » (206 a 5-8). Dans cet argument, Socrate ne dit pas si les éléments connaissables ont, ou n'ont pas, une explication. J'ai soutenu qu'il y a d'eux un λόγος de la troisième espèce, mais qu'un individu peut correctement faire usage de la lettre sans être capable de faire état de son explication et des règles de combinaison qu'elle peut avoir avec d'autres éléments. Un observateur expert peut, lui, faire état de ce qui explique que l'individu en question réussisse, même si cet individu en est incapable. C'est seulement par la suite, et souvent par l'apprentissage d'une langue étrangère, qu'une personne apprend à faire état de l'explication et des règles qui commandent sa pratique linguistique. Le premier sens de λόγος dans le *Théétète* – énoncer un jugement – s'avère pertinent à un niveau beaucoup plus élevé de saisie linguistique que la simple compétence de parler correctement.

Bien que celui qui apprend une langue et celui qui apprend la médicine aient des points de départs très éloignés, ils finissent par aboutir au même point, en ayant intériorisé comme une seconde nature les règles qui gouvernent leur art, et en ayant développé la capacité de les appliquer avec succès dans des situations particulières. Un individu fait la preuve de sa connaissance par une action intelligente et cohérente d'un certain type, et au fur et à mesure que son expertise se développe, il acquiert la capacité d'expliquer et de justifier les raisons pour lesquelles il a appliqué telle ou telle règle ou y a fait une exception dans tel ou tel cas particulier.

J'ai essayé de montrer que la connaissance est une capacité complexe définie, dans le dialogue, sur le modèle de l'argile : la connaissance est analysée selon ses parties conceptuelles – la perception, le jugement vrai, et une explication – en vertu du second type d'explication détaillé dans la troisième partie du *Théétète* : l'explication entendue comme analyse d'un tout dans ses parties. Les trois éléments étant clarifiés, la connaissance peut être définie sans circularité en spécifiant que la perception saisit l'objet lui-même par lui-même et que le jugement le fait correspondre de façon correcte à l'empreinte de son essence. Le savant selon Platon peut atteindre une connaissance sans un nombre infini d'explications, si on distingue des degrés de connaissance. Un individu possède un savoir, s'il peut correctement identifier un objet à travers différents contextes ; il n'a pas besoin d'être capable de faire état de l'explication qui rend sa pratique possible. Celui qui peut faire état de cette explication possède une connaissance d'un rang supérieur.

Traduit de l'anglais (E.U.) par Olivier D'Jeranian et Dimitri El Murr

DEUXIÈME PARTIE

PROLONGEMENTS

L'IMPORTANCE DU *THÉÉTÈTE* AVANT THRASYLLE

Harold TARRANT

INTRODUCTION

Quelque part dans le monde hellénistique ou romain[1], un grammairien inconnu rédigea des notes relatives à des points linguistiques repérés dans certains passages de Platon. Les dialogues sur lesquels portent ses notes sont l'*Euthydème*, le *Gorgias*, le *Phédon* (qu'il a connu sous le titre : *Sur l'âme*), le *Phèdre*, la *République* en six livres et le *Théétète*. Il semblerait que le grammairien n'ait eu accès à aucun des dialogues plus tardifs, car sur l'ensemble des soixante citations, aucun d'entre eux n'est mentionné ne serait-ce qu'une fois, pas même le dialogue le plus important et le plus connu de l'époque, le *Timée*. Le découpage en six livres de la *République* est généralement considéré comme recouvrant l'ensemble de ce que nous possédons maintenant sous ce titre[2], bien que certains des mots que le

1. Le texte de l'Antiatticiste qui nous est parvenu a été écrit après 150 av. J.C. environ, étant donné qu'il fait mention d'un débat entre les grammairiens Jason et Aristarchos de Samothrace (79.31-32 Bekker : lire 'Αθετεῖν φασὶν οὐ δεῖν λέγειν, ἀλλ' ἀναιρεῖν. 'Ιάσων οὖν ὁ γραμματικὸς μέμφεται ἐπὶ τῇ λέξει 'Αρίσταρχον.). Quant au *terminus ante quem*, il se situe aux alentours de 150 ap. J.C., avant l'activité du grammairien Phrynichos. Cependant, le texte final, dont le but semble de démontrer que les règles des atticistes stricts nous priveraient de la plupart des œuvres classiques, est abrégé, et personne ne connaît le détail des relations entre ce texte et la source de ses citations platoniciennes. Sur l'Antiatticiste, voir John A.L. Lee, « The Atticist Grammarians » dans S.E. Porter and A.W. Pitts (eds), *The Language of the New Testament : Context, History and Development*, Leiden, Brill, *à paraître*.

2. Voir H. Alline, *Histoire du texte de Platon*, Paris, Bibliothèque de l'École des Hautes Études, 1915, p. 15-18 et J. Hirmer, « Entstehung und Komposition der Platonischen *Politeia* », *Jahrbücher für classische Philologie*, Supplement Band 23, 1897, p. 579-678 :

grammairien a lus dans sa *République* ne figurent pas dans la nôtre et qu'il semble en avoir lu d'autres dans une partie de l'ouvrage où ils ne figurent pas dans notre texte. En outre, dans l'espace de seulement quarante citations, il ne fait aucune référence à des portions entières de la *République* : aucune mention n'est faite du texte entre VII, 537 a et IX, 589 c, entre V, 474 c et VI, 500 a, ou encore entre I, 348 c et II, 379 d[1]. Il semblerait également qu'il ait lu dans son *Gorgias* et son *Phèdre* des mots qui n'y figurent plus aujourd'hui : dans le premier cas, aucune référence n'est faite au texte entre 455 a et 485 e, et on trouve des omissions comparables dans le cas du second. Il est difficile de ne pas en conclure que son édition de Platon était constituée de textes compilés avant qu'ils aient atteint leur forme définitive, et peut-être même avant l'écriture des derniers dialogues. Le travail de ce grammairien fut utilisé pour l'élaboration d'un texte lexicographique anonyme dont l'auteur est connu sous le nom d'Antiatticiste, texte qui n'a toujours pas été réédité depuis l'édition de 1814 que l'on trouve dans les *Anecdota Graeca* de Bekker[2], mais auquel on peut avoir facilement accès via le *Thesaurus Linguae Graecae* sous le titre *Lexica Segueriana*.

L'Antiatticiste mentionne le *Théétète* huit fois, en se référant à des termes dignes d'intérêt en 142 d 6, 150 d 8, 151 e 6, 153 b 11, 154 c 2, 155 d 10, 169 b 6 et 169 b 7. Même si les termes employés en 150 d 6 et 151 e 6 le sont à nouveau à la fin du dialogue (en 210 c 6 et b 9), il n'y a aucune preuve que sa source ait inclus quoi que ce soit du dialogue après 169 b, c'est-à-dire deux pages avant la réfutation de Protagoras en 171 c et trois pages avant le début de la digression en 172 b. Je doute pour ma part que le *Théétète* se soit jamais terminé à ce stade du texte, mais il est fort possible, en revanche, que se soit achevé à ce point précis le premier rouleau du dialogue, car on remarque que le plus long des livres de la *République* (le livre V) comprend trente pages Stephanus environ[3]. La

p. 588-92 et p. 676-8. J'espère publier bientôt mes recherches sur l'ensemble des citations platoniciennes de l'Antiatticiste.

1. Des quarante-huit citations d'Hérodote, quarante-quatre sont tirées des quatre premiers livres et aucune n'appartient aux livres VIII et IX ; en revanche, les citations de Thucydide sont tirées de tous les livres de l'*Histoire de la guerre du Péloponnèse*.

2. I. Bekker, *Anecdota Graeca*, vol. I : *Lexica Segueriana*, Berlin, G. Reimer, p. 75-116.

3. On ne sait pas exactement de quelle façon la longueur d'un livre se rapporte à celle d'un rouleau, mais on sait que la longueur d'un livre de la *République* (8880 mots en moyenne) est très proche de celle d'un livre des *Lois* (8582 mots en moyenne) et que si Dodds (E.R. Dodds, *Plato : Gorgias*, A revised text with introduction and commentary, Oxford, Clarendon Press, 1959, p. 15, n. 3) a eu raison de supposer que le *Gorgias* a occupé trois rouleaux, chacun de ces

bibliothèque platonicienne dont fait usage notre grammairien nous donne ainsi un instantané des textes jugés importants par les admirateurs de Platon alors qu'il était au beau milieu de sa carrière d'écrivain. Cette bibliothèque fut assemblée alors que la *République* n'était pas encore disponible sous sa forme définitive, que l'édition finale du *Gorgias* et du *Phèdre* n'avait pas encore été faite et que seul le premier rouleau du *Théétète* avait atteint une forme lui permettant de circuler.

On pourra mettre en doute de nombreux aspects de cette histoire, mais une chose demeure certaine : le *Théétète* provoqua un intérêt soutenu dès le début de sa publication. Le *Théétète* fut un dialogue célèbre qui se confronta aux plus célèbres des sophistes sur un sujet dont l'importance a été cruciale pour le concept même de *philosophia*. La crédibilité de Platon tant comme éducateur que comme promoteur d'un savoir rival dépendait de ce dialogue plus que de tout autre. L'histoire du platonisme de la mort de Platon à la constitution du corpus thrasylléen et aux ouvrages de Plutarque au Ier siècle ap. J.C. est faiblement documentée. Néanmoins, je tâcherai de montrer ici que durant ces premières années le *Théétète* a constitué, parmi les dialogues de Platon, une œuvre décisive.

DEUX COMMENTAIRES SUR LE *THÉÉTÈTE* AVANT PLUTARQUE ?

Presque trente ans se sont écoulés depuis que j'ai exposé ma position sur le commentaire anonyme au *Théétète*. J'ai soutenu que ce commentaire, dont nous avons presque l'intégralité de la première partie jusqu'à environ 153 d, puis des morceaux fragmentaires jusqu'à 158 a, fut écrit par un auteur qui n'a pas eu connaissance des travaux de Thrasylle. Si Thrasylle pouvait soutenir sans problème que le sujet du dialogue portait *Sur la science*, l'auteur du commentaire devait, quant à lui, justifier cette même thèse car les autres platoniciens considéraient que le sujet du *Théétète* était soit le critérium du vrai soit les choses dont la science est impossible[1]. Les éditeurs du texte de référence du *Commentaire* en furent d'accord[2]. On a en tous cas admis qu'il y a eu plusieurs *interprètes* du dialogue avant le

rouleaux a eu une longueur moyenne de 8772 mots. Cependant, le livre VII des *Lois* contient plus de 12000 mots.

1. Voir H. Tarrant, « The Date of anon. *In Theaetetum* », *Classical Quarterly* 33, 1983, p. 161-87 et les colonnes II-III et XV, avec le fr. D, du *Commentaire anonyme* dans l'édition Bastianini – Sedley (*Corpus dei papiri filosofici greci e latini*, vol. III : *Commentari*, Firenze, L.S. Olschki, 1995).

2. Voir la référence à leur édition dans la note précédente.

commentateur. En 2009, Sedley a publié un nouveau papyrus qui discute la position du *Théétète* dans la deuxième tétralogie thrasylléenne, et il est possible que le papyrus provienne d'un autre commentaire qui avance que le dialogue traite de la science et qu'il est une réfutation de ceux qui se trompent à ce sujet[1]. Il ne faut donc pas nier qu'un long débat existait sur le *Théétète* avant que Plutarque n'y intervienne et ajoute son propre avis autour du thème de l'accoucheur socratique dans la première des *Questions platoniciennes*.

Les origines des « caractères » zététiques

La division des « caractères » *zététiques*, qu'on trouve en Diogène Laërce III, 50-51, et avec une variation minime en III, 58-60, est tirée du *Théétète*. Le *logos* de Platon a été divisé en huit caractères par la méthode dichotomique. Cette méthode est celle du *Sophiste* mais aussi de l'Académie au temps de Speusippe. Les caractères sont indiqués par des adjectifs en *-ikos*. Il est bien connu que Platon lui-même aimait ces adjectifs, qui se trouvent fréquemment dans le *Gorgias* et dans le *Sophiste*, et restaient sans doute répandus dans l'Académie de Speusippe à Polémon. Bien que Diogène ait distribué les caractères aux dialogues, ils furent d'abord considérés comme des modes de discours. Rien ne laisse croire que cette division se soit appliquée aux dialogues tout entiers.

La première division postule deux genres : 1) les espèces instructives (le discours logique, physique, éthique ou politique) et 2) les espèces *zététiques* (le discours de recherche).

On a divisé ces dernières selon le principe d'une interprétation du *Théétète* où ce dialogue est considéré comme un dialogue de recherche, mené dans le but de *chercher* quelque chose. Les passages principaux sont les suivants :

148 c 6-7, 150 c 8-d 8 : Socrate n'a rien découvert, mais il encourage les découvertes des autres;

1. Voir D. Sedley, « 4941. A Thrasyllan Interpretation of Plato's *Theaetetus* », *in* D. Obbink and N. Gonis (eds), *The Oxyrhinchus Papyri*, LXXIII, 2009, p. 65-72 et la contribution de D. Sedley à ce même volume. L'auteur pourrait être Thrasylle lui-même, mais il semble plus vraisemblable que nous ayons là le vrai raisonnement philosophique soustendant l'ordonnancement de la deuxième tétralogie, et que le papyrus provienne d'une œuvre portant sur l'arrangement du corpus.

202 d 2-3 : Socrate suggère qu'ils ont peut-être appris ce que plusieurs sages ont *cherché* mais n'ont pas *trouvé*, ou du moins n'ont trouvé qu'à la fin de leur vie.

Les discours *zététiques* comprennent les deux espèces suivantes :

– le discours *gymnastique* (discours d'exercice, appliqué d'ordinaire aux jeunes hommes, comme Galien nous l'indique[1]) ;

– le discours *agonistique* (discours de rivalité ou de dispute, appliqué aux sophistes).

Cette distinction dérive de 157 c, où Platon distingue le processus de l'épreuve et celui de la *maïeusis* (157 c 6 : ἀποπειρᾷ[2] ; c 9 : μαιεύομαι). En effet Socrate a commencé la mise à l'épreuve de Théétète, comme il l'a fait pour Hippocrate en *Protagoras*, 311 b. Le processus de maïeutique ne peut commencer que s'il sait que le jeune homme est enceint et nombreux sont les jeunes hommes qui, bien qu'entrés en relation avec Socrate, n'ont pas besoin d'un obstétricien.

Les deux espèces de discours *agonistique* sont les suivantes :

– le discours *anatreptique* (le processus par lequel un sophiste en fait trébucher un autre) ;

– le discours *endeictique* (par lequel Socrate corrige les sophistes poliment).

Cette distinction s'inspire du discours de Protagoras en 167 d-168 c. Protagoras croit qu'il faut séparer le discours polémique, qui cherche à confondre les interlocuteurs, et le discours correctif, qui tente de montrer les erreurs et de les corriger. Comme le démontre un passage de l'*Euthydème*, 278 b, le verbe ἀνατρέπω est employé de la même façon que le verbe σφάλλω en *Théétète*, 167 e 5 (*cf.* σφάλματα en 168 a 1) mais c'est l'adjectif ἀνατρεπτικός qui a été choisi car l'adjectif *σφαλτικός n'existe pas. Le sophiste se sert des ambiguïtés de la langue pour faire trébucher les autres (*Euthd.*, 278 b 6-7, *Théét.,* 164 c 7-8, 166 c 1-2, 168 b 7-c 1).

On trouve donc toutes les espèces de discours *zététique* dans le *Théétète* :

144 e-148 e : examen *peirastique* du jeune homme ;

[148 e-151 d : explication de la maïeutique] ;

151 d-161 a : *maïeutique* du jeune homme ;

1. Sur Galien (*De placitis Hippocratis et Platonis*, 2, 22 Kühn = 2, 179 Müller) voir H. Tarrant, *Thrasyllan Platonism*, Ithaca – New York, Cornell University Press, 1993, p. 50-51 ; quant à l'exercice (*gymnastique*) on le trouve déjà appliqué au jeune Socrate et au plus jeune Aristote dans le *Parménide*, 135 c-137 c.

2. *Cf.* Platon, *Prot.*, 311 b 1, 349 c 8, *Euthyd.*, 275 b 5 et Aristophane, *Nuées*, 477.

161 a-165 e : examen *anatreptique* (ou même *sophistique* : 164 c 7-d 2) de Protagoras ;

[166 a-168 c : protestation de Protagoras] ;

168 c-183 c : examen *endeictique* de Protagoras et d'Héraclite (Socrate–Théodore) ;

[183 c-184 a : transition] ;

184 a-210 b : reprise de la *maïeutique*.

Ainsi est-ce dans la structure du *Théétète* que l'on peut découvrir les origines des quatre espèces de discours socratique qui constituent, à mon avis, une interprétation du dialogue tout entier, comprenant chacune de ses parties.

UN COMMENTAIRE DE CRANTOR ?

Si donc il existait une longue tradition herméneutique relative au *Théétète* avant Plutarque, et s'il existait également une interprétation de l'intégralité du dialogue dans la période de l'ancienne Académie, une question s'impose : est-ce que Crantor, le premier commentateur du *Timée*, a également écrit un commentaire sur notre dialogue ? Nous connaissons l'existence d'un débat autour du rôle des prologues, débat qui provient de l'ancienne Académie[1]. Un auteur, peut-être Crantor, a critiqué comme étant hors de propos les prologues de Théophraste et d'Héraclide[2] et il est possible que cette critique se rapporte aux trois façons d'aborder l'interprétation des prologues de Platon que Proclus discute avant de faire état de ce débat dans son *Commentaire au* Parménide[3].

De ces trois méthodes, deux se trouvent dans le *Commentaire anonyme* : l'auteur trouve en effet dans le *proœmion* (142 a-143 c) une illustration de la norme du comportement éthique dont il choisit de pas *tenir*

1. Voir Proclus, *in Parm.* I, 659, 14-22 Cousin et D. Sedley, « The Stoic-Platonist debate on *kathêkonta* » dans K. Ierodiakonou (ed.), *Topics in Stoic Philosophy*, Oxford, Oxford University Press, 1999, p. 141. Trois types d'interprétation du rôle des prologues figurent dans le *Commentaire sur le* Timée (I, 204, 16-27 Diehl), celui du moyen platonisme (Sévère), de Porphyre et de Jamblique, mais Anon., *in. Tht.*, *loc. cit.*, indique que les deux premiers types étaient déjà bien établis avant lui.

2. Le premier lemme du *Commentaire sur le* Timée de Proclus, qui commente *Tim.*, 17 a 1-3, fait d'abord référence à l'époque de Théophraste, en rappelant la critique de Praxiphane, « l'ami » de Théophraste (I, 14, 21-29 Diehl), puis rappelle la réponse éthique de Porphyre (14, 30-16, 20), et ensuite l'interprétation physique de Jamblique (16, 20-17, 9). Il semble que nous puissions y voir une trace supplémentaire de la polémique contre l'école de Théophraste au sujet du contenu des prologues.

3. *In Parm.*, I, 658, 24-659, 6 Cousin.

compte (IV, 17-27), mais en revanche il développe ensuite une interprétation de 142 c 5-d 3 qui se rapporte à la *théorie* éthique, et il interprète *en détail* le passage introductif qui suit immédiatement (142 d -146 b). Si le *Théétète* a constitué un dialogue donnant lieu à une discussion du rôle spécifique des prologues, c'est parce qu'il offre deux types de prologues, l'un séparé (le *proœmion*) et l'autre intégré. L'auteur du *Commentaire* fait également référence à un autre prologue séparé qui commençait par « Garçon, apportez-moi le livre sur Théétète », prologue qu'il critique comme « un peu froid (ὑπόψυχρον)[1] », accusation qui rappelle celle de Proclus contre les prologues de Théophraste. Nous y trouvons donc *trois* prologues : l'un qu'on refuse parce qu'il est indigne de Platon et froid ; un autre qui n'appartient pas au sujet principal du *Théétète*, c'est-à-dire à la science, mais qui est digne de Platon, par sa chaleur et ses brèves observations sur les qualités humaines de Théétète ; enfin le prologue qui commence en 142 d, et qui est intégré au reste du dialogue. Ce prologue comprend des enseignements qui ne se limitent pas à l'éthique, parce qu'ils concernent aussi les études et la connaissance en général (144 a-b, 144 e-145 b, 145 d-e). Aux yeux du commentateur, tel est le type de prologue qui exige une interprétation détaillée et complète. Je serais tenté de croire que les trois types de prologues dans le *Commentaire au* Théétète se rapportent aux trois types d'interprétation des prologues, dont nous ne rencontrons qu'une approximation chez Proclus. À chaque type d'interprétation correspondait un type de prologue dans l'herméneutique de l'ancienne Académie. Les citations de Théophraste et d'Héraclide révèlent le rôle que l'ancienne Académie a joué dans l'élaboration des trois manières d'interpréter les prologues. Le *Théétète* a donc été d'une importance décisive dans cette affaire, parce que c'est dans ce dialogue qu'un commentateur pouvait observer comment opéraient les trois espèces de prologue.

LE *THÉÉTÈTE* ET LA RÉSURGENCE DU SOCRATISME

L'histoire du platonisme avant le deuxième siècle de notre ère est complexe. Le commentateur anonyme du *Théétète* a écrit entre 25 avant J.C. et 150 après. Mais il semble bien que, *avant* ce commentaire anonyme, la tradition herméneutique de notre dialogue ait déjà été riche. Pour ce qui est du sujet ou du projet (*prothesis*) du dialogue, le commentateur traite en effet de ce qu'affirment « la plupart des platoniciens. » (Anon., *in Tht.*, fr.

1. Anon., *in Tht.*, III, 28-32.

D, 16-17) Il traite également des autres interprétations qui selon lui ne conviennent pas. Certaines d'entre elles ont en effet soutenu que le dialogue se propose de discuter le critère du vrai et d'autres, les choses pour lesquelles la science est impossible[1]. Il me semble que le commentateur ignore la position de Thrasylle concernant le sujet du *Théétète*, car chez Thrasylle et chez la plupart des platoniciens qui l'ont suivi, le sujet du dialogue est la science. Je pense donc que la riche tradition herméneutique du *Théétète* était déjà établie avant Thrasylle, c'est-à-dire avant l'année 36 de notre ère. Assurément, Plutarque traite d'une question bien établie quand il discute, dans la première de ses *Questions Platoniciennes*, de l'obstétrique de Socrate et de la cause de sa fameuse « stérilité ».

Il faut donc selon moi diviser les premières interprétations ou opinions sur le *Théétète* en trois périodes :

A) L'interprétation de l'ancienne Académie, du temps de Xénocrate ou de Polémon, son successeur. C'est ici qu'il faut situer la plupart des dialogues suspects du corpus, et en particulier le *Théagès* dans lequel nous trouvons plusieurs points communs avec les pages 150-151 du *Théétète*, à cette différence que l'auteur n'emploie aucun des mots qui suggère l'obstétrique elle-même. Sous Xénocrate et Polémon travaillait Crantor, le *premier exégète* selon Proclus (*in Tim.* I, 76, 1), et à cette époque comme l'a montré David Sedley[2], on discutait déjà de la question de savoir comment écrire un commentaire sur un dialogue de Platon. C'est encore Proclus, dans le premier livre de son *Commentaire sur le Parménide*, qui nous offre le témoignage qui comprend un débat relatif aux prologues des dialogues et à la question de savoir quels sujets il faut commenter. À mon avis, donc, Crantor n'a pas seulement écrit un commentaire sur le *Timée* (dans lequel il discute le mythe de l'Atlantide et l'âme du monde), mais plusieurs œuvres herméneutiques. Je suis porté croire qu'il a écrit un commentaire sur le *Théétète*, car Crantor fut l'ami le plus cher d'Arcésilas, chez qui il a habité. Or avec Arcésilas commence la résurgence du platonisme socratique.

B) Arcésilas inaugure la période correspondant à l'interprétation de la Nouvelle Académie et de « ceux qui suspendent leur jugement » ou *éphectiques* (ἐφεκτικοί). Il s'agit d'une période polémique, durant laquelle les Académiciens ont employé le *Théétète* pour justifier leur *époche*. Grâce au dixième chapitre des *Prolégomènes à la philosophie de Platon* qui proviennent de l'école d'Olympiodore, nous connaissons

1. Anon., *in Tht.*, II.

2. D. Sedley, « The Stoic-Platonist debate on *kathêkonta* », art. cit.

l'existence et la nature de cinq preuves de l'*épochè* et de l'*akatalèpsia* de Platon. Voici la troisième preuve :

> En troisième lieu, ils allèguent ceci : d'après Platon, il n'y a pas de science. Cela ressort du fait que, dans le *Théétète*, il a renversé toute définition de la science ainsi que la notion de nombre [1]. (*Prolégomènes à la philosophie de Platon*, 10, 23-25)

Ce qui nous garantit que ces académiciens ont soigneusement lu le *Théétète* est la mention du nombre. Ces « suspensionistes et Académiciens » ont en effet compris les théories que Platon attribue à Protagoras, telle que la doctrine platonicienne de la sensation. Nous savons, grâce à Alcinous et à Plutarque, comment le moyen platonisme a employé des doctrines issues du Protagoras platonicien, et nous savons que Platon emploie lui aussi la doctrine du flux d'Héraclite. Or lorsqu'il traite d'Héraclite et de Protagoras, Platon explique que rien n'est une chose unique et déterminée : c'est ainsi que l'un disparaît, et avec lui, le nombre. Voilà qui prouve que les académiciens éphectiques ont bien lu le *Théétète* et qu'ils l'ont interprété.

Considérons maintenant la cinquième preuve :

> Platon, disent-ils, déclare dans l'un de ses dialogues « Je ne sais rien ni n'enseigne rien; je ne fais que poser des questions (διαπορῶ μόνον) ». Voilà donc comment il avoue, de sa propre bouche, ne rien savoir de certain. (*Prolégomènes à la philosophie de Platon*, 10, 57-61)

L'expression « de sa propre bouche » (ἰδίῳ στόματι) doit vouloir dire « de la bouche *de Socrate lui-même* » plutôt que de celles de ses interlocuteurs. Les éditeurs des *Prolégomènes* suggèrent qu'il s'agirait ici de l'influence de l'*Apologie* et du *Théétète*. Mais l'*Apologie* ne met pas vraiment en scène des interlocuteurs. Il est donc probable que les académiciens se soient, pour cette preuve, souvenus du passage dans lequel Socrate décrit son rôle comme une sorte d'obstétrique :

> Enfanter la sagesse n'est point en mon pouvoir, et le blâme dont plusieurs déjà m'ont fait opprobre, qu'aux autres posant questions *je ne donne jamais mon avis personnel sur aucun sujet et que la cause en est dans le*

1. Les traductions de ce texte sont empruntées à l'édition suivante : *Prolégomènes à la philosophie de Platon*, texte établi par L.G. Westerink et traduit par J. Trouillard, avec la collaboration de A.-Ph. Segonds, Paris, Les Belles Lettres, 1990.

néant de ma propre sagesse, est blâme véridique[1]. (*Théét.*, 150 c 4-7, trad. Diès)

Socrate affirme qu'il ne sait rien et qu'il n'enseigne rien. Mais, légère difficulté, la notion d'*aporie socratique* semble faire défaut. On trouve bien sûr une telle notion dans le *Ménon*, 80 a-c, où Ménon accuse Socrate en ces termes: « j'avais appris … que tu ne faisais pas autre chose que trouver partout des difficultés (ἀπορεῖς) et en faire trouver aux autres (τοὺς ἄλλους ποιεῖς ἀπορεῖν) »; et Socrate de répondre: « si j'embarrasse les autres, c'est que je suis moi-même dans le plus extrême embarras. » Pourtant, le début du passage obstétrique du *Théétète* (149 a) fait également référence à l'aporie socratique : « Eux qui point ne savent, ce n'est pas cela qu'ils disent de moi, mais bien que je suis tout à fait bizarre et ne crée dans les esprits que perplexités (ἀπορεῖν). » Tout le passage sur l'obstétrique est ainsi une explication de l'aporie des jeunes hommes quand Socrate leur pose ses petites questions. Le Platon sceptique que propose la Nouvelle Académie est donc selon moi un Platon identifié à Socrate et qu'on trouve dans le *Théétète*.

C) La troisième étape commence, peut-être, avec les débats entre les stoïciens, les partisans d'Antiochus d'Ascalon, et les philosophes académiciens qui suivent Philon de Larisse. Pendant cette période, les débats épistémologiques mais aussi l'autorité des anciens philosophes[2], et surtout de Platon, sont alors devenus extrêmement importants. Dans ce contexte, on ne peut douter de l'importance du *Théétète*, même si ce dialogue sera beaucoup moins important, chez les néoplatoniciens, que le *Timée*, le *Phèdre* et le *Phédon*. Le commentateur anonyme mentionne lui aussi ses propres commentaires sur le *Timée*, le *Banquet* et le *Phédon*[3]. Mais, comme nous l'avons vu, il est possible que nous ayons maintenant à notre disposition un fragment d'un autre commentaire sur le *Théétète* dans le nouveau papyrus que Sedley vient de publier en 2009[4]. Alors que l'ensemble du fragment traite de l'ensemble des dialogues de la deuxième tétralogie, le dialogue auquel il accorde son attention est le *Théétète* lui-

1. C'est moi qui souligne.

2. Comme le montre G. Boys-Stones, *Post-Hellenistic Philosophy*, Oxford, Oxford University Press, 2001.

3. Pour le *Timée*, voir Anon., *in Tht.*, XXXV, 10-12, pour le *Banquet*, LXX, 10-12 et pour le *Phédon*, XLVIII, 7-11.

4. Voir la référence donnée n. 8 ainsi que la contribution de D. Sedley dans ce même volume.

même, et rien n'exclut que ce fragment provienne d'un commentaire de notre dialogue.

Nous savons grâce à Cicéron comment les académiciens se sont disputés pour savoir si Platon avait des doctrines fixes et certaines, ou non. Mais le débat ne nous révèle rien quant à l'herméneutique des dialogues individuels. Ceux qui se sont consacrés à cette herméneutique plus subtile sont peut-être ceux-là mêmes dont Plutarque et le commentateur du *Théétète* ont tiré les sources de leurs discussions. Parmi les interprètes, les savants et les philosophes platoniciens dont nous connaissons le nom figurent Eudore d'Alexandrie, Thrasylle, et Ammonius, le maître et l'ami de Plutarque. Les interprétations polémiques qu'on trouve chez Cicéron ont ainsi répondu au besoin de mieux comprendre Platon.

L'INTRODUCTION DES *DUBIA SOCRATICA*

Arcésilas a-t-il initié la résurgence de l'intérêt académique pour Socrate ? Ou cet intérêt était-il déjà établi dans l'ancienne Académie, celle de Polémon et de Crantor ? Les dialogues suspects de la quatrième et de la cinquième tétralogie, c'est-à-dire les deux *Alcibiade*, l'*Hipparque*, les *Rivaux* et le *Théagès*, s'intéressent encore au Socrate presque divin du *Premier Alcibiade* et du *Théagès*, amoureux des jeunes hommes, maître qui n'enseigne rien, champion d'une seule sagesse et non de la polymathie, et sauveur de ce que le dieu permet. On ne prétend jamais que ces textes ont eu un seul auteur ou qu'ils ont répondu aux mêmes motifs, mais selon moi ils ont été intégrés au corpus simultanément et selon un même processus, ou peut-être à deux moments différents et grâce à un double processus. Voici le Corpus de Thrasylle :

1.1 *Euthyphron*	2.1 *Cratyle*	3.1 *Parménide*
1.2 *Apologie*	2.2 *Théétète*	3.2 *Philèbe*
1.3 *Criton*	2.3 *Sophiste*	3.3 *Banquet*
1.4 *Phédon*	2.4 *Politique*	3.4 *Phèdre*
4.1 *Alcibiade I*	5.1 *Théagès*	6.1 *Euthydème*
4.2 *Alcibiade II*	5.2 *Charmide*	6.2 *Protagoras*
4.3 *Hipparque*	5.3 *Lachès*	6.3 *Gorgias*
4.4 *Les Rivaux*	5.4 *Lysis*	6.4 *Ménon*
7.1 *Hippias Majeur*	8.1 *Clitophon*	9.1 *Minos*
7.2 Hippias Mineur	8.2 *République*	9.2 *Lois*
7.3 *Ion*	8.3 *Timée*	9.3 *Epinomis*
7.4 *Ménexène*	8.4 *Critias*	9.4 *Lettres*

La plupart des dialogues suspects (soulignés) se trouvent soit *au début d'une tétralogie* comme introduction, soit dans la quatrième tétralogie. Mais Philippe d'Oponte, si l'on en croit la Souda (*s.v.* φιλόσοφος)[1], a séparé les *Lois* en douze livres, ce qui montre l'importance des groupes de douze dialogues.

Voici un nouvel ordonnancement où chaque groupe complet contient douze dialogues :

Groupe 1	Groupe 2	Groupe 3	Groupe 4	Groupe 5
1.1 *Euthyphron*	4.1 *Alc.*, I	5.2 *Charmide*	8.2 *Rép.*, I	*Lois* I
1.2 *Apologie*	4.2 *Alc.*, II	5.3 *Lachès*	8.2 *Rép.*, II	*Lois* II
1.3 *Criton*	4.3 *Hipparque*	5.4 *Lysis*	8.2 *Rép.*, III	*Lois* III
1.4 *Phédon*	4.4 *Les Rivaux*	6.1 *Euthydème*	8.2 *Rép.*, IV	*Lois* IV
2.1 *Cratyle*	5.1 *Théagès*	6.2 *Protagoras*	8.2 *Rép.*, V	*Lois* V
2.2 *Théétète*		6.3 *Gorgias*	8.2 *Rép.*, VI	*Lois* VI
2.3 *Sophiste*		6.4 *Ménon*	8.2 *Rép.*, VII	*Lois* VII
2.4 *Politique*		7.1 *Hippias Ma.*	8.2 *Rép.*, VIII	*Lois* VIII
3.1 *Parménide*		7.2 *Hippias Mi.*	8.2 *Rép.*, IX	*Lois* IX
3.2 *Philèbe*		7.3 *Ion*	8.2 *Rép.*, X	*Lois* X
3.3 *Banquet*		7.4 *Ménexène*	8.3 *Timée*	*Lois* XI
3.4 *Phèdre*		8.1 *Clitophon*	8.4 *Critias*	*Lois* XII

Je crois que Platon est l'auteur de l'*Hippias Majeur*, mais j'hésiterais à soutenir la même chose au sujet du *Clitophon*. Toutes mes recherches sur le vocabulaire de ces dialogues indiquent cependant que la langue du *Clitophon* est très proche de celle des dialogues tardifs. Quoi qu'il en soit, l'exclusion du *Clitophon* de l'ensemble des dialogues authentiques ne pose pas problème : il est fort possible, en effet, que le *Gorgias* ait d'abord consisté en deux dialogues, car un papyrus a conservé une liste de livres – la plupart étant des ouvrages de Platon – qui mentionne un *Contre Calliclès* en trois tomes[2]. L'ordre suivant a donc ma préférence :

1.1 *Euthyphron*	5.2 *Charmide*	8.2 *Rép.*, I	*Lois* I	4.1 *Alc.*, I
1.2 *Apologie*	5.3 *Lachès*	8.2 *Rép.*, II	*Lois* II	4.2 *Alc.*, II
1.3 *Criton*	5.4 *Lysis*	8.2 *Rép.*, III	*Lois* III	4.3 *Hipparque*

1. *Suidae lexicon, edidit Ada Adler*, Leipzig, Teubner, 4 vols., 1928-1935, vol. IV, p. 733, 24-25 : <Φιλόσοφος> ὃς τοὺς Πλάτωνος Νόμους διεῖλεν εἰς βιβλία ιβ', τὸ γὰρ ιγ' αὐτὸς προσθεῖναι λέγεται.

2. *Cf.* E.R. Dodds, *Plato : Gorgias*, *op. cit.*, 15 n. 3.

1.4 *Phédon*	6.1 *Euthydème*	8.2 *Rép.*, IV	*Lois* IV	4.4 *Les Rivaux*
2.1 *Cratyle*	6.2 *Protagoras*	8.2 *Rép.*, V	*Lois* V	5.1 *Théagès*
2.2 *Théétète*	6.3a *Gorgias* (I)	8.2 *Rép.*, VI	*Lois* VI	
2.3 *Sophiste*	6.3b *Calliclès*	8.2 *Rép.*, VII	*Lois* VII	8.1 *Clitophon*
2.4 *Politique*	6.4 *Ménon*	8.2 *Rép.*, VIII	*Lois* VIII	9.1. *Minos*
3.1 *Parménide*	7.1 *Hippias Ma.*	8.2 *Rép.*, IX	*Lois* IX	9.3. *Epinomis*
3.2 *Philèbe*	7.2 *Hippias Mi.*	8.2 *Rép.*, X	*Lois* X	9.4. *Lettres*
3.3 *Banquet*	7.3 *Ion*	8.3 *Timée*	*Lois* XI	
3.4 *Phèdre*	7.4 *Ménexène*	8.4 *Critias*	*Lois* XII	

Mon hypothèse est que les académiciens soit ont trouvé déjà écrits ou partiellement écrits, soit ont écrit eux-mêmes des prologues et des épilogues aux quatre groupes de douze dialogues, groupes qui sont les précurseurs des trilogies d'Aristophane et des tétralogies de Thrasylle. On peut également produire, à l'appui de cette hypothèse, des résultats préliminaires issus de recherches sur le vocabulaire des dialogues suspects en comparaison à celui de plusieurs dialogues socratiques non suspects. Ces résultats peuvent être résumé dans le tableau suivant :

Blocs de textes	% Mots significatifs (9)
***Alcibiade* I, 128 a - fin**	5.74
***Alcibiade* I, 121 e -128 a**	5.60
***Alcibiade* I, 109 d-115 d**	5.55
***Alcibiade* I, 115 d-121 d**	4.70
***Alcibiade* I, 103 a-109 d**	4.20
Minos	4.14
Gorgias, 472 a-481 b	3.87
***Alcibiade* II, 138 a-144 d**	3.85
Théétète, 184 b-191 b	3.83
Gorgias, 449 b-456 b	3.76
Hippias Mineur, 369d-fin	3.67
Hipparque	3.63
Euthydème, 288 e-294 d	3.40
***Alcibiade* II, 144 d- fin**	3.33
Lysis, 209 c-215 a	3.20
Euthyphron, 7 d- fin	3.17
Hippias Majeur, 287 c-293 a	3.15
Théétète, 200 d- fin	3.15
Théagès	3.14
Théétète, 191 b-200 d	3.05
Ménon, 85 b-90 b	3.05

Quelques mots d'explication sont nécessaires. Il est facile de voir que le *Premier Alcibiade* utilise certains mots plus fréquemment que le reste des dialogues de Platon[1]. Le pourcentage de ces neuf mots est plus élevé dans *chaque bloc* de 2000 mots du *Premier Alcibiade* que partout ailleurs dans le corpus. Chacun de ces blocs de texte, comprenant 2000 mots ou plus, a un pourcentage élevé, car le pourcentage moyen se tient entre 2 et 2,5[2]. Mais on note que *cinq* des dialogues suspects apparaissent dans cette liste, car tous les cinq emploient fréquemment ces neuf mots communs. Ces dialogues suspects n'ont pas un seul et même style, mais ils ont peut-être été édités et intégrés au corpus au même moment, avant Aristophane de Byzance mais après que Philippe d'Oponte a divisé les *Lois* en douze livres. Ceux qui les ont introduits sont, je crois, ceux qu'on appelait les « possesseurs » des livres de Platon[3].

Qui furent ces « possesseurs » ? Les premiers académiciens n'ont jamais tenté de reproduire certaines des doctrines de Platon et les « scholarques » ont développé des doctrines qui leur étaient propres. La charge de s'occuper des écrits de Platon revenait à d'autres (Philippe d'Oponte, Hermodore, Crantor et, plus tard, Charmidas, collègue de Philon de Larisse) mais l'autorité platonicienne et l'aspect public de l'école dépendaient directement du scholarque. Un témoignage très important nous apprend qu'Arcésilas a « acquis » les livres de Platon « quant il était un jeune homme » (Philodème, *Acad.*, XIX, 14-16 : νέος ὤν)[4]. Quels sont ces livres ? Et d'où proviennent-ils ? Il faut savoir qu'« acquérir » est ici un terme technique, et que « celui qui a acquis les livres » était le bibliothécaire de l'Académie, fonction dotée d'une grande influence. Ami de Crantor, avec qui il demeurait, Arcésilas a, je suppose, hérité non seulement de sa maison et de ses possessions matérielles, mais également de son pouvoir. Le pouvoir de Crantor dérive du *Corpus Platonicum* et, avant tout, du *Timée*, dont il fut le premier interprète. À l'évidence, Arcésilas n'était pas destiné à devenir scholarque, mais bibliothécaire. Le scholarque qui devait

1. La liste de ces neuf termes communs comprend : ἄρα, ἆρα, μέλλειν, ναί, οἴεσθαι, οὐκοῦν, ποτε, πῶς, τίς.

2. Le pourcentage moyen pour le *Cratyle* est environ de 2.16, pour le *Gorgias*, 2.55, le *Ménon*, 2.70, le *Phédon*, 1.66, le *Phèdre*, 1.45, la *République* 2.30 (pour les livres I, V, VII et X), le *Théétète*, 2.50 et le *Politique*, 2.10.

3. *Cf.* Diogène Laërce, III, 66, 9 (τοῖς κεκτημένοις) et IV, 32, 9-33, 1 (ἐῴκει δὴ θαυμάζειν καὶ τὸν Πλάτωνα και καὶ τὰ βιβλία ἐκέκτητο αὐτοῦ) sur Arcésilas.

4. *Cf.* Filodemo, *Storia dei filosofi [.] : Platone e l'Academia* (PHerc. 1021 e 164), ed., trad. e comment. a cura di Tiziano Dorandi, Napoli, Bibliopolis, 1991, p. 154 : καὶ γὰρ | ἐκέκτητ᾽ἔτι νέ[ος ὢν] τὰ βυ[βλί᾽] αὐτοῦ.

succéder à Cratès était en fait un certain Socratidès, mais Cratès mourut peu après la mort de son cher ami Polémon. Socratidès, sans doute peu préparé, céda alors vraisemblablement son droit à Arcésilas. Mon hypothèse est donc qu'Arcésilas avait déjà une bonne connaissance des œuvres de Platon *avant* son accession au scholarcat à l'Académie.

De nombreux commentateurs modernes sont d'accord pour dire qu'Arcésilas a privilégié les dialogues aporétiques et avant tout le *Théétète*. Mais avait-il lu d'autres dialogues socratiques dans sa jeunesse? Son ami Crantor avait-il lui aussi insisté sur les éléments socratiques ou aporétiques? A-t-on alors découvert de nouveaux dialogues de caractère socratique? Enfin, qui a introduit les dialogues suspects dans le corpus[1]?

Pour répondre à ces questions, le témoin le plus important est l'un des dialogues suspects, traitant des effets des questions de Socrate et même des effets de sa présence sur ses élèves. Il s'agit du *Théagès*, dans lequel l'auteur traite des mêmes thèmes que ceux qu'on trouve dans le passage maïeutique du *Théétète* et emploie fréquemment des termes qui y figure.

LE THÉAGÈS ET LE THÉÉTÈTE

À ce point de ma démonstration, il me faut soutenir une thèse surprenante. J'affirme en effet que l'auteur du *Théagès* est le premier à nous offrir une *interprétation* d'une partie importante du *Théétète*, celle qui concerne l'obstétrique de Socrate. Même si les détails de cette thèse se verront modifiés à la fin de cette section, elle n'en restera pas moins étonnante, y compris à mes yeux. Il s'agit de l'histoire d'Aristide, qu'on trouve à la fin du dialogue et qui nous indique la nature de l'enseignement socratique. Ce passage important explique pourquoi Socrate hésite à accepter Théagès comme élève et pourquoi il ne sait pas s'il sera en mesure d'aider son jeune ami. Quant à Socrate lui-même, ce n'est pas lui qui dirige le progrès de ceux qui le fréquentent, ce ne sont ni ses réfutations ni la connaissance qu'il détient. Seul le dieu décide si l'élève tirera ou non profit de sa fréquentation.

Nombreux sont les savants qui ont examiné le rapport entre ces passages du *Théagès* et du *Théétète*, mais ni l'ordre des deux dialogues ni les questions plus complexes ne sont faciles à traiter par des méthodes

1. Je suppose pour ma part que cela a pu être également le fait de Polemon, de Cratès, de Crantor ou d'Arcésilas; voir H. Tarrant, «Socratic Synousia?» *Journal of the History of Philosophy*, 43, 2, 2005, p. 131-155, et «Piecing Together Polemo», *Mediterranean Archaeology* 19-20, 2006-2007, p. 225-232.

traditionnelles. Aujourd'hui, cependant, l'authenticité du *Théétète* est unanimement acceptée, alors que celle du *Théagès* est rejetée par presque tous les chercheurs. Plusieurs ont identifié les problèmes que posent la question de l'authenticité du *Théagès*[1] : s'ils ne se trompent pas, on peut raisonnablement supposer que l'auteur du *Théagès* a emprunté certaines de ses idées au *Théétète*. Nous savons, qui plus est, qu'il emprunte non seulement les idées mais aussi les termes précis de deux passages de l'*Apologie de Socrate : Théagès*, 127 e 8-128 a 7, s'inspire en effet d'*Apologie*, 19 e 3-20 a 2, et *Théagès*, 128 d 2-5, d'*Apologie*, 31 d 2-4. L'auteur tente donc d'inscrire ce qu'il compose dans la tradition platonicienne et, pour ce faire, soit il reprend purement et simplement les termes mêmes des œuvres les plus célèbres de Platon, soit il s'en inspire. Cependant, il est clair qu'au vu de sa longueur, ce passage du *Théagès* sur Aristide (130 a 4-e 4) ne peut pas s'inspirer de plus de quatre lignes du *Théétète* (151 a 1-5). En d'autres termes, si c'est bien du *Théétète* qu'il s'inspire, il semble donc qu'il s'inspire d'un passage perdu du dialogue.

Aussi ma question est-elle la suivante : si l'auteur du *Théagès* a emprunté ces idées au *Théétète*, pourquoi les a-t-il autant développées ? Pourquoi, en revanche, n'a-t-il employé que le bref passage relatif au progrès des élèves de Socrate ? Pourquoi n'a-t-il rien repris, tant sur le plan des idées que sur celui du vocabulaire, de la discussion sur l'obstétrique qu'il contient ? Notons que, juste avant la discussion sur l'obstétrique dans le *Théétète*, le passage traite de l'apprentissage des élèves de Socrate et de l'incapacité de Socrate à leur enseigner quoi que ce soit et à leur garantir un progrès. Il est fort possible que l'auteur du *Théagès* ait rencontré ces matériaux dans un autre contexte, car le passage du *Théétète* fait partie d'une digression qui ne mentionne qu'en passant l'analogie de Socrate avec la sage femme. Cette digression est elle-même encadrée par deux références à « ceux qui viennent me fréquenter » (*Théét.*, 150 d 2, et 151 a 5-6 : οἱ ἐμοὶ συγγιγνόμενοι), dont la dernière semble reprendre l'analogie au point où elle s'était interrompue. J'ai tenté de démontrer ailleurs que ce passage non seulement emploie un étrange vocabulaire, comme je vais y revenir, mais comprend aussi des idées difficiles à concilier avec les expériences de la

1. M. Joyal, *The Platonic Theages : An Introduction, Commentary, and Critical Edition*, Stuttgart, F. Steiner, 2000 ; K. Döring (ed.), *Platon V 1 : Theages*, Göttingen, Vandenhoeck & Ruprecht, 2004, p. 79–81 ; J. Bailly, *The Socratic Theages : Introduction, English Translation, Greek Text and Commentary*, Hildesheim, G. Olms, 2004 ; H. Tarrant, « Socratic Synousia ? », art. cit. ; F. Aronadio (*Dialoghi Spuri di Platone*, Torino, Unione Tipografico Editrice Torinese, 2008) hésite sur la question de l'authenticité : voir la p. 33.

sage femme et de ses clientes[1]. Mon hypothèse est donc que l'auteur du *Théagès* a emprunté un passage du *Théétète* qui appartenait à un contexte différent de celui dans lequel il apparaît dans nos manuscrits.

Curieusement, on trouve dans le *Théétète*, 150 d 2-151 a 6, deux types de termes utilisés de façon répétée par le *Théagès* en rapport avec l'éducation socratique, et ce, bien que ces termes soient normalement employés dans le cadre de l'éducation sophistique. Il s'agit des termes appartenant au champ sémantique du commerce avec autrui (συνουσία, mais aussi συγγίγνεσθαι) et du progrès éducatif (ἐπίδοσις). Voici les passages où ces termes apparaissent.

> Mais ceux qui viennent à mon commerce (οἱ δ 'ἐμοὶ συγγιγνόμενοι), à leur premier abord, semblent, quelques-uns même totalement, ne rien savoir. Or tous, à mesure qu'avance leur commerce (τῆς συνουσίας) et pour autant que le dieu leur en accorde faveur, merveilleuse est l'allure dont ils progressent (ἐπιδιδόντες) à leur propre jugement comme à celui des autres. Le fait est pourtant clair qu'ils n'ont jamais rien appris de moi, et qu'eux seuls ont, dans leur propre sein, conçu cette richesse de beaux pensers qu'ils découvrent et mettent au jour. De leur délivrance, par contre, le dieu et moi sont les auteurs. Et voici qui le prouve. Plusieurs déjà l'ont méconnu, ont cru à leur propre pouvoir et n'ont fait nul cas de moi. Ils se sont donc eux-mêmes persuadés ou laissé persuader par d'autres de me quitter plus tôt qu'ils ne devaient : ils m'ont quitté et non seulement ont laissé avorter tous autres germes dans leur méchantes fréquentations (διὰ πονηρὰν συνουσίαν), mais encore, à ceux dont je les avais délivrés, n'ont donné que mauvais aliment, dont ceux-ci dépérirent, et, de mensonges et d'apparences vaines faisant plus de cas que du vrai, ils n'ont abouti qu'à prendre, à leur propre yeux et aux yeux des autres, figure d'ignorants. De leur nombre fût Aristide, fils de Lysimaque, et beaucoup d'autres. Ils reviennent parfois implorer mon commerce (τῆς ἐμῆς συνουσίας) et sont prodigues d'extravagances. Avec certains, la sagesse divine (δαιμόνιον) qui me visite m'interdit de renouer commerce (συνεῖναι) ; avec d'autres, elle me le permet, et ceux-ci recommencent à fructifier (ἐπιδιδόασι). Ce qu'éprouvent ceux qui me viennent fréquenter (οἱ ἐμοὶ συγγιγνόμενοι) [...]. (*Théét.*, 150 d 2-151 a 5, trad. Diès)

Dans ce passage, le verbe ἐπιδίδοναι apparaît deux fois, les verbes συνεῖναι ou συγγίγνεσθαι trois fois, et le nom συνουσία trois fois. Comparons ce passage à un passage du *Théagès* :

1. Voir Tarrant, « Socratic Synousia ? », art. cit., p. 145-150.

> Je t'ai dit tout cela, parce que, précisément, cette influence (δύναμις) du signe divin (δαιμονίου) est également souveraine sur mes relations (συνουσίας) avec mes disciples. Pour beaucoup, ce signe est défavorable, et ils n'ont aucun profit à retirer de leur rapports avec moi : aussi, ne puis-je m'occuper d'eux. Il y en a encore beaucoup qu'il ne m'interdit pas d'accueillir (συνεῖναι), mais ces derniers (συνόντες) n'y trouvent aucune espèce de secours. Quant à ceux dont la puissance démonique (τοῦ δαιμονίου δύναμις) favorise les relations (συνουσίας) avec moi, ce sont eux que toi aussi tu as remarqués : ils font, en effet, rapidement de grands progrès (ἐπιδιδόασιν). Parmi eux les uns acquièrent cet avantage (ἐπιδιδόντων) de façon ferme et durable. Un bon nombre, au contraire, progressent (ἐπιδιδόασιν) merveilleusement, tant qu'ils sont avec moi, mais à peine m'ont-ils quitté que, de nouveau, ils ne diffèrent en rien du premier venu. C'est ce qu'a éprouvé Aristide, fils de Lysimaque et petit-fils d'Aristide. Lorsqu'il était mon disciple, il avait fait des progrès (ἐπεδεδώκει) extraordinaires en peu de temps. Puis survint un expédition [...][1]. (*Théagès*, 129 e 1-130 a 6, trad. J. Souilhé)

> Je vais te dire, Socrate, reprit-il [Aristide], une chose incroyable, par les dieux, mais pourtant vraie. De toi, je n'ai jamais rien appris, tu ne l'ignores pas. Néanmoins, je progressais (ἐπεδίδουν) quand je me trouvais dans ta compagnie (συνείην), même si seulement j'étais dans la même maison, sans être dans la même chambre, mais bien plus si j'étais dans la même chambre [...]; mais là où mes progrès devenaient (ἐπεδίδουν) le plus considérables, c'était quand, assis auprès de toi, je me tenais bien près et pouvais te toucher[2]. Au lieu qu'à présent, ajouta-t-il, toute cette belle capacité s'est écoulée. » Voilà, Théagès, quel est l'effet de mes leçons (συνουσία). Si cela plaît à Dieu, tu progresseras (ἐπιδώσεις) grandement et vite ; sinon, non. (*Théagès*, 130 d 2-e 6, trad. J. Souilhé)

Dans ce passage, les termes liés à συνουσία, terme technique dans le *Théagès*, apparaissent six fois, et ceux liés à ἐπίδοσις sept fois.

Il ne fait aucun doute que le choix que Socrate fait de cette terminologie est délibéré et que l'auteur du *Théagès* n'hésite pas à concevoir l'enseignement socratique en des termes presque identiques au cursus d'études des sophistes. J'ai déjà écrit sur la terminologie de la συνουσία[3], mais je

1. Suit l'histoire d'Aristide et Mélèsias racontée par Socrate et dans laquelle συγγίγνεσθαι apparaît en 130 b 6 et συνουσία en 130 c 4.

2. *A contrario*, voir *Banquet*, 175 d.

3. Voir Tarrant, « Socratic Synousia ? », art. cit.

voudrais ici offrir quelques observations sur celle de l'ἐπίδοσις. Dans le *Théagès*, cette terminologie n'apparaît que dans ce passage où Socrate l'emploie à sept reprises (129 e-130 e). En revanche, le Socrate de Platon l'emploie principalement quand il parle de l'enseignement des sophistes, ou peut-être de celui des autres professionnels de l'enseignement. Voici les dix-huit apparitions de cette terminologie dans les entretiens socratiques dont Platon est l'auteur :

Dialogue	**Référence**	ἐπιδίδωμι	ἐπίδοσις	**Sujet**
Banquet	175 e 4		1	art poétique
Cratyle	410 e 2	1		science des noms
Euthydème	271 b 2, 273 a 5	2		art du débat ?
Hippias Ma.	281 d 3-283 e 3	4		art sophistique
Protagoras	318 a 9-d 3	4		art sophistique
République	526 b 9	1		compréhension
Théétète	146 b 5-6	1	1	art du débat ?
Théétète	150 d 5, 151 a 5	2		art du débat ?
Théétète	179 d 7	1		théorie du flux

Citons *Protagoras*, 318 a 6-9 :

> Jeune homme, si tu me fréquentes (συγγένῃ), voici ce qui te sera donné : après un jour passé auprès de moi, tu rentreras chez toi meilleur que tu n'étais, et même le lendemain; et ainsi chacun de tes jours sera marqué par un progrès vers le mieux (ἐπὶ τὸ βέλτιον ἐπιδιδόναι). (*Protagoras*, 318 a 6-9, trad. A. Croiset)

C'est Protagoras qui introduit le verbe, mais Socrate le répète trois fois par la suite (318 c 2, c 3 et d 3). Dans le *Théétète*, c'est Théodore qui l'introduit :

> Je n'ai point, moi, l'usage de ce genre de colloques et, de l'acquérir, ai dépassé l'âge. C'est à eux que cela conviendrait; ils en peuvent tirer beaucoup plus de profit (πολὺ πλέον ἐπιδιδοῖεν), car, c'est bien vrai, à la jeunesse le progrès en tout (εἰς πᾶν ἐπίδοσιν). (*Théét.*, 146 b 3-6, trad. A. Diès)

Théodore dispense le même type d'enseignement, me semble-t-il, que son ami Protagoras et il conçoit le même genre de progrès. Il y a cinq occurrences de ces termes dans le *Théétète* : dans la bouche du protagoréen Théodore, on les trouve en 146 b 5, 146 b 6 et 179 d 7, mais chez Socrate, ils apparaissent seulement en 150 d 5 et 151 a 5. C'est donc *du fait de Théodore* que nous discutons du progrès philosophique de cette façon, et c'est aussi *de son fait* que Socrate se trouve ainsi désigner le progrès de ses amis. Théodore considère que Socrate est, lui aussi, un professeur des études nouvelles, même si Socrate ne nous trompe pas puisqu'il nie prendre part à une telle pratique. Le vrai Socrate ne peut donc parler des progrès que ses élèves font à son contact que dans ce contexte précis. Par conséquent, il me semble que c'est seulement dans le contexte particulier du *Théétète* qu'un tel passage peut apparaître. Si l'auteur de *Théagès* 129e-130e a emprunté sa langue et ses idées à Platon, la source doit donc en être le *Théétète*. Mais de quelle version du *Théétète* s'agit-il ?

Le *Théétète* est un dialogue qui a existé sous plus d'une forme. Le commentateur anonyme (III, 27-37) a connu un autre prologue et il voit, en outre, que le dialogue suit une route sinueuse[1]. Notre prologue parle d'un processus d'amélioration (143 a 1-5), pendant lequel Euclide a consulté Socrate à plusieurs reprises sur ses révisions du texte, bien qu'une telle consultation ait été impossible en raison de la date dramatique du dialogue, à savoir 399 avant J.C. (cf. *Théét.*, 210 d 1-3). La conclusion (210 d 1-4) promet une autre discussion, qu'il s'agisse de l'*Euthyphron* qui suit dans l'ordonnancement d'Aristophane de Byzance (Diogène Laërce, III, 62), ou du *Sophiste* qui suit dans celui de Thrasylle et des autres[2]. Selon Holger Thesleff, le dialogue a été révisé et transformé d'une forme narrative à une forme dramatique[3], et j'estime, pour ma part, avoir établi, par des méthodes stylométriques, que le dialogue présente un vocabulaire commun qui est caractéristique des dialogues narratifs[4]. En outre, jusqu'en 184 b, le style du dialogue est très proche de celui de la plus grande part de la *République*, mais, après 184 b, et assurément après 191 b, son style est beaucoup plus proche de celui du *Sophiste*. Il faut donc considérer la possibilité que le *Théétète* ait été révisé sous plusieurs aspects.

1. Je pense en effet que le sujet du verbe en Anon., *in Tht.*, III, 43-46 (εἶτα ἐπεὶ εἶχεν πολλὰ ἄγκυλα προσέθηκεν τὸ προοίμιον) est le dialogue, qui a plusieurs articulations (ἄγκυλα).

2. Voir Diogène Laërce, III, 58 et *Sophiste*, 216 a 1-4.

3. H. Thesleff, *Studies in Platonic Chronology*, Helsinki, Societas Scientarum Fennica, 1982, p. 83-87, p. 125-7 et p. 152-7 ; voir aussi, du même, *Platonic Patterns : A Collection of Writings by Holger Thesleff*, Las Vegas, Parmenides Publishing, 2009.

4. H. Tarrant, « The *Theaetetus* as a Narrative Dialogue ? » dans N. O'Sullivan (ed.), *Proceedings of the Australasian Society for Clasical Studies* (ASCS) 31, 2010, disponible en ligne à l'adresse suivante : <http : //classics.uwa.edu.au/ascs31/Tarrant.pdf>.

Comme je l'ai avancé plus tôt, l'histoire d'Aristide dans le *Théétète* est une digression par rapport au passage qui porte sur l'obstétrique de Socrate. Cette digression est insérée entre les deux occurrences de l'expression « ceux qui me viennent fréquenter » (οἱ ἐμοὶ συγγιγνόμενοι) en 150 d 2 et 151 a 5-6. Il me semble donc tout à fait possible de considérer qu'il y a eu autrefois un passage plus long quelque part dans le dialogue dont nous n'avons aujourd'hui qu'un bref sommaire. Ce passage a disparu dans l'état final du texte, mais il a été repris dans le *Théagès*. Dans le *Théagès*, l'auteur ne veut pas falsifier la pensée de Platon, mais au contraire préserver un passage abandonné dans un contexte nouveau où il vient précisément de faire allusion à deux passages de l'*Apologie*[1]. Le grand problème que pose cette stratégie, me semble-t-il, est celui de la perte du contexte initial et le fait qu'ainsi nous ne pouvons plus comprendre comment la terminologie de la συνουσία et du progrès appartient au monde de Théodore bien plus qu'à celui de Socrate. Dans la conclusion du *Théagès* nous trouvons en fait une conclusion du *Théétète* qui a été abandonnée, conclusion où Théodore demande à Socrate de devenir le professeur de Théétète. Socrate explique encore une fois qu'il peut ni découvrir ni enseigner quoi que ce soit.

À l'attention de ceux qui pourraient penser que je n'ai présenté là qu'une histoire vraisemblable de l'évolution du *Théagès*, il faut ajouter que le début du dialogue emploie le vocabulaire du *Premier Alcibiade*, mais que la fin ne ressemble à rien plus qu'à l'*Apologie*. Lorsque j'ai analysé quarante-sept termes du vocabulaire commun des dialogues socratiques (par *factor analysis*[2]), les groupes suivants se sont dégagés.

1. Les deux passages sont *Apologie*, 19 e-20 a et 31 d : voir *Théagès*, 127 e 8-128 a 7 et 128 d 2-5.

2. Les termes choisis font partie des 200 mots les plus communs des dialogues socratiques : ils apparaissent à une fréquence plus élevée, que ce soit dans les deux *Alcibiade* et *l'Hipparque*, ou dans les deux *Hippias* et *l'Ion*, que dans les dialogues socratiques les plus célèbres (*Euthyphron, Apologie, Criton, Charmide, Lachès, Euthydème, Ménon, République* I).

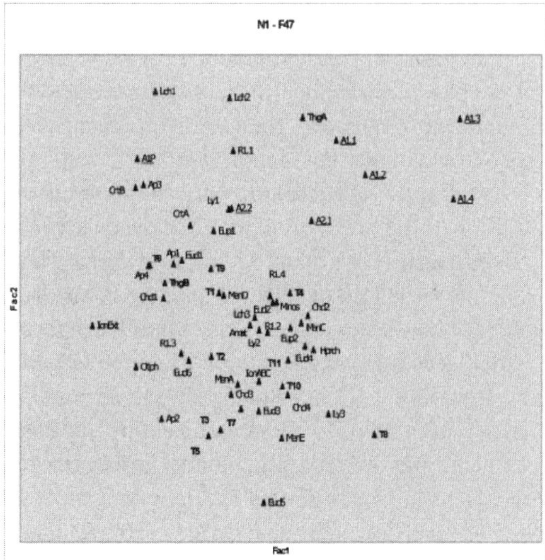

FIGURE 1

Les dialogues sont ici divisés en blocs de 2000 mots, ou parfois en blocs correspondant aux jointures naturelles de l'argument. Le *Théagès* est lui divisé en deux moitiés autour de 126 c 2. Comme le montre la figure 1, le premier bloc (ThgA) a une grande proximité avec le *Premier Alcibiade* (dont les blocs sont désignés par A1.1, A1.2, A1.3, A1.4)[1] et le premier bloc du *Deuxième Alcibiade* (A2.1). Le dernier bloc du *Théagès* (ThgB), en revanche, est proche des dialogues authentiques, non loin du premier et du quatrième blocs de l'*Apologie* (Ap1, Ap4), des premier, sixième et neuvième blocs du *Théétète* (T1, T6, T9), des premiers blocs du *Charmide* et de l'*Euthydème* (Chd1, Eud1) et de la discussion de Socrate avec Anytos dans le *Ménon* (MenD). Bien sûr, certains autres résultats ne sont pas aussi clairs que les résultats précédents, mais voici cependant, représentés dans la Figure 2, les résultats de l'analyse de vingt-cinq termes communs[2] :

1. Une autre partie du *Premier Alcibiade* (119 a-124 b), que le commentateur Olympiodore a nommé « protreptique », semble différente et elle a été nommée A1P. Les blocs A1.1-4 recouvrent tout le reste du dialogue.

2. Ces termes, choisis parmi les 200 mots les plus communs des dialogues socratiques, ont une fréquence plus élevée dans les dialogues socratiques les plus célèbres que dans les deux *Alcibiade* et l'*Hipparque* ou que dans les deux *Hippias* et l'*Ion*.

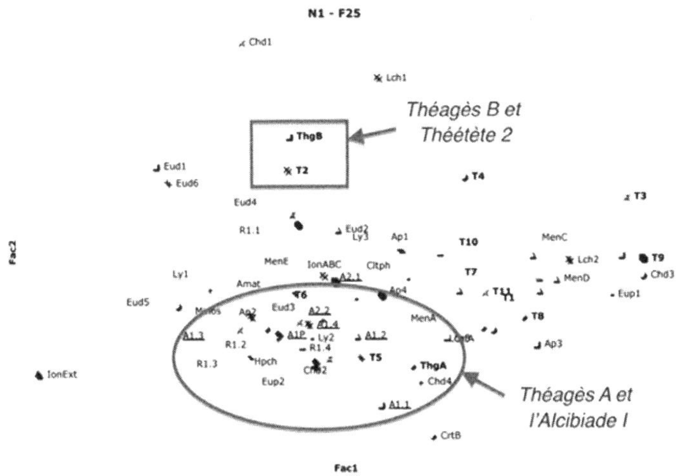

FIGURE 2

Il ressort clairement de ces résultats que, entre le premier bloc du *Théagès* et trois blocs du *Premier Alcibiade*, la proximité demeure et que le second bloc du *Théagès* est proche de certains blocs des dialogues authentiques, et notamment du deuxième bloc du *Théétète* (T2), celui dans lequel on trouve précisément la discussion sur l'obstétrique de Socrate.

En somme, l'auteur du *Théagès* cherche à imiter Platon et tente de conserver un passage abandonné qui traite de l'enseignement socratique. Il l'introduit dans un contexte nouveau, dans lequel il oublie que le vocabulaire du progrès et de la συνουσία appartient à Protagoras et à son ami Théodore, et qu'il est étranger aux entretiens socratiques, car ceux qui progressent avec Socrate le font grâce au divin.

CONCLUSION : DE L'ANCIENNE ACADÉMIE A L'ACADÉMIE SCEPTIQUE

Ceux qui ont acquis les livres de Platon ont introduit parmi ceux-ci des dialogues inauthentiques. La plupart de ces dialogues dépeignent Socrate – le Socrate des dialogues de jeunesse – avec des hommes plus jeunes, employant les techniques *peirastiques* ou *maïeutiques* comme les désignaient les anciens. Bien qu'ils contiennent souvent des matériaux et des conceptions platoniciennes ou à tout le moins socratiques, ce sont à d'autres auteurs que revient la paternité de ces dialogues. Du fait de l'idéologie de l'Académie hellénistique, qui met en avant le rôle de l'*érôs* académique[1] et qui considère que les vrais philosophes sont des hommes inspirés et divins, le Socrate qu'on rencontre dans ces dialogues est un enseignant amoureux et presque divin, mais aussi un adversaire formidable dans l'art du débat, défendant des thèses un peu étranges. En tant qu'adversaire, ce Socrate peut employer des techniques éristiques ou *anatreptiques*, mais aussi des arguments justes ou *endeictiques*. C'est dans le *Théétète*, me semble-t-il, que ces auteurs ont trouvé un manuel de l'art du débat.

Plusieurs témoignages montrent donc que le *Théétète*, dont nul ne peut douter qu'il fut crucial dans la résurgence du platonisme aporétique sous Arcésilas, était déjà important pour les académiciens de l'école de Xénocrate ou au moins pour ceux de l'école de Polémon. Une fois encore, la philosophie s'est vu recentrée de la contemplation du ciel étoilé à l'intérêt pour ce monde et s'est trouvé « resocratisée » sous l'impulsion de Polémon qui s'intéressait principalement à l'éthique. Il semble qu'en outre on se soit mis à analyser les espèces de discours socratique, non seulement comme des exercices académiques mais également comme les principaux outils du philosophe. La philosophie d'Arcésilas est donc devancée et préparée par celle de ces prédécesseurs, en particulier par l'étude herméneutique de textes tels que le *Théétète.* Aussi n'était-il pas difficile d'employer ce dialogue pour défendre les thèses du scepticisme contre les attaques des stoïciens.

1. Sur l'Académie de Polémon, voir H. Tarrant, « Socratic Synousia? », art. cit., et « Piecing together Polemo », art. cit.

LES STOÏCIENS DU *THÉÉTÈTE* LA CAUSALITÉ DES CORPS ET L'INEXISTENCE DES ACTES*

Arnaud MACÉ

Pourquoi Clément d'Alexandrie, lorsqu'il mentionne la théorie stoïcienne de la causalité, en vient-il à dire que l'activité elle-même, l'ἐνεργεία, est incorporelle ? Quelle étrange intuition le pousse en effet à associer à une théorie qui rend à la causalité toute sa dimension active[1] et aux réalités corporelles le privilège d'agir, l'idée que l'acte même par lequel ces corps se signalent serait un incorporel, et par conséquent ne participerait pas au mode d'existence qui fait de ces mêmes corps des réalités fondamentales ? Cela est d'autant plus étonnant que la liste canonique des incorporels stoïciens, qui comprend le vide, le lieu, le temps et les dicibles, ne comprend pas l'action, qui est traditionnellement une forme de mouvement, pour reprendre l'un des sens aristotéliciens de l'ἐνεργεία[2],

* Je tiens à remercier Thomas Bénatouïl pour les échanges que nous avons eus à propos de ce texte, qui leur doit beaucoup, tant en riches suggestions qu'en difficultés vaincues. Dimitri El Murr m'a offert l'occasion de l'écrire et, par l'acuïté de sa lecture, m'a permis de l'améliorer en bien des points.

1. Cette idée a été mise en évidence par Michael Frede (« The Original Notion of Cause », dans J. Barnes, M. Schofield and M. Burnyeat (eds), *Doubt and dogmatism: studies in Hellenistic epistemology*, Oxford, Oxford University Press, 1980, p. 217-249), qui insiste du reste sur le témoignage de Clément dans cette perspective.

2. *Metaph.* 1048b6-9 : « On ne dit de toutes choses qu'elles sont en acte dans le même sens, sinon par analogie [...], car l'acte se dit en effet soit comme mouvement par rapport à la puissance, soit comme réalité par rapport à une matière » (λέγεται δὲ ἐνεργείᾳ οὐ πάντα ὁμοίως ἀλλ ᾿ἢ τῷ ἀνάλογον, [...] τὰ μὲν γὰρ ὡς κίνησις πρὸς δύναμιν τὰ δ ᾿ὡς οὐσία πρός τινα ὕλην).

auquel correspond du reste l'usage que Clément fait du terme : il s'agit bien du faire, de la mise en œuvre, par opposition à une simple disposition au repos[1]. Nous voudrions, dans le présent article, à défaut d'être en mesure de le ramener à sa cause prochaine, donner au moins au surgissement de cette étrange doctrine de l'incorporéité de l'acte la compagnie d'un précédent. Dans le *Théétète* de Platon, une théorie de l'inexistence des actes est attribuée à des personnages que l'on désigne comme des non-initiés à la doctrine secrète de Protagoras. Or ceux-ci sont précisément décrits comme des gens qui réduisent l'existence à la corporéité, à ce qui peut être touché, et déclarent que les actions (πράξεις) sont invisibles et inexistantes. Leur réduction de l'existence à ce qui peut être touché fait d'eux les jumeaux des fils de la Terre du *Sophiste*, auxquels on a souvent comparé les stoïciens[2].

Nous n'entendons pas établir ce précédent en chaînon manquant d'une histoire, ni au sens d'une influence réelle du *Théétète* sur l'élaboration de la doctrine stoïcienne de la causalité, ni même au sens d'une comparaison explicite faite par Clément entre le *Théétète* et la doctrine stoïcienne : nous n'avons pas la preuve directe que les stoïciens aient utilisé le *Théétète* pour construire leur théorie de la causalité ni qu'ils aient affirmé, à l'instar des non-initiés du *Théétète*, l'incorporéité des actes; nous n'avons pas non plus de preuve formelle que Clément pense à ce passage du *Théétète* en décrivant la doctrine stoïcienne, et attribue explicitement aux stoïciens la doctrine des non-initiés sur l'inexistence des actes tout simplement parce que ceux-là tiendrait par ailleurs une doctrine similaire sur la nature corporelle de l'existence. Nous avons au contraire toutes les raisons d'être prudents lorsque nous croyons reconnaître derrière des citations platoniciennes de Clément, par exemple celle qui se rapporte aux fils de la Terre du *Sophiste*, une allusion aux stoïciens[3].

1. L'activité est synonyme du faire : κτίσις δὲ συνωνύμως καὶ ἐνέργεια λέγεται, *Strom.*, IV, 14, 96, 2, 3-5. Pour l'opposition entre la disposition et l'activité, voir *Strom.* VII, 11, 66, 2, 3-4 : ἕξις γὰρ ἡ φρόνησις, οὐδεμία δὲ ἐνέργεια ἕξις. Dans l'ensemble de la présente étude, nous traduisons Clément à partir de l'édition Stählin, Früchtel et Treu, Berlin, Akademie Verlag, 1960-1970. Sauf indication spécifique, les traductions de Platon sont les nôtres, à partir de l'édition Burnet, dans la collection *Oxford Classical Text*.

2. Sur cette comparaison, voir les articles de Jacques Brunschwig, « La théorie stoïcienne du genre suprême », dans J. Barnes and M. Mignucci (eds), *Matter and Metaphysics : fourth Symposium Hellenisticum*, Napoli, Bibliopolis, 1988, p. 19-128, et de Katja Vogt, « Sons of the Earth : Are the Stoics Metaphysical Brutes ? », *Phronesis*, 54, 2, 2009, p. 136-154.

3. Cela reste en effet un sujet d'étonnement que de constater que le passage de Clément (*Strom.*, II, 4, 15) où ce dernier fait usage, contre les incrédules (οἱ ἄπιστοι), de la description platonicienne des fils de la Terre, ait pu rejoindre les fragments des Stoïciens (SVF II 359). Clément attribue lui-même sa citation à Platon, qu'il nomme explicitement et dont il cite non

Nous ne pourrons faire mieux que de donner une simple probabilité à la deuxième version de ce scénario historique, celle du rapprochement opéré par Clément entre les deux thèses. Cette probabilité n'est pas tout à fait nulle, du reste, dans un contexte historique où le *Théétète* est fort impliqué dans les controverses entre académiciens et stoïciens, comme en témoignent les polémiques à l'encontre du stoïcisme présentes dans le Commentaire anonyme du *Théétète*, tout particulièrement celles qui font usage des doctrines du flux tirées de la doctrine secrète de Protagoras [1]. Il ne serait guère étonnant que l'on ait cherché à discuter les doctrines d'une école qui affirmait s'inspirer d'Héraclite [2] à l'aide du dialogue de Platon où une doctrine « héraclitéenne » du flux semblait avoir été développée pour donner un fondement à l'épistémologie de Protagoras. Malgré ce faisceau d'indices historiques et le caractère de probabilité qu'il nourrit, nous nous en tiendrons néanmoins par prudence à exprimer ce rapprochement en termes de similarité structurelle, constatant dans le *Théétète* et dans le texte de Clément l'éclosion conjointe d'une doctrine de l'inexistence des actes et d'une ontologie de la corporéité.

Il faut ajouter un élément troublant à cette comparaison. Clément fait resurgir l'idée d'une incorporéité des actes, synonyme de renoncement à l'existence au sens corporel du terme, que seuls les non-initiés à la doctrine secrète du *Théétète* avaient portée avant lui, alors même qu'il produit aussi une description de la théorie stoïcienne de la causalité en termes de

seulement la présentation des fils de la Terre (*Strom.*, II 4, 15, 1, 1-3, 1 = *Soph.* 246 a 7-b 1) mais encore celle des Amis des Formes (*Strom.*, II 4 15, 2, 1-3, 3 = *Soph.*, 246 b 6-8). S'il n'est donc guère envisageable de faire de cette citation un fragment stoïcien, il ne l'est guère plus d'en faire une référence particulière aux stoïciens : Clément y affirme que la foi seule permet d'accéder aux principes premiers de l'univers, qui ont par conséquent été ignorés par un Thalès, lequel « tenait l'eau pour la cause première », avant d'élargir cette accusation à tous les Grecs, y compris Anaxagore, qui, malgré sa clairvoyance à placer l'esprit au-dessus des choses, n'a pas connu la cause créatrice (II 4, 14, 2). C'est cette ignorance là qui peut être comparée à la façon dont les fils de la Terre tentent de faire descendre sur celle-ci tout ce qu'il y a dans le ciel. C'est pour cette raison que Clément cite Matthieu en 14, 3 : « Ne vous donnez pas le nom de maître sur terre ». Épicure est cité à son tour quelques lignes plus bas. Dans ce contexte, l'absence de référence explicite aux stoïciens permet même de dire que Clément ne pense pas de prime abord aux stoïciens lorsqu'il lit ce passage du *Sophiste*.

1. Sur la façon dont l'Anonyme traite les réponses stoïciennes à l'*auxanomenos logos* (« l'argument de croissance » ou « de l'homme qui croît »), voir les analyses de Mauro Bonazzi dans « The Commentary as Polemical Tool : The Anonymous Commentator on the *Theaetetus* against the Stoics », *Laval théologique et philosophique*, 64, 3, 2008, p. 597-605 : p. 599-601. Voir également sa contribution à ce même volume.

2. Sur les stoïciens et Héraclite, voir A.A. Long, « Heraclitus and Stoicism » dans *id.*, *Stoic studies*, Berkeley, University of California Press, 2001, p. 35-57.

causalité conjointe des corps se donnant l'un à l'autre un effet identique ou des effets jumeaux, laquelle manifeste elle aussi des affinités structurelles avec la théorie secrète du devenir que défendent les initiés du *Théétète*. Tout se passe donc comme si les stoïciens, dans le portrait qu'en dresse Clément, ressemblaient en même temps à des initiés et à des non-initiés aux Mystères du devenir. Cet inconfort rappelle du reste l'hésitation que l'on ne peut manquer d'avoir lorsque l'on compare les stoïciens à ces autres personnages platoniciens que sont les fils de la Terre : ressemblent-ils aux fils de la Terre dans leur version la plus brute ou dans une version raffinée [1] ? Nous tenterons de donner un sens à cette atopie, en commençant par considérer ce qui fait ressembler les stoïciens de Clément aux initiés du *Théétète*, avant de constater que, lorsque l'on projette ainsi les stoïciens dans l'espace conceptuel du *Théétète*, les non-initiés finissent par s'inviter aux Mystères, en provoquant de ce fait la rencontre saisissante d'un modèle affiné de causalité partagée et d'une théorie plus brutale de l'inexistence des actes. Il faudra finalement nous demander si la façon dont Clément relie à des thèses étiologiques et ontologiques que l'on peut reconnaître comme stoïciennes celle de l'inexistence de l'acte constitue une piste d'évolution dont on pourrait trouver les conditions au sein même de la doctrine stoïcienne, ou plutôt un rêve éveillé dont il faut tenir Clément pour seul responsable.

DEUX POINTS DE COMPARAISON ENTRE LES MYSTÈRES DU *THÉÉTÈTE* ET LA DOCTRINE STOÏCIENNE DE LA CAUSALITÉ

L'émancipation des patients et le partage de l'effet

Comme le rapporte Diogène Laërce, les stoïciens auraient pensé « qu'il y a deux principes de toutes choses (ἀρχὰς εἶναι τῶν ὅλων δύο), celui qui

1. Ainsi pour Jacques Brunschwig, « La théorie stoïcienne du genre suprême », art. cit., les stoïciens sont semblables à des fils de la Terre qui auraient accepté la discussion, tels les plus dociles d'entre eux, tout en restant fidèle à la position des plus brutaux qui la refusent. Dans le texte de Platon, les fils de la Terre qui acceptent la discussion se voient immédiatement proposer un certain nombre d'objets pour voir s'ils les disent corporels : 1) les vivants mortels, 2) le corps animé, 3) l'âme, 4) les dispositions de celle-ci. Les stoïciens auraient maintenu la corporéité et l'existence de ces quatre objets, tandis que les fils de la Terre admettent l'incorporéité de 4) sans oser en nier l'existence. Katja Vogt, « Sons of the Earth », art. cit., p. 142-143, donne à cette brutalité quelque raffinement en avançant l'idée que le critère stoïcien de corporéité est néanmoins plus subtil que celui qui est avancé par les fils de la Terre, à savoir celui de la tangibilité. C'est un point décisif pour notre discussion, auquel nous revenons dans la dernière partie de cet article.

est agent et celui qui est patient (τὸ ποιοῦν καὶ τὸ πάσχον) »[1]. Si Diogène évoque ici les principes cosmiques, celui qui est purement actif et celui qui est purement passif[2], il reste que les stoïciens semblaient étendre le critère de l'agir et du pâtir à toutes les choses participant de la réalité corporelle qui tiennent leur causalité du fait qu'elles sont traversées par la souffle cosmique[3]. Si, comme le rapporte Cicéron, Zénon pensait que « ce qui est sans corps » ne saurait être « agent de quoi que ce soit » et que « rien ne peut agir ou pâtir qui ne soit un corps »[4] et si, comme le rapporte Alexandre d'Aphrodise, les stoïciens affirmaient que l'être ne se dit qu'en référence aux seuls corps (τὸ ὄν κατὰ σωμάτων μόνων λέγεσθαι)[5], il en résulte donc qu'il faut placer hors de l'être les choses qui ne sauraient agir et pâtir, et faire de l'agir et du pâtir, non pas la définition, mais le critère de l'être. Les stoïciens adoptent ainsi une description de la réalité qui trouve son origine dans les dialogues de Platon : il s'agit de la délimitation du domaine de ce qui est, dans le *Sophiste*, par le fait « d'avoir la puissance d'agir ou de pâtir même dans la plus petite mesure (τοῦ πάσχειν ἢ δρᾶν καὶ πρὸς τὸ σμικρότατον δύναμις) »[6], ou encore, de l'idée, développée dans le *Théétète*, qu'il n'y a qu'une réalité en mouvement, qui se divise immédiatement en deux espèces, celle qui a la puissance d'agir et celle qui a la puissance de pâtir (δύναμιν δὲ τὸ μὲν ποιεῖν ἔχον, τὸ δὲ πάσχειν)[7]. Si les corps sont censés pouvoir agir et pâtir, s'ils se signalent par là-même

1. *Vit.*, 7, 134.1-3 = SVF II, 300 = LS 44B.

2. *Vit.*, 7, 134.2-4 : τὸ μὲν οὖν πάσχον εἶναι τὴν ἄποιον οὐσίαν τὴν ὕλην, τὸ δὲ ποιοῦν τὸν ἐν αὐτῇ λόγον τὸν θεόν· τοῦτον γὰρ ἀΐδιον ὄντα διὰ πάσης αὐτῆς δημιουργεῖν ἕκαστα. « Le patient est la réalité sans qualité, la matière ; l'agent est la raison à l'œuvre en elle, le dieu : celui-ci, étant éternel, est l'artisan, à travers elle tout entière, de chaque chose. »

3. Sur le fait qu'il n'y a, à strictement parler, qu'une causalité divine qui se diffuse à travers tous les corps individuels, voir les explication de K. Vogt, « Sons of the Earth », art. cit., p. 139.

4. Cicéron, *Académiques*, I, 39 = SVF 1, 90 = LS 45A : *quidquam effici posse ab ea quae expers esset corporis... nec vero aut quod efficeret aliquid aut quod efficeretur posse non corpus.*

5. *In Top.*, 301.22-23 = SVF II, 329 = LS 27 B.

6. *Soph.*, 248 c 4-5. La différence est bien sûr que les stoïciens limitent l'interaction à ce qui corporel, tandis que l'étranger du *Sophiste* l'étend aussi aux êtres immatériels que sont les âmes et les objets de pensée. Katja Vogt conteste la comparaison traditionnelle du critère stoïcien de l'agir et du pâtir avec la définition de l'être comme puissance dans le *Sophiste*, en alléguant que le critère stoïcien n'est pas une définition de l'être (« Sons of the Earth », art. cit., p. 143). Nous soutenons ce rapprochement en affirmant à rebours que la définition du *Sophiste* n'en est pas une non plus : l'Étranger n'énonce rien de plus qu'un critère pour reconnaître une chose qui est lorsque l'on en croise une (voir, sur ce point, A. Macé, *Platon, philosophie de l'agir et du pâtir*, Sankt Augustin, Academia Verlag, 2006, p. 136-139).

7. *Théét.*, 156 a 6-7.

comme des réalités, il reste à savoir comment cette interaction doit être décrite. Ce qui est très frappant dans la théorie stoïcienne de la causalité, c'est qu'elle semble renoncer à un aspect fondamental de la description platonicienne standard des interactions, à savoir le fait que l'activité des agents soit cause de la passivité des patients. Chez Platon, un acte, une *praxis*, est l'unité d'un agir et d'un pâtir, du couper et de l'être coupé, unité indissociable et orientée : tout agir implique un pâtir dont il est la cause.

> Si un agent fait une action, n'est-il pas nécessaire qu'il y ait quelque chose qui soit le patient de l'action de cet agent ? (ἆρα εἴ τίς τι ποιεῖ, ἀνάγκη τι εἶναι καὶ πάσχον ὑπὸ τούτου τοῦ ποιοῦντος…) […] Si on frappe, n'est-il pas nécessaire que quelque chose doive être frappé ? (εἴ τις τύπτει, ἀνάγκη τι τύπτεσθαι…) […] Si on brûle, ne faut-il pas qu'il y ait quelque chose qui doive être brûlé ? (εἰ κάει τις, ἀνάγκη τι κάεσθαι…) […] Si on coupe, le raisonnement est le même : il y a en effet quelque chose de coupé (εἰ τέμνει τι, ὁ αὐτὸς λόγος… τέμνεται γάρ τι). (*Gorgias*, 476 b 2-5, b 7, c 3-4 et c 6-7)

Ce passage du *Gorgias* établit la liaison nécessaire de l'agent et du patient, celle de l'agir de l'un et du pâtir de l'autre, ainsi que la causalité du premier sur le second[1]. Au contraire de cette unité orientée, les stoïciens semblent avoir voulu éviter l'idée que le couper du couteau soit cause de l'être coupé de la chair. Tout se passe comme si les patients accédaient alors à un statut d'égalité étiologique avec les agents. C'est à Clément d'Alexandrie que l'on doit la formule la plus claire de ce point de vue : « les causes ne sont pas causes les unes des autres, mais causes les unes pour les autres (ἀλλήλων οὐκ ἔστι τὰ αἴτια, ἀλλήλοις δὲ αἴτια)[2]. » Cette présentation des choses affecte en effet profondément la représentation que l'on peut se faire des deux couples, celui de l'agent et du patient, d'un côté, celui de l'agir et du pâtir, de l'autre. Elle l'affecte tout d'abord en exigeant que l'on traite ces deux couples séparément : d'un côté, les corps qui interagissent, de l'autre, leur agir et leur pâtir. Six exemples sont évoqués : respectivement celui de la disposition de la rate et de la fièvre, celui des vertus, celui des pierres de la voûte, celui du maître et du disciple, celui du grossiste et du détaillant, celui du couteau et de la chair. Le premier exemple est l'occasion de voir comment une représentation linéaire de la causalité, avec par exemple du feu qui serait cause de la fumée, ou de la

1. Voir nos analyses dans *Platon, philosophie de l'agir et du pâtir*, *op. cit.*, p. 20-23. On établit aussi dans ce passage l'interconnexion des modalités de l'action faite et de l'action subie, toujours sous l'égide du pôle actif.

2. *Strom.*, VIII, 9, 30, 1, 1 = SVF II, 349 = LS 55D.

chaleur qui serait cause de la fièvre, peut être reformulée de telle sorte que l'on distingue le niveau des effets de celui des causes :

> En effet, la préexistence d'une disposition de la rate n'est pas une cause de la fièvre (ἡ γὰρ σπληνικὴ διάθεσις προϋποκειμένη οὐ πυρετοῦ αἴτιος), mais cause de l'apparition de la fièvre (ἀλλὰ τοῦ γίνεσθαι τὸν πυρετόν) ; et la fièvre préexistante n'est pas cause de la rate, mais du renforcement de la disposition (καὶ ὁ πυρετὸς προϋποκείμενος οὐ σπληνός, ἀλλὰ τοῦ αὔξεσθαι τὴν διάθεσιν)[1]. (*Stromates*, VIII 9, 30, 1, 1-2, 1)

Clément distingue deux réalités corporelles : la disposition de la rate et la fièvre. Il fait en outre intervenir une dimension temporelle qui rend d'autant plus tentant de penser que l'un des corps est cause de l'autre : supposons, effet, que la disposition soit présente avant (προϋποκειμένη) la fièvre, ne pourrait-on être tenté de penser qu'elle en est la cause ? Même dans ce cas, il faudra dire qu'elle n'est cause que de son « apparaître ». Supposons en retour que la fièvre ait précédé l'aggravation d'une condition pathologique, il ne faudra pas dire non plus que cette nouvelle condition est en quelque façon l'effet de la fièvre : cette dernière n'est la cause que de l'« augmenter » de celle-là. On peut résumer ainsi ces deux cas dans le tableau suivant, selon que l'on considère le cas où la disposition de la rate précède la fièvre ou bien celui où, au contraire, celle-ci précède celle-là.

Position seconde / Position de préexistence	Disposition de la rate	Fièvre
Fièvre	Renforcement de la disposition	X
Disposition de la rate	X	Venue à l'être de la fièvre

Les deux causalités, en elles-mêmes linéaires et indépendantes, forment un trajet circulaire : on a un schéma qui explore une causalité réciproque où A est cause pour B d'un effet C, et B à son tour cause pour A d'un effet D – de telle sorte que l'on puisse imaginer que l'effet D entraîne un effet en retour sur C : la disposition renforcée devient davantage capable d'agir sur l'apparition de la fièvre. Cette circularité, entre des causalités réciproques et successives qui restent pourtant différentes, constitue le premier pas d'une gradation qui va nous mener à penser des formes de plus

1. Sur les maladies de cette zone qui se trouve sous le diaphragme, l'*hypokhondros*, voir Hippocrate, *Pronostic*, VII.

en plus partagées de causalité. Les exemples qui suivent envisagent non plus une causalité réciproque dont les actions sont différentes et par conséquent éventuellement décalés dans le temps, mais une causalité tout à fait partagée où les agents partagent le même acte et produisent ensemble un même effet, simultané.

> De la même façon, les vertus sont causes les unes pour les autres, grâce à leur consécution réciproque, du « ne pas être séparé » (οὕτως καὶ αἱ ἀρεταὶ ἀλλήλαις αἴτιαι τοῦ μὴ χωρίζεσθαι διὰ τὴν ἀντακολουθίαν); et les pierres de la voûte sont causes les unes pour les autres du prédicat « demeurer » (καὶ οἱ ἐπὶ τῆς ψαλίδος λίθοι ἀλλήλοις εἰσὶν αἴτιοι τοῦ μένειν κατηγορήματος), mais ne sont pas causes les unes des autres (ἀλλήλων δὲ οὐκ εἰσὶν αἴτιοι); le maître et le disciple sont causes l'un pour l'autre du prédicat « faire des progrès » (καὶ ὁ διδάσκαλος δὲ καὶ ὁ μανθάνων ἀλλήλοις εἰσὶν αἴτιοι τοῦ προκόπτειν κατηγορήματος). (*Stromates*, VIII, 9, 30, 2, 1-3, 1)

Mieux que la circularité par laquelle deux corps se donneraient l'un à l'autre, réciproquement, des effets différents, les corps semblent désormais les agents d'un acte unique qu'ils se donnent simultanément les uns aux autres. L'unité d'action succède à la réciprocité des effets différenciés. Si les corps ne sont pas causes les uns des autres, il semble naturel en effet que l'on cesse de distinguer parmi eux des agents et des patients subordonnés à l'action de ceux-ci. La position d'agent et de patient deviennent indistinctes : il n'est plus question d'antécédence, ni même de distinguer en quoi que ce soit l'ascendant de l'un des pôles sur l'autre – ils sont aussi indistincts que l'acte commun qu'ils se donnent les uns aux autres. En outre, ce qu'ils se donnent est désormais moins un effet que l'un donnerait à l'autre, qu'un acte qu'ils initient ensemble.

On pourrait objecter que les deux premiers exemples sont bel et bien ceux d'une action simultanée, statique, d'agents concourants dans la même action immobile, et comme structurelle, des choses qui tiennent ensemble, et que l'on aurait du mal à étendre cela au cas plus linéaire où, par exemple, une disposition pathologique entraîne l'apparition d'une fièvre. Pourtant, l'ambition semble bien être de faire de ce modèle statique le paradigme pour penser d'autres modes d'action. Pourquoi sinon évoquer ce troisième exemple, celui de l'interaction du maître et de l'élève, exemple dont on se sert traditionnellement pour faire paraître de la manière la plus nette la différence de potentiel entre la cause et l'effet, entre l'agent et le patient, entre l'action du premier et la passivité du second?[1] Or il nous faut désormais penser que le « faire des progrès » est un acte commun que le maître et l'élève se donnent l'un à l'autre, à la façon dont les pierres de la voûte sont causes de leur non-séparation. Cette relation causale emblématique d'une conception inégalitaire et asymétrique du rapport de causalité est ici intégrée à une forme de causalité non seulement réciproque, mais en outre caractérisée par le partage de l'acte et de l'effet. Devra-t-on dès lors penser que le maître progresse lui aussi à chaque fois qu'il fait progresser un élève? La question est de savoir si, pour partager un acte simultané, on est contraint de penser qu'il ne peut plus être partagé sur un mode qui y distingue encore des effets différenciés. Certes, ce qui est frappant dans le cas des vertus et dans celui des pierres, c'est que l'acte est à la fois commun et simultané – toutes les vertus sont non-séparées, toutes les pierres demeurent –, et en outre, que cette unité s'accompagne d'une neutralisation telle de la différence entre le pôle actif et le pôle passif que l'on ne peut plus distinguer la moindre altérité des effets – toutes les vertus sont également des agents de la même non-séparation, et tout aussi bien également des patients de celle-ci : c'est une chose identique qu'elles se donnent à elles-mêmes.

La question est de savoir si le point commun des trois exemples déjà énoncés est le fait qu'ils présentent des effets à la fois communs, simultanés et neutralisant tout forme d'altérité des effets, ou si par exemple cette dernière condition est optionnelle : est-ce que se donner des effets les uns aux autres suppose toujours que ce soit le même effet? Tous les professeurs et tous les élèves sont-ils contraints de se donner toujours le même effet l'un à l'autre, ou pourrait-on encore envisager des cas où le professeur donne à l'élève quelque chose d'autre que ce que lui-même retire de son activité d'enseigner? Il se trouve que Clément envisage que le fait d'être cause « les uns pour les autres » n'entraîne pas toujours le même effet :

> Et les causes qui sont dites causes les unes pour les autres sont parfois causes des mêmes choses (λέγεται δὲ ἀλλήλοις αἴτια ποτὲ μὲν τῶν αὐτῶν), comme le grossiste et le détaillant sont l'un pour l'autre causes du fait de faire un profit (αἴτιοι τοῦ κερδαίνειν) […]. (*Stromates*, VIII, 9, 30, 3, 1-3)

Le grossiste et le détaillant sont causes l'un pour l'autre d'un effet d'une même nature, à savoir l'avantage qu'ils tirent chacun de leur transaction, tandis que le couteau et la chair se donnent des effets différents :

1. *Banquet*, 175 c 6-e 2.

> [...] parfois causes de choses l'un pour l'autre différentes (ποτὲ δὲ ἄλλου καὶ ἄλλου), comme le couteau et la chair : le couteau est en effet cause pour la chair de l'être coupé (τοῦ τέμνεσθαι), et la chair pour le couteau du couper (τοῦ τέμνειν). (*Stromates*, VIII, 9, 30, 3, 3-5)

Nous voyons revenir ainsi un exemple d'action orientée impliquant un agent et un patient. Il s'agit de l'exemple du couteau et de la chair : Clément avait quelques lignes plus haut mentionné, à propos de la doctrine de Cléanthe et d'Archédème un exemple de coupure, mais qui n'était évoqué que du point de vue de la causalité de l'agent – un cause pouvant être cause du « est coupé » (τοῦ « τέμνεται ») d'un autre corps[1]. La reformulation permet au couple complet de l'agir et du pâtir de paraître. C'est en effet la seule fois, dans le développement de Clément, où nous voyons paraître un exemple complet d'agir et de pâtir comme il y en a tant chez Platon : aimer-être aimé, voir-être vu, frapper-être frappé, brûler-être brûlé, couper-être coupé[2]. Il a fallu un travail préalable qui retire au caractère orienté de l'action sa capacité à fonder le rapport de causalité – l'amour de l'amant faisant l'être aimé de l'aimé – pour qu'agir et pâtir, qui continuent à constituer une relation orientée, où les pôles sont qualitativement hétérogènes, paraissent désormais comme un cas particulier du type d'effets que se donnent l'un à l'autre des corps en interaction. La causalité n'est plus indexée sur le sens de la relation agent-patient : agir et pâtir seront tout simplement un cas d'altérité au sein d'un modèle où les effets sont également partagés, qu'ils soient identiques ou différents. Le patient, s'il reste identifiable comme tel, donne autant à l'agent, d'un point de vue de causalité, que celui-ci lui donne en retour – la chair donne au couteau son couper et le couteau donne à la chair son être coupé. On pourrait ainsi réintégrer les premiers exemples, ceux de la fièvre et de la disposition morbide de la rate. Lorsque la fièvre est responsable de l'« augmenter » de la disposition, on pourra dire qu'elle reçoit de la disposition un « faire augmenter », et lorsque la disposition est responsable d'un départ de fièvre (un « advenir ») de la fièvre, on pourra penser que la fièvre lui offre un « faire advenir ». Agir et pâtir sont le cadeau que les corps se donnent mutuellement l'un à l'autre. L'orientation de l'action n'est plus que la coloration d'une relation fondamentalement égalitaire d'un point de vue étiologique.

Revenons à l'élève et au maître. Si l'exemple, tel qu'il est formulé dans ce texte, avec la comparaison avec les pierres et les vertus, laisse plutôt

1. *Strom.*, VIII, 9, 26, 4, 4 (le passage est cité *infra* p. 282-283).
2. A. Macé, *Platon, philosophie de l'agir...*, *op. cit.*, p. 13-31.

entendre que l'on considère un cas où l'élève et le maître se donnent un effet identique (ils se donnent l'un à l'autre du « faire des progrès »), la réintégration de l'agir et du pâtir au sein de la causalité mutuelle implique que l'on puisse aussi bien ramener à l'égalité de l'échange mutuel un cas où, par hypothèse, le maître donnerait à l'élève un « faire des progrès », alors que lui n'en ferait aucun : il faudrait alors dire, comme pour le couteau, que l'élève donne à son maître le « faire faire des progrès », au moment même où celui-ci lui donne un « faire des progrès ».

	Se donner l'un l'autre des effets
Effet identique	Le « demeurer » des pierres de la voûte, le « ne pas être séparé des vertus », le « tirer avantage » que se donnent l'un à l'autre le grossiste et le détaillant, le « faire des progrès » que se donnent le maître et l'élève.
Effet différent	Couper et être coupé, faire des progrès et faire progresser, faire augmenter la disposition et augmenter, faire advenir la fièvre, advenir, etc.

Le modèle causal auquel nous avons affaire, dont nous avons manifesté à quel point il remet en cause un certain modèle standard d'interaction proposé dans les dialogues platoniciens, présente néanmoins plusieurs traits structurels que l'on peut comparer avec un autre modèle développé aussi au sein de la matrice théorique que sont les dialogues, où la diversité des personnages offre la possibilité de multiplier les dispositifs conceptuels. Or, par la neutralisation du différentiel entre l'agent et le patient et la mutualisation de l'agir et du pâtir conçus comme des rejetons jumeaux que se donnent l'un à l'autre des corps en interaction, le modèle causal attribué aux stoïciens par Clément présente deux traits similaires avec celui qui est proposé par les initiés du *Théétète* – sans, bien sûr, que le partage de ces traits remarquables les rendent tout à fait identiques, puisqu'il demeure des différence très importantes, en particulier le fait que le modèle du *Théétète* est destiné à rendre compte d'une interaction très particulière, l'interaction perceptive, et cela d'une manière peu stoïcienne, puisqu'il s'agit de justifier le relativisme en faisant de chaque perception la mesure d'une vérité particulière. Nous nous en tenons donc au point de vue structural des formes de relations agent-patient mises en œuvre.

L'intuition de considérer des causes et des effets non pas comme les éléments d'une série linéaire, mais comme les éléments de deux séries hétérogènes, celle des agents et patients d'un côté, et celle d'un agir et d'un pâtir qui se déploient à un niveau autonome tout en étant attribués à chacun des corps en interaction, apparaît en effet dans le *Théétète*. Il s'agit de l'ontologie que Socrate prête à ceux qui sont initiés à la doctrine secrète de Protagoras[1]. Leurs thèses fondamentales sont les suivantes :

> le tout est mouvement, et, rien d'autre, à part lui, n'existe (τὸ πᾶν κίνησις ἦν καὶ ἄλλο παρὰ τοῦτο οὐδέν). Il y a deux espèces de mouvement (τῆς δὲ κινήσεως δύο εἴδη), chacune infinie par le nombre (πλήθει μὲν ἄπειρον ἑκάτερον), ayant pour puissance, l'une d'agir, l'autre, de pâtir (δύναμιν δὲ τὸ μὲν ποιεῖν ἔχον, τὸ δὲ πάσχειν). (*Théét.*, 156 a 5-7)

Voilà les deux espèces qui constituent le premier niveau, qui, comme dans le système étagé décrit par Clément, doivent être causes, l'un pour l'autre, d'un rejeton. Les deux rejetons forment un couple qui évolue sur un autre plan.

> De leur rapport et du frottement de celles-ci l'une contre l'autre (ἐκ δὲ τῆς τούτων ὁμιλίας τε καὶ τρίψεως πρὸς ἄλληλα) naissent des rejetons, infinis en nombre mais jumeaux (γίγνεται ἔκγονα πλήθει μὲν ἄπειρα, δίδυμα δέ) : d'un côté le senti (τὸ μὲν αἰσθητόν), de l'autre, la sensation (τὸ δὲ αἴσθησις), celle-ci survenant toujours en même temps que lui et étant engendrée en même temps que le senti (ἀεὶ συνεκπίπτουσα καὶ γεννωμένη μετὰ τοῦ αἰσθητοῦ). (*Théét.*, 156 a 7-b2)

L'Étranger nomme des exemples des deux séries accouplées : d'abord la branche active, celles des sensations (αἱ αἰσθήσεις), celles qui ont un nom, comme les actions de voir (ὄψεις), d'entendre (ἀκοαί), d'exercer son odorat (ὀσφρήσεις), de ressentir le froid (ψύξεις) ou le chaud (καύσεις), actions de ressentir le plaisir (ἡδοναί), la douleur (λῦπαι), le désir (ἐπιθυμίαι) et la peur (φόβοι), sans compter le nombre tout aussi infini des actions qui n'ont pas de nom[2]; ensuite la série correlative de ce qui naît en même temps que chacune des premières (τούτων ἑκάσταις ὁμόγονον) et n'a pas toujours non plus de nom spécifique, les couleurs pour les actions de voir (ὄψεσι μὲν χρώματα), autant de variétés de sons (φωναί), et de choses senties, en un mot de qualités et d'intensités perçues[3]. Les mouvements lents, c'est-à-dire ce que les profanes appellent des corps, qui se rencontrent dans l'interaction perceptive, l'un percevant, l'autre perçu,

1. Sur les détails de cette ontologie, voir la contribution de J. Gosling dans ce volume, et, sur le rapport entre la doctrine secrète et Plotin, celle de S. Magrin.

2. *Théét.*, 156 b 2-7.

3. *Théét.*, 156 b 7-c 3.

deviennent co-auteurs de leurs effets, de la sensation et du senti, engendrés comme deux rejetons jumeaux.

La comparaison structurelle avec le modèle de Clément peut être faite dans les deux sens. On pourrait reformuler le modèle attribué aux stoïciens en disant que les corps lorsqu'ils se rapprochent, se frottent, se « fréquentent » – l'ὁμιλία du *Théétète* offre une manière bienvenue de désigner de façon générale le rapport qu'entretiennent des corps qui ne sont plus dans un rapport inégal où l'un impose son action à l'autre, mais où l'on se croise pour donner lieu à quelque chose qui se situe sur un autre plan – en viennent à engendrer des rejetons jumeaux, tels le couper et l'être coupé, ou le bénéfice que se donnent l'un à l'autre le grossiste et le détaillant. On serait alors amené en retour à reformuler le modèle du *Théétète* à partir du modèle de Clément : le modèle de la gémellité n'y propose en réalité pour ainsi dire que de faux jumeaux, de sexe catégoriel différent (un agir et un pâtir), ce qui correspond, chez Clément, au cas manifestant une altérité relative (celle du scalpel et de la chair) au sein de la causalité mutuelle. Le modèle stoïcien permet quant à lui d'explorer une gamme de gémellité plus raffinée : deux corps peuvent se donner l'un à l'autre de faux ou de vrais jumeaux (le versant actif et le versant passif d'un même acte ou un acte de même nature offert à chacun : couper et être coupé, ou faire chacun profit). Sur le terrain idéal de la comparaison structurale, les jumeaux du *Théétète* s'inscrivent comme un cas particulier des modes de production commune d'effets par des agents indépendants, dont le système déployé par Clément offre une matrice plus riche. Les deux systèmes parviennent à relativiser, sinon tout à fait neutraliser, la différence de l'agir et du pâtir en la comprenant comme une altérité interne à un système de causalité partagée. Mais ce n'est pas le seul point de comparaison.

La délocalisation de l'agir et du pâtir

Le modèle du *Théétète* a en outre sa façon de fonder l'étagement des deux niveaux, celui des corps qui agissent et pâtissent, et celui de leur agir et de leur pâtir, sur deux facteurs. D'une part, un différentiel de vitesse – un aspect qui nous a semblé offrir des possibilités de comparaison structurale avec la physique épicurienne [1] –, d'autre part, sur une différence de rapport à l'espace. Les agents et les patients sont caractérisés par des mouvements

1. Voir A. Macé, « La vitesse de la pensée : sur la pensée épicurienne de la co-affection », dans T. Bénatouïl, V. Laurand et A. Macé (éd.), *Les Cahiers philosophiques de Strasbourg*, 15, 2003, p. 119-165.

lents, plus précisément des translations, alors que l'agir et le pâtir auxquels ils donnent naissance par leur rencontre sont des mouvements rapides. Plus précisément encore, le niveau des agents et des patients et celui des effets sont distingués par le fait que les premiers ont un lieu, où ils trouvent une certaine stabilité, et que les seconds n'en ont pas de fixe, restant toujours en transport :

> Tout ce qui est lent (ὅσον μὲν οὖν βραδύ) maintient son mouvement sur place ou en direction de ce qui vient à sa portée (ἐν τῷ αὐτῷ καὶ πρὸς τὰ πλησιάζοντα τὴν κίνησιν ἴσχει) et c'est de cette façon qu'il engendre (καὶ οὕτω δὴ γεννᾷ), et les choses ainsi engendrées sont plus rapides (τὰ δὲ γεννώμενα οὕτω δὴ θάττω ἐστίν), car elles sont transportées et leur mouvement consiste par nature dans le fait d'être transporté (φέρεται γὰρ καὶ ἐν φορᾷ αὐτῶν ἡ κίνησις πέφυκεν). (*Théét.*, 156 c 8-d 3)

On pourrait trouver dans ce passage quelque chose qui anticipe encore l'émancipation des patients propre au stoïcisme : Socrate ajoute dans le passage qui suit qu'« il n'y a pas quelque chose qui soit agent avant d'avoir rencontré le patient (οὔτε γὰρ ποιοῦν ἐστί τι πρὶν ἂν τῷ πάσχοντι συνέλθῃ), pas de patient avant d'avoir rencontré l'agent (οὔτε πάσχον πρὶν ἂν τῷ ποιοῦντι)[1]. Les rôles d'actif et de passif ne sont pas distribués avant la rencontre[2]. Lorsque deux corps « proportionnés » se rencontrent, ils interagissent, c'est-à-dire qu'ils font naître le fruit rapide de leur brève union dans « l'entre deux » :

> Ainsi lorsqu'un œil (ἐπειδὰν οὖν ὄμμα) et quelque chose parmi celles qui lui sont commensurables, s'étant approchés l'un de l'autre (καὶ ἄλλο τι τῶν τούτῳ συμμέτρων πλησιάσαν), engendrent à la fois la blancheur et la sensation qui croît naturellement avec elle (γεννήσῃ τὴν λευκότητά τε καὶ αἴσθησιν αὐτῇ σύμφυτον) [...], à ce moment précis dans l'entre-deux sont portées (τότε δὴ μεταξὺ φερομένων) d'une part la vision en relation avec les yeux (τῆς μὲν ὄψεως πρὸς τῶν ὀφθαλμῶν), d'autre part la blancheur en relation avec ce qui engendre conjointement la couleur (τῆς δὲ λευκότητος πρὸς τοῦ συναποτίκτοντος τὸ χρῶμα). (*Théét.*, 156 d 3-e 2)

La couleur et la sensation de la couleur ne doivent paraître que dans l'entre-deux : ainsi leur mode d'être sera adéquat au relativisme de Protagoras, chaque perception étant la mesure de la chose à chaque

1. *Théét.*, 157 a 4-6.

2. Sur cette question, voir F.M. Cornford, *Plato's Theory of Knowledge*, London, Routledge and Kegan Paul, 1935, p. 50.

rencontre singulière. Or, Socrate peut décrire cette absence de localisation dans la chose sentante ou sentie comme une façon de ne pas avoir de lieu :

> Ce que tu appelles couleur blanche (ὃ δὴ καλεῖς χρῶμα λευκόν) n'existe pas comme quelque chose de distinct en soi à l'extérieur de tes yeux ou dans tes yeux (μὴ εἶναι αὐτὸ ἕτερόν τι ἔξω τῶν σῶν ὀμμάτων μηδ᾽ἐν τοῖς ὄμμασι), et tu ne peux assigner à celle-ci un lieu quelconque (μηδέ τιν᾽ αὐτῷ χώραν ἀποτάξῃς) – car alors, en effet, elle se maintiendrait sans doute à sa place et y demeurerait et ne viendrait pas à l'être dans le devenir (ἤδη γὰρ ἂν εἴη τε δήπου ἐν τάξει καὶ μένον καὶ οὐκ ἂν ἐν γενέσει γίγνοιτο). (*Théét.*, 153 d 9-e 2)

Si la couleur était localisée, explique Socrate, si elle se trouvait dans ce qui est vu ou dans ce qui voit, elle ne pourrait dès lors plus être différente à chaque rencontre : on assigne la venue à l'être de la couleur au choc, à la rencontre entre l'agent et le patient, par opposition au fait de lui attribuer une place, un lieu, une χώρα. La rencontre ouvre un « entre deux », qui n'est pas un lieu qui s'occupe. Ainsi les qualités et les actes des corps ne sont plus localisés en eux, comme des modifications ou des altérations d'eux-mêmes, il faut les situer au dehors, sans pour autant leur donner une réalité extérieure. L'action et son corrélat qualitatif habitent purement et simplement la rencontre entre deux corps[1].

Or cette dimension de délocalisation des effets produits par la rencontre des corps se trouve aussi dans la théorie de la causalité décrite par Clément, avec, pourrait-on même dire, un tournant radical. Dans le *Théétète*, cette délocalisation ne remet pas en cause le monisme ontologique selon lequel tout est mouvement. On a affaire à un continuum ontologique homogène de mouvements simplement distingués par un différentiel de vitesse[2]. L'agir et le pâtir que les mouvements en interaction s'offrent sous formes jumelles sont encore la pointe rapide d'une réalité mobile, comme une écume brève coiffant des corps plus lents à naître et à mourir. Or, les causalités mutuelles que nous avons en effet passées en revue dans le texte de Clément, causalités au sein desquelles le couteau et la chair s'offraient l'un à l'autre le couper et l'être coupé, ne sont pas seulement, d'un point de vue étiologique, des remises en cause de la causalité linéaire de l'agir sur le pâtir : elle

1. Sur l'ensemble de cette « délocalisation » voir *Platon, philosophie de l'agir et du pâtir*, *op. cit.*, p. 112-114.

2. C'est encore cette continuité ontologique qui nous a paru constituer l'affinité structurelle d'un tel modèle avec la physique épicurienne, elle aussi préoccupée d'articuler des niveaux variés de réalité, du mouvement des corps fondamentaux à ceux de la pensée, au sein d'un monisme matérialiste (voir Macé, « La vitesse de la pensée », art. cit.).

reposent encore, d'un point de vue ontologique, sur une scission entre le niveau des agents, qui sont des corps, et celui de l'agir et du pâtir, du couper et de l'être coupé, qui cessent d'en être. Cela découle tout simplement de l'affirmation selon laquelle les corps ne sauraient plus être causes d'autres corps : il faut bien que les effets soient désormais d'une autre nature. L'émancipation étiologique des agents et patients implique une séparation ontologique de l'agir et du pâtir.

Selon Zénon, ce dont la cause est cause serait un attribut (οὗ δὲ αἴτιον συμβεβηκός) : la cause est un corps (καὶ τὸ μὲν αἴτιον σῶμα), qui est cause d'un prédicat (οὗ δὲ αἴτιον κατηγόρημα)[1]. Or le prédicat est une espèce de ce que les stoïciens appellent des dicibles. Les causes sont donc, comme le dit Clément, causes de dicibles :

> c'est de prédicats (εἰς ὃν λόγον κατηγορημάτων), ou, comme le disent certains, de dicibles – Cléanthe et Archédème appellent en effet les prédicats des « dicibles » (ἤ, ὥς τινες, λεκτῶν λεκτὰ γὰρ τὰ κατηγορήματα καλοῦσιν Κλεάνθης καὶ Ἀρχέδημος), que les causes sont causes (<αἴτια> τὰ αἴτια) [...]. (*Stromates*, VIII, 9, 26, 4, 1-3)

Les dicibles sont à leur tour l'une des quatre espèces de ce que les stoïciens appellent des incorporels. Les agents et leurs effets sont donc désormais répartis de part et d'autre de la frontière ontologique du corporel et de l'incorporel, comme le précise aussi Sextus à propos du scalpel et de la chair :

> il y a le scalpel, qui est un corps, et, pour la chair, cet autre corps, « l'être coupé », qui est cause d'un prédicat incorporel (σῶμα μὲν τὸ σμιλίον, σώματι δὲ τῇ σαρκί, ἀσωμάτου δὲ τοῦ τέμνεσθαι κατηγορήματος), et, derechef, le feu est un corps, et il est cause d'un prédicat incorporel, « être brûlé », pour un autre corps, le bois (καὶ πάλιν σῶμα μὲν τὸ πῦρ, σώματι δὲ τῷ ξύλῳ, ἀσωμάτου δὲ τοῦ καίεσθαι κατηγορήματος). (*Adversus Mathematicos*, IX, 211, 4-212, 1 = LS 55B)

Nous avons certes affaire à une description causale plus fruste que celle des causalités mutuelles : Sextus ne prend pas le temps de déplier l'égalité des patients émancipés, en rappelant que la chair elle aussi est cause d'un prédicat incorporel pour le scalpel, à savoir son « couper », et le bois lui aussi cause, pour le feu, du « brûler ». La formulation de cette causalité (être cause *pour* un autre corps) est néanmoins l'indice de cette émancipation. Sextus marque dans ce contexte la différence ontologique entre les agents et les patients, d'une part, et ce dont la cause est cause, de l'autre. Clément,

1. Stobée, *Anth.*, I, 13, 1c, 2-4 = SVF I 89 = LS 55A.

lorsqu'il marque lui aussi cette séparation ontologique, introduit d'autres distinctions. Là où Sextus n'emploie que des verbes à l'infinitif, Clément restitue une distinction, qu'il attribue aux stoïciens, entre cette forme et celle du passif conjugué, dont l'infinitif serait la déclinaison. Restituons en effet la suite du passage précédemment cité :

> [...] c'est de prédicats (κατηγορημάτων), ou, comme le disent certains, de dicibles – Cléanthe et Archédème appellent en effet les prédicats des « dicibles » (ἤ, ὥς τινες, λεκτῶν λεκτὰ γὰρ τὰ κατηγορήματα καλοῦσιν Κλεάνθης καὶ 'Αρχέδημος), que les causes sont causes (<αἴτια> τὰ αἴτια), ou, pour le dire mieux, les causes seront dites causes pour les unes de prédicats (ἤ, ὅπερ καὶ μᾶλλον, τὰ μὲν κατηγορημάτων αἴτια λεχθήσεται), comme le « est coupé » (οἷον τοῦ « τέμνεται »), dont la déclinaison est l'être coupé (οὗ πτῶσις τὸ τέμνεσθαι), et pour les autres de propositions (τὰ δ 'ἀξιωμάτων), ainsi cause du « un navire vient à être » (ὡς τοῦ « ναῦς γίνεται »), dont, derechef, la déclinaison est le venir à l'être du navire (οὗ πάλιν [ἡ] πτῶσίς ἐστι τὸ ναῦν γίνεσθαι). (*Stromates*, VIII, 9, 26, 4, 1-5)

On retrouve la distinction entre le dicible incomplet (sujet ou prédicat) et complet (proposition ou question)[1]. Clément ajoute une nouvelle distinction, entre chacun de ces dicibles et sa « déclinaison » (πτῶσις). C'est là un usage quelque peu différent de l'habitude, puisque les stoïciens semblent préférer appliquer le terme au sujet de la proposition, c'est-à-dire le nom au nominatif qui se combine avec le verbe conjugué pour produire une proposition[2]. À rebours, Clément se réfère à Aristote – qui précisément n'appelait pas le nominatif un cas[3] – en rappelant que ce dernier distingue les appellations nominales comme la maison, le bâteau, la brûlure ou la coupure (οἰκίας, νεώς, καύσεως, τομῆς, au génitif), qui disent des corps, de la déclinaison « qui est un incorporel »[4]. Par la déclinaison, Clément entend donc désigner, contre l'usage stoïcien, non pas ce sujet qui désigne un corps en train d'agir, ainsi Caton marchant ou le scalpel entrant dans la

1. Voir le tableau que Benson Mates, *Stoic Logic*, Berkeley, University of California Press, 1953, p. 16, tire de la comparaison des passages parallèles de Diogène et de Sextus.

2. Voir Mates, *Stoic Logic*, *op. cit.*, p. 17. Pour le sujet au nominatif voir Diogène Laërce, VII, 64 = SVF II 183 = LS 33G.

3. Cf. *De l'interprétation*, II, 16a32-b5. La déclinaison du nom, par exemple au génitif ou au datif (τὸ δὲ Φίλωνος ἢ Φίλωνι καὶ ὅσα τοιαῦτα) ne peut être combinée avec un verbe dans un énoncé vrai ou faux, alors que le nominatif peut au contraire désigner le fait que Philon est ou n'est pas. Cela a valu aux stoïciens, semble-t-il, de devoir argumenter pour défendre leur position sur la πτῶσις, comme en témoigne plusieurs textes, et par exemple le texte d'Ammonius choisi par Long et Sedley LS 33K.

4. *Strom.*, VIII, 9, 26, 5, 1 : ἡ πτῶσις δὲ ἀσώματος.

plaie, mais bien plutôt un incorporel : non pas le prédicat conjugué qui vient s'unir au sujet pour renvoyer au corps qui se meut, mais l'infinitif qui ne renvoie plus à une action présente. C'est là un geste aristotélicien, puisque le Stagirite, dans le cas des verbes, opposait les formes conjuguées au présent, qui renvoient à une action en train de se faire, à celles, déclinées, qui concernent le passé et le futur, ou, de manière plus indéterminée, l'infinitif[1].

La scission ontologique passe donc entre ce que désigne le dicible complet – le corps agissant – et ce pur agir que dit l'infinitif, sans plus se référer à un corps en particulier. On pourrait remarquer aussi que l'indifférence platonicienne au fait d'exprimer l'agir ou le pâtir à la forme conjuguée ou infinitive[2] pourrait être le signe d'un homogénéité ontologique entre les corps et les actes, qui sont tout simplement autant d'entités sensibles susceptibles de participer à l'intelligible[3]. Au contraire, l'infinitif devenu déclinaison serait donc cela même qui se réfère désormais à l'incorporel : la maison et l'être coupé, une fois déclinés, passent très bien entre les lèvres sans les distendre ou les blesser – l'usage de ce concept de déclinaison permet, selon Clément dans ce même passage, de répondre à ces sophismes qui voudraient qu'une maison passe entre nos lèvres quand nous en évoquons une. En outre, dans tous les exemples de causalité mutuelle que nous avons envisagés, Clément utilise systématiquement la formule qu'il a qualifiée précédemment de « déclinaison ». Il ne dit pas que la fièvre est cause du fait que « la disposition augmente » ou que la disposition est cause du fait que « la fièvre apparaît ». Il dit que l'une est cause de l'apparaître ou de l'augmenter de l'autre. Il insiste ainsi sur la distance entre le niveau des corps agissants et celui des effets en les nommant par la déclinaison de l'acte, qui est, il vient de nous le dire, incorporelle.

Nous sommes en mesure désormais de saisir mieux encore l'unité de la thèse qui fait des corps les agents mutuels de leurs effets et de celle qui place l'agir et le pâtir sur un plan ontologique différent. L'agir et le pâtir, devenus des prédicats, ne sont-ils pas plus faciles à mettre en commun ? La doctrine

1. Le témoignage de Clément semble être le seul relatif au stoïcisme où un cas soit un verbe. Faut-il l'expliquer en invoquant l'idée que la proposition infinitive peut être déclinée en grec ? Voir sur ce point A.A. Long et D.N. Sedley, *Les philosophes hellénistiques*, traduction française par J. Brunschwig et P. Pellegrin, Paris, Flammarion, 2001, p. 99. Ou faut-il tout simplement penser que Clément est ici plus inspiré par Aristote que par les stoïciens ?

2. Ainsi dans le *Gorgias* où Socrate énonce, comme nous l'avons rappelé, la causalité de l'action de l'agent sur la passion de l'agent en évoquant indifféremment l'infinitif (τύπεσθαι, κάεσθαι) ou le verbe conjugué (τέμνεται).

3. Cf. *Rép.*, V, 476 a 5-7.

des dicibles n'a-t-elle pas pour fonction, chez les stoïciens, de garantir que le sens auquel nous pensons, lorsque nous prononçons des mots, soit une chose commune entre les interlocuteurs qui comprennent la même langue – alors que ceux qui ne le comprennent pas entendent le corps qu'est le nom, voient le corps que le nom désigne, mais manquent le sens[1] ? On a ainsi suggéré que l'ajout stoïcien du dicible entre les deux éléments de la doctrine aristotélicienne de la signification que sont la pensée et les choses[2] permettait de rendre plus claire la façon dont les actes de pensée d'individus différents en viennent à « être la même signification »[3]. Et si la vocation communicative des dicibles incorporels était précisément ce qui nourrissait la capacité des corps à désormais partager leurs effets ? Peut-être faut-il avoir fait ainsi basculer l'agir (et non l'acte individuel) dans le mode d'être d'un corrélat sémantique ou conceptuel pour proposer d'en faire la jouissance commune des corps qui désormais sont libérés de devoir ordonner leurs effets selon la différence de l'agent et du patient. Nous tenons ainsi, grâce à la comparaison avec le *Théétète*, l'idée d'une remarquable harmonie, au sein de la théorie attribuée par Clément aux stoïciens, de la causalité, entre l'émancipation des patients et la délocalisation de l'agir et du pâtir sous la forme du dicible : c'est l'immatérialisation de l'agir et du pâtir sous la forme de prédicats incorporels qui semble le mieux garantir le partage des effets qui émancipe les patients. Au sein de ce comparatisme, les stoïciens décrits par Clément paraissent donc à un double titre sous un jour nouveau : celui de nouveaux initiés aux mystères du devenir, cousins virtuels des raffinés du *Théétète*.

LES NON-INITIÉS S'INVITENT À LA CÉLÉBRATION DES MYSTÈRES

L'inexistence de l'activité

Ce qui est troublant, dans le langage de Clément, c'est qu'il semble parfois tenté par l'idée de retenir quelque chose de cette écume de

1. Sur la distinction de ces trois éléments du signifiant, du signifié et du porteur de nom, voir Sextus Empiricus, *Adv. Math.*, VIII, 11-12 = SVF II, 166 = LS 33B.

2. Pour une description de la doctrine des dicibles comme milieu (μέσον) entre les νοήματα et les πράγματα d'Aristote, voir Ammonius, *in Int.*, 17, 27-30 = FDS 702 = LS 33N.

3. Long et Sedley, *Les philosophes hellénistique*, *op. cit.*, p. 99 (commentaire à LS 33N) : « En distinguant les impressions rationnelles et les dicibles, tout en établissant une connexion entre eux grâce au concept de subsistance, les stoïciens ont montré que la signification d'une pensée est quelque chose qui peut se transférer, grâce au langage, d'un esprit à un autre. Je ne peux pas vous communiquer la modification physique de mon esprit, mais je peux vous dire à quoi je pense ».

mouvement qui, dans le *Théétète*, danse au-dessus des corps, parmi les choses du monde qui existent dans le temps et l'espace. Reprenons le début du chapitre, où Clément présente les différentes options possibles sur la causalité : il y a ceux qui disent que les causes sont des corps et ceux qui disent qu'elles sont des incorporels ; il y a ceux qui disent que le corps est « éminemment » (κυρίως) tandis que les incorporels ne le sont que « par écart de langage et comme par ressemblance » (καταχρηστικῶς καὶ οἷον αἰτιωδῶς) et ceux qui, au contraire, disent que ce sont les incorporels qui sont éminemment causes et les corps seulement par écart de langage (καταχρηστικῶς)[1]. Or voici l'exemple qu'il prend alors pour illustrer l'idée que des incorporels puissent être cause :

> ainsi par exemple la coupure, qui, étant une activité, est incorporelle (οἷον τὴν τομὴν ἐνέργειαν οὖσαν ἀσώματον εἶναι), est cause du couper (καὶ αἰτίαν εἶναι τοῦ τέμνειν), qui se trouve être une activité et un incorporel (ἐνεργείας οὔσης καὶ ἀσωμάτου), et de la même manière de l'être coupé (καὶ τοῦ τέμνεσθαι ὁμοίως) pour l'épée et pour ce qui est coupé, qui sont des corps (τῇ τε μαχαίρᾳ καὶ τῷ τεμνομένῳ σώμασιν οὖσιν). (Stromates, VIII, 9, 26, 1, 5-7)

La causalité décrite ici ne correspond pas au modèle attribué aux stoïciens quelques lignes plus bas, ou en constitue plutôt un raffinement supplémentaire qui rompt avec la version orthodoxe selon laquelle seuls les corps sont causes : ici, l'acte immatériel, la coupure, est cause de ses deux faces, actives et passives. Ce qui est frappant ici, c'est que Clément nomme un incorporel qui ne correspond à aucun des quatre incorporels canoniques stoïciens : il affirme que l'acte n'est pas un corps. Dans les lignes qui suivent, qui sont encore une présentation générale de la causalité, et non un propos spécifique sur le stoïcisme, Clément insiste encore très clairement sur ce point :

> « Être cause de quelque chose » (τὸ « τινῶν ἐστιν αἴτιον ») se dit en trois sens (λέγεται τριχῶς), d'une part pour ce qui est cause (τὸ μὲν ὅ ἐστιν αἴτιον), comme le sculpteur (οἷον ὁ ἀνδριαντοποιός), d'autre part pour ce dont il est cause (τὸ δὲ οὗ ἐστιν αἴτιον), comme la venue à l'être de la statue (<οἷον> τοῦ γίνεσθαι τὸν ἀνδριάντα) et d'autre part encore ce pour quoi il est cause (τὸ δὲ ᾧ ἐστιν αἴτιον), ainsi pour la matière (ὥσπερ τῇ ὕλῃ) : il est en effet cause pour l'airain du devenir statue (τῷ χαλκῷ γὰρ αἴτιός ἐστι τοῦ γίνεσθαι τὸν ἀνδριάντα). Le devenir et le couper (τὸ γίνεσθαι οὖν καὶ τὸ τέμνεσθαι), ces choses dont il est la cause (τὰ οὗ

1. *Strom.*, VIII, 9, 26, 1, 1-5.

> ἐστιν αἴτιον), étant des activités (ἐνέργειαι οὖσαι), sont incorporelles (ἀσώματοί εἰσιν). (*Stromates*, VIII, 9, 26, 2, 1-3, 2)

Et c'est exactement à la suite de ces lignes qu'il attribue aux stoïciens une façon d'être en accord avec ce dernier point. Restituons désormais tout le début du passage :

> Selon le même principe (εἰς ὃν λόγον) c'est de prédicats (κατηγορημάτων), ou, comme le disent certains, de dicibles – Cléanthe et Archédème appellent en effet les prédicats des « dicibles » (ἤ, ὥς τινες, λεκτῶν λεκτὰ γὰρ τὰ κατηγορήματα καλοῦσιν Κλεάνθης καὶ Ἀρχέδημος), que les causes sont causes (<αἴτια> τὰ αἴτια) [...]. (*Stromates*, VIII, 9, 26, 4, 1-3)

Nous retrouvons alors la description que nous avons déjà analysée, avec des corps qui sont cause « du "est coupé" » (τοῦ « τέμνεται »), dont la déclinaison est l'"être coupé" (τὸ τέμνεσθαι) ou bien cause « du "navire vient à être" » (τοῦ « ναῦς γίνεται ») (dont la déclinaison est le « venir à l'être du navire » (τὸ ναῦν γίνεσθαι). « Selon le même principe », nous dit Clément, les stoïciens font de l'advenir ou de l'être coupé de pur et simples dicibles, êtres de langage ou de pensée, ce qui pour eux, correspond bien à un incorporel, nous l'avons dit. Mais lorsqu'avant de mentionner les stoïciens, Clément affirme d'une manière plus générale que le devenir et le couper dont l'agent est cause sont des incorporels en tant qu'ils sont des activités (ἐνέργειαι) – il parle alors de l'activité même de ces corps, c'est-à-dire d'un événement du monde, d'un acte. Pour le dire avec l'Aristote des *Catégories* (chap. 2), on ne parle pas seulement, parmi les choses qui sont dites, de ces choses qui sont « dites de », on parle aussi, parmi les choses qui sont, de ces choses qui sont « dans » d'autres choses.

Voilà une étrange idée, que l'on pourrait hésiter à considérer comme un élément de la doctrine stoïcienne[1]. Cette idée n'est pourtant pas sans précédent. On la trouve très clairement exprimée dans une page du *Théétète* qui précède immédiatement celles que nous avons évoquées. Il s'agit alors de ceux qui ne sont précisément pas initiés – ils sont profanes, ἀμύητοι – aux mystères de l'agir et du pâtir infinis, avec sa double structure de mouvements lents et rapides. Or ces gens-là se signalent justement par le fait qu'ils « n'admettent pas comme ayant part à l'existence les actions et les devenirs et tout ce qui ne peut être vu » (πράξεις δὲ καὶ γενέσεις καὶ

1. Long et Sedley prennent peut-être ce risque en incluant, dans leur extrait visant le témoignage sur Cléanthe et Archédème, la fin de la phrase où Clément assure que les activités sont des incorporels (LS 55C).

πᾶν τὸ ἀόρατον οὐκ ἀποδεχόμενοι ὡς ἐν οὐσίας μέρει)[1]. Si l'on admet que Clément emploie le terme ἐνέργεια au sens d'action, de πρᾶξις, les deux thèses sont pratiquement similaire : les actes et ce qui advient, les événements en général, sont invisibles, dit le *Théétète*, ou incorporels, dit Clément. Il ne faut pas voir ici de différence subtile entre l'invisible – qui se refuserait au contact visuel, mais au contraire pourrait se prêter à une autre interaction sensible, comme un parfum – et l'incorporel – qui se refuserait à toute interaction matérielle. Socrate, par l'invisible, désigne ici le non sensible et le non corporel, comme nous allons bientôt trouver à le confirmer.

Les fils de la Terre sont-ils nécessairement des non-initiés ?

Si nous revenons à la raison pour laquelle ces non-initiés refusent d'admettre au sein de ce qui est les « actions » et les « genèses », il faut comprendre en effet que « ce sont des gens qui pensent que rien d'autre n'existe que ce qu'ils pourront saisir solidement dans leurs mains » (εἰσὶν δὲ οὗτοι οἱ οὐδὲν ἄλλο οἰόμενοι εἶναι ἢ οὗ ἂν δύνωνται ἀπρὶξ τοῖν χεροῖν λαβέσθαι)[2]. Or cette formule qui définit ceux qui n'ont pas été introduits au raffinement des pages qui suivent a un écho. Comme on l'a noté[3], elle rappelle la formule par laquelle les fils de la Terre du *Sophiste* ont été présentés :

> Les uns essaient d'attirer sur la terre tout ce qui tient au ciel et à l'invisible (οἱ μὲν εἰς γῆν ἐξ οὐρανοῦ καὶ τοῦ ἀοράτου πάντα ἕλκουσι), enserrant roches et chênes dans la seule étreinte de leurs mains (ταῖς χερσὶν ἀτεχνῶς πέτρας καὶ δρῦς περιλαμβάνοντες). C'est en effet, forts de tout ce qu'ils peuvent saisir de cette sorte (τῶν γὰρ τοιούτων ἐφαπτόμενοι πάντων) qu'ils soutiennent en toute énergie que cela seul est (διισχυρίζονται τοῦτο εἶναι μόνον) qui offre résistance et contact (ὃ παρέχει προσβολὴν καὶ ἐπαφήν τινα); ils définissent le corps et l'existence comme identiques (ταὐτὸν σῶμα καὶ οὐσίαν ὁριζόμενοι), et, sitôt que d'autres prétendent attribuer l'être à quelque chose qui n'a point de corps (τῶν δὲ ἄλλων εἴ τίς <τι> φήσει μὴ σῶμα ἔχον εἶναι), ils ne répondent que par le mépris et se refusent, après cela, à rien entendre (καταφρονοῦντες τὸ παράπαν καὶ οὐδὲν ἐθέλοντες ἄλλο ἀκούειν). (*Sophiste*, 246 a 7-b 3, trad. Diès)

1. *Théét.*, 155 e 5-6.
2. *Théét.*, 155 e 4-5.
3. Sur l'identification des fils de la Terre du *Sophiste* et des non-initiés du *Théétète*, voir Cornford, *Plato's Theory of Knowledge*, *op. cit.*, p. 48, n. 2, et A. Macé, *Platon, philosophie de l'agir…*, *op. cit.*, p. 120-121.

On peut donc conclure, si l'on reconnaît l'identité des fils de la Terre et des non-initiés du *Théétète*, à la corrélation de deux thèses : celle qui fait du corporel le critère de l'être et celle qui exclut de l'existence l'action et le devenir. N'est-ce pas là une étrange corrélation ? En effet, faire du corporel le critère même de l'existence, c'est, comme le dit bien l'Étranger du *Sophiste*, faire du contact et de la résistance, c'est-à-dire d'une action ou d'une capacité d'agir et de pâtir le critère même de l'être. Toucher, saisir, voilà précisément des actions. Comment accepter en même temps que l'action n'existe pas? Ne serait-ce pas au risque de voir tout l'édifice s'écrouler? Comment à la fois faire d'une action le critère de l'existence et rejeter celle-ci hors de l'existence? La raison pour laquelle les non-initiés rejettent hors de l'existence actes et devenirs, semble bien tenir au caractère imperceptible (ἀόρατον, invisible, et donc, *a fortiori*, intouchable) qui leur est attribué. On peut être intrigué par cette déclaration de l'invisibilité des actes et des devenirs. Platon n'admet-il pas que les actes sont, avec les corps, des choses qui existent bel et bien[1], et qui, en outre, participent au même titre que ceux-ci à l'intelligible[2]? Ne doivent-ils donc pas être tout simplement des choses « sensibles » ? Et les choses en devenir ne sont-elles pas par excellence les choses « sensibles »? Rien ne permet de dire que Socrate admet lui-même l'insensibilité des actes et du devenir. C'est, semble-t-il, l'assignation de l'existence à ce qui peut se toucher, à ce qui est solide, qui implique, pour les non-initiés, de renoncer à compter le devenir et l'acte comme existants. On ne peut toucher le toucher, pas plus qu'on ne saisit le devenir lui-même entre ses mains : on touche des choses grandes, qui peut-être ne l'étaient pas avant, et des choses vieilles, qui peut-être ont été auparavant jeunes, mais on ne touche jamais leur « devenir grandes » ou leur « devenir vieilles ». Les non-initiés ne peuvent attraper cet acte fugitif qui file trop vite entre leurs doigts au dessus des corps qu'ils parviennent à saisir.

L'heure est venue de poser une question aux stoïciens. Clément est-il si mal inspiré de faire se rencontrer les deux thèses des non-initiés et la délocalisation des actes des initiés lorsqu'il parle des stoïciens? Si les stoïciens tiennent à la fois la délocalisation des actes, l'émancipation des patients, et l'affirmation de la corporéité de l'existence, leur est-il possible d'éviter d'adhérer aussi à l'autre thèse des non-initiés, celle de l'inexistence des actes? *A priori*, l'idée juste selon laquelle le critère de

1. Cf. *Crat.*, 386 e 6-8 : les actions sont « une espèce déterminée d'êtres » (ἕν τι εἶδος τῶν ὄντων).

2. Cf. *Rép.*, V, 476 a 5-7.

corporéité des stoïciens est plus raffiné que celui des fils de la Terre[1], puisqu'il leur permet par exemple d'envisager des corps que l'on ne peut toucher, comme les dispositions psychiques, devrait les prémunir contre le risque de laisser glisser les actes entre leurs doigts en en faisant des incorporels. Le manque de raffinement devrait donc être imputé au seul Clément.

Revenons pourtant à la distinction entre l'énoncé complet « la chair est coupée » et le prédicat incorporel décliné « être coupé ». L'énoncé complet renvoie à un corps pâtissant, le prédicat dit un pâtir, qui est une chose dite à propos de ce corps qui pâtit. Il reste étonnant que l'on dise que les causes sont causes de prédicats, lorsque l'on fait du prédicat un dicible. Le scalpel est cause du prédicat « être coupé » pour la chair, Clément et Sextus nous l'ont dit. Pourquoi n'est-il pas cause d'une chose du même type que lui-même, à savoir l'événement, situé dans l'espace et dans le temps, d'une modification corporelle ? La chose serait différente si les stoïciens ne faisaient pas des prédicats des choses dites – que l'on entende par là des êtres mentaux ou sémantiques[2]. Pour Aristote, être dans un sujet, c'est-à-dire encore ne pouvoir exister sans celui-ci, sans pour autant en faire partie[3], c'est néanmoins compter parmi les êtres (τῶν ὄντων)[4] et non seulement parmi les choses simplement dites (των λεγομένων)[5]. Ainsi, en parlant de l'être coupé de cette chair sur laquelle le scalpel vient de passer, nous nous référons à un corps bien réel, souffrant et subissant une modification, elle aussi bien réelle. Pour les stoïciens, néanmoins, l'événement physique, situé dans le temps et l'espace, ne saurait être l'effet du scalpel, puisque cet effet est incorporel. Si les stoïciens semblent protégés par un critère plus fin de la corporéité que les fils de la Terre, ils semblent pourtant être amenés à l'idée d'une incorpo-réité des actes par un autre biais : celui de l'émancipation étiologique des agents et des patients. C'est bien parce que les corps ne peuvent plus être causes les uns des autres que l'on en vient à chercher cet effet par delà le corporel.

On pourrait remarquer que cela n'a rien de dramatique, car les stoïciens ne sont pas contraints de faire de ce qui n'existe pas corporellement un non-

1. *Cf.* K. Vogt, « Sons of the Earth », art. cit., p. 142-143.

2. Pour une présentation de ces deux options dans la littérature secondaire, voir J. Barnes, « Meaning, saying and thinking » *in* K. Döring und T. Ebert, *Dialektiker und Stoiker. Zur Logik der Stoa und ihrer Vorläufer*, Stuttgart, F. Steiner, 1993, p. 47-61.

3. *Cat.*, 1a24-25 : ἐν ὑποκειμένῳ δὲ λέγω ὃ ἔν τινι μὴ ὡς μέρος ὑπάρχον ἀδύνατον χωρὶς εἶναι τοῦ ἐν ᾧ ἐστίν.

4. *Cat.*, 1a20.

5. *Cat.*, 1a16.

être. Les incorporels, s'ils ne partagent pas l'existence au sens propre, celle des corps, ne sont pourtant pas du non-être : notamment requis par la physique, ils sont des éléments incontournables de la description stoïcienne de ce qu'il y a[1]. Le fait que les stoïciens aient pu admettre qu'il faille ne dire l'être qu'en référence aux seuls corps, pour paraphraser Alexandre d'Aphrodise, aurait produit chez eux une tendance à faire de l'inexistence elle-même une autre façon d'être – ou « une façon de ne pas être »[2] qui permet néanmoins de continuer à jouer un rôle déterminant dans un certain nombre de processus réels, selon que l'on est par exemple ce dans quoi les corps agissent et pâtissent ou existent, comme le temps, le lieu et le vide, ou ce à quoi des corps pensent ou rêvent, comme des dicibles. Dans ces conditions, dire que les stoïciens ressemblent à la fois à des initiés et à des non-initiés du *Théétète*, c'est tout simplement dire qu'ils font de l'inexistence des actes le mode de leur existence délocalisée, en conservant comme subsistant ce qu'ils récusent comme existant. L'idée selon laquelle les stoïciens ont été amenés à admettre des incorporels sous la pression et comme par induction a été récusée[3]. La question mérite pourtant d'être reposée pour cet élément qui n'appartient pas aux incorporels canoniques : l'ἐνεργεία.

Cette façon de laisser subsister sous forme incorporelle les actes qui n'existent plus comme corps ne risque-t-il pas d'inciter à prendre cet incorporel pour un événement ? Force est de noter que certains lecteurs de la doctrine stoïcienne ont suivi cette voie : les effets stoïciens ne seraient pas seulement des choses dites, ce seraient aussi des événements parmi les choses du monde, suffisamment atténués ou affinés pour n'être qu'écume à la surface des corps – une sorte d'ombre fugitive portée sur la chose par la chose dite. Autrement dit, la doctrine stoïcienne garderait du *Théétète* cet acte fugitif – mais encore allégé : non plus un mouvement rapide mais un simple fantôme incorporel à la surface des choses, un événement, un quelque chose qui « insiste » ou « subsiste » au milieu des choses et qui n'est

1. On peut suivre en cela, et contre Brad Inwood (*Seneca : selected philosophical letters*, Oxford, Oxford University Press, 2007, commentaire à la lettre 122, *ad loc.*), la suggestion de Katja Vogt, « Sons of the Earth », art. cit., p. 146-147, selon laquelle l'inexistence corporelle ne doit pas être traduite en un non-être.

2. Pour paraphraser le titre élégant d'une étude de Jacques Brunschwig, « Sur une façon stoïcienne de ne pas être », *Revue de théologie et de philosophie*, 122, 1990, p. 389-402, repris dans J. Brunschwig, *Études de philosophie hellénistique*, Paris, P.U.F., 1995, p. 251-268. Dans cet article, Brunschwig se concentre sur la doctrine selon laquelle l'objet de l'impulsion pratique est un prédicat, c'est-à-dire un incorporel.

3. J. Brunschwig, « La théorie stoïcienne du genre suprême », art. cit.

pas qu'un être de discours ou le corrélat intentionnel d'un acte de signification. Certaines formules d'Émile Bréhier, suivi par Gilles Deleuze[1] laissent entendre cet élégant mixte de doctrine stoïcienne des dicibles et de raffinement mobiliste du *Théétète*. Il s'agirait de voir proliférer les actes à la surface des corps, telle une écume incorporelle, non existante mais néanmoins insistante, comme autant de fantômes obstinés dans leur omniprésente irréalité, comme autant de rejetons monstrueux d'un regard non-initié porté à la dérobée sur les différentiels de mouvement qui se déploient librement au sein de l'immanence absolue des Mystères du *Théétète*.

Il y aurait plus grave encore. Il ne s'agit pas seulement du fait qu'une ontologie fondée sur un critère de l'agir et du pâtir soit grandement fragilisée par le soupçon que certaines de ces positions risquent d'être liées à la thèse selon laquelle les actes n'existent pas. Il s'agit de sa capacité à rendre compte de la causalité sur un mode mutuel. Nous avons suggéré que la possibilité de ramener diverses interactions au modèle de l'acte partagé bénéficiait de la description des effets partagés comme des dicibles – ces choses que l'on peut précisément partager lorsque l'on ne peut partager ses impressions qui sont des modifications physiques : l'agir et le pâtir, délocalisés sous la forme du dicible, deviendraient plus facile à partager. Les exemples donnés ne risquent-ils pas de devoir se cantonner à des descriptions très générales des actions ? Prenons le cas du grossiste et du détaillant. Nous pouvons dire de manière générale qu'ils se donnent l'un à l'autre un « faire un bénéfice », mais pour conserver l'unité et la simultanéité de cet acte, nous devons renoncer à interroger davantage les modalités qui sont les siennes. Or ce qu'ils se donnent en effet l'un à l'autre présente-t-il une identité absolue, d'un point de vue quantitatif ou qualitatif, ou même une temporalité identique ? Au moment de leur transaction, l'un gagne un gain et l'autre une marchandise. En outre, le détaillant doit attendre de vendre la marchandise pour tirer profit de son achat : tant

1. E. Bréhier, *La théorie des incorporels dans l'ancien stoïcisme*, Paris, Vrin, 1928, p. 21-22 : « Du côté du réel, la réalité de l'acte a pour ainsi dire été atténuée au profit de celle de l'être permanent qui le produit : du côté de la logique, l'attribut a été privé de sa dignité de concept objet de la pensée, pour ne plus contenir qu'un fait transitoire et accidentel. Dans leur irréalité et par elle, l'attribut logique et l'attribut des choses peuvent donc coïncider. » Il s'agit précisément d'un commentaire au chapitre IX du livre VIII de Clément que nous avons commenté. La réalité de l'acte est « atténuée », de telle sorte que subsistant dans son irréalité, il puisse venir coïncider avec l'irréel corrélat du mot, le dicible. C'est aussi Bréhier qui place le dicible à la « surface » des corps, idée reprise par Gilles Deleuze (*Logique du Sens*, Paris, P.U.F., p. 14, se référant à Bréhier, p. 11-13).

qu'il ne l'a pas vendue, elle peut lui rester sur les bras, être endommagée ou volée dans le transport, et donc son avantage à lui n'est tout simplement pas encore fait – il a en fait seulement pris un risque qui peut être considérable en donnant éventuellement une grande partie de ce qu'il possède en liquidités au grossiste et il sera fort heureux quand il aura réussi à l'écouler à bon prix. Si la multiplicité de ces actes redevient une somme d'événements réels, prenant place dans le cours du temps, si le couper du couteau et l'être coupé de la chair se mettent à exister, pourront-ils être l'effet commun mais différent d'un couple d'agents unis dans leur causalité ? La doctrine de l'unité de l'acte ne serait-elle pas menacée par l'existence de ceux-ci ? Ne sommes-nous pas condamnés à décrire ce que les agents et les patients partagent en effet comme des événements très généraux, des événements de discours ? C'est peut-être un risque couru par une théorie causale dont les exemples cardinaux, celui des pierres au repos sur la voûte ou celui des vertus qui ne séparent pas, sont des exemples où il n'y a pas de changement.

On se souvient que les attaques du Commentaire anonyme du *Théétète*, dont il manque la partie sur la doctrine secrète – un document qui manque cruellement à notre entreprise comparative – portaient sur la capacité du stoïcisme à résister à une doctrine radicale de l'altération. La réponse stoïcienne semble avoir consisté à se prémunir de l'altération en soustrayant les corps à celle-ci. L'incapacité à penser l'altération était aussi ce qui condamnait, dans le *Théétète*, le modèle des initiés à la doctrine secrète de Protagoras[1]. Faudrait-il voir dans la nécessité de conjurer le danger que l'altération ferait courir aux corps stoïciens, la source de cette difficulté à laisser exister tranquillement, dans le temps et l'espace, les actions et les passions par lesquelles les corps s'affectent les uns les autres ? Coupés de l'existence corporelle, les actes reviennent parmi les dicibles, hantés pourtant par l'ombre de ces événements proliférant comme une écume fugitive que laisse entrevoir la porte entr'ouverte des Mystères du *Théétète*.

1. *Cf.* A. Macé, *Platon, philosophie de l'agir…*, *op. cit.*, p. 127-129.

LA CLASSIFICATION DU *THÉÉTÈTE* PAR THRASYLLE

David SEDLEY

LE TEXTE

L'objet de ce chapitre est de rendre plus largement accessible le texte d'un papyrus récemment identifié, POxy. 4941, qui éclaire la position du *Théétète* au sein du canon platonicien[1]. Ce fragment de papyrus, dont l'écriture permet de circonscrire la date à la fin du IIe siècle après J.-C., comprend un texte en prose dont la date demeure en revanche inconnue.

Je donnerai plus loin les raisons qui permettent d'attribuer sa paternité, ou en tout cas celle des idées qu'il comprend, à Thrasylle qui fut actif durant la première moitié du Ier siècle de notre ère. En plus d'être un savant éminent en matière de platonisme, et l'astrologue personnel de Tibère (empereur romain de 14 à 36 après J.-C.), Thrasylle diffusa l'arrangement tétralogique dans lequel aujourd'hui encore nous lisons les dialogues de Platon. La logique qui préside à cet arrangement est donc d'un intérêt direct pour le lecteur moderne, indépendamment même de la lumière qu'elle permet de jeter sur la tradition platonicienne antique. En outre, la conception spécifique que l'auteur se fait du rôle joué par le *Théétète* dans

1. J'ai édité ce texte dans le volume LXXIII des *Oxyrhynchus Papyri* (The Egypt Exploration Society, 2009, p. 65-71), sous le titre « A Thrasyllan Interpretation of Plato's *Theaetetus* ». On trouvera dans cet article une discussion paléographique plus abondante du matériau. Le présent chapitre exploite, pour une très large part, le même matériau, mais dans une forme plus discursive, même si j'ai introduit ici ou là une ou deux améliorations. J'en profite pour remercier une fois encore Antonio Carlini, Daniela Manetti, Glenn Most, Dirk Obbink, Apostolos Pierris et Harold Tarrant pour les précieuses suggestions dont ils m'ont fait part au cours de la préparation de cette édition. Merci également aux personnes présentes aux séminaires de Paris et de Pise pour leurs utiles remarques.

la trilogie à laquelle il appartient va s’avérer pénétrante et amplement mériter qu’on la prenne au sérieux.

Voici le texte de la colonne 1 (j’omets quelques lettres éparpillées appartenant à la deuxième colonne) :

[. . . . . .]ηδους[. . . με]θοδικ[. . . .]μα
[. . . . .] .μενοϲ̣[. . ἁρ]μοϲτὴν περὶ τῶ(ν)
[. . . . .]ατ̣ων [πραγμ]α̣τείαν παρεχομέ-
[. . προ]ή̣ιδετο [γὰρ ὁ Κρ]άτυλοϲ, τὴν περὶ ὀ-
[νομάτ]ω̣ν [ὀ]ρθότητοϲ̣ δ̣[ιδαϲκ]αλίαν περι-
[. . . . .]· ἑξῆϲ δὲ τούτωι̣ [ὁ Θεαίτ]ητο̣ϲ οὑτοϲί̣,
[κα]ὶ̣ μὲ̣ν̣ δὴ ἐπὶ τῶι Θε[α]ι̣[τ]ήτωι [ὁ Σο]φιϲτήϲ
[τ]ε καὶ Πολ̣[ι]τικὸϲ, τὴν ὁριϲτικήν τε κ[αὶ ἅμα
[δ]ι̣[α]ι̣ρετικὴν μέθοδον διδάϲκοντεϲ,
[ἀν]αμφιλόγωϲ μὲν ἐκεῖνοι, ὁ δὲ Θεαίτη-
[τ]ο̣ϲ ἀμφιδόξ[ωϲ, ἐπεὶ] καὶ βούλεται περὶ
[ἐ]π̣ιϲτήμηϲ ἐ̣[κεῖ πλά]ν̣αϲ ἀναϲκευάζω(ν)
[δε]ῖ̣ξαι τὰ̣ [ἐπὶ τῶι ἀ]ν̣δρί, τῶν τρι̣[ῶ]ν δια-
[λόγ]ω̣ν τὴ[ν ἐκ τῆϲ μ̣νημονεύϲεωϲ ἀνά̣[πτυξιν

…méthodique… fournit une étude harmonieuse sur… Car le *Cratyle* était habituellement chanté en guise de prélude, [apportant] l’enseignement sur la correction des noms. Vient ensuite directement après celui-ci le présent (dialogue), le *Théétète*, et suivant le *Théétète*, le *Sophiste* et le *Politique*, qui enseignent la méthode à la fois de définition et de division[1]. Ces derniers le font de façon claire, tandis que le *Théétète* le fait de façon ambiguë, étant donné qu’il y vise également, en éliminant les erreurs au sujet de la connaissance, à démontrer ces points qui portent sur l’homme individuel (Théétète), les trois dialogues [menant au] développement, en tant que résultat d’un processus de remémoration, [de concepts innés].

ARRIÈRE-FOND ET ORIGINE

Dans nos éditions modernes de Platon les dialogues sont fréquemment ordonnés en tétralogies. Ainsi le premier volume du *Oxford Classical Text* inclut la première tétralogie comprenant l’*Euthyphron*, l’*Apologie*, le *Criton*, et le *Phédon*, suivie de la seconde comprenant le *Cratyle*, le

1. Pour la lecture adoptée ici, voir p. 304, n. 1.

Théétète, le *Sophiste* et le *Politique*. Cet arrangement canonique est, comme on vient de le rappeler, celui de Thrasylle. Le classement tétralogique de Thrasylle semble avoir été généralement rejeté ou ignoré par les autres penseurs platoniciens de l'Antiquité tardive. Mais, à partir du troisième ou du quatrième siècle après J.-C., le codex commence à supplanter le rouleau amovible en tant que forme première du livre : la pratique scripturale qui résulte de ce changement et qui consiste à combiner plusieurs dialogues en un seul volume impose alors, pour la première fois, d'établir un ordre fixe. Quelle qu'en soit la raison, il semble que ce soit l'ordre tétralogique de Thrasylle qui se soit tout particulièrement imposé à cette fin.

Il ne fait presque aucun doute qu'en expliquant l'objet du *Théétète*, le présent fragment le situe dans la seconde tétralogie de Thrasylle. Les deux premières tétralogies thrasylléennes sont décrites comme suit chez Diogène Laërce, en III, 57-58 :

> πρώτην μὲν οὖν τετραλογίαν τίθησι τὴν κοινὴν ὑπόθεσιν ἔχουσαν· παραδεῖξαι γὰρ βούλεται ὁποῖος ἂν εἴη ὁ τοῦ φιλοσόφου βίος. διπλαῖς τε χρῆται ταῖς ἐπιγραφαῖς καθ' ἑκάστου τῶν βιβλίων, τῇ μὲν ἀπὸ τοῦ ὀνόματος, τῇ δὲ ἀπὸ τοῦ πράγματος. ταύτης τῆς τετραλογίας, ἥτις ἐστὶ πρώτη, ἡγεῖται Εὐθύφρων ἢ περὶ ὁσίου· ὁ διάλογος δ'ἐστὶ πειραστικός· δεύτερος Ἀπολογία Σωκράτους, ἠθικός· τρίτος Κρίτων ἢ περὶ πρακτέου, ἠθικός· τέταρτος Φαίδων ἢ περὶ ψυχῆς, ἠθικός. δευτέρα τετραλογία, ἧς ἡγεῖται Κρατύλος ἢ περὶ ὀρθότητος ὀνομάτων, λογικός· Θεαίτητος ἢ περὶ ἐπιστήμης, πειραστικός· Σοφιστὴς ἢ περὶ τοῦ ὄντος, λογικός· Πολιτικὸς ἢ περὶ βασιλείας, λογικός.
>
> Comme première tétralogie, il met celle qui a un sujet commun, parce qu'il veut donner un modèle de ce que la vie du philosophe devrait être. Il utilise deux titres pour chaque livre : un d'après le nom, un autre d'après le sujet. Cette tétralogie, la première, commence avec l'*Euthyphron*, ou *Sur la piété*, c'est un dialogue peirastique. Le deuxième est l'*Apologie de Socrate*, éthique. Le troisième est le *Criton*, ou *Sur la conduite correcte*, éthique. Le quatrième est le *Phédon*, ou *Sur l'âme*, éthique. La deuxième tétralogie commence avec le *Cratyle*, ou *Sur la justesse des noms*, logique. Le *Théétète*, ou *Sur la connaissance*, peirastique. Le *Sophiste*, ou *Sur l'être*, logique. Le *Politique*, ou *Sur la royauté*, logique.

Comme le nouveau papyrus tend à présent à le confirmer par l'usage d'un vocabulaire similaire[1], le sujet des deux premières phrases du passage cité est Platon lui-même et non, comme on l'a parfois pensé, Thrasylle.

1. Voir le point 3 (b) *infra* p. 300-301.

C'était donc, selon Thrasylle, Platon lui-même qui organisa ses dialogues dans ces tétralogies[1]. Qui plus est, Platon est présenté comme ayant conçu la première tétralogie comme un paradigme de la vie philosophique, sous la forme d'une description de la conduite adoptée par Socrate durant ses derniers jours.

La deuxième tétralogie de Thrasylle – *Cratyle*, *Théétète*, *Sophiste*, *Politique* – est identique à celle présupposée et expliquée dans notre fragment. C'est la raison pour laquelle le nouveau texte offre l'opportunité de comprendre ce qui devait être la logique interne de ce second groupement, analogue à la fonction du « modèle de vie » du premier. Je reviendrai sous peu sur cette question.

Au préalable, il faut aborder la question de l'attribution de ce fragment à un auteur. Il est impossible d'inférer avec certitude que Thrasylle est véritablement l'auteur du nouveau fragment, mais les considérations suivantes plaident néanmoins en faveur de cette attribution.

1) Bien qu'il y ait eu d'autres tétralogistes, nous ne connaissons l'existence d'aucun autre auteur écrivant sur Platon qui ait adopté le classement de Thrasylle, mis à part la maigre allusion de Diogène Laërce (III, 61) selon laquelle Thrasylle « et certains (autres) » suivirent ce classement. Par ailleurs, nous savons que nombreux sont ceux qui adoptèrent des classements différents. Le premier d'entre eux est Aristophane de Byzance, le prédécesseur de Thrasylle qui organisa les œuvres de Platon en trilogies, plaçant le *Sophiste*, le *Politique*, et le *Cratyle* dans sa deuxième trilogie, et le *Théétète* dans sa quatrième (Diogène Laërce III, 61-62)[2]. Thrasylle, qui a

1. Qu'ils remontent ou non à Platon, ces sous-titres ont très certainement précédé Thrasylle lui-même de plusieurs siècles (*cf.* J. Mansfeld, *Prolegomena : Questions to be Settled Before the Study of an Author, or a Text*, Leiden, Brill, 1994, p. 71-4). J'en veux pour preuve que le sous-titre du *Phédon*, Περὶ ψυχῆς (sur lequel voir également, le *Commentaire anonyme au* Théétète, 48, 9-10, dont la date d'élaboration est sans doute proche de Thrasylle) était déjà utilisé par Callimaque (*Epigrammes*, 23, 2-4).

2. Carlo Lucarini, « Osservazioni sulla prima circolazione delle opere de Platone e sulle *Trilogie* di Aristofane di Bisanzio (D. L. 3, 56-66) », *Hyperboreus* 16-17, 2010-2011, p. 346-361, vient tout juste de remettre au goût du jour la thèse remontant au début du XXe siècle selon laquelle les tétralogies ont précédé les trilogies d'Aristophane de Byzance et ont, par conséquent, une origine bien antérieure à Thrasylle. Les raisons principales qui sous-tendent cette thèse sont les suivantes : 1) l'inclusion des *Lettres* à la fin de la cinquième trilogie (la trilogie finale) ne peut être expliquée par l'ordonnancement implicite des trilogies (voir ci-dessous), mais seulement par l'hypothèse qu'elles furent antérieurement placées à la fin des tétralogies où leur position fait plus facilement sens ; 2) la surprenante deuxième trilogie, *Sophiste – Politique – Cratyle*, est davantage compréhensible si le *Cratyle* se trouvait déjà à cette date regroupé avec ces deux dialogues, comme il l'est effectivement dans la deuxième tétralogie (quoique situé à une place différente). De mon point de vue, cependant, on peut très

également ordonné les œuvres de Démocrite en tétralogies, fut donc très probablement à l'origine des arrangements tétralogiques du corpus platonicien, comme Harold Tarrant le soutient avec force arguments dans sa monographie intitulée *Thrasyllan Platonism*[1]. On rapporte qu'un certain Dercyllide, dont les dates sont inconnues, a défendu la même première tétralogie que celle de Thrasylle (Albinus, *Introduction aux dialogues de Platon*, 4, 12-13), mais il y a peu de raison de croire qu'il adopta le classement thrasylléen dans son intégralité, et encore moins de raison de penser qu'il ait pu l'anticiper[2]. Même Théon de Smyrne, qui fut fortement influencé par Thrasylle et qui l'a beaucoup cité, adopta son propre classement tétralogique du corpus au lieu de répéter celui de Thrasylle[3].

2) Thrasylle proposa le schéma tétralogique, non pas comme s'il s'agissait de son propre dispositif éditorial, mais comme s'il était censé représenter le classement originel de Platon : selon lui, Platon a vraiment « publié », ou « édité », les dialogues en tétralogies (Diogène Laërce III, 56). Le présent fragment ne dit rien de la publication, mais tout comme Thrasylle selon Diogène Laërce, il prétend apparemment faire état de l'usage pédagogique originel des dialogues dans l'ancienne Académie :

bien rendre compte de ces deux anomalies propres aux trilogies sans avoir recours aux tétralogies. a) La cinquième trilogie – *Criton-Phédon-Lettres* – présente un sens tout à fait satisfaisant à partir du principe, que Lucarini rappelle d'ailleurs lui-même à juste titre, selon lequel les trilogies sont fondées sur les relations internes d'un dialogue à l'autre, particulièrement sur leurs relations chronologiques : le *Criton* et le *Phédon* culminent ainsi dans la mort de Socrate et les *Lettres* sont la seule œuvre dont le discours principal est tenu explicitement après sa mort (*Lettre* VII, 325 b-c). b) Le *Cratyle* est un dialogue parmi six autres tous reliés par une apparente continuité dramatique (elle-même suivie d'un intervalle de temps significatif avant le déroulement du *Criton* et du *Phédon* : cf. *Phédon*, 58 a et *Criton*, 43 c-44 b), ces autres dialogues étant le *Théétète*, l'*Euthyphron*, l'*Apologie*, le *Sophiste* et le *Politique*. À la fin du *Théétète*, Socrate s'en va entendre les charges retenues contre lui auprès de tribunal de l'Archonte-roi et aura préalablement une discussion avec Euthyphron (*Euthyphron*), où il parlera de la stratégie à adopter lors de son procès à venir (*Apologie*). Tôt le lendemain matin (*Théét.*, 210 d, *Soph.* 216 a), il rencontrera l'Étranger d'Élée pour les discussions que retracent le *Sophiste* et le *Politique*. Dans le *Cratyle*, 396 d, Socrate dit qu'il a écouté Euthyphron tôt ce matin même : sans aucun doute, on a pu considérer qu'il s'agissait là d'une référence à la conversation que relate l'*Euthyphron*. Il est peut-être impossible d'ordonner les six dialogues pour les faire entrer dans une seule séquence temporelle de deux jours, mais les deuxième et quatrième trilogies, qui à elles deux regroupent ces six dialogues, suggèrent qu'Aristophane faisait tout ce qu'il pouvait pour unifier ces six dialogues. Par conséquent, l'hypothèse selon laquelle la deuxième tétralogie était connue de lui n'explique rien de plus.

1. H. Tarrant, *Thrasyllan Platonism*, Ithaca, New York, Cornell University Press, 1993.
2. Voir aussi Mansfeld, *Prolegomena*, *op. cit.*, p. 64.
3. Voir Tarrant, *Thrasyllan Platonism*, *op. cit.*, p. 58-72.

d'où, à la ligne 4, l'imparfait προ]ῄιδετο, « était habituellement chanté en guise de prélude »[1].

3) Deux détails terminologiques concordent avec les autres preuves d'attribution de notre passage à Thrasylle.

a) À la ligne 7, l'inhabituel ἐπί + datif (« suivant ») utilisé pour décrire un dialogue comme la suite dramatique d'un autre dans une tétralogie, semble être une marque de l'usage thrasylléen. Cela s'accorde avec ce qu'Albinus rapporte de la première tétralogie de Thrasylle : « comme suite de ceux-ci [*Euthyphron* et *Apologie*], le *Criton* » (*Introduction*, 4, 10 : ἐπὶ τούτοις τὸν Κρίτωνα κτλ). Voilà un usage qui pourrait bien être dérivé du titre Ἐπινομίς, titre déjà appliqué, dans l'ancienne Académie, au dialogue qui se présente comme la continuation dramatique des *Lois*. Bien que l'on s'accorde généralement à penser qu'il fut compilé par le secrétaire de Platon, Philippe d'Oponte, l'*Epinomis* fut accepté par Thrasylle dans sa neuvième tétralogie comme la suite authentique des *Lois*, Νόμοι (Diogène Laërce III, 60). La relation marquée par ἐπί + le datif est vraisemblablement censée exprimer une continuité plus proche que le simple ἑξῆς δὲ τούτωι, « directement après celui-ci », à la ligne 6 de notre texte. Ce dernier décrit la relation de contiguïté entre le *Cratyle* et la trilogie qu'il préface sans pour autant signifier que le *Cratyle* anticipe significativement son contenu ni qu'il appartient à une même séquence dramatique. En résumé, notre texte révèle donc une terminologie développée et utilisée pour distinguer les types d'interrelations au sein de groupes de dialogues, terminologie qu'il semble partager avec Thrasylle.

b) À la ligne 11 *sq*., l'utilisation faite de ἐπεὶ] καὶ βούλεται [...] [δε]ῖ̣ξαι κτλ, « étant donné qu'il y vise également [...] à démontrer... », pour exprimer les intentions d'auteur de Platon reflète ce que Thrasylle (comme le mentionne Diogène Laërce III, 57) dit à propos de ces intentions dans la première tétralogie : παραδεῖξαι γὰρ βούλεται, « parce qu'il veut donner un modèle de... ». D'ailleurs, puisque le sujet des lignes 11 *sq* de notre passage est sans aucun doute Platon[2], le parallélisme tend à confirmer

1. Voir *infra* p. 303, n. 3.

2. Le sujet de βούλεται semble bien être « il », à savoir Platon. « La tétralogie », à supposer qu'elle soit le sujet du verbe à la ligne 4, est trop lointaine pour être sous-entendue ici. La seule solution alternative disponible à partir du contexte est de considérer que le sujet est « le *Théétète* » (lignes 10-11) mais on obtient alors l'affirmation fort peu cohérente selon laquelle le *Théétète* cherche à démontrer quelque chose « au moyen des trois dialogues », dont l'un est le *Théétète* lui-même. La solution de loin la moins problématique est de considérer que « Platon » est le sujet. La tendance, pleine de révérence, à omettre le nom de Platon est courante dans la littérature platonicienne.

que dans le passage de Diogène Laërce le sujet est également Platon et non Thrasylle, comme on a pu le soutenir.

Nous pouvons conclure que l'œuvre dont notre fragment est extrait était soit étroitement liée à Thrasylle soit, ce qui est tout aussi probable, de Thrasylle lui-même. Tarrant soutient qu'il est possible que Thrasylle ait développé l'intégralité de son schéma tétralogique dans une « Introduction à la lecture des dialogues de Platon ». Cependant, il est tout à fait improbable que notre fragment dérive d'un ouvrage de ce type, étant donné qu'il se concentre très clairement et exclusivement sur un seule et unique dialogue, le *Théétète*, plutôt que sur la tétralogie ou les tétralogies en elles-mêmes. L'auteur prête au *Théétète* une attention toute particulière, non seulement en entrant dans les détails de son contenu et de sa fonction, mais également en s'y référant comme au « présent dialogue, le *Théétète* » (ligne 6 : [ὁ Θεαίτ]ητ̣ο̣ς οὑτοcί). L'usage du pronom déictique, si la restitution que je propose ici est correcte, semble indiquer que le texte était en réalité un commentaire de ce dialogue, bien que nos sources ne fassent état d'aucun commentaire attribué à Thrasylle lui-même[1].

LA STRUCTURE DE LA TÉTRALOGIE

En construisant son schéma tétralogique, comme nous l'avons vu plus haut, Thrasylle a étiqueté chaque dialogue selon son genre : « logique » (λογικόν), « peirastique » ou « qui teste » (πειραστικόν), « éthique » (ἠθικόν), etc. Par exemple, la première tétralogie, qui présente en la personne de Socrate le paradigme de la vie philosophique, comprend un dialogue « *peirastique* » (l'*Euthyphron*), dans lequel un individu est soumis à l'*elenchos* socratique, et trois dialogues « éthiques » (l'*Apologie*, le *Criton*, le *Phédon*). Une telle combinaison répond à un schéma délibéré et selon lequel une tétralogie thrasylléenne est typiquement composée de trois dialogues appartenant à une seule forme générique, appropriée à la fonction globale de l'ensemble, plus un dialogue isolé et à part, qui remplit une fonction analogue à celle du drame satyrique qui, dans la pratique dramatique athénienne, était combinée à une trilogie tragique pour former un tétralogie dramatique complète (Diogène Laërce III, 56). De même, la deuxième tétralogie (voir Diogène Laërce III, 58, cité plus haut) comprenait un dialogue « peirastique », à savoir le *Théétète*, représentant l'*elenchos* du jeune Théétète, ainsi que trois dialogues « logiques ».

1. Voir Tarrant, *Thrasyllan Platonism*, *op. cit.*, p. 70-72.

Pour la première fois, le texte inédit du fragment explique le sens que revêt cet ordre particulier en 3 + 1 pour la deuxième tétralogie [1]. Le thème général est, semble-t-il, la méthode pour acquérir la connaissance philosophique idéale dont la première tétralogie a déjà fait la promotion. La substance de la deuxième tétralogie est ainsi d'ordre « logique », au sens large du terme, incluant à la fois la méthode d'inférence et l'épistémologie. Le dialogue peirastique isolé qu'elle comprend, c'est-à-dire celui qui met à l'épreuve, et juge insuffisantes, les opinions des autres, est le *Théétète*, dont la tâche principale est de dissiper tout un ensemble de conceptions fausses de la connaissance (perception, opinion vraie, opinion vraie plus un *logos*), conduisant ainsi de manière indirecte à la définition platonicienne correcte du terme. Voilà pourquoi l'objectif le plus ambitieux de ce dialogue, celui d'enseigner la méthode philosophique, demeure en quelque sorte caché (lignes 10-11). Les trois autres membres de la tétralogie sont, quant à eux, clairement « logiques ». Le premier est le *Cratyle*, dédié à la « justesse des noms ». Les deux autres sont le *Sophiste* et le *Politique*, qui servent de paradigmes de la méthode, consolidant et amplifiant les indices déjà laissés par le *Théétète* sur ce qui constitue réellement la connaissance.

En admettant que notre texte provienne d'un commentaire du *Théétète* (voir *supra*), il est possible faire l'hypothèse supplémentaire qu'il provient de la section introductive de ce commentaire. Notre fragment correspondrait ainsi à un passage conservé d'un autre commentaire médio-platonicien, le PBerol. 9782, de la colonne II, 11 à la colonne III, 25 [2]. L'auteur du Papyrus de Berlin (PBerol. 9782) sera désormais nommé « Anonyme 1 », et l'auteur de notre fragment, « Anonyme 2 ».

Anonyme 1, dans sa propre section introductive, compare deux conceptions rivales de la relation du *Théétète* au *Sophiste*, aucune de deux n'étant exactement identique à la conception thrasylléenne proposée dans notre fragment. Comment se différencient-elles de cette dernière, et l'une

1. Pour des suggestions antérieures, qui trouvent un certain soutien dans le nouveau papyrus, voir M. Dunn, « Iamblichus, Thrasyllus and the Reading Order of the Platonic Dialogues » dans R.B. Harris (ed.), *The Significance of Neoplatonism*, Albany, New York, State University of New York Press, 1976, p. 59-80, particulièrement les p. 63-64; J. Mansfeld, *Prolegomena*, *op. cit.*, p. 70; et A. Dunshirn, « In welcher Reihenfolge die Dialoge Platons lesen ? », *Gymnasium* 115, 2008, p. 103-122 : p. 110-12.

2. Voir, pour l'édition du commentaire anonyme, G. Bastianini et D. Sedley, « Commentarium in Platonis *Theaetetum* », dans *Corpus dei papiri filosofici greci e latini*, Firenze, L. Olschki, 1995, vol. III, p. 227-562. Sur le Commentaire anonyme au *Théétète*, voir également la contribution de M. Bonazzi dans ce même volume.

par rapport à l'autre[1]? Selon la première de ces versions, que rejette Anonyme 1, le *Théétète* nous montre ce dont *il n'y a pas* connaissance, là où le *Sophiste* poursuit en montrant ce dont *il y a* connaissance. C'est que, suivant l'orientation donnée par *République* V et le *Timée*, la connaissance trouve une définition du point de vue de ses objets propres, les Formes, que le *Théétète* omet mais que le *Sophiste*, qui suit le *Théétète*, s'applique à détailler.

Selon une deuxième interprétation, qu'Anonyme 1 approuve, la définition platonicienne de la connaissance est celle donnée en *Ménon* 98 a: «l'opinion vraie reliée par un raisonnement sur la cause (αἰτίας λογισμός)», selon le texte retenu par les éditions modernes (bien qu'Anonyme 1 ait curieusement une lecture différente de ces mêmes mots[2]). Le *Théétète* soutient cette définition en réfutant toute une série de fausses définitions et mène ainsi ses lecteurs au seuil de la définition correcte; à ce point précis, selon les principes de la maïeutique qui sous-tendent l'ensemble du *Théétète*, le dialogue doit s'interrompre et les lecteurs doivent être livrés à eux-mêmes afin qu'ils donnent par eux-mêmes naissance à la compréhension adéquate.

Comment comparer l'interprétation de notre auteur, Anonyme 2, aux deux précédentes? La première différence, qui sied bien à un tétralogiste, est qu'il ne considère pas le *Théétète* comme proposant un argument auto-suffisant, et qu'il ne le relie pas non plus de manière stratégique à un seul autre dialogue, à savoir le *Sophiste*. Au contraire, il lui assigne une fonction qui le relie aux trois autres dialogues du groupe sans exception.

Il est vrai que le *Cratyle* se voit attribuer un rôle purement introductif: l'habitude pour ce dialogue – ce qui est supposé désigner l'habitude dans l'Académie de Platon – était qu'il soit «chanté en guise de prélude» (ligne 4: προ]ῄιδετο)[3], et ce, sans doute, parce que la maîtrise de l'exactitude

1. Sur ces interprétations, voir D. Sedley, «Three Platonist interpretations of the *Theaetetus*» dans C. Gill and M. McCabe (eds), *Form and Argument in Late Plato*, Oxford, Clarendon Press, 1996, p. 79-103.

2. Lecture discutée par H. Tarrant, «By calculation of the reason?» dans P. Huby and G.C. Neale (eds), *The Criterion of Truth: Studies in Honour of George Kerferd on his 70th Birthday*, Liverpool, Liverpool University Press, 1989, p. 57-82.

3. Je parle d'«habitude» à cause de l'imparfait. Bien que l'identification même du verbe puisse sembler trop conjecturale pour être doté d'un poids quelconque, les lettres restantes sont compatibles avec le seul imparfait moyen/passif de ᾄδω, «chanter», ou avec un composé de celui-ci. Il est facile d'associer la métaphore musicale à Thrasylle, expert en harmonie, métaphore qui trouve une confirmation supplémentaire dans l'emploi d'ἁρ]μοστὴν (ligne 2), «harmonisé», même si la phrase dans laquelle ce terme apparaît défie toute tentative de reconstruction intégrale.

linguistique est un préalable adéquat à l'étude de la dialectique. La reconstitution incertaine du verbe aux lignes 5-6 laisse dans le flou la question de savoir si le *Cratyle* est ici dit dispenser (περι[άπτων] : « attacher ») ou simplement « inclure » (περι[έχων]) un enseignement sur la « justesse des noms », mais dans les deux cas, sa fonction est en un sens propédeutique.

Après l'introduction à l'ensemble que constitue le *Cratyle* vient la trilogie *Théétète-Sophiste-Politique* dont chaque dialogue est considéré comme intimement lié aux autres, beaucoup plus, en tout cas, que dans la plupart des lectures modernes. L'objectif global de cette trilogie, apprenons-nous, est d'enseigner la méthode dialectique, sous la forme à la fois de la définition et de la division [1]. Il ne fait pas de doute que le *Théétète* est vu comme traitant de la définition en tant que telle, et les deux autres dialogues, de l'accès à la définition au moyen de la division en particulier. Pourtant, en dépit de sa contribution à la méthode définitionnelle, le *Théétète* est dit contribuer à l'objectif global seulement de façon indirecte et floue, car il se consacre très largement à son rôle « peirastique », consistant à exposer les erreurs commises à propos de la connaissance par le jeune Théétète en particulier (lignes 10-13).

Dans les deux dernières lignes, avant que le fragment qui nous en est parvenu ne s'achève, le texte amorce le début d'une explication supplémentaire sur la manière dont les parties de la trilogie *Théétète-Sophiste-Politique* fonctionnent ensemble. Cette explication repose sur l'idée, commune dans le médio-platonisme, selon laquelle la tâche de la dialectique est de « déployer » (ἀναπτύσσειν, ἀναπλοῦν, etc.) ou d'« articuler » (διαρθροῦν) des idées déjà innées et présentes dans l'âme humaine, en les convertissant en définitions complètes par le procédé que Platon appelle « réminiscence » (ἀνάμνησις). Comparez ceci à la formulation d'Anonyme 1, qui va encore plus loin en reliant ce procédé au rôle revendiqué par Socrate dans le *Théétète*, celui de sage-femme intellectuelle destinée à faire naître les idées des autres :

1. Dans la publication originale (citée *supra* p. 295, n. 1), j'ai reconstitué les lignes 8-9 comme suit : τὴν ὁριστικήν τε κ[αὶ τὴν [δ]ι̣[α]ι̣ρετικὴν μέθοδον διδάσκοντες, ce qui sous-entend qu'il y a deux méthodes, l'une de définition, l'autre de division. Je propose à présent de remplacer le second τὴν par ἅμα, ce qui donne « la méthode à la fois de définition et de division ». La première reconstitution, bien que linguistiquement possible, implique de déplacer légèrement le τε qui, strictement parlant, devrait précéder ὁριcτικήν (bien que de tels écarts par rapport à l'usage soient habituels).

> ἐν δὲ τῷ διδάσκειν αὐτοὺς [παρ]εσκεύαζεν [τοὺς] μανθάνοντας [λέγει]ν περὶ τῶν π[ραγ]μάτων, ἀναπτύ[σ]σων αὐτῶν τὰς φυσικὰς ἐννοίας καὶ διαρθρῶν. καὶ τοῦτο ἀκόλο[υ]θον τῷ δόγματι τῷ τὰς λεγομένας μαθήσεις ἀναμνήσεις ε[ἶ]να[ι] κ[αὶ] πᾶσαν ἀνθρώπου ψυχὴν τεθεᾶσθαι τὰ ὄντα καὶ δεῖν αὐτῇ οὐκ ἐνθέσεως μαθημάτων ἀλλὰ ἀναμνήσεως.
>
> Dans son enseignement, il [Socrate] avait l'habitude de faire parler ses élèves au sujet des réalités, déployant et articulant leurs conceptions naturelles. Et ceci est en accord avec la doctrine selon laquelle ce que l'on appelle des cas d'« apprentissage », sont des réminiscences, et que chaque âme humaine a vu les choses qui sont, et a besoin, non qu'on lui donne des leçons, mais d'une réminiscence. (Anon., *In Plat. Tht.* XLVII, 37-XLVIII, 7)

Dans le texte parallèle d'Anonyme 2, j'ai reconstitué les derniers mots comme suit : « les trois dialogues [menant au] développement, en tant que résultat d'un processus de remémoration, [de concepts innés][1]. »

En admettant que cela soit, en gros, la façon correcte de compléter le sens de la phrase, la conclusion de notre auteur thrasylléen sera que la dialectique des trois dialogues est unie, non seulement méthodologiquement, en mettant en œuvre les méthodes jumelles de la définition et de la division, mais aussi pour ce qui est de la psychologie cognitive, en montrant comment, selon une telle méthodologie, les interlocuteurs – Théétète et Socrate le Jeune – peuvent être incités à articuler les concepts et les distinctions déjà présents dans leurs âmes.

Il est vrai que le fait que les idées nées de la maïeutique soient innées n'est nulle part rendu explicite dans le *Théétète*. En revanche, si l'on suppose que notre auteur suivait l'usage normal d'un médio-platonicien et considérait ces idées comme innées, il n'aurait eu aucune raison d'être

1. Ligne 14 : ἐκ τῆϲ] μνημονεύϲεωϲ. Ce nom rare n'est ailleurs attesté que chez Epicure, *Nat.* XXV (34.19.2 Arrighetti) et Origène, *Commentari in evangelium Joannis*, XX (24, 206.3, 208.6-209.1 Preuschen). Chez aucun de ces auteurs le terme ne fait référence à la réminiscence platonicienne, mais signifie simplement « mémoire » ou « remémoration », un sens qui convient pourtant parfaitement au présent passage. Il est possible qu'il faille restituer un mot composé en lieu et place : soit ἐκ ϲυμ]μνημονεύϲεωϲ soit ἐξ ἀπο]μνημονεύϲεωϲ. Toutefois, aucun de ces deux termes ne possède de lien évident avec la réminiscence platonicienne. Le premier est un terme technique pythagoricien utilisé pour désigner le souvenir commun de deux objets ou plus, et le second est un mot très rare qui signifierait plus probablement « relater » que simplement se souvenir. Une ultime possibilité serait ἐξ ἀνα]μνημονεύϲεωϲ, mais non seulement le nom n'est pas attesté, mais même le verbe apparenté, ἀναμνημονεύω n'est attesté que trois fois, dont aucune ne correspond à la réminiscence platonicienne ; par ailleurs le préfixe conviendrait mal au composé d'ἀνα qui le suit immédiatement.

embarrassé par ce silence. Car nous sommes ici dans la deuxième tétralogie, et la thèse de l'innéisme a déjà été posée de manière explicite à la fin de la première tétralogie : en *Phédon* 72 e-77 a.

Résultat

Il est dès lors possible de se faire une vue d'ensemble de la façon dont le tétralogiste conçoit le *Théétète*.

La signification de ce dialogue, comme celle de tout autre, ne peut être comprise qu'à la lumière de son intégration (*cf.* ligne 2 : « harmonisé ») dans le groupe auquel il appartient. Dans la mesure où le *Théétète*, le *Sophiste* et le *Politique* furent composés comme une trilogie dramatique, Platon nous a donné un indice suffisant du fait que ces dialogues fonctionnent ensemble. Comment alors identifier le quatrième membre de la tétralogie ? Au vu du thème méthodologique qui s'avérera unir la trilogie, le quatrième dialogue doit être inclus en vertu de sa pertinence par rapport à ce thème, et il n'est pas difficile de deviner les raisons pour lesquelles c'est le *Cratyle*, dont le thème officiel est l'exactitude linguistique, qui doit être choisi. Toutefois, notre fragment ne nous fournit aucune aide supplémentaire pour approfondir le raisonnement sous-tendant le choix du *Cratyle* comme dialogue introductif de la tétralogie. Tous les autres indices laissés par le fragment concernent l'unité de la trilogie qui suit.

Bien que le sujet explicite du *Théétète* soit « Qu'est-ce que la connaissance ? », il se trouve que ce n'est pas ce problème qui le relie aux deux dialogues suivants. C'est même le contraire : sa critique développée des erreurs du jeune interlocuteur à propos de la connaissance tend plutôt à obscurcir son message central (lignes 10-13). Ce point ne témoigne pas d'un échec de l'auteur. Il s'agit plutôt d'une application du principe adopté par Platon, sur le modèle des tétralogies du drame athénien, et selon lequel un des quatre dialogues de la tétralogie doit, si possible, se distinguer généiquement des trois autres. D'où l'inclusion d'un dialogue « peirastique » ou « de test », aux côtés des trois dialogues « logiques » (Diogène Laërce III, 58).

Une fois le *Théétète* correctement relié au *Sophiste* et au *Politique*, nous constatons que le thème unifiant la trilogie est en réalité méthodologique (lignes 6-9). Attendu que les deux derniers dialogues perfectionnent la méthode de définition en la fondant sur la division, le premier dialogue de la trilogie se comprend mieux si l'on voit qu'il inaugure ce même procédé. Ce qu'il fait de deux manières.

Premièrement, pouvons-nous supposer, sa critique des définitions erronées de Théétète a renforcé et développé les principes de la méthode définitionnelle que les lecteurs ont déjà pu voir esquissés dans le dialogue d'ouverture de la première tétralogie, l'*Euthyphron*. *Théétète*, 146 c-147 c est après tout une démonstration pleine de virtuosité de l'usage de ces mêmes principes.

Deuxièmement, en montrant comment le questionnement socratique est une maïeutique faisant accoucher les idées du cerveau du répondant, le *Théétète* fournit la psychologie cognitive qui justifie la méthode définitionnelle dans sa version pleinement élaborée. Car une telle méthode fonctionne parce qu'elle expose les interrelations conceptuelles déjà présentes de manière innée dans l'âme de l'interlocuteur.

Traduit de l'anglais (G.B.) par Olivier D'Jeranian et Dimitri El Murr

LE COMMENTATEUR ANONYME DU *THÉÉTÈTE* ET L'INVENTION DU PLATONISME

Mauro BONAZZI

Les recherches de ces dernières années ont permis de vérifier une donnée trop souvent négligée : l'importance du *Théétète* dans l'antiquité. Que ce dialogue ait occupé une position de grande importance au sein de l'Académie sceptique est bien connu : en un mot, le *Théétète* est le « star dialogue »[1] de l'Académie durant les siècles hellénistiques. Ce qui en revanche demeure beaucoup moins connu est que le *Théétète* a également continué à occuper une place centrale dans les débats au cours des siècles suivants, et ce jusqu'à la fin de l'antiquité tardive, lorsque le platonisme s'est reconfiguré dans des formes toujours plus systématisantes. Le dialogue fait partie du canon de Jamblique sans que cela ne suscite aucune difficulté pour les commentateurs successifs[2]; de plus, pour Proclus, l'infatigable exégète des Dialogues et l'auteur de la plus audacieuse des tentatives de systématisation en termes théologiques de la philosophie de Platon, le commentaire du *Théétète* fut bien, d'entre tous ses travaux, celui auquel il accordait ses plus grandes faveurs[3]. Bien évidemment, la conviction de ces commentateurs était que le *Théétète* constituait une clef d'accès privilégiée à la vérité de Platon. Mais sur quelles bases les platoniciens dogmatiques pouvaient-ils soutenir cette thèse ? Les commentaires néoplatoniciens, de Proclus ou d'autres, concernant ce dialogue ont malheureusement été perdus. Toutefois, il est possible de saisir ce que

1. J. Annas, « Plato the Sceptic », dans J.C. Klagge and N.D. Smith (eds.), *Methods of interpreting Plato and his dialogues*, Oxford, Clarendon Press, 1992, p. 43-72.
2. An. *Prol. In Plat. Phil.* 26, 39.
3. Marin. *Vit. Procl.* 38, 12-15.

pouvait signifier le *Théétète* aux yeux d'un platonicien systématisant et quelles furent par ailleurs les stratégies exégétiques mises en œuvre pour le commenter grâce à la générosité des sables du désert égyptien. En 1905, en effet, de larges extraits d'un commentaire ont été retrouvés, extraits rassemblant environ soixante-quinze colonnes dédiées à une exégèse ponctuelle de la première partie du dialogue, jusqu'à 153 e[1]. Le commentaire s'interrompt malheureusement avant que le dialogue n'entre dans des discussions philosophiques plus significatives; en outre, l'impossibilité dans laquelle nous sommes d'identifier son auteur comme celle de le situer chronologiquement constituent un obstacle supplémentaire à la pleine compréhension de ses thèses. Mais les parties préservées suffisent néanmoins à reconstruire sa position, ainsi que les traits fondamentaux de son interprétation: le commentateur anonyme est convaincu que la philosophie de Platon est composée de toute une série de doctrines bien précises et que, dans le *Théétète*, on peut retrouver ces mêmes doctrines. Reprendre ses arguments permettra de comprendre quelle pouvait être la signification du *Théétète* aux yeux d'un platonicien de l'époque impériale et quel peut être l'intérêt de son interprétation pour nous.

LES AMBITIONS D'UN UNITARIEN

Datation, auteur et skopos *du commentaire anonyme*

L'identité et la datation du commentateur ont fait l'objet de vives polémiques entre les chercheurs qui n'ont finalement pu aboutir à des conclusions unanimes[2]. De ce point de vue, l'anonyme est un digne représentant de ce que Hermann Diels, premier éditeur du papyrus avec

1. L'édition de référence est celle de G. Bastianini et D.N. Sedley, « Commentarium in Platonis *Theaetetum* », dans *Corpus dei papiri filosofici greci e latini*, Firenze, L. Olschki, 1995, vol. III, p. 227-562.

2. Sur des bases paléographiques, on peut dater le papyrus du IIe siècle de notre ère et donc soutenir qu'il a été composé à cette période. Sur des bases différentes, H. Tarrant (« The Date of Anonymous *In Theaetetum* », *Classical Quarterly*, 33, 1983, p. 161-187) et D. Sedley (« Commentarium... », *op. cit.*, p. 254-256) ont proposé une autre datation, aux alentours du Ier siècle av. J.-C., mais leur hypothèse a soulevé plus d'objections qu'elle n'a suscité d'approbations: *cf.* J. Opsomer, *In Search of the Truth. Academic Tendencies in Middle Platonism*, Bruxelles, Koninklijke Academie voor Wetenschappen, 1998, p. 34-36; Ch. Brittain, *Philo of Larissa. The Last of the Academic Sceptics*, Oxford, Oxford University Press, 2001, p. 249-254; M. Bonazzi, « Un dibattito tra academici e platonici sull'eredità di Platone. La testimonianza del commentario anonimo al *Teeteto* », dans *Papiri filosofici. Miscellanea di Studi* IV, Firenze, L. Olschki, 2003, p. 41-74. Sur les possibles identifications de l'auteur du *Commentaire*, voir D. Sedley, « Commentarium... », *op. cit.*, p. 251-254.

Wilhelm Schubart, appelait la *Mondscheinakademie*[1]. En outre, les positions philosophiques défendues par le commentateur n'ont, quant à elles, pas été débattues avec moins de vigueur, mais dans ce cas le consensus a été plus large. Réagissant à un ensemble de lectures à son goût par trop dogmatiques, Harold Tarrant a cherché à montrer que le commentaire présupposait une interprétation ouverte de Platon, qui sous de nombreux aspects rappelait le scepticisme de la Quatrième Académie de Philon de Larisse[2]. Mais aussi suggestive fut-elle, sa proposition s'est avérée erronée : sur ce point, les recherches les plus récentes s'accordent avec les plus anciennes qui insistaient sur le caractère doctrinal de l'interprétation de l'anonyme[3]. Du reste, que tel ait été sa position, l'anonyme l'exprime lui même sans équivoque. En commentant une affirmation de Socrate qui, en 150 c, dit ne pas posséder de savoir, le commentateur observe :

> En raison d'affirmations semblables, certains considèrent Platon comme un académicien, en ce qu'il n'aurait exprimé aucune doctrine ; le discours montrera que les autres académiciens, à l'exception d'un très petit nombre d'entre eux, ont professé des doctrines, et aussi qu'il n'existe qu'une seule Académie, puisque, pour eux aussi, leurs principales doctrines sont identiques à celles de Platon. Et dans tous les cas, que Platon avait des doctrines, et qu'il les affirmait avec conviction, il est possible de le déduire de Platon lui même. (LIV, 37-LV, 13)

Dans sa concision ce passage est programmatique. Le commentateur s'oppose à toute interprétation sceptique ou aporétique de Platon, en revendiquant le caractère doctrinal de sa philosophie : Platon avait des doctrines et c'est dans le partage de celles-ci que l'on reconnaît l'authentique tradition du platonisme. La position de l'anonyme peut ainsi être entendue comme un unitarisme rigoureux selon lequel il existe un corps doctrinal cohérent : ce qui varie de dialogue en dialogue, ce sont en somme les stratégies argumentatives qui, à chaque fois et selon les cas, sont mises en œuvre ; mais les doctrines, elles, sont toujours les mêmes. C'est sur la base de cette assertion fondamentale que le commentateur développe son interprétation. Afin de vérifier la valeur comme les limites de ce type de

1. H. Diels – W. Schubart, *Anonymer Kommentar zu Platons* Theaetet, Berlin, Weidmann, 1905.

2. H. Tarrant, *Scepticism or Platonism? The philosophy of the Fourth Academy*, Cambridge, Cambridge University Press, 1985, p. 66-88.

3. *Cf.* M. Bonazzi, *Academici e Platonici. Il dibattito antico sullo scetticismo di Platone*, Milano, LED, 2003, p. 179-211.

lecture, il importe de suivre le commentateur dans ses analyses ponctuelles. Plus précisément, dans cet article je me concentrerai sur deux problèmes spécifiques : le problème de l'ἐπιστήμη et celui du monde sensible.

Le commentaire s'ouvre sur une question préliminaire typique de la littérature des commentaires : quel est le sujet principal du dialogue, son *skopos* ? À première vue, trouver une réponse à cette question ne semble poser aucune difficulté. Thrasylle, l'astrologue à la cour de Tibère, regroupant les dialogues en tétralogies avait donné à chacun d'eux un sous-titre qui, dans le cas du *Théétète*, était περὶ ἐπιστήμης [1]. C'est également la position du commentateur anonyme : le sujet principal du *Théétète* concerne l'ἐπιστήμη, la connaissance. En effet, que la connaissance soit un thème privilégié du dialogue semble évident. Mais tant d'un point de vue exégétique que d'un point de vue plus proprement doctrinal, les problèmes apparaissent rapidement. 1) Il est vrai que dans le *Théétète*, on discute longuement de la connaissance ; mais avec des résultats que beaucoup ont défini comme un échec : dans quel sens faut-il dès lors entendre cette manière d'analyser la connaissance ? 2) Et d'un point de vue doctrinal, même en admettant qu'il soit possible de tirer du dialogue une manière cohérente de traiter la connaissance, en quoi consisterait-elle ? Comment le processus de la connaissance selon Platon et les platoniciens se met-il en œuvre ? Voilà, également, qui est tout sauf clair ou qui, pour le moins, nous semble peu clair. Or l'anonyme est, quant à lui, convaincu qu'il est possible de répondre sans équivoque et de façon nette à ces deux question. Voyons donc comment.

Échec de la définition de la connaissance ou stratégie maïeutique ?

Le premier problème qui se pose est un problème caractéristique auquel tous les lecteurs de Platon, tant dans l'antiquité qu'aujourd'hui, se voient confrontés. Et, tant aujourd'hui que dans l'antiquité, c'est une solution négative qui a prévalu : l'échec auquel aboutissent les recherches du *Théétète* répond à une logique précise, au sens où Platon, dans ce dialogue, n'entend pas montrer ce qu'est la connaissance en général, mais plutôt ce qu'on ne peut pas connaître. Le *Théétète* apparaîtrait ainsi comme la première partie d'un diptyque, la seconde étant le *Sophiste*, et ferait par ailleurs étroitement dépendre l'analyse de la connaissance du problème de

1. D.L. III, 58. Sur ce passage, voir l'article de D. Sedley, dans ce même volume.

la nature de ses objets[1] : ainsi, le *Théétète* démontrerait qu'on ne peut pas connaître la réalité sensible, et le *Sophiste*, que la connaissance concerne les idées. Mais pour le commentateur anonyme cette interprétation est incorrecte :

> Mais certains platoniciens ont pensé que le dialogue avait pour objet le critère, puisqu'il concentre en effet largement son attention sur celui-ci. Ceci n'est pas correct. [...] Ceux-ci affirment d'autre part que, s'étant proposé d'effectuer des recherches sur la connaissance, dans le *Théétète* il montre sur quels objets elle ne porte pas, et dans le *Sophiste* sur quels objets elle porte. Ceux-ci se sont approchés de la vérité, mais ne l'ont pas saisie. Il ne recherche pas la matière dont la connaissance s'occupe, mais ce qu'est son essence. Et cette dernière est une chose différente de celle qui la précède : comme dans les autres arts, rechercher l'essence de chacun d'entre eux est une chose, rechercher la matière dont ils s'occupent, en est une autre. (II, 11-18 et 32-52)

Comme l'a observé David Sedley, la critique de l'anonyme ne manque pas d'une certaine cohérence. La base de son objection semble effectivement être un passage important du dialogue, en 146e, où apparaît une formulation célèbre de ce qui est souvent présenté comme le problème de la « priorité de la définition » : dans les Dialogues, Socrate soutient maintes fois qu'on ne peut dire quoi que ce soit d'une chose si on ne sait pas préalablement ce qu'est cette chose. Ainsi, Socrate critique la toute première tentative de Théétète en lui rappelant qu'on ne peut dire quels sont les objets de la connaissance, si on ne sait pas préalablement ce qu'est la connaissance. De même, le commentateur peut critiquer ses adversaires en leur rappelant qu'on ne peut discuter de ce qu'on connaît ou ne connaît pas (des idées ou des choses sensibles), si l'on ne sait pas au préalable ce qu'est la connaissance[2]. Certes, les idées, comme nous le verrons, sont décisives pour la connaissance. Mais le *Théétète* considère une question qui se révèle peut-être plus fondamentale encore. Le sujet est la connaissance et, plus précisément, une connaissance simple et non-composée :

> Le propos ici est de parler de la connaissance, de cette connaissance simple et non-composée (ἁπλῆς καὶ ἀσυνθέτου[3]). (II, 18-21)

1. C'est cette interprétation que D. Sedley, « Three Platonist Interpretations of the *Theaetetus* », dans C. Gill and M.M. McCabe (eds), *Form and Argument in Late Plato*, Oxford, Clarendon Press, 1996, p. 90, appelle « object-related ».

2. *Ibid.*, p. 94.

3. En ce qui concerne l'occurrence de ἁπλοῦς, voir *Théétète*, 146 d 4 (ἁπλοῦ), avec le commentaire ultérieur de l'anonyme en XVIII, 12-XIX, 20.

Ce qu'il faut entendre par cette expression est précisé peu après, lorsque le commentateur explique un passage en apparence clair (le commentateur profite souvent de passages, disons, « banals » pour introduire des considérations d'ordre plus général). Socrate avait demandé à Théétète s'il apprenait « quelque chose de la géométrie » de Théodore (145 c 7-8). « Quelque chose de la géométrie » observe l'anonyme, ce n'est pas « la » géométrie :

> En réalité, son discours ne concerne pas la connaissance composée, que d'aucuns appellent également systématique, mais la connaissance simple, comme, par exemple, le savoir concernant chacun des théorèmes (pris individuellement) dans le domaine géométrique ou musical. De ces connaissances particulières, se forme une connaissance composée unique. (XV, 2-16)

L'argument du *Théétète* concerne tout acte cognitif (*cf.* aussi XVII, 25-32), et de cela, on peut offrir un développement *more platonico*. Dans le passage où il polémique avec les autres interprètes platoniciens, l'anonyme ne se contente pas d'expliquer que le dialogue a pour objet le problème de la connaissance, mais il donne également la réponse platonicienne, esquissant ainsi une interprétation d'ensemble du dialogue :

> Etant donné que la connaissance est l'opinion droite liée par la cause du raisonnement (car, alors, nous connaissons les choses quand nous savons non seulement qu'elles sont, mais aussi pourquoi), et puisque il y a ceux qui ont surévalué les perceptions du fait qu'elles possèdent une certaine capacité à nous frapper et qui leur attribuaient également l'exactitude, il va d'abord mettre à l'épreuve cette croyance ; il passera ensuite à l'opinion droite, et après celle-ci, à l'opinion droite avec « raison » ; et à ce point, il mettra un terme à la recherche ; car, s'il ajoutait le lien de la cause, son discours autour de ce type de connaissance deviendrait alors complet. (II, 52-III, 25)

En conclusion, il est possible au commentateur d'offrir une interprétation positive du *Théétète* et de faire ressortir de ce dialogue une analyse adéquate de la connaissance : le *Théétète* considère la connaissance et celle-ci est présentée comme opinion droite accompagnée d'un raisonnement causal. Une thèse intéressante, à ceci près qu'elle n'apparaît pas dans le dialogue : comme le note le commentateur lui même (XV, 18-23), il s'agit là de la conclusion du *Ménon* ! Mais cette interprétation, aussi paradoxale puisse-t-elle paraître, constitue néanmoins un des aspects les plus intéressants du commentaire. Comme on peut le déduire de la dernière phrase du passage ci-dessus, le commentateur anonyme est parfaitement conscient de la réticence de Platon. Mais cette réticence ne signifie pas qu'il y ait hésitation ou pire confusion de la part de Platon. Le silence du *Théétète* répond en fait à une stratégie bien précise, une stratégie de caractère maïeutique selon laquelle la conclusion de la recherche est confiée à l'intelligence du lecteur et non à l'exposition du maître. Et ceci constitue sans aucun doute un procédé propre à Platon. L'échec apparent de Socrate dans le dialogue ouvre en fait la voie à la véritable maïeutique de Platon envers ses lecteurs : « À ceux qui ont une familiarité avec sa méthode, il montre sa propre doctrine de manière non évidente » (LIX, 17-21). Le commentateur se montre ainsi tout à fait capable d'exploiter les stratégies dialogiques de Platon pour défendre son interprétation unitaire : Platon n'a pas conclu le raisonnement, mais il a mis à disposition du lecteur attentif tous les instruments afin de reconstruire sa doctrine de manière exhaustive. En d'autres termes, la position de l'anonyme se trace autour de deux coordonnés fondamentaux : un unitarisme rigoureux s'agissant des contenus et une stratégie maïeutique quant à la transmission de ces derniers. Ses analyses peuvent laisser perplexe, mais elles ne manquent pas de points d'appui dans les textes. Passons désormais au deuxième problème.

La nature de la connaissance

Le *Théétète* traite de la connaissance et offre une réponse claire sur ce qu'elle est, proposant aussi une sorte de définition. Mais, selon l'anonyme, nous pouvons également extraire du dialogue une analyse complète de la connaissance, c'est à dire une analyse de la façon dont elle se réalise effectivement. En d'autres termes, comment le processus de la connaissance selon un platonicien se met-il en place sur la base du *Théétète*? Malheureusement, pour ce qui est de ce second problème, les lacunes du texte constituent un sérieux obstacle et il est vraiment regrettable qu'une grande partie du commentaire ait été perdue. Néanmoins, ce qui nous reste rend possible une reconstruction de la réponse de l'anonyme à cette question, réponse qui comprend de nombreux éléments intéressants.

Dans les parties qui nous ont été préservées, l'anonyme, lorsqu'il explique le processus de la connaissance, a recours à un terme que l'on trouve également chez Platon, mais dont l'importance devient majeure seulement à l'époque hellénistique et post-hellénistique, à savoir le terme ἔννοια, ou *notion* : c'est autour de ce concept que l'explication du commentateur s'articule[1]. Il s'agit plus précisément de ces notions que les

1. *Cf.* XLVI, 34-XLVIII, 35 ; LII, 44-LIV, 13 ; LV, 14-33 ; LVI, 11-37 ; LVII, 11-42. Nous verrons plus loin que le commentateur, lorsqu'il parle de la connaissance, s'intéresse avant

stoïciens appelaient κοιναί ou φυσικαὶ ἔννοιαι. Et ce sont ces dernières, nous le verrons, qui jouent un rôle décisif dans la connaissance des choses (πράγματα)[1]. Pour les stoïciens, ces ἔννοιαι constituaient un répertoire de notions, communes à tous les hommes en tant qu'êtres rationnels et fonctionnant comme critère de vérité. Les notions communes, même si elles ne sont pas innées, se développent selon de mécanismes naturels précis et capables garantir qu'elles représentent correctement la réalité. En ce sens, elles constituent le fondement de la connaissance, qui se perfectionne ensuite suivant un processus d'articulation, pour culminer enfin avec la définition rigoureuse de la chose. Telle semble également être la position du commentateur anonyme quand il observe, par exemple, que les notions naturelles ont besoin d'articulation, parce que, certes, elles saisissent les choses (ἐπιβάλλουσι μὲν τοῖς πράγμασι), mais qu'elles ne le font pas avec clarté (XLVI, 43-49). L'anonyme introduit cependant certaines modifications qui transforment significativement la doctrine stoïcienne, qui, de fait, est intégrée à un cadre métaphysique platonicien. Même si l'anonyme ne la rend pas explicite (mais ce n'était pas le lieu de le faire, son travail consistant ici à commenter le *Théétète* et pas à se confronter systématiquement avec la doctrine stoïcienne), il est néanmoins possible de reconstruire sa stratégie. Le point de départ qui justifie l'introduction de ces modifications est un problème qui a été l'objet de débats, à la période hellénistique, entre académiciens et stoïciens : qu'est-ce qui garantie l'exactitude de la correspondance entre la représentation subjective et la réalité ? Pour les stoïciens, cette correspondance entre le sujet et la réalité constituait, en quelque sorte, un fait évident, qui s'imposait de lui même. Les notions communes servaient ainsi à expliquer l'assertion, le principe ontologique de ce fait évident : l'homme est naturellement prédisposé à recevoir et à élaborer de manière correcte les données de la réalité qui nous entoure[2]. Mais que l'exactitude des processus cognitifs constitue un fait qui n'a rien d'auto-évident a été démontré avec force arguments par les académiciens, ce qui eut pour conséquence

tout à la « connaissance scientifique », mais la référence aux πράγματα montre qu'il pense également à la connaissance des réalités qui nous entourent (en ce sens, la distinction de XLVII, 35-XLVIII, 11 est significative : si τὰ ὄντα désignent clairement les choses qui sont, les πράγματα mentionnées en XLVII, 42, seront les choses de ce monde).

1. *Cf.* XLVI, 47 ; II, 27 ; III, 4 ; XX, 2 ; *cf.* par ailleurs XXII, 32-36 sur la relation entre nom et chose.

2. M. Frede, « Stoic epistemology », dans K. Algra, J. Barnes, J. Mansfeld and M. Schofield (eds), *The Cambridge History of Hellenistic Philosophy*, Cambridge, Cambridge University Press, 1999, p. 296.

ultérieure de remettre en cause la thèse d'une correspondance fiable entre l'homme et la réalité qui l'entoure.

Le même problème peut également être posé à partir de Platon, la réponse des Dialogues permettant ainsi justifier la supériorité du platonisme sur le stoïcisme. La question du critère garantissant l'exactitude de la connaissance revient en effet dans les Dialogues à plusieurs reprises et trouve une illustre formulation dans le paradoxe de Ménon : comment chercher une chose dont on ne sait pas ce qu'elle est ? Et « à supposer que tu tombes par hasard sur cette chose, à quoi la reconnaîtrais-tu, puisque tu ne la connais pas ? »[1]. La réponse du *Ménon* est célèbre – la réminiscence et les idées : « comme l'âme est immortelle, [...] il n'y a rien qu'elle n'ait appris. En sorte qu'il n'est pas étonnant qu'elle soit capable [...] de se remémorer ces choses dont elle avait justement ... la connaissance[2]. » Convoquer la réminiscence et les idées est d'autant plus évident que Platon en parle également dans le *Phédon*. Même si l'historiographie récente débat de la question de savoir si ces deux textes sont, oui ou non, parfaitement compatibles, l'unitarisme de l'anonyme ne montre aucune hésitation : de ces arguments, c'est à dire de la réminiscence et des idées (qui sont étroitement liées à la réminiscence), on traite (et ce de manière cohérente) non seulement dans le *Ménon* et le *Phédon*, mais aussi dans le *Théétète*. La réminiscence est précisément la clef de voûte qui explique comment se met concrètement en place le processus de la connaissance, en résolvant les difficultés théoriques du modèle stoïcien et en montrant, par conséquent, la supériorité du platonisme.

La thèse selon laquelle le *Théétète* fait référence ou, tout du moins, fait allusion à la réminiscence est aujourd'hui, pour utiliser un euphémisme, discutable. En réalité, aucun commentateur n'en fait mention, parce que tous, d'une manière ou d'une autre, considèrent cette thèse comme erronée. Cette thèse était en revanche relativement commune dans l'antiquité[3] et l'anonyme fait d'ailleurs preuve d'une certaine habileté pour la défendre. Le *Ménon* offre d'ailleurs un appui fondamental à la thèse du commentateur : en effet, s'il est vrai qu'on ne trouve pas dans le *Théétète* le « terme technique » correspondant à la réminiscence, ἀνάμνησις, cela ne constitue pas pour autant une difficulté réelle :

1. *Ménon*, 80 d (trad. Canto-Sperber), *cf.* An. *In Tht.* XXIII, 15-25 avec D. Sedley, « Commentarium... », *op. cit.*, p. 512-513.

2. *Ménon*, 81 c.

3. *Cf.* par exemple L.P. Schrenk, « A Middle Platonic Reading of Plato's Theory of Recollection », *Ancient Philosophy*, 11, 1991, p. 103-110, sur Alcinous.

> Dans tous les cas, il n'utilise pas toujours le mot « réminiscence », mais essentiellement lorsqu'il fait des recherches sur celle-ci. Il l'a montré dans le *Ménon*, en disant : « que cela ne fasse aucune différence si on l'appelle objet d'enseignement ou de réminiscence ». (LVI, 21-31)

En somme, le commentateur s'en remet de nouveau à la stratégie maïeutique que les dialogues mettent en œuvre. On ne parle pas expressément de la réminiscence dans le *Théétète*, parce que celle-ci n'est pas un objet spécifique du sujet du dialogue. Mais la doctrine est clairement présente pour qui connaît les stratégies argumentatives de Platon : « À ceux qui ont une familiarité avec sa méthode, il montre sa propre doctrine de manière non évidente » (LIX, 17-21). Saisir ces stratégies est fondamental pour la compréhension des doctrines : la réminiscence joue un rôle décisif dans le processus de la connaissance. Mais où est donc la réminiscence dans le *Théétète* ? Dans la partie du commentaire qui a été conservée, l'anonyme trouve une esquisse de la réminiscence dans l'échange entre Socrate et Théétète en 145 d 7-e 6[1] :

> SOCRATE — Est-ce qu'apprendre n'est pas devenir plus savant sur ce qu'on apprend ?
> THÉÉTÈTE — En effet, comment répondre non ?
> SOCRATE — Et c'est bien sûr par le savoir, je crois, que sont savants les savants ?
> THÉÉTÈTE — Oui.
> SOCRATE — Et cela ne diffère pas de la connaissance ?
> THÉÉTÈTE — Quoi donc ?
> SOCRATE — Le savoir. Ou bien, ce en quoi nous sommes connaisseurs, nous ne sommes pas en cela savants aussi ?
> THÉÉTÈTE — Qu'est-ce que tu dis ?
> SOCRATE — Par conséquent, c'est la même chose, connaissance et savoir ? (*Théét.*, 145 d 7-e 6)

En substance, le raisonnement de Socrate est le suivant :
1) apprendre X = devenir plus savant sur X ;
2) être savant est dû au savoir ;
3) savoir sur X = être connaisseur de X ;
4) savoir = connaissance.

La question décisive est celle-ci : que doit-on comprendre dans le second point, dans l'affirmation selon laquelle le fait d'être savant est dû au savoir ? Comme l'a observé David Sedley, cela signifie pour l'anonyme,

1. Je me réfère sur ce sujet à D. Sedley, « Commentarium… », *op. cit.*, p. 500-503.

d'une manière que l'on peut légitimement déduire de Platon, « que le savoir est ce qui rend quelqu'un savant, au sens où il doit déjà posséder le savoir (latent) pour devenir (effectivement) savant »[1]; et ceci confirme la conviction du commentateur selon laquelle on trouve dans le dialogue des références à la réminiscence. Sur la base de cette lecture le commentateur peut réélaborer le raisonnement en ces termes :

a) (= 1) apprendre = devenir plus savant;
b) (= 2) devenir plus savant = recouvrer connaissance[2];
c) apprendre = « recouvrer » connaissance;
d) (= 3) savant sur X = connaisseur de X;
e) (= 4) donc savoir = connaissance;
f) donc apprendre, c'est recouvrer la connaissance. (XVI, 15-XVII, 32)

Ce qui revient à dire que connaître, c'est se ressouvenir. Une fois la réminiscence identifiée, il devient possible d'expliquer le processus de la connaissance, c'est à dire, dans le vocabulaire de l'anonyme, la connaissance simple[3]. La réminiscence offre en fait le cadre métaphysique adéquat permettant d'éclaircir de quelle manière un platonicien comme l'anonyme peut se servir des notions communes : une fois la réminiscence établie, les notions communes viennent coïncider de fait avec les idées, ou mieux, elles constituent la trace de la vision des idées, qui reste dans les hommes après l'incarnation :

> Dans l'enseignement [Platon] faisait en sorte que les disciples eux-mêmes parlent des choses, en faisant déployer et articuler leurs notions naturelles. Et ceci est consécutif à la doctrine selon laquelle ce que l'on nomme des apprentissages sont des réminiscences, et que toute âme humaine a contemplé les choses qui sont (τὰ ὄντα) et n'a pas besoin que l'on introduise en elle des enseignements (οὐκ ἐνθέσεως μαθημάτων), mais a besoin de réminiscence (ἀλλὰ ἀναμνήσεως). (XLVII, 37-XLVIII, 7)

Selon le schéma que l'on vient de présenter, connaître signifie récupérer une connaissance préalable, au sens où l'on connaît X quand on fait correspondre X à la notion / idée de X que l'on possédait déjà. Cette reconfiguration de la théorie des notions, même si elle reprend certains

1. *Ibid.*, p. 502.
2. Cf. *Ménon*, 85 d 4, *Phédon*, 76 e 4-6, *Philèbe*, 34 b 6-8, *Théétète*, 198 d 6.
3. À la fin de ce passage, il est intéressant d'observer que l'anonyme introduit une allusion ultérieure à la connaissance simple : il évoque en passant le fait que son discours concerne la connaissance simple, en ajoutant à « en devenant plus savant » la précision suivante : « autour de ce que quelqu'un apprend », XVII, 25-32.

aspects fondamentaux de la théorie stoïcienne, comprend également une transformation radicale de celle-ci. Comme l'avaient soutenu les stoïciens, en effet, la connaissance correspond à un rapport avec les choses, rapport qui se met en place grâce à l'articulation de nos propres notions naturelles. Mais la raison pour laquelle cela se vérifie par un résultat positif et que les hommes sont en mesure de connaître correctement les choses, c'est parce qu'ils possèdent déjà en eux des idées des choses qui garantissent le fonctionnement correct du processus cognitif. C'est donc seulement à l'intérieur de ce cadre métaphysique que la doctrine stoïcienne des notions peut fonctionner, répondant ainsi aux critiques des sceptiques. Et c'est dans cette capacité à répondre à ces critiques que s'affirme la supériorité du modèle platonicien sur le modèle stoïcien.

Il est évident que cette inscription dans un cadre métaphysique produit une transformation radicale de la théorie stoïcienne. Mais il est important d'ajouter que le vrai point de divergence ne concerne pas seulement le cadre métaphysique dans lequel la doctrine est insérée mais aussi le fait que cette réarticulation implique un déplacement de l'objet de la connaissance. Dans la gnoséologie stoïcienne, l'objet de la connaissance sont les réalités empiriques et l'objectif des stoïciens consistait à produire une démonstration de la possibilité de connaître ces réalités : le processus cognitif ne s'arrête pas à l'individuation des notions communes, mais coïncide avec l'articulation de ces notions culminant dans l'accomplissement d'une définition. C'est donc dans la définition que se conclut le processus de la connaissance, et ce sont ces mêmes définitions qui fournissent les propriétés essentielles des choses [1]. À cet égard aussi, l'anonyme semble très proche de la position stoïcienne, parce qu'à son tour, il semble partager la thèse soutenant que l'articulation des notions communes conduit aux définitions et que c'est dans la définition que se réalise concrètement le processus de la connaissance :

> Mais les définitions ne sont utilisées ni pour « saluer » ni parce qu'elles sont plus concises que les noms, mais pour déployer les notions communes. Et ceci n'arrive pas si on ne saisit pas tous les genres, comme les différences. (XXIII, 1-12)

1. *Cf.* A.A. Long et D. Sedley, *Les Philosophes Héllenistiques*, Paris, GF-Flammarion, 2001, vol. II, p. 82 (trad. française de *The Hellenistic Philosophers*, Cambridge, Cambridge University Press, 1987) ; J.-B. Gourinat, *La Dialectique des Stoïciens*, Paris, Vrin, 2000, p. 46-58 ; Ch. Brittain, « Common Sense : Concepts, Definitions and Meaning in and out the Stoa », dans D. Frede and B. Inwood (eds), *Language and Learning. Philosophy of Language in the Hellenistic Age*, Cambridge, Cambridge University Press, 2005, p. 186-199.

Mais, en réalité, l'adoption de ce langage commun dissimule une grande différence, car l'assimilation entre les notions naturelles et les idées implique un changement significatif quant à l'objet de la connaissance : on ne connaît pas X en tant qu'objet sensible, mais en tant qu'il participe de sa propre idée. Le vrai objet de la connaissance, le vrai objet de la définition, n'est donc pas la chose sensible mais l'idée de la chose sensible; on ne connaît pas la chose en tant que sensible, mais en tant que et dans la mesure où elle participe de la dimension intelligible[1] : c'est vers ce but que tend la définition[2]. Les propriétés essentielles que nous tirons de la définition relèvent des idées et renvoient à ces mêmes idées.

Pour compléter cette démonstration, on observera que l'anonyme ne s'intéresse pas seulement au stoïcisme, car la confrontation avec Aristote n'est pas moins importante : comme l'a bien démontré Paul Moraux, l'analyse de la définition que l'on peut lire dans le commentaire anonyme est profondément influencée par les théories aristotéliciennes[3]. C'est le recours à Aristote plutôt qu'au stoïcisme qui permet, selon l'anonyme, de conclure cette esquisse de la connaissance. On peut en effet tirer d'Aristote la thèse selon laquelle la connaissance consiste dans la définition, avec la précision supplémentaire que la définition se doit en quelque manière d'offrir une explication de la raison pour laquelle une chose est ce qu'elle est[4]. On lit également chez Aristote, dans les *Seconds Analytiques*, que l'on connaît une chose ἁπλῶς (proprement, simplement) quand on connaît la cause par laquelle cette chose est ce qu'elle est[5]. Or telle est l'exacte position de l'anonyme : « car, alors, nous connaissons les choses (ἴσμεν τὰ

1. Du sensible, on pourrait dire, en suivant Alcinous, *Didaskalikos*, 4, qu'il n'y a seulement qu'« opinion » (δόξα).

2. H. Tarrant, *Recollecting Plato's* Meno, London, Duckworth, 2005, p. 142-143, lit cet extrait d'une manière différente, en soutenant que les définitions constituent seulement un passage, la connaissance vraie culminant, elle, dans une vision (*vision*). Il me semble que cette hypothèse ne tient pas suffisamment compte de la présence notable d'Aristote : cf. *infra*, et, par exemple, XIX, 47-XX, 2. Reste cependant que la seule partie conservée du commentaire ne permet pas de régler tous les problèmes, et par exemple la question de la relation entre les idées et les universels, ou celle de savoir si, comme c'est le cas chez Alcinous, il y a une distinction entre la connaissance des idées avant que l'âme ne vienne dans un corps et leur connaissance une fois que celle-ci est embarquée dans le corps (*Didaskalikos*, 155, 24-26).

3. P. Moraux, *L'Aristotelismo presso i Greci*, Milano, Vita e Pensiero, 2000, vol. II. 2, p. 54-57 (éd. originale : *Der Aristotelismus bei den Griechen*, vol. II, Berlin, De Gruyter, 1984); *cf.* également D. Sedley, « A Platonist Reading of the *Theaetetus*, 145-147 », *Proceedings of the Aristotelian Society, Supplementary Volume* 67, 1993, p. 125-149.

4. *An. Post.*, II, 3, 91a1 ; II, 10, 93b29-94a10.

5. *An. Post.*, I, 2, 71b-72b. La possible influence des *Seconds Analytiques*, I, 1-3, sur le concept d'ἐπιστήμη ἁπλῆ est une question qui mérite ici l'attention.

πράγματα) quand nous ne savons non seulement qu'elles sont (ὅτι ἔστιν) mais aussi pourquoi (διὰ τί) » (III, 3-7). Ceci correspond à ce que l'anonyme entend quand il soutient que l'ἐπιστήμη est l'opinion droite accompagnée d'un raisonnement causal, avec tout de même, par rapport à Aristote, la précision fondamentale que le raisonnement causal renvoie aux idées : ce sont en effet les idées qui expliquent pourquoi une chose est ce qu'elle est. En somme, ce n'est pas par hasard que dans un passage cité précédemment, où il soutient que le *Théétète* traite de la connaissance simple et explique celle-ci grâce à la citation du *Ménon*, l'anonyme précise qu'une conclusion similaire est approuvée tant par les stoïciens que par Aristote :

> Son discours ne concerne en fait pas la connaissance composée, que d'aucuns appellent également systématique, mais la connaissance simple [...] Ainsi la connaissance simple est antérieure à la connaissance composée, et c'est cette connaissance simple que lui même définissait dans le *Ménon* comme « opinion droite liée par la cause du raisonnement », Aristote « croyance avec démonstration » et Zénon « état immuable du raisonnement dans la réception des impressions ». (XV, 3-7 et 16-30)

Mais il ne faut pas entendre cette triple citation[1] comme si ces trois doctrines étaient équivalentes, faisant ainsi de l'anonyme une sorte d'« éclectique ». Car les doctrines stoïciennes et aristotéliciennes sont intégrées dans un contexte platonicien – ce qui confirme la supériorité du platonisme par rapport aux autres écoles.

DOGMES PLATONICIENS

Dogmes et système

Aussi important soit-il, le problème de la connaissance ne se réduit pas à une confrontation avec les aristotéliciens et les stoïciens autour de la question de la possibilité et des modalités de la connaissance des choses qui nous entourent. Le recours à la réminiscence, aux idées et aux définitions, ne permet pas seulement de discuter de la connaissance des πράγματα (objet privilégié de débat entre stoïciens et académiciens à la période hellénistique) : il permet également, et avant tout, de traiter de la connaissance que nous pourrions appeler, en termes aristotéliciens, la connaissance scientifique. Ainsi, dans le passage fondamental de XIV-XV où la distinction entre ἐπιστήμη ἁπλῆ et ἐπιστήμη συστηματική est introduite,

1. En réalité, celle d'Aristote ne constitue pas vraiment une citation, mais *cf.* P. Moraux, *L'Aristotelismo*, *op. cit.*, p. 62-63.

l'anonyme peut remarquer, dans le sillage de l'exemple socratique (lequel traitait justement de la géométrie), que la connaissance simple « concerne chacun des théorèmes (pris individuellement) dans le domaine géométrique ou musical » (XV, 9-13). Le processus d'articulation des notions naturelles (dans le sens platonicien spécifié précédemment) est également au fondement de la connaissance des postulats premiers ou des principes d'une science donnée, comme la géométrie ou la musique. En poursuivant dans cette direction, le processus d'articulation des ἔννοιαι permet d'atteindre des niveaux de savoir toujours plus universels, à partir desquels on peut tirer des connaissances d'ensemble de la réalité. En effet, et aussi étrange que cela puisse paraître d'un point de vue terminologique, l'anonyme semble utiliser ἔννοια en référence à δόγμα (XLVII, 35-45) : en somme, les δόγματα peuvent aussi selon lui être entendus comme des cas de « connaissance simple ». Or cette idée est très séduisante : si le processus d'articulation des ἔννοιαι conduit à la connaissance de certains δόγματα, ceci signifie que ces doctrines constituent un reflet fidèle de la réalité, au sens où elles sont inscrites dans la réalité[1]. Si l'on considère que ces δόγματα sont les δόγματα platoniciens, il suit que le platonisme peut être présenté comme la seule forme légitime de savoir, l'unique forme de savoir en mesure de rendre compte correctement de la réalité. Ceci explique par ailleurs le but ultime de la pratique du commentaire et pourquoi il est aussi important : commenter consiste à recueillir un par un les δόγματα (= ἐπιστήμη ἁπλῆ) et à les articuler dans un système complet (ἐπιστήμη συστηματική) pour rendre compte de la réalité de manière correcte. En d'autres termes, commenter, c'est dire le monde.

La tâche consistant à reconstruire un système platonicien cohérent ne fut pas difficile du seul point de vue philosophique. Un obstacle non moins problématique fut constitué par l'histoire du platonisme lui-même. À l'époque du commentateur, dans les premiers siècles de l'époque impériale, on assiste en effet à une véritable crise d'identité du platonisme, caractérisée par la circulation de diverses images et interprétations de Platon, souvent en compétition les unes contre les autres et difficilement compatibles. Entre toutes ces divergences, la plus grave est liée au problème

1. Comme me le fait observer T. Bénatouïl, *per litt.*, l'anonyme semble là encore, sur ce point précis, reprendre une idée stoïcienne : « d'abord, les stoïciens présentent certains de leurs *dogmata* comme directement fondés sur l'articulation de notions communes (par exemple la doctrine *monon to kalon agathon* est tirée de l'analyse de la prénotion du bien : Plutarque, *Contr. Sto.* 1041E); ensuite, et en conséquence, les stoïciens présentent leur philosophie comme la philosophie de la Nature au sens de "la philosophie tirée directement de la Nature, la porte-parole de la Nature" (*cf.* Cicéron, *De Finibus* III, 11). »

de l'héritage d'Arcésilas, de Carnéade et de Philon de Larisse : comment intégrer le scepticisme de l'Académie dans un système platonicien positif ? Beaucoup de platoniciens de l'Empire, d'Antiochus à Proclus, choisiront la voie la plus simple en niant que l'Académie hellénistique ait pu légitimement faire partie de la tradition platonicienne [1]. Par rapport à ces prises de position unilatérales, l'anonyme fait montre d'une plus grande sensibilité historique, en essayant de trouver à l'Académie une place au sein de la *platonica familia*. Pour lui, le platonisme est un système doctrinal consistant dans le partage des δόγματα, δόγματα partagés aussi par les académiciens hellénistiques. Chercher à concilier ces exemples divergents est source de difficultés supplémentaires pour l'anonyme, mais rend pourtant sa tentative unitariste beaucoup plus intéressante que les exclusions radicales opérées par ses collègues platoniciens.

Mais quels pouvaient donc être ces δόγματα? Dans le commentaire, δόγμα est explicitement associé à la réminiscence : la réminiscence, comme nous l'avons déjà noté, tient en effet une place fondamentale dans le système de l'anonyme (XLVII, 46-XLVIII, 1 ; XLVIII, 7-8). Mais la réminiscence n'est pas l'unique δόγμα dont traite l'anonyme dans la partie qui nous est parvenue du commentaire : dans les dernières colonnes, le commentateur porte son attention sur le statut ontologique du monde sensible, élucidant – malheureusement trop brièvement – de quelle manière les académiciens pouvaient eux aussi être ramenés dans le sillon de l'authentique tradition platonicienne. Reconstruire les thèses de l'anonyme relativement au délicat problème du monde sensible nous permettra ainsi d'éclaircir sa position tant par rapport à Platon que par rapport à la tradition séculaire née de ce dernier [2].

Le monde sensible

Dans la dernière partie préservée du commentaire, l'anonyme débute par l'analyse de la première thèse proposée par Théétète : connaissance est sensation. De manière prévisible, la discussion sert au commentateur à introduire le thème du relativisme, qui est étroitement lié à la thèse de Théétète et encore davantage à celle de Protagoras ; plus précisément il s'agit d'une version de relativisme qui dépend du caractère changeant, en perpétuelle transformation, de la réalité et pour lequel rien n'est mais tout

1. *Cf.* Cicéron, *Luc.* 15 ; Numénius fr. 24-28 des Places ; Proclus, *Theol. Plat.*, I, 1.

2. Pour une première analyse de ce passage, voir M. Bonazzi, « The Commentary as Polemical Tool. The Anonymous Commentator on the *Theaetetus* against the Stoics », *Laval Théologique et philosophique* 64, 2008, p. 597-605.

devient. L'idée ou inspiration provient clairement ici de la « doctrine secrète » que Protagoras aurait raconté en secret à ses disciples (*Théét.*, 152 c). Et c'est dans ce contexte que sont introduits les académiciens. Plus précisément, le renvoi aux académiciens ne concerne pas de manière générique la thèse mobiliste de la réalité, la thèse de la « matière qui s'écoule » pour utiliser la terminologie hellénistique et post-hellénistique, mais concerne plutôt la discussion d'un problème plus spécifique et étroitement lié à l'ontologie mobiliste, problème connu à cette époque sous le nom d'*auxanomenos logos*, « l'argument de croissance » ou argument de l'homme qui croît. Cet argument, qui a traditionnellement été attribué à Epicharme (*cf.* LXX, 12-40), soutenait que de même qu'un nombre auquel on ajoute ou soustrait quelque chose, devient un nombre différent, une personne qui grandit ou « rapetisse » devient un homme différent. Le problème de fond était de savoir comment l'on pouvait rendre compte de l'identité personnelle des hommes et des choses dans une réalité caractérisée par la transformation, continue et constante, de ses éléments constitutifs. Pour l'anonyme, ce thème est dotée d'une très longue tradition : il a été introduit par Pythagore, puis repris par Platon ; ensuite ce sont surtout les stoïciens qui ont repris ce thème à leur compte, et c'est à l'élaboration stoïcienne qu'il faut relier la position des académiciens. Le lien avec les stoïciens joue ici un rôle décisif pour reconstruire la position des académiciens et de l'anonyme :

> (1) [...] ces choses là, que nous disons être [...] mais elles ne sont jamais. Ce qui « s'écoule » selon certains, ne s'accroît ni ne décroît, comme les choses qui sont qualifiées de façon particulière. Parce qu'ils concèdent que seul le même individu peut accueillir une adjonction et de manière analogue également devenir plus petit d'une certaine quantité à cause du décroissement. Parce que croissance, décroissance et individus qualifiés de façon particulière s'impliquent réciproquement, de sorte que si l'on concède une de ces choses, les autres doivent également l'être, et si l'une est niée, les autres doivent également l'être. (2) L'argumentation de l'homme qui croît fût avancée pour la première fois par Pythagore, et fut avancée également par Platon, comme nous l'avons noté dans notre commentaire du *Banquet*. (3) Les académiciens argumentent également en faveur de ceci, en insistant sur le fait qu'ils acceptent qu'il y ait des accroissements ; mais puisque les stoïciens s'efforcent d'établir ce qui ne réclame pas de démonstration, les académiciens leur apprennent que si quelqu'un entreprend de démontrer ce qui est évident, quelqu'un d'autre regorgera d'arguments plus convaincants dans le sens contraire. (LXIX, 34-LXX, 26)

Pour bien comprendre le raisonnement de l'anonyme, il convient de distinguer trois parties dans ce passage. 1) Au début est introduite la position des stoïciens[1]. La description protagoréenne d'un monde qui se transforme continuellement offre à l'anonyme l'occasion de parler des stoïciens et d'expliquer brièvement de quelle manière ils ont tenté de résoudre ce problème : les stoïciens, pour essayer de rendre compte de la persistance d'identité dans une réalité caractérisée par la mutation, ont introduit une distinction entre la « substance » entendue comme substrat matériel, et l'ἰδίως ποιός, « le qualifié de façon particulière », entendu comme une configuration particulière du substrat matériel, qui maintient sa propre identité dans le processus de croissance ou de décroissance. La substance n'admet ni croissance ni décroissance, mais seulement naissance et mort, parce que, dans son flux, elle passe, comme les nombres, d'un état de choses à un autre ; la qualité individuelle, en revanche, dans la mesure où elle maintient son identité (*cf.* LXIX, 41 et 44-45 : τὸν αὐτόν), subit, quant à elle, croissances ou décroissances, ajouts et pertes, sans toutefois se transformer en quelque chose d'autre. Pour les stoïciens, en somme, croissance ou décroissance, d'un côté, et qualité individuelle, de l'autre, s'impliquent mutuellement, de sorte qu'on ne peut avoir l'une sans l'autre : s'il y a croissance (ou décroissance), il y a également l'identité procurée par l'ἰδίως ποιός, et s'il n'y a pas l'ἰδίως ποιός, il ne peut pas non plus y avoir croissance (ou décroissance), mais seulement transformation substantielle du tout (LXIX, 35-LXX, 5)[2].

2) Une fois éclaircie la position stoïcienne, le commentateur introduit l'argument de « l'homme qui croît », en précisant que ce dernier a été initialement élaboré par Pythagore, pour être ensuite repris par Platon, puis par les académiciens. Évoquant Platon, le commentateur renvoie à son commentaire du *Banquet*, la référence précise à laquelle il songe dans le dialogue étant 207 d-208 b. Malheureusement, l'anonyme donne son interprétation comme acquise et ne s'y attarde pas, mais le passage du

1. Ceci pourrait sembler surprenant si l'on considère que, pour d'évidentes raisons chronologiques, la « doctrine secrète » de Protagoras n'a rien à voir avec le stoïcisme. Cet anachronisme constitue un exemple significatif de la démarche du commentateur, qui pense pouvoir trouver dans les Dialogues une manière adéquate de traiter non seulement des problèmes des prédécesseurs de Platon, mais également de ses successeurs : la philosophie n'est rien d'autre que des notes de bas de page à l'œuvre de Platon, et tenter de s'éloigner de lui conduit inévitablement à l'erreur. Pour un rapprochement entre la doctrine secrète et le corporalisme stoïcien, voir l'article d'A. Macé dans ce volume.

2. C'est ainsi que je tente d'expliquer un raisonnement que D. Sedley, « Commentarium in Platonis *Theaetetum* », *op. cit.*, p. 554, qualifie de « surprenant ».

Banquet montre clairement que le problème en discussion est la persistance d'identité dans la transformation, et que la réponse des platoniciens consiste probablement à insister sur l'opposition entre l'âme, la partie immatérielle, immortelle, entendue comme principe unificateur de l'identité, et le corps, la partie matérielle, mortelle et sujette à transformation.

(3) C'est à ce point précis du passage, juste après l'évocation de Pythagore et de Platon, que sont introduits les académiciens : ils auraient eux-aussi considéré ce problème, en critiquant plus spécifiquement la solution stoïcienne. Les arguments des académiciens ne doivent pas être entendus comme des prises de position *in propria persona*, mais comme des raisonnements dialectiques qui résultent directement des thèses stoïciennes. Malheureusement (là encore), l'anonyme n'explique pas ces arguments clairement, et ce, peut-être, parce qu'il les avaient déjà discutés dans son commentaire du *Banquet*. Toutefois, une reconstruction de ces arguments ne se révèle pas impossible, si l'on confronte le témoignage de l'anonyme avec d'autres témoignages en notre possession concernant les académiciens. Comme nous l'avons vu, l'anonyme, dans la phrase immédiatement précédente (LXX, 7-15), assimile virtuellement les académiciens, Pythagore et Platon; ensuite, l'anonyme présente la version du « pythagoricien » Epicharme (LXXI, 12-40) : or ce qui est attribué aux pythagoriciens coïncide significativement avec ce que l'on peut lire dans d'autres témoignages sur les académiciens. En LXXI, 23-26, l'anonyme observe que si des pertes ou des ajouts se vérifient, « les substances deviennent différentes dans des temps différents en raison du flux continu » (οὐσία doit bien sûr être entendu ici dans son sens platonico-aristotélicien, et non dans son sens stoïcien). Cette observation coïncide avec les critiques que l'on peut lire dans Plutarque ou dans le POxy. 3008 : d'une manière générale, ce qui est contesté est que l'on puisse rendre compte du problème de l'identité dans une perspective seulement matérielle; dans le cas spécifique des stoïciens, ceci signifie qu'on nie la validité de la distinction introduites par eux entre un sujet de la transformation (οὐσία) et un sujet de croissance-décroissance (l'ἰδίως ποιός). Si la propriété d'individuation est matérielle, alors elle ne peut être considérée de manière autonome, c'est-à-dire en faisant abstraction des transformations de la matière, mais, au contraire, elle subit à son tour ces transformations : voilà l'erreur des stoïciens.

Dans la première section de ce passage, l'anonyme a conclu la présentation de la doctrine stoïcienne en soulignant l'implication entre croissance, décroissance et qualité individuelle. Mais nous pouvons maintenant observer que, dans la mesure où l'ἰδίως ποιός entendu comme principe d'individuation reste quelque chose de matériel, des résultats paradoxaux s'ensuivent. 1) Si l'ἰδίως ποιός est le principe matériel d'identité d'une substance, et si la substance se transforme, il s'ensuit nécessairement que l'ἰδίως ποιός se transforme également, car ἰδίως ποιός et transformation d'une substance s'impliquent réciproquement. 2) De façon alternative, si l'on nie que l'ἰδίως ποιός se transforme, on doit aussi, et en conséquence, nier qu'il y ait transformations, changements, croissances ou décroissances des choses. Dans tous les cas, les thèses stoïciennes mènent à des résultats absurdes.

À la lumière de ces observations, il devient possible d'approfondir la position que l'anonyme attribue aux académiciens. Dans la troisième section du passage, il est intéressant d'observer que des deux options que l'on vient de mentionner, seule la première est prise en considération : les académiciens admettent accroissements et transformations, mais ils contestent la validité des tentatives stoïciennes de rendre compte de la relation entre identité et changement. Autrement dit, et comme l'observe Daniel Babut à propos de la discussion parallèle de Plutarque dans *Sur les notions communes*, « le tort des stoïciens n'est pas de croire à la permanence de l'identité individuelle, condition nécessaire des processus de croissance et de décroissance d'un être, mais de vouloir démontrer la chose à l'aide d'arguments qui aboutissent en fait au résultat inverse, parce qu'on peut leur en opposer d'autres de force égale ou supérieure[1]. » Mais si cette reconstruction est correcte, il s'ensuit également que la philosophie des académiciens doit davantage être considérée comme un anti-empirisme que comme une forme de scepticisme rigoureux. L'anonyme a précédemment fait allusion aux pyrrhoniens, en affirmant que ces derniers ne se prononçaient pas sur la nature des choses, et donc pas non plus sur la croissance ou la décroissance, et encore moins sur le flux[2]. Les académiciens, en revanche, reconnaissent croissances, décroissances et transformations, niant seulement que les stoïciens aient su rendre compte de ce problème : l'anti-empirisme des académiciens est dès lors autre chose que le scepticisme rigoureux des pyrrhoniens. Cette interprétation permet d'expliquer l'ultime section du passage, la plus obscure, où l'on lit que si

1. D. Babut, *Plutarque : Œuvres Morales : Sur les notions communes*, Paris, Les Belles Lettres, 2002, p. 345-346, n. 681.

2. L'anonyme prend la peine de distinguer le relativisme des pyrrhoniens de celui de Protagoras et de Démocrite, démontrant ainsi une bonne connaissance de chacun, *cf.* Sextus Empiricus, *Hypotyposes Pyrrhoniennes*, I, 216 et III, 82.

quelqu'un (le stoïcien) veut démontrer des choses qui sont évidentes, quelqu'un d'autre (l'académicien) lui opposera des arguments contraires plus persuasifs. À première lecture, le sens de la phrase n'est pas clair. Mais le passage le devient davantage si l'on prête attention à deux termes clefs, ἐναργής et ἀπόδειξις / ἀποδεικνύναι. L'adjectif ἐναργής se réfère à l'évidence sensible, selon l'usage habituel du terme[1]; quant à ἀπόδειξις / ἀποδεικνύναι, on a trop souvent négligé le fait que ce concept n'a pas de valeur générique pour l'anonyme, mais une signification bien précise. Comme nous l'avons vu précédemment, ἀπόδειξις est utilisé comme un synonyme (aristotélicien) du raisonnement causal du *Ménon* (XV, 23-26): ainsi, quand il utilise ce terme, l'anonyme se réfère à sa thèse (défendue précédemment) selon laquelle la connaissance concerne l'aspect intelligible des choses, et non l'aspect sensible. On voit donc que l'erreur des stoïciens tient au choix de vouloir rendre compte et offrir une démonstration des seules évidences sensibles, alors même que les démonstrations (comme l'anonyme l'a déjà démontré) concernent l'aspect intelligible des choses. Et, selon l'anonyme, c'est à cause de cette erreur méthodologique fondamentale que les académiciens les ont critiqué.

De façon synthétique, nous pouvons finalement dégager de ce passage trois réponses différentes au problème des rapports de l'identité et du changement. 1) Celle des stoïciens qui cherchent à rendre compte de l'identité et de la transformation à partir du seul aspect sensible des choses, et aboutissent à des résultats absurdes, qui de fait les rapprochent du pyrrhonisme. 2) La référence à l'ἀπόδειξις renvoie à l'explication platonicienne du commentateur, en l'espèce à une position opposée à la position stoïcienne (comme nous le démontrerons par la suite): c'est dans l'intelligible que l'on doit trouver les éléments de stabilité qui permettent aux choses de conserver leur identité. 3) Les académiciens occupent une position intermédiaire entre ces deux extrêmes, et leur position pourrait être présentée de la façon suivante: le changement comme l'identité existent, et on peut les démontrer (ἀπόδειξις) à partir du sensible (les stoïciens) ou bien à partir de l'intelligible (l'anonyme). Mais, si non A, alors B : puisqu'il est impossible de démontrer le changement et l'identité à partir du sensible, c'est donc la seconde option qui s'avère la bonne: la thèse selon laquelle il est possible de connaître la réalité dans ses structures intelligibles n'est pas expressément attribuée aux académiciens, mais leurs arguments, au sens où ils s'opposent au réductionnisme sensualiste des stoïciens, se révèlent finalement compatibles avec la solution de

1. Pour un parallèle intéressant, voir Plutarque, *Sur l'E de Delphes*, 392 B.

l'anonyme. De plus, dans la mesure où il n'existe aucune autre alternative hors de ces deux options, la thèse des académiciens n'est pas seulement compatible avec la thèse platonicienne, mais en réalité la présuppose.

En admettant qu'elle soit correcte, cette reconstruction permet en outre de préciser quelle peut être la position commune à tous les platoniciens (y compris les académiciens hellénistiques), le δόγμα partagé par tous autour de la question de la nature de la réalité. Avec l'introduction de l'ἀπόδειξις, l'anonyme a également introduit la distinction entre la dimension intelligible et la dimension sensible des choses (les πράγματα), ce qui entraîne des conséquences d'un point de vue ontologique. Dans les colonnes précédentes l'anonyme a répété à plusieurs reprises que l'essence d'une chose est déterminée par soi et pas seulement en relation à quelque chose d'autre. Les stoïciens, dans la mesure où ils réduisent tout à la dimension sensible, retombent dans une situation pour ainsi dire protagoréenne, dans laquelle les choses ne sont pas, mais deviennent : si seule la matière est et si la matière s'écoule, rien n'est déterminé par soi, mais tout est relatif (LXII, 39-44), au sens où les choses manquent de caractères propres (ἰδιότητα, LXIII, 6-11 ; LXIV, 28-36 ; LX, 18-25)[1]. En d'autres termes, l'empirisme stoïcien implique une réduction relativiste des choses. Or c'est en opposition au réductionnisme stoïcien que s'éclaire la position platonicienne : si la réalité sensible entre dans la catégorie du relatif, et si la catégorie du « pour soi » existe, il est évident que le contenu de cette dernière ne peut être autre chose que la réalité intelligible. C'est en somme l'essence intelligible des choses (celle-là même qui permet la connaissance – cf. *supra*) qui garantit leur identité, ce qui justifie la conclusion selon laquelle les choses, les πράγματα, ne sont pas réductibles à leurs seules composantes sensibles, mais sont faites de l'union du sensible et de l'intelligible.

En dépit de ses lacunes, l'impression qui se dégage d'une lecture attentive du texte est que, par delà l'apparence de superficialité, c'est une vision d'ensemble cohérente et structurée qui est développée : le dualisme ontologique à peine décrit n'est pas un fait isolé, mais il constitue le pendant du dualisme gnoséologique analysé précédemment, et constitue aussi sa condition de possibilité.

Cette conclusion implique une conséquence fondamentale pour l'interprétation du platonisme de l'anonyme. Le δόγμα des platoniciens autour de la réalité sensible n'est pas compris au sens radical des

1. *Cf.* F. Decleva Caizzi, « La "materia scorrevole". Sulle tracce di un dibattito perduto », dans J. Barnes and M. Mignucci (eds), *Matter and Metaphysics*, Napoli, Bibliopolis, 1988, p. 451-452.

matérialistes, qu'il s'agisse de Protagoras ou des stoïciens, mais dans un sens plus modéré : le fait de caractériser la réalité qui nous entoure par un mobilisme extrême est une opinion que l'on doit attribuer aux matérialistes, mais pour les platoniciens, au contraire, le devenir de la réalité contient également des principes d'ordre et de stabilité. On peut trouver dans le *Théétète* cette conception dualiste de la réalité, conception que Platon a présenté de manière plus approfondie dans le *Timée* (ce n'est donc guère un hasard que l'anonyme ait aussi commenté ce dialogue : *cf.* XXXV, 11-12). D'autres passages du commentaire, en particulier le fragment D, confirment que cette position était bien celle de l'anonyme [1] ; et l'analyse de la discussion développée aux colonnes LXIX-LXX a permis de vérifier comment l'anonyme a pu référer cette théorie à toute la tradition platonicienne, académiciens hellénistiques inclus : « Le platonisme n'est pas une philosophie sceptique, il n'en est pas non plus une eu égard au domaine sensible [2]. » Le rapprochement entre Pythagore, Platon et les académiciens est tout sauf prévisible, parce que Pythagore et les académiciens renvoient à deux façons opposées de comprendre le platonisme : alors que la ligne académique s'est recommandé du versant socratique, aporétique et dialogique du platonisme, le lien avec Pythagore fait, quant à lui, écho à une interprétation dogmatique et systématisante, qui se serait imposée au cours des siècles impériaux. Cette distinction entre l'aspect socratique et l'aspect « pythagoricien » de Platon remonte à la *Métaphysique* d'Aristote et constitue un vrai problème pour les platoniciens de la première époque impériale. Pourtant, grâce à ses reconstructions compliquées, l'anonyme a réussi à tenir ensemble les membres d'une famille, la famille platonicienne, en pleine crise d'identité.

CONCLUSION

Une fois reconstruites les méthodes et les thèses de l'anonyme, on peut évaluer la valeur et les limites de sa personnalité philosophique : à l'évidence, il est fort difficile au lecteur moderne de partager plusieurs des conclusions auxquelles l'anonyme aboutit, et ce, tant d'un point de vue philosophique qu'historique. Mais il n'en demeure pas moins vrai que ses thèses ne manquent jamais d'intérêt et d'idées permettant de remettre en

1. *Cf.* D. Sedley, « A new Reading in the Anonymus *Theaetetus* Commentary (PBerol. 9782 fragment D) », dans *Papiri filosofici. Miscellanea di studi* I, Firenze, L. Olschki, 1997, p. 142.

2. F. Decleva Caizzi, art. cit., p. 436, n. 11.

question des convictions parfois trop facilement établies. L'exemple le plus stimulant, à ce titre, est peut-être l'idée d'une Académie hellénistique à tendance dogmatique, une idée qui peut paraître gravement erronée à de nombreux chercheurs contemporains. Or cela est en partie vraie. Mais son interprétation a également le mérite de mettre en évidence le risque latent que court l'application d'une catégorie telle que le scepticisme, comme s'il s'agissait là d'une catégorie absolue et « anhistorique » : sur ce point, l'interprétation du commentateur permet de mettre en lumière l'importance d'un aspect cardinal de l'Académie hellénistique, sa démarche dialectique. Une grande partie des argumentations académiciennes furent de fait élaborées à partir de la confrontation avec les écoles rivales, et avant tout avec les écoles stoïcienne et épicurienne. Étant donné ce contexte polémique, les conclusions auxquelles ont abouti les académiciens ne sont pas allées dans la direction d'une simple démonstration de l'impossibilité de la connaissance, mais plutôt dans celle d'une prise de conscience des limites de toute gnoséologie sensualiste. L'anti-empirisme fondamental, l'idée que l'empirisme, au sens rigoureux du terme, conduit à un scepticisme de fait, est une thèse que l'anonyme peut légitimement attribuer aux académiciens, et qui nous aide par ailleurs à éclaircir de quelle manière même des philosophes comme Arcésilas, Carnéade ou Philon ont pu se réclamer de l'héritage platonicien.

Par ailleurs, les discussions de l'anonyme mérite également de retenir l'attention pour leur intérêt philosophique et leur utilité pour l'exégèse des Dialogues de Platon. Son unitarisme radical ne trouverait sans doute que très peu de partisans aujourd'hui. Mais ses analyses ponctuelles de plusieurs problèmes proposent souvent des solutions intéressantes. Tel est le cas, par exemple, pour ce qui est du devenir de la réalité sensible. Comme on le sait, il y a, dans la recherche platonicienne contemporaine, de très grandes divergences quant à la façon dont il faut comprendre le débat autour du mobilisme dans la première partie du *Théétète*. Il est cependant indéniable que la solution du commentateur, qui distingue entre une version radicale du mobilisme imputable aux matérialistes, et une version modérée attribuable à Platon et aux platoniciens, est tout sauf négligeable. En outre, et de manière plus générale, sa méthode maïeutique mérite qu'on s'y arrête. On peut légitimement partager la conviction de l'anonyme selon laquelle les dialogues platoniciens doivent être lus à plusieurs niveaux, et ce d'autant plus que cette idée trouve une confirmation particulièrement significative dans le cas du *Théétète* : en effet, l'idée que le dialogue ne traite pas seulement de la connaissance sensible, mais aussi (même si de manière pas toujours explicite) de la connaissance intelligible a connu un succès certain et s'est vue reprise de diverses manières au cours des siècles.

Même si l'on faisait abstraction de tout ce qui précède, il n'en demeurerait pas moins que le commentateur anonyme resterait, sur un point au moins, d'une précieuse utilité, car il nous permet de comprendre l'importance du *Théétète* dans l'antiquité et au-delà. Harold Tarrant posa un jour une question qui garde encore toute sa légitimité : si le *Théétète* traite de la connaissance et si la théorie platonicienne de la connaissance est clairement établie dans le *Ménon*, pourquoi l'anonyme a-t-il décidé de commenter le *Théétète* et non le *Ménon*? Selon Tarrant, le choix de l'anonyme dépend du fait qu'à son époque, le *Théétète* faisait l'objet d'interprétations fallacieuses dont il a voulu se débarrasser[1]. Mais la lecture du commentaire montre que les raisons de ce choix sont plus fortes : le *Théétète*, plus que tous les autres dialogues, révélait de manière exemplaire les caractéristiques particulières de la philosophie platonicienne qui, selon l'anonyme, ne doit pas être réduite à une simple exposition doctrinale, mais demande toujours une participation active (la méthode maïeutique); de même, les différents niveaux qui structurent le dialogue permettent de vérifier tant la cohérence que l'importance de Platon, pas seulement de façon positive (en éclaircissant les principales doctrines et en montrant le système qui en découle), mais aussi de façon négative, c'est à dire à partir de la critique des options alternatives, et avant tout la critique de l'empirisme. Ce mélange entre aspects polémiques et aspects constructifs permet en outre de montrer l'intime unité de la séculaire tradition platonicienne, ainsi que sa supériorité par rapport aux autres écoles philosophiques. En un mot, le *Théétète* est probablement le dialogue idéal pour attester de la complexité du platonisme, et ce tant d'un point de vue historique que philosophique. Sur ce point au moins, il paraît difficile de ne pas être d'accord avec notre commentateur anonyme.

1. H. Tarrant, *Scepticism or Platonism ?*, *op. cit.*, p. 83.

PLOTIN ET LA « DOCTRINE SECRÈTE »[1]

Sara MAGRIN

Traditionnellement, le rôle du *Théétète* dans le développement de la pensée de Plotin a été considéré comme très limité. Récemment, toutefois, un certain nombre d'études ont montré que, même si Plotin renvoie rarement au *Théétète* de manière explicite, au moins la seconde partie du dialogue (187 d-201 c) et, en particulier, la discussion portant sur les deux modèles de l'âme qu'elle introduit (celui du « Bloc de Cire » et celui de la « Volière »), représentent des points de départ indispensables pour comprendre son épistémologie[2]. Ce travail se veut une contribution à cette réévaluation du rôle du *Théétète* dans la philosophie de Plotin, mais, à l'encontre de la tendance plus récente, il se concentrera sur la lecture plotinienne de la première partie du dialogue (151 d-186 e), notamment sur

1. Le matériau contenu dans ce travail est en partie tiré de ma thèse de doctorat. Je remercie très vivement Stephen Menn, Richard Bodéüs, Alison Laywine et James Wilberding. Leurs remarques m'ont permis de reconsidérer et de réviser plusieurs aspects de mon argument. Les fautes qui demeurent sont les miennes. Des remerciements tout particuliers vont aussi à Riccardo Chiaradonna pour avoir discuté ce travail avec moi et pour m'avoir ainsi aidée à voir plus clairement plusieurs points difficiles. Merci à Louis-Philippe Auger et Dimitri El Murr pour leur aide précieuse dans la relecture de mon français.

2. M. Bonazzi, « Plotino, il *Teeteto*, gli Stoici. Alcune osservazioni intorno alla percezione e alla conoscenza » dans R. Chiaradonna (a cura di), *Studi sull'anima in Plotino*, Napoli, Bibliopolis, 2005, p. 203-222; Plotino, *Che cos'è l'essere vivente e che cos'è l'uomo? I 1 [53]*, Introduzione, testo greco, traduzione e commento di C. Marzolo, Pisa, Edizioni Plus, Pisa University Press, 2006, p. 157; P. Remes, *Plotinus on the Self. The Philosophy of the "We"*, Cambridge, Cambridge University Press, 2007, p. 158; R. Van den Berg, « *Procheirisis* : Porphyry *Sent.* 16 and Plotinus on the similes of the waxen block and the aviary », *The International Journal of the Platonic Tradition* 4, 2010, p. 163-180.

l'interprétation de ce qu'on appelle la « doctrine secrète » de Protagoras (152 c 8-11)[1].

Comme on le sait, après quelques remarques introductives, Socrate amorce la première partie du *Théétète* en discutant la thèse selon laquelle la sensation est connaissance (151 d 7-e 7). Il montre d'abord que cette thèse implique celle de Protagoras suivant laquelle l'homme est mesure de toutes choses (151 e 8-152 a 4) et il explique que cette thèse-ci implique à son tour une ontologie de type héraclitéen (152 c 8-160 e 4)[2]. En examinant la thèse de l'homme-mesure, Socrate affirme que Protagoras maintient que les choses sont pour un sujet telles qu'elles lui apparaissent, au sens où elles sont telles qu'il les perçoit, sans qu'aucun état de fait puisse échapper au sujet percevant ou falsifier ses sensations[3]. Cette thèse épistémologique ayant besoin d'un support ontologique, Socrate suggère que Protagoras maintient aussi une « doctrine secrète », selon laquelle rien n'est quelque chose de déterminé en soi et par soi, mais tout change et devient, plutôt qu'il n'est, tel ou tel en vertu de l'interaction entre un sujet percevant et certaines puissances à la nature indéterminée. Ayant ainsi étayé la position de Protagoras, Socrate remarque que sa « doctrine secrète » entraîne une ontologie du devenir et du flux encore plus radicale que celle qu'on retrouve chez certains héraclitéens extrémistes (179 c 1-184 b 2). Si tout doit changer radicalement, afin qu'il n'y ait pas un état de fait dans le monde qui puisse falsifier la sensation, il faut qu'au moment même où le sujet perçoit une chose comme telle ou telle (le vin comme doux par exemple), il y ait changement de cette même qualité qui est en train d'être perçue. Mais Socrate conclut que si tel est le cas, il s'ensuit alors que non seulement rien n'est tel ou tel en soi, mais que, en outre, rien n'est jamais tel ou tel même au moment où il apparaît ainsi à un sujet percevant, puisque toute chose est à

1. Pour la lecture plotinienne de la fin de la première partie du *Théétète* et, en particulier, de la discussion de l'âme comme sujet de la conscience, voir l'étude classique de E. K. Emilsson, « Plotinus and soul-body dualism », dans S. Everson (ed.), *Companions to Ancient Thought, 2 : Psychology*, Cambridge, Cambridge University Press, 1991, p. 148-165.

2. Telle est la lecture proposée par M. Burnyeat, *The Theaetetus of Plato*, Indianapolis-Cambridge, Hackett, 1990, p. 7-9.

3. Plus précisément, je comprends la thèse de l'homme-mesure comme D. Sedley, *The Midwife of Platonism. Text and Subtext in Plato's* Theaetetus, Oxford, Clarendon Press, 2004, p. 39 : « The thesis not only makes perception an infallible form of cognition, and hence a kind of knowledge, but also appears intended to *limit* how things are for each individual to how that individual perceives things : otherwise the account would be failing to make man the measure of *all* things, as it claims to do ».

chaque instant telle et son contraire ; de là, selon l'interprétation la plus répandue, la conséquence absurde de l'effondrement du langage[1].

J'essaierai ici de montrer que Plotin emploie la discussion de la « doctrine secrète » pour réfuter la conception corporéiste de l'être des stoïciens et motiver l'introduction des formes platoniciennes et de l'âme comme seuls principes capables de garantir l'identité des corps, c'est-à-dire de faire qu'un corps est le corps qu'il est et maintient son identité à travers le temps. La thèse selon laquelle la « doctrine secrète » pourrait fournir matière à réflexion sur le rôle des Formes dans le monde sensible n'est évidemment pas nouvelle[2]. Mais je suggère que ce qui rend la lecture de Plotin intéressante est qu'elle s'insère dans le développement d'un débat hellénistique sur le critère d'identité des corps. Les débats philosophiques anciens ont souvent été influencés par ce qu'on appelle aujourd'hui des *puzzles* philosophiques. Je pense à ces sophismes, tels que « Le Menteur », « Le Voilé », etc. qui ont stimulé l'élaboration de nouveaux instruments conceptuels ou logiques. L'un d'entre eux a joué un rôle particulièrement important dans le débat entre académiciens et stoïciens à l'âge hellénistique : il s'agit de l'« Argument sur la Croissance », qui fut employé par les académiciens pour montrer les limites d'une notion centrale de la cosmologie stoïcienne, celle de croissance[3].

1. Voir Burnyeat, *The Theaetetus of Plato*, *op. cit.*, p. 44-46. Sedley, *The Midwife of Platonism*, *op. cit.*, p. 98, propose, quant à lui, d'interpréter l'absurdité entrainée par la théorie des héraclitéens radicaux en termes d'effondrement de la dialectique. Il me semble, cependant, que, même si l'impossibilité de la recherche philosophique par question-réponse est à l'arrière-plan de la discussion, l'absurdité à laquelle les héraclitéens sont conduits est plus radicale et touche tout type d'échange linguistique, et non seulement la discussion philosophique.

2. Cette thèse remonte à F. M. Cornford, *Plato's Theory of Knowledge : The* Theaetetus *and the* Sophist *of Plato translated with a Commentary*, London, Routledge and Kegan Paul, 1935, mais elle est présente aussi dans la lecture maïeutique du *Théétète* proposée par Sedley, *The Midwife of Platonism*, *op. cit.*, p. 99-102.

3. L'expression αὐξανόμενος λόγος, qui est ici traduite par « Argument sur la Croissance », mais qui signifie littéralement « Argument qui s'accroît », est présente chez Plutarque, *De sera numinis vindicta*, 559 B et *Vita Thesei*, 23. L'argument peut être reconstruit à partir de Plutarque, *De communibus notitiis*, 1083 A-1084 A [= LS 28A] ; il est traditionnellement attribué, dans sa première version, au poète Epicharme, voir D. Sedley, « The Stoic Criterion of Identity », *Phronesis* 27, 1982, p. 255-275 : p. 271, n. 1 et S. Menn, « On Socrates' First Objections to the Physicists (*Phaedo*, 95 e 8-97 b 7) », *Oxford Studies in Ancient Philosophy* 38, 2010, p. 37-68 : p. 64-68.

L'" ARGUMENT SUR LA CROISSANCE " (*AUXANOMENOS LOGOS*)

Les académiciens observent que toute croissance présuppose l'ajout de quelque chose au corps qui s'accroît et que ce corps, pour s'accroître, doit garder son identité dans le temps. Socrate, par exemple, pour devenir adulte d'enfant qu'il est, doit rester Socrate pendant tout le processus de la croissance. Ils remarquent alors que pour les stoïciens tout corps est en flux, au sens où il laisse constamment échapper de lui des particules et qu'il en accueille constamment des nouvelles. Or ils disent que, puisque l'ajout de quelque chose à un nombre (1 à 3 par exemple) n'a pas pour résultat l'accroissement de ce nombre, mais plutôt la génération d'un autre nombre (le nombre 4 au lieu du nombre 3), dès lors les stoïciens doivent admettre que, selon leur conception du corps, chaque fois que quelque chose s'ajoute à un corps il y a génération d'un nouveau corps plutôt que croissance du même corps. La réponse des stoïciens se fonde sur ce qu'on appelle généralement leur théorie des catégories et elle invoque une distinction entre deux descriptions différentes d'un corps[1]. Selon les stoïciens, les corps sont des mélanges de matière et de qualités corporelles, mais chaque corps peut être décrit de plusieurs manières. Ainsi un corps peut être vu comme un amas de matière et il est alors « un objet » (ὑποκείμενον) – ce qui correspond à la première catégorie; mais il peut aussi être vu comme un objet avec des qualités intrinsèques et il est alors « un objet qualifié » (ποιόν) – ce qui correspond à la deuxième catégorie. Dans cette optique « un objet » est un corps qui est toujours en flux, dans le sens indiqué précédemment, car sa matière est toujours en flux; mais en tant qu'« objet qualifié » un corps possède à la fois une qualité par laquelle il est un certain type de corps (comme une pierre ou un homme, par exemple) et une « qualité particulière », ou ἰδιότης (comme cette dureté ou la « Socratéité »), qui le distingue de tout autre corps et qui en fait « un objet qualifié de façon particulière » (ἰδίως ποιόν). En tant qu'« objet qualifié de façon particulière », concluent-ils, un corps a une identité stable et peut ainsi s'accroître.

Au sein de la nouvelle Académie, déjà, l'Argument sur la Croissance semble, d'une certaine façon, lié à la discussion de la « doctrine secrète » du *Théétète*[2]. Malheureusement, toutefois, la nature précise de ce lien nous

1 Voir Sedley, « The Stoic Criterion of Identity », art. cit., p. 260.

2. L'Argument sur la Croissance est de fait évoqué par le commentateur anonyme du *Théétète* (col. LXX, 5-26 = LS 28B) lorsqu'il analyse le passage qui introduit la « doctrine secrète », 152 d-e, où la théorie du flux est attribuée, parmi d'autres, à Epicharme. Sur ce passage du *Commentaire* anonyme, voir la contribution de M. Bonazzi dans ce même volume. La version de l'Argument sur la Croissance rapportée par le commentateur semble

échappe. Nous savons que, à un certain moment de l'âge hellénistique, le flux dont il est question dans cette doctrine commence à être interprété à la manière d'un mouvement constant de particules [1]. Dans ce contexte, il est possible, de façon certes spéculative, de supposer que la « doctrine secrète » ait pu être invoquée pour rendre compte du flux constant des corps admis par les stoïciens et exploité par l'Argument sur la Croissance. Mais, comme je l'ai dit, le point reste obscur.

À tout le moins, c'est en connexion avec une ontologie de type héraclitéen qui ressemble à la « doctrine secrète » que l'Argument sur la Croissance est convoqué à la fin du IIe ou au début du IIIe siècle par Alexandre d'Aphrodise. Dans son commentaire au livre IV de la *Métaphysique* d'Aristote, lorsqu'il discute *Metaph.*, IV 5, 1010a 1-25, Alexandre remarque, en suivant Aristote, que ceux qui soutiennent la thèse que tout est en flux et que rien n'est déterminé en soi commettent deux erreurs (*In Metaph.*, p. 308, 5-10 Hayduck). D'abord, ils parlent seulement des choses sensibles, comme s'il n'y en avait pas d'autres (c'est-à-dire, des choses intelligibles) et, de plus, ils ne conçoivent même pas le sensible de manière correcte. En effet, dit-il, il n'est pas correct de dire que tout ce qui est sensible est en flux, car, même au niveau du sensible, « la forme demeure et est en repos » (τὸ εἶδος μένει τε καὶ ἠρεμεῖ, p. 308, 9) et c'est seulement la matière qui est sujette à un flux constant et qui devient

remonter à l'Académie de Philon de Larisse : voir sur ce point H. Tarrant, *Scepticism or Platonism? The Philosophy of the Fourth Academy*, Cambridge, Cambridge University Press, 1985, p. 79. La date du commentateur anonyme est très controversée. Diels et Schubart, les premiers éditeurs du commentaire, ont suggéré qu'il a été écrit lors la première moitié du IIe siècle ap. J.-C. Harold Tarrant place le commentateur à la fin du Ier siècle av. J.-C. (*Scepticism or Platonism, op. cit*, p. 66-79). Guido Bastianini et David Sedley, qui ont réédité le texte, suggèrent le milieu du Ier siècle av. J.-C. (voir G. Bastianini et D. Sedley, « Commentarium in Platonis *Theaetetum* », dans *Corpus dei papiri filosofici greci e latini*, vol. III, Firenze, L. Olschki, 1995, p. 227-562 : p. 246-260). Ces dernières années, toutefois, certains spécialistes ont de nouveau privilégié le IIe siècle ap. J.-C. : voir C. Brittain, *Philo of Larissa : The Last of Academic Sceptics*, Oxford, Oxford University Press, 2001, p. 249-254 et M. Bonazzi, « Un dibattito tra academici e platonici sull'eredità di Platone. La testimonianza del commentario anonimo al *Teeteto* » dans *Papiri filosofici. Miscellanea di Studi* IV, Firenze, L. Olschski, 2003, p. 41-74.

1. Cette interprétation du flux dans les dialogues de Platon semble la plus répandue, comme en témoigne Sextus Empiricus, *Hyp. Pyrr.*, III 115 et comme le montrent aussi les observations de Plutarque contre les épicuriens dans l'*Adversus Colotem*, 1116C *sq.* Ici Plutarque assimile le changement constant des agrégats atomiques, sujets à perte et acquisition d'atomes, au « devenir » du monde sensible tel que Platon le décrit. Voir aussi Alcimus *ap.* Diogène Laërce, III, 9-10 qui assimile polémiquement le devenir sensible tel que Platon le conçoit à celui des nombres auxquels on enlève ou on ajoute quelque chose, un type de devenir qui, quant à lui, est associé au nom d'Épicharme.

toujours autre que ce qu'elle est (τῆς ὑποκειμένης ὕλης ῥεούσης, p. 308, 10). Ainsi, explique-t-il par la suite (mais cette fois en discutant *Metaph.*, IV 5, 1010 a 23-24), on peut bien admettre que les corps changent constamment par rapport à la quantité, puisqu'ils sont constamment sujets à des pertes et à des ajouts de particules, mais on doit reconnaître que leur « forme » (εἶδος) demeure inaltérée à travers ce changement (p. 310, 14-15). Pour soutenir cette thèse, Alexandre renvoie à la discussion portant sur le sujet de la nutrition dans le *De generatione et corruptione* d'Aristote, d'où il tire la conclusion que c'est la forme de Socrate qui fait que l'enfant Socrate et le Socrate qui s'accroît demeurent Socrate (p. 310, 15-20). Le texte auquel Alexandre se réfère ici est *De gen. et corr.*, I, 5, où Aristote, en pensant au rôle de l'âme végétative dans un corps organique, dit que la forme est le sujet qui est nourri et qui demeure durant la croissance [1]. Finalement, Alexandre suggère que la forme a, pour les corps non-organiques comme l'or ou le bois, le même rôle que celui de l'âme végétative à l'égard des corps organiques dans le processus de croissance, ce qui explique comment ces corps peuvent augmenter (p. 310, 20-21). Il me semble évident que dans cette discussion Alexandre garde à l'esprit l'Argument sur la Croissance et présente la réponse que, selon lui, Aristote en a donné : celle-ci consiste à dire que les corps ont une identité et qu'ils la maintiennent à travers le temps en vertu de leur forme dans le cas des corps inorganiques, et en vertu de leur âme dans celui des corps organiques.

Je veux suggérer qu'un argument apparenté à l'Argument sur la Croissance est employé par Plotin en connexion avec la « doctrine secrète » du *Théétète* pour attaquer la thèse au fondement du critère d'identité des corps pour les stoïciens, c'est-à-dire au fondement de la notion de corps « qualifié de façon particulière ». Il s'agit, pour être plus précise, de la thèse selon laquelle l'identité d'un corps et ses caractéristiques intrinsèques dépendent de la présence en lui de qualités corporelles. Je suggérerai aussi, plus brièvement, que ce même argument est employé par Plotin pour montrer les difficultés inhérentes aux critères d'identité aristotéliciens que sont les formes et l'âme. L'argument de Plotin est apparenté à l'Argument sur la Croissance en ceci qu'il soulève le même type de problème : comment accorder aux corps une identité stable qui puisse expliquer leur

1. Aristot. *De gen. et corr.*, I, 5, 321 b 9-322 a 23, comme l'indique Hayduck. Arthur Madigan, dans sa traduction anglaise du commentaire d'Alexandre au livre IV de la *Métaphysique* (Alexander of Aphrodisias, *On Aristotle's* Metaphysics *4*, translated by A. Madigan, S.J., Ithaca, Cornell University Press, 1993, p. 170 n. 713) suggère, quant à lui, qu'Alexandre se réfère plutôt à *De gen. et corr.*, I, 4, 319 b 23-320 a 7.

changement à travers le temps ? Néanmoins, il s'en distingue dans la mesure où le changement pour lequel il requiert une explication est, avant tout, le changement de qualité, l'altération. Dans le changement qualitatif, tout comme dans la croissance, un corps doit maintenir une identité stable. Ainsi, pour devenir blanche, par exemple, une pierre noire doit nécessairement rester la même pierre durant l'altération, de la même manière que Socrate, pour devenir adulte d'enfant qu'il était, doit rester Socrate. De plus, tout comme dans la croissance un sujet acquiert, par ajout, quelque chose, ainsi dans l'altération, il semblerait que le sujet perde une qualité et en acquiert une autre qui vient, pour ainsi dire, « s'ajouter » à lui. Mais, en tant qu'elle concerne tout corps naturel et non seulement les corps organiques, l'altération est un phénomène plus général que la croissance, si bien qu'elle requiert une explication de la manière dont tout corps possède une identité et la conserve dans le temps[1]. Ce qui signifie que si on ne peut pas expliquer comment l'altération a lieu, on ne peut non plus *a fortiori* expliquer la croissance. Il est vrai que, pour considérer la croissance de manière analogue à l'altération, il faut considérer les quantités (grand et petit, par exemple) de la même manière que les qualités (blanc et noir), c'est-à-dire comme si elles étaient le même type de chose, avec le même type de comportement et de causes ; mais c'est précisément la manière dont Plotin les analyse.

Plotin attaque à plusieurs reprises l'ontologie corporéiste des stoïciens dans les *Ennéades* et sa critique semble toujours la même : il suggère que pour les stoïciens toute chose n'est finalement que matière car, en refusant d'accorder l'être à ce qui est intelligible, ils se privent, sans le savoir, des moyens nécessaires pour rendre compte des différentiations intrinsèques des corps[2]. Mais, si l'on se demande quel est son argument contre l'ontologie corporéiste des stoïciens, il me semble que la réponse est principalement à chercher dans un seul traité : *Sur l'impassibilité des incorporels*, III, 6 [26]. Ce traité est traditionnellement divisé en deux parties ; la première partie (chapitres 1-5) traite de l'impassibilité de l'âme, la seconde (chapitres 6-19) de celle de la matière. La partie du traité qui m'intéresse ici est surtout la seconde, où Plotin discute de l'impassibilité de la matière. On a eu récemment tendance à soutenir que, lorsque Plotin traite de la matière

1. Il faut noter, toutefois, que le critère d'identité stoïcien répond à cette exigence d'universalité, car, même s'il est formulé à partir d'une réflexion sur la croissance, en faisant appel exclusivement à des qualités, il s'applique également aux corps organiques et aux corps non-organiques.

2. Voir surtout *Enn.*, VI, 1 [42], 1-25 et IV, 7 [2], 4.

en III, 6 [26], 6-19, ses interlocuteurs principaux sont des péripatéticiens et plus précisément, a-t-on suggéré, Alexandre. Pour certains commentateurs Plotin tenterait alors, en III, 6 [26], 6-19, de s'approprier la conception de la matière élaborée par Alexandre, tandis que pour d'autres il critiquerait cette même conception[1]. Je ne veux pas nier qu'Alexandre a un rôle important à jouer en III, 6 [26], 6-19; il en sera brièvement question à la fin de ce article. Mais Alexandre n'est pas, autant que je puisse en juger, le principal interlocuteur de Plotin. Bien au contraire, Plotin examine la conception qu'Alexandre se fait de la matière, au même titre que celle de certains philosophes platoniciens, parce qu'il veut montrer ainsi, de manière polémique, qu'elles ne sont pas très différentes, en définitive, de la conception stoïcienne. Ce qui lui permet de développer cette stratégie polémique est que, selon lui du moins, tous ces philosophes partagent la thèse selon laquelle la matière est affectée par les qualités qu'elle reçoit. L'argument de Plotin se fonde sur l'idée que le fait d'être affecté est une propriété des corps et des corps seulement, si bien que dire de la matière qu'elle est affectée revient à faire d'elle un corps (III, 6 [26], 12, 56-57)[2]. Ni Alexandre, ni les prédécesseurs platoniciens de Plotin ne pensent que la matière est un corps. Même si ces derniers ne sont souvent pas très loin d'une telle position, il n'en demeure pas moins qu'elle correspond à une conclusion polémique déduite par Plotin[3]. En effet, seuls les stoïciens maintiennent que la matière est un corps (LS 45G) et Plotin veut montrer qu'en accordant des affections à la matière Alexandre et ses prédécesseurs platoniciens finissent par concevoir cette dernière de la même manière que les stoïciens. C'est donc parce qu'il croit que tous ceux qui accordent des affections à la matière en font un corps que Plotin, même s'il vise plusieurs

1. La première interprétation est celle de K. Corrigan, *Plotinus' Theory of Matter-Evil and the Question of Substance in Plato, Aristotle, and Alexander of Aphrodisias*, Leuven, Leuven University Press, 1996, p. 111-116 et 129 *sq.*; la seconde est celle de C. Arruzza, « Passive Potentiality in the Physical Realm: Plotinus' Critique of Aristotle in *Enneads* II 5 [25] », *Archiv für Geschichte der Philosophie*, 93, 2011, p. 24-57. Arruzza, toutefois, ne suggère pas qu'Alexandre est le seul interlocuteur de Plotin.

2. La même stratégie est adoptée dans la première partie du traité pour montrer l'impassibilité de l'âme. Plotin dit que seuls ceux qui considèrent l'âme comme un corps, c'est-à-dire les stoïciens, doivent lui accorder des affections (III, 6, 1, 25-30). Dans la suite, il cherche à donner une interprétation nouvelle de certains passages des dialogues de Platon convoqués par ces prédécesseurs platoniciens pour prouver que Platon accordait des affections à l'âme.

3. Une conception de la matière en termes quasi-corporels est présente chez Plutarque, *De animae procreatione in Timaeo*, 1014 B, mais aussi chez Alcinous qui conçoit la matière comme « potentiellement corporelle » tout en niant qu'elle soit incorporelle (*Didaskalikos*, VIII, 163, 6-7 Hermann). Sur ce point voir J. Dillon, *The Middle Platonists. 80B.C to A.D. 220*, Ithaca, Cornell University Press, 1996, p. 313-314.

philosophes de façon polémique, s'intéresse principalement à la conception stoïcienne de la matière en III, 6 [26], 6-19[1]. Or, suivant l'interprétation traditionnelle, la principale raison pour laquelle Plotin traite de la matière en III, 6 [26], repose sur le fait qu'il veut montrer qu'en n'étant pas un corps elle ne peut pas être affectée. Même si j'accorde bien volontiers qu'une grande partie de III, 6 [26], 6-19 est consacrée à l'analyse du lien entre incorporéité et impassibilité, je pense qu'une telle interprétation finit néanmoins par négliger les problèmes philosophiques qui sont à l'origine de la discussion. J'essaierai donc de montrer, contre cette interprétation traditionnelle, que la démonstration de l'impassibilité de la matière n'est pas une fin en soi pour Plotin, mais qu'elle représente au contraire la première étape d'un argument plus complexe qui vise à conclure que les stoïciens, et tous ceux qui ne s'écartent pas suffisamment de la conception stoïcienne de la matière, sont incapables d'expliquer le changement qualitatif et quantitatif et de résoudre le problème posé par l'Argument sur la Croissance.

LA STRATÉGIE POLÉMIQUE DE PLOTIN EN III, 6 [26], 6-19

À la lumière de ces remarques préliminaires examinons la seconde partie de III, 6 [26], où Plotin introduit, au chapitre 6, l'analyse de la matière en ces termes :

> Il a déjà été établi qu'il faut penser la réalité intelligible, toute entière placée sous l'ordre de la forme (εἶδος), comme étant impassible. Or, puisque la matière est aussi l'un des incorporels, même si c'est dans un autre sens que l'intelligible, il faut examiner sous quel mode alors elle l'est; est-elle, comme certains l'affirment, sujette aux affections et altérable en tout sens (παθητή, ὡς λέγεται, καὶ κατὰ πάντα τρεπή), ou bien faut-il penser qu'elle aussi est impassible ? Il conviendra alors de voir

1. Je reprends ici la lecture proposée par Émile Bréhier dans sa *Notice* sur le traité (Plotin, *Ennéades III*, éd. par É. Bréhier, Paris, Les Belles Lettres, 1925, p. 89-93, particulièrement. p. 91 : « L'ensemble du traité sur l'impassibilité de la matière a pour but reconnu de réfuter la thèse stoïcienne exposée au début du chapitre 6 : "La matière est capable de passions et de modifications de toute espèce" (6, 5). Mais la passivité de la matière est aussi affirmée par Aristote (*De gen. et corrupt.*, I, 8 fin.). Il y a plus : beaucoup des textes du *Timée* et du *Banquet* étaient interprétés par des platoniciens en faveur de la même thèse; non seulement cela ressort, on le verra, de tous les efforts que fait Plotin pour les interpréter en un sens opposé; mais des platoniciens antérieurs, comme Plutarque, adoptent une thèse analogue à celle du stoïcisme, par exemple dans le traité *Sur Isis* au chapitre LVIII ».

ce qu'est son mode d'impassibilité. (*Enn.*, III, 6 [26], 6, 1-7, trad. J. Laurent)

La discussion à laquelle Plotin fait référence au début de ce passage est celle de l'impassibilité de l'âme dans la première partie du traité (chapitres 1-6). Il y est montré que l'âme, à tout niveau, c'est-à-dire en tant qu'âme rationnelle mais aussi en tant que principe qui règle la vie émotive d'un individu et ses activités vitales fondamentales, doit être impassible et demeurer toujours ce qu'elle est. En partant de l'observation que la matière, tout comme l'âme, est un incorporel, Plotin se demande dans notre passage si la matière est impassible ou si elle est plutôt « comme certains l'affirment, sujette aux affections et altérable en tout sens » (παθητή, ὡς λέγεται, καὶ κατὰ πάντα τρεπή). La formule παθητὴ καὶ κατὰ πάντα τρεπή, bien que souvent employée, sous plusieurs variantes, par les prédécesseurs platoniciens de Plotin, est à l'origine stoïcienne. Elle vise à isoler ce qui, pour les stoïciens, est le trait caractéristique de la matière : sa capacité à se plier et à se transformer de diverses manières sous l'action d'un principe actif qui la travaille [1]. Les stoïciens pensent que le cosmos s'est formé grâce à l'interaction de deux « principes » (ἀρχαί), tous les deux corporels, dont l'un est actif et identifié à Zeus ou *pneuma* créateur, et l'autre est passif et identifié à la matière (voir LS 44B). Leur conception de la matière dérive, en dernière analyse, de leur lecture de la description du réceptacle dans le *Timée* de Platon (voir *Tim.*, 49 a 6-50 b 5) [2]. Dans ce dialogue, Platon observe que les traces pré-cosmique des éléments sont sujettes à une transformation mutuelle constante, si bien que la chose la plus sûre et la plus précise que l'on puisse dire d'elles est qu'elles sont « ceci » en indiquant du doigt le réceptacle. Les stoïciens, tout comme Aristote, identifient le réceptacle à la matière et maintiennent que cette dernière doit être la « substance » (οὐσία) des corps. Ils arrivent à cette conclusion en partant de la thèse que seuls les

1. Comme l'a montré Fernanda Decleva Caizzi, la tradition philosophique académico-pythagoricienne identifie la matière à l'un des principes métaphysiques premiers et dans les sources doxographiques, spécialement chez Aëtius, ce principe est souvent qualifié par les adjectifs τρεπτός, μεταβλητός, ἀλλοιωτός et παθητικός. Il s'agit ici d'adjectifs qui sont tous employés originairement par les stoïciens pour caractériser la matière : voir F. Decleva Caizzi, « La "materia scorrevole". Sulle trace di un dibattito perduto », dans J. Barnes et M. Mignucci (eds), *Matter and Metaphysics*, Napoli, Bibliopolis, 1988, p. 425-470. La thèse selon laquelle la matière est toute changeante et transformable est présente aussi chez Plutarque : voir, en particulier, *Adv. Col.*, 1115 E-F, passage qui semble évoqué par Plotin, de manière critique, en III 6, 14, 24.

2. Voir D. Sedley, « Stoic Physics and Metaphysics », dans K. Algra, J. Barnes, J. Mansfeld and M. Schofield (eds), *The Cambridge History of Hellenistic Philosophy*, Cambridge, Cambridge University Press, 2005, p. 382-411.

corps sont des êtres véritables, en tant qu'ils sont capables d'agir et de pâtir (LS 45C). Néanmoins, puisqu'ils voient que les corps se transforment les uns dans les autres, ils suggèrent que la matière, qui est aussi un corps, doit être ce qui demeure par delà leurs changements et qui leur permet d'exister. Les corps autres que la matière, disent-ils, sont le fruit d'un « mélange total » (κρᾶσις) de matière et d'une ou plusieurs qualités corporelles appartenant au principe actif. Ces qualités corporelles, qui sont à la fois des qualités que la matière possède et des manières dont elle est intrinsèquement disposée, sont appelées ἕξεις et elles permettent la formation des corps non-organiques (LS 28M et 47M). Les corps organiques se forment par la suite, dès que le refroidissement du *pneuma* produit d'abord la « nature » (φύσις) des plantes et, enfin, l'âme des animaux (LS 47N et P). Comme on l'a vu, chaque corps, qu'il soit organique ou non, peut être décrit de plusieurs façons.

Ce qui montre clairement que Plotin a précisément les stoïciens à l'esprit lorsqu'il se demande si la matière est παθητὴ καὶ κατὰ πάντα τρεπή se trouve dans la suite du passage cité ci-dessus [1]. Il ajoute en effet qu'avant d'examiner si la matière est vraiment παθητὴ καὶ κατὰ πάντα τρεπή, il faut d'abord examiner si la nature de l'être et de la « substance » (οὐσία) est telle que la plupart de gens le croient (III, 6 [26], 6, 9-10). Il explique alors que l'être et la substance appartiennent seulement à l'âme, au *Noûs* et aux formes, car eux seuls sont déterminés par eux-mêmes et auto-suffisants (III, 6 [26], 12-18). Puisqu'ils ne manquent de rien, Plotin dit que âme, *Noûs*, et formes ne reçoivent rien en eux-mêmes et qu'ils demeurent toujours ce qu'ils sont (III, 6 [26], 6, 19-20; cf. *Tim.*, 29 a 1). Il conclut alors que, si l'être et la substance sont tels, les corps et la matière ne sont pas des êtres véritables et doivent être conçus comme du non-être (III, 6 [26], 6, 29-32). À ces remarques fait suite une description de la nature des corps qui vise à souligner que ces derniers ont des traits tout à fait contraires à ceux de la substance (III, 6 [26], 6, 33-64). Les corps, dit Plotin, ne sont pas auto-suffisants et ils sont donc incapables de demeurer ce qu'ils sont par eux-mêmes. En étant toujours affectés les uns par les autres, ils sont en « flux » (ῥοή), en ce sens qu'ils perdent toujours certaines de leurs parties et en accueillent de nouvelles.

Même si certains prédécesseurs platoniciens de Plotin ont eu recours à des variantes de la formule παθητὴ καὶ κατὰ πάντα τρεπή pour décrire la

1. Que Plotin songe précisément aux stoïciens a également été remarqué par Barrie Fleet dans Plotinus, *Ennead* III. 6. *On the Impassivity of the Bodiless*, translation and commentary, Oxford, Clarendon Press, 1995, p. 148.

matière, Plotin n'a sans doute pas besoin de convaincre des platoniciens que les corps ne sont pas des êtres véritables. Il ne reste alors qu'à conclure que les philosophes auxquels il s'adresse ici doivent être les stoïciens. Les remarques par lesquelles il termine sa description du non-être des corps le confirment :

> Nous avons dit tout cela contre ceux qui placent les êtres véritables dans la classe des corps s'appuyant sur le témoignage des chocs et tirant leur certitude des représentations sensorielles (ταῦτα μὲν οὖν εἴρηται πρὸς τοὺς ἐν τοῖς σώμασι τιθεμένους τὰ ὄντα τῇ τῶν ὠθισμῶν μαρτυρίᾳ καὶ τοῖς διὰ τῆς αἰσθήσεως φαντάσμασι πίστιν τῆς ἀληθείας λαμβάνοντας). (*Enn.*, III, 6 [26], 6, 65-67, trad. Laurent, légèrement modifiée)

Ceux qui, pour Plotin, établissent que les corps sont des êtres véritables en se fondant sur les représentations sensorielles sont précisément les stoïciens, comme le montre un passage parallèle de V, 1 [10], où l'on trouve une critique de la théorie stoïcienne des catégories (*cf.* V, 1 [10], 28, 4-8).

Ayant précisé que les corps ne sont pas des êtres véritables, Plotin aborde, au chapitre suivant (chapitre 7), la question de l'impassibilité de la matière :

> Mais il nous faut revenir au substrat qu'est la matière et à ce que l'on dit reposer sur elle (τὰ ἐπὶ τῇ ὕλῃ εἶναι λεγόμενα), ce qui permettra de comprendre le fait que la matière n'est pas et qu'elle est impassible (ἐξ ὧν τό τε μὴ εἶναι αὐτὴν καὶ τὸ τῆς ὕλης ἀπαθὲς γνωσθήσεται). (*Enn.*, III, 6 [26], 7, 1-3, trad. Laurent, légèrement modifiée)

Ce passage montre que pour Plotin la question de l'impassibilité de la matière est étroitement liée à celle de son non-être et doit être examinée à la lumière de la relation entre la matière elle-même et ce qui vient s'installer en elle, c'est-à-dire, en premier lieu, les qualités qui seront constitutives des corps. Mais le passage suggère aussi que l'analyse de l'impassibilité de la matière, puisqu'elle est censée nous montrer que la matière n'est pas, fait encore partie de la polémique contre les stoïciens. En effet, les stoïciens admettent ce que Plotin vient de souligner à propos des corps, à savoir que les corps sont en flux. Mais ce qui leur permet de maintenir qu'en dépit du flux, ils sont des êtres véritables, c'est leur conviction que la matière dont ils sont issus demeure en tant que substance malgré leurs changements. Donc, si Plotin veut montrer que les corps ne sont pas des êtres véritables, il ne peut pas se contenter de souligner leur caractère changeant; il doit également analyser la nature de la matière et montrer qu'elle ne peut pas être une substance[1]. Dans le reste du traité, il tentera, en effet, de montrer que la matière non seulement n'est pas une substance mais n'est aucune chose, et ce, en se fondant sur la démonstration de son impassibilité. Mais gardons toujours à l'esprit la manière dont il introduit cette discussion : par une critique de la conception stoïcienne des corps comme êtres véritables. Le fait de montrer que la matière est impassible fait donc, pour Plotin, partie d'un projet plus large qui vise à concevoir à nouveaux frais, et contre les stoïciens, la nature de la substance et des corps.

Le chapitre 7 a une fonction introductive, car il dresse une courte liste de traits de la matière. La matière, dit Plotin, est « vraiment non-être » (7, 12-13 : ἀληθινῶς μὴ ὄν; cf. *Soph.*, 254 d 2), « indétermination » (7, 8 : ἀπειρία), « sans puissance » (7, 9 : οὔτε δύναμις); elle n'est qu'une « image instable » (7, 18 : εἴδωλον οὐ μένον). Plotin poursuit en affirmant que le fait qu'elle est une « image instable » est expliqué par Platon en *Tim.*, 50 c 4-5 par ces mots : « les choses qui entrent en elle et en sortent sont des imitations des êtres véritables » (7, 27-28 : τὰ εἰσιόντα καὶ ἐξιόντα τῶν ὄντων μιμήματα). En décrivant l'état pré-cosmique du monde, Platon dit que « les copies des formes entrent et sortent » du réceptacle en produisant dans celui-ci des « traces » (ἴχνη) instables de éléments, qui seront ensuite ordonnées à l'aide de certaines « figures » (σχήματα). Plotin, qui n'interprète pas littéralement le *Timée*, et pense que le monde est éternel, conclut qu'ici Platon décrit l'état du monde tel qu'il est en tout temps. Il suggère alors que ce que Platon veut dire, en parlant de « copies de formes qui entrent et sortent » du réceptacle, se résume en ceci que la matière reçoit constamment des qualités sans en être jamais affectée, comme un miroir reçoit des images sans jamais en être intrinsèquement modifié (7, 40-43).

Tim., 50 c 4-5 demeure tout au long du traité le passage central autour duquel se développe l'analyse de l'impassibilité de la matière. Son rôle révèle que, pour Plotin, l'argument qui vise à montrer contre les stoïciens l'impassibilité de la matière et son non-être doit se fonder sur une analyse « correcte » du réceptacle et de sa relation avec les « copies des formes ». On verra dans un instant quelle est l'interprétation « correcte » du réceptacle

1. Ce point, à savoir la démonstration du non-être de la matière, aurait eu peu de prise sur les prédécesseurs platoniciens de Plotin qui ne semblent pas penser que la matière soit une substance : Plutarque, par exemple, en fait le principe du non-être (*De def. orac.*, 428 F-429 D). Pour la conception que Plutarque se fait des premiers principes, et de la matière en particulier, voir la synthèse de George Karamanolis dans la *Stanford Encyclopedia of Philosophy*, s.v. « Plutarch », consultable à l'adresse suivante : <http://plato.stanford.edu/entries/plutarch/>.

selon Plotin, mais il est peut-être opportun de souligner dès maintenant quelle est pour lui la lecture « incorrecte ». Il la décrit au chapitre 12, après avoir présentée sa propre analyse :

> Tel est bien ce que Platon a dans l'esprit à propos de la matière. Et il ne pense pas cette participation comme celle où, dans un substrat, une forme devient présente et lui donne une configuration (οὐχ ὡς ἐν ὑποκειμένῳ εἴδους γενομένου καὶ μορφὴν διδόντος) en sorte que vient à l'être une seule chose qui est un composé où forme et matière se transforment mutuellement, et, pour ainsi dire, se combinent et s'affectent mutuellement (ὥστε ἓν σύνθετον γενέσθαι συντραπέντων καὶ οἷον συγκραθέντων καὶ συμπαθόντων). (*Enn.*, III, 6 [26], 12, 1-4, trad. Laurent).

Plotin ici parle des « formes » parce que Platon dans le *Timée* dit que le réceptacle reçoit des « copies des formes » ; mais l'interprétation de la relation entre matière et formes qu'il critique et qu'il juge « incorrecte » est celle des stoïciens. Comme on l'a vu, ce sont eux qui pensent que la matière se mêle avec les qualités pour former un composé unique qui est un corps naturel[1].

LES ARGUMENTS EN FAVEUR DE L'IMPASSIBILITÉ DE LA MATIÈRE

La stratégie polémique de Plotin étant désormais précisée, venons-en aux arguments par lesquels il montre que la matière est impassible. Il faut en effet prendre ces arguments comme points de départ pour comprendre 1) que la discussion de l'impassibilité de la matière n'est qu'une étape dans un argument plus complexe qui concerne avant tout le changement qualitatif et 2) que Plotin emploie cet argument pour écarter la conception stoïcienne de la substance et des corps. Il y a quatre arguments principaux en faveur de l'impassibilité de la matière en III, 6 [26].

Argument I

Le premier argument est introduit au chapitre 8, juste après la brève description du non-être de la matière, présentée ci-dessus :

1. J. Laurent, dans ses annotations à ce passage, observe que le verbe συντρέπεσθαι employé par Plotin est un verbe rare et un *hapax* dans les *Ennéades*, mais il remarque aussi que l'une de ses rares occurrences se trouve chez Marc Aurèle (*Pensées*, X, 24) qui l'utilise pour décrire le mélange du corps et de l'âme : voir J. Laurent, *Traité 26 (III 6). Sur l'impassibilité des incorporels*, dans Plotin, *Traités 22-26*, trad. dir. par L. Brisson et J.-F. Pradeau, Paris, GF-Flammarion, 2004, p. 231, n. 161.

> Mais, d'une façon générale, il faut que ce qui est affecté (ὅλως δὲ τὸ πάσχον) soit tel qu'il ait des puissances et des qualités opposées à ce qui va venir en lui pour l'affecter (ἐν ταῖς ἐναντίαις εἶναι δυνάμεσι καὶ ποιότησι τῶν ἐπεισιόντων καὶ τὸ πάσχειν ἐμποιούντων). Pour la chaleur qui est dans un corps (τῷ γὰρ ἐνόντι θερμῷ), en effet, l'altération (ἀλλοίωσις) vient de ce qui refroidit et pour l'humidité qui est dans un corps (τῷ ἐνόντι ὑγρῷ), l'altération vient de ce qui assèche et nous disons que le sujet est altéré quand de chaud il devient froid ou de sec devient humide (ἠλλοιῶσθαι λέγομεν τὸ ὑποκείμενον, ὅταν ἐκ θερμοῦ ψυχρὸν ἢ ἐκ ξεροῦ ὑγρὸν γίγνηται). Ce qu'on appelle la corruption (φθορά) du feu témoigne de cela : il y a un changement en un autre élément. De fait, le feu est détruit, disons-nous, mais pas la matière. De sorte que les affections concernent la chose pour laquelle il y a destruction (περὶ ὃ καὶ ἡ φθορά). Car ce qui conduit à la destruction, c'est la réception d'une affection ; et, pour tout ce qui est sujet aux affections il y a un être corrompu. Or, la matière ne peut être détruite : en quoi, en effet, et comment se changerait-elle ? (*Enn.*, III, 6 [26], 8, 1-12, trad. Laurent, légèrement modifiée)

Plotin a ici à l'esprit l'analyse du « pâtir » ou de « l'être affecté » (πάσχειν) développée par Aristote en *De generatione et corruptione*, I, 7 et remarque que, pour être affectée, une chose doit posséder l'un ou l'autre d'un couple de contraires (*De gen. et corr.*, I, 7, 323b 29-31). Il soutient ensuite son argument (γὰρ) en invoquant l'« altération » (ἀλλοίωσις) qui, dit-il toujours à la suite d'Aristote (*De gen. et corr.*, I, 4, 319b 10-12), se produit lorsqu'un sujet (ὑποκείμενον) passe d'une qualité (le chaud, par exemple) à la qualité contraire (le froid). Il observe ensuite que le phénomène de la « corruption » ou « destruction » (φθορά) montre également que ce qui est affecté doit posséder l'une de deux qualités contraires[1]. Le raisonnement n'est pas très clair, mais on peut, selon moi, le reconstruire de la manière suivante : la destruction présuppose l'affection ; autrement dit, c'est parce qu'un sujet subit des affections qu'il se corrompt ; s'il n'y a pas d'affections, il n'y a pas non plus de corruption. Il s'agit d'une idée qu'on peut aisément déduire de la discussion d'Aristote sur l'affection en *De gen. et corr.*, I, 7 (particulièrement 323 b 21-23). À la lumière de ce rapprochement, le fait que l'on dise que, lorsque le feu se transforme en un autre élément, c'est le feu qui est détruit, et non pas sa matière, montre précisément que le sujet des affections – qui, on le sait, est le même que le sujet détruit (ici : le feu) – doit avoir l'une de deux qualités contraires. Or on sait

1. Barrie Fleet remarque également que c'est là la fonction de l'exemple relatif à la corruption du feu : voir *Plotinus, Ennead III. 6*, *op. cit.*, p. 181.

que le feu est chaud[1]. De ces réflexions Plotin tire la conclusion suivante : puisque la matière, en tant que matière, n'est contraire à aucune chose, elle ne peut pas être détruite et se transformer en quelque chose d'autre. Ne pouvant être détruite, elle ne peut pas non plus être affectée.

Cet argument, construit du début à la fin sur des prémisses aristotéliciennes que Plotin accepte, ne vise pas à polémiquer contre Aristote ou Alexandre[2]. Il cherche plutôt à porter l'attention sur un problème qui est soulevé par la manière dont les stoïciens et certains platoniciens à leur suite, selon Plotin, conçoivent la relation entre matière et corps en s'inspirant de la description du réceptacle. Les stoïciens maintiennent, en réalité, que seulement les corps viennent à être et sont détruits, tandis que la matière à partir de laquelle ils sont produits est constamment altérée tout en demeurant toujours (LS 28A). En utilisant surtout des observations d'Aristote en *De gen. et corr.*, I, 7, qu'il applique à sa lecture du *Timée*, Plotin remarque qu'une telle distinction entre le sujet de la destruction (le corps) et celui de l'altération et de l'affection (la matière) est inacceptable et il conclut que, si on veut maintenir que la matière est indestructible, comme le suggère *Tim.*, 52 a 8, on doit admettre également qu'elle est impassible et inaltérable.

Argument II

Au chapitre 9, Plotin reprend à nouveau l'analyse aristotélicienne de l'affection. Il observe d'abord qu'il y a plusieurs façons dont on peut dire que quelque chose est présent dans une autre sans que cette dernière ne soit affectée par elle. Il donne l'exemple d'une « figure » (σχῆμα) dans la cire et d'une couleur sur une ligne : ainsi, la figure ou la couleur, par exemple, sont présentes dans leurs sujets sans les affecter, puisque la cire reste cire quand elle prend une figure ou une autre, tout comme la ligne qui devient blanche reste la même ligne. Ici Plotin a sans doute à l'esprit *Tim.*, 50 a-c, où Platon compare le réceptacle à de l'or modelé dans des figures différentes, mais son dernier exemple révèle qu'il pense aussi à *De gen et corr.*, I, 7,

1. Fleet, *ibid*, p. 182 renvoie ici à Aristote, *De gen. et corr.*, II, 4, 7-8, chapitres qui s'accordent de façon générale avec *Tim.*, 49 b.

2. Toutefois Bréhier pense que cet argument, et plus généralement les chapitres 8 et 9, sont dirigés contre Aristote : « Plotin y démontre que les théorèmes généraux du traité *De la génération et de la corruption* concernant les conditions où une réalité peut pâtir sont inapplicables à la matière : Aristote est appelé en témoignage contre lui-même » (Plotin, *Ennéades III*, *op. cit.*, Notice, p. 92).

323b 25-28[1]. Dans ce passage, Aristote dit que seuls les contraires ou les intermédiaires peuvent s'affecter réciproquement, en tant qu'ils partagent un même genre, tandis que la blancheur, par exemple, n'ayant pas de genre commun avec la ligne, ne peut pas affecter cette dernière sinon par accident, c'est-à-dire en tant que blanche ou colorée en général. Sur la base de ces observations aristotéliciennes, Plotin construit l'argument suivant :

> Ainsi, de même que ce qui subit un dommage ne le subit pas sous l'effet de n'importe quoi, de même ce qui est changé et affecté (τὸ τρεπόμενον καὶ πάσχον) n'est pas non plus affecté par n'importe quoi, mais l'affection a lieu pour les contraires par les contraires, alors que les autres choses n'ont pas le pouvoir de se changer mutuellement (τὰ δ' ἄλλα ὑπ' ἄλλων ἄτρεπτα). Les êtres auxquels n'appartient aucune contrariété ne sont affectés par aucun contraire. Il est donc nécessaire, si quelque chose pâtit que ce ne soit pas la matière, mais un composé et plus généralement une pluralité de choses qui sont toutes ensemble (ἀλλά τι συναμφότερον ἢ ὅλως πολλὰ ὁμοῦ εἶναι). Par contre, ce qui est « seul et isolé » des autres choses, c'est-à-dire ce qui est totalement simple sera impassible par rapport à toutes les autres choses, séparé qu'il est au milieu de toutes ces choses qui agissent les unes sur les autres (εἰς ἄλληλα ποιοῦσιν). (*Enn.*, III 6, [26], 9, 30-39, trad. Laurent, légèrement modifiée)

Plotin suggère qu'une chose n'en affecte pas une autre par hasard, comme le montrent les exemples de la figure dans la cire et de la couleur sur la ligne ; il faut que l'une d'elles possède au moins une qualité contraire à l'une des qualités de l'autre. Mais alors, continue-t-il, il s'ensuit que seuls les composés de matière et de qualité que sont les corps sont affectés. Puisque la matière est ce qui est simple, « seul et isolé », donc privée de toute qualité (et, comme on le verra, aussi de toute quantité), elle sera complètement impassible. En faisant allusion à ce qui est « seul et isolé », Plotin songe à Platon (*Philèbe*, 63 b 6-7), mais la conception de la matière qu'il a en vue, et qu'il partage lui-même, est en fait assez générale : il s'agit d'une matière ἄποιος, c'est-à-dire « sans qualité », donc aussi sans contrariété. Originairement stoïcienne (voir, par exemple, SVF I 85, 493 ; II 300, 301), cette conception de la matière est très répandue à l'époque de Plotin et également chez ces prédécesseurs, qu'ils soient platoniciens ou pas[2]. Toutefois, étant donné que Plotin use d'un matériau aristotélicien

1. Comme le remarque Fleet, *Plotinus. Ennead III. 6*, *op. cit.*, p. 188.

2. Plutarque (*De def. or.*, 414 F) considère la matière, à partir de *Tim.*, 50 e, comme le substrat de toute qualité, mais Alexandre pense aussi que la matière est ἄποιος (*De an.*, p. 4, 1-2 ; 18, 2-4 Bruns ; *De mixt.*, p. 226, 15 Bruns).

pour construire son argument, il semble difficile de suggérer qu'il cherche ici à polémiquer contre des péripatéticiens ou contre Alexandre en particulier[1]. De plus, comme on le verra plus loin, la position d'Aristote et d'Alexandre concernant l'absence de qualités dans la matière est beaucoup plus complexe que celle qui est évoquée et attaquée par Plotin ici. Puisqu'il explique qu'en n'ayant pas de contrariété la matière doit être ἄτρεπτος, on peut raisonnablement supposer que ses cibles polémiques sont ces penseurs anonymes qui, au chapitre 6, avaient été dits soutenir que la matière est παθητὴ καὶ κατὰ πάντα τρεπή, c'est-à-dire, comme je l'ai suggéré, les stoïciens.

Argument III

Plotin commence le chapitre 10 de la manière suivante :

> Par ailleurs, si la matière pâtit, il faut qu'elle ait quelque chose de cette affection, soit cette affection elle-même, soit une disposition différente qu'elle avait avant de recevoir en elle cette affection (δεῖ τι ἔχειν αὐτὴν ἐκ τοῦ πάθους ἢ αὐτὸ τὸ πάθος ἢ ἑτέρως διακεῖσθαι ἢ πρὶν εἰσελθεῖν εἰς αὐτὴν τὸ πάθος). Donc, si une nouvelle qualité suit la première, la matière ne sera plus ce qui reçoit cette qualité, mais une matière qualifiée. Et si cette qualité s'en va, à son tour, laissant quelque trace de son action, le sujet deviendra encore plus différent (ἄλλο ἂν ἔτι μᾶλλον γίγνοιτο τὸ ὑποκείμενον). Et si elle continue de cette manière, le sujet deviendra autre chose que la matière, quelque chose de très divers et de multiforme (ἄλλο τι ἢ ὕλη ἔσται τὸ ὑποκείμενον, πολύτροπον δὲ καὶ πολυειδές). De sorte qu'elle ne sera plus capable de recevoir toutes choses, constituant un obstacle à bien des choses qui devraient y entrer ; il ne restera plus du tout de matière : elle ne sera donc plus indestructible. (*Enn.*, III, 6 [26], 10, 1-13 ; trad. Laurent, légèrement modifiée)

Plotin propose d'admettre, dialectiquement, que la matière, en recevant des qualités, puisse être intrinsèquement différenciée par celles-ci et donc différemment disposée. La matière, dit-il, deviendrait alors « quelque chose de très divers » (πολύτροπον) et « de multiforme » (πολυειδές). Mais il poursuit en précisant que, si la matière était multiforme, elle ferait alors obstruction à la réception de nouvelles qualités au lieu de demeurer prête à toutes les recevoir, contrairement à ce que Platon suggère en *Tim.*, 51 a 7, où il la décrit comme « capable de tout recevoir », πανδεχές.

1. Plotin pourrait bien sûr faire usage d'un matériau aristotélicien de manière critique, pour souligner des incohérences dans la position d'Aristote, mais il me semble que pour tirer cette conclusion, on devrait lire dans ce passage bien plus qu'il ne contient.

Intrinsèquement différenciée et incapable de recevoir des nouvelles qualités, Plotin conclut que la matière ne resterait plus matière, car elle serait privée de ses traits distinctifs, et ainsi, en tant que matière, elle serait détruite. Encore une fois, ces remarques sont générales et elles peuvent s'appliquer à toute conception de la matière selon laquelle cette dernière serait affectée par les qualités qu'elle reçoit. Mais ce sont les Stoïciens qui, en assimilant la matière à Protée, insistent sur le fait qu'elle est une entité multiforme et toujours changeante[1]. Le langage avec lequel le passage s'ouvre est aussi stoïcien. Plotin parle des qualités que la matière peut « avoir » (ἔχειν) et qui la disposent différemment, ce qui est, comme on l'a vu, la manière stoïcienne d'expliquer la présence des qualités dans la matière[2].

Argument IV

Cet argument est peut-être le plus important pour notre propos et Plotin l'introduit immédiatement à la suite du troisième qu'on vient d'examiner :

> Et disons encore, en parlant de façon générale, que si tout ce qui est altéré doit garder la même forme en étant altéré (τὸ ἀλλοιούμενον πᾶν δεῖ μένον ἐπὶ τοῦ αὐτοῦ εἴδους ἀλλοιοῦσθαι), et l'altération concerne ses accidents et non pas ses attributs par soi (καὶ κατὰ συμβεβηκότα ἀλλ' οὐ καθ' αὐτά), et que si, par ailleurs, il faut que ce qui est altéré demeure ce qu'il est et que ce qui demeure en lui ne pâtisse pas, l'une de ces deux propositions s'ensuit nécessairement : soit la matière est altérée et elle quitte sa propre nature (ἢ ἀλλοιουμένην τὴν ὕλην αὑτῆς ἐξίστασθαι), soit elle ne la quitte pas et n'est pas altérée. (*Enn.*, III, 6 [26], 10, 14-19, trad. Laurent, légèrement modifiée)

Ici Plotin s'inspire des remarques aristotéliciennes sur l'altération en *De gen. et corr.*, I, 4. Il observe ainsi que, pour qu'une chose soit altérée,

1. Sur ce point, voir Decleva Caizzi, « La 'materia scorrevole' », art. cit., p. 431, n. 5.

2. *Cf.* III 6 [26], 13, 46; 13, 54-55; 14, 12; 16, 24-25. Fleet, *Plotinus. Ennead III. 6*, *op. cit.*, p. 196, suggère que le vocabulaire de Plotin ici est modelé sur celui du chapitre 8 des *Catégories* d'Aristote. Mais la suggestion ne me semble pas convaincante car en *Cat.*, 8 il n'est pas question de savoir comment les qualités sont dites être dans la matière. Peut-être Plotin songe-t-il à Boéthos de Sidon qui, à partir de sa lecture des *Catégories* surtout, serait arrivé à la conclusion que la matière est substance et que les corps viennent à l'être grâce aux qualités plutôt qu'aux formes (voir R. Chiaradonna, *Sostanza, movimento, analogia : Plotino critico di Aristotele*, Napoli, Bibliopolis, 2002, p. 66 et M. Rashed, *Essentialisme : Alexandre d'Aphrodise entre logique, physique et cosmologie*, Berlin, de Gruyter, 2007, p. 201-202). Mais, même si Plotin pensait ici à Boéthos, ce qui est possible, il aurait en fait des bonnes raisons d'assimiler sa position à celle des stoïciens, selon la stratégie que j'ai suggérée.

elle doit avoir une « forme » stable (εἶδος) et être altérée par accident. Il soutient que, puisque l'altération advient seulement en de telles conditions, il faut en conclure soit que la matière, si elle est altérée en tant que matière, ne demeure pas à travers le changement et qu'au contraire elle « quitte sa nature » (αὑτῆς ἐξίστασθαι) et est détruite, ce qui va à l'encontre de *Tim.* 50 b 7-8, soit qu'elle demeure à travers le changement, mais alors qu'elle n'est pas altérée en tant que matière. Comme on le verra plus loin, même si Plotin semble prêt à dire que pour Aristote et Alexandre la matière est de quelque manière altérée, ce sont encore une fois les stoïciens qui insistent sur le fait qu'elle est « toute altérable » (ἀλλοιωτόν, SVF II 305) et qui croient que l'altération est précisément le type de changement qui la caractérise (LS 28D). Plotin oppose à leur conception de l'altération de la matière celle d'Aristote et il emploie cette dernière pour montrer ce qu'il considère comme une incohérence dans leur position. Quand les stoïciens parlent d'altération (ἀλλοίωσις) de la matière, ils songent au phénomène par lequel la matière devient constamment « autre » (ἄλλος) en vertu des qualités qu'elle reçoit. En s'appuyant sur Aristote, Plotin maintient, contre eux, qu'il ressort de leur position que la matière est détruite plutôt qu'altérée par les qualités qui viennent l'occuper. Autrement dit, il observe que les stoïciens veulent maintenir à la fois que la matière demeure en tant que matière et qu'elle devient constamment autre que ce qu'elle est, mais il suggère que, si elle est bien matière, elle doit alors devenir autre chose que matière lorsqu'elle devient autre, ce qui revient à dire qu'elle est détruite. Il conclut donc que, si la matière était altérée, elle serait encore une fois détruite, ce qui, sur la base du *Timée*, est une conclusion inacceptable.

Compte tenu des quatre arguments principaux grâce auxquels Plotin défend la thèse de l'impassibilité de la matière en attaquant principalement, à mon avis, la thèse stoïcienne selon laquelle la matière est absolument malléable et altérable, essayons désormais de tirer de ces arguments plusieurs remarques d'ordre général [1].

Tout d'abord, on s'aperçoit que la critique principale de Plotin (présente dans tous les arguments sauf le second) consiste à dire que les stoïciens, et tous ceux qui, selon lui, les suivent, accordent sans le vouloir la destructibilité à la matière en lui conférant des affections. Mais, même si la

1. En plus de ces arguments, Plotin ajoute une observation pour prouver que la matière est impassible. En III, 6, 14, 26-28 il remarque que, si la matière recevait en elle la forme, cette-ci serait « engloutie » (καταποθέν) par elle. Cette image d'une matière qui « engloutit » des formes me semble très bien s'adapter à la thèse stoïcienne selon laquelle les qualités, qui sont des corps, se mêlent avec la matière qui elle aussi est un corps, comme si elles étaient, en fait, « englouties ».

description du réceptacle est obscure, il est suffisamment clair que Platon nie que le réceptacle puisse être détruit. De plus, que la matière soit destructible est une conséquence inacceptable pour tous ceux qui la comptent parmi les principes premiers (tels que les stoïciens et plusieurs platoniciens) et également pour Aristote et Alexandre.

Deuxièmement, on remarque que Plotin utilise l'analyse aristotélicienne de l'affection et de l'altération en particulier pour comprendre la relation entre réceptacle et « copies des formes », le réceptacle étant selon lui matière et les « copies des formes » étant les qualités. Ainsi, à travers le premier, le second et le quatrième argument il identifie deux conditions qui lui semblent indispensables pour que le changement qualitatif ait lieu. Du premier et du second argument on tire la première condition : pour qu'un changement qualitatif ait lieu, il faut qu'une qualité qui est l'une de deux qualités contraires soit intrinsèque au sujet du changement. Du quatrième argument on tire la seconde condition : pour qu'un changement qualitatif ait lieu, il faut que le sujet du changement ait une forme stable et qu'il change seulement par rapport à ses accidents[1]. Selon Plotin, seuls les composés de matière et de qualités, c'est-à-dire les corps, peuvent satisfaire ces deux conditions du changement qualitatif, tandis que la matière en est incapable. C'est à partir d'une réflexion sur cette incapacité que Plotin arrive à concevoir la matière comme non-être.

La doctrine secrète en III, 6 [26]

Revenons alors aux remarques introductives au chapitre 7 et examinons en quoi consiste le non-être de la matière. À ce propos Plotin observe ceci :

> Et ce sont toujours des contraires qui apparaissent à sa surface, petit et grand, moins et plus, manque et excès, une image qui ne peut pas demeurer (εἴδωλον οὐ μένον) et qui ne peut plus fuir [...], mais qui devient dans le manque complet d'être (ἀλλ' ἐν ἐλλείψει τοῦ ὄντος παντὸς γενόμενον). C'est pourquoi elle [c'est-à-dire la matière] ment dans tout ce qu'elle annonce (πᾶν ὃ ἄν ἐπαγγέλληται ψεύδεται) : si elle apparaît grande, elle est petite, et si plus, elle est moins, et son être dans l'apparence est non-être (κἂν μέγα φαντασθῇ, μικρόν ἐστι, κἂν μᾶλλον, ἧττόν ἐστι, καὶ τὸ ὂν

1. Bien qu'explicites seulement dans trois arguments, ces deux conditions du changement qualitatif sont probablement à l'œuvre dans tous les arguments, c'est-à-dire également dans le troisième, où Plotin en effet identifie le changement qualitatif à l'acquisition d'une qualité qui, même si elle n'est pas dite être l'un de deux contraires, est au moins explicitement présentée comme intrinsèque au sujet changeant.

> αὐτοῦ ἐν φαντάσει οὐκ ὄν ἐστι). (*Enn.*, III, 6 [26], 7, 16-23, trad. Laurent, légèrement modifiée)

Plotin ici est certainement influencé par la description aristotélicienne de la Dyade (*Metaph.*, I, 6, 987 b 20; XIV, 1, 1087 b 7-8) qui était souvent appliquée par ses prédécesseurs platoniciens au réceptacle[1]. Mais il emploie la Dyade comme exemple d'une réalité qui, pour tout prédicat qu'on peut lui appliquer, n'est pas ce prédicat, ce qu'aucun de ces prédécesseurs platoniciens n'a fait, autant que je le sache. C'est ainsi, c'est-à-dire au sens où, pour tout F, la matière n'est pas F, qu'il faut comprendre le non-être de la matière selon Plotin. Mais il suggère aussi que ce non-être doit être compris comme un « devenir dans le manque complet d'être ». Confrontons alors le passage que je viens de citer au passage suivant du *Théétète* qui introduit la discussion de la « doctrine secrète » :

> Je vais te l'exposer et celle-ci n'est pas une théorie sans valeur, la doctrine selon laquelle il n'y a rien qui soit un, en soi et par soi, et il n'y a rien que tu pourrais correctement appeler quelque chose ou quelque type de chose. Tant s'en faut que, si tu la dit grande, elle apparaîtra aussi petite (ἀλλ' ἐὰν ὡς μέγα προσαγορεύῃς, καὶ σμικρὸν φανεῖται); si lourde, elle paraîtra aussi légère. Et il en va ainsi, en un mot, pour toutes choses, en ce sens qu'aucune ne possède d'unité, ni d'identité, ni de qualification quelconque [...], nous en parlons d'une façon erronée; car rien jamais n'est, mais toujours devient (ἔστι μὲν γὰρ οὐδέποτ' οὐδέν, ἀεὶ δὲ γίγνεται). (*Théét.*, 152 d 2-e 1, trad. Narcy, légèrement modifiée)

Il ne s'agit évidemment pas d'une citation mot à mot, dans la mesure où Plotin n'est pas un commentateur, mais l'idée dans III, 6 [26], 7 et dans le *Théétète* est la même : il y a des choses (la matière chez Plotin, toute réalité dans la « doctrine secrète ») qui deviennent mais ne sont jamais, et ce qui devient sans n'être jamais est ce qui apparaît comme les contraires sans n'être aucun d'eux. Le point rappelle bien sûr la distinction, introduite à *Tim.*, 27 d 5-7, entre l'intelligible qui « est toujours » et « ce qui devient toujours sans jamais être », c'est-à-dire le monde sensible qui est objet d'opinion. Plotin qui, tout au long de III, 6 [26], 6-19, s'interroge sur *Tim.*, 50 c 4-5, doit avoir à l'esprit ce passage quand il dit que la matière n'est pas mais devient. Toutefois, je crois que ce serait une erreur d'en conclure qu'il aboutit à sa conception du devenir de la matière sur la seule et unique

1. Pour Xénocrate voir le fr. 188 Isnardi-Parente et pour le développement de cette position, voir Dillon, *The Middle Platonists*, *op. cit.*, p. 126-127; pour Plutarque, voir *De def. orac.*, 428 E-F.

base du *Timée*. En *Tim.*, 27 c Platon présente la distinction ontologique fondamentale qui, selon lui, doit être prise en considération pour comprendre la genèse du monde. Mais ensuite, en 48 e, il précise qu'il faut ajouter un troisième facteur pour comprendre comment le monde vient à l'être : le réceptacle ou χώρα. Puisque le réceptacle semble alors poser un problème pour la dichotomie introduite en 27 c, il serait difficile pour Plotin de penser qu'il puisse être décrit à partir de cette seule dichotomie[1]. Au contraire, l'idée qu'une chose devienne « dans le manque complet d'être » peut aisément être retrouvée dans la « doctrine secrète » ; il s'agit en fait de l'idée centrale de cette doctrine (*Théét.,* 152 e 1). Mais considérons d'autres passages où Plotin décrit le non-être de la matière.

> Ce qui n'est rien par soi peut devenir aussi le contraire par le moyen d'autre chose, et en devenant ce contraire, la matière ne l'est même pas, car si tel était le cas, elle serait au repos (ὃ δὲ μή ἐστί τι παρ' αὑτοῦ, δύναται γενέσθαι καὶ τὸ ἐναντίον δι' ἄλλο καὶ γενόμενον τὸ ἐναντίον οὐδὲ ἐκεῖνό ἐστιν· ἔστη γὰρ ἄν). (*Enn.*, III, 6 [26], 17, 35-37, trad. Laurent)

Encore une fois, Plotin a sans doute à l'esprit des passages du *Timée*, tels que 50 b 7-c 2 et 52 c 3. Mais l'idée qu'une chose qui n'est rien par elle-même puisse devenir son contraire sans l'être jamais, à cause de son changement constant, n'est pas explicite dans le *Timée*. Elle est, en revanche, l'idée centrale qui caractérise le développement radical de la « doctrine secrète » opéré par les héraclitéens en *Théétète*, 183 a 10-b 5[2].

Des traces de la « doctrine secrète » peuvent aussi être identifiées dans le passage suivant :

> Eh bien, si la matière accepte en elle les échauffements, les refroidissements, et mille et une qualités en nombre infini qui la traversent et qui lui sont en quelque sort connaturelles en s'y mélangeant les unes aux autres puisque aucune n'est séparée (λαβοῦσα ἐν αὑτῇ θερμότητας, ψυχρότητας, μυρίας καὶ ἀπείρους ὅλως ποιότητας καὶ ταύταις διαληφθεῖσα καὶ οἷον συμφύτους αὐτὰς ἔχουσα καὶ συγκεκραμένας

1. Évidemment le réceptacle n'est pas une réalité intelligible ; mais, puisqu'il n'est pas non plus un objet d'opinion au sens strict, étant donné qu'un objet d'opinion est ce qui vient à l'être sur le réceptacle (*Tim.*, 52 a 4-8), on peut présumer qu'il se situe à un niveau ontologique inférieur à celui du monde sensible.

2. Cf. *Théét.,* 183 a 10-b 5 : « Sauf, Théodore, que j'ai dit "ainsi" et "pas ainsi". Mais il ne faut dire ni cet "ainsi" – car "ainsi" cesserait d'être mû – ni l'inverse "pas ainsi" – car ce n'est pas non plus du mouvement. Ceux qui tiennent ce discours, il leur faut instituer une autre langue, puisque, pour le moment, ils n'ont pas des termes qui fassent référence à leur propre situation, sauf peut-être que 'pas même ainsi' est ce qui leur conviendrait le mieux, dit de façon indéfinie » (trad. Narcy).

> ἀλλήλαις, οὐ γὰρ ἕκαστα χωρίς), comment peut-elle être séparée, au milieu de ces qualités qui s'affectent par leur mutuel mélange (πασχουσῶν τῶν ποιοτήτων ἐν τῇ πρὸς ἀλλήλας ὑπ' ἀλλήλων μίξει), sans être elle-même affectée avec elles ? À moins évidemment qu'on ne la suppose totalement extérieure à ces qualités. (*Enn.*, III, 6 [26], 8, 12-19, trad. Laurent, légèrement modifiée)

Platon, dans le *Timée*, suggère parfois que les éléments se mêlent les uns aux autres (*Tim.*, 57 d 4), mais confrontons ce dernier passage à la description des puissances à l'œuvre dans la « doctrine secrète » :

> Du mouvement il y a deux formes, chacune d'extension infinie, mais ayant pour puissance, l'une, d'agir, l'autre, de subir (πλήθει μὲν ἄπειρον ἑκάτερον, δύναμιν δὲ τὸ μὲν ποιεῖν ἔχον, τὸ δὲ πάσχειν). De leur interaction [...] naissent des rejetons en nombre illimité (ἐκ δὲ τῆς τούτων ὁμιλίας [...] πρὸς ἄλληλα γίγνεται ἔγκονα πλήθει μὲν ἄπειρα)[1]. (*Théét.,* 156 a 5-b 1, trad. Narcy)

Enfin, observons un fait assez curieux à propos de la description plotinienne de la relation entre matière et qualités : après avoir introduit *Tim.*, 50 c 4-5, Plotin cesse presque immédiatement de décrire les « copies des formes » à la manière du *Timée*, c'est-à-dire en termes de réalités qui « entrent et sortent » de la matière. Il est vrai qu'il n'abandonne pas entièrement ce langage, mais il a plutôt tendance à dire que les « copies des formes », c'est-à-dire les qualités, agissent les unes sur les autres « ayant procédé ensemble vers la matière », συνελθοῦσαι... εἰς αὐτὴν (9, 24) ; il les dit aussi « avancer vers » elle, εἰσελθεῖν (10, 3), et il observe que, quand l'une d'elles approche la matière, προσελθόντος, ou la quitte, ἀπελθόντος, la matière elle-même ne change pas (11, 15-18). Ce langage n'est pas celui du *Timée*, mais il correspond exactement au langage employé par Platon pour décrire le flux des qualités dans la doctrine secrète (προσελθόντος 154 b 5 ; συνέλθῃ 157 a 5 ; συνελθόν 157 a 6, 160 a 2 ; προσῆλθεν 159 d 8).

On peut conclure de là que Plotin emploie la « doctrine secrète » pour éclairer la nature de la matière[2]. Son insistance sur le caractère apparent et

1. Cf. *Théét.*, 152 d 7-e 1 : « Et il en va ainsi, en un mot, pour toutes choses, en ce sens qu'aucune ne possède d'unité, ni d'identité, ni de qualification quelconque : mais c'est à partir d'une translation et d'un mouvement, d'un mélange des unes avec les autres (κράσεως πρὸς ἄλληλα), que viennent à être toutes les choses que nous disons être, parce que nous en parlons d'une façon erronée. » (trad. Narcy).

2. Que le *Théétète* est un dialogue important pour la réflexion poursuivie par Plotin en III, 6 [26] est également suggéré par le fait que la discussion de l'impassibilité de l'âme s'ouvre

transitoire des qualités qui peuplent le réceptacle révèle que pour lui le flux de la « doctrine secrète » ne consiste pas en un mouvement constant de particules comme cela semble avoir été le cas pour certains de ses prédécesseurs. Plotin considère plutôt que ce flux consiste dans la manifestation, toujours transitoire, de certaines qualités qui apparaissent telles ou telles en relation les unes aux autres sans jamais correspondre à quoi que ce soit dans la réalité. Selon Plotin, ce sont ces manifestations transitoires et relatives de qualités que Platon veut évoquer lorsqu'il dit des « copies des formes » qu'elles « entrent et sortent » du réceptacle en *Tim.*, 50 c 4-5. Quant à elle, la matière est complètement indéterminée, au sens où elle est ceci et le contraire de ceci sans vraiment correspondre à aucune chose. Tout comme dans le cas des réalités qui peuplent le monde des héraclitéens extrémistes du *Théétète*, rien de vrai ni de proprement faux ne peut être dit à l'égard de la matière, si bien que le langage ordinaire est incapable de la décrire (cf. *Tim.*, 52 b 2, où Platon dit que la matière est saisie par un « raisonnement bâtard »). En n'ayant ni des qualités intrinsèques ni d'identité stable, elle « devient », c'est-à-dire change, sans jamais être quelque chose. Il s'agit là d'un devenir pour ainsi dire « pur », c'est-à-dire qu'il s'agit d'un devenir conçu en dehors de tout être, précisément du type de devenir dont on traite dans la « doctrine secrète ». Probablement parce qu'il pense que tout ce qui devient vraiment devient, à partir de quelque chose qui est (une chose qui est blanche, par exemple), une autre chose qui, elle aussi, est (une chose qui est noire), Plotin conclut que, si la matière devient sans jamais être, il faut qu'elle ne devienne pas vraiment et qu'elle change donc seulement de manière apparente[1]. Elle est alors dans un flux radical, au sens où elle change constamment et absolument, bien que son changement consiste seulement dans son apparaître toujours absolument autre que toute chose.

Ce qui conduit Plotin à faire appel à la « doctrine secrète » est probablement la nécessité d'expliquer comment la matière, sans être affectée, peut recevoir des qualités de toutes sortes (*Tim.*, 49 d 1, 52 c 3). Ne trouvant pas ce modèle explicatif dans le *Timée*, il a recours au *Théétète*. En effet, même si certains passages du *Timée* suggèrent que le réceptacle ne

précisément sur une référence explicite aux sensations conçues comme « empreintes » en *Théét.*, 191 d-192 c (voir III, 6 [26], 1, 8 et aussi 3, 28-29). Je ne veux pas dire, toutefois, que le *Théétète* est le seul dialogue auquel Plotin songe. Sa conception de la matière comme « indéterminée » est aussi un développement de la description des « autres » sans l'Un dans la septième hypothèse du *Parménide*.

1. Pour une réflexion similaire, voir Alex. *In Metaph.*, p. 309, 1-16 et surtout l'interprétation du flux de la « doctrine secrète » donnée par M. Frede, « Being and Becoming in Plato », *Oxford Studies in Ancient Philosophy*, Suppl. Vol., 1988, p. 37-52.

peut jamais acquérir des formes et changer (cf. *Tim.*, 50 b 6-c 1), la description de la relation entre « copies des formes » et réceptacle à l'œuvre dans le *Timée* semble indiquer en revanche que le réceptacle est effectivement affecté par les « copies des formes » (*cf.* 51 a 7-b 6, 52 d 5 et l'analyse de Plotin en III, 6 [26], 12, 28-57). Plotin, qui se veut un interprète fidèle de Platon, doit donc expliquer en quel sens une chose qui est impassible peut être dite affectée et c'est dans la « doctrine secrète » qu'il trouve son modèle explicatif. Ces remarques sont bien sûr spéculatives, mais il est vraisemblable que Plotin ait remarqué que, selon la « doctrine secrète », tout, constamment, « se meut et est altéré » (φερόμενον τε καὶ ἀλλοιούμενον, *Théét.,* 181 e 1-2) et qu'il ait considéré que le type d'altération évoquée ici lui permet de concevoir correctement l'affection du réceptacle dont parle Platon dans le *Timée*. Il est vraisemblable qu'il ait également remarqué que selon la « doctrine decrète » tout se meut à travers « l'espace » (χώρα, 181 c 6-7) et que le réceptacle, qui est nommé χώρα, est dit être le siège de mouvements constants (*Tim.*, 52 e 5-6)[1]. Toutefois, lorsqu'il fait appel au *Théétète* pour expliquer le réceptacle, son but n'est pas seulement exégétique : il est avant tout polémique[2].

1. Le fait que Plotin fasse appelle à la « doctrine secrète » pour expliquer la nature de la matière est peut-être moins surprenant si l'on considère que le commentateur anonyme du *Théétète* semble déjà lier le flux à la matière. Dans la col. LXX, 27-40 on lit que la raison pour laquelle Parménide n'a pas conclu que « toute chose se meut » (πάντα φέρεσθαι) est qu'il a négligé la matière (cf. *Théét.,* 183 e 2-5). Cet appel à la matière semble être la conséquence d'une conception corpusculaire de celle-ci qui aurait amené à la comprendre comme « fluente » (ῥευστή). Ainsi, Sextus (*Hyp. Pyrr.*, I 217) attribue à Protagoras la thèse que la matière est « fluente » parce qu'elle subit des ajouts et des pertes et il est possible qu'il songe en fait au Protagoras du *Théétète*. En effet, ces remarques interviennent juste après l'introduction de la thèse de l'homme-mesure, et Sextus suggère, implicitement, que la théorie de la « matière fluente » constitue la base ontologique de la position épistémologique du sophiste. De plus, dans un passage parallèle (*Hyp. Pyrr.*, III 115) Sextus substitue au terme ὕλη celui d'οὐσία et dit que les dogmatiques, tels que Platon et Héraclite, pensent que l'οὐσία est « fluente » (ῥευστή) car elle produit toujours des pertes et des ajouts ; c'est ainsi, conclut-il, qu'Héraclite arrive à comparer « la mobilité de notre matière » (τὴν εὐκινησίαν τῆς ἡμετέρας ὕλης), c'est-à-dire la matière de nos corps, à un fleuve. L'οὐσία « fluente » évoquée ici rappelle la conception du monde en termes de φερομένη οὐσία propre à la « doctrine secrète » (*Théét.,* 179 d 2). Cf. *Banquet*, 207 d. Sur cette question voir Decleva Caizzi, « La "materia scorrevole" », art. cit., p. 459-470. Decleva Caizzi souligne qu'il y avait déjà à l'âge hellénistique une tendance à rapprocher et à traduire dans des termes pratiquement interchangeables les théories héraclitéenne, protagoréenne et platonicienne du sensible.

2. On peut soulever une objection évidente contre la suggestion selon laquelle Plotin fait usage de la « doctrine secrète » pour éclairer la conception platonicienne du réceptacle. Dans la « doctrine secrète », même si les qualités sont dites interagir les unes avec les autres, elles ne se manifestent qu'en relation à des sujets percevant, tandis qu'aucune mention n'est faite de sujets percevant dans la description du réceptacle du *Timée*. Mais cette difficulté n'est pas

Comme j'ai essayé de le montrer, la discussion sur l'impassibilité de la matière s'insère dans un projet plus vaste visant à concevoir à nouveaux frais la nature de la substance et des corps en polémique avec les stoïciens. Afin de maintenir leur thèse que les corps sont les seuls êtres véritables, les stoïciens doivent concevoir la matière comme une substance pliable et changeante mais demeurant sous ses transformations internes. Ayant montré que la matière ne peut pas être vraiment altérée, Plotin suggère que s'ils veulent maintenir qu'elle est la substance des corps, ils sont contraints d'admettre qu'elle est substance seulement au sens de la « substance fluente » ou φερομένη οὐσία décrite par la « doctrine secrète » (*Théét.*, 179 d 2), laquelle, pour lui, revient au non-être, puisqu'elle devient sans jamais être aucune chose. Mais cette conclusion aura des répercussions sur la conception que les stoïciens se font des corps. La φερομένη οὐσία du *Théétète*, contrairement à la matière stoïcienne, n'est pas un principe métaphysique; elle est l'intégralité du monde sensible. Quand Plotin suggère que pour les stoïciens la matière doit être φερομένη οὐσία, il veut suggérer aussi que, sans le vouloir, les stoïciens réduisent toutes choses à cette « matière fluente ». En effet, si la matière ne possède que des qualités apparentes, il s'ensuit que les corps conçus à la manière stoïcienne, en tant que mélanges de matière et de qualités, seront eux aussi seulement des apparences « fluentes ». Comme tels ils n'auront pas de qualités intrinsèques et d'identité stable, donc ils seront incapables, tout comme la matière, de véritablement changer. Autrement dit, même si les stoïciens veulent maintenir qu'il y a plus que la matière dans le monde, aux yeux de Plotin ils demeurent incapables de rendre compte de la manière dont cela serait possible. Pour lui, dès qu'on montre qu'il est nécessaire que la matière soit impassible, on montre du même coup que l'univers stoïcien tout entier est une « matière fluente » qui devient, c'est-à-dire change, seulement de manière apparente.

Plotin est sans doute conscient que Protagoras et les stoïciens ont des épistémologies et des ontologies radicalement différentes, mais il peut se

insurmontable. D'une part il faut se souvenir que pour Plotin les « traces » des éléments (qu'il interprète en termes des qualités) ne sont pas pré-cosmiques mais présentes dans le monde en tout temps. D'autre part, rappelons que le modèle « correct » du réceptacle est pour lui celui du miroir. Dès qu'on explique ce que Platon entend par χώρα à l'aide de l'image du miroir, il est plausible de conclure que les qualités qui se manifestent dans la χώρα peuvent se manifester à la fois en relation à des sujets percevant mais aussi tout simplement en relation les unes aux autres, même si personne n'est là pour les percevoir. En tout cas, Plotin me semble donner un rôle important aux sujets percevant, et ce même dans la description du réceptacle et de sa relation avec les qualités dans le *Timée* (voir *infra* p. 372, n. 1).

réclamer d'une tradition interprétative qui lit la première partie du *Théétète* comme une attaque *ante litteram* contre les stoïciens. La présence d'une telle tradition chez les prédécesseurs platoniciens de Plotin est attestée par le commentateur anonyme du *Théétète*. Ce qui semble rapprocher les stoïciens de Protagoras, aux yeux de ce commentateur, est leur confiance respective dans le pouvoir épistémique des sensations. Le commentateur affirme que certains pensent que, puisque les sensations ont « le pouvoir de nous frapper » (τι πληκτικόν), elles doivent aussi nous fournir des informations fiables et précises sur le monde, mais Platon, observe-t-il, les réfute quand il discute la position de Protagoras (*In Theaet.*, III, 7-15). Comme Bastianini et Sedley le suggèrent, il s'agit fort probablement des stoïciens[1]. Il est possible que Plotin n'ait pas lu le commentateur. Mais, quand il insiste, en III, 6 [26] 6, 65-67, que les stoïciens, « s'appuyant sur le témoignage des chocs et tirant leur certitude des représentations sensorielles », concluent que les corps sont des êtres véritables, il suggère, comme le commentateur, que les stoïciens infèrent que les sensations donnent des informations précises sur le monde à partir du pouvoir qu'elles ont de nous frapper. Ceci indique qu'en rapprochant les stoïciens de Protagoras, Plotin suit une tradition interprétative qui, au moins, ressemble à celle représentée par le commentateur anonyme. Selon Plotin, les stoïciens partent bien sûr d'une conception de la sensation et des corps très différente de celle de Protagoras, mais il suggère polémiquement que, pour autant qu'ils établissent, comme le fait Protagoras, ce qui est et ce qui n'est pas sur la base de ce qui frappe nos sens, ils aboutissent à une même conception du monde comme « matière fluente ».

Revenons, toutefois, à III, 6 [26], 7, 16-23, le premier passage cité plus haut (p. 355) pour montrer que Plotin s'inspire de la « doctrine secrète », et revenons également à *Théét.,* 152 d 2-e 1, dont, selon moi, ce passage des *Ennéades* dépend. Même s'il est clair que Plotin veut suggérer, d'une manière générale, que la matière n'est aucun des contraires qu'on peut prédiquer d'elle, quel que soit le contraire dont il s'agit (blanc, noir, chaud, froid, etc.), l'exemple qu'il donne en III, 6 [26], 7, 16-23, en reprenant *Théét.,* 152 d 2-e 1 et l'idée de la Dyade du grand et du petit, est celui d'un couple de quantités. À l'image de Platon quand il décrit les changements qui ont lieu selon la « doctrine secrète », Plotin semble traiter les quantités et le changement quantitatif de la même manière que les qualités et le changement qualitatif. Les changements selon la quantité, ce qu'on appelle « augmentation » dans le cas des corps non-organiques et « croissance »

1. Bastianini et Sedley, « Commentarium in Platonis *Theaetetum* », *op. cit.*, p. 486.

dans celui des corps organiques, dépendent tous, selon lui, de ces mêmes conditions qui permettent le changement qualitatif, c'est-à-dire de la présence de l'un des membres d'un couple de contraires et d'une forme stable dans le corps qui change[1]. Dans ce contexte, la croissance ne représente pas un phénomène naturel avec des caractéristiques propres, entièrement distinctes de celles de l'altération, ce qui veut dire que dès que Plotin élimine la possibilité d'un changement qualitatif réel pour la matière, il doit exclure aussi le changement quantitatif. Et c'est en effet ce qu'il dit de manière explicite au chapitre 11, juste après le dernier argument (IV) en faveur de l'impassibilité de la matière, argument qui visait à montrer que celle-ci ne peut pas être altérée :

> [...] Le pâtir (τὸ παθεῖν) a lieu dans un composé, non pas dans tout composé, mais dans celui qui a besoin que quelque chose y vienne ou s'en aille de lui (ἀλλ' ᾧ χρεία τοῦ προσελθόντος ἢ ἀπελθόντος) et dans celui qui, pour sa constitution, est incomplet en raison d'une absence et achevé (τέλειον) en raison d'une présence. Pour la matière, en revanche, il n'y a aucun gain quant à sa constitution, quoi que ce soit qui y vienne (οὔτε τι πλέον εἰς τὴν αὐτῆς σύστασιν προσελθόντος ὁτουοῦν) ; elle ne devient en effet rien de déterminé quand quelque chose y vient (οὐ γὰρ γίγνεται τότε ὅ ἐστι προσελθόντος), ni ne se trouve diminuée en rien quand quelque chose s'en va d'elle (οὔτε ἔλαττον ἀπελθόντος), car elle demeure ce qu'elle était dès l'origine. (*Enn.*, III, 6 [26], 11, 12-18, trad. Laurent)

Ce qui peut devenir « complet » (τέλειον) est un corps organique qui s'accroît et qui arrive à la maturité (*Cf.* Aristote, *De anima*, I, 4) ; c'est ce type de corps qui « a besoin » que quelque chose vienne s'ajouter à sa constitution, par le moyen de la nutrition, et qui, pour se maintenir en vie, doit aussi perdre quelque chose d'autre. Ce que Plotin ici appelle « pâtir » est donc le processus de la croissance, même si la description de cette dernière est assez vague pour qu'on puisse penser qu'il a effectivement à

1. *Cf.* Aristote, *De gen. et corr.*, I, 5, 321b-2-10. Après avoir introduit le problème de la détermination de la nature de ce qui augmente et la différence entre le processus de la nutrition et le mélange, Aristote remarque : « Il en va de même dans le cas de l'altération : si la chair demeure, étant également l'essence, mais qu'elle se met à posséder une affection par soi qu'elle ne possédait pas auparavant, on a eu là une altération ; or ce par quoi elle s'altère tantôt ne subit aucune affection et tantôt s'altère aussi. Mais le facteur d'altération et le principe du mouvement sont dans ce qui augmente ou dans ce qui s'altère, car c'est en eux que réside le facteur de mouvement. De fait le corps qui vient s'ajouter (τὸ εἰσελθόν) a bien pu, comme le corps qui l'a absorbé, se trouver agrandi, si par exemple, une fois introduit, il est devenu souffle ; toujours est-il qu'il s'est corrompu en subissant cette affection, et le facteur du mouvement n'est pas en lui. » (trad. Rashed).

l'esprit à la fois croissance et augmentation. En tout cas, le fait qu'il songe à un changement selon la quantité est confirmé par la comparaison entre composé et matière. Plotin dit que même si quelque chose approche la matière (προσελθόντος, *cf.* Aristote, *De gen. et corr.*, I, 5, 321b27, 34-35), elle ne devient « rien de plus » (οὔτε τι πλέον), de même qu'elle n'est « diminuée en rien » (οὔτε ἔλαττον) si quelque chose la quitte (ἀπελθόντος). Bref, la matière ne peut ni augmenter ni encore moins s'accroître. Le fait que la croissance soit introduite ici comme étant la même chose que l'affection en général est curieux, mais Plotin ne peut pas suggérer que toute affection est une croissance, ce qui serait faux dans la mesure où d'autres types d'affections ne sont pas nécessairement associés à la croissance. Je pense qu'il veut plutôt souligner que la croissance est un type d'affection et suggérer par là qu'en tant qu'affection, elle dépend des mêmes conditions qui régissent cet autre type d'affection, qui a été analysé jusqu'ici, à savoir l'altération.

Il est important de souligner que Plotin n'offre pas ici un nouvel argument pour montrer que la matière n'est pas affectée. Sa démarche consiste plutôt à employer la conclusion des quatre arguments sur l'impassibilité de la matière (présentés aux chapitres 8-10), arguments construits à partir de l'analyse de l'altération, pour observer que la matière, qui n'est pas altérée, ne peut pas non plus augmenter, tandis que les corps, qui peuvent être altérés, peuvent aussi augmenter ou s'accroître. Ce qui rend un corps complet, en lui permettant de s'accroître, est en effet sa forme, ou plutôt, son âme, et dans la croissance le corps acquiert de manière intrinsèque quelque chose qui vient s'ajouter à lui. La matière ne peut pas s'accroître, n'ayant ni une forme stable ni la capacité d'acquérir en elle quoi que ce soit. Puisque l'interprétation que Plotin défend de la conception stoïcienne des corps les réduit à de la matière, on peut conclure que, dans ce passage du chapitre 11, Plotin veut suggérer que les stoïciens, en dépit de leurs efforts, n'ont jamais pu résoudre l'Argument sur la Croissance.

À partir du chapitre 12 jusqu'au chapitre 15, Plotin traite du devenir apparent de la matière de manière plus explicite et il se concentre sur une forme de devenir qu'il n'a pas examiné jusqu'ici : le devenir conçu comme venir à l'être, ou génération. Ainsi, il explique que la matière ne devient véritablement aucune chose (ni feu, ni air, ni eau, ni rien d'autre) puisqu'elle ne devient ceci ou cela qu'au sens où elle manifeste les qualités distinctives d'une chose ou d'une autre, sans toutefois les posséder (chapitre 12)[1]. Ensuite (chapitre 13), à la lumière de cette position, il montre comment il faut comprendre l'idée selon laquelle elle serait « la nourrice de ce qui vient à l'être » (*Tim.*, 49 e 7-8) et il explique qu'elle est cause de la genèse dans la seule mesure où un miroir peut être considéré comme la cause d'un reflet, en tant qu'il est « ce en quoi » un reflet vient à l'être (chapitres 14-15). Il est important de remarquer que la conclusion de ces chapitres dépend toujours de la thèse de l'impassibilité de la matière. Rien ne peut venir à l'être dans la matière parce que la matière est impassible et, en tant que telle, incapable de tout changement, y compris de ce type de changement qu'est la génération. Mais les arguments qui démontrent cette thèse sont, une fois de plus, les quatre arguments qui concernent l'altération que Plotin a présentés aux chapitres 8-10. Puisque la matière ne peut pas être affectée et, plus précisément, altérée, elle ne peut pas non plus devenir véritablement aucune chose. Encore une fois, l'idée fondamentale est que ce qui ne peut pas satisfaire les conditions de l'altération non seulement ne peut s'accroître mais ne peut pas non plus venir à l'être, les conditions par lesquelles une chose vient à être étant, dans ce contexte, les mêmes que celles qui lui permettent d'être altérées. Ici aussi, la matière ressemble aux réalités de la « doctrine secrète » qui, en n'ayant pas d'identité stable, deviennent de manière apparente toutes choses à tout instant.

Pour surmonter le devenir seulement apparent de la « doctrine secrète », qu'il soit considéré comme un changement qualitatif ou quantitatif, ou comme une forme de génération, Plotin précise qu'il faut comprendre que l'être et la substance ont une nature intelligible. Il suggère que c'est seulement grâce à des principes de cette nature qu'on peut limiter à la matière le flux radical d'apparences évoqué par la « doctrine secrète » ; de la sorte, on peut rendre compte du fait que les corps ont des qualités et des quantités intrinsèques de même qu'une identité stable, si bien qu'ils peuvent subir un changement réel. Plotin conclut que ces principes sont les formes platoniciennes et l'âme. Considérons, en effet, ce passage de III, 6 [26], 19, où Plotin, parvenu à la fin de son traité, résume les résultats de sa recherche aux paragraphes 6-19 :

> Le chaud en effet fait cesser le froid et le noir, le blanc, ou bien en se mélangeant ils produisent une nouvelle qualité à partir d'eux-mêmes. Les choses qui sont affectées sont donc celles qui sont dominées (τὰ παθόντα

1. J'ai proposé une lecture du chapitre 12 et de la notion de devenir que Plotin développe ici dans un autre article : « Sensation and Scepticism in Plotinus », *Oxford Studies in Ancient Philosophy* 39, 2010, p. 249-296.

> οὖν τὰ κρατηθέντα), et leur pâtir consiste pour elles à ne plus être ce qu'elles étaient (τὸ δὲ παθεῖν αὐτοῖς τὸ μὴ εἶναι ὅπερ ἦσαν). Mais pour les êtres animés, les affections concernent leurs corps et l'altération se produise par rapport aux qualités et aux puissances immanentes (ἐν τοῖς ἐμψύχοις δὲ αἱ μὲν πείσεις περὶ τὰ σώματα κατὰ τὰς ποιότητας καὶ τὰς δυνάμεις τὰς ἐνυπαρχούσας τῆς ἀλλοιώσεως γινομένης). En revanche, quand les ensembles qu'elles forment sont défaits, ou réorganisés ou encore quand ils sont changés pour se transformer en leur contraire, alors des affections se produisent dans les corps (τὰ μὲν πάθη ἐν τοῖς σώμασι), tandis que seulement la cognition des affections les plus intenses atteint les âmes (ταῖς δὲ ψυχαῖς αἱ γνώσεις συνημμέναις τῶν σφοδροτέρων). (*Enn.*, III, 6 [26], 19, 5-11, trad. Laurent, légèrement modifiée)

Plotin indique que le chaud et le froid, comme le blanc et le noir, s'affectent réciproquement et qu'ils ne changent pas dans cette affection, étant donné qu'ils cessent plutôt d'être ce qu'ils étaient (ὅπερ ἦσαν). Si toutefois on considère un corps organique, on peut observer que celui-ci, quand il est affecté, ne cesse pas tout simplement d'être ce qu'il était, puisqu'il est altéré par rapport à ses qualités intrinsèques (le blanc, le froid, etc.). Ce passage que je viens de citer s'inspire, me semble-t-il, du passage suivant du *Phédon*, où Platon décrit le rôle des formes comme causes de l'être et du devenir pour les choses particulières qui en participent :

> Car ce qui m'apparaît ne m'apparaît pas seulement à propos de la grandeur en soi (αὐτὸ τὸ μέγεθος) – elle ne veut jamais (οὐδέποτ' ἐθέλειν) être en même temps grande et petite –, mais aussi à propos de la grandeur qui est en nous : jamais elle n'accueille en elle le petit, ni ne consent à être dépassée. De deux choses l'une : ou bien elle s'enfuit et se retire quand s'avance sur elle son contraire, le petit, ou bien, du fait de l'arrivée de ce contraire (προσελθόντος), elle périt complètement. Mais elle ne veut pas (οὐκ ἐθέλειν) être autre que ce que précisément elle était (ἕτερον ἢ ὅπερ ἦν), en restant là et en recevant la petitesse, à la façon dont moi, par exemple, une fois que, l'attendant de pied ferme (ὑπομείνας), j'ai reçu la petitesse, c'est tout en continuant d'être ce que précisément je suis (ἔτι ὢν ὅσπερ εἰμί) et tout en restant le même, que je suis petit ; mais la grandeur qui est en moi, elle, n'a pas l'audace, étant grande, d'être petite ! Exactement de la même façon, la petitesse qui est en nous ne veut à aucun moment devenir grande ou l'être (τὸ σμικρὸν τὸ ἐν ἡμῖν οὐκ ἐθέλει ποτὲ μέγα γίγνεσθαι οὐδὲ εἶναι) ; et aucun autre contraire, quand il est encore ce qu'il était, ne peut, en même temps, ni devenir ni être son propre contraire (οὐδ' ἄλλο οὐδὲν τῶν ἐναντίων, ἔτι ὂν ὅπερ ἦν, ἅμα τοὐναντίον γίγνεσθαι τε καὶ εἶναι), mais ou bien il s'en va (ἀπέρχεται), ou il périt du fait de se trouver soumis

à une telle action (ἐν τούτῳ τῷ παθήματι). (Platon, *Phédon*, 102 d 6-103 a 2, trad. M. Dixsaut)

Pour Plotin, le chaud et le froid, comme le blanc et le noir, se comportent dans un corps organique comme le grand et le petit dans Socrate selon l'exemple de Platon : en s'affectant réciproquement, ils cessent d'être ce qu'ils étaient (ὅπερ ἦσαν dans le passage de Plotin, ὅπερ ἦν répété plusieurs fois chez Platon). Mais, de même que Platon pense que Socrate, tout en devenant grand ou petit, demeure ce qu'il est, Plotin considère que le corps organique est altéré par rapport à ses qualités intrinsèques, mais que son âme demeure ce qu'elle est. Bien sûr, dans le passage cité plus haut de III, 6 [26], 19, Plotin ne dit pas explicitement que l'âme demeure la même dans un corps organique sujet à altération, mais il faut se rappeler qu'il a consacré toute la première partie de III, 6 [26] (chapitres 1-5), à la démonstration de l'impassibilité de l'âme. En effet, lorsqu'il dit que l'âme est atteinte seulement par la cognition des affections et non par les affections elles-mêmes, il renvoie précisément à la discussion sur l'impassibilité de l'âme en III, 6 [26], 1 [1]. Or, cette discussion aboutit, en III, 6 [26], 4, à la thèse que la nature propre de l'âme ne change jamais et que l'âme, en tant que « forme » (εἶδος), « demeure » ce qu'elle est, même au niveau de se fonctions vitales fondamentales, telles que la croissance (III, 6 [26], 4, 30-41) [2]. Il est important de remarquer ici que Plotin applique l'explication platonicienne du changement quantitatif à celle du changement qualitatif et ce, probablement, parce qu'il observe que Platon lui-même explique dans le *Phédon* comment Socrate devient grand ou petit seulement après avoir dit comment une chose devient belle (100 c 3-d 6) ; or

1. *Cf.* III, 6 [26], 1, 1-11 ; 4.

2. Fleet, Plotinus. *Ennead* III, *op. cit.*, p. 130-131, observe, et avec justesse selon moi, que lorsqu'il parle de l'âme comme forme en III, 6 [26], 4, Plotin ne sent pas le besoin de différencier entre les formes platoniciennes et les formes immanentes d'Aristote. Cette indifférence est stratégique : comme je l'expliquerai à la fin de ce travail, Plotin veut suggérer qu'Aristote a bien saisi le rôle des formes dans le monde sensible, mais sans avoir compris la nature de celles-ci. En III, 6 [26], 1-5, Plotin souligne ce qu'il y a de positif dans la conception aristotélicienne des formes, mais en III, 6 [26], 6-19 il met en évidence ses défauts. En effet, tout au long de III, 6 [26], 6, 1-5, il emploie des notions aristotéliciennes pour rendre compte de l'impassibilité de l'âme. Il dit ainsi que dans l'âme il y a des ἐνέργειαι plutôt que des affections et il explique comment une âme impassible peut agir sur le corps en faisant appel à l'analyse des agents qui agissent sans être affectés en *De gen. et corr.*, I, 7, 324b 4-6 (III, 6 [26], 2, 49-52) ; voir aussi Fleet, Plotinus. *Ennead* III, *op. cit.* p. 100. Même l'idée que l'âme, en tant que forme, demeure ce qu'elle est dans l'exercice des fonctions vitales fondamentales, telles que la croissance, est inspirée par l'analyse aristotélicienne du rôle de la forme dans la croissance en *De gen. et corr.*, I, 5 (particulièrement 322a 28, avec la reconstruction du texte proposée par Rashed, *cf.* Alexandre d'Aphrodise, In *Metaph.*, p. 308-309).

dans le deux cas il a recours au même type d'argument[1]. Peu importe, suggère Plotin, qu'on veuille expliquer comment un corps de blanc qu'il était devient noir ou de grand qu'il était devient petit, ou même comment une chose vient à l'être; dans tous les cas il faut invoquer les formes et, si le corps en question est un corps organique, l'âme. Seules les formes et l'âme rendent donc un corps le corps qu'il est, elles seules font d'une pierre, d'un homme ou d'un cheval, cette pierre-ci, Bucéphale ou Socrate; et ce sont des formes qui, en approchant un corps ou en le quittant, lui permettent de devenir noir de blanc qu'il était, laid ou grand de beau ou petit qu'il était, par l'acquisition ou la perte de qualités ou de quantités intrinsèques. Autrement dit, seules les formes permettent aux corps de devenir réellement, plutôt que de manière seulement apparente[2].

Si, en procédant à rebours, on considère maintenant la discussion que Plotin développe aux chapitres 16-18, c'est-à-dire la discussion qui précède ces remarques finales sur le changement au chapitre 19, on remarque qu'il a en réalité commencé à introduire depuis longtemps les formes du *Phédon* dans l'effort d'expliquer le devenir. Plotin consacre les chapitres 16-18 à une longue discussion, assez obscure, de « la grandeur » (τὸ μέγεθος ou τὸ μέγα). Ce qui est clair à partir de cette discussion, c'est que Plotin veut maintenir que la grandeur, comme toutes les qualités, n'appartient pas à la matière[3]. Il essaie alors d'expliquer ce qui, bien que n'étant pas la matière, rend un corps grand, et il remarque ceci :

1. Voir sur ce point l'interprétation des formes du *Phédon* comme causes de l'être et du devenir proposée par S. Menn, « On Socrates' First Objections to the Physicists » art. cit.

2. Il peut sembler quelque peu surprenant que Plotin, après avoir introduit les conditions du changement qualitatif et quantitatif sur la base du *De generatione et corruptione* d'Aristote, passe au *Phédon* pour expliquer comment un corps peut les satisfaire. Mais il y a des raisons de penser qu'Aristote lui-même développe sa conception de l'altération et de l'augmentation en partant de sa lecture du *Phédon* (voir l'introduction de Marwan Rashed à Aristote, *De la génération et la corruption*, texte établi et traduit par M. Rashed, Paris, Les Belles Lettres, 2005, p. LV-XCII). Dans cette perspective, le *Phédon* analyse un devenir indifférencié dont Aristote va préciser les modalités et les types, en distinguant ainsi la génération, l'altération de même que l'augmentation et la croissance. Je pense que Plotin s'est intéressé à la conception aristotélicienne de l'altération en premier lieu parce que, dans son interprétation, elle représente un développement tout à fait acceptable des remarques platoniciennes sur le devenir dans le *Phédon*.

3. Plotin n'admet pas non plus que la matière puisse être une étendue sans grandeur précise. Ce point est rappelé contre les stoïciens qui pensent que la matière, en étant corps, est étendue, et également contre une interprétation de la Dyade (qui pourrait être celle de Moderatus et d'Antiochus) en termes d'extension; sur la question voir Fleet, *Plotinus. Ennead III*, *op. cit.*, p. 252-254.

> Et, quand est venue une certaine raison formelle (τις ἐλθὼν λόγος), elle a porté la matière à la quantité qu'elle voulait (εἰς ὅσον αὐτὸς ἤθελεν) [...]. Si donc on enlevait cette forme (εἶδος), le sujet ne serait plus grand, ni même n'apparaîtrait tel (οὐκέτ' ἐστὶν οὐδὲ φαίνεται τὸ ὑποκείμενον μέγα), mais si ce qui devient grand est un homme ou un cheval et si avec le cheval vient, en la matière, la grandeur du cheval, quand le cheval s'en va, la grandeur aussi s'en va (ἀλλ' εἰ ἦν τὸ γενόμενον μέγα ἄνθρωπος καὶ ἵππος καὶ μετὰ τοῦ ἵππου τὸ μέγα τοῦ ἵππου ἐπελθόν, ἀπελθόντος τοῦ ἵππου καὶ τὸ μέγα αὐτοῦ ἀπέρχεται). (*Enn.*, III, 6 [26], 16, 1-8, trad. Laurent, légèrement modifiée)

Dans ce passage, ce que Plotin appelle « raison formelle », λόγος, est la forme telle que présente dans les corps. Dans les *Ennéades*, le terme est souvent employé pour indiquer le principe formel intelligible qui produit les qualités sensibles, mais les λόγοι dont il est ici question sont plutôt les formes des genres naturels, celui de l'homme ou du cheval, par exemple. Plotin dit que c'est ce type de λόγος qui cause la grandeur d'un corps[1]. Ainsi, un cheval aura la grandeur typique d'un cheval, un homme celle d'un homme et, dès que la forme du genre naturel « quitte » (ἀπέρχεται) le corps, la grandeur de ce genre naturel, qui avait été déterminée par la forme, s'en ira avec elle. Comme toujours, Plotin est loin de citer mot à mot, mais une comparaison avec le passage du *Phédon* cité ci-dessus révèle que le point de départ de son analyse de la grandeur est la discussion de la grandeur de Socrate dans le *Phédon*. Étrangement les formes sont dites « vouloir » (ἐθέλειν) ceci ou cela dans les deux cas ; de même, on parle de formes qui « quittent » le corps en employant le même verbe : ἀπέρχομαι[2]. Ceci suggère, par conséquent, que la discussion de la grandeur en III, 6 [26], représente l'effort plotinien pour expliquer le changement quantitatif en invoquant les formes comme causes de l'être et du devenir du *Phédon*.

1. La manière dont Plotin conçoit ce type de λόγοι rappelle notre conception de l'A.D.N. d'un organisme vivant comme le suggère P. Kalligas, « *Logos* and the Sensible Object in Plotinus », *Ancient Philosophy*, 17, 1997, p. 397-410.

2. Il est vrai que Platon introduit une alternative plutôt que de dire que les formes « quittent » les particuliers. Comme on sait, il observe que les formes ou bien « quittent » les choses particulières ou bien « sont détruites », et il conclut enfin qu'à la différence de l'âme, qui ne peut jamais périr, les formes ne quittent pas les particuliers mais sont détruites. Mais Plotin, comme on l'a vu, semble lui aussi prêt à admettre que certaines formes présentes dans les particuliers sensibles sont détruites, comme celle du blanc ou du noir, par exemple. S'il mentionne de formes qui « quittent » au lieu de dire qu'elles sont détruites en III, 6 [26], 16, c'est parce que la « forme » qui l'intéresse est celle d'un genre naturel, comme homme ou cheval, et n'est pas autre chose que l'âme. Or toute âme, pour Plotin, est immortelle.

Si mes remarques sont correctes, il faut expliquer ce qui pourrait apparaître comme une incohérence dans la manière dont Plotin procède dans son analyse du réceptacle. J'ai suggéré que lorsqu'il examine la relation entre « copies des formes » et réceptacle, il parle des « copies des formes » en termes de qualités qui « approchent » et « quittent » la matière et cela, en s'inspirant de la description du flux dans la « doctrine secrète ». On a vu, toutefois, que ce même langage est présent aussi dans le *Phédon*, où les formes sont dites « approcher » ou « quitter » les choses particulières qui en participent. On pourrait alors se demander qui, du *Théétète* ou du *Phédon*, inspire la réflexion de Plotin sur la relation entre matière et qualités. Le passage clef pour résoudre cette difficulté est III, 6 [26], 11, 12-18 (cité plus haut, p. 363), où Plotin exclut la possibilité, pour la matière, du changement quantitatif et donc de l'augmentation. Dans ce passage, Plotin distingue entre la manière dont quelque chose « approche » ou « quitte » un composé et celle dont quelque chose « approche » ou « quitte » la matière : dans le premier cas un changement a lieu, c'est-à-dire, ici, la croissance, tandis que dans le second, il n'y a aucun changement réel. Pour mieux saisir ce point, il faut voir comment il introduit le passage. Le chapitre 11 s'ouvre avec ces remarques :

> C'est bien pourquoi, me semble-t-il, Platon s'exprime ainsi, en une réflexion rigoureuse : « Les choses qui entrent et sortent de la matière sont des imitations des êtres », ne disant pas gratuitement « entrer » et « sortir », mais voulant nous faire comprendre et saisir de quelle façon se produit la participation (τῷ τρόπῳ τῆς μεταλήψεως). Il se pourrait bien que la fameuse difficulté concernant la question « comment la matière reçoit-elle les formes ? » ne soit pas comme l'ont pensé la plupart de nos prédécesseurs, celle de savoir comment elles viennent en elle (τὸ πῶς ἔρχεται εἰς αὐτὴν), mais bien plutôt comment elles y sont présentes (πῶς ἔστιν ἐν αὐτῇ). (*Enn.*, III, 6 [26], 11, 1-8, trad. Laurent)

Pour comprendre ce que Platon veut dire en *Tim.*, 50c4-5, lorsqu'il parle des « copies de formes » qui « entrent et sortent » du réceptacle, Plotin suggère qu'il faut partir de l'observation selon laquelle la matière doit toujours demeurer inaltérable. Si on garde cela à l'esprit, dit-il, on voit que Platon emploie les verbes « entrer » et « sortir » pour expliquer comment a lieu la participation de la matière aux formes[1]. Notons comment Plotin introduit le problème de la participation de la matière aux formes : ce qu'il

1. *Cf.* Aristote, *Phys.*, IV, 2, 209b15 et 209b36-210a1.

trouve difficile à expliquer, précise-t-il, n'est pas du tout la question traditionnelle de savoir comment les formes « viennent » (ἔρχεται) en la matière[1]. Pour lui, le vrai problème que pose la participation est de rendre compte de la manière dont quelque chose d'intelligible, une forme, peut être présente en la matière. Nous avons vu comment il résout ce problème en recourant à la notion de présence apparente, mais il faut se demander à quoi Plotin songe quand il parle de formes qui « viennent » en la matière. Le passage n'est pas très clair, mais une fois qu'on a remarqué le rôle fondamental que le *Phédon* joue dans sa réflexion sur le changement, il est possible de se rendre compte que la discussion à laquelle il songe est, encore une fois, celle des formes comme causes de l'être et du devenir dans le *Phédon*. C'est dans le *Phédon*, après tout, que Platon affirme de la manière la plus claire que tout vient à l'être et devient par « la présence de » (παρουσία) ou par « la participation dans » (κοινωνία) les formes (100d) et il dit aussi que les formes « approchent » (προσέρχομαι) les choses particulières. À la lumière de passages tels que *Phédon*, 102 d 6-e 2, on pourrait aisément penser que ce qui est plus problématique dans la théorie platonicienne des formes est la manière dont ces dernières approchent un particulier (comment un être intelligible peut-il approcher quelque chose ?). Mais Plotin remarque, au contraire, que le vrai problème consiste à expliquer comment ces formes-là, c'est-à-dire les formes telles que décrites dans le *Phédon*, peuvent être présentes dans la matière. Bien sûr, la matière n'est jamais mentionnée dans le *Phédon*, mais là est le problème. Comme on le sait, Platon parle dans le *Phédon* des formes comme causes de l'être et du devenir qui viennent à être présentes « en nous ». Ainsi, comme on l'a vu dans le passage cité plus haut, il dit par exemple que la grandeur et la petitesse sont « en Socrate ». Pour Plotin, Platon explique de cette façon comment un corps animé, celui de Socrate, peut changer selon l'une de ces qualités intrinsèques et devenir ainsi grand ou petit, tout en gardant une forme stable. Mais il y a des corps qui ne sont pas animés et qui sont ce qu'ils sont et changent seulement en tant que composés de qualités et de matière ; de plus, les corps animés possèdent également de la matière. Il est donc légitime de se demander comment la matière peut participer aux formes et c'est précisément la question que Plotin se pose lorsqu'il lit la description du réceptacle et des « copies des formes » dans le *Timée*. Platon explique la nature et le rôle des formes dans le *Phédon*, se dit Plotin, mais

1. Plotin n'explique pas ici pourquoi cette question n'est pas problématique, mais en VI, 4 [22] et VI, 5 [23] il maintient que l'être intelligible est partout. Si les formes sont partout, en tant qu'intelligibles, elles ne vont littéralement nulle part lorsqu'une chose participe d'elles.

comment les formes du *Phédon* se rapportent-elles aux « copies des formes » dans le réceptacle du *Timée*? La clé de ce problème se trouve, selon lui, dans le *Théétète*. Ce n'est pas une coïncidence si les pouvoirs qui causent les qualités et les quantités sensibles dans la « doctrine secrète » sont dits « s'approcher » et « s'éloigner » les uns des autres dans une région de l'espace; au contraire, Platon reprend de manière délibérée le langage même qu'il emploie pour les formes dans le *Phédon* parce qu'il veut suggérer que ces pouvoirs dépendent en réalité des formes. La « doctrine secrète », conclut Plotin, ne fournit pas seulement le modèle pour concevoir le devenir apparent de la matière, elle fournit également le modèle permettant de comprendre comment la matière peut participer aux formes qui, selon le *Phédon*, nous « approchent ».

Plotin est sans doute conscient qu'aucune référence n'est faite aux formes dans la discussion de la « doctrine secrète ». Mais il veut suggérer qu'on peut y découvrir une allusion aux formes dès qu'on limite la portée de cette doctrine à la matière et qu'on comprend que, pour surmonter le devenir seulement apparent qu'elle décrit, il faut introduire des principes intelligibles. Lorsqu'il interprète la « doctrine secrète » comme le modèle pour éclairer la relation entre « copies des formes » et réceptacle, Plotin emploie le *Timée* pour développer le lien entre cette doctrine et les formes du *Phédon*. Comme on l'a vu, c'est ce qu'il fait lorsqu'il commence à décrire les formes dans les corps en termes de λόγοι. Les λόγοι sont pour Plotin des pouvoirs intelligibles qui correspondent, dans sa lecture, aux « nombres et figures » que Platon introduit dans le *Timée* comme causes d'ordre et stabilité pour les « traces » pré-cosmiques des éléments (cf. *Tim.*, 53 b 5 et II, 4 [12], 8, 28-30)[1]. Mais, si mes observations sont correctes, ils sont aussi ce qui reste des « formes en nous » du *Phédon* dès qu'on tient compte du fait qu'« en nous », il y a aussi de la matière. Pour Plotin, ce sont ces λόγοι qui garantissent une identité stable des corps et la présence en eux des qualités et quantités intrinsèques, l'âme pouvant être décrite comme un λόγος, qui se distingue toutefois des autres par sa complexité[2]. Mais, à la différence des formes « en nous » du *Phédon*, la tâche de ces λόγοι « en nous » ne se limite pas à cela. Leur tâche est plus complexe parce que, tout

1. J'ai essayé de reconstruire le rôle des λόγοι dans la lecture plotinienne du *Timée* dans « Sensation and Scepticism in Plotinus », art. cit. Cet article, qui se concentre surtout sur les aspects épistémologiques de la réflexion de Plotin en III, 6 [26], représente à mes yeux la suite logique du présent article (bien qu'il lui soit antérieur chronologiquement) et traite du problème, que je laisse ouvert ici, du rapport entre les qualités et les sujets percevant.

2. Pour la relation entre les λόγοι et l'âme voir L. Brisson, « *Logos* et *logoi* chez Plotin : leur nature et leur rôle », *Cahiers philosophiques de Strasbourg*, 8, 1999, p. 87-108.

en garantissant la possibilité du changement réel pour les corps, ils doivent également expliquer quelque chose que les formes « en nous » du *Phédon* n'expliquent pas selon Plotin : le changement apparent de la matière [1].

LA CRITIQUE PLOTINIENNE D'ALEXANDRE D'APHRODISE EN III, 6 [26]

Je voudrais conclure par quelques brèves observations relatives à l'approche que Plotin développe de la conception de la matière selon Alexandre d'Aphrodise. L'un de problèmes auxquels on doit faire face en lisant la seconde partie de III, 6 [26] est lié au fait que Plotin mêle, et parfois confond, plusieurs critiques différentes, dont l'une est la critique de la conception aristotélicienne de la matière qu'a développée Alexandre. Les réflexions d'Alexandre à ce sujet sont complexes et la critique qu'en fait Plotin nous porterait bien loin du traité III, 6 [26]. Je veux seulement esquisser ici les lignes principales de ce que je crois être l'argument de Plotin contre Alexandre dans ce traité.

Plotin accueille favorablement plusieurs aspects de l'analyse qu'Alexandre fait de la matière. De fait, la thèse selon laquelle, pour tout prédicat, la matière n'est pas ce prédicat (ce qui résume la conception plotinienne du non-être de la matière) ressemble tellement à certaines des remarques d'Alexandre sur le non-être de la matière qu'il est difficile de

1. Peut-être que Plotin observe aussi que dans le *Théétète*, Platon développe une question qu'il ne semble pas avoir suffisamment examinée dans le *Phédon*. Dans le *Phédon*, la discussion de la grandeur et de la petitesse de Socrate fait suite à une discussion sur la grandeur et petitesse relatives de Simmias (102 b 3-d 4). Platon dit que lorsque Simmias, qui est petit par rapport à Phédon, devient grand par rapport à Socrate, ce changement est dû au fait que la grandeur chasse la petitesse qu'il possédait. Mais il s'agit d'une explication plutôt naïve de la manière dont un même homme est petit par rapport à quelqu'un et grand par rapport à quelqu'un d'autre. En effet, le même homme peut être petit selon un rapport et grand selon un autre au même moment, comme c'est le cas pour Simmias, qui est grand par rapport à Socrate et petit par rapport à Phédon au même moment. Évidemment, s'il faut que la grandeur s'en aille afin que Simmias puisse être petit, Simmias ne pourra pas être à la fois grand et petit en même temps. Il y a donc là un problème. Plotin pense peut-être que Platon aborde la question de la grandeur relative en *Théét.,* 154 b 1-155 b 10, le passage où Socrate examine la manière dont certains « penseurs raffinés » expliquent ce qu'on a l'habitude d'appeler « les *puzzles* des osselets ». Je n'arrive malheureusement pas à trouver une preuve textuelle pour corroborer ma suggestion, mais il y a un passage de Plotin qui pourrait témoigner d'une lecture de *Théét.,* 154 b 1-155 b 10 en parallèle avec le *Phédon*. Il s'agit de III, 6 [26], 11, 12-18 (cité ci-dessus) dont le point discuté comme la lettre du texte rappellent *Théét.,* 154 b 1-6. Pour les affinités entre la théorie des « raffinés » et *Phéd.*, 102 b 3-d 4 voir M. Matthen, « Perception, Relativism, and Truth : Reflections on Plato's *Theaetetus* 152-160 », *Dialogue*, 24, 1985, p. 33-58 : 44-45. Matthen maintient toutefois que la discussion des osselets est déjà envisagée dans le *Phédon*.

penser que Plotin, lecteur attentif d'Alexandre, ne se soit pas inspiré de lui [1]. C'est encore probablement chez Alexandre qu'il trouve la discussion la plus articulée du problème de la corruptibilité de la matière, car ce thème est l'un de ceux qu'Alexandre examine dans *Quaestio* II, 7 (voir particulièrement la p. 53, 2-6 Bruns ; *cf. De an.*, 4, 16-20 Bruns). Mais Plotin suggère en III, 6 [26] que la position d'Alexandre au sujet de la matière tombe dans des difficultés analogues à celles des stoïciens. Je vais essayer de montrer que, dans ses grandes lignes, sa critique s'articule de la manière suivante : Plotin soutient que, contrairement aux stoïciens, Alexandre a bien saisi qu'on ne peut pas expliquer l'altération, la croissance et la génération en recourant à des qualités corporelles. Comme son commentaire à *Metaph.*, IV, 5 le montre, Alexandre, tout comme Plotin, accorde aux formes et à l'âme, et non à des qualités corporelles, la tâche de rendre un corps le corps qu'il est et celle de conserver l'identité de ce corps dans le temps. Mais pour Alexandre, les formes et l'âme sont périssables, tandis que pour Plotin, elles doivent être telles que Platon les décrit dans le *Phédon*, c'est-à-dire éternelles [2]. Sur la base de son analyse de l'impassibilité de la matière, Plotin vise à montrer en III, 6 [26], 6-19, contre Alexandre et Aristote, que seules des formes éternelles et des âmes immortelles peuvent fixer l'identité des corps et en permettre le changement. Sa polémique contre Alexandre est donc distincte de celle qu'il adresse aux stoïciens, même si elle vise à montrer qu'Alexandre tombe dans des problèmes analogues à ceux des stoïciens puisqu'en faisant appel à des formes périssables, il demeure incapable d'expliquer l'altération, la croissance et la génération.

Considérons d'abord quelques aspects au moins de la conception de la matière d'Alexandre. En partant des remarques cryptiques d'Aristote sur la relation entre matière et privation en *Phys.* I, 9, dans la *Quaestio* II, 7, Alexandre se demande ce que la matière peut être si elle tire le fait d'être sans qualité de la privation, et le fait d'être qualifiée de la forme [3]. Il répond en disant que la matière est une « aptitude » (ἐπιτηδειότης) à recevoir les contraires, c'est-à-dire soit la privation soit la forme (p. 52, 29-30). Pour

1. Pour la conception qu'Alexandre défend de la matière comme non-être, voir Rashed, *Essentialisme*, *op. cit.*, p. 205-214.

2. Je ne parle pas ici des « formes en nous », mais bien des formes séparées dont les « formes en nous » dépendent pour Platon comme pour Plotin.

3. Sur cette *Quaestio*, voir les remarques de Rashed, *Essentialisme*, *op. cit.*, p. 203-205. Rashed suggère que *Quaest.*, II, 7 contient une réponse à la conception de la matière de Boéthos de Sidon et qu'elle doit non seulement être lue en relation à Aristote, *Phys.*, I, mais également à la lumière des observations de Simplicius, tirées d'Alexandre, *In Phys.*, p. 211, 3-23.

expliquer la distinction entre matière et privation, il a recours à Aristote, *Anal. Pr.*, I, 46 (p. 53, 25-28) et observe que, plutôt que dire que la matière « est non-F », ce qui reviendrait à affirmer qu'elle est privation, il faut dire qu'elle « n'est pas F » ; ceci revient à dire que, pour tout prédicat, la matière n'est pas ce prédicat et qu'elle manque donc de toute détermination. Puisque seule la privation est détruite dès qu'une qualité est présente, continue Alexandre, et que la matière n'est pas privation par soi, on peut conclure que la matière ne peut pas « quitter sa propre nature » (ἐξίσταται τῆς οἰκείας οὐσίας, p. 53, 5) et qu'elle ne sera donc jamais détruite. Pour éclairer comment la matière peut recevoir la privation et la forme sans être affectée par elles, Alexandre observe que qualités et privations appartiennent à la matière seulement de la façon dont « cultivé » et « non-cultivé » appartiennent à l'être humain ou qu'une « figure » (σχῆμα) ou l'absence d'une figure appartiennent à la cire (p. 53, 27-30) : comme l'être humain qui devient cultivé demeure être humain et comme la cire qui prend une certaine figure demeure cire, ainsi la matière informée par les qualités demeure ce qu'elle est, c'est-à-dire matière.

Il ne s'agit pas de soutenir que Plotin a lu la *Quaestio* II, 7, même si c'est fort probable. Cependant, deux passages de III, 6 [26] suggèrent qu'il a à l'esprit le type de conception de la matière que je viens d'esquisser[1]. Rappelons la manière dont, au chapitre 10, Plotin introduit l'idée que pour avoir changement qualitatif il est nécessaire qu'une chose possède l'une de deux qualités contraires (voir plus haut, *Argument II*, p. 350-352). Il commence par décrire plusieurs manières suivant lesquelles une chose peut être présente à une autre sans l'affecter et l'un des exemples qu'il donne est précisément celui d'une figure dans la cire. Celle-ci, comme on vient de le voir, correspond à la manière dont Alexandre décrit la présence des formes dans la matière. Mais il faut remarquer aussi que Plotin, au chapitre 10, emploie cette description non pas pour la critiquer, mais bien pour préparer la voie à ce que j'ai présenté comme une attaque contre la conception stoïcienne de la matière. C'est seulement plus tard, au chapitre 12, qu'il rejette de manière explicite la conception qu'Alexandre se fait de la présence des formes dans la matière. Dans ce chapitre, il montre que la

1. La raison pour laquelle Plotin se concentre sur cette conception de la matière et sur la question de son rapport aux formes pourrait dépendre du fait qu'elle assimile la présence des formes dans la matière à celle de qualités. Alexandre ne pense pas que le formes soient inhérentes à la matière de la même manière que les qualités le sont, mais il s'exprime comme si c'était le cas dans la *Quaestio* II, 7, ce qui arrange Plotin dans sa polémique. Plotin reprendra sa critique des formes immanentes aristotéliciennes, de manière plus précise, en VI, 1 [42], 2 : voir Chiaradonna, *Sostanza, movimento, analogia*, *op. cit.*, p. 55-147.

matière ne possède pas de formes du tout, pas même de manière analogue à celle dont la cire est dite avoir une figure (12, 16-21). La raison pour laquelle Plotin rejette cette conception de la matière et de son rapport avec les formes est suggérée, même si seulement de façon très vague, dans le second passage de III, 6 [26], 6-19, qui, selon moi, révèle un discussion avec Alexandre[1]. Nous sommes à la fin du chapitre 10 et Plotin vient de préciser (voir plus haut, Argument IV, p. 353-355), contre les stoïciens, que si la matière est altérée, elle doit « quitter sa nature » (αὑτῆς ἐξίστασθαι) ; à cela il ajoute les remarques suivantes :

> Si quelqu'un disait qu'elle [la matière] est altérée, mais pas en tant que matière (μὴ καθ' ὅσον ὕλη), il ne serait pas, dans un premier temps, en mesure de dire sous quel rapport elle serait altérée (κατὰ τί ἀλλοιώσεται), puis il serait forcé d'admettre de cette façon aussi que la matière n'est pas altérée. Car, de même qu'il n'est pas possible pour les autres choses qui sont des formes qu'elles soient altérées selon leur substance (ὥσπερ γὰρ τοῖς ἄλλοις εἴδεσιν οὖσιν οὐκ ἔστιν ἀλλοιοῦσθαι κατὰ τὴν οὐσίαν), leur substance consistant pour elles à être des formes, de même, puisque pour la matière l'être consiste à être en tant que matière (ἐπειδὴ τὸ εἶναι τῇ ὕλῃ ἐστὶ τὸ εἶναι ᾗ ὕλη), il ne sera pas possible qu'elle soit altérée en tant que matière, mais elle doit demeurer ce qu'elle est (οὐκ ἔστιν αὐτὴν ἀλλοιοῦσθαι καθ' ὅ τι ὕλη ἐστίν, ἀλλὰ μένειν). (*Enn.*, III, 6 [26], 10, 19-26, trad. Laurent, légèrement modifiée)

Que la matière soit altérée non pas en tant que matière mais sous quelque autre rapport, c'est-à-dire de manière accidentelle, n'est pas une position stoïcienne; mais il s'agit précisément de ce qu'Aristote et Alexandre semblent parfois suggérer (*cf.* Aristote, *Phys.*, I, 9, 192a 25-27 et Alexandre, *Quaest.*, II, 7, p. 52, 25-26). Il est vrai que ni Aristote ni Alexandre ne parlent d'altération de la matière, mais ce langage peut être expliqué comme la tentative plotinienne de minimiser, à des fins polémiques, les différences entre la position stoïcienne et celle d'Alexandre. En réalité, le point qui intéresse Plotin est le lien entre l'altération de la matière et le fait qu'elle puisse « quitter sa nature » (αὑτῆς ἐξίστασθαι), c'est-à-dire qu'elle puisse être détruite; ce genre d'expression se trouve bien chez Alexandre puisqu'on l'a rencontrée en *Quaest.*, II, 7, p. 53, 5, comme je l'ai

1. Plotin discute la conception aristotélicienne de la matière d'Aristote, peut-être sur la base de quelque remarque d'Alexandre, dans un troisième passage également (III, 6 [26], 11, 21-45) où il traite du rapport entre matière, beauté et bien, sur la base de *Phys.*, I, 9, 192a 14-25. Mais dans ce cas, il se préoccupe moins de critiquer Aristote que de défendre sa propre conception de la matière contre les objections avancées contre Platon en *Phys.*, I, 9.

souligné ci-dessus. Or, pour comprendre la critique de Plotin dans ce passage, je crois qu'il faut remonter à un traité antérieur, II 4 [12] *Les deux matières*. À la lumière de II, 4 [12], 14, il est évident que Plotin est familier de la distinction d'Aristote et d'Alexandre entre matière et privation et qu'il la rejette comme incohérente en faveur de l'identification de matière et de la privation[1]. Puisque cette distinction est employée par Alexandre en *Quaestio*, II, 7, pour démontrer que la matière n'est pas détruite par les qualités qu'elle reçoit, et puisque Plotin a ici à l'esprit le même problème que celui qui est discuté dans cette *Quaestio*, c'est-à-dire la possibilité que la matière « quitte sa nature », je propose de reconstruire sa critique de la manière suivante. Plotin attribue à Alexandre la thèse que la matière n'est pas altérée en tant que matière et il demande, polémiquement, sous quel rapport elle pourrait alors l'être. Il suppose que la réponse est que la matière est altérée par rapport à la privation puisque la privation, selon la *Quaestio*, II, 7, n'est pas la même chose que la matière, dans la mesure où elle est plutôt l'un de ses accidents. Or, en s'appuyant implicitement sur sa critique de la distinction entre matière et privation en II, 4 [12], Plotin conclut rapidement qu'Alexandre n'est pas en mesure de dire sous quel rapport la matière serait altérée et souligne qu'il devrait tout simplement admettre qu'elle est complètement inaltérable, donc indestructible.

Si cette reconstruction est correcte, la critique de Plotin contre Alexandre repose alors sur la conception que ce dernier se fait de la distinction entre matière et privation, et de sa conception de la privation comme ce qui est détruit par l'acquisition d'une qualité. S'il n'est pas possible de distinguer entre la matière comme aptitude à recevoir des qualités et la privation comme aspect qui est détruit par la présence d'une qualité, alors deux options sont disponibles : soit l'on admet que, dès qu'une qualité est présente, la matière est détruite, ou bien si on ne veut pas qu'elle soit détruite, on concède qu'elle ne reçoit pas vraiment de qualité. Puisqu'Alexandre veut maintenir que la matière ne peut pas être détruite, Plotin pense qu'il aurait dû la concevoir différemment, ni comme une aptitude ni comme une privation qui est détruite par la présence d'une qualité, et qu'il aurait dû opter pour le modèle de la « doctrine secrète ». Ce modèle, pense-t-il, lui aurait permis de maintenir à la fois que la matière est non-être, au sens où pour tout prédicat elle n'est pas ce prédicat, tout en étant indestructible et ce, sans devoir recourir pour autant à la distinction intenable et factice, à son avis, entre matière et privation.

1. Voir, à ce propos, les remarques de J.-M. Narbonne dans Plotin, *Les deux matières [Ennéade II, 4 (12)]*, trad. par. J.-M. Narbonne, Paris, Le Cerf, 1993, p. 339-342.

Comme je l'ai déjà souligné, il ne s'agit pas ici d'être exhaustif par rapport à la reconstruction de la position d'Alexandre et à la critique que Plotin lui adresse. Mais si l'on tient compte de l'argument que Plotin construit contre les stoïciens en III, 6 [26], 6-19, il est possible de saisir le point central de sa critique, même à partir de ces quelques remarques. Plotin reproche à Alexandre d'avoir accordé à la matière la capacité d'acquérir des qualités et des formes. Selon Plotin, c'est parce qu'il a accordé cette capacité à la matière qu'Alexandre conclut que les corps, en tant que composés de matière et de forme, peuvent avoir une identité stable et des qualités intrinsèques sans avoir besoin d'entités intelligibles séparées et éternelles telles que les formes et l'âme du *Phédon*. En effet, comme on peut le voir dans son *De anima*, Alexandre rend compte de la formation des corps à partir «du bas», c'est-à-dire à partir de ces composés fondamentaux de matière première et de qualités que sont les éléments (p. 3, 28-10, 8). Les éléments sont pour lui les corps dans leur forme la plus simple et les corps complexes viennent à l'être quand des formes de plus en plus complexes surviennent sur des agrégats élémentaires; dans ce contexte, l'âme serait le principe d'organisation qui survient sur les corps aux formes les plus complexes et qui vient couronner, pour ainsi dire, le processus de formation des corps. Plotin, en III, 6 [26], 6-19, lui accorde bien sûr que tout corps doit aux formes ou à l'âme le fait d'être ce qu'il est, mais il objecte que, dans la mesure où la matière ne peut jamais recevoir intrinsèquement des qualités et des formes, il aurait dû admettre que la formation des corps ne peut s'expliquer qu'à partir « du haut », c'est-à-dire à partir de formes séparées éternelles et d'une âme immortelle. En n'ayant pas vu le besoin de ce type de formes et d'âmes à cause de sa conception « incorrecte » de la matière, Alexandre, comme les stoïciens, demeure incapable de rendre compte de l'identité des corps. Ainsi, en dépit de ces efforts, et encore une fois comme les stoïciens, il ne peut pas expliquer l'altération et, par conséquence, ne peut pas non plus répondre à l'Argument sur la Croissance et rendre compte de la génération. Autrement dit, si, pour Plotin, Alexandre surmonte le devenir seulement apparent de la φερομένη οὐσία en invoquant des formes dans son explication de la formation des corps, il n'arrive pas à garantir par ces formes une nature déterminée aux corps et à fixer leur identité dans le temps; il n'explique donc ni l'altération ni la croissance, ni la génération.

« PEINTURES PLATONIQUES »
ARGUMENTS ET FIGURES DU *THÉÉTÈTE* DANS LES *ESSAIS* DE MONTAIGNE

Bernard SÈVE

Platon est l'auteur le plus souvent évoqué dans les *Essais*[1], mais il l'est rarement de façon substantielle. Si Montaigne possédait les *Opera* de Platon dans la traduction latine de Marsile Ficin (édition de 1546), on ne sait pas avec précision quels dialogues il a pu lire, et de quel type de lecture. Il affecte de « feuilleter » les livres sans se piquer de les étudier sérieusement. C'est souvent dans Plutarque, dans Diogène Laërce ou, parfois, dans tel ou tel florilège ou recueil d'*excerpta*, que Montaigne puise son information sur la philosophie antique : « Tel allègue Platon et Homère qui ne les vit onques. Et moi, ai pris des lieux [citations] ailleurs qu'en leur source[2]. » Seuls quatre dialogues de Platon sont nommés par leur titre dans les *Essais* : le *Phédon*, mais dans un contexte qui n'implique aucune lecture personnelle que Montaigne en aurait faite[3] ;

1. J.-L. Vieillard-Baron, notice « Platon » du *Dictionnaire de Michel de Montaigne*, sous la direction de Philippe Desan, Champion, 2e édition, 2007, p. 919-921, avec une bibliographie.

2. Je donnerai les références aux *Essais* de la manière suivante : édition Villey-Saulnier, P.U.F., 1965 et rééditions ultérieures en Quadrige (en trois volumes ou en un seul volume, pagination inchangée), marquée « P.U.F. » ; et édition André Tournon, Imprimerie Nationale, trois volumes, 1998, marquée « I.N. ». Je ne précise pas le tome pour I.N., chaque tome de Tournon correspondant à un livre des *Essais*. Pour la citation ci-dessus : *Essais*, III, 12, « De la physionomie », P.U.F., p. 1056 ; I.N., p. 412. On notera que Montaigne précise dans la phrase suivante qu'il ne « feuillette guère » ces « ravaudeurs », entendons les auteurs de florilèges.

3. II, 3, « Coutume de l'île de Cea », P.U.F., p. 360 ; I.N., p. 54.

la *République*[1]; le *Timée*[2], et enfin, à diverses reprises, les *Lois*. Mentionnons également l'*Axiochos*, que Montaigne, bon lecteur, trouve si faible qu'il refuse de l'attribuer à Platon[3]. Il faut, à cette courte liste, ajouter le *Phèdre* qui, sans être explicitement nommé, est aisément reconnaissable dans la description qu'en donne Montaigne: «J'ai passé les yeux sur tel dialogue de Platon mi-parti d'une fantastique bigarrure, le devant à l'amour, tout le bas à la rhétorique[4].»

Plus discrète encore est la marque d'identification du *Théétète* que l'on peut trouver dans le chapitre «Du pédantisme». Montaigne résume le portrait du philosophe que Socrate brosse dans les pages 174b-175b de notre dialogue, puis il ajoute: «Mais cette peinture platonique est bien éloignée de celle qu'il faut à nos gens[5].»

La minceur de cette récolte ne doit cependant pas nous amener à sous-estimer la place du *Théétète* dans les *Essais*. L'écriture de Montaigne est foncièrement hypertextuelle[6], marquée par de nombreux emprunts, allusions ou citations plus ou moins explicitement signalés dans le texte[7].

1. I, 23, «De la coutume et de ne changer aisément une loi reçue», P.U.F., p. 109; I.N., p. 198; I, 25, «Du pédantisme», P.U.F., p. 141; I.N., p. 248; I, 26, «De l'institution des enfants», p. 149; I.N., p. 259. Ces trois mentions explicites de la *République* sont des ajouts sur l'Exemplaire de Bordeaux, ce qui plaide en faveur d'une lecture tardive de ce dialogue par Montaigne. Je rappelle les conventions typographiques: (a) désigne un texte de l'édition de 1580, en deux livres; (b) un texte de l'édition de 1588, en trois livres (tout le troisième livre est (b), ainsi que de très nombreux ajouts aux deux premiers livres); (c) un ajout manuscrit sur l'Exemplaire de Bordeaux, postérieur donc à 1588.

2. I, 47, «De l'incertitude de notre jugement», P.U.F. p. 286; I.N., p. 454; II, 12, «Apologie de Raymond Sebond», p. 515; I.N., p. 292; II, 12, p. 535; I.N., p. 326. Ces trois mentions explicites du *Timée* sont elles aussi des ajouts sur l'Exemplaire de Bordeaux, et appellent le même commentaire que celui porté dans notre note précédente.

3. II, 10, «Des livres», P.U.F., p. 410; I.N., p. 127.

4. III, 9, «De la vanité», P.U.F., p. 994; I.N., p. 322. C'est aussi un ajout sur l'Exemplaire de Bordeaux. On notera la formule restrictive «j'ai passé les yeux»: passer les yeux n'est pas «lire».

5. I, 25, «Du pédantisme», P.U.F., p. 135; I.N., p. 238.

6. Je prends ce terme au sens de Gérard Genette, *Palimpsestes, la littérature au second degré*, Paris, Seuil, 1982. Ce vocabulaire me paraît plus pertinent que celui de «source» (que j'emploierai aussi), en ce qu'il marque mieux le travail de transformation que l'hypertexte apporte à son hypotexte, et, d'abord, parce qu'il insiste sur la textualité («source» évoquant par trop la reprise d'idées, «la source des idées de Montaigne», au détriment du travail du texte).

7. Voir Antoine Compagnon, *La Seconde main, ou le travail de la citation*, Paris, Seuil, 1979. A. Compagnon insiste à juste titre sur la distinction que fait Montaigne entre l'allégation et l'emprunt. L'allégation relève de la tradition de l'*auctoritas* (j'allègue un texte de Cicéron par exemple pour appuyer mon opinion de son autorité); l'emprunt dépend d'une rencontre fortuite (Montaigne rencontrant sa propre pensée dans un texte antique), ou d'une

Ce n'est pas parce que Montaigne cite le titre d'un livre qu'il l'a lu, et ce n'est pas parce qu'il ne le nomme jamais qu'il ne l'a pas lu. Platon est très souvent nommé, et ses dialogues (mais tout autant les récits de Diogène Laërce et d'autres sources indirectes) sont un des hypotextes les plus constants des *Essais*. Je rappelle les trois grandes formes que peut prendre l'hypertextualité montanienne : (1) le texte enchâssé [1], comme l'ont été les « Vingt et neuf sonnets » de La Boétie insérés dans le chapitre 29 du livre I dans toutes les éditions des *Essais* parues du vivant de Montaigne ; (2) les citations explicites, le plus souvent non référencées, reconnaissables à ce qu'elles sont écrites en latin, ou, rarement, en grec ou en italien ; (3) les emprunts en français, d'une longueur supérieure à celle d'une citation, qui peuvent soit (3a) être marqués, de façon plus ou moins précise [2], soit (3b) ne pas l'être [3]. Les textes cités ou empruntés le sont rarement sans modification ou transformation. La citation n'a pas chez Montaigne fonction d'argument textuel ou de preuve philologique (ce qu'il appelle « allégation »), elle relève d'une pratique humaniste : appropriation, méditation, imitation, goût pour les *sententiae* fortes et serrées [4].

« LIEUX » DU *THÉÉTÈTE* DANS LES *ESSAIS*

Six « lieux » (citations ou emprunts) du *Théétète* peuvent être repérés dans les *Essais*. Le tableau ci-dessous les répertorie, selon l'ordre du *Théétète* ; pour chaque passage des *Essais* je donne la référence à

« invention » de l'auteur des *Essais* (*La Seconde main*, *op. cit.*, p. 291-298 ; les pages 284-313 sont consacrées pour l'essentiel à Montaigne).

1. En toute rigueur, un texte allographe purement et simplement enchâssé dans un texte autographe ne relève pas de l'hypertextualité (qui suppose une imitation ou une transformation de l'hypotexte par l'hypertexte). On peut cependant soutenir que le texte enchâssé est l'objet d'une transformation minimale par modification de son paratexte, et prend ainsi fonction d'hypotexte. Les « Vingt et neuf Sonnets d'Étienne de La Boétie » sont enchâssés dans les *Essais*, et précédés d'un paratexte complexe. Le titre du chapitre les dédie « à Madame de Grammont, Comtesse de Guissen », le début du chapitre présente ces Sonnets à la dédicataire et les commente (le paratexte se fait alors métatexte).

2. Ainsi, à la fin de « L'Apologie de Raymond Sebond », Montaigne suit de près un texte tiré du traité *Sur l'Epsilon de Delphes* de Plutarque. Montaigne ne marque pas le début de son emprunt, mais il en marque la fin par la formule : « À cette conclusion si religieuse d'un homme païen, je veux joindre seulement… » (II, 12, P.U.F., p. 603 ; I.N., p. 438).

3. Le début du chapitre « Des cannibales », I, 31, suit d'assez près la traduction par Chauveton (1579) de l'*Histoire du Nouveau Monde* de Benzoni, sans que rien l'indique dans le texte.

4. Sur ce point, voir H. Friedrich, *Montaigne* [1949], Paris, Tel-Gallimard, 1993, chapitres 2 et 8.

l'édition Villey-Saulnier (marquée P.U.F.) et à l'édition Tournon (marquée I.N.), en précisant la ou les couches du texte de Montaigne selon les conventions (a, b, c) rappelées précédemment; j'indique si Montaigne marque textuellement l'emprunt (par un nom « Platon », « Socrate », ou un adjectif caractéristique) ou s'il ne le marque pas; pour la commodité du commentaire qui suivra, j'affecte à chacun de ces six « lieux » un numéro d'ordre.

	Théétète	***Essais***	**Couches**	**Emprunt**
1	149 a-151 c	II, 12 (P.U.F., 509 ; I.N., 282-283)	a et c	marqué
2	151 e	II, 12 (P.U.F., 587-588 ; I.N., 411-412)	a, b et c	non marqué
3	152 e	II, 12 (P.U.F., 601-603 ; I.N., 434-437)	a, b et c	marqué
4	174 a-b	II, 12 (P.U.F., 538 ; I.N., 330)	a et c	marqué
5	174 b-175 b	I, 25 (P.U.F., 134-135 ; I.N., 237-238)	b, a et c	marqué
6	180 e	II, 12 (P.U.F., 526 ; I.N., 311)	a, b et c	marqué

On fera quatre remarques :

1) les lieux que Montaigne emprunte au *Théétète* concernent d'une part la maïeutique (149 a à 151 e) et l'anecdote de la servante thrace avec le portrait du philosophe qui s'ensuit (174 a-175 b), d'autre part le mobilisme (152 e) et sa réfutation (180 e). Deux thèmes donc : le portrait du philosophe, la question du mobilisme. Il est notable que la discussion sur la nature de la science menée dans le dialogue ne trouve pratiquement aucun écho dans les *Essais*.

2) Tous ces emprunts sont explicitement marqués, sauf un (le texte 2); et encore la formule « Et selon aucuns, science n'est autre chose que sentiment[1] » que l'on trouve dans le texte 2 est-elle claire pour tout lecteur de Platon. Cette formule ne contredit pas notre remarque précédente (l'usage qu'en fait Montaigne est purement doxographique). Le marquage n'est parfois que partiel, ou tardif. Ainsi dans notre texte 4, concernant l'anecdote de Thalès tombant dans un puits, la référence à Platon n'est faite que dans un ajout (c), postérieur à 1588 donc, et non dans le texte original de 1580. Ce texte 4 était donc non-marqué dans les éditions de 1580 et 1588.

3) Toutes les couches d'écriture sont concernées par ces allusions au *Théétète*, même si les références à Platon sont plus nombreuses dans les ajouts autographes portés sur l'Exemplaire de Bordeaux (couche c). C'est tardivement que Montaigne découvre, ou peut-être redécouvre le *Théétète*, qui intervient dans le grand jeu des *Essais* comme une voix seconde.

1. II, 12, P.U.F., p. 588 ; I.N., p. 412.

4) Seuls deux chapitres des *Essais* font écho au *Théétète*. « L'Apologie de Raymond Sebond » (II, chap. 12), texte monumental voué à la présentation et à la défense du scepticisme, rassemble à elle seule cinq des six « lieux » recensés. Ce fait suggère que Montaigne fait du *Théétète* une lecture sceptique. Un seul de ces lieux se trouve dans un autre chapitre, en l'occurrence le chapitre « Du pédantisme » (I, 25).

Il va de soi que Montaigne ne se préoccupe nullement de dégager une leçon globale du *Théétète* : il y cueille des anecdotes (la servante thrace), des figures (le philosophe maïeuticien, le philosophe coupé du monde), des formules (« science est sentiment »), des arguments, des gestes rhétoriques, des traits d'humour.

Je passerai assez vite sur les arguments sceptiques que Montaigne emprunte au *Théétète* pour me concentrer sur le thème à mon sens le plus topique : la figure du philosophe.

ARGUMENTS SCEPTIQUES : *PLATO ACADEMICUS*

« Au demeurant, les uns ont estimé Platon dogmatiste, les autres dubitateur, les autres en certaines choses l'un, et en certaines choses l'autre[1] » (texte 1). Dans ce premier « lieu », Montaigne passe en permanence de Platon à Socrate, « le conducteur de ses dialogues », et prête au premier l'attitude enquêteuse et aporétique du second. Pour Montaigne, les divers interlocuteurs de Socrate, et Socrate lui-même, sont autant de visages de Platon : « Platon me semble avoir aimé cette forme de philosopher par dialogues, à escient, pour loger plus décemment en diverses bouches la diversité et variation de ses propres fantaisies[2]. » La forme même du dialogue serait sceptique. Platon n'est d'ailleurs « qu'un poète décousu[3] », dont Montaigne admire la « bigarrure[4] ». Peu importe alors que le *Théétète* expose puis réfute le mobilisme, Montaigne prendra aussi bien l'un que l'autre, également aptes à nourrir son projet sceptique.

J'ai déjà évoqué plus haut le passage dans lequel Montaigne évoque la thèse, empruntée au *Théétète* (et même à Théétète) selon laquelle « science n'est autre chose que sentiment » (texte 2). Cette formule est insérée par Montaigne dans un argument général : toute science suppose qu'on fasse confiance aux sens, or on ne le peut pas, donc la science est vaine. Bien

1. II, 12, P.U.F., p. 509 ; I.N., p. 283.
2. II, 12, P.U.F., p. 509 ; I.N., p. 284.
3. II, 12, P.U.F., p. 537 ; I.N., p. 328.
4. III, 9, « De la vanité », P.U.F., p. 994 ; I.N., p. 322.

loin de critiquer ou même de commenter l'assimilation de la science à la sensation, Montaigne la fait polémiquement sienne, pour ruiner plus sûrement les prétentions du « discours » humain à constituer une véritable science.

Montaigne emprunte encore à notre dialogue la thèse selon laquelle « jamais rien n'est, toujours il devient[1] » qu'il reformule ainsi : « Platon disait que les corps n'avaient jamais existence, oui bien naissance[2] » (texte 3). On notera que cette référence à Platon se glisse dans un long emprunt, lui-même mobiliste, à Plutarque[3]. On notera surtout le double glissement de Montaigne qui attribue à Platon ce qui est dit par Socrate, et qui attribue à ce Socrate-Platon la thèse de Protagoras que Socrate expose sans la prendre à son compte. Que cette formule vienne du *Théétète* est confirmé par la suite du texte de « L'Apologie » :

> Estimant que Homère eût fait l'océan père des Dieux, et Thétis la mère, pour nous montrer que toutes choses sont en fluxion, muance et variation perpétuelle. Opinion commune à tous les philosophes comme il dit, sauf le seul Parménide[4].

Si Montaigne attribue à Platon la thèse mobiliste, il lui en attribue aussi la réfutation dans un autre passage de « L'Apologie » :

> D'autres jurent qu'il n'y a point de mouvement, que rien ne bouge. Comme les suivants de Mélissus, car s'il n'y a qu'un, ni le mouvement sphérique ne lui peut servir, ni le mouvement de lieu à autre, comme Platon prouve[5]. (texte 5)

1. *Théétète*, 152 e, dans la traduction d'A. Diès (« Budé », Paris, Les Belles Lettres, 1926, 1967, p. 172). Michel Narcy traduit « car rien jamais n'est, mais à chaque fois vient à être » (Paris, GF-Flammarion, 1994, p. 156). Léon Robin traduit « car rien "n'est" jamais, mais "devient" toujours » (« Bibliothèque de la Pléiade », Paris, Gallimard, t. II, 1950, p. 98).

2. II, 12, P.U.F., p. 601 ; I.N., p. 434. Montaigne avait sous les yeux la traduction de Marsile Ficin qui porte : *Nihil enim est umquam semper autem fit* (*Omnia divini Platonis Opera*, édition de 1546, *Theaetetus*, folio 50, recto, début de la colonne B). Montaigne passe de « nihil » à « les corps ».

3. Plutarque, *Sur l'Epsilon de Delphes*, dans les *Dialogues pythiques*, trad. R. Flacelière, « Budé », Paris, Les Belles Lettres, 1974; Montaigne retranscrit, à quelques modifications près, la traduction d'Amyot, du chap. 18 au chap. 20 environ du traité de Plutarque (p. 30-33 de la traduction Flacelière). Isabelle Konstantinovic donne le texte d'Amyot dans son *Montaigne et Plutarque*, Genève, Droz, 1989, p. 369-374.

4. La généalogie qui fait descendre les dieux de l'Océan et de Thétis, présente dans le *Théététe*, 152 e, se trouve répétée en 180 d (Océan et Thétis y sont alors générateurs de toutes choses). La même idée se trouve chez Plutarque : voir Isabelle Konstantinovic, *Montaigne et Plutarque*, *op. cit.*, p. 370.

5. II, 12, P.U.F., p. 526 ; I.N., p. 311 ; *Théét.*, 180 e.

Là encore, double glissement : Montaigne identifie Socrate à Platon (« comme Platon prouve »), et surtout attribue à Socrate-Platon une réfutation que le Socrate du *Théétète* attribue explicitement à Mélissos et Parménide. Mais le raisonnement résumé par Montaigne et la formule « s'il n'y a qu'un » évoquent surtout le *Parménide*, 138 b-139 a.

Au total, les arguments sceptiques que Montaigne peut emprunter au *Théétète* se ramènent à peu de choses, surtout si on les mesure à l'aune de l'immense « Apologie de Raymond Sebond » et aux très nombreux arguments sceptiques, de toute provenance, que Montaigne y brasse. On peut dire que de ce point de vue le *Théétète* n'apporte rien de foncièrement nouveau à Montaigne ; il enrichit simplement de quelques pièces, et du nom (sinon de l'autorité) de Platon, l'immense arsenal sceptique contenu dans les quelque deux cents pages de « L'Apologie de Raymond Sebond ».

FIGURES DE PHILOSOPHES

La rencontre la plus importante que Montaigne a pu faire dans le *Théétète* est le portrait du philosophe. Chacun de ces deux termes, « portrait » et « philosophe » doit être souligné. Montaigne écrivain a, d'emblée, le projet d'un autoportrait, et, dans un second temps seulement, d'un autoportrait en philosophe. L'avis « Au Lecteur » par lequel s'ouvrent les *Essais* contient la déclaration fameuse : « Je veux qu'on m'y voie en ma façon simple, naturelle et ordinaire, sans contention et artifice : car c'est moi que je peins[1] » ; les *Essais* sont ailleurs décrits comme « peintures fantasques » ou « grotesques » n'ayant « ordre, suite ni proportion que fortuite[2] ». Peinture sans art, donc – mais Montaigne, beaucoup plus artiste qu'il ne le prétend, praticien de l'*ordo neglectus*, aime à se présenter comme un amateur dépourvu de technique. « Amateur dépourvu de technique » pourrait également caractériser l'auto-présentation de Montaigne en philosophe d'occasion. Montaigne affecte de n'être ni philosophe ni écrivain de métier : « Nouvelle figure : un philosophe imprémédité et fortuit[3]. » « Fortuit » caractérise donc à la fois la philosophie de Montaigne et sa peinture. Le portrait de Montaigne en philosophe est deux fois placé sous le signe du fortuit, de l'imprémédité et du non-technique.

1. « Au Lecteur », P.U.F., p. 3 ; I.N., p. 45 ; voir, de Daniel Arasse, « "*Montanus fingebat*" : sur une rature de Montaigne », article repris dans *Esprit*, n° 325, juin 2006, p. 160-171.
2. I, 28, « De l'amitié », P.U.F., p. 183 ; I.N., p. 310.
3. II, 12, P.U.F., p. 546 ; I.N., p. 343.

Montaigne n'a cessé de se confronter à la question de la « figure » du philosophe. Socrate, « le maître des maîtres [1] », le retient par dessus tous, et les *Essais* sont aussi un long exercice d'élucidation de l'énigmatique figure de Socrate, et d'explication avec cette figure [2]. Le *Théétète* se révèle à cet égard d'une exceptionnelle richesse : Montaigne y trouve en effet le portrait de Socrate en maïeuticien et accoucheur d'âmes et, en contre-point, la figure de Thalès scrutateur des astres et tombant dans un puits. Cette opposition de deux « figures » concrètes est complexifiée par une opposition d'un tout autre type : l'opposition entre le philosophe pur, voué à la connaissance et à la contemplation, et l'homme d'action empressé, engagé dans l'action politique. Montaigne recueille ces différentes figures, non sans les transformer en profondeur.

Socrate maïeuticien

> Socrate disait que les sages-femmes, en prenant ce métier de faire engendrer les autres, quittent le métier d'engendrer en elles. Que lui, par le titre de sage-homme que les dieux lui ont déféré, s'est aussi défait en son amour virile et mentale de la faculté d'enfanter, et se contente d'aider et favorir de son secours les engendrants : ouvrir leur nature, graisser leurs conduits, faciliter l'issue de leur enfantement, juger d'icelui, le baptiser, le nourrir, le fortifier, le mailloter et circonscrire [3]. (texte 1)

La réécriture montanienne d'un des plus fameux passages du *Théétète* est extrêmement instructive. Montaigne procède à un double travail de réduction et d'amplification. Réduction, en ce que les cinq pages de Platon sont condensées en cinq lignes. Amplification, en ce que le travail d'accouchement est détaillé de façon très concrète par Montaigne, qui déborde en outre l'accouchement *stricto sensu* pour prendre en compte l'éducation, « l'institution » du « nouveau-né » (« juger d'icelui, le baptiser, le nourrir, le fortifier, le mailloter et circonscrire »).

Montaigne met l'accent sur la stérilité du sage-homme ; conformément au texte de Platon, il ne s'agit pas d'une stérilité de nature, mais d'une stérilité acquise (« s'est défait » est d'ailleurs une formule assez ambiguë,

1. III, 13, « De l'expérience », P.U.F., p. 1076 ; I.N., p. 442.

2. Je me permets de renvoyer sur ce point d'une part à mon *Montaigne, des règles pour l'esprit*, Paris, P.U.F., 2007, p. 359-365, et d'autre part à mon article « La physionomie de Socrate, ou le sens de la laideur », in *Le Socratisme de Montaigne*, études réunies par Thierry Gontier et Suzel Mayer, Paris, Éditions Classiques Garnier, 2010, p. 291-303, avec un portrait de Socrate hors-texte.

3. II, 12, P.U.F., p. 509 ; I.N., p. 283.

dont l'élément volontaire ne semble pas exclu - ce qui serait une différence avec Platon, qui n'évoque que l'âge des accoucheuses comme cause de leur stérilité). Des éléments importants du *Théétète* sont écartés par Montaigne : la proximité entre la sage-femme et la noble entremetteuse, le rôle des drogues et incantations. Le long passage dans lequel Socrate explique qu'il lui appartient de discerner ce qu'il y a d'apparent et ce qu'il y a de réel dans les discours qu'il accouche se traduit chez Montaigne par un simple « juger d'icelui », beaucoup moins chargé métaphysiquement parlant ; le paradoxe socratique de l'interrogateur ignorant est écarté, le pouvoir qu'a Socrate d'éveiller et calmer à volonté les douleurs de l'enfantement intellectuel n'est pas repris, et son rôle de noble entremetteur ne l'est pas davantage. Ces inflexions ôtent toute la dimension mi-médicale mi-religieuse de l'incantation maïeuticienne. Savoir ce qui, dans les inflexions de cette réécriture, relève d'une lecture trop rapide du *Théétète* par Montaigne, d'une mémoire sélective, ou d'un choix délibéré, n'est pas chose que l'on puisse déterminer. J'incline à penser que la lecture peut-être cursive de Montaigne ou sa mémoire certainement faillible (il s'en plaint assez) ont néanmoins su choisir et retenir dans le *Théétète* ce qui intéressait l'auteur des *Essais*.

Montaigne file la métaphore de l'enfantement et la prolonge par une métaphore de l'éducation. L'auteur du traité « De l'Institution des enfants » prend plaisir à décrire les étapes de l'« institution » de l'idée enfantée. Certains détails sont problématiques. Que veut dire Montaigne par « baptiser » (qui ne se trouve certes pas dans le texte platonicien) ? Il s'agit selon moi simplement d'accorder un état-civil, sans connotation religieuse, à l'idée engendrée. L'expression « mailloter et circonscrire » pose également problème. « Mailloter », c'est emmailloter l'enfant pour le protéger. Le sens pourrait dont être simplement pédagogique : le sage-homme éduque et fortifie l'esprit naïf et fragile de son disciple. Un sens plus fort est cependant possible, si l'on se souvient de l'analyse montanienne des dangers de l'esprit[1]. « On a raison de donner à l'esprit humain les barrières les plus contraintes qu'on peut [...] On le bride et le garrotte de religions, de lois, de coutumes, de sciences, de préceptes, de peines et récompenses mortelles et immortelles[2] » ; un autre texte est plus violent encore : « À un esprit si indocile, il faut des bastonnades ; et faut rebattre et resserrer à bons coups de mail [maillet] ce vaisseau qui se déprend, se découd, qui

1. Voir Bernard Sève, *Montaigne, des règles pour l'esprit*, *op. cit.*, p. 54, 169-176, 180-182.

2. II, 12, « Apologie de Raimond Sebond », P.U.F., p. 559 ; I.N., p. 364.

s'échappe et dérobe de soi[1]. » Littré cite un texte du XVIe siècle dans lequel « mailloter » signifie « assommer à coups de maillet ». On peut hésiter entre la *lectio facilior* (emmailloter pour protéger) et la *lectio difficilior* (emmailloter pour redresser et réprimer les mouvements incontrôlés). Cette hésitation tient à l'ambiguïté même de l'opération maïeutique telle que Montaigne l'entend : aider à accoucher, mais aussi juger et redresser. On rappellera enfin que « mailloter et circonscrire » concernent moins l'esprit du disciple que le produit de son enfantement (ce qui pourrait être un argument en faveur de la *lectio facilior*). À quelque interprétation que l'on se rallie, reste que Montaigne ne sépare pas le métier de maïeuticien de celui de l'éducateur. Le sage-homme doit être un sage tout court, et l'accoucheur doit se faire instituteur.

Thalès et la servante thrace

La réécriture par Montaigne de l'anecdote de Thalès et de la servante thrace (texte 4) est plus instructive encore :

> (a) Je sais bon gré à la garce Milésienne qui, voyant le philosophe Thalès s'amuser [s'occuper] continuellement à la contemplation de la voûte céleste, et tenir toujours les yeux élevés contremont, lui mit en son passage quelque chose à le faire broncher, pour l'avertir qu'il serait temps d'amuser son pensement aux choses qui étaient dans les nues quand il aurait prouvu [pourvu] à celles qui étaient à ses pieds. Elle lui conseillait certes bien, de regarder plutôt à soi qu'au ciel. (c) Car comme dit Démocritus par la bouche de Cicéron : *Quod est ante pedes nemo spectat, coeli scrutantur plagas* [nul ne regarde ce qui est à ses pieds, on observe les régions célestes] (a) Mais notre condition porte que la connaissance de ce que nous avons entre mains est aussi éloignée de nous, et aussi bien au-dessus des nues, que celle des astres. (c) Comme dit Socrate en Platon, qu'à quiconque se mêle de la philosophie on peut faire le reproche que fait cette femme à Thalès, qu'il ne voit rien de ce qui est devant lui. Car tout philosophe ignore ce que fait son voisin, oui et ce qu'il fait lui-même, et ignore ce qu'ils sont tous deux, ou bêtes ou hommes[2].

D'où Montaigne tire-t-il l'anecdote de la chute de Thalès ? Il a pu la lire dans Diogène Laërce, et même deux fois : dans la vie de Thalès[3] ou dans la

1. III, 12, « De la Physionomie », P.U.F., p. 1045-1046 ; I.N., p. 396
2. II, 12, P.U.F., p. 538 ; I.N., p. 330.
3. Diogène Laërce, *Vies et doctrines des philosophes illustres*, trad. sous la dir. de Marie-Odile Goulet-Cazé, Paris, La Pochothèque, 1999, I, 34, p. 88.

vie d'Anaximène[1]. Cette source est cependant peu probable (même s'il est certain que Montaigne a beaucoup pratiqué Diogène) : dans le premier récit laërtien, Thalès sort accompagné d'une vieille femme pour observer les astres; dans le second récit, il sort accompagné de sa servante, tombe, et meurt. Chez Montaigne, comme chez Platon, la servante thrace est inconnue de Thalès et ne lui sert nullement de guide ou d'accompagnatrice. La source platonicienne est plus probable[2].

Ce passage est à mes yeux le cœur actif de la présence du *Théétète* dans les *Essais*. Les distorsions apportées par Montaigne au récit de Platon sont considérables – et je pourrai répéter ici ce que j'ai dit plus haut sur la réécriture montanienne du passage « maïeutique » de Platon. Choix délibéré, lecture trop rapide ou mémoire hasardeuse : dans les trois cas, Montaigne a écrit ce qu'il voulait écrire, et l'écart avec le texte-source, qu'il ait ou non été voulu et conscient, est par lui-même significatif.

Mais il faut d'abord souligner que la version montanienne de l'histoire de la servante thrace s'inscrit dans une longue tradition de réécritures et de transformations de ce récit, dont Hans Blumenberg a reconstitué la généalogie et l'histoire dans *Le Rire de la servante de Thrace*[3]. Il n'est pas possible, dans le cadre de la présente étude, de présenter adéquatement l'objet assez complexe du travail de Blumenberg. Disons d'un mot qu'il interprète l'histoire de la servante thrace, telle qu'elle est narrée dans le *Théétète*, comme la seule « histoire » possible de ce dont il ne peut y avoir d'histoire : celle des commencements de la théorie. Nous ne savons pas ce que Thalès, le « proto-philosophe », a vraiment vu quand il prédit une éclipse. Le rire de la servante thrace est la marque, vide, de ce non-savoir. La force prégnante de cette anecdote frappe tous les lecteurs. Le récit de la chute de Thalès et le rire de l'innocente servante est une énigme dans

1. *Ibid.*, II, 4, p. 213.

2. Notons que Henri Corneille Agrippa avait lui aussi rapporté cette légende au chapitre XXX (« De astronomia ») de son *De Incertitudine* (1530). Voir *De l'incertitude, vanité et abus des sciences*, trad. Louis Turquet de Mayerne (1582), édition de 1630, p. 123. Corneille Agrippa attribue cette mésaventure à Anaximène (à la suite d'une lecture fautive de Diogène Laërce ?), puis à Thalès.

3. H. Blumenberg, *Le Rire de la servante de Thrace. Une histoire des origines de la théorie*, trad. Laurent Cassagnau, Paris, L'Arche, 2000. Assez bizarrement, l'édition française de ce livre ne comporte pas de table des matières. Le chapitre VII (« Applaudissements et blâmes des moralistes ») comporte quelques pages consacrées à Montaigne (p. 90-95). Il est regrettable que l'éditeur français se contente de reproduire les références de Blumenberg à la vieille édition Didot des *Essais*, sans indiquer les pages correspondantes de l'édition Villey, qui assume *de facto* de nos jours le rôle d'édition de référence.

laquelle une obscure vérité est enfouie (et l'image d'un puits dont la vérité pourrait sortir ne manque pas d'effleurer la conscience du lecteur).

Blumenberg marque d'emblée l'originalité de la réécriture montanienne : la servante thrace ne se contente pas d'assister à la chute de Thalès, elle la provoque délibérément, « elle est passée de la désapprobation verbale formulée *a posteriori* à la participation active à la chute du philosophe[1] ». « Broncher » pose ici un problème d'interprétation : le verbe, au XVIe siècle, peut signifier aussi bien « trébucher » que « tomber ». Dans l'opération, le puits (et toutes ses connotations littéraires et philosophiques) disparaît. Il est vrai que faire délibérément tomber un homme dans un puits est à la fois plus répréhensible et plus pervers que le faire simplement chuter ou trébucher sur le sol, pour lui donner une leçon. L'intervention active de la servante modifie inévitablement une donnée symboliquement importante de l'anecdote rapportée par Platon.

Montaigne, deuxième originalité de son récit, approuve sans hésiter cette malicieuse intervention : « Je sais bon gré à la garce Milésienne ... » (« garce » n'a aucun sens péjoratif dans la langue du XVIe siècle), ainsi que l'intention protreptique de cette malice : « Elle lui conseillait certes bien » (ce qui signifie : « elle avait certes raison de lui conseiller »). « Regarder plutôt à soi qu'au ciel » est une formule typiquement montanienne, aussi bien dans sa frappe proche du jeu de mots (assonance à soi / au ciel), comme Montaigne les affectionne, que dans son contenu éthico-philosophique : « La plus grande chose du monde, c'est de savoir être à soi[2]. » Le texte du *Théétète* ne disait rien de tel : la servante thrace dit à Thalès qu'il ferait mieux de regarder devant lui, elle ne l'incite pas à examiner sa vie ou à se défaire de l'emprise d'autrui. L'ajout c, une dizaine d'année après l'édition de 1580, revient d'ailleurs à la lettre du dialogue :

> Comme dit Socrate en Platon, qu'à quiconque se mêle de la philosophie on peut faire le reproche que fait cette femme à Thalès, qu'il ne voit rien de ce qui est devant lui.

C'est aussi le sens de la citation de Cicéron, qui relève elle aussi de la couche c. Notre extrait oscille ainsi entre « regarder devant soi » (Platon, couche c), et « regarder à soi » (Montaigne, couche a). On a l'impression

1. H. Blumenberg, *Le Rire de la servante de Thrace*, *op. cit.*, p. 90.

2. I, 39, « De la solitude », P.U.F., p. 242 ; I.N., p. 394. Pour être à soi, il faut commencer par « arriver à soi » : « Chacun court ailleurs et à l'avenir d'autant que nul n'est arrivé à soi » (III, 12, « De la physionomie », P.U.F., p. 1045 ; I.N., p. 396).

que le Montaigne écrivant ses ajouts manuscrits (couche c) vient de relire le *Théétète*, sans corriger pour autant son texte déjà imprimé (couche a).

Mais cette précellence de la connaissance de soi, ou du moins de l'attention à soi, sur la connaissance des astres est presque immédiatement démentie par un propos sceptique annulant cette précellence : ce qui nous est apparemment proche est en fait aussi éloigné que le sont les astres (c'est l'occasion d'une seconde assonance : éloignée de nous / au dessus des nues). Les dernières phrases de l'extrait reprennent le même jeu : un reproche (à tout philosophe on peut reprocher de ne rien voir de ce qui est devant lui), suivi d'une inflexion qui vaut presque démenti (tout philosophe ignore ce que fait son voisin, et ce qu'il fait lui-même). Ce passage vient incontestablement du *Théétète* (174 b), non sans une inflexion notable. Socrate disait simplement que le philosophe ignore ce que fait son voisin et si ce dernier est homme ou bête, et Ficin traduisait exactement le texte platonicien : *Latet enim philosophum non modo quid agat ejus proximus, sed fere homo ne sit an brutum*[1] ; Montaigne inclut réflexivement le philosophe lui-même parmi les objets de son ignorance, et de deux manières : « oui et ce qu'il fait lui-même », et « tous deux ». Le « oui » a valeur de renchérissement, et marque textuellement la modification introduite par Montaigne au texte-source. Poussée à bout, cette inflexion réflexive produirait un paradoxe logique (perdu dans sa pensée le philosophe ne sait plus s'il pense ou non et même s'il est un être pensant) étranger au propos du *Théétète*[2].

Une lecture un peu différente de ces deux démentis est possible et même souhaitable : quand Montaigne écrit que notre connaissance de ce que « nous avons entre mains » ou de ce que nous faisons et sommes nous-mêmes est aussi faible que celle que nous avons des astres et des autres hommes, il n'entend pas pour autant dire que nous devrions renoncer à la rechercher. « Notre condition » porte peut-être que nous n'arriverons pas à nous connaître nous-mêmes (thème sceptique), mais notre devoir d'hommes est de nous y efforcer (principe éthique). J'ai dit ailleurs les raisons pour lesquelles l'éthique, chez Montaigne, me paraissait déborder

1. Marsile Ficin, *Omnia divini Platonis Opera*, édition de 1546, *Theaetetus*, Folio 53, verso, colonne A.

2. On rappellera ici que Juste Lipse appela Montaigne « le Thalès français » (lettre à Montaigne du 15 avril 1588, mais la formule « Thalès français » date de 1583), pour avoir fait de la connaissance de soi l'essence de la sagesse. Comme le remarquent Thierry Gontier et Suzel Mayer, ce rapprochement est surprenant, et l'on eût plutôt attendu un « Socrate français » – les contemporains de Montaigne ne le lisaient pas exactement comme nous (*Le Socratisme de Montaigne*, *op. cit.*, p. 12).

le scepticisme, auquel ne se réduit d'ailleurs pas toute la philosophie de notre auteur[1].

La servante thrace apparaît également, ou plutôt a failli apparaitre, dans le chapitre « Du pédantisme » (texte 5). Montaigne oppose les grands hommes des « vieux temps », à la fois hommes d'État et savants, aux « philosophes retirés des occupations publiques », quelquefois « méprisés par la liberté Comique de leur temps, leurs opinions et façons les rendant ridicules[2] ». L'Exemplaire de Bordeaux porte ici une intéressante addition manuscrite : « comme la chambrière reprochait à Thalès qu'il ignorait ce qui était à ses pieds ». Mais cette addition est rayée, d'une main et d'une encre qui semblent bien être celles de Montaigne : la réapparition de la servante thrace dans le texte des *Essais* n'aura duré qu'un instant[3]. Nous retrouverons ce texte 5 dans un instant.

Servante, garce ou chambrière, la jeune fille de Thrace est la figure vivante du reproche populaire fait au philosophe spéculatif. Mais on remarquera que, chez Montaigne, la servante ne rit pas (elle ne rit ni dans le texte de « L'Apologie », ni dans l'addition finalement biffée au chapitre « Du pédantisme »). On rit certes plus volontiers quand on est surpris, mais le « bon tour » qu'elle vient de jouer au philosophe aurait pu faire rire notre chambrière. Le ton de la fable, dans sa réécriture montanienne, est sérieux : le croche-pieds (si l'on peut dire) que la servante fait au philosophe relève de la leçon de choses, non d'une agaçante gaminerie. C'est parce qu'elle donne une leçon que la servante ne rit pas. Il s'agit, commente Blumenberg, « d'un mauvais tour plein de sollicitude, et non d'une tracasserie frôlant la métaphysique et les conflits avec les dieux[4] ».

Le philosophe et l'action publique

Le dernier texte qu'il nous reste à étudier est le seul qui ne soit pas extrait de « L'Apologie de Raymond Sebond ». Tiré du chapitre « Du pédantisme », c'est un texte très travaillé et retouché (je viens d'évoquer l'ajout raturé sur la « chambrière » milésienne). Se joue ici une question très importante, celle du statut de la *vita philosophi*. Le philosophe doit-il se

1. B. Sève, *Montaigne, des règles pour l'esprit*, *op. cit.*

2. I, 25, « Du pédantisme », P.U.F., p. 134 ; I.N., p. 237.

3. Voir la reproduction en quadrichromie de l'Exemplaire de Bordeaux due à Philippe Desan, Schena Editore et *Montaigne Studies*, 2002, folio 49, verso, tout en haut à gauche ; et la note d'André Tournon à son édition, tome I, p. 565-566.

4. H. Blumenberg, *Le Rire de la servante de Thrace*, *op. cit.*, p. 94. Étrangement, « bon tour » et « mauvais tour » sont ici équivalents.

mêler des affaires publiques, doit-il au contraire s'en détourner pour mieux étudier les astres, et lui-même? La position de Platon est ambiguë. L'incompétence sociale du philosophe (Socrate expliquant dans le *Gorgias* qu'il ne connaît pas les procédures de vote) peut être l'indice d'une hauteur morale supérieure : maladroit devant les tribunaux d'ici-bas, c'est devant les Juges infernaux qu'il triomphera; l'argument apparaît aussi bien dans le *Gorgias* que dans le *Théétète*[1]. Toutefois la *politeia* platonicienne ne peut fonctionner si le philosophe n'accepte pas d'être roi, et la figure d'un Socrate balourd et socialement maladroit n'est pas la figure accomplie du philosophe platonicien que l'on imagine mal ignorer les lois. Dans le *Théétète*, il semble bien que Socrate prenne le parti de Thalès, et accepte d'être objet de risée non seulement pour les servantes thraces, mais, ce qui est plus inquiétant, pour la foule. Qu'en dit Montaigne?

Il me faut citer et examiner un texte assez long. Montaigne vient de dire que l'esprit humain s'étouffe lui-même quand il se charge de trop d'affaires : « saisi et embarrassé d'une grande diversité de choses », il perd « le moyen de se démêler ». Cette thèse est constante chez Montaigne[2]. Or, et c'est un événement assez surprenant dans la problématique des *Essais*, Montaigne conteste cette thèse immédiatement après l'avoir énoncée. Voici le texte, que je cite d'abord dans les éditions de 1580 et 1588 :

> Mais il en va autrement, car notre âme s'élargit d'autant plus qu'elle se remplit. Et aux exemples des vieux temps, il se voit tout au rebours, que les plus suffisants hommes aux maniements des choses publiques, les plus grands capitaines, et les meilleurs conseillers aux affaires d'État, ont été ensemble les plus savants. Et quant aux philosophes retirés de toute occupation publique, ils ont été aussi quelquefois à la vérité méprisés par la liberté Comique de leur temps mais au rebours des nôtres. Car on enviait ceux-là comme étant au-dessus de la commune façon, comme méprisant les actions publiques, comme ayant dressé une vie particulière et inimitable, réglée à certains discours hautains et hors d'usage; ceux-ci, on les dédaigne comme étant au-dessous de la commune façon, comme incapables des charges publiques, comme traînant une vie et des mœurs basses et viles après le vulgaire.

1. *Gorgias*, 486 a-c (c'est Calliclès qui parle) et 521 d-522 e (réponse de Socrate); *Théét.*, 172 c-174 a et 174 b-d.

2. Voir notamment le chapitre « De l'expérience », III, 13 : « Les hommes méconnaissent la maladie naturelle de leur esprit : il ne fait que fureter et quêter, et va sans cesse tournoyant, bâtissant et s'empêtrant en sa besogne, comme nos vers de soie, et s'y étouffe. "*Mus in pice*" [une souris prise dans de la poix] » (P.U.F., p. 1068; I.N., p. 429-430).

Ce texte complexe oppose non pas deux, mais trois catégories de philosophes. D'une part 1) les « plus suffisants hommes » des « vieux temps », à la fois politiques et philosophes ; d'autre part 2) les philosophes des « vieux temps » également qui se retiraient délibérément de toute occupation publique, suivant ainsi une forme de vie « particulière et inimitable » qui leur valait parfois le mépris des auteurs comiques (Aristophane peut-être) ; enfin, 3) « les nôtres », certains philosophes d'aujourd'hui, eux aussi moqués, mais au rebours des philosophes « retirés » de l'Antiquité : ces derniers étaient (parfois) moqués pour leur prétention à mener une vie inimitable, mais « nos philosophes » sont méprisés pour leur bassesse et leur incapacité à exercer des responsabilités publiques[1]. C'est par une force ou une hauteur supérieure que les « philosophes retirés » de l'Antiquité refusaient les charges publiques, mais c'est parce qu'ils en sont incapables que « nos philosophes » en sont écartés.

Qui sont « nos philosophes » ? Ce sont les « pédants » auquel ce chapitre est consacré. C'est dans ce chapitre des *Essais* qu'apparaît pour la première fois en français le mot « pédantisme », chargé déjà d'une nuance péjorative. « Pédant » est emprunté à l'italien *pedante*, maître d'école ; dans un second temps seulement, le pédant est celui qui fait étalage de son savoir. Ce que dénonce Montaigne dans le pédantisme, c'est l'extériorité entre le savoir philosophique ou littéraire (humaniste) et la vie profonde de l'âme : « Et qu'un esprit grossier et vulgaire puisse loger en soi, sans s'amender, les discours et les jugements des plus excellents esprits que le monde ait portés, j'en suis encore en doute[2]. » Le chapitre « Du pédantisme » compare un peu plus loin ces pédants aux sophistes stigmatisés par Platon[3]. La différence entre les deux types de philosophes non-politiques est ici maximale : c'est celle qui sépare le philosophe du sophiste.

1. « Ceux-là » renvoie au plus lointain, les philosophes antiques dont on se « moquait » quelquefois mais qu'on « enviait » (au passé) ; « ceux-ci » renvoie au plus proche, les « philosophes » ou « pédants » nos contemporains, que l'on « dédaigne » (au présent). Personne ne se moquait ni ne se moque des politiques-philosophes évoqués en premier.

2. Comprendre « je n'arrive toujours pas à comprendre qu'un esprit grossier… » ; I, 25, « Du pédantisme », P.U.F., p. 134 ; I.N., p. 237.

3. « Ces maîtres-ici, comme Platon dit des sophistes, leurs germains, sont de tous les hommes ceux qui promettent d'être les plus utiles aux hommes, et seuls entre tous les hommes qui non seulement n'amendent point ce qu'on leur commet, comme fait un charpentier et un maçon, mais l'empirent et se font payer de l'avoir empiré » (I, 25, P.U.F., p. 138 ; I.N., p. 244). Villey et Tournon donnent *Ménon*, 91, comme référence. On remarquera cependant que dans ce passage du *Ménon* c'est Anytos qui critique les sophistes et le principe de leur rémunération ; en 92 a, Socrate dit des sophistes qu'ils gâtent leurs élèves (il l'entend en un sens différent de celui d'Anytos).

Ce texte est profondément modifié sur l'Exemplaire de Bordeaux. Montaigne d'une part restreint fortement le privilège très net qu'il donnait à la catégorie des politiques-philosophes : toutes les modifications vont dans le sens de l'atténuation, « les plus suffisants hommes » devient « des suffisants hommes », « les plus grands capitaines » devient « des grands capitaines », « les meilleurs conseillers » devient « des grands conseillers », « ensemble les plus savants » devient « ensemble très savants ». D'autre part, Montaigne intercale un très long ajout directement inspiré du *Théétète*. Voici ce texte remanié :

> (a corrigé c) Mais il en va autrement, car notre âme s'élargit d'autant plus qu'elle se remplit. Et aux exemples des vieux temps, il se voit tout au rebours, des suffisants hommes aux maniements des choses publiques, des grands capitaines, et grands conseillers aux affaires d'État, avoir été ensemble très savants. Et quant aux philosophes retirés de toute occupation publique, ils ont été aussi quelquefois à la vérité méprisés par la liberté Comique de leur temps, (c) leurs opinions et façons les rendant ridicules. Les voulez-vous faire juges des droits d'un procès, des actions d'un homme ? Ils en sont bien prêts. Ils cherchent encore s'il y a vie, s'il y a mouvement, si l'homme est autre chose qu'un bœuf, que c'est qu'agir et souffrir, quelles bêtes ce sont que lois et justice. Parlent-ils du magistrat ou parlent-ils à lui, c'est d'une liberté irrévérente et incivile. Oyent-ils louer leur prince ou un roi, c'est un pâtre pour eux : oisif comme un pâtre, occupé à pressurer et tondre ses bêtes, mais bien plus rudement qu'un pâtre. En estimez-vous quelqu'un plus grand pour posséder deux mille arpents de terre, eux s'en moquent, accoutumés d'embrasser tout le monde comme leur possession. Vous vantez-vous de votre noblesse pour compter sept aïeux riches : ils vous estiment de peu, ne concevant l'image universelle de nature ; et combien chacun de nous a eu de prédécesseurs, riches, pauvres, rois, valets, grecs, barbares. Et quand vous seriez cinquantième descendant de Hercule, ils vous trouvent vain de faire valoir ce présent de la fortune. Ainsi les dédaignait le vulgaire comme ignorant les premières choses et communes, comme présomptueux et insolents. Mais cette peinture Platonique est bien éloignée de celle qu'il faut à nos gens. (a) On enviait ceux-là comme étant au-dessus de la commune façon, comme méprisant les actions publiques, comme ayant dressé une vie particulière et inimitable, réglée à certains discours hautains et hors d'usage. Ceux-ci, on les dédaigne comme étant au-dessous de la commune façon, comme incapables des charges publiques, comme traînant une vie et des mœurs basses et viles après le vulgaire.

L'ajout venu du *Théétète* développe les raisons qu'il y a à moquer les philosophes volontairement retirés des affaires publiques. Cet emprunt à notre dialogue ne va pas sans ambiguïtés. La phrase « oisif comme un pâtre, occupé à pressurer et tondre ses bêtes, mais bien plus rudement qu'un pâtre» s'éloigne sensiblement du ton de Socrate[1]. Et les dernières phrases de cet ajout sont assez étranges: d'un côté, cette critique du philosophe non-politique est attribué au «vulgaire» («Ainsi les dédaignait le vulgaire comme ignorant les premières choses et communes, comme présomptueux et insolents»); mais de l'autre, ce portrait comique est explicitement attribué à Platon («Mais cette peinture Platonique est bien éloignée de celle qu'il faut à nos gens»). On a l'impression que Montaigne, dans cet ajout nerveux et serré, mêle deux types de critique: une critique populaire de l'insolence des penseurs qui se croient au-dessus des nécessités de l'action publique (à laquelle Montaigne, il faut le rappeler, a pris large part, comme Maire de Bordeaux durant deux mandats, et comme négociateur officieux durant les guerres de religion), et une critique «platonique» beaucoup moins défavorable à la position de retrait politique et sensible à la sublimité de ce détachement[2]. Dans les deux cas, il importe de bien distinguer le philosophe antique volontairement en retrait et «nos gens», ces maîtres d'école, régents de collège et professeurs d'humanités et de philosophie, incapables de s'impliquer dans les affaires publiques. La «peinture platonique» ne convient pas à cette troisième catégorie de philosophes: elle est beaucoup trop douce pour eux.

Qu'apporte au juste à la démarche de Montaigne ce long ajout inspiré du *Théétète*? Il faut, pour le mesurer, se replacer dans le mouvement de fond du chapitre «Du pédantisme». Montaigne veut montrer combien les maîtres férus de leur vain savoir sont éloignés de l'idéal de la *vita philosophi*[3]. Il convient de les distinguer non pas des politiques-philosophes (que ces maîtres d'école ne soient pas des hommes d'État n'est que trop évident), mais de ceux des philosophes antiques avec qui on pourrait les confondre: les sages qui ont délibérément refusé, au nom de leur

1. Ce point est relevé par Auguste Diès dans son édition du *Théétète*, *op. cit.*, p. 206.

2. Cette sublimité est un point sur lequel Montaigne se sépare explicitement du divin Platon: «Ces humeurs transcendantes m'effraient comme les lieux hautains et inaccessibles. Et rien ne m'est à digérer fâcheux en la vie de Socrate que ses extases et ses démoneries. Rien si humain en Platon que ce pourquoi ils disent qu'on l'appelle divin», III, 13, «De l'expérience», P.U.F., p. 1115; I.N., p. 503-504.

3. Je ne puis commenter ici un autre point important du chapitre: par un retournement usuel chez lui, Montaigne traque en lui-même les germes d'un possible pédantisme. Il critique les pédants qui «pillotent» la science dans les livres, sans l'intérioriser; mais un ajout manuscrit retourne la critique sur lui-même: «C'est merveille combien proprement la sottise se loge sur mon exemple. Est-ce pas faire de même, ce que je fais en la plupart de cette composition? Je m'en vais écorniflant par-ci par-là des livres les sentences qui me plaisent» (P.U.F., p. 136; I.N., p. 241).

sagesse, les responsabilités publiques. Les philosophes, redisons le, se rangent en trois classes : politiques, non politiques par décision, non politiques par impuissance. Les premiers ne suscitent qu'admiration. Les deuxièmes et troisièmes suscitent de la moquerie – mais il ne s'agit pas de la même moquerie. La « liberté Comique » de l'Antiquité permettait de se moquer un peu, et sans doute assez injustement, des non-politiques par décision ; mais les pédants ou maîtres d'école, non politiques par impuissance, méritent un tout autre genre de raillerie – celles dont fait preuve à leur endroit le chapitre « Du pédantisme », ou celles que Rabelais dirige contre les sorbonnards et les sorbonnicoles. La peinture platonique doit ici laisser place à la satire. Cette virulence dirigée contre les pédants scolastiques et livresques permet de « mettre à l'abri » les vrais philosophes, dont l'âme s'amende par le travail sur soi.

La figure du philosophe est inséparable de la possibilité du rire. Pourtant, la servante thrace de Montaigne ne rit pas, elle piège le philosophe, lui adresse des reproches et reste dans le registre du sérieux. Le rire, exclu du récit de la chute de Thalès, fait retour dans la description des philosophes non-politiques. Le sérieux des « maniements publiques » exclut le rire – d'autant plus radicalement que Montaigne, philosophe et politique, vivait au cœur des guerres de religion, qui étaient aussi des guerres civiles particulièrement cruelles. La possibilité du rire est conditionnée par le renoncement aux responsabilités publiques. Que vaut une vie « philosophique » qui s'extrait des charges publiques ? Elle ne vaut rien si elle est purement livresque, érudite et pédantesque. Elle ne vaut pas rien si elle amende l'âme, au risque que le philosophe passe pour « hautain » ou semble chercher à s'écarter des « formes communes ». Chacune de ces vies peut susciter un type de rire, bienveillant dans un cas, légitimement féroce dans l'autre. Le philosophe le plus sage sera alors celui qui sait rire de lui-même, comme Sénèque, dont Montaigne rapporte le propos : « Si j'ai envie de rire d'un fol, il ne me le faut chercher guère loin, je me ris de moi-même[1]. » Mais rire de soi est tout autre chose qu'être objet du rire d'autrui, et n'en protège pas. Au moins faut-il comprendre pourquoi « le vulgaire » peut rire du philosophe, et se servir de cette possibilité du rire comme d'un garde-fou. Montaigne est à la fois attiré par une forme de vie « particulière et inimitable » (qui fut au fond la sienne), et refuse pourtant de se démarquer des formes communes. Cette tension n'est pas étrangère au platonisme. Si

1. II, 25, « De ne contrefaire le malade », P.U.F., p. 689 ; I.N., p. 567. Le propos de Sénèque se trouve dans les *Lettres à Lucilius*, 50, 2.

Montaigne a été attiré par le *Théétète*, si des morceaux entiers de ce dialogue lui reviennent à l'esprit quand il corrige, complète et retouche son exemplaire des *Essais*, c'est parce qu'il y trouve traitée son interrogation. Les figures de la *vita philosophi* se contredisent, aussi indéchiffrables que la vertu de Socrate et que son rapport à la politique.

L'écho à ses questions, que Montaigne a trouvé dans le *Théétète*, peut en retour nous éclairer sur certains aspects du dialogue, ou plutôt sur le dialogue comme vraie philosophie. La loi de l'hypertextualité est qu'elle nous instruit directement sur l'hypertexte et indirectement seulement sur son hypotexte. Mais cet éclairage indirect est précieux. Montaigne ne lit certes pas Platon comme les philologues et les historiens de la philosophie antique le lisent aujourd'hui, selon des standards scientifiques toujours plus élevés. Il lit Platon comme il faut aussi le lire, avec la naïveté et la liberté de qui cherche à comprendre et à penser. Suivre le destin singulier des « peintures platoniques » du *Théétète* dans le texte des *Essais*, c'est peut-être nous permettre d'accéder à des possibilités de penser encore vivantes et pourtant inaperçues dans les lignes mille fois lues et commentées du dialogue de Platon; c'est peut-être même nous permettre d'entendre dans le dialogue platonicien quelque chose comme une voix montanienne avant Montaigne, comme si Montaigne (un certain Montaigne) était une des possibilités du platonisme. Selon les règles du chapitre « De l'art de conférer » (III, 8), Montaigne s'installe sans façon dans le dialogue platonicien et se mêle aux interlocuteurs de Socrate. Ce faisant, il rend paradoxalement à Socrate et à Platon sinon exactement *leurs* voix, du moins une *voix*.

NOTE SUR LES AUTEURS

Mauro Bonazzi enseigne l'histoire de la philosophie antique à l'université de Milan et a également enseigné dans les universités de Clermont-Ferrand, de Bordeaux et à l'École Pratique des Hautes Études. Il s'intéresse à Platon et à la tradition platonicienne. Parmi ses publications, on compte *Academici e Platonici. Il dibattito antico sullo scetticismo di Platone* (Milan, 2003) et *Platone. Fedro* (Turin, 2012). Il a dirigé, avec T. Bénatouïl, *Theoria, Praxis and the Contemplative Life after Plato and Aristotle* (Leiden, Brill, 2012).

Sylvain Delcomminette enseigne la philosophie ancienne à l'université libre de Bruxelles. Il est l'auteur de *L'inventivité dialectique dans le* Politique *de Platon* (Bruxelles, Ousia, 2000) et *Le* Philèbe *de Platon. Introduction à l'agathologie platonicienne* (Leiden, Brill, 2006), ainsi que de nombreux articles portant sur différents aspects de la philosophie ancienne. Il prépare actuellement un ouvrage consacré au thème de la nécessité chez Aristote.

Monique Dixsaut est professeur honoraire à l'université Paris I Panthéon-Sorbonne. Elle a publié une traduction du *Phédon* (Paris, GF-Flammarion, 1991) et, aux éditions Vrin où elle dirige la collection « Tradition de la pensée classique », *Le Naturel philosophe. Essai sur les Dialogues de Platon*, [1985] 2001, *Platon et la question de la pensée, Études platoniciennes I* (2000), *Métamorphoses de la dialectique dans les Dialogues de Platon* (2001), *Platon. Le désir de comprendre* [2003] 2012, *Platon et la question de l'âme, Études platoniciennes II* (2013), ainsi que *Nietzsche, Par-delà les antinomies*, [2006] 2012.

Dimitri El Murr est maître de conférences en philosophie à l'université Paris I Panthéon-Sorbonne et membre junior de l'Institut universitaire de France. Ses recherches portent sur les Dialogues de Platon, sur la réception du platonisme politique dans l'Antiquité et au-delà, et sur les figures de Socrate dans l'Antiquité. Parmi ses publications, outre de nombreux articles sur Platon, on compte : *L'Amitié* (Paris, GF-Flammarion, 2001) ; en collaboration avec A. Brancacci et D.P. Taormina, *Aglaïa. Autour de Platon.* Mélanges offerts à Monique Dixsaut (Paris, Vrin, 2010), et, en collaboration avec Ch. Gill et G. Boys-Stones, *The*

Platonic Art of Philosophy (Cambridge University Press, 2013). Il a dirigé le dossier thématique « Usages politiques de Platon » du numéro 37 (2013) de la *Revue française d'histoire des idées politiques* et prépare actuellement un ouvrage sur la conception platonicienne de la science politique dans le *Politique*, à paraître chez Vrin.

Marc-Antoine Gavray est chercheur qualifié du FRS-FNRS. Il enseigne l'histoire de la philosophie de l'Antiquité à l'université de Liège. Après avoir étudié l'interprétation des relations entre Platon et Protagoras (*Sophistique et philosophie : l'influence de Protagoras sur les dialogues de Platon*, en préparation), il travaille sur le néoplatonisme tardif (il a publié, sur ce sujet, *Simplicius, lecteur du Sophiste de Platon*, Paris, Klincksieck, 2007).

Justin Gosling, *Fellow* en philosophie au St Edmund Hall à Oxford de 1961 à 1982 et *Principal* de 1982 à 1996, a écrit de nombreux articles sur la philosophie ancienne. Il est également l'auteur de *Pleasure and Desire* (Oxford University Press, 1969) ; *Plato* (London, Routledge and Kegan Paul, 1973) ; *Plato: Philebus* (Oxford, Clarendon Press, 1975) ; avec C.C.W. Taylor, *The Greeks on Pleasure* (Oxford, Clarendon Press, 1982) ; *Weakness of the Will* (London and New York, Routledge, 1990).

Mary Louise Gill est professeur de philosophie et d'études classiques à Brown University. Elle est l'auteur de *Aristotle on Substance : The Paradox of Unity* (Princeton UniversityPress, 1989) et de *Philosophos : Plato's Missing Dialogue* (Oxford University Press, 2012). Elle a traduit, en collaboration avec Paul Ryan, le *Parménide* de Platon (*Plato : Parmenides*, Indianapolis, Hackett, 1996). Elle a écrit de nombreux articles sur Platon et Aristote, et a coédité trois volumes d'articles portant sue la philosophie antique, dont un *Companion to Ancient Philosophy* (avec P. Pellegrin, Oxford-Boston, Blackwell, 2006).

Arnaud Macé est maître de conférences en philosophie ancienne à l'université de Franche-Comté. Ses recherches portent sur la pensée archaïque et classique en Grèce ancienne. Il est l'auteur de *Platon, philosophie de l'agir et du pâtir* (Sankt Augustin, AcademiaVerlag, 2006) et de *L'Atelier de l'invisible, apprendre à philosopher avec Platon* (Paris, Ere, 2010). Il a récemment édité deux volumes collectifs : *Choses privées et chose publique en Grèce ancienne. Genèse et structure d'un système de classification* (Grenoble, Millon, 2012), et, en collaboration avec L. Brisson et A.-L. Therme, *Lire les présocratiques* (Paris, P.U.F., 2012).

Sara Magrin est professeure adjointe de philosophie à l'université du Québec à Montréal. Ses dernières publications comprennent : « Sensation and Scepticism in Plotinus », *Oxford Studies in Ancient Philosophy*, 39, 2010, p. 249-297 et « Theophrastus, Alexander, and Themistius on Aristotle's *De anima* III 4-5 » dans R. Wisnovsky, C. Fraenkel, J. Fumo, F. Wallis, (eds), *Vehicles of Transmission,*

Translation, and Transformation in Medieval Textual Culture, Turnhout, Brepols, 2011, p. 49-74.

Michel Narcy, directeur de recherche émérite au CNRS (UPR76 Centre Jean Pépin), est l'auteur de la traduction du *Théétète* dans la collection GF-Flammarion et a publié plusieurs articles sur ce dialogue. Il co-dirige, avec Jean-Baptiste Gourinat (UMR 8061 Centre Léon Robin) et André Laks (Paris IV Paris-Sorbonne), la revue *Philosophie antique* (Presses Universitaires du Septentrion).

Christopher Rowe est professeur émérite à l'université de Durham. Il a retraduit la *République* de Platon pour la collection Penguin Classics (2012) et a entièrement refondu le volume intitulé *Last Days of Socrates* dans la même collection (2012). Il a également, en collaboration avec George Boys-Stones, rassemblé l'anthologie *The Circle of Socrates : Readings in the First-Generation Socratics*, (Hackett, 2013). Parmi ses ouvrages antérieurs, on compte : *Plato and the Art of Philosophical Writing* (Cambridge University Press, 2007) ; *Plato's Lysis* (avec Terry Penner, Cambridge University Press, 2005) ; *Aristotle. Nicomachean Ethics* (Oxford University Press, 2002 : traduction par Christopher Rowe, commentaire par Sarah Broadie) ; *The Cambridge History of Greek and Roman Political Thought*, coédité avec Malcolm Schofield (Cambridge University Press, 2000).

David Sedley est *Laurence Professor of Ancient Philosophy* à l'université de Cambridge où il est également *Fellow* de Christ's College. Parmi ses ouvrages, on compte : *The Hellenistic Philosophers* (avec A.A. Long, Cambridge University Press, 1987 ; trad. fr. : *Les philosophes hellénistiques*, 3 vols, Paris, GF-Flammarion, 1997), *The Midwife of Platonism : Text and Subtext in Plato's* Theaetetus (Oxford University Press, 2004) et *Creationism and its Critics in Antiquity* (Los Angeles-Berkeley, University of California Press, 2007), ouvrage basé sur ses *Sather Lectures* de 2004. David Sedley a été l'éditeur du *Classical Quarterly* de 1986 à 1992 et des *Oxford Studies in Ancient Philosophy* de 1998 à 2007.

Bernard Sève est professeur en esthétique et philosophie de l'art à l'université Lille 3 / Lille Nord-de-France, chercheur à l'UMR 8163 « STL ». Il a travaillé notamment sur Montaigne (*Montaigne, Des règles pour l'esprit*, Paris, P.U.F., 2007) et sur la philosophie de la musique (*L'Altération musicale, Ce que la musique apprend au philosophe*, Paris, Seuil, nouvelle édition, 2013 ; *L'Instrument de musique, une étude philosophique*, Paris, Seuil, 2013). Parmi ses articles consacrés à l'esthétique et à l'histoire de la philosophie, on relèvera « Sur la seconde cause naturelle de l'art poétique chez Aristote » (republication dans les *Cahiers Philosophiques*, numéro hors-série sur « Le Plaisir », CNDP-CRDP, 2012, p. 7-21).

Harold Tarrant est professeur d'études classiques à l'université de Newcastle, Australie. Ses travaux portent sur les dialogues de Platon et sur l'histoire du platonisme, de l'Académie aux platoniciens alexandrins et aux néoplatoniciens. Il est l'auteur de nombreux articles et de nombreux ouvrages sur la tradition platonicienne, dont *Scepticism or Platonism? The philosophy of the Fourth Academy* (Cambridge University Press, 1985), *Plato's First Interpreters* (London-Ithaca, Duckworth-Cornell University Press, 2000) et *Recollecting Plato's Meno* (London, Duckworth, 2005).

FulcranTeisserenc est professeur de philosophie en classes préparatoires. Il a publié *Le Sophiste de Platon* (commentaire, Paris, PUF-CNED, 2012), *Langage et image dans l'œuvre de Platon* (Paris, Vrin, « Tradition de la pensée classique », 2010), et plusieurs articles sur la philosophie platonicienne et aristotélicienne.

INDEX NOMINUM

AUTEURS ANCIENS

AUTEURS MODERNES

INDEX DES PASSAGES CITÉS

TABLES DES MATIÈRES

DEUXIÈME PARTIE

PROLONGEMENTS

DANS LA MÊME COLLECTION

A. BRANCACCI : *Antisthène. Le discours propre*, 288 p., 2005.

H. CHERNISS : *L'Énigme de l'ancienne Académie*, suivie en Appendice de E. N. TIGERSTEDT : *Le Système caché*. Introduction et traduction de L. Boulakia, Avant-propos de L. Brisson, 232 p., 1993.

J.-Y. CHATEAU, *Philosophie et religion. Platon,* Euthyphron, traduction et commentaire, 320 p., 2005.

– (dirigé par) : *La Vérité pratique. Aristote,* Éthique à Nicomaque, *livre VI*, 376 p., 1997.

M. DIXSAUT, *Le Naturel philosophe. Essai sur les Dialogues de Platon*, 424 p., 1985, 2 e éd. 1994, 1998, 3 e éd. corrigée, 2001.

– (dirigé par) : *Contre Platon I. Le Platonisme dévoilé*, 464 p., 1993.

– (dirigé par) : *Contre Platon II. Renverser le platonisme*, 322 p., 1995.

– (dirigé par) : *La Fêlure du plaisir. Études sur le* Philèbe *de Platon* (avec la collaboration de F. Teisserenc) :

  – *1. Commentaires*, 1999.

  – *2. Contextes*, 1999.

– (dirigé par) : *La Connaissance de soi. Études sur le* Traité 49 *de Plotin,* (avec la collaboration de P.-M. Morel et K. Tordo-Rombaut), 320 p., 2002.

– (dirigé par) : *Études sur la* République *de Platon* :

  – *1. De la justice. Éducation, psychologie et politique,* (avec la collaboration de A. Larivée), 360 p., 2005.

  – *2. De la science, du bien et des mythes*, (avec la collaboration de F. Teisserenc), 336 p., 2005.

La Folie humaine et ses remèdes. Platon, Charmide *ou* De la modération, traduction, commentaire et notes de M.-F. HAZEBROUCQ, 360 p., 1997.

A. GIGANDET : *Fama deum. Lucrèce et les raisons du mythe*, 448 p., 1997.

V. GOLDSCHMIDT : *Platonisme et pensée contemporaine*, 272 p., 1990.

É. HELMER : *La part du bronze. Platon et l'économie*, 320 p., 2010.

H. JOLY : *Le Renversement platonicien. Logos, epistèmè, polis*, 408 p., 3 e éd., 1994.

« L'art de bien lire ». Nietzsche et la philologie, textes réunis par Jean-François BALAUDÉ et Patrick WOTLING, 304 p., 2012.

L'idée platonicienne dans la philosophie contemporaine. Jalons, textes réunis par Sylvain DELCOMMINETTE et Antonino MAZZÙ, 336 p., 2012.

L. LAVAUD : *D'une métaphysique à l'autre. Figures de l'altérité dans la philosophie de Plotin*, 320 p., 2008.

P.-M. MOREL : *De la matière à l'action. Aristote et le problème du vivant*, 208 p., 2007.

NIETZSCHE, RITSCHL, ROHDE, WILAMOWITZ, WAGNER : *Querelle autour de* La Naissance de la tragédie. Introduction et traduction de M. Cohen-Halimi, M. Marcuzzi, H. Poitevin, 304 p., 1995.

Ontologie et dialogue. Hommage à Pierre Aubenque, textes réunis par N. L. CORDERO, 324 p., 2000.

A. PIGLER : *Plotin, une métaphysique de l'amour. L'amour comme structure du monde intelligible*, 304 p., 2002.

Platon 1990-1995 : bibliographie, par L. BRISSON (avec la collaboration de F. Plin), 416 p., 1999.

Platon 1995-2000: bibliographie, par L. BRISSON (avec la collaboration de B. Castelnérac), 384 p., 2004.

La Rhétorique *d'Aristote. Traditions et commentaires de l'Antiquité au XVIIe siècle,* textes réunis par G. DAHAN, I. ROSIER-CATACH, 360 p., 1997.

P. RODRIGO : *Aristote. Une philosophie pratique. Praxis, politique et bohneur*, 162 p., 2006.

S. ROSEN : *Le* Politique *de Platon. Tisser la cité*, préface de l'auteur à la traduction française, traduction d'É. Helmer, 256 p., 2004.

– *La Question de l'Être. Heidegger renversé*, traduction d'É. Helmer, 384 p., 2008.

S. ROUX : *La Recherche du principe chez Platon, Aristote et Plotin*, 380 p., 2004.

Leo Strauss : art d'écrire, politique, philosophie – texte de 1941 et études, dirigé par L. JAFFRO, B. FRYDMAN, E. CATTIN, A. PETIT, 320 p., 2001.

D.P. TAORMINA : *Jamblique, critique de Plotin et de Porphyre. Quatre études*, 192 p., 1999.

F. TEISSERENC : *Langage et image dans l'œuvre de Platon*, 320 p., 2010.

K. THEIN : *Le Lien intraitable. Enquête sur le temps dans la* République *et le* Timée *de Platon*, 352 p., 2001.

THÉMISTIUS : *Paraphrase de la* Métaphysique *d'Aristote (livre lambda)*, traduit de l'hébreu et de l'arabe. Introduction, notes et *indices* par Rémi BRAGUE, 176 p., 1999.

C. VIANO : *La Matière des choses. Le livre IV des* Météorologiques *d'Aristote et son interprétation par Olympiodore*, 400 p., 2006.

A.G. WERSINGER : *Platon et la dysharmonie. Recherches sur la forme musicale*, 336 p., 2001.